KB083616

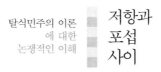

탈식민주의 이론
에 대한
논쟁적인 이해

저항과
포섭
사이

지은이

이석구(李奭具, Suk Koo RHEE) 연세대학교 영어영문학과와 같은 학교 대학원을 졸업하고, 미국 인디
애나대학교 영문학과에서 박사학위를 받았다. 지금은 연세대학교 영어영문학과와 비교문학문화학과
의 교수로 있으면서 영소설, 제3세계 문학, 비평이론, 문화연구를 강의하고 있다. 역서로는『어둠의
심연』이 있다. 영어권 문학 비평『제국과 민족국가 사이에서』(2011)로 영어영문학 학술상과 연세 학
술상을 받았다. 현재 영식민주의 소설에 대한 저서를 집필 중이다.

저항과 포섭 사이 탈식민주의 이론에 대한 논쟁적인 이해

초판 1쇄 발행 2016년 4월 30일 **초판 2쇄 발행** 2017년 8월 10일
지은이 이석구 **펴낸이** 박성모 **펴낸곳** 소명출판 **출판등록** 제13-522호
주소 06643 서울시 서초구 서초중앙로6길 15, 1층
전화 02-585-7840 **팩스** 02-585-7848 **전자우편** somyungbooks@daum.net **홈페이지** www.somyong.co.kr

값 49,000원 ⓒ 이석구, 2016
ISBN 979-11-5905-069-5 93300

잘못된 책은 바꾸어드립니다.
이 책은 저작권법의 보호를 받는 저작물이므로 무단전재와 복제를 금하며,
이 책의 전부 또는 일부를 이용하려면 반드시 사전에 소명출판의 동의를 받아야 합니다.

이 저서는 2011년 정부(교육부)의 재원으로 한국연구재단의 지원을 받아 수행된 연구임
(NRF-2011-812-A00190, 원제 : 탈식민주의 이론 연구—차이에서 차연으로).

저항과 포섭 사이

탈식민주의 이론에 대한 논쟁적인 이해

Between Resistance and Co-optation :
A Problematizing Approach to Postcolonial Theory

이석구

소명출판

이경남에게 이 책을 바친다.

머리말

　이 책의 집필에 영감을 준 국내 연구로는 고부응 교수의 『초민족 시대의 민족 정체성』(2002)을 꼽고 싶다. 이 책은 아마도 탈식민주의 이론에 관한 국내 최초의 단독 저서가 아닌가 싶은데, 이후 국내에서 이루어진 탈식민주의에 관한 중요한 논의가 이 책에서 시작되었다. 2003년에 국내의 문학 이론가 열한 분이 공저한 『탈식민주의―이론과 쟁점』이 출간되었는데, 필자는 운이 좋게도 이 분들과 함께 토론하면서 배우고, 또 글을 출판할 수 있었다. 나의 연구에 도움을 준 최근의 저서로는 이경원 교수의 『검은 역사 하얀 이론』(2011)을 꼽아야 할 것이다. 북미의 흑인 해방론자들로부터 가야트리 스피박에 이르는 탈식민주의의 이론적 계보를 정리한 이 역작은 새로운 학문적인 지평을 열어 주었고, 이 저서와의 대화 덕택에 나는 나만의 시각을 정초할 수 있었다고 생각한다.

　탈식민주의 이론에 대한 본 저서의 출발점은, 선진국과의 경쟁에 나선 후발 국가들이 대체로 그러했던 것처럼, 서구의 지배에 대항하기 위해 피지배국의 지성인들이 들었던 무기가 바로 서양의 것이라는 점이다. 이는 응구기와 아체베 간에 있었던 유명한 논쟁에서 드러난 바 언어 매체에만 국한되는 문제가 아니다. 혹은 후기구조주의의 세례를 받은 최근의 이론가들에게서만 발견되는 문제만도 아니다. 네그리튀드와 북미의 흑인해방운동에 대한 논의에서 본 연구가 밝히듯, 아프리카의 정신적 가치를 주장하기 위해서조차 흑인 지식인들은 서양의 지식과 관점에 의존해야 했다. 그뿐만이 아니다. 북미의 흑인해방론자들은 아프리카 침략의 전초병의 역할을 했던 기독교의 영향권 내에서 교육받고 자라났으며, 그래서 이들이 흑인 주권국을 꿈꾸었을 때조차 그 꿈은 기독교인으로서, 앵글로색슨 문명의 충실한 사도로서 꾸었다. 프랑스어권의 순수 흑인 운동으로 평가받는 네그리튀드도, 일반적인 평가와는 달리 실은 프랑스 문화와의 이상적인 결합을 꿈꾸었다고 해도 과언이 아니다. 그러한 점에서 식민 지배에 대한 저항은 정도의 차이는 있을지언정, 모두 지배자와 그가 남긴 유산을 모방할 뿐만 아니라 일정 부분 포섭됨을 피할 수 없다. 본 연구의 주제로 '저항과 포섭 사이'를 선택한 것은 이러한 맥락에서이다.

탈식민주의 이론을 처음 접했을 때 로버트 영과 바트 무어-길버트의 저서가 큰 도움이 되었다. 동시에 이 책들은 좌절감을 안겨 주기도 했다. 나만의 경험이었는지는 모르지만, 이 책들은 탈식민주의의 사상적 계보와 요지를 이해하는 데 도움은 되었지만, 그럼에도 불구하고 후기 구조주의의 영향을 받은 글들이 난해하게 여겨지기는, 이 책들을 읽기 전이나 읽은 후나 많이 다르지 않았기 때문이다. 그래서 본 연구서에서는 탈식민주의 이론가들이 헤겔, 니체, 마르크스, 사르트르와 같은 이

전 시대의 철학자들뿐만 아니라 푸코, 그람시, 라캉, 데리다, 바르트 등 당대의 사상가들과 어떤 관계를 맺는지를 구체적으로 적시하고 평가했으며 원문의 핵심적인 구절들을 설명하는 데도 적지 않은 지면을 할애하였다.

무엇보다 이 연구서는 대표적인 선행 연구들이 확립해 놓은 견해를 수용하기보다는 대체로 그 전제에 대한 질문에서 출발하였다. 북미 흑인의 해방 운동에 관해서는 모지즈(W. J. Moses)의 연구가, 네그리뒤드에 관해서는 케스틀룻(L. Kesteloot)의 연구가, 최근의 탈식민주의 이론에 대해서는 무어-길버트의 연구가 가장 영향력 있는 것으로 평가받는다. 나는 이들의 연구로부터 도움을 받기도 하였지만, 이들과는 차별되는 시각에서 논쟁적인 대화를 이어나가려고 애썼다. 또한 나는 원문 연구에 천착함으로써 모지즈나 케스틀룻이 일차 문헌을 어떻게 왜곡하거나 오독하였는지를 지적하였다. 같은 맥락에서 나는 파농, 사이드, 바바, 스피박 등의 이론가들도 그들이 화두로 삼는 재현의 공정성이나 오독의 문제에서 그들 자신이 자유롭지 못함을 지적하였다. '탈식민주의 이론에 대한 논쟁적인 이해'라는 부제를 단 것도 그러한 이유에서이다. 내가 해외의 선행 연구를 수입하는 '학문의 중개상' 노릇은 하지 않았다고 개인적으로는 자부하지만, 물론 그 최종 평가는 오롯이 독자 여러분들의 몫이다.

생각해보니 학위 과정 중에 탈식민주의 이론 과목을 수강한 적이 없었다. 지금은 바바나 스피박에 관한 강의를 국내외의 학위 과정에서 쉽게 접할 수 있지만 내가 유학을 했던 때만 해도 이들은 교육 과정에 들어와 있지 않았다. 그렇지만 이 연구를 가능하게 한 은사님이 없었다는 뜻은 아니다. 인디애나 대학교 비교문학과에서 후기구조주의 이론을 강의했던 체이튼(Gilbert Chaitin) 교수의 가르침이 없었더라면 나는 이 연구를 감당해낼 수 없었을 것이다. 그의 강의는 이론 공부를 한 적이 없었던 내게는 무척 힘들었지만 그만큼 많이 배울 수 있었다. 대학 강단에 선 후 나는 나의 강의를 수강하는 학생들로부터 같은 평을 받으려고 항상 노력해 왔다. 모교의 은사님들 중에서는 특히, 비평사를 강의하신 이상섭 교수님, 이론적인 연구를 평생 해 오신 임철규 교수님께 감사를 드린다. 연로하심에도 불구하고 번역 작업에 열정을 불태우시는 김성균 교수님께도 감사를 드린다. 학문에 대한 이 분들의 진지한 태도는 항상 나의 앞길을 비추어 주는 등대와도 같다.

이 연구에서 인용된 모든 외국어는 원전으로 읽었고, 영역본이 있을 경우 원전과 영역본을 비교하면서 읽었다. 중역에 따르는 오역을 피하고 싶어서였다. 나의 녹슨 프랑스어 실력으로 인해 곤경에 처했을 때

도움을 준 불문학자 곽민석 선생에게 감사하다는 말씀을 전한다. 이 책을 완성하기까지에는 그간 해외 연구를 두 번이나 허락해 준 풀브라이트 재단, 그리고 연구재단의 지원이 있었다. 무엇보다 만만치 않은 분량을 출판하기로 선뜻 결정해 주신 소명출판 박성모 대표께 심심한 감사의 뜻을 표하고 싶다.

끝날 듯 끝이 나지 않는 글쓰기 작업을 무한한 인내심을 가지고 지켜봐 준 아내에게 미안함을 느낀다. 남편이 무척 대단한 일이라도 하는 양 신경을 써 준 그가 고맙다. 유진이와 유현이도 아내 못지않게 이 작업이 끝나기를 고대해 왔다. 아빠와 함께 온라인 게임을 하는 것이 소원이었던 두 아들, 이 작업이 끝나기를 기다린 5년 동안 녀석들은 어느새 마인크래프트의 고수로, 또 월드오브탱크의 고수로 성장해 버렸다. 이 녀석들과 대적하려면 이제 새 게임을 찾아야 할 판이다. 오래 기다리게 해서 미안하구나.

2016년 4월

이석구

차례

탈식민주의 이론가들

1. 북미 흑인해방론

북미의 해방운동에 대한 기성 연구에 따르면, 미국 내에서 인권을 쟁취하려는 통합론자들과 해외 이주를 통해 흑인 주권국을 세우려고 했던 분리주의자들로 나뉜다. 그러나 실질적으로 분리주의를 한번쯤 꿈을 꾸지 않았던 통합론자들이 거의 없었을 정도로, 또한 분리주의자들 중 많은 이들이 통합론으로 돌아설 정도로 두 진영 간의 자리바꿈이 빈번했다.

마틴 들레이니(1812~85)   헨리 하이랜드 가넷(1815~82)   프레드릭 더글러스(1818~95)   부커 워싱턴(1856~1915)

알렉산더 크러멜(1819~98)   에드워드 블라이든(1832~1912)   마커스 가비(1887~1940)   W. E. B. 두보이스(1868~1963)

2. 네그리튀드 운동

네그리튀드는 프랑스에서 유학 중이었던 아프리카와 서인도제도 출신 흑인들이 1920년 대부터 벌였던 흑인 문화 운동이다. 네그리튀드에 대한 기성의 연구는 생고르, 세제르, 다마스 3인을 운동의 지도자로 지목을 한다. 그러나 이들이 활동하기 이전부터 흑인 문화운동은 나르달 자매, 레로, 메닐, 모네로 같은 서인도제도 출신의 흑인들에 의해 프랑스에서 이미 전개되고 있었다. 네그리튀드는 파농에 이르러 정신분석학과 마르크스주의적 관점에서 비판적으로 수용되었다.

르네 마랑(1887~1960)

폴렛 나르달(1896~1985)

르네 메릴(1907~2004)

쉬잔 세제르(1915~66)

에메 세제르(1913~2008)

레오폴드 세다르 생고르(1906~2001)

레옹 공트랑 다마스(1912~78)

프란츠 파농(1925~61)

3. 최근의 탈식민주의 논쟁

근자의 탈식민주의는 푸코, 라캉, 데리다 등 후기구조주의자들의 영향을 받았다는 점에서 이전의 탈식민주의 운동이나 비평과 구분된다. 사이드, 바바, 스피박이 대표적인 이론가이다. 이들에 대한 연구는 영과 무어-길버트의 비평, 그리고 딜릭과 아마드 같은 마르크스주의 비평가들의 비판을 통해 심화되었다. 문화 연구자인 스튜어트 홀도 탈식민주의 이론의 탈역사성을 바로잡는데 중요한 영향력을 행사하였다.

에드워드 사이드(1935~2003)

호미 바바(1949~)

가야트리 스피박(1942~)

압둘 잔모하메드(1945~)

스튜어트 홀(1932~2014)

아이자즈 아마드(1932~)

로버트 영(1950~)

바트 무어-길버트(1952~2015)

1장

억압의 역사와 저항 담론

노예제도의 본질적인 원칙은 인간이 자신의 자유에 대하여 아무런 의식도 성취하지 못하였고, 그래서 단순한 사물의 수준으로, 아무런 가치가 없는 수준으로 추락하게 되었다는 것이다.

—헤겔, 『역사철학강의』

혹자는 "그러면 왜 프랑스어를 쓰는가?"라는 질문을 던질 것이다. 그 이유는 우리가 문화적 잡종이기 때문이다.

—생고르, 『에티오피아』

유럽 계몽주의의 편견

18세기 유럽에서는 계몽주의 전통과 맞물려 학문의 분화가 이루어지고, 이 중 특히 인류학과 같은 신생 학문들이 생겨나는데, 이들은 실증주의적인 과학의 이름으로 기성의 인종적인 편견을 더욱 강고하게 만들었다. 물론 계몽주의에 영향을 받은 프랑스 혁명이 모든 인간의 평등함을 주창하였고, 또 같은 맥락에서 노예제 폐지를 선언하기도 했다는 점에서, 인종주의와 계몽주의의 관계가 단순한 것은 아니었다. 유럽의 계몽주의자들은 이성적 존재로서의 인간은 모두 평등과 자유를 누려야 한다고 믿었지만, 이들 중 적지 않은 이들에게 있어 실제로 "인간"은 유럽인에 국한되었다. 오늘날 영국에서 가장 존경받는 철학자 중의 한 사람인 흄(David Hume, 1711~76)을 비롯하여 프랑스의 저명한 철학자이자 문학가이며 또 역사가로서 프랑스 계몽주의를 이끌었던 볼테르(François-Marie Voltaire, 1694~1778), 독일 비판 철학의 창시자인 칸트(Immanuel Kant, 1724~1804), 관념 철학을 완성시킨 헤겔(Georg Wilhelm Friedrich Hegel, 1770~1831) 같은 이들도 '아프리카에 관한 한' 당대의 인종주의에 중대한 기여를 했다.

흄은 개인적으로는 노예제에 반대했지만 그럼에도 불구하고 저열한 인종과 우월한 인종의 구분이 "타고난 것임"을 의심하지 않았다.

흑인들과 (넷 혹은 다섯 종이 있으니까) 그 외 다른 모든 인류의 종(種)들이 백인보다 열등한 것이 자연스러운 것이 아닌가 나는 생각한다. 백인을 제외한 어떤 다른 인종도 문명화된 국가를 이룬 적이 없었고, 행동과 사유에 있어 저명한 개인을 배출하지 못했다. 어떤 천재적인 발명도, 예술도, 과학도 그들에게는 없었다. 반면 백인종 중에는 고대의 게르만족이나 오늘날의 타타르족 같이 가장 무례하고 야만적인 종족들도, 용맹함, 통치 혹은 그 외 다른 면에 있어서 저명한 성취를 이룬 바 있다. 만약 인류의 혈통들 간에 있는 애초의 구분이 자연에 의해 만들어진 것이 아니라면, 그토록 일관되고 변함이 없는 차이가 그렇게 많은 나라들과 시대에 걸쳐 나타나지는 않았을 것이다.[1]

이어지는 글에서 흄이 예로 드는 "저열한 인종"은 식민지와 유럽 전역에서 발견되는 흑인 노예들이다. 흄에 의하면, 흑인들에게서 독창성이라고는 조금이라도 발견될 수 없었으며, 자메이카에서 재략과 학식이 있다고 여겨지는 흑인도 실은 "앵무새처럼" 배운 몇 마디를 재잘거리는 경우에 불과하다.

　이러한 인종주의적인 시각은 칸트에 의해 그대로 계승된다. 칸트도 당대 유럽의 제국주의 정책에 대해서는 비판적이었다. 그는 유럽 국가들이 새로운 땅들을 발견했을 때 이를 "주인 없는 나라로 취급했고, 원주민들은 존재하지도 않는 것으로 여겼다"고 지적하며, 이 모든 행위가 "스스로 정통파 신앙의 선택을 받은 민족인 양 하나 실은 죄악을 물처럼 마시는 나라들에 의해 저질러지고 있다"고 기독교 국가들의 위선을 엄중하게 고발했다. 그는 유럽으로부터 무자비한 정복을 당한 땅의 사례로서 "아메리카, 니그로의 땅, 향료섬, 희망봉" 등을 든다. 중국과 일

1　David Hume, *Hume : Political Essays*, Knud Haakonssen ed., Cambridge : Cambridge Univ. Press, 1994, p.86.

본도 이런 참사를 당할 뻔 했으나 유럽인들과의 교역을 슬기롭게 제한함으로써 이를 피할 수 있었다는 것이 칸트의 견해이다.[2]

칸트는 유럽 제국들의 약탈 행위에 대해서는 비판적이었지만, 아프리카인들에 대한 그의 견해는 이러한 비판과는 완전히 별개의 것이었다. 『아름다움과 숭고함의 감정에 대한 고찰』(1764)에서 칸트는 각 민족의 정신적 특성을 논한 바 있다. 그는 아프리카 흑인을 평가함에 있어 흄의 주장을 그대로 인용하며 흑인이 유전적으로 열등하다는 편견을 고수했다.

아프리카 흑인들은 하찮은 수준 이상의 어떠한 감정도 타고나지 못했다. 흑인이 재능을 보여준 경우가 한 번이라도 있으면 보여 달라고 흄이 말하지 않았던가. 자신의 나라로부터 타지로 옮겨가게 된 수십만 명의 흑인들 중에, 많은 이들이 자유의 몸이 되었음에도 불구하고, 예술이나 과학에 있어 어떠한 업적도, 그 외 어떤 다른 칭찬할 만한 수준도 보여준 적이 없다는 것, 이에 반해 백인종 중 어떤 이들은 가장 미천한 위치에서 지속적으로 향상하고 우수한 재능을 발휘하여 세상의 존경을 받지 않느냐는 것이 흄의 견해이다. 인종들 간의 차이는 너무나 근원적인 것이어서 피부색의 차이만큼 정신적인 기능의 차이도 크다고 여겨진다. 이들에게 팽배한 물신 종교는 인간 본성이 허락하는 한에서 가장 심하게 추락한 하찮은 수준의 우상숭배에 해당한다. 새의 깃털, 소의 뿔, 소라껍질 혹은 그 무엇이 되었든지, 이것들은 몇 마디의 말로 봉헌을 하기만 하면 곧 맹세의 말을 바치게 되는 경배와 기도의 대상이 된다.[3]

---

2   Immanuel Kant, W. Hastie trans., *Kant's Principle of Politics, including his essay on Perpetual Peace*, Edinburgh : Clark, 1891, pp.57~58.

칸트는 야만인들 중에서는 명예를 중시하는 북미 원주민들만큼 숭고한 정신을 보여주는 족속이 없다고 평가한다. 특히 그는 캐나다 원주민들이 진실 되고 정직하다고까지 생각한다. 반면 아프리카 흑인들은 허영에 차 있으며, 너무도 수다스러워서 매질을 가해야만 서로로부터 떼어 놓을 수 있다고 주장하였다.

칸트의 잣대로 재었을 때 동양인도 후한 점수를 받지 못했다. 인도인들은 "기괴한 것에 대한 취향"을 가졌으며, 그들의 종교는 "괴상망측한 형태의 우상숭배"이며, 남편의 장례식 때 아내를 불태워 죽이는 전제적인 민족으로 평가받았다. 또한 중국인들은 인사말이 장황하고 꾸밈이 많아 하찮고 기괴하며, 그들의 그림도 이 세상 어디에서도 찾아 볼 수 없는 기이하고도 부자연스러운 형체들을 표현하는 것일 뿐이었다. 고대로부터 내려오는 중국의 관습 역시 기괴한 것으로, 중국만큼 기괴함으로 가득 찬 나라가 이 세상에 없다고 칸트는 주장하였다. 동양인들 중에서는 유일하게 일본인이 "단호함", "용맹" 그리고 "죽음에 대한 초연함"에 있어 영국인들에게 비견할 만한 점수를 받으나, 그 외의 면에서는 고결한 감정을 가진 증거를 보여주지 못한다고 이 철학자는 평가한다. 칸트의 잣대에서 높은 점수를 받는 민족은 물론 유럽 민족들이다. 아름다움을 느끼는 데 있어서는 이탈리아인과 프랑스인이 뛰어나며, 숭고함을 느끼는 데 있어서는 스페인인, 영국인, 그리고 독일인이 뛰어나다는 평가를 칸트는 내린다.[4]

3   Immanuel Kant, *Observations on the Feeling of the Beautiful and Sublime and Other Writings*, Patrick Frierson · Paul Guyer eds., Cambridge : Cambridge Univ. Press, 2011, pp.58~59.
4   Ibid., p.58 · pp.50~57.

아프리카와 아프리카인들에 대한 헤겔의 평가도 흄이나 칸트의 시각보다 더하면 더했지 조금도 낮지 않았다. "정신"이나 "보편성"이라는 용어로 표현되었다는 것이 다를 뿐이다. 헤겔 학자들에게 종종 회자되는『역사 철학 강의』(1837)의 유명한 표현을 빌리면, "아프리카는 세계의 역사적인 부분이 아니다. 그것에는 이렇다 할 만한 어떤 운동도, 발전도 없다."[5] 헤겔은 아프리카인의 "의식"이 객관적인 존재의 수준으로 발전하지 못하였다고 보았다. 그 결과 아프리카인은 개인으로서의 자신과 본질적 존재로서의 보편성 간의 구분도 할 줄 모르며, 절대자에 대한 개념도 갖지 못하였다고 생각했다. 흑인의 이러한 상태를 가리켜 헤겔은 "완전히 야생적이고 길들여지지 않은 자연인의 모습"[6]이라고 폄하하였다. 다르지 않은 맥락에서 헤겔은 적도 아프리카의 일부 종족들이 전쟁 시에 보여주었던 인육을 먹는 관습도 아프리카의 일상적인 식생활로 일반화한다.

이들에게 있어 인간 생명에 대한 경시는 믿기 어려울 정도의 수준에 이르렀다. 전제주의는 잘못된 것이라고 여겨지지 않으며, 식인제가 관습적이고 올바른 것이라고 여겨진다. 우리의 경우에는 인간의 타고난 본능이 이를 못하게 한다. 그러나 니그로에게 있어서는 그렇지 않다. 인육을 먹는 것이 아프리카 인종의 일반적인 원칙들과 완전히 부합하는 것이다. 감각에 충실한 니그로에게 있어 인육은 감각적인 대상일 뿐이다. 그냥 고기일 뿐이다.[7]

---

5   Georg Wilhelm Hegel, J. Sibree trans., *Lectures on the Philosophy of History*, London : Henry G. Born, 1861, p.103.
6   Ibid., p.97.
7   Ibid., pp.99~100.

사실 유럽인들이 아프리카 흑인들을 식인종으로 일반화하면서 이에 대하여 상상의 나래를 펼치는 행위는, 정신분석학적인 관점에서 보았을 때 오히려 유럽인 자신의 정신 상태에 대해서 시사하는 바가 있다. 추악하고 경멸스러운 습속에 매료되는 소위 "문명인"의 정신 상태 말이다. 실제로 식인제(cannibalism)가 영국 작가들과 지식인들에게 중요한 주제가 되었을 때는 다름 아닌, 영국에서 식민주의와 맹목적인 애국주의가 본격화되고 그에 따라 시민 사회의 비판적 이성이 잠재워졌을 때였다. 비평가 해몬드와 자블로는 식인(食人)에 대한 유럽인의 관심을 다음과 같이 신랄한 언어로 지적한다. "설령 아프리카인들이 식인제에 조금이라도 관심을 가졌던 것이 사실이라고 하더라도, 제국주의 시대의 작가들은 이들 아프리카인들보다 식인제의 주제에 훨씬 더 중독되어 있었다."[8]

헤겔은 "자기 통제력의 결여"를 흑인 고유의 특징이라고 보았다. 그리고 이러한 특징을 가진 인종은 어떠한 발전도 문화도 이룩할 수 없다고 주장하였다. 이러한 맥락에서 이 철학자는 노예제도를 두둔하는 편이었다. 그는 노예제가 원칙적으로는 정의롭지 못한 것이라고 판단하였는데, 그 이유는 인간의 본성이 자유로운 것이고 노예제는 그런 본성에 상치(相馳)되는 것이었기 때문이다. 그러나 실상 이러한 견해도 대상이 누구냐에 따라 달라지는 상대적인 것이었다. 헤겔은 아프리카 흑인들이 도덕적 감각을 결여하였기에 자식이 부모를 노예로 팔고, 부모도 자식을 노예로 파는 반인륜적인 존재라고 보았다. 이러한 시각에서 보

---

8   Dorothy Hammond · Alta Jablow, *The Africa That Never Was : Four Centuries of British Writing about Africa*, New York : Twayne Publishers, 1970, p.94.

았을 때 흑인들에게는 아프리카에서의 삶보다 아메리카에 노예로 팔려가는 것이 다행스러운 것이라는 것이 헤겔의 주장이었다. 흑인들의 상황이 이러할 진대 이들과 유럽인들 간에는 노예제 외의 어떠한 관계도 불가능하며 바람직하지도 않다. 헤겔의 표현을 빌리면, "흑인들은 [노예제]에서 자신에게 어울리지 않는 그 어떤 것도 발견하지 못한다."[9] 그래서 흑인들은 노예무역을 금지한 영국인들을 적으로까지 생각한다고 헤겔은 주장하였다.

헤겔은 한 걸음 더 나아가, 노예제도가 아프리카 흑인들을 고양시키는 기능을 한다고 믿었다. 그의 표현을 빌리면, "노예제는 단순히 고립되어 있는 감각적인 존재로부터 진보한 단계, 보다 고양된 도덕성 및 그와 관련된 문화에 참여하게 되는 교육적인 단계이다."[10] 아프리카인들은 의미 있는 공동체를 조직할 수 있는 능력이 없는 존재들, 혹은 지력을 갖지 못한 순수하게 감각적인 존재들에 불과하였다. 이들이 처해 있는 "자연의 상태"는 절대적인 부정의(不正義)이고, 노예제는 이 상태로부터 출발하여 "합리적인 국가의 실현"에 이르기 전의 중간 단계에 있었다. 중간 단계인 만큼 노예제가 개선되어야 할 요소를 포함하고 있는 것이 당연하나, "국가 내에 존재하는 한" 노예제는 미개인들이 선진 문명을 접촉하게 해주는 일종의 교육제도로 기능한다는 것이다. 이러한 이유로 인해 헤겔은 노예제를 갑자기 없애기보다, 흑인들이 성숙하는 정도에 맞추어 점진적으로 없애야 할 제도라고 보았다.

이처럼 계몽주의 철학자들과 인문주의자들은 한편으로는 보편적 이

---

9   Georg Wilhelm Hegel, op. cit., p.103.
10   Ibid.

성을 믿었고 이러한 믿음에 근거하여 만인의 자유와 평등을 외쳤지만, 다른 한편으로는 자유와 평등을 누릴 자격이 있는 "만인의 범주"에서 유색인들을 제외하였다. 유색인들은 민족의 정신적 기질을 결정하는 "아름다움"과 "숭고함"의 감정 중 그 어떤 것도 타고 나지 못한 저열한 인종으로 간주되거나, 세계정신이 발현하고 발전하는 "역사" 바깥의 존재로 간주되었다. 계몽주의자들에게 있어 정신적인 횃불 역할을 하였던 "휴머니즘"에서 "휴먼"이 실은 유럽인이었던 것이다. 그러한 점에서 휴머니즘은 철저히 유럽중심적인 사고였다. 뿐만 아니라 유럽의 휴머니즘은 유럽인들이 유럽 바깥의 세계를 유린하고 약탈하는 행위를 정당화해 왔다는 점에서 제국주의의 공범이기도 하였다. 헤겔의 관점을 빌자면, 노예무역과 노예제도는 "비역사적인" 흑인들을 "역사의 영역"에 편입시키는 시혜적인 행위로 간주될 수 있었던 것이다.

사르트르(Jean-Paul Sartre, 1905~80)는 유럽인들의 이러한 이중성을 다음과 같이 고발하였다. "유럽은 법적인 인간의 지위를 내부의 거주자들에게만 주었다. 우리들에게 있어 인간으로 태어나는 것은 곧 식민주의와의 공범이 되는 것이다."[11] 아름다움이나 숭고함의 감정과 같이 민족의 정신적 특질을 결정짓는 요소들을 결여하였든, 혹은 역사 발전의 바깥에 놓여 있든, 그 연유가 무엇이었든지 간에 유럽 계몽주의자들의 잣대에서, 아프리카인들은 제일 낮은 위치, 즉 도덕직 감각도, 미직 감각도 결여한, 인간의 생명에 대한 소중함에 대한 인식을 결여한 "자연

---

11 Jean-Paul Sartre, Préface de *Les damnés de la terre*, 1961, Paris : La Découverte, 2002, p.32; Jean-Paul Sartre, Constance Farrington trans., Preface, *The Wretched of the Earth* by Frantz Fanon, New York : Grove Weidenfeld, 1963, p.25.

인"의 위치를 차지하였다.

논의의 초점을 바꾸어 보자. 중세 시대가 끝나고 인본주의를 기치로
내건 르네상스 시대로부터 18세기 말엽에 이르기까지 유럽의 모습은
과연 얼마나 인간적이었을까? 가톨릭교가 지배했던 16세기의 유럽과
그 이후의 유럽의 민낯에 대한 다음의 증언을 보자.

> 유럽 전역에 있어 위정자들은 마법을 쓴다는 혐의를 받은 수천 명의 남성들
> 과 여성들을 추적하여 화형에 처했다. 1572년에 있었던 성바르톨로뮤 축일
> 의 대학살 당시 가톨릭교도들은 5만 명의 신교도(위그노) 남성들과 부녀자
> 들, 그리고 아이들을 학살했다. 시신(屍身)의 부위가 거리에서 공공연히 팔
> 렸고, 교황 그레고리 13세는 가톨릭의 승리를 기념하기 위해 모닥불을 피울
> 것을 명하였다. …… 18세기 말엽까지만 해도, 프랑스의 공포정치도 그에
> 한 몫을 한 바 있듯, 유럽의 대중은 고문, 신체 절단, 죽음과 같은 가장 끔찍
> 한 장면들에 무감각하였고 이를 관람하러 몰려들었다.[12]

16세기 이후 유럽에서 르네상스와 계몽주의가 꽃을 피웠다고 하지만,
당대 유럽의 민낯은 결코 아름답지도 숭고하지도 않았다. 한 국가 내에
서 구교와 신교의 충돌을 다룬 위 인용문에서 시신의 부위들이 시장에
서 공공연히 팔렸다는 것은 무엇을 의미하는 것일까? 이 시대에 대한
또 다른 증언에서는 이 추악한 사건을 더 분명한 언어로 기록한다. 성
(聖)바르톨로뮤 대학살의 밤에 죽을 고비를 넘긴 신교도 레리(Jean de

---

12   David Brion Davis, *Inhuman Bondage : The Rise and Fall of Slavery in the New World*,
     Oxford : Oxford Univ. Press, 2008, p.96.

Léry, 1534~1613)의 증언이 그 예이다. 그에 의하면 이때 학살당한 자들의 지방(脂肪)은 경매에서 가장 높은 금액을 부른 자들에게 팔렸고, 간, 심장, 그 외 다른 부위들은 학살자들이 구워 먹었다고 한다.[13]

레리와 같은 시대를 살았던 몽테뉴(Michel de Montaigne, 1533~92)도 브라질 원주민들이 시행했다고 하는 식인제를 논하면서, "그러한 행위의 야만적이고도 끔찍함을 목격하게 되어 마음이 불편하지는 않다. 그들의 잘못은 면밀하게 캐내면서도 우리 자신의 잘못에는 눈을 감게 된 것이 슬프다. 죽은 자를 먹는 것보다 산 채로 먹는 것이 더 야만적이라고 생각한다. 살아 있는 육체를 고문에 의해 난도질하여 조각조각 불에 구워 개과 돼지가 갉아먹고 조각조각 찢어 먹도록 하는 것이 더 야만적이다."[14] 몽테뉴는 정확하게 언제 이 비극이 발생했는지를 밝히지는 않지만 프랑스인에 의해 종교적 맥락에서 벌어졌다고 말함으로써 싱바르톨로뮤 대학살이 그 배경임을 넌지시 지적한다. 신대륙의 원주민들은 적어도 전쟁 중 살해한 적의 시신을 먹었지만 프랑스인들은 살아 있는 동포를 먹었던 것이다.

---

13 Jean de Léry, Janet Whatley trans., *History of a Voyage to the Land of Brazil*, Berkeley : Univ. of California Press, 1990, p.132.

14 Michel de Montaigne, Charles Cotton trans., "Of Cannibals", *Essays of Michel de Montaigne*, William Carew Hazlitt ed., n.p., n.p. : n.d, n. pag., Gutenberg Ebook.

해방 담론과 대서양 삼각관계

노예무역으로 가장 큰 이득을 취한 제국도 영국이었지만, 노예무역과 노예제의 폐지에 있어서 선두주자도 영국이었다는 것은 역사의 아이러니이다. 영국이 1807년에 노예무역을 금지하고 1833년에 노예제도를 자국과 자국의 모든 식민지에서 폐지시켰으니 말이다. 그러나 사실 흑인 노예들의 해방을 주장하는 목소리가 집단적인 힘을 가지고 등장한 곳은 영국이 처음이 아니었다. 이보다 더 일찍 대서양 건너 북미지역에서 같은 목소리가 있었기 때문이다. 영국과 북미 양쪽에서 노예제도를 반대했던 퀘이커교도들이 그들이다. 1688년에 펜실베이니아의 퀘이커교도들이 노예제를 반대하는 결의안을 통과시켰고, 1758년에는 퀘이커교도가 노예무역에 관여하는 것을 금하는 금지령이 필라델피아 퀘이커교도들에 의해 입법화되었다.

노예제 폐지운동은 퀘이커교도 베네제(Anthony Benezet, 1713~84)에 의해 조직화를 거친다. 그는 1775년에 노예제를 반대하는 조직인 '불법적으로 속박된 자유 흑인의 구제 협회'를 최초로 설립하였고, 런던의 퀘이커교도들이 행동에 나서도록 독려하였다. 베네제는 또한 노예제의 참혹함을 고발하는 글들을 발표하였는데, 그의 글들은 대서양 건너편의 복음주의자들과 성공회 신부들, 특히 클라크슨(Thomas Clarkson, 1760~1846)과 샤프(Granville Sharp, 1735~1813), 그리고 웨즐리(John Wesley, 1703~91) 같은 이들에게 지대한 영향을 미쳤다. 샤프는 1760년대와 70년대에 자유 흑인들뿐만 아니라 도주 노예의 인권을 위한 법정 투쟁에 나섰다. 그는 1787년에 영국에서는 처음으로 '런던노예폐지위원회'를 설립하였다. 이어 윌버포스(William Wilberforce, 1759~1833) 같은 정치인도 이 운동에 동참하게 되면서 1789년에 노예무역 폐지안이 의회에 상정되었다. 그러나 이 청원들이 결실을 거두게 되는 것은 이로부터 20여 년이 흐른 1807년에 이르러서였다. 이어 1808년에 미합중국에서도 노예무역이 금지되니 영국과 미국이 경쟁적으로 노예제도를 반대하는 운동에 나선 듯하였다. 그러나 미합중국의 경우 북부에서는 독립전쟁 직후 노예제를 차례로 폐지하였으나 남부는 이 제도를 완강히 고수하였음은 익히 알려진 사실이다.[15]

영국은 노예제도를 폐지한 후 자유 흑인 노동력을 이용하여 아프리카 식민화를 꾀하기도 한다. 1787년에 해방된 자국의 흑인들을 서아프리카의 시에라리온에 보내어 이들을 위한 식민지 건설을 시작하였고, 유럽의 다른 국가들이 운영하는 노예 무역선에서 해방시킨 아프리카 흑인들을 시에라리온에 정착하게 해주었다. 이러한 관점에서 보면 19세기는 유럽과 아메리카에서 노예무역과 노예제도가 차례로 폐지되는 진보를 일구어 낸 시대였다. 동시에 이 시대는 아이러니컬하게도, 탐험가들, 지리학자들, 선교사들에 의해 개방된 아프리카가 베를린 회담(1884)을 계기로 유럽에 의해 분할되어 이전보다 더한 어둠의 시대로 진입하였던 시기이기도 했다.

그러나 노예제를 반대하는 목소리가 대서양 양안에서, 복음주의와

---

15 Mike Kaye, "Over 200 Years of Campaigning against Slavery", *Anti-Slavery Interna-tio nal 2005*, Google, 31 Aug. 2015. http://www.antislavery.org/includes/documents/ cm_docs/.../1/18072007.pdf.

퀘이커교단 같은 백인 집단에서만 나왔다고 생각하면 이는 오산이다. 백인들과 더불어 아프리카 노예 출신들의 맹렬한 활동이 있었기 때문이다. 18세기 후반이 되자 아프리카 출신으로 앙티유 제도[16]에 노예로 팔렸다가 영국으로 다시 팔려간 쿠고아노(Ottobah Cugoano, 1757~91), 또 다른 아프리카 출신인 에퀴아노(Olaudah Equiano, 1745~97) 등이 자유의 신분을 획득하면서 1780년대에 자전적인 서사[17]를 출간하였을 뿐만 아니라 대중 연설과 같은 공영역의 활동을 통해 그들이 겪은 노예무역과 노예제의 참담함에 대해 증언하였다. 또한 이들은 런던에서 흑인 단체인 '아프리카의 아들들(Sons of Africa)'을 결성하여 노예제 폐지를 위해 싸웠다.

북미 노예 흑인들의 서사는 영국보다 시기적으로 앞섰다. 위틀리(Phillis Wheatley, 1753~84)와 해먼(Jupiter Hammon, 1711~1806) 같은 이들이 1770년대에 자신이 겪었던 질곡의 삶에 관하여 시집과 연설문을 출간했다. 1773년에 출간된 위틀리의 『다양한 주제에 관한 시집(Poems on Various Subjects, Religious and Moral)』이나 1786년에 출간된 해먼의 「뉴욕주의 흑인들에게 바치는 연설(An Address to the Negroes in the State of New York)」이 대표적이다. 이 문헌들은 작가가 노예의 신분인 상태에서, 또한 보수적인 기독교의 영향 아래에서 작성되었기에 노예제에 대한 노골적인 비판은 삼갔지만 그럼에도 불구하고 자유에 대한 열망을

16　서인도제도는 3개의 제도, 즉 대앙티유, 소앙티유, 그리고 바하마로 구성되어 있다. 마르티니크는 소앙티유 제도에 속한다.

17　1787년에 출간된 쿠고아노의 *Thoughts and Sentiments on the Evil and Wicked Traffic of the Slavery and Commerce of the Human Species*, 1789년에 출간된 에퀴아노의 *The Interesting Narrative of the Life of Olaudah Equiano*가 대표적인 노예 서사이다.

표현하는 등 노예제 폐지운동에 중요한 족적을 남겼다.

인권의 문제 못지않게, 아프리카로의 귀환도 북미 흑인들에게 있어서 초기부터 중요한 의제였다. 일찍이 1773년에 매사추세츠 주에서 4명의 흑인 노예들이 아프리카에 정착할 수 있도록 재정적인 지원을 해줄 것을 정부에 탄원을 했는가 하면, 1780년에는 뉴포트의 흑인들이, 1787년에는 보스턴의 흑인들과 뉴포트에서 형성된 '아프리카연합회(African Union Society)'가 유사한 탄원서를 제출하였다.[18] 이들의 탄원이 북미의 퀘이커교도들이 계획하였던 흑인의 아프리카 이주론과 비슷한 시기에 발생하였다는 것은 주목할 만한 역사적 사실이다. 이렇게 말하고 보면, 근대의 흑인해방담론의 형성과 전파에 있어 대서양 양안의 백인들과 흑인들이 모두 참여하였다. 이들의 운동이 모두 아프리카를 해방구로 제시하였다는 사실에서 드러나듯, 흑인해방담론에서 대서양 양안과 아프리카가 유의미한 삼각관계를 구성한다. 이 훗날의 대항 담론이 함의하는 삼각관계에서 아프리카가 여행의 출발지가 아닌 귀환의 종착지로 설정되어 있다는 것이 범대서양 노예무역을 구성하였던 이전의 지리적 삼각관계와 다른 점이다.

프랑스어권 반식민 운동인 네그리튀드의 전개도 영미의 흑인해방운동과 유사한 지리적 삼각관계를 보여준다. 1920년대 이후 네그리튀드 운동을 이끌었던 이들은 아프리카 출신과 마르티니크 출신의 흑인 지식인들이었다. 이들은 파리에서의 유학 기간 동안 제국의 노골적인 인종주의를 새롭게 체험하게 된다. 유럽의 인종주의에 대항하는 과정에

---

18 Eric Burin, *Slavery and the Peculiar Solution : A History of American Colonization Society*, Gainsville : Univ. of Florida Press, 2011, p.8.

서 이 지식인들은 유럽의 과학 담론과 예술 담론 등을 전유하였다. 아프리카의 문화적 가치를 새롭게 주장하기 위해 유럽으로부터 받은 문화적 세례를 재활용한 것이다. 이들에게 영향을 미친 유럽의 예술 중 대표적인 것이 초현실주의이다. 이러한 전유의 공과에 대해서는 5장과 7장에서 논의한다.

여기에서는 네그리튀드의 형성에 기여한 당대 유럽의 과학 담론을 알아보자. 사실 네그리튀드 운동가들이 아프리카의 문명에 대한 새로운 주장을 하기 전에 이미 독일의 프로베니우스(Leo Frobenius, 1873~1938)와 프랑스의 델라포스(Maurice Delafosse, 1870~1926) 같은 연구자들이 18세기 말엽부터 고대 아프리카 문명론을 펼치고 있었다. 적도 아프리카와 서아프리카를 탐험하였던 프로베니우스는 중세 시대의 아프리카만 해도 유럽에 비견될 문화를 가지고 있었으며, 이 "원시의 야만인들"이 실은 철저히 문명화된 존재였음을 주장하였다.[19] 아프리카에 대한 이 새로운 의견은 생고르(Léopold Sédar Senghor, 1906~2001)와 그의 동료 세제르(Aimé Césaire, 1913~2008)를 감동시킨다. 생고르는 프로베니우스 선집의 프랑스어판 서문에서 "프로베니우스보다 아프리카

---

19 프로베니우스가 네그리튀드에 미친 결정적인 영향력은 범아프리적인 "본질"이 존재한다는 시각에서 발견된다. 그에 따르면 모든 아프리카 부족들의 몸짓과 조형예술에서, 춤과 가면에서, 종교적 감정과 삶의 양식, 그들의 정부조직과 운명에서 공통적인 아프리카의 스타일이 발견되는데, 그것은 "기능적이며, 엄격하고, 거칠며, 그리고 건축학적인 성질"이다. 프로베니우스는 이러한 특질이 아프리카 전역에 걸쳐 존재할 뿐만 아니라 고대의 아프리카, 특히 고대 이집트 문화와도 일치한다고 주장하였다. 이 독일 민속학자는 아프리카의 문화적/예술적 특징에 이처럼 통시대적이고도 초역사적인 지위를 부여함으로써, 네그리튀드에 대한 생고르의 본질론적인 주장을 예비해주게 된다. Leo Frobenius, *Histoire de la civilisation africaine*, 3rd ed., Paris : Gallimard, 1936, p.14 · pp.17~18.

를 세상에 더 잘 알리고, 아프리카인들이 자신을 더 잘 알게 해 준 사람은 없다"[20]는 말로 이 독일 민속학자에 대한 존경을 표현한 바 있다.

아프리카에 대한 유럽의 견해가 편견이었음을 학문적으로 입증하려한 연구로는 프로베니우스의 『아프리카 문명의 역사』가 처음이 아니었다. 파리에 유학하던 흑인 지식인들이 프로베니우스의 연구보다 먼저 접했던 것은 델라포스의 저술이었다. 서아프리카 지역의 역사를 연구한 이 프랑스 민속학자는 현지의 전통이나 아랍의 역사가들이 남긴 고문헌과 고고학적인 조사를 통하여 아프리카 서안 지역에서 한때 융성했던 가나, 말리, 가오 같은 제국들의 존재를 밝혀낼 수 있었다.[21] 『아프리카의 흑인들(*Les noirs de l'Afrique*)』에서 델라포스는 말리의 예를 들며 이 과거의 제국이 이룩한 문명은 "동시대의 이슬람 왕국들이나 기독교 왕국들의 문명에 비견될 수 있는 것"이라고 주장한 바 있다.

네그리튀드 운동은 유럽의 지식 담론에 빚진 만큼 미국의 흑인해방운동에 빚졌다. 그중에서도 20세기 초 미국에서 일어났던 할렘 르네상스의 영향력은 압도적이었다. 맥케이(Claude McKay, 1889~1948), 휴즈(Langston Hughes, 1902~67), 브라운(Sterling Brown, 1901~89), 컬른(Countee Cullen, 1903~46), 로크(Alain Locke, 1885~1954) 같은 이들의 사상은 당시 프랑스어권 흑인 지식인들에게 문학적인 영감과 문화적인

---

20 Léopold Sédar Senghor, "Les Leçons de Leo Frobenius", *Leo Frobenius 1873~1973 : Une Anthologie*, Eike Haberland ed., Wiesbaden : Frantz Steiner Verlag, 1973, p.vii.
21 델라포스는 흑인들의 지적인 열등함을 주장하는 백인의 담론을 반박한다. 그는 흑인의 열등함이 결코 증명된 바가 없을 뿐 아니라, 무엇이라도 증명된 바가 있다면 오히려 반대의 내용일 것이며, 만약에 유럽이 아프리카와 같은 상황에 놓였더라면 그들보다 더 나았을 것인지 되묻는다. Maurice Delafosse, *Les noirs de l'Afrique*, Paris : Payot & Cie, 1922, p.61 · pp.158~159.

자부심을 주었다. 할렘 르네상스의 지대한 영향력에 대해 생고르는 "흑인의 가치에 대한 발견이 미국에서 최초로 이루어졌다"[22]는 말로 요약한 바 있다.

대서양 양안에서 받았던 문화적 세례 덕택으로 프랑스어권 흑인 지식인들은 아프리카의 가치와 흑인의 자존심을 새롭게 발견하게 된다. 그러한 점에서 네그리튀드는 아프리카 출신 흑인들이 자신의 정체성을 새롭게 발견하는 과정이었지만, 그것은 '타자를 경유한 자기 지식'의 형태를 띠었다. 이 특수한 지식의 가능성과 문제에 대해서는 다시 자세히 논할 것이다. 이 지식인들은 새롭게 발견한 아프리카적인 가치를 예술적 재현의 대상으로 삼음으로써 대항 담론의 가능성을 모색하였다. 대서양 양안의 문명이 아프리카 문화운동에 접목되었다는 점에서, 네그리튀드 운동은 대서양 노예무역에 비견될 만한 지리적 여행을 거쳐 형성되었다고 여겨진다. 노예무역과의 차이가 있다면 300여 년 전의 여행에서는 아프리카 출신의 흑인들이 아메리카로 끌려가 제국의 경영에 봉사하였다면, 이번에는 이들이 제국의 수도인 메트로폴리스에 자리를 잡고 대서양 양안의 지식 담론을 전유함으로써 아프리카의 자존심에 봉사한 것이다.

---

22 Léopold Sédar Senghor, "Problématique de la négritude", *Présence africaine* 78, 1971, pp.12~14.

진영 논리의 위험

북미의 흑인해방운동으로 다시 돌아가자. 자유 흑인들의 수가 얼마 되지 않았던 영국과 달리 북미의 경우는 독립전쟁 직전 만해도 흑인 노예의 수가 47만 명에 달하였다. 수적으로 상당한 규모를 이루었던 만큼 북미 흑인들의 목소리는 시간이 지나면서 훨씬 더 조직적이 되었다. 이 운동은 크게 두 갈래로 나뉜다. 운동의 한편에 흑백통합주의(racial integration)가 있었다면, 다른 편에는 흑인 국가의 설립을 주장하는 흑인분리주의(black separatism)가 있었다. 흑백통합주의는 흑인이 주로 도덕적 재무장과 교육을 통하여 백인 사회로부터 인정(認定)과 민권을 성취하려고 하였다. 이 진영에서는 흑인이 자기 개혁과 교육, 그리고 경제적 지위의 향상에 힘쓸 때, 백인 사회로의 편입이나 인종 간의 평등을 가장 이상적인 방식으로 도모할 수 있다고 믿었다. 반면 흑인분리주의는 백인과의 조화롭고 평등한 삶이 미합중국에서는 불가능하다고 판단하여 별개의 흑인 국가의 설립을 추구하였다. 19세기 북미의 흑인 운동가들은 초기에는 이주 후보지로 캐나다와 아이티 등 아메리카 지역에 관심을 가졌으나 후기로 갈수록 아프리카에 대한 관심이 증대하였다.

익히 알려진 대로 통합주의는 더글러스(Frederick Douglass, 1818~95) 같은 인물로부터 출발하여 부커 워싱턴(Booker T. Washington, 1856~1915)으로, 20세기 중엽에 이르면 킹 목사(Martin Luther King, Jr., 1929~68)로 이어졌다. 반면, 흑인분리주의 운동은 크러멜(Alexander Crum-

mell, 1819~98)과 블라이든(Edward Blyden, 1832~1912), 들레이니(Martin
Robinson Delany, 1812~85)로부터 가비(Marcus Garvey, 1887~1940)에게
로, 또 말콤 엑스(Malcolm X, 1925~65)에게로 맥이 이어져 왔다. 반면
두보이스(W. E. B. Du Bois, 1868~1963)는 흑인분리주의를 반대하며 흑
백 통합을 위해 노력하였지만 후기로 가면서 범아프리카주의를 제창하
는 모습을 보였다.

19세기 중엽에 이르면 흑인들 사이에서, 즉 통합주의자들과 이주론
자들 사이에서 이론적인 논박뿐만 아니라 물리적 충돌도 일어나게 된
다. 이는 통합주의가 흑인운동의 대세를 이루었던 19세기 전반기와 달
리 시간이 지나면서 해외이주론이 흑인들 사이에서 세력을 확장하게
되었음을 반증한다. 해외이주론자들은 흑인들이 해외에 주권 국가를
성공적으로 설립해 보일 때 비로소 동시대 백인들이 가졌던 인종적 편
견이 잘못된 것임을 입증할 수 있으며, 이러한 편견의 극복이 궁극적으
로 노예제 폐지를 가져올 것이라고 주장하였다. 즉, 물리적인 힘, 지적
인 힘, 상업적인 힘을 한데 뭉쳐 아프리카의 위대함을 제대로 보여줄
때 흑인에 대한 서구인의 편견을 고칠 수 있다는 것이다. 달리 표현하
면, 흑인들이 "강력한 아프리카 국가를 건설할 때까지 다른 인종의 존
경을 받을 수 없을 것"[23]이라는 것이다.

이렇게 말하고 보면, 북미의 흑인해방운동에는 양대 세력이 있고 이
세력들이 각자 추구하는 목표를 향해 평행선을 달린 듯하나, 사실은 그

---

23   Edward Wilmot Blyden, "The Call of Providence to the Descendants of Africa in
      America", *African-American Social and Political Thought 1850~1920*, Howard Brotz ed.,
      London : Transaction Publishers, 1991, p.117.

렇지 않다. 조금 과장해서 말하자면 적어도 19세기 초에서 20세기 초에 이르는 한 세기 동안 이 양대 세력에 속했던 지도자들 중 반대편 진영으로 입장을 바꿀 것을 한 번도 고려하지 않은 사람을 찾기란 쉽지 않다. 곧 자세히 논하겠지만 심지어는 흑백통합론자의 아이콘이자 해외이주를 격렬히 반대한 것으로 알려진 더글러스도 예외는 아니었다. 이를 두고 이데올로기적인 모순이나 변절로 간주하는 것도 하나의 설명이기는 하겠으나 이는 이 기괴한 현상의 이면에 있었던 19세기의 북미 흑인이 처한 특정한 역사적 맥락을 무시하고서야 가능한 설명이다.

진영 논리로써 과거사를 조망할 때 복잡한 과거의 현상이 쉽고 분명하게 이해되는 장점이 있음을 부정할 수는 없다. 당대의 대표적인 흑인 세력들에 대한 지도를 가장 분명하게 그릴 수 있게 해주기 때문이다. 그러나 이러한 이분법적인 관점으로 북미의 흑인해방운동사를 조망할 때 그 시각으로 설명되지 않는 사건들이 논의의 테이블에서 배제되는 문제가 발생한다. 뿐만 아니라 이러한 사건들이 특정한 정치 이념의 이름으로 매도되는 경우도 발생할 수 있다는 점에서 이분법적인 시각에는 경계해야 할 부분이 분명 있다.

북미 흑인운동의 두 진영 사이에는 충돌과 대립에 못지않게 대화와 인적 교류가 있었다. 뿐만 아니라 다양한 세력들이 서로 다른 목표 아래에서 전략적으로 제휴를 하기도 하였다. 본 연구에서는 흑인해외이주론과 통합론이 상호배타적인 세력들에 의해서 주장된 것이 아니라 때로는 동일한 인물들과 단체들이 종종 한 테이블에 올려놓고 동시에 고려한 정치적 의제이었음을 밝힐 것이다. 뿐만 아니라 상황에 따라 개인이 한 진영에서 다른 진영으로 자리바꿈을 하기도 하였으며 또다시 원래의 진영으로 돌아가기도 했다. 양 진영 간의 이러한 교류는 북미의 흑인해방담론이 이주론자들과 통합론자로 대별되는 이분법만으로는 설명될 수 없음을 입증한다.

흑인운동가들이 보여준 입장의 변화는 북미의 흑인운동사 연구자인 모지즈의 저서에서 중요하게 다루어진다. 그러나 역사적 맥락 내에서 충분히 검토되지 못한 결과 이러한 입장의 변화는 이들이 "일관성을 결여"하였거나 혹은 "양가적인 태도"[24]를 가졌다는 등 결과론적인 시각으로 설명될 뿐이다. 흑인운동권 내·외부에서 목격되는 다양한 입장들, 그리고 이러한 입장들 간의 교류와 상호영향력 등은 이 운동이 두 배타적이고도 단성(單聲)적인 이데올로기에 의해 분리 지배된 장이 아니라, 다양한 이데올로기가 서로 충돌할 뿐만 아니라 협상하고 제휴하기도 하는 다성적(多聲的)이고도 대화적(對話的)인 장이었음을 입증하는 것이다.[25]

대립적인 진영들 간에 나타나는 대화는 흑인해방론자들 사이에서, 뿐만 아니라 흑인해방론자들과 백인 해외이주론자들의 관계에도 적용되는 것이다. 19세기에 흑인들의 해외 이주를 추진한 백인들로는 미국

---

24 Wilson Jeremiah Moses, *The Golden Age of Black Nationalism 1850~1925*, New York : Oxford Univ. Press, 1978, p.37.

25 바흐친의 "헤테로글로시아(heteroglossia)" 개념에 의하면 모든 언어는, 그것이 텍스트이든, 문장이든, 혹은 단어이든 간에, 한 사람의 화자에 온전히 귀속될 수 없음을 전제로 한다. 내가 사용하는 담론은 내가 사용하기 전에 이미, 항상 타자에 의해 사용된 것이다. 그리고 각자는 자신이 의도하는 바나 강조하는 바를 그 단어의 의미론적 지평에 각인시키고자 한다. 그러한 점에서 나의 언어 사용은 타자의 언어 사용과 대화적 관계에 놓이게 되며, 언어의 의미는 항상 열려 있는 "대화적인(dialogic)" 지평을 갖는다. M. M. Bakhtin, Caryl Emerson·Michael Holquist trans., *The Dialogic Imagination : Four Essays*, Michael Holquist ed., Austin : Univ. of Texas Press, 1981, p.263.

식민협회(American Colonization Society, 1816~60)가 있다. 이 협회는 다양한 동기와 의도를 가진 백인들로 구성되었지만, 이들은 모두 북미의 자유 흑인들을 아프리카로 보내어 식민지를 건설하려는 목적을 공유했다. 이러한 기획은 '한동안' 통합론자들을 포함한 대다수 흑인들로부터 비판을 받았다. 흑인들이 이처럼 결사반대를 하고 나선 이유는 아프리카에 흑인 식민지를 건설하려는 백인의 시도에서 남부의 노예제도를 공고히 하려는 혐의를 읽었기 때문이다.[26]

그러나 미국 각지의 흑인 대표로 구성된 '흑인전국대회(National Negro Convention)'가 열렸을 때 미국식민협회 회원들이 방청객으로 참석하였고, 또한 미국식민협회가 해외 식민지 건설을 주장하였을 때 흑인 대중뿐만 아니라 흑인분리주의자들도 이에 동조할 때가 있었다는 것은 무심히 지나쳐서는 안 될 중요한 역사적 사실이다. 일견, 모순적일 수 있는 흑인들의 이러한 태도는 당대의 역사적 맥락 내에 위치시켜 보았을 때 충분히 이해할 수 있는 행동이다. 이를테면 1850년대에서 목격되는 흑인들의 "양가적인 태도"는 '1850년의 타협'이 당대에 미친 사회적·심리적 여파를 고려할 때 일관성이 결여된 것이 아니라 극히 자연스럽고 상식적인 반응으로 이해될 수 있다. 이 문제는 2장에서 본격적으로 논의된다.

---

[26] 모지즈도 이와 같은 시각을 취한다. 그래서 흑인의 손으로 아프리카를 문명화 할 것을 주창하던 흑인이 어느 날 미국식민협회의 지원을 받아 아프리카로 출발하자, 모지즈는 이를 모순적이거나 표리부동한 행동으로 간주한 바 있다. Wilson Jeremiah Moses, op. cit., pp.35~37; 이경원, 『검은 역사 하얀 이론』, 파주 : 한길사, 2011, 74쪽.

네그리튀드에 대한 통념

국내·외 학계에 알려져 있는 바에 의하면, 네그리튀드 운동은 의심할 여지없이, 1935년에 파리에서 첫 출간된 『흑인 학생(*L'Étudiant noir*)』과 그의 창간인들에게로 소급되는 것이다. 이 잡지의 공동 창간인들은 아프리카와 카리브 해 출신으로서 프랑스에서 유학하고 있던 흑인들이었다. 해방된 세네갈의 초대 대통령을 지낸 생고르, 서인도제도 마르티니크의 수도 포르-드-프랑스의 시장을 지낸 에메 세제르, 그리고 가이아나 출신의 다마스(Léon-Gontran Damas, 1912~78)가 대표적인 인물이다. 네그리튀드의 기원을 『흑인 학생』에서 찾는 관행은 1963년에 출간된 케스틀롯(Lilyan Kesteloot)의 선구적인 네그리튀드 연구서 『프랑스어 사용 흑인작가들―하나의 문학의 탄생』으로 거슬러 올라간다.

『흑인 학생』의 창간인들을 네그리튀드의 대표자로 지목하는 연구 관행은 최근의 연구에서도 어렵지 않게 발견된다. 애쉬크로프트를 비롯한 3인의 공동 저자가 발간한 『탈식민주의 연구, 주요 개념들』이 대표적인 예이다. 『되받아 쓰는 제국(*The Empire Writes Back*)』(1989)으로 유명한 이 호주의 비평가들은 네그리튀드 운동을 다음과 같이 요약한다. "레오폴드 세다르 생고르, 비라고 디옵(Birago Diop) 같은 프랑스어권 아프리카 작가들, 그리고 에메 세제르 같은 서인도제도 출신의 동료들이 제2차 세계대전 직전·직후의 기간 동안에 파리에서 네그리튀드 이론을 발전시켰다."[27] 이러한 비평적 경향은 국내의 연구에서도 큰 수정 없이 수용된다. 한 국내 평자의 주장을 인용하면, "네그리튀드 운동은 바로 파리의 흑인 대학생들을 중심으로 이루어진 것이다. 1930년대 중반 아프리카와 마르티니크 출신의 파리 대학생 생고르와 세제르 그리고 다마스 등은 네그리튀드 운동을 통하여 자신들의 정체성에 대하여 심각한 질문을 던짐과 동시에 이러한 문제를 문학적으로 승화시킨다."[28]

케스틀롯의 연구에서 비롯하는 이러한 국내·외 연구자들의 주장들은, 세제르가 제국의 동화정책에 대항하였으며, 자신도 검은 아프리카의 전통적인 가치들을 분석하고 노래하는 것을 목표로 삼았다고 하는 생고르의 '훗날'의 진술을 근거로 한 것이다. 이러한 진술을 증거로 삼아 케스틀롯은 이 운동이 문학에서는 초현실주의, 사회적인 면에서는 공산주의와 같은 "서양의 가치들로부터 거리를 두었다"고 주장하게 된다.[29] 그러나 이에 동의하기 전에 고려할 사실은 『흑인 학생』이 출간되기 훨씬 전에 이미 '다수의' 잡지들이 파리에 유학 중인 흑인들에 의해 간행되고 있었다는 점이다. 그러나 이 선행 잡지들에 대한 그간의 평가는 인색한 것이었다. 이 잡지들이 프랑스 식민주의에 정면으로 도전하거나 서인도제도와 아프리카의 해방을 외치는 모습을 보여주지 못했다

---

27 Bill Ashcroft · Gareth Griffins · Helen Tiffin, *Post-Colonial Studies : The Key Concepts*, New York : Routledge, 2000, p.144; 메리 갤러거도 예외는 아니다. Mary Gallagher, "Aimé Césaire and Francophone Postcolonial Thought", *Postcolonial Thought in the French-speaking World*, Charles Forsdick · David Murphy eds., Liverpool : Liverpool Univ. Press, 2009, p.31.

28 원종익, 「공존에서 저항으로—프랑스어 흑인 시문학의 여정(1930~1960)」, 『한국아프리카학회지』 24집, 2006, 225쪽.

29 Lilyan Kesteloot, *Les Ecrivains noirs de langue française : naissance d'une littérature*, Bruxelles : Institut de Sociologie de Université Libre de Bruxelles, 1963, p.90 · 98. 많지 않은 국내의 네그리튀드 연구에서도 『흑인 학생』이 초현실주의와 마르크스주의로부터 거리 두기를 하였다는 주장을 수용하고 있다. 원종익, 앞의 글; 원종익, 「네그리튀드의 태동—할렘 르네상스로부터 네그리튀드까지」, 『한국아프리카학회지』 28집, 2008, 173~196쪽.

는 것이 그 이유였다. 또한 이 잡지들이 서구의 사상이나 이데올로기에 의존적이었기 때문에 진정한 아프리카 문화운동을 펼친 기관지로 인정할 수 없다는 것이 그 이유였다. 이와 관련하여 본 연구가 주장하는 바는, 흔히 이해되어 온 바와 달리 생고르나 세제르가 네그리튀드 운동 초기에 취했던 입장도 사실 이 선구적인 잡지들과 크게 다르지 않았다는 점이다.

외래 사상을 받아들였는지의 여부로 진정한 흑인운동인지 아닌지를 평가한다면 이는 자기모순에 빠지고 만다. 왜냐하면 세제르와 생고르 같은 핵심 인물들도 네그리튀드의 범주에서 제외해야 할 것이기 때문이다. 앞서 주장한 바 있듯, 네그리튀드는 대서양 양안의 지식 담론과 아프리카 문화의 합작품으로 이해되어야 한다. 매우 중요한 사실이지만 기성 연구에서 좀처럼 지적되지 않는 사실은, 『흑인 학생』의 창간호에서조차 이 네그리튀드의 핵심인물들이 외래의 서양 사상들로부터 거리두기를 하는 부분을 찾기가 힘들다는 점이다. 반면 그 반대의 예증을 찾기란 어렵지 않다. 다시 논의하겠지만, 『열대지역(*Tropiques*)』(1941~45)의 편집인으로 활동하였던 당시 세제르는 초현실주의에 매료되었으며, 또한 공산당에 가입하여 10여 년을 넘게 활동하였다. 생고르도 초기에는 사회주의에 매료되었으며 긴 저작 기간 동안 초현실주의의 강령을 받아들여 활동하였다.

그러니 『흑인 학생』이 서양의 가치들과 정말로 거리를 두었는지는 정밀한 검증이 필요한 부분이다. 본 연구에서는 『흑인 학생』이 당대 서인도제도와 아프리카 출신의 문인들에게 미친 영향이 훗날의 평가와 달리 과장된 부분은 없는지, 더 나아가서 네그리튀드 운동의 의미나 의의가 흔히 주장되듯 "순수한 아프리카적인 가치로의 회귀"로 소진될 수 있는 것인지 질문한다. 순수한 아프리카의 정신을 노래했을 때조차도 네그리튀드 운동은 문화적 혼종성으로부터 눈을 떼지 않았으며, 오히려 백인의 담론을 전격적으로 수용하였을 뿐만 아니라 백인의 가치마저도 일정 부분 받아들였다는 것이 본 연구가 주장하는 바이다. 어떻게 보면 네그리튀드 운동만큼 백인의 과학과 예술에 빚진 운동도 없다.

본 연구는 또한 네그리튀드 운동의 계보가 남성 일색인 사실도 주목한다. 네그리튀드에 대한 기성의 평가에서 생고르, 세제르, 다마스 삼총사가 이 운동의 창시자로 지목된다면, 이 운동의 탄생에 영향을 준 인물로는 마랑(René Maran, 1887~1960)이 흔히 손꼽힌다. 생고르, 세제르, 그리고 다마스는, 『바투알라(Batouala)』(1921)로 흑인 최초로 프랑스 최고의 문학상인 공쿠르상을 수상한 마랑을 네그리튀드의 "선구자"로 부르기도 했다. 이들이 작성한 네그리튀드의 계보는 대서양을 건너가기도 한다. 앞서 언급한 바 있듯 할렘 르네상스를 주도한 문인들의 저작이 당시 파리에 유학 중이던 흑인들에 의해 열렬히 읽혔을 뿐만 아니라 제1차 세계대전 직후 맥케이, 휴즈, 컬런 같은 이들이 파리에 거주하며 프랑스어권 흑인들과 교류하였기 때문이다.

할렘 르네상스의 대표적인 남성 운동가들에서 마랑으로, 그리고 다시 세제르, 생고르, 다마스로 이어지는 네그리튀드의 남성적 계보에는 여성 문인들과 다른 사상가들이 보이지 않는다. 후대의 비평가들이 케스틀롯의 선행 연구에 영향을 받았기 때문이다. 이와 관련하여 네그리튀드 문학에서 아프리카 대륙이 흔히 흑인 여성의 몸으로 취환 되어 표현되어 왔다는 사실은 시사하는 바가 있다. "검은 여인(Femme noire)"

으로 이상화됨으로써 아프리카 여성이 실제로 처해 있는 억압적인 현실이 재현의 장에서 사라질 가능성 때문이다. 은유나 상징으로서의 흑인 여성이 현실 세계의 흑인 여성과 동일시될 수 없음을 라리에는 다음과 같이 표현한다. "같은 작가들이 '어머니'라는 점에서는 모국 아프리카와 다를 바가 없는 자신의 아내들을 찬미하지 않는 것은 아이러니컬하다."[30] 더욱이 아프리카의 전통 사회에서 여성의 억압이 모성(母性)의 이름으로 이루어져 왔다는 점을 고려할 때에, 모성에 대한 강조는 가부장적 이데올로기와 공모한다는 혐의로부터 자유롭지 못하다.[31]

최근에서야 네그리튀드의 '성적 타자'에 대한 고려는 샤플리-와이팅과 윌크스 등 소수의 여성 비평가들에 의해 이루어지고 있다.[32] 네그리튀드 연구에서 그간 배제되어 온 '어머니들' 중에는 라카스카드(Suzanne Lacascade)가 있다. 그녀는 일찍이 소설『클레르 솔랑쥬, 아프리카의 영혼(Claire Solange −Âme africaine)』(1924)에서 마르티니크의 토착 문화를 노래하고 프랑스의 인종주의를 고발하였다. 백인의 방식과 가치를 모방하는 것이 '절대 선'이었던 당대의 식민지적 상황에서 혼혈 여주인공이 보여주는 '아프리카와의 동일시'는 그 어떠한 정치적 성명서 못지않게 정신적인 독립을 강력히 선언하는 것이었다. 이 작품은 또한 서인도제도 특유의 흑인 문화와 크레올 문화의 향토성과 음악성을 담

---

30 Renée Larrier, "Reconstructing Motherhood", *The Politics of (M)Othering*, Obioma Nnaemeka ed., London : Routledge, 1997, p.194.

31 이석구,『제국과 민족국가 사이에서』, 파주 : 한길사, 2011, 87~92쪽 참조.

32 네그리튀드를 여성적 관점에서 재조명한 최근의 문헌은 다음과 같다. T. Denean Sharphey-Whiting, *Negritude Women*; Jennifer M. Wilks, *Race, Gender, and Comparative Modernism*.

아내었다는 점에서도 예술적 성취를 거둔 것으로 평가된다. 그러나 이 책은 3년 전에 출판된 마랑의 『바투알라』의 빛에 가려 기성의 네그리 튀드 문학사에서는 보이지 않는다.

네그리튀드 운동에 대한 기성 연구가 '남성적 계보학'에 치중하면 서 간과한 인물들 중에는 나르달(Nardal) 자매와 쉬잔 세제르(Suzanne Roussy-Césaire, 1915~66)가 있다. 이들의 역할은 단순히 『흑인 학생』의 기고자였다는 사실에 그치지 않는다. 할렘 르네상스를 동료들에게 전 해 주는 역할을 하였을 뿐만 아니라 이들이 네그리튀드 삼인방보다 먼 저 선보인 개념들이 운동의 핵심을 꿰뚫었기 때문이다. 본 연구에서는 나달 자매가 제창한 "흑인 국제주의(Internationalisme noir)"나 "아프리 카계 라틴인(Afro-Latin)" 개념에 주목함으로써 이 여성 문인들의 문화 운동과 생고르 등이 주창한 운동을 비교한다. 쉬잔이 주창한 마르디니 크 문화혁명론의 경우 그녀의 남성 동지들이 제창한 아프리카 감성론 보다 훨씬 더 개방적이며 진보적인 사유를 보여준다는 점에서 새롭게 평가되어야 한다. 본 연구에서는 이러한 비교를 통해 네그리튀드 운동 의 계보를 다시 쓰고자 한다.

또한 본 연구서는 네그리튀드 운동과 관련하여 문화적 '순수'와 '혼 종'에 대해서 질문을 제기한다. 생고르 등 네그리튀드 운동가들이 처음 부터 안고 있었던 문제점 중의 하나는 자신에 대한 최초의 배움마저도 타자를 경유할 때, 그것도 어떤 때는 객관성을 결여한 타자를 경유할 때 가능하였다는 점이다. 아프리카의 문화적 뿌리로부터 멀어진 마르 티니크 태생이었던 세제르는 말할 것도 없고, 서아프리카 세네갈에서 태어나 아프리카로부터 문화적 세례를 직접 받고 자라난 생고르조차도 아프리카를 알기 위해서 유럽 학자의 도움을 받아야 했다는 사실은 네그리튀드가 실은 유럽의 지식에 빚진 것임을 드러낸다. 본 연구에서는 문화 순수주의로 흔히 인식되는 네그리튀드 운동이 실제로 유럽의 지식과 담론에 얼마나 빚지고 있는지를, 이 운동이 아프리카 문화의 계승 못지않게 유럽 문화를 모방할 것을 의식적으로 추구하였음을, 그리고 생고르의 경우 이러한 지적 채무관계를 숨기려고 적지 않은 노력을 하였음을 7장에서 논한다.

다시 읽는 파농

파농(Frantz Fanon, 1925~61)은 서구의 인종 담론을 정신분석학적으로 반박한 탈식민 이론가일 뿐만 아니라 알제리 민족해방전선을 위해 싸운 반식민 투쟁가로 잘 알려져 있다. 그의 저서 『검은 피부, 하얀 가면(*Peau noire, masques blancs*)』(1952)은 오랜 식민 통치로 인해 백인의 문화를 내재화한 흑인들의 정신세계를 과학적으로 진단한 것으로 학계의 주목을 받고 있다. 그는 또한 식민지 피지배자의 정신세계에 대한 분석이 식민지 특유의 정치적·경제적 맥락을 고려해야 한다고 봄으로써, 유럽중심적인 프로이트의 심리학이 식민지에 그대로 적용될 수 없음을 주장한 바 있다.

그러나 어떤 점에서는 사실 파농이 백인 담론의 오류를 입증하였다는 견해는 파농의 탈식민 정신분석학이 성취해 보이는 바를 제대로 설명하지 못한다. 사실 본 연구에서 파농의 첫 저작에 주목하는 이유는 그가 백인의 담론이 편견임을 성공적으로 입증하여서가 아니다. 그러한 입증은 굳이 파농이 아니더라도 할 수 있는 것이고, 실제로 파농 이전에 네그리튀드 운동가들의 손에 의해 이루어졌다. 본 연구에서 파농에 주목하는 이유는, 백인의 담론이 허구가 '아님'을 그가 입증하였기에, 더 나아가 이러한 입증을 통해 식민지의 현실에 대한 고려가 정신분석학과 분리될 수 없는 것임을 입증해 보였기 때문이다. 흑인 남성은 항상 백인 여성들을 범하려는 욕망을 가졌다는 백인 담론이나, 그 반대로 흑인 여성은 항상 백인 남성과의 로맨스를 꿈꾼다는 백인 담론이 그 예이다. 파농은 이러한 담론이 허구임을 입증하는 대신 그것이 사실임을 보여준다. 그리고 흑인들이 이처럼 문제적인 심리를 갖게 된 데에는 바로 식민지의 정치·경제적 현실이 있음을 입증한다.

본 연구에서는 유럽 식민주의를 비판함에 있어 파농이 유럽 사상에 빚지게 된 바를 본격적으로 논의한다. 지배자의 지식을 빌려와 그를 비판하는데 사용하는 파농의 전략은 '캘리번'적인 유용성으로 해석될 수 있다. 셰익스피어의 『태풍(*The Tempest*)』에 등장하는 캘리번은 주인 프로스페로에게서 배운 언어로 주인을 욕하고 그에게 굴종하기를 거부하는 반식민 저항의 원형을 보여준다. 이러한 맥락에서 유럽의 철학과 심리학을 빌려 오는 파농의 행위를 적에게서 배운 지식으로 적에 대항하는 지략으로 평가할 수 있겠다. 이경원의 표현을 빌리면, 파농이 오늘날 우리들에게 시사하는 바가 바로 "어떤 이론이 그 자체로는 모순적이거나 억압적이더라도 도구적 가치가 있으면 …… 적극 활용하는"[33] 그의 태도에 있다.

적(敵)의 것이라고 해서 현실적인 활용도를 무시하는 우둔함은 피해 야겠지만 이와 더불어 검토되어야 할 바는, 타자의 사상을 수용할 때 그것이 어떠한 함의를 가지는지, 그 함의가 자신의 주장과 모순되지는 않는지에 대한 성찰이다. 어떤 빚을 어떻게 졌는지의 여부에 따라 애초에 가졌던 저항 의도와 달리 지배자의 우월함을 인정하는 결과를 낳기도 하며, 지배자와 같은 오류를 저지를 수도 있기 때문이다. 본 연구가 파농의 『검은 피부, 하얀 가면』에서 주목하는 바는, 백인의 보편성에 대항하여 흑인의 가치를 지키고자 한 이 대항 담론이 실은 사르트르의 언어로 표현되고 있다는 점이다. 사르트르의 『존재와 무(L'être et le néant)』에 친숙한 독자라면 파농의 저서가 사르트르의 실존주의 언어를 얼마나 많이 닮았는지 발견하고 적지 않게 놀랄 것이다. 본 연구서는 파농이 유럽의 철학 담론을 빌려와 새로운 흑인론(黑人論)을 주창함으로써 사르트르와 유사한 오류를 저지르지는 않았는가, 즉 보편성의 이름으로 동시대 흑인들에게서 역사성과 특수성을 박탈하지는 않았는가 하는 문제를 제기한다.

『검은 피부, 하얀 가면』은 또한 파농의 정치적 입장을 후기 저작보다 더 섬세하게 보여준다는 점에서도 논의가 필요한 텍스트이다. 파농의 성숙한 정치적 입장은 그가 타계하던 해에 저술한 『대지의 저주받은 자들(Les damnés de la terre)』(1961)에서 선명하게 드러난다는 것이 정설이다. 이 마지막 저작에 비해 "불확실성"이 두드러진다고 하는 『검은 피

---

33   이경원, 「프란츠 파농과 정신의 탈식민화」, 『실천문학』 58집, 2000, 339쪽.

부, 하얀 가면』은 어떤 점에서는, 당대의 문제에 대한 파농의 단순하지 않았던 입장을 더 선명하게 드러낸다. 네그리튀드 운동에 대한 그의 입장이 대표적이다. 파농과 네그리튀드의 관계에 대한 선행 연구는, 파농이 생고르와 세제르 모두에 대해 비판적이었다는 견해, 그리고 생고르에 대해서는 비판적이었지만 자신의 스승이었던 세제르에 대해서는 그렇지 않았다는 의견 중 하나로 수렴되는 듯하다.[34] 이 중 전자의 견해는 네그리튀드가 통일된 운동이라는 전제를 하고 있다. 그러나 이는 생고르와 세제르가 지향했던 바가 시간이 지날수록 점점 서로 달라졌다는 사실을 고려하고 있지 못하다. 반면, 후자의 견해는 세제르에 대한 파농의 입장이 그리 단순하지 않았다는 사실을 고려하고 있지 못하다. 『검은 피부, 하얀 가면』이 이러한 두 견해와는 다른 이야기를 들려준다는 것이 본 연구의 주장이다.

파농의 정신분석학 및 그의 알제리 투쟁론은 여성의 관점에서 읽었을 때 적지 않은 문제점을 드러낸다. 본 연구에서는 흑인 여성과 혼혈 여성에 대한 파농의 분석이 남성중심주의에 경도되어 있을 뿐만 아니라 실은 극히 탈역사적인 방식으로 이루어지고 있음을 지적한다. 알제리 여성의 베일을 둘러싸고 제국과 알제리 민족주의 진영 간에 벌어진 전투에서 파농은 알제리 여성을 저항적 주체로 추켜세우며 경의를 표하나, 본 연구에서는 이 여성들이 식민 담론에서와 마찬가지로 파농의

---

34   전자의 견해로는 Vivaldi Jean-Marie, *Fanon : Collective Ethics and Humanism*, New York : Peter Lang, 2007, pp.12~15 참조; 후자의 견해는 Cynthia R. Nielsen, *Foucault, Douglass, Fanon, and Scotus in Dialogue*, London : Palgrave Macmillan, 2013, pp.83~94; 이경원, 앞의 책, 279~281쪽; 파농과 세제르에 대한 보다 섬세한 연구로는 Jock McCulloch, *Black Soul White Artifact : Fanon's Clinical Psychology and Social Theory*, Cambridge : Cambridge Univ. Press, 1983, pp.35~49 참조.

텍스트에서도 목소리가 들리지 않음을 지적한다.

탈식민 담론의 헤테로글로시아

주인의 목소리를 흉내 냄으로써 주인을 반박하는 수법은 후기구조주의의 영향을 받은 탈식민주의 이론의 삼총사, 사이드(Edward Said, 1935~2003), 바바(Homi Bhabha, 1949~), 스피박(Gayatri Spivak, 1942~)에게서도 발견된다. 사이드의 경우 니체와 푸코(Michel Foucault, 1926~84)가 구사하는 반휴머니즘(anti-humanism)의 언어를 빌려서 서구의 지배이데올로기에 대한 심문(審問)을 수행하게 된다. 그러나 이러한 작업은 아무런 대가 없이 이루어진 것이 아니다. "담론의 현실 구성력"이나 "권력의 효과로서의 진실" 같은 개념을 수용함으로써 사이드가 그의 초기 저서에서 서구의 휴머니즘과 식민주의 간의 공모관계를 효과적으로 폭로하였음은 사실이다. 동시에 반휴머니즘의 수용은 일종의 부메랑처럼 되돌아와 피식민 지배자의 주체성이나 그의 비판적 사유가 설 입지를 박탈하는 '자해성 무기'로도 작용하였다. '전유'하고자 하는 목적으로 후기구조주의를 도입하였으나 이것이 피지배자의 손발을 묶어 버리는 '봉쇄'로 기능하는 것이다.

훌륭한 대화론자는 빌려 온 목소리들의 협연을 통해 자신이 의도하는 바를 극적으로 전달할 수 있어야 한다. 마치 바흐친(Mikhail Bakhtin,

1895~1975)이 '대화주의(dialogism)' 개념을 설명하면서 대화적 텍스트의 작가는 텍스트 바깥세상에서 빌려온 언어들의 적절한 편곡과 편성을 통해서 자신의 의도를 전달한다고 주장한 것처럼 말이다.[35] 이때 작가의 목소리는 오케스트라를 이끄는 지휘자처럼, 빌려온 타자의 언어 중 그 어느 것과도 동일시 될 수 없으나, 그럼에도 불구하고 이질적인 언어들의 협연이라는 총체적인 효과를 통해서 존재하게 된다. 이러한 관점에서 보았을 때, 빌려온 목소리들이 지휘자의 의도를 간섭하게 되었다는 점에서 초기 사이드가 시도하는 헤테로글로시아는 그것의 보여준 성취에도 불구하고 협연으로서는 실패하였다. 사이드는 후기의 저작에서 이러한 실수를 교정하려는 시도를 하였다.

후기의 저서에서 사이드는 문화의 상대적인 자율성을 주장함으로써, 제국주의 이데올로기를 일종의 거대 구조로 옹립한 초기의 실수를 교정하려 한다. 그는 문화와 정치 · 경제 영역 간의 상호 영향력을 인정할 뿐만 아니라, 대위법이라는 개념을 도입하여 제국과 식민지의 상호 영향력도 규명하려 한다. 즉, 식민 관계를 적대적인 대결 구도를 넘어서 생산적이고도 상호의존적인 관계로 새롭게 정초하고자 한다. 일제의 식민 통치와 근대화의 관계라는 화두가 국내 민족사학계에 큰 논란을 일으킨 바 있듯, 식민지배 / 피지배의 역사를 상호의존적인 관계로 해석하는 시도는 매우 위험한 작업이다. 자칫 고통의 역사가 은폐되고 수탈자가 시혜자로 왜곡될 수 있기 때문이다. 본 연구서에서는 대결에서 공생으로, 문화적 순수에서 혼종화로 식민 역사를 새롭게 쓰는 사이드

---

35 Mikhail Bakhtin, op. cit., p.298.

의 작업을 면밀히 분석하며 그 공과를 따진다. 무엇보다 사이드의 후기 저작에 나타난 문화론, 대위법, 그리고 참조 구조론을 계보학적인 관점에서 논의하며, 그의 문학 읽기가 어떠한 점에서 탈역사적인 방향으로 흐르고 말았는지를 지적한다.

바바와 스피박도 다양한 후기구조주의 이론을 받아들여 이를 저항 담론으로 역이용하게 된다. 둘 사이에 차이가 있다면 이들이 수행하는 탈식민 기획의 초점에서 발견된다. 바바의 경우 통합된 백인 주체가 불가능한 것임을 폭로하는 것에, 스피박은 하위계층의 의식이 제3자에 의해 순수한 형태로 포착되거나 복구될 수 없음을 증명하는 것에 초점을 맞추는 것이다. 바바는 식민 지배자의 존재론적 불안정성을 폭로하기 위해 라캉(Jacques Lacan, 1901~81)의 정신분석학, 푸코의 권력 개념, 데리다(Jacques Derrida, 1930~2004)의 해체주의 등 마치 동시대 비평이론을 한데 짜깁기 한 듯한 다중적인 목소리의 협연을 펼쳐 보인다. 스피박 또한 페미니즘, 해체주의, 마르크스주의 등 다양한 목소리를 자신의 텍스트에서 들려준다.

제국의 지배에 대하여 전복적인 사유를 함에 있어 후기구조주의 이론을 빌려오는 것이 이득 못지않게 손실이 크다는 지적이 기성의 탈식민주의 학자들에 의해 제기되어 왔다. 본 연구에서는 이러한 안목을 빌려오되 사이드, 바바, 스피박의 이론을 역사적 맥락 속에 위치시킴으로써, 탈식민을 지향하는 이들의 기획에 따르는 실천적인 문제를 역사성의 관점에서 논의한다. 또한 서구의 다양한 이론들을 빌려와서 서구 인본주의의 허위성을 비판하고자 한 이들의 기획이 어떠한 전략적 효용성을 갖는지를 논한다. 이와 더불어 '공정성'이나 '정의'의 이름으로 식민주의의 착취적인 성격을 비판하는 이들의 작업이 얼마나 공정하게 기성 이론들을 빌려왔는지, 즉 기성 이론을 오용하고 착취적으로 전유한 바는 없는지 검토한다.

탈식민주의의 이중성

서구에서 탈식민주의 이론과 문학에 대한 논의가 본격적으로 시작된 기점을 꼽자면 빌 애쉬크로프트와 그의 공저자들이 『되받아 쓰는 제국』을 출간한 1989년이나, 혹은 좀 더 거슬러 올라가서 사이드가 『오리엔탈리즘(Orientalism)』을 출간한 1978년을 꼽기도 한다. 1978년을 기점으로 했을 때 이 운동은 거의 40년의 역사를 가진 문학·문화 운동으로 자리를 잡은 듯하다. 탈식민주의에 관한 연구를 이론에 한정 짓지 않으면 이 운동은 18세기 북미의 흑인해방론으로까지 거슬러 올라간다. 문제는 탈식민주의의 '기원'을 어떻게 잡느냐에 따라 탈식민주의의 정체성이 완연히 달라진다는 점이다. 운동의 기원을 사이드의 『오리엔탈리즘』 출간으로 볼 경우 탈식민주의는 서구의 후기구조주의에 영향을 받아서 서구에서 발원하는 '이론'으로 정의되기 때문이다. 이와 대조적으로 사이드 이전의 탈식민주의는 아프리카나 카리브 해 지역의 반식민 문학, 네그리튀드 운동, 미국의 흑인문학 등을 지칭하게 된다. 오늘날 많은 탈식민주의 비평가들의 글에서 이러한 구분이 언급되는데, 이에는 아마드와 무어-길버트 간의 논쟁이 기여한 바 있다.

　아마드가 탈식민주의를 서구의 신식민주의적 지배에 봉사하는 보수적인 이론으로 비판을 하자, 무어-길버트가 탈식민주의를 이 마르크스주의자의 비판으로부터 구출하려 논쟁에 뛰어든다. 아마드는 탈식민주의 담론 분석을 메트로폴리스에서 활동하는 구 식민지 출신의 지식인들이 추구하는 "기회주의적 제3세계주의"라 부르며, 이들의 담론이 제3세계를 하나의 "뭉뚱그려진 식민적 타자"로 재현함으로써 서구 제국과 공모한다는 혐의를 제기한 바 있다.[36] 무어-길버트는 이에 대한 반박으로 탈식민주의 비평과 이론을 구분할 것을 제의한다. 그에 의하면 탈식민주의 비평은 식민 지배에 대항하였던 반식민 문학가와 비평가 등 피지배자에서 발원하는 것이요, 탈식민주의 이론은 후기구조주의의 영향을 받고 현재 제1세계에서 활동하는 이민자 출신의 지식인들에게서 연유하는 것이다.[37]

　사실 탈식민주의를 후기구조주의에 영향받은 현대의 이론으로 이해한 이는 아마드가 처음이 아니고 최초의 본격적인 탈식민주의 비평서라 불리는 『백색 신화(*White Mythologies*)』(1990)를 쓴 영(Robert Young)에게서도 발견되는 것이다. 차이가 있다면 후기구조주의와의 제휴가 영의 저서에서는 긍정적으로 검토되는 반면, 마르크스주의 비평에서는 서구의 문화제국주의의 첨병 정도로 비판받는다는 점이다. 탈식민주

---

[36]　Aijaz Ahmad, *In Theory : Classes, Nations, Literatures*, London : Verso, 1992, p.86 · 93.

[37]　Bart Moore-Gilbert, *Postcolonial Theory : Contexts, Practices, Politics*, New York : Verso, 1997, pp.1~33. 무어-길버트의 저서가 비평과 이론의 구분이 절대적인 것이 아닐뿐더러 이 둘 간에는 상통하는 부분이 있음도 강조한다는 사실은 여기서 밝혀 둘 필요가 있다.

의와 후기구조주의의 제휴에 대해서 국내의 탈식민주의 비평은 어떻게 평가해 왔는가? 일찍이는 1992년 『외국문학』에서 가야트리 스피박의 논문과 대담을 소개하였으나, 탈식민주의 이론이 한국 학자들 간에 논의의 대상이 된 것은 90년대 후반의 일이라고 여겨진다. 국내 초기의 비평으로는 1995년과 1996년에 각각 출간된 고부응의 글이 있다. 그는 1996년의 글에서 제국주의 체제로부터 얻은 배움을 역이용할 것을 제안한다. 제3세계가 이미 제1세계의 하위체계로 자리 잡았기에 저항은 체제 안에서 가능하고 또 효과적이라는 주장이다.[38] 탈식민주의 이론에 대한 긍정적인 평가는 2002년에 출간된 그의 저서에서도 계속된다.[39]

한국의 비평계에서는 탈식민주의 이론에 대하여 경계와 우려의 목소리도 들려온다. 일찍이는 김욱동이 포스트식민주의 문학 비평이 제1세계에서 주로 이루어졌음에 주목하면서 이 비평이 또 다른 형태의 제국주의나 식민지배 담론이 될 가능성에 주목하였다.[40] 탈식민주의에 대한 우려의 목소리는 이경원의 「저항인가, 유희인가?─탈식민주의의 반성과 전망」에서도 들려온다. 그에 의하면, 탈식민주의가 제1세계의

---

38 고부응, 「맑스의 식민역사관과 싸이드의 '동양론' 비판」, 『역사비평』 30호, 1995, 247~268쪽; 고부응, 「서구의 제3세계 담론─제이미슨, 아마드, 스피박」, 『문학과 사회』 36권, 1996, 1773~1793쪽.

39 고부응에 의하면, 사이드는 "서양의 식민주의적 지식 체계를 비판할 수 있는 새로운 학문의 틀을 세운" 것으로 평가된다. 또한 바바는 "피식민지인이 제국주의 체제에 대하여 어떤 교란과 저항을 하고 있는지를" 밝혀주며, 스피박도 식민지 여성의 목소리 문제를 이론적으로 정교하게 분석하고 있다고 평가된다. 고부응, 『초민족 시대의 민족정체성』, 서울 : 문학과지성사, 2002, 21~22쪽.

40 김욱동, 「포스트식민주의의 범주와 성격」, 『비평과 이론』 3호, 1998, 21쪽. 이 글은 포스트식민주의를 탈식민주의와 신식민주의를 아우르는 개념으로 볼 것을 제안한다.

지식인들에 의해 이론화 작업을 거치게 될 때 이는 저항성이나 전복성을 잃게 되는 "탈식민주의의 변질"로 간주된다. 이러한 주장은 근간에 출간된 그의 저서 『검은 역사 하얀 이론』에서 좀 더 구체화된다. 이러한 사유는 탈식민주의와 후기구조주의와의 연계를 서구의 문화제국주의에 포섭당하는 수순이라고 본다는 점에서는 아마드의 주장과 궤를 같이 한다. 이경원의 표현을 직접 빌리면, "'탈식민주의 비평'이 제3세계의 자생적이고 주체적인 독립운동이었다면, '탈식민주의 이론'은 서구 이론과 자본의 개입으로 이루어진 문화적 신탁통치이다."[41] 이러한 구도에서 탈식민주의 비평이 제도권 밖의 급진적인 지식의 지위를 갖는다면, 탈식민주의 이론은 저항의 예각을 상실하고 서구 독자의 입맛과 포스트모더니즘의 시장에 의해 순치된 "규칙화된 게임"에 비견된다.

　본 연구는 이러한 선행 연구들의 안목을 이어 받는다. 동시에 본 연구서는 탈식민주의 비평과 이론을 "자생성"이나 "주체성" 혹은 "출신성분"의 관점에서 구분 짓기가 매우 힘들다는 주장을 제기함으로써 무어-길버트의 시각을 따르는 연구들과는 다른 시각을 견지한다. 흑인 제국론을 주창한 들레이니, 흑인감성론을 주창한 네그리튀드 운동, 생고르나 세제르보다 먼저 '인종적 자살'을 꾀한 『정당방어(Légitime défense)』의 공동 창간인들, 백인과의 동일시에서 깨어날 것을 동료 마르티니크인들에게 촉구한 파농 등 소위 "탈식민주의 비평"에 속하는 운동가들의 주장도 엄밀한 시각에서 분석해 보면, '자생적'인 것과는 상당한 거리가 있다. 앞서 개괄한 바 있듯, 심지어는 18세기~19세기의 흑인해

41　이경원, 「저항인가, 유희인가? ─ 탈식민주의의 반성과 전망」, 『문학과 사회』 42호, 1998, 780쪽; 이경원, 앞의 책, 43~44쪽.

방운동도 대서양 삼각관계라는 지리적 여행을 통해서 태어난 것이며, 흑인의 주체성을 격앙된 목소리로 외쳤던 네그리튀드 운동도 실은 혼종적인 이론이었을 뿐만 아니라, 혼종적 정체성의 필요성과 필연성을 토로하였다. 심지어는 오늘날 반식민 저항의 아이콘으로 높은 자리를 차지하게 된 파농의 신흑인론도 자생적인 이론이라는 이름을 붙이기가 민망한 부분이 있다. 어느 주의(主義)도, 어느 운동도 홀로 탄생하는 법은 없다.

탈식민주의 이론을 주인의 언어를 배워 주인에게 되사용하는 현대의 '캘리번'에 흔히 비유하지만, 사실 현대의 캘리번이 주인으로부터 배운 것을 욕과 같은 언어적 매개물에 국한시킨다면 이에는 노예가 진 채무 금액을 경감시키고자 하는 의도가 있다. 탈식민 비평이 되었든, 탈식민 이론이 되었든, 탈식민주의의 역사를 객관적인 관점에서 조망해 보면, 캘리번은 주인으로부터 욕과 같은 나쁜 말뿐만 아니라 심오한 지식 같은 좋은 말도 배웠기 때문이다. 그래서 현대의 캘리번이 주인에게서 말을 배울 때 이 말의 용도를 주인을 고발하는 데만 한정할 수 있을 것이라고 본다면 이는 순진한 생각이다. 그 말은 주인의 비인간적인 면을 고발하는 무기로도 사용되지만, 캘리번의 의식의 풍경을 구성하는 정신적인 양식도 된다. 관건은 빌려온 담론들과 훔쳐 온 지식들을 어떻게 수용하고 반박하며 변형시키는가의 문제, 즉 다양하고 이질적인 언어들과의 협상의 문제이지, 애초부터 '순수하게' 자생적이고 독립적인 담론도, 운동도, 정체성도 없다는 점이다. 어떤 점에서 독립은 자생성이나 순수성이 담보하는 것이 아니라 이질성과 다양성에 대한 치열한 개입에서만, '적과의 동침'을 통해서 하나의 전망으로 주어지는 것이다.

그러나 이러한 적과의 동침이 반드시 반식민 운동이라는 옥동자만 낳으라는 법은 없다. 북미해방운동에 대한 자세한 논의에서 드러내겠지만, 대서양 양안의 노예폐지론의 영향을 심오하게 받았던 흑인이주론자들도 한편으로는 성공적인 해외 이주를 통해 흑인의 자긍심을 백인들에게 증명해 보이고 싶었지만, 다른 한편으로는 백인 문명의 우월성을 인정하지 않을 수 없었다고 보는 것이 정직한 평가이다. 아프리카 민족주의자로 불리기도 하는 들레이니, 크러멜, 심지어는 블라이든이나 두보이스도 정도의 차이는 있을지언정 앵글로색슨의 문화적 가치를 부정할 수 없었으며, 이 중 상당수는 그에 경도되어 있었다. 그러한 점에서 그들이 주창한 아프리카론은 종종 자신의 '다른' 신념에 반하는 자기배반적인 행동이었다. 현실과 정치적 목표 간의 이러한 분열증은 네그리튀드 운동의 모순적인 진술에서, 백인의 언어를 배우는데 여념이 없는 앙티유 출신을 조롱하면서도 그 자신 — 저작의 결론에서까지! —사르트르와 헤겔의 언어를 빌려올 수밖에 없었던 파농의 이중적인 행동에서도 증후적으로 드러난다.

소위 탈식민주의 이론의 범주에 속하는 사이드나 바바, 스피박도 다르지 않은 모순과 이중성을 안고 있었다. 푸코의 반휴머니즘을 빌려와서 이론적 틀로 삼았으면서도 "선한 오리엔탈리스트" 같은 자율적인 주체의 존재를 부정하고 싶지 않았던 사이드, 푸코, 라캉, 데리다의 이론을 빌려오면서도 '저항'과 '역사'라는 실천적 맥락을 놓치고 싶지 않았던 바바, 정치적 목소리를 갖지 못한 최하위계층이 놓인 상황의 참담함을 논하기 위해 해체주의적 사유를 빌려왔지만 해체주의의 결론을 쉽게 넘어설 수 없었던 스피박도, 캘리번이 주인에게서 꼭 필요한 욕만을 배울 수는 없음을 증명한다.

물론 이렇게 말하고 보면 탈식민주의가 스스로 쳐 놓은 덫에 걸려 허우적대고 말았다는 결론을 예비하고 있는 듯하나 사실 그렇지는 않다. 탈식민주의는 애초부터 자기배반과 분열을 안고 있는 아픈 역사를 가진 운동임을 강조하고 싶었다. 그것이 온전히 주체적이었거나 온전히 자생적이었던 적은 훗날 비평가의 로망으로만 존재할 따름이었다. 주인에게서 배운 말의 권위, 그것의 마법적 위력 앞에서 주눅 들지 않으려는 치열함이, 주인에 대한 공포와 싸우는 절박함이 항상 이면에 있어 왔다는 사실을 강조하고 싶었다.

훗날의 비평가에게 주어진 임무 중의 하나는 주인과 노예 간의 싸움을 노예의 편에서 기록하는 것일 수도 있겠다. 그간 서구가 남긴 백색 담론에 대한 대항 담론이나 대안적 역사의 필요성에 동의한다면 말이다. 사실 그러한 점에서는 이미 상당한 성과가 있었다고 여겨진다. 그러니 오늘날의 비평가에게서 요구되는 새로운 임무는 노예의 승리를 성급히 고하기 전에, 노예가 주인과의 싸움에서 이기기 위해서 무엇을 잃었는지를 기록하는 것이요, 때로는 이 싸움이 얻은 것 못지않게 잃은 것도 큰 전투는 아니었는지 질문하는 것이다. 이러한 질문을 제기하고 조사함에 있어 비평가가 멀리 해야 할 것 중의 하나는 예단이다. 오늘날 메트로폴리스에서 활동하는 탈식민주의 이론가들은 서구의 문화 시장에 봉사하거나 포스트모더니즘에 포섭당하는 존재요, 이전 시대에 식민지에서 활동한 반식민 비평가들은 저항 전통을 올곧이 이어가는 주체적인 문화 전사라는 예단 말이다. 그런 점에서 본 연구서는 희생자가 항상 의롭고 옳다고 여기는 희생자 윤리주의를 멀리한다. 혹시라도

본 연구서를 읽은 독자께서 이 저술이 희생자나 피지배세력을 비판한
다는 인상을 받는다면 이러한 연유에서이다.

2장

북미 흑인운동의 재평가

우리의 모습이란 것이 이렇다. 억압의 굴레에서 막 해방된 민족. 근면
하고 쾌활하지만, 생각이 깊지 않고 신중하지 못한 민족.

—프레드릭 더글러스, 1873

창조주께서 우리를 티끌이나 재 같은 존재들에게 봉사하는 노예가 되
도록 만드셨습니까? 그들도 우리와 똑같은 죽어 가는 벌레들이 아닙
니까? ⋯⋯ 예수님은 그들의 주님인 만큼 또한 저희들의 주님 아니십
니까?

—데이비드 워커, 1829

흑인 디아스포라의 역사 ·

유럽이 아프리카 흑인들을 노예로 부리게 된 시기는 포르투갈이 노예무역에 뛰어든 15세기 초로 거슬러 올라간다. 그러나 당시 포르투갈이 아프리카 흑인들을 유럽인들의 하인으로 팔아넘긴 규모는 연 800명 정도에 불과하였다. 그런 점에서 아프리카 노예무역의 시초는 콜럼버스가 신대륙을 발견하게 된 이후, 즉 유럽 각국이 아프리카 흑인 노예들을 사들여 대서양의 중앙항로를 따라 신대륙으로 보내게 되는 16세기로 보는 편이 옳다. 1492년에 신대륙이 발견된 후 서인도제도와 브라질 등 아메리카 식민지에서 필요로 되는 노동력을 공급하기 위해 노예무역의 규모가 급증했던 것이다. 아프리카 흑인들을 상품화하였던 노예무역에 관한 종래의 연구에서 종종 지적되지 않는 사실은, 유럽이 흑인 노예를 신세계로 대규모로 송출하게 되는 범대서양 교역이 있기 전에도, 즉 포르투갈이 노예무역에 뛰어들기 이전의 600여 년의 기간 동안에, 아프리카 흑인들이 노예로 팔려 나간 수가 적게는 350만 명에서 많게는 1,000만 명에 이르렀다는 것이다.[1]

중세 시대에 이루어진 이 흑인 노예무역의 주역은 유럽이 아니라 아랍인들이 세운 이슬람 제국이었다. 노예제와 관련하여 주로 영국과 스페인, 포르투갈 등의 유럽 국가들이 비난의 대상이 되어 왔다. 그러나 8세기에 크게 흥기하여 현대의 파키스탄 지역에서 중동, 북아프리카,

---

1   Herbert S. Klein, *The Atlantic Slave Trade*, Cambridge : Cambridge Univ. Press, 2010, pp.8~9.

스페인, 그리고 프랑스 남부 지역까지 거대한 땅을 지배한 이슬람 제국이 약 1,200년 동안 사하라 이남의 아프리카에서 약탈해 간 인적 자원의 규모는 유럽이 범대서양 무역을 통해 신대륙으로 이동시킨 노예들의 규모에 결코 뒤지는 것이 아니었다. 아랍인들은 포획한 흑인들을 상업적 용도 외에도 호위병이나 하인, 성노예로 삼았다. 중세 시대의 이슬람 제국은 노략질과 정복 행위를 통해 "이교도" 백인들도 노예로 삼았지만, 노예들 중에서도 흑인 노예들에 대해서 가장 인종차별적이었다.[2] 그러나 오늘날 이 흑인들의 후손들은 중동과 인도에서 소규모 집단으로만 발견될 뿐 그들의 자취가 거의 보이지 않게 되면서, 이슬람 제국은 아프리카인의 노예무역이나 노예제도에 대한 비판으로부터 한 걸음 비켜서 있는 형국이 되었다.

　주목할 만한 사실은 14세기~15세기까지만 해도 아프리카와 유럽이 문화의 발달에 있어 큰 차이가 없었다는 점이다. 일례로 15세기에 아프리카에서 노예무역을 시작하였던 포르투갈이나 16세기에 아프리카 내륙과 통상을 하고 싶었던 베니스의 군주들은 팀북투나 말리 제국의 왕들을 동등한 무역 파트너로 간주하였다. 이 시기의 포르투갈이나 그 이후 다른 유럽 국가들도 무력 정복을 통해서가 아니라 현지 족장과의 협약을 통해 노예무역을 수행하였다는 것은 특기할 만한 사실이다.[3] 그러나 유럽은 16세기 이후 단기간에 아프리카와 비교가 되지 않는 비약적인 근대화를 이룩할 수 있었다. 그 이면에는 식민지의 개척, 이와 맞물려 발달된 아프리카 노예무역이 있었다. 범대서양 무역이 전성기

2　　David Brion Davis, op. cit., p.61·62.
3　　Basil Davidson, *The African Slave Trade*, Oxford : James Currey, 1961, p.26·28.

에 달하는 17세기와 18세기에 노예무역을 주도했던 국가들은 초기와 달리 영국, 프랑스, 네덜란드였다. 16세기 중엽까지 영국은 스페인과 포르투갈이 경영하는 아메리카 식민지에 아프리카 흑인들을 노예로 팔아 이득을 챙겼다.

영국을 비롯한 유럽의 제국들은 처음에는 사탕수수 농장과 광산 노역을 위해 아메리카 원주민들을 노예로 삼게 된다. 그러나 강제노역과 유럽에서 건너온 전염병으로 인하여, 멕시코 중부, 페루, 칠레, 서인도제도 등에서 원주민들의 수가 급감하게 된다. 비록 현지에서는 잘 지켜지지는 않았지만, 스페인의 페르디난드 왕은 아메리카 원주민들을 노예로 삼는 행위를 금하기도 하고, 원주민의 수호자로 불린 바르톨로메 데 라스카사스(Bartolomé de Las Casas) 주교의 영향으로 1542년에 원주민들의 권리를 보호하는 법이 제정되면서, 아프리카 흑인들이 식민지 원주민들의 대체 인력으로 권장되었다.[4] 아프리카 흑인들의 교역이 중요해지면서 영국도 노예시장에서의 역할을 달리 하게 된다. 아메리카 식민지 경영에 본격적으로 참여하게 되는 16세기 중엽부터 18세기까지의 기간 동안, 영국은 노예 노동력의 공급자에서 주요 소비자로 변모하게 된다. 서인도제도에 설립한 사탕수수 농장과 북미 정착에 필요한 노동력을 아프리카 출신의 흑인 노예로 충당했던 것이다. 이것이 오늘날 북미와 남미, 서인도제도 등 신대륙 곳곳에서 아프리카인들의 후손인 흑인들이 살게 된 연유이다.

18세기 말엽이 되자 유럽 내에서 인도주의적인 종교인들과 계몽주

---

4   David Brion Davis, op. cit., p.98.

의의 영향을 받은 사회 개혁가들이 노예제를 반대하는 목소리를 내게 된다. 이러한 영향으로 인하여 1794년에 혁명기의 프랑스가 일시적으로나마 노예제를 폐지하고, 1807년에는 영국이 노예무역을 폐지하며, 그보다 이전인 독립전쟁 직후 1780년에는 펜실베이니아를 선두로 북미의 북부 주들이 노예제를 폐지하는 등 아프리카인들을 교역품으로 삼는 백인들의 야만적인 행위가 수그러들게 된다. 그러나 흑인 노예의 교역이 금지되었다고 해서 노예제도가 어느 날 갑자기 폐지된 것이 아니라는 것은 북미에서 있었던 흑인들의 길고 긴 해방 운동의 역사가 증언한다. 북미에 있어 노예제의 공식적인 폐지는 남북전쟁 기간 중에 있었던 링컨의 노예해방선언문에 이어 수정 헌법 조항이 통과된 후에야 이루어진다. 이때조차도 비록 노예제도는 없어졌는지 모르지만 남부에서 '짐 크로법(Jim Crow Laws)'(1876~1965)이 제정됨에 따라 흑인들의 참정권과 기타 민권이 부정됨으로써 실제로는 상황이 이전과 크게 다르지 않았다.

19세기에 이르면 북미 지역을 필두로 하여 노예의 후손들이 목소리를 내기 시작한다. 이러한 노예해방론자들의 출현이 기성질서를 위협하게 되자 이에 대한 반작용으로 노예제를 옹호하는 목소리도 커지게 되었다. 당대에 흑인 노예제도를 정당화하는데 주요한 역할을 한 서구 담론들 중에는 기독교 담론이 있었다. 구약의 창세기 9장이 들려주는 일화가 그 예이다. 이에 의하면 하루는 포도주를 마신 노아가 만취해 옷을 벗고 잠이 들게 되고, 아들 함이 흐트러진 모습을 한 아버지를 발견하게 된다. 함이 자신이 목격한 바를 형제들에게 들려주자 셈과 야벳이 뒷걸음질 쳐서 아비에게 다가가 그의 벗은 몸을 덮어 주게 된다. 문제는 노아가 잠에서 깨어난 후 생겨난다. 아들들의 행동을 알게 된 노아는 셈과 야벳에게는 축복을 내리고, 함에게 대노한 나머지 함의 아들인 가나안에게 "형제인 셈과 야벳"의 종이 될 것이라는 저주를 내린다.

성경의 이 일화는 2,000년간 유대교 학자들 사이에, 나중에는 기독교와 이슬람교 학자들 사이에서 끊이지 않는 논쟁거리가 되었다. 잘못은 아들 함이 저질렀는데 왜 손자인 가나안이 저주를 받았어야 했는지, 또한 형벌로서 내린 저주가 잘못에 비해 지나친 이유가 무엇인지, 셈과 야벳이 가나안에게는 삼촌인데도 불구하고 이들을 그의 형제라고 부른 이유가 무엇인지 등이 논란의 대상이 되었던 것이다. 이 학자들의 손을 거치면서 노아가 내린 저주는, "가나안의 저주"에서 "함의 저주"로 탈바꿈하게 된다. 그래서 노아가 내린 저주로 인해 함의 후예들 모두가 검은색 피부와 노예의 운명을 지게 된 것으로 해석된다. 이슬람 세계에서는 중세 시대부터, 유럽의 기독교 국가들 사이에서는 15세기부터 19세기에 이르기까지 이 구절이 아프리카인들을 사고파는 교역행위를 정당화하는데 이용되었다. 19세기의 미국도 유럽과 사정이 크게 다르지 않았는데, 이러한 종교 담론은 북미 지역에서 노예제를 옹호하였던 기독교인들 사이에서 유행하였다.

백인들의 해외이주론

노예 출신 흑인들을 해외로 이주시켜야 한다는 주장이 북미에 등장한 때는 독립전쟁 이전까지 거슬러 올라간다. 이 시기에 북미에는 45만 명에 달하는 흑인들이 있었는데 이 중 5만 명은 북부에, 40만 명은 남부에 있었다.[5] 이는 북미 전체 인구의 5분의 1에 해당하는 숫자였다. 북미에서 노예 해방은 버몬트 주가 노예제를 1777년에 폐지함으로써 막을 올린다. 그 뒤를 매사추세츠, 뉴햄프셔, 코네티컷과 로드아일랜드가 차례로 따랐다. 펜실베이니아 주는 1780년 이후에 태어난 노예들에 한하여 28세 이후에 자유를 부여하였고, 뉴욕과 뉴저지 주도 비슷한 법안을 1799년과 1804년에 각각 통과시키게 된다. 그러니 19세기 초 무렵에는 북부의 거의 모든 주들이 노예제를 이미 폐지하였거나 폐지하는 수순을 밟고 있었다.

자유 흑인의 해외이주론은 일찍이 퀘이커교도 베네제의 글에서 발견된다.[6] 그는 노예무역의 금지를 주장하였을 뿐만 아니라 자유 흑인을 앨러게니 산맥(미국 펜실베이니아, 메릴랜드, 웨스트버지니아 주에 걸친 산맥) 너머에 정착시킬 것을 주장하였다. 앞서 간략히 언급한 바 있듯 베네제의 주장은 클라크슨 같은 영국인들을 노예폐지론에 합류하게 만들어 영국이 노예무역을 불법화하는데 지대한 공헌을 하였다. 외에도 1774

---

[5] Darlene Clark Hine · William C. Hine · Stanley Harrold, *The Afro-American Odyssey : To 1877*, New York : Prentice Hall, 2004, p.64.

[6] C. G. Woodson, "Anthony Benezet", *The Journal of Negro History* 2.1, 1917, p.44.

년에는 로드아일랜드 제일회중교회(First Congregational Church)의 목사 홉킨스(John Hopkins)가 자유 흑인 야마(Bristol Yamma)와 쿼마인(John Quamine)을 아프리카로 보내 식민지를 개척하자는 제안을 하였다.[7] 자유 흑인들이 뉴저지 대학에서 교육을 받게 한 후, 아프리카에 있는 쿼마인의 가족을 통해 현지에 부지를 매입하고, 교육받은 흑인들을 그곳에 정착시키자는 주장이었다.

미합중국 "건국의 아버지" 제퍼슨(Thomas Jefferson, 1743~1826)도 초기 흑인이주론자 중의 한 사람이었다. 1781년에 작성하고 1785년에 출간한 『버지니아 주에 대한 노트』에서 제퍼슨은 흑인 노예의 자손들을 해방시킬 것을 권고하되 이들을 "흑백의 결합"이 불가능한 곳으로 이주시킬 것을 제안하였다. 그 이유는 "자연이 만들어 놓은 구분" 때문에 두 인종이 평화롭게 공존할 수 없다고 보았을 뿐만 아니라 흑백 간의 통혼(通婚)과 이에 따른 혈통의 혼종 가능성을 방지하고 싶었기 때문이었다.[8] 그러니 이 "미합중국의 아버지"는 흑인들의 자유를 주장하기는 하였지만 흑인에 대한 당대의 편견을 고스란히 가지고 있었던 경우에 속한다.

흥미로운 점은 앞서 논의한 바 있듯, 백인들이 자유 흑인의 미래를 결정하는 문제를 논의를 하던 시기에, 북미의 노예 흑인들도 같은 논의를 하고 있었다는 사실이다. 이를테면, 1787년에는 안티과 출신으로

---

7   W. Bryan Rommel-Ruiz, "Colonizing the Black Atlantic : The African Colonization Movements in Postwar Rhode Island and Nova Scotia", *Slavery and Abolition* 27.3, 2006, pp.349~350.

8   Thomas Jefferson, *Notes on the State of Virginia*, Raleigh, NC : Alex Catalogue, pp.102~107.

영국에서 교육받고, 런던의 노예폐지론자들의 영향을 받아 흑인들에 의한 아프리카 식민지 건설을 주장하던 퀘이커교도 손톤(William Thornton)이 미국으로 건너온다. 자신이 추진하던 아프리카 식민화 계획을 실행에 옮길 흑인들을 구하러 온 것이다. 그는 영국이 시에라리온 지역에서 식민지 건설을 이미 진행하기 시작했다는 사실이나 아프리카 이주자들에게 땅이 제공되고 식민지 부지에 학교와 교회가 건설되어 이주자들뿐만 아니라 아프리카 원주민들의 삶을 고양시킬 수 있을 것이라는 장밋빛 전망을 북미의 흑인들에게 들려준다. 해외 이주의 가능성이 이미 자생적으로 논의되고 있었던 보스턴과 뉴포트에서는 다수의 흑인들이 손톤의 제안에 동조하였으나 그 외 지역에서는 반응이 시원찮았다. 이 무렵 필라델피아를 비롯한 대부분의 북부 지역에서 자유 흑인들은 당시 식민지 건설을 위한 해외 이주에 반대하였다. 그들에게는 북미 대륙을 떠날 생각이 없었다.[9]

18세기 말엽이 되면 북부 지역에서 노예제도가 거의 폐지된다. 그렇다고 해서 흑인들에 대한 북부 백인들의 태도가 크게 바뀐 것은 아니었다. 재산도 기술도 없는 자유 흑인들이 결국에는 사회 전체의 재정적 부담이 될 것이라고 생각하는 백인들이 많았기 때문이다. 이러한 상황에서 자유 흑인의 해외 "송출"은 백인들에게 장기적인 재정 부담을 덜어 줄 수 있다는 전망을 제공하였다. 반면 경제적인 이유로 해서 해외 이주를 반대하는 백인들도 있었다. 북부의 주정부들이 남부 노예들의 자유를 사기 위해 필요한 자금을 제공할 것도 거부한 마당에 흑인들의

9   Gary B. Nash, *Forging Freedom : The Formation of Philadelphia's Black Community, 1720~1840*, Cambridge, MA : Harvard Univ. Press, 1998, pp.101~102.

해외 이주에 드는 엄청난 비용을 대줄 리가 만무하다는 이유에서였다.

해방된 흑인을 해외로 보내자는 백인들의 주장의 이면에는 도덕주의도 일조를 했는데, 평등과 자유 같은 보편적인 권리를 건국이념으로 천명한 마당에 노예제도를 존속시키는 것이 소위 국격에도, 양심에도 걸렸던 것이다. 노예제는 폐지해야 마땅하지만 해방된 흑인들에게 정치적 평등까지 보장해 줄 수는 없었던 북미의 백인들에게 이상적인 해결책이 이주였다. 이에는 19세기 초반에 세력을 확장해 가던 성결주의자들이 주장한 평등론도 한 몫을 하였다. 반면 이에 반대하는 선한 백인들도 있었는데, 그중 펜실베이니아 노예제폐지협회는 인도주의적인 이유에서 자유 흑인의 강제 출국에 반대하였다.

이러한 상황에서 미국식민협회가 탄생하게 된다. 당대의 흑인들뿐만 아니라 훗날의 학자들 사이에서도 그 성격에 대해 많은 논란을 일으켰던 이 기구의 탄생 배경을 들여다보자. 1800년에 흑인 노예 프로서(Gabriel Prosser, 1776~1800)가 리치몬드에서 노예 폭동을 일으키려 하다가 거사 계획이 탄로나게 된다. 이 일이 계기가 되어 버지니아 주의 노예 소유주들은 프로서 같은 요주의 인물들을 해외나 미국 내의 오지로 추방하려는 의도를 갖게 된다. 19세기 초엽에 남부의 노예 소유주들이 자유 흑인의 이주계획에 가세하게 된 데에는 이러한 상황이 이면에 있었다.

흑인통합론자들은 백인들이 주도한 아프리카 이주계획에 대해 부정적이었다. 이들이 아프리카 식민화 계획에 반대한 데에는, 미국식민협회의 노력에서 노예존치론자들의 의도를 보았기 때문이다. 즉, 자유 흑인들을 내보냄으로써 남부의 노예제를 강화시키려는 의도가 있다고 본 것이다. 또한 더글러스가 이주론자들에게 퍼부은 비판에서 드러나듯, 통합론자들은 남부의 흑인들 대다수가 노예제로 신음하고 있는 상황에서, 이들을 버려두고 미국을 떠나는 것을 동족에 대한 배반으로 여겼다. 그러나 당대의 통합론자들의 시각에 기대어 미국식민협회의 성격을 규정하는 것은 이 기구가 자유 흑인들의 해외 정착을 위해 보여준 오랜 노력들을 제대로 평가하지 못하는 것이다. 이러한 점에서 본 연구는 이 협회에 대한 모지즈의 평가와 의견을 달리 한다.

미국식민협회와 이 기구가 주장한 해외이주론의 성격을 제대로 평가하려면, 남부의 노예 소유주들과 전혀 다른 의도에서 자유 흑인의 해외 이주를 지지한 백인들의 존재도 고려되어야 한다. 크레이그헤드(William Craighead), 페어팩스(Ferdinando Fairfax, 1766~1820), 그리고 터거(St. George Tucker, 1752~1827) 같은 버지니아 주의 노예폐지론자들이 일찍부터 노예들을 점진적으로 해방시킨 후 이들을 해외로 이주시키는 계획을 추진하였기 때문이다. 1804년~1805년에는 버지니아 주의회에서 노예제 존치론자들과 폐지론자들이 힘을 합쳐 루이지애나에 자유 흑인들을 이주시킬 식민지 부지를 구입할 것을 의결한다. 비록 미국이 영국과의 1812년 전쟁에 돌입하게 되는 등 정국이 나빠지면서 이 의결이 실천에 옮겨지지는 못하게 되지만 말이다.

버린의 연구에 이하면, 1816년에 버지니아 주 의원 머서(Charles Fenton Mercer), 그의 동료 변호사 키(Francis Scott Key), 대법원 서기 콜드웰(Elias B. Caldwell), 그리고 뉴저지의 목사 핀리(Robert Finley)의 주도로 미국식민협회가 결성된다. 이 협회는 연방정부의 지원을 받아 서아프리카에 식민지 부지를 구입하게 되고 여기에 자유 흑인을 위한 정착촌을 건설하게 된다. 이것이 식민지 라이베리아의 시작이다. 처음에는 활동이 지지부진했지만 1830년경에 이르면 이 협회가 중요한 사회적인 세력으로 부상하게 된다. 그도 그럴 것이 1820년~1825년의 기간 동안에 이 협회가 자유인으로 만들어 라이베리아로 보냈던 흑인 노예들의 수가 6명에 불과했으나, 1826년에는 12명의 노예를 출국시켰고, 1830년에는 해외 이주를 조건으로 수십 명의 노예 소유주들로부터 479명의 노예를 해방시켜 줄 수 있었다. 협회의 이러한 노력은 남부의 노예 소유주들로부터 거센 반발을 불러일으켰다.[10] 1850년대에 이르면 미국식민협회 뉴잉글랜드 지부가 라이베리아에 고등교육기관을 설립하기 위하여 노력하였다. 식민협회 매사추세츠 지부가 대학 설립을 위해 오랜 기간 모금 활동을 하였고, 뉴욕 지부도 라이베리아 대학에 근무할 교수 1인의 급여와 우수학생 장학금을 위한 모금 활동을 벌였다. 10여 년이 흐른 후 이 노력이 결실을 거두어 1862년에 라이베리아 대학이 설립된다.

　북미의 흑인운동에 대한 연구에서 잘 언급되지 않지만, 해외이주론이 다수의 자유 흑인들에게 인기가 없었던 데에는 아프리카에 대한 당대의 인식도 한 몫을 하였다. 18세기와 19세기의 북미 흑인들은 아프리카를 어떤 곳으로 여겼을까? 아프리카 식민화 계획을 적극 반대한 워커(David Walker, 1796~1830)가 자신의 호소문에서 인용하기도 하는 알렌(Richard Allen, 1760~1831)의 글을 보자. 알렌은 1794년에 필라델피아에서 아프리카 성공회교회를 처음으로 설립하였고, 1816년에는 초대

10　　Eric Burin, op. cit., p.17.

주교로 선출되었을 뿐만 아니라 1830년에 최초로 열린 흑인전국대회의 초대 의장으로 선출된 인물이다. 이 흑인 지도자는 1827년에 출간된 『자유 저널(*Freedom's Journal*)』 34권 1호에 기고한 글에서 다음과 같은 주장을 한다.

우리는 무지 속에서 자라난 교육받지 못한 민족이다. 읽거나 쓸 줄 아는 사람이 100명 당 1명도 되지 못하며, 인문 교육을 받은 사람은 1,000명 당 1명도 되지 못한다. 그런 사람들을, 이 개화되지도 교화되지도 못한 이들을, 머나먼 나라로, 이교도들 가운데로 보내어 그들을 개화하거나 교화하는 일을 맡기는 것이 적절한가? 이 나라의 가난하고 무식한 아프리카인들의 거대한 무리가 온갖 유혹에 노출되어 있는 광경을 좀 보라. 이들의 정신이 조악하게 된 것은 이들의 소유주와 책임자들이 응당 제공했어야 할 교육과 적절한 관리를 이들이 받지 못했기에 때문이다. 노예 소유주들은 말한다. 아프리카인들을 무식하게 만들면 만들수록 이들이 더 뛰어난 노예가 된다고 말이다. 이런 이들을 먼 나라에 있는 아프리카인들을 식민화하여 그들의 지도자로 삼는 것이 적절한가?[11]

아프리카에 대한 알렌의 인식은 아프리카인들을 노예로 삼고 혹사시킨 백인들의 인식과 크게 다르지 않았다. 또한 북미 흑인들에 내한 그의 인식도 백인들의 인식과 크게 다르지 않았다.

---

11 David Walker, *Appeal, in Four Articles; together with a Preamble, to the Coloured Citizens of the World, but in particular, and very expressly, to Those of the United States of America,* Boston : n.p., 1929, Ebook, DocSouth, pp.63~64에서 재인용.

알렌이 아프리카와 북미 흑인들에게서 미래의 가능성을 보지 못한 것은 그가 백인의 인종주의를 내면화하였기 때문이라고 해석할 수도 있겠다. 그러나 이 흑인 지도자가 아프리카에 대해 부정적인 인식을 갖게 된 데에는 당대의 인종주의 탓으로만 돌릴 수 없는 부분도 분명 있다. 아프리카 민족주의나 범아프리카주의를 주창하는 흑인으로서 고유의 문화에 대한 자부심이 필요한 것은 사실이지만, 현실 인식이 결여되었을 때 자부심은 근거 없는 낭만주의나 자만심이 되고 만다. 아프리카에 대하여 알렌이 부정적인 인식을 갖게 된 데는 라이베리아가 한동안 북미 출신의 흑인 이주자들에게 무덤과 같은 곳이었다는 사실과 무관하지 않다. 1820년~1830년의 기간 동안 서아프리카로 이주한 1,670명의 흑인들 중 29퍼센트가 말라리아 등의 풍토병으로 사망하였다는 사실이 이를 뒷받침한다.

미국식민협회는 19세기 동안 많은 부침을 겪게 된다. 1840년대에 면화 가격이 폭등하면서 노예의 필요성을 다시금 절감하게 된 남부의 백인들이 식민화 지지에서 노예존치로 입장을 바꾸게 된 것이다. 또한 한때는 해외 식민화 계획을 지지자였던 개리슨(William Lloyd Garrison, 1805~79)[12] 같은 백인 노예폐지론자들도 입장을 바꾸어, 흑인 노예들을 사들여 아프리카로 보내는 행위가 오히려 노예 해방의 진행을 더디게 만들어 노예제 철폐를 방해하는 것이라고 주장하게 된다. 노예폐지

---

12 개리슨은 태편(Arthur Tappan, 1786~1865)과 함께 1833년에 '미국노예제폐지협회(American Anti-Slavery Society, 1833~70)'를 설립하였다. 설득, 교육 등 평화적인 방법으로 흑인 노예들을 해방시킬 것을 목표로 한 이 기구는 통합론자들에게 지대한 영향력을 행사하였다. 이 기구는 미국식민협회의 흑인이주 계획에 대해 반대하는 입장을 취했다. 이 기구는 노예해방선언이 이루어진 지 7년 만에 해체된다.

론자들은 미국식민협회 활동이 전제로 하였던 사유, 즉 백인 사회의 인종 편견이 사라지지 않을 것이기에 흑인들이 북미에서 결코 시민권을 누릴 수 없다는 생각이 인종주의적이라고 비판하였다.[13]

주지할 사실은, 아프리카 식민화 계획이 식민협회의 활동과 재정적 상황, 그리고 북미 흑인들의 역사적 상황의 변화에 따라 당대 흑인들에게 달리 평가되었다는 점이다. 50년대에는 '1850년의 타협'으로 인해 미국에 대해 흑인들이 희망을 버리게 되면서 흑인이주론이 다시 부각되었다가, 링컨 대통령의 노예해방선언(1863)이 이루어지면서 해외 이주에 대한 흑인들의 관심은 다시 최저점을 찍는다. 그러나 이도 잠시 남북 전쟁 직후 북부의 섭정 기간이었던 재건기(1863~77)가 끝나면서 흑인들은 유색인들의 인권 상황이 크게 나아질 수 없음을 깨닫게 되고 해외이주론에 다시 관심을 갖게 된다.

1850년대와 1860년대에 해외이주론을 강력히 주장하였던 들레이니가 대표적인 예이다. 흑인이주론자들은 '대부분' 미국식민협회와 달리 처음에는 아프리카 이외의 지역, 즉 캐나다와 중남미 아메리카에서 새로운 흑인 공동체를 형성할 가능성을 탐색했다. 라이베리아 정부가 미국식민협회에 의해 움직이는 꼭두각시에 불과했다고 보았기 때문이다. 그러나 중남미로의 이주가 현실적인 어려움에 봉착하게 되고, 반면 라이베리아가 독립을 선언하게 되면서 북미외 흑인들에게서 서아프리카는 중요한 이주 후보지로 새로 부각되게 되었다.

미국식민협회에 대한 비판에도 불구하고, 19세기 동안 이 협회가 라

13   Allan E. Yarema, *American Colonization Society : An Avenue to Freedom?*, Lanham, MD : Univ. Press of America, 2006, p.72.

이베리아로 이주시킨 흑인들의 수는 16,000명에 이르렀다. 이주 초기에는 미국식민협회가 라이베리아를 통치하였으나 1848년이 되면 라이베리아가 공화국으로 독립하게 된다. 라이베리아 흑인공화국의 탄생에 협회가 기여한 바가 큰 것은 틀림없는 사실이었다. 그러나 협회에 대한 평가는 당대에도 혼란스러웠고, 후대의 역사가들 사이에서도 일치를 보지 못하였다.

20세기 초가 되어서야 연구자들은 19세기 노예폐지론자들이 제기했던 비판과 다른 목소리를 내기 시작하였다. 노예제를 반대하는 협회의 정서와 노예들을 해방시킨 협회의 실질적인 공로에 주목한 폭스(Early Fox)의 『미국식민협회(*The American Colonization Society*)』(1919)가 대표적인 저술이다. 그 결과 1920년대부터 1950년대에 이르는 기간 동안 대부분의 역사학자들은 미국식민협회를 반노예제 기구로 간주하였다. 그러나 60년대~80년대에는 모지즈나 산네(Lamin Sanneh)같은 학자들이 협회의 인종주의적 성격을 비판함으로써 이전의 역사학자들과 의견을 달리했다. 이 시각에 의하면 식민협회 회원들은 자유 흑인들을 추방하고자 하는 의도를 가진 것으로, 또한 식민화 계획이 노예제 폐지 운동과 상충되는 것으로 해석되었다.[14]

이와 관련하여 다음의 일화를 보자. 1833년 2월에 미국식민협회 매사추세츠 주 지부에서 당대의 정치가이자 외교관이었던 에버렛(Alexander H. Everett)이 연설을 하게 된다. 흑인은 도저히 문명화될 수 없는 인

---

14 Wilson Jeremiah Moses ed., *Liberian Dreams : Back-to-Africa Narratives from the 1850s*, University Park, PA : Pennsylvania State Univ. Press, 1998, p.xvii; Lamin Sanneh, *Abolitionists Abroad : American Blacks and the Making of Modern West Africa*, Cambridge, MA : Harvard Univ. Press, 1999, p.216 · 217.

종이기에 아프리카에서 흑인 국가를 건설하는 것이 헛수고일 것이라며 흑인들의 해외 이주에 반대하는 백인들에 맞서, 에버렛은 인류 문명의 역사를 돌이켜보면 그곳에 아프리카가 있음을 환기시킨다. 서구 문명의 원조인 그리스와 로마 문명, 그리고 기독교 문명도 에티오피아와 이집트에서 나왔다는 것이다. 그의 연설이 미국식민협회를 대표한다고 볼 수는 없지만 적어도 협회의 일부 회원들의 진정성을 대변한다고 여겨지기에 여기서 잠깐 인용해 보면,

> 3,000년 전에, 흑인들이 전진하는 문명의 최전방에 서서 위대함과 영광을 누렸던 그 시기에, 그들이 무엇을 했는지 보십시오. 그때는 그들이 실제로 문명 세계의 전부였습니다.
>
> 우리가 그렇게 자랑스러워하는 이 문명의 기원을 추적했을 때 어디에 도달하는지 보십시오. 우리는 [이 문명]을 유럽의 조상들로부터 물려받았고, 그들은 그리스인들, 로마인들, 유태인들로부터 받았습니다. 그런데 여러분, 그리스인들, 로마인들, 그리고 유태인들은 어디에서 그들의 문명을 받았습니까? 그들은 에티오피아와 이집트에서 받았습니다. 다른 말로 하면, 아프리카입니다.[15]

모지즈는 미국식민협회가 자유 흑인들의 출국을 목표로 삼았을 뿐 노예폐지는 안중에 없었다고 주장한 바 있다.[16] 모지즈의 이러한 주장은

---

15   Edward Wilmot Blyden, *The Significance of Liberia*, 2nd ed., Liverpool : John Richardson & Sons, 1907, pp.4~5에서 재인용.

16   Wilson Jeremiah Moses, *The Golden Age of Black Nationalism 1850~1925*, p.33.

미국식민협회의 복합적인 성격을 단순화시켜 버렸다는 점에서 사료의 정확성도, 연구로서의 객관성도 결여한 것이다.

미국식민협회의 정치적 성격을 단일한 것으로 규정짓고 이에 따라 비판하거나 혹은 업적을 치하하는 것은 이 협회가 서로 다른 의도를 가진 세력들, 이를테면 노예폐지론자들과 노예존치론자들 간의 제휴에 의해 움직여졌다는 사실을 무시하고서야 가능하다. 북미 흑인들 사이에서도 해외 이주에 대한 입장이 달랐을 뿐만 아니라, 시간이 흐름에 따라 반대의 입장에서 찬성의 입장으로 돌아서는가 하면, 백인 식민협회 회원들도 의도나 이해관계가 서로 달랐다는 점은 아무리 강조해도 지나치지 않다. 그러한 점에서 라이베리아에서 중요한 공직을 맡기도 한 서인도제도 출신의 블라이든이 내리는 다음의 평가는, 비록 그가 당대의 대표적인 이주론자였음을 감안하더라도, 매우 시사적이다.

> 비록 [식민협회]가 [미국]에서 저명하고 신뢰할 수 있는 지위를 가진 최고의 인사들 중 박애의 마음씨와 분별력 있는 정신에서 태어났지만, [식민] 계획을 무모하고 현실성이 없다고 비웃는 사람들도 있었다. 어떤 이들은 흑인을 사랑하였기에 반대했다. 어떤 이들은 흑인을 증오하였기에 반대했다. 어떤 이들은 그 협회가 흑인에게 자치권을 부여하고자 하는 소망이 흑인의 능력을 과대평가한 것이라고 여겼다. 또 어떤 이들은 흑인을 야만적인 해안으로 보내는 것이 그의 능력을 비하하는 것이며, 출생지에 남아서 성공할 권리를 그에게서 빼앗는 것이라고 생각했다.[17]

---

17   Edward Wilmot Blyden, *The Origin and Purpose of African Colonization*, Washington City, P.A. : n.p., 1883, p.6.

블라이든의 지적처럼, 흑인의 해외 이주라는 의제가 갖는 정치적·사회적 파장은 개인마다 달리 해석될 수 있는 것이어서, 당대의 노예제도나 자유 흑인에 대해 어떠한 입장을 갖는지에 따라 해외 이주에 관해 찬반이 나뉘기도 하였다.

흑인들의 해외이주론

19세기에 시작된 북미 흑인해방론의 중요한 특징 중의 하나는 도덕성에 대한 강조이었다.[18] 이 관점에 의하면 19세기 초기의 흑인해방론자들은 당대 성직자들이 주도하였던 "영혼의 개혁을 위한 성전(聖戰)"에 동참하게 되었다. 그 결과 많은 흑인들이 흑인으로서 겪는 어려움을 제도의 문제가 아니라 개인의 도덕적 결함의 문제로 보게 되었고, 따라서 그 해결책을 도덕적 성찰에 근거한 일종의 개과천선에서 찾았다. 미국적 질서나 아메리칸 드림에 대하여 근본적인 질문을 제기하고 도전을 하는 대신 미국의 미래에 대하여 믿음을 갖고 미국 내에서 상황을 개선시키려는 노력을 기울이게 된 것이다.

비평가 아델레케에 의하면, 흑인들을 들뜨게 만든 이러한 낙관주의는 잭슨(Andrew Jackson)이 1828년에 대통령에 취임함으로써 시작된

---

18   Tunde Adeleke, *Without Regard to Race : The Other Martin Robison Delany*, Jackson, MS : Mississippi : Univ. Press of Mississippi, 2003, p.42.

소위 "잭슨 민주주의 시대"와 무관하지 않다. 이 시기에 들어 투표권이 처음으로 백인 성인남성에게 확대되어 대중의 정치 참여 기회가 열리게 된다. 정치권력의 대중화는 보편적 이성과 개인의 도덕적 성장에 대한 믿음을 전제로 한다. 그러한 점에서 이 시기에 종교계에서 정신적인 개혁 운동, 즉 성결운동이 일어난 것은 우연이 아니다. 이러한 분위기에 힘입어 흑인들도 정치적·사회적 지위가 향상될 것을 꿈꾸게 되었다. 미국에 대하여 '신앙'을 갖게 된 자유 흑인들의 목록에는 더글러스 외에도 가넷(Henry Highland Garnett, 1815~82), 들레이니, 위퍼(William Whipper, 1804~76), 우드선(Lewis Woodson, 1806~78) 목사 같은 인사들이 발견된다. 이 흑인 지도자들은 백인들과 함께 시대의 개혁적이고도 낙관적인 전망을 받아들인 통합론자들이었다. 이들은 미국적인 중산층의 가치에 기반을 둔 해결책을 주장하였고 "미국인으로서의 흑인"의 미래에 대하여 믿음을 가질 것을 강조하였다.[19]

아델레케의 이러한 주장은, 그 역사적 안목에도 불구하고 19세기 전반기 흑인운동을 종교적인 도덕 개혁으로만 환원시키는 결점을 갖고 있다. 이 시기의 흑인들에게 있어 종교적 개혁이나 근대적인 교육운동이 흑백통합론뿐만 아니라 해외이주운동과도 양립이 불가능한 것이 아니었다는 점을 고려할 때 그렇다. 더글러스처럼 해외 이주를 극렬히 반대한 통합주의자들이 북미의 흑인운동에서 중요한 세력을 이룬 것은 사실이다. 그리고 이들이 정신적 개혁과 교육을 통해서 미국에서 흑인들의 정치적·사회적 평등을 성취하고자 한 것도 사실이다. 예를 들면,

---

19   Ibid., p.43.

노예폐지론자 워커는 『세상의 유색인종에게 바치는 호소』(1829)에서 미국식민협회의 기획을 철저히 부정하였다. 그는 아프리카 식민화 계획을 "노예로부터 자유 유색인을 신별해 넘으로써 우리의 더욱 더 불행한 [노예] 형제들을 무지와 참담함 속에 가두고, 백인들의 농장과 탄광에서 일하게 하여, 피와 신음으로써 기독교도들을 부유하게 만들려는 노예 소유주들의 계획"[20]이라고 불렀다. 그는 흑인들의 피와 땀으로 비옥하게 만든 미국 대륙에 대하여 "백인들만큼 우리들도 권리가 있다"고 주장하였다. 그러나 워커나 더글러스 같은 노예폐지론자들만이 당대의 흑인 지도층을 대표하는 것은 아니었다.

일찍부터 아프리카 이주론을 주창한 흑인으로는 시에라리온의 상업적 가능성에 관심을 갖고 1811년에 그곳을 방문했던 커피(Paul Cuffee) 외에도 코커(Daniel Coker, 1780~1846), 캐리(Lott Cary, 1780~1828), 루스부름(John Russwurm, 1799~1851)이 있었다. 이 흑인들은 해외 이주가 흑인이 평등을 성취할 수 있는 지름길이라고 보았다. 이들은 또한 흑인들이 아프리카에 문명국가를 건설할 수만 있다면 백인들의 도움을 받는 것도 상관이 없다고 여겼다. 천국으로 가라는 촉구가 백인의 입에서 나왔다고 해서 흑인이 천국행을 보이콧해야 할 필요는 없다는 것이 이들의 입장이었다.

백인 어머니와 노예 아버지 사이에서 태어난 코커는 백인 성공회교회로부터 흑인 성공회교회를 분리하는데 주도적인 역할을 한 인물이다. 그는 흑인 성공회교회의 첫 주교로 선출되나 1820년에 미국식민협

---

20   David Walker, op. cit., p.62.

회의 주선으로 라이베리아로 가는 배를 타기 위해 주교직도 사양한다. 캐리는 침례교회 목사로서의 안정된 삶을 뿌리치고 라이베리아로 가는 두 번째 배를 탄 인물이다. 루스부름은 최초의 흑인 신문 『자유 저널』을 1827년에 창간하였고, 1829년에는 해외이주론을 지지하는 선언을 하며 라이베리아로 건너간다. 그는 그곳에서 『라이베리아 헤럴드(Liberia Herald)』를 창간할 뿐만 아니라 라이베리아 정부에서 중요한 역할을 하게 된다.[21] 1826년에 라이베리아로 건너 간 자유 흑인 가드너(Newport Gardner, 1746~1826) 같은 이도 아프리카 식민지의 건설에서 북미 흑인들의 미래를 보았던 인물이다.

해외이주론과 정신개혁운동이 별개의 '몸통'을 가진 운동이 아니었음은 1830년부터 1864년까지 열렸던 북미의 범흑인운동인 흑인전국대회의 역사적 궤적을 살펴보아도 짐작할 수 있다. 1830년에 북미 흑인운동사상 처음으로 일곱 주를 대표하는 흑인 지도자들이 모여 흑인전국대회를 결성한다. 이 후 이 대회는 해외 이주와 정신적 개혁이라는 일견 '상반되는' 의제와 결의문을 채택하게 된다. 이 대회를 통해 도덕적 재무장이 강조되었을 때는, 수많은 개혁 기구들이 대회의 하부조직으로 생겨났다. 그러나 도덕적 재무장이 홀로 강조되었던 적은 없었으며 교육과 자조 같은 근대화의 요구가 같이 강조되었다. 1835년에 설립되어 "교육, 금주, 검약, 보편적 자유"를 강조한 '아메리카도덕개혁협회(American Moral Reform Society)'가 그 예이다. 중요한 사실은 이러한 도덕 재무장의 모토와 해외 이주가 당대의 흑인들에게 있어 양립 불

---

21   Hollis R. Lynch, *Edward Wilmot Blyden : Pan-Negro Patriot 1832~1912*, London : Oxford Univ. Press, 1970, pp.8~9.

가능한 의제가 아니었다는 점이다

비록 흑인전국대회에서 미국식민협회가 추진하던 라이베리아 식민화를 반대하는 결의안이 거의 매번 채택된 것은 사실이지만, 30년대 중반까지 지속적으로 아프리카를 제외한 다른 지역으로의 이주가 이 대회에서 결의되었다는 것은 주목할 만한 사실이다. 이를테면, 1830년 9월 15일 필라델피아에서 열린 첫 흑인전국대회에서 일곱 주를 대표하는 42인의 흑인들이 이틀간의 논의 끝에 캐나다 웨스트(현 온타리오 지역)로의 이주안을 채택하였다. 1791년에 영국이 왕당파 자유 흑인들을 정착시키기 위해 만든 영국령 캐나다의 일부인 이 지역은 미국의 인종주의에 분노한 북미의 흑인들에게 훌륭한 대안적 세상으로 여겨졌다. 또한 같은 대회에서 온타리오 지역에 흑인 정착촌을 건설할 부지 매입을 위한 모금 운동 위원회가 결성되었다.[22] 1831년의 대회에서는 흑인 대학을 설립하자는 결의가 채택되었고, 뉴헤이븐이 후보지로 결정되었다. 1832년과 1833년의 대회에서는 캐나다 웨스트 지역에 더 많은 부지를 구입하기 위한 논의가 있었다. 1833년의 대회에서는 노예노동을 통해 생산된 농산물 판매를 거부하는 자유노동가게(Free Labor Shops)의 전국적인 설립을 권고문으로 채택하기도 하였다.[23]

흑인전국대회는 필라델피아 흑인들과 뉴욕 흑인들 간의 대립으로 인해 1835년부터 8년간 열리지 않게 된다. 그러나 1840년대에 이르면 흑인운동 내에서 변화가 감지된다. 무장봉기를 암시하거나 고취하는

---

22 John W. Cromwell, *The Early Negro Convention Movement, The American Negro Academy Occasional Paper No. 9*, Washington D.C. : American Negro Academy, 1904, p.6・7・8・9.

23 Ibid., p.7・8.

전투적인 구호가 등장하기 때문이다. 1830년대 흑인운동의 주류를 이루었던 '도덕적 개혁과 설득'의 전략이 자유 흑인들의 민권에 실질적인 도움이 되지 못하면서, 이에 대한 좌절이 분노의 언어로 표현되기 시작한 것이다. 이 시기에 등장하기 시작한 급진주의적 사유는 당시 노예폐지론자 개리슨의 영향으로 인해 온건주의가 지배했던 흑인운동권을 분열시킨다. 대표적인 사건이 더글러스와 가넷 간의 대립,[24] 교육과 설득 같은 평화적인 방법에 의해 노예제도 폐지를 추구했던 필라델피아 흑인 대표들과 급진적이었던 뉴욕 대표들 간의 대립이다.

1843년 버팔로에서 개최된 흑인전국대회가 한 예이다. 당시 임시 의장의 자격으로 연설을 한 데이비스(Samuel H. Davies)가 연설 말미에 피억압자들의 군사 행동을 넌지시 언급함으로써 급진적인 대회 분위기를 조성하였다. 또한 그를 비롯한 뉴욕 대표들은 3년 전에 설립된 자유당(Liberal Party)과의 제휴를 승인해 줄 것을 이 대회에 요청하였다. 자유당은 노예제 폐지를 목표로 내세워 흑인 대중의 지지를 받고 있었던 정당이었다. 그러나 개리슨주의자인 필라델피아 대표들에게 자유당과의 제휴는 청천벽력과 같은 소식이었다. 정치적 세력과의 연대는 이들에게는 곧 정신적인 타락을 의미하였기 때문이다. 그러나 자유당과의 연대를 통하여 흑인들을 정치세력화하자는 제안은 더글러스와 르몽(Charles Remond)의 반대에도 불구하고 이 대회에서 승인을 받게 된다.[25]

---

24 더글러스는 흑인들이 미국 내에서 노예 해방과 민권을 위해 싸워야 한다는 입장이었기에 당대 백인들이 추진하였던 아프리카 식민화 기획뿐만 아니라 동료 흑인들이 주창하였던 아프리카이주론도 적극적으로 반대하였다. 반면 가넷은 아프리카문명화협회를 1858년에 설립하여 아프리카인들과 해외에 있는 아프리카인 후손들을 기독교로 개종시키고 문명화시켜야 할 필요성을 주장했다.

25 Howard Holman Bell, *A Survey of the Negro Convention Movement 1830~1861*, New

버팔로 대회는 또한 가넷의 연설로 인해 당대에 큰 논란을 불러일으키게 된다. 가넷은 고통 받는 남부의 흑인 노예들에게 당당하게 자신의 권리를 주장할 것을 권고한다. 영국령 서인도제도에서 노예해방이 있은 후 행복과 풍요로움이 얼마나 증가했는지를 백인 주인들에게 알려주고, 노예제가 극악한 죄이며, 앞으로 심판이 있을 것이며, 분노한 하나님께서 의로운 형벌을 내리실 것을 알리라고 권고한다.

> 노예로 사느니, 그래서 후손들에게 여러분들이 겪는 비참한 상황을 물려주느니, 죽는 것이 낫습니다. 죽어 버리십시오. 지금 즉시. 여러분의 세대에서 자유를 얻기를 원한다면, 유일한 희망이 여기에 있습니다. 아무리 당신과 우리들 모두가 자유를 원한다고 해도, 피를 흘리지 않고서는 구원받을 희망이 많지 않습니다. 피를 흘려야만 된다면, 한꺼번에 모두 흘립시다. 노예로 사느니 자유인으로 죽읍시다…… 저항을 여러분의 모토로 삼으십시오. 저항을! 억압받은 민족치고 저항 없이 자유를 얻은 적은 없습니다. 어떤 저항을 할 것인지는 여러분들이 처해 있는 상황과 형편을 고려하려 결정하십시오.[26]

동족에게 당장 죽어 버리든지, 아니면 대량 살상을 두려워 말라는 이 촉구는 엄청난 정치적 파장을 지닌 것이었다. 너무나도 급진주의적인 성격 때문에 가넷의 연설은 대회의 결의문으로 채택되지 못하였다. 결의문 채택 여부가 결국에는 총회에서 의결에 부쳐지기까지 하나 한 표

York : Arno Press, 1969, pp.73~75.

26 Henry Highland Garnet, "An Address to the Slaves of the United States of America, Buffalo, NY, 1843", Electronic Texts in American Studies Paper 8, DigitalCommons, Ebook, p.7 · pp.9~10.

차이로 채택되지 못하였다.[27] 그럼에도 불구하고 가넷의 연설은 무장 봉기의 가능성을 언급하였다는 점에서 40년대 북미의 흑인해방운동에 있어 중요한 급진주의의 좌표를 설정한다.

1850년의 타협과 그 여파

   도덕성과 자기완성을 강조하는 종교적이고도 계몽주의적 성격이 두 드러졌던 북미 흑인운동에서 해외이주론이 또다시 등장하게 된 것은 40년대의 급진적인 움직임도 있지만, 무엇보다도 1850년에 제정된 도주노예송환법(Fugitive Slave Act)이 그 배경에 있다. 이전에도 북부의 자유주(自由州)로 도주한 노예들을 잡아들여 남부로 송환하는 연방법(1793)이 있었지만 북부의 관리들은 이 법을 강제하지 않아도 되었다. 심지어 1842년에는 주정부가 도주 노예의 검거와 송환에 협력하지 않아도 된다는 판례를 연방대법원이 남김으로써 1793년의 연방법이 북부에서 유명무실하게 된다. 그러나 도주 노예의 신변 문제를 두고 남북 간의 갈등이 첨예해지다 못해 연방의 존재가 위협을 받자 북부의 정치인들은 대타협을 하게 된다. 이것이 바로 1850년의 도주노예송환법이다. 이 법이 시행되면서 북부의 주정부 관리들이 도주 노예의 검거와

27　Howard Holman Bell, op. cit., p.78.

송환에 협조하지 않을 경우 처벌을 받게 되었다. '1850년의 타협'이라 불리는 이 법의 시행으로 말미암아 1850년은 노예제 폐지론자들에게 암흑기의 시작을 알렸다.

뿐만 아니다. 캔자스-네브래스카 지역으로 백인 이주를 촉진시키기 위해 노예제 실시 여부를 지역 시민에게 일임하는 캔자스-네브래스카 법이 1854년에 제정되고, 1857년에는 노예가 자유주에 체류하게 되더라도 시민권을 주장할 수 없다는 드레드스콧(Dred Scott) 판결이 연방 대법원에서 내려진다. 노예제 폐지 운동을 거스르는 이 일련의 보수반동적인 정국으로 인해 북미의 흑인들은 해방이 요원하다는 것을 절감하게 된다. 이러한 변화는 그들의 시선을 다시 해외로 돌리게 만드는 계기가 된다. 해외에서 흑인 국가를 건설하는 꿈을 꾸게 만든 것이다. 도주노예송환법은 남북전쟁 기간 중인 1864년이 되어서야 폐지된다.

도주노예송환법이 당대 흑인들에게 미친 파장은, 이 법이 남부 노예들의 도주 시도를 억제할 뿐만 아니라 오래 전에 북부로 도주하여 정착하여 살고 있는 흑인들도 언제 어디서 잡혀갈지 모른다는 공포에 몰아넣었다는 사실에서 잘 드러난다. 도주 노예들을 엄습한 이 공포는 1850년대에 해외이주론을 주장한 들레이니의 글에서 잘 드러난다. 『미국 유색인들의 상황, 지위 고양, 이민 그리고 운명』의 16장을 보자.

우리는 자유의 한 가운데서, 느긋하고도 무심하게, 무관심하면서도 멍청하게, 주인들이 우리에 대한 권리를 주장하기를 기다리는 노예들에 지나지 않는다. 주인들이 우리를 소유하고 끝을 모르는 예속 상태로 몰아넣든 그렇지 않든지 간에 주인의 관용에 목을 맨 노예들 말이다.

차라리 노예가 우리보다 마음이 더 편한 편이다. 적어도 그는 자신의 가슴을 짓밟는 발뒤축의 주인공이 누군지 알고 있다. 반면 우리의 목을 거머쥘 악당이 누군지 우리는 알지 못한다. 노예 주인이 …… 우리들 중 어느 누구에게라도 권리를 주장하면, 우리의 사랑스러운 아내들과 귀여운 아이들까지도 예외 없이, 모두 노예의 신분으로 돌아가야 한다. 다른 방도가 없다.[28]

적어도 남부의 노예들은 누가 자신의 적인지를 알고 있지만, 북부의 도주 노예들과 그의 가족들은 언제 어디서 노예 사냥꾼을 맞닥뜨릴지 알 수가 없기에 하루하루가 공포와 고통의 연속이다. 이어지는 증언에서 들레이니는 자유 흑인의 경우에도, 남부의 자유 흑인보다 북부의 자유 흑인의 처지가 더 열악하다고 주장한다. 남부의 자유 흑인들은 신분을 입증하는 문건을 언제라도 내놓을 수 있지만, 북부에서 출생한 자유 흑인들은 자신의 신분을 입증할 문건도 없다는 것이다.

도주노예송환법의 여파를 고려할 때, 50년대와 60년대에 다시 일어난 흑인해외이주론은, 아프리카 출신 흑인들의 손으로 아프리카를 건설하려는─그 이름이 아프리카중심주의가 되었든, 혹은 아프리카 민족주의가 되었든─이데올로기적인 기획이기 이전에, 신변의 위협을 받았던 많은 도주 노예들에게 있어 거의 유일한 현실적인 탈출구였다. 1850년대 북부의 도주 노예들이 느꼈던 공포와 미국에 대한 그들의 실망은 심지어는 더글러스 같은 통합주의자도 급진주의를 고려하게 만든다. 더글러스의 유일한 창작물인 『영웅적인 노예(*The Heroic Slave*)』(1853)

---

28 Martin Robinson Delany, *The Condition, Elevation, Emigration, and Destiny of the Colored People of the United States*, n.p. : n.p., 1851, Gutenberg Ebook, chapter 16.

가 그 예이다.

이처럼 변화된 역사적 상황으로 인해 북미의 자유 흑인들은 해외 이주의 가능성을 이전보다 더 심각하게 고려하게 되었다. 대표적인 예가 분리주의자로 알려진 들레이니, 가넷, 그리고 크러멜이다. 19세기 초엽에 미국식민협회가 흑인들의 서아프리카 이주운동을 추진하였을 때만해도 가넷과 들레이니는 이를 맹렬히 반대하였다. 들레이니가 이때 내세운 이유는 당시 서아프리카에서 건설되고 있었던 라이베리아가 독립된 정부가 아니라 독립 정부의 "한심하기 짝이 없는 모방"에 지나지 않으며, 라이베리아의 대통령도 식민협회 지도자들의 말을 그대로 따라하는 "앵무새"[29]에 지나지 않는다는 것이었다. 그러나 1858년이 되면 들레이니는 입장을 바꾸어 서아프리카 이주를 지지하게 된다.

가넷도 1848년에는 미국이 자신의 고향이고, 조국이며, 자신에게는 다른 조국이 없음을 천명한 바 있다.[30] 그러던 그가 1849년이 되자 자유와 참정권만 받게 된다면 세상의 어디에라도 이주할 것을 찬성한다[31]고 입장을 바꾼다. 입장을 뒤집기로는 크러멜도 다르지 않았다. 1840년대까지만 해도 그는 흑백통합주의를 적극 지지하였으나, 1851년경에 이르면 흑인분리주의로 돌아서게 된다. 입장을 선회한 후 크러멜은 16년이라는 긴 세월을 라이베리아에서 교육과 선교하는데 바치게 된

---

29 Ibid., chapter 18.
30 Henry Highland Garnet, *The past and the Present Condition and the Destiny, of the Colored Race*, Troy, N.Y. : Steam Press of J. C. Kneeland and Co., 1848, p.29.
31 Ousmane Kirumu Greene, *Against Wind and Tide : African Americans' Response to the Colonization Movement and Emigration, 1770~1865*, dissertation, Univ. of Massachusetts, Google Books, Jan. 1 2007, p.404.

다. 같은 기간 동안 그는 북미 흑인들의 아프리카 이주를 위해 노력하였다. 그러나 말년이 되자 그는 다시 미국으로 돌아간다.

이 흑인운동가들이 보여준 입장의 번복과 재번복은 북미흑인운동사를 연구한 비평가 모지즈의 저서에서도 상세히 다루어지는 주제이다. 그러나 이 저술에서 흑인통합론자들이 분리주의로 돌아서게 된 이유가 제시되지는 않는다. 이들이 "일관성을 결여"하였거나 혹은 "양가적인 태도"[32]를 가졌다는 등 결과론적인 시각으로 설명될 뿐이다. 이러한 주장은 이 흑인들이 보여준 입장의 변화를, 당대 흑인들의 사회적 지위상의 변화나 이들이 백인 사회에서 받았던 신변의 위협과 같은 역사적 상황과 분리하여, 온전히 개인의 자의적인 결정으로 돌린다는 점에서 문제적이다. 또한 이러한 평가는 흑인운동이 통합주의와 분리주의로 돌이킬 수 없이 분리되어, 완전히 다른 길을 가고 있음을 전제로 한다.

그러나 현실이 반드시 그렇지는 않았다. 통합주의의 대부격인 더글러스만 해도 아프리카로의 집단적인 이주는 반대했지만 개인적인 해외 이주는 반대하지 않았던 것이 역사적 사실이다.[33] '1850년의 타협'이나 1856년의 '드레드스콧 판결' 등으로 인해 북미의 자유 흑인들이 느꼈던 신변의 위협이 가중되었을 때 더글러스 자신도 아프리카와 아이티 같은 곳으로의 이주를 고려하였던 바 있다. 비록 모지즈는 이를 "미온적인" 지지였다고 의미를 평가 절하하지만 말이다.[34]

이러한 분위기의 변화는 흑인전국대회의 논의에도 반영된다. 흑인

---

32 Wilson Jeremiah Moses, *The Golden Age of Black Nationalism 1850~1925*, p.37.
33 Frederick Douglass, "African Civilization Society", *African-American Social and Political Thought 1850~1920*, Brotz ed., pp.262~266.
34 Wilson Jeremiah Moses, *The Golden Age of Black Nationalism 1850~1925*, p.38.

대표들이 캐나다 외의 다른 지역으로 이주해야 할 것을 일치된 목소리로 강력히 주장하게 된 것이다. 50년대의 변화된 분위기는 1854년 8월 클리블랜드에서 개최된 '유색인이민전국대회(National Emigration Convention of Colored People)'가 잘 드러낸다. 이 대회에는 당시 통합주의를 포기한 들레이니도 참석하는데, 그는 이 대회에서 아메리카에 흑인 제국을 건설할 것을 강력히 주장하게 된다. 2년 후에 클리블랜드에서 두 번째 전국대회에서도 해외 이주에 대한 지지를 확인하고, 중남미 및 아이티 정부와 이민에 관하여 협의할 권한을 대표자들에게 위임하게 된다.[35]

1858년 8월 캐나다 온타리오에서 세 번째 유색인이민전국대회가 개최될 즈음에 들레이니는 아메리카 흑인 제국론을 버리게 된다. 대신 그는 서아프리카에 흑인주권국가를 건설할 것을 제안하게 되고 이 새로운 제안이 대회의 결의문으로 채택된다. 사실 들레이니는 1856년 유색인이민전국대회가 있었던 직후부터 서아프리카 탐사를 위한 여행 준비를 개인적으로 하고 있었다. 1858년은 또한 가넷이 아프리카문명화협회(African Civilization Society, 1858~69)를 창설하여 아프리카와 아프리카 출신 흑인들의 교화와 개화를 위해 북미 흑인들이 앞장 설 것을 주장하게 되는 해이다. 이듬해 5월 들레이니는 흑인 국가 건설을 위한 사전답사를 위해 대표의 자격으로 뉴욕을 출발하여 7월에 라이베리아의 수도 몬로비아에 도착한다. 그는 이곳에서 먼저 와 있던 블라이든의 환영을 받게 된다. 아프리카 이주론은 들레이니보다 먼저, 1853년에 라

---

35   Hollis R. Lynch, op. cit., p.17.

이베리아로 건너가서 교육과 선교활동을 시작한 성공회교회 목사 크러멜에 의해 주장되기도 하였다.

60년대에 이르면 해외이주론은 다소 수그러들게 된다. 남북전쟁에서 북군이 승리하는데 큰 공헌을 한 흑인들이 백인 사회로부터 인정을 받을 것이라는 기대를 갖게 되었기 때문이다. 그 결과 미합중국 '내'에서 흑인 민권을 쟁취하려는 결의가 높아진다. 실제로 재건 시대가 시작되고 1868년과 1870년에 헌법의 열네 번째와 열다섯 번째 수정 조항이 통과됨에 따라 흑인들의 민권과 정치적 권리가 '법적으로' 보장받게 되는 진전이 있게 된다.

이처럼 북미의 해방운동에 있어서 흑인운동 지도자들뿐만 아니라 흑인 대중도 곧잘 해외 이주 문제에 관하여 입장을 바꾸었다는 것은 역사적인 사실이다. 그 빈도는 물론 당대 흑인들이 처한 역사적 상황이 결정하였다. 정치적 여건이 흑인들의 민권 성취에 유리하게 조성될 때는 통합주의를 마땅히 추구해야 한다고 믿었고, 반대로 상황이 불리하게 돌아가 미국 사회에 흑인들의 미래를 위탁할 수 없다는 의구심이 들 때는 해외 이주가 유일한 대안으로 다가왔기 때문이다. 통합주의와 분리주의는 서로 엄연히 구분되는 정치적 이데올로기이긴 하였지만, 각각의 노선의 지지자들이 상호 중복되었던 것이 이러한 연유에서였음은 아무리 강조해도 지나치지 않다.

마틴 들레이니, 사이비 아프리카주의자?

들레이니[36]는 버지니아 주 찰스타운에서 자유 흑인 어머니와 노예 아버지 사이에서 태어난 자유 흑인이다. 들레이니는 백인 아이들의 교실 밖에 앉아서 읽기와 쓰기를 배웠다고 한다. 들레이니의 어머니도 그에게 글을 가르쳤으나 버지니아 주가 흑인 교육을 금했기에 그녀는 아들을 가르친 죄로 감옥에 갈 상황에 처하게 된다. 그러자 모자는 자유주 펜실베이니아로 도망을 가고, 아버지도 1년 후 자유의 몸이 되어 가족과 합친다. 들레이니는 1831년에 피츠버그에서 학교를 다니고, 30년대와 40년대에는 노예제도 폐지와 흑백의 통합을 위해 활동하였다. 1843년에 그는 노예제도 철폐와 흑인의 인권을 주장하는 주간지 『신비(*Mystery*)』(1843~47)를 창간하고, 1847년에는 더글러스와 함께 당대의 권위 있는 흑인 주간지 『북극성(*North Star*)』(1847~51)의 공동 편집자로 활동한다. 이 시기는 들레이니가 더글러스 그리고 개리슨과 함께 활동하며 온건한 개혁주의를 주장하였던 시기이다. 1850년에 그는 하버드 대학 의과대에 합격하여 한 학기를 다니다 두 번째 학기에 등록을 거부당한다.

1830년대와 1840년대 들레이니의 활동은 도덕 개혁과 흑백통합주

---

36   1852년에 들레이니는 『미국 유색인들의 상황, 지위 고양, 이민 그리고 운명』을, 1859년에는 『블레이크 혹은 미국의 오두막(*Blake; or The Huts of America*)』, 1861년에는 『니제르 유역 탐험대의 공식 보고서(*Official Report of the Niger Valley Exploring Party*)』를 출판한다. 남북전쟁이 일어났을 때 그는 흑인 모병에 적극 지원하여 미국 최초의 야전 지휘관의 자리에 오르기도 한다.

의로 수렴된다. 그러나 1850년대와 1860년대에 출판된 그의 글들은 흑인분리주의에 가깝다. 들레이니 연구자 아델레케는 50년대의 들레이니를 이렇게 설명한다. "1850년대 무렵에 들레이니는 흑인들에 대한 백인들의 전지구적인 음모로 인해 낙관적 경향에서 비관주의로 이행한다. 그의 판단에 의하면 미국에서 일어나고 있던 상황은 흑인들을 영구히 억누르려는 전지구적 음모의 한 양상에 지나지 않았다. 전지구적인 위협에 맞설 수 있을 만큼 강력한 인종적인 단합과 독립된 흑인 국가의 건설에서 그는 해결책을 찾았다."[37] 이러한 신념의 변화를 잘 보여주는 저서로 흔히 지목되는 것이 『미국 유색인들의 상황, 지위 고양, 이민 그리고 운명』이다.

그러나 흑백통합주의에서 흑인분리주의로의 전환을 증거하는 이 저서의 목차를 살펴보면 흥미로운 사실이 발견된다. 이 책자는 서론, 22장에 이르는 본문, 결론, 그리고 부록으로 구성되어 있다. 이 책자의 내용을 보면, 평등권의 성취 등 북미에서 흑인들이 더 나은 삶을 누리기 위한 방안을 논의하는 데에 전체 분량의 70퍼센트를 할애하며, 정작 해외 이주는 나머지 30퍼센트, 즉 3장과 17~22장에서 논의된다. 이러한 지면의 편중은 이 책자를 발간했을 때 들레이니가 심정적으로 미국 내에서의 투쟁과 해외 이민 중 무엇을 선호했는지 시사하는 바가 있다. 후대의 비평가들이 주장하는 바와 달리, 이 책자를 발표하였을 때 들레이니가 아무런 유보 없이 분리주의의 입장을 취하였는지는 의문스럽다는 뜻이다.

---

37   Tunde Adeleke, op. cit., pp.68~69.

이러한 가능성을 염두에 두고 결론에서 발견되는 들레이니의 분리주의 주장을 한번 보자.

> 우리 자신의 나라 미합중국에는 350만 명의 노예가 있고, 법적으로만 자유로운 흑인들이 60만 명이 있다. 이 중 육분의 일이 남성이라고 한다면 10만 명의 강한 신체를 가진 자유 남성들이 있으며, 이들은 우리를 받아 줄 국가에서 강력한 보조 일꾼들이 될 것이고, 지상의 어떠한 권력도 함부로 하지 못할 우군이 될 것이다. 우리는 자신의 나라를 사랑한다. 진정으로 사랑한다. 그러나 조국은 우리를 사랑하지 않는다. 조국은 우리를 경멸하고, 우리가 사라지기를 바라고, 우리를 자신의 품으로부터 쫓아내려 한다. 우리는 조국이 명하는 곳으로 가지는 않을 것이다. 그러나 우리가 떠날 때는, 조국에 대한 우리의 사랑이 아무리 크더라도, 우리를 받아 주는 나라를 사랑할 것이다.[38]

정서적 구조의 측면에서 이 글은 미합중국을 포기한 자의 작별 인사와는 거리가 멀다. 자신의 연모(戀慕)하는 마음을 알아주지 않는 연인에게 계속해서 하는 구애, 그런 식으로 계속 냉대하면 자신의 마음이 변할지도 모르니 제발 사랑을 받아 달라는 구애 행위에 가깝기 때문이다. 경고라는 형식을 빌기는 하였지만, "조국에 대한 우리의 사랑이 아무리 크더라도" 일단 떠나게 되면 다른 나라를 사랑할 것이라는 들레이니의 주장은 안타까움을 주된 정조로 한다.

이 책자는 또한 들레이니가 초기부터 견지한 도덕적 개혁주의와 계

---

[38] Martin Robinson Delany, *The Condition, Elevation, Emigration, and Destiny of the Colored People of the United States*, chapter 23.

몽주의적 태도를 여전히 엿볼 수 있다는 점에서도 주목할 만하다. 그는 2장의 서두에서 미합중국의 백인들이 독립선언문의 정신이나 건국의 대원칙을 위반하고 있음을 지적한다. 백인이 자국의 영토에서 태어난 국민들의 정치적인 권리뿐만 아니라 자연권마저도 유린함으로써 "공화국의 평등주의라는 공언된 원칙"을 위반하였다는 것이다.[39] 4장에서 들레이니는 흑인들을 현재의 상황에서 구출할 방법을 논한다. 흑인들의 물리적인 구제를 위한 방안을 논하는 5장에서 들레이니는 백인의 성공 사례를 고려할 것을 제안한다. 그에 의하면 백인들이 성공을 위해 각종 사업, 무역, 전문 지식, 그리고 과학 지식을 필요로 하였듯, 흑인들의 신분 고양을 위해서는 이러한 지식을 습득하는 것이 중요하다.

흑인의 구제방안에 관련된 들레이니의 주장을 직접 들어 보자.

> 우리의 신분 고양은 자조의 노력, 즉 우리 자신의 손에 의한 노력의 결과일 따름이다. 어떤 다른 인간의 능력으로도 이것을 성취할 수 없다. 만약에 우리가 그렇게 되는 것이라고 결정하면 그렇게 되는 것이다. 우리 각자 그렇게 결정을 내리고 우리의 이웃과의 명예로운 경쟁에서 이기도록 노력하자. 이것이 우리 자신들을 고양시키고, 이 나라에서 혹은 그 어느 나라에서이건 평등을 성취할 수 있는 유일한 적절한 방법이다.[40]

이러한 점을 고려했을 때, 북미 흑인들이 처한 상황에 대한 해결책으로 들레이니가 제시하는 바는 30년대와 40년대의 흑인운동을 지배했던

---

[39]   Ibid., chapter 2.
[40]   Ibid., chapter 5.

계몽주의, 혹은 백인의 선진 문명을 따라잡으려는 근대화의 기획과 다르지 않다. 그러한 점에서 들레이니의 이 책자를 증거로 삼아 흑인분리주의의 사유가 태동한 문건으로 간주하는 아델레케의 비평은 문제적이다.

이 책자의 후반부에 가서야 들레이니는 이주 후보지를 하나씩 거명한다. 그중 라이베리아에 대해서는 지리적 여건, 식민기획이 애초부터 백인 노예주에 의해서 이루어졌다는 점, 그리고 라이베리아가 여전히 미국식민협회의 꼭두각시에 지나지 않는다는 점을 들어 반대한다. 대신 그는 캐나다를 임시적인 도피처로 추천하며, 이민 후보지로 중남미 지역인 서인도제도, 니카라과와 뉴그레나다를 추천한다. 그러나 이 이주론도, 결론에서 작가가 들려주는 애정과 원망이 복합적으로 담긴 호소문과 함께 고려했을 때, 얼마나 진성성이 있는 것인지는 사실 의문이다.

앞서 언급한 바 있듯 들레이니는 흑인의 해외이주론을 비난하던 입장을 바꾸어 1854년에 이르면 아메리카 흑인 제국론을 주창한다. 이어 1856년에는 아프리카 이주 계획을 지지하고 이를 위해 니제르 지역 탐사를 계획하게 된다. 1858년에 열린 제3차 유색인이민전국대회에서 그는 아프리카에서 산업 식민지 부지를 탐색하는 임무를 맡게 된다. 아프리카를 개화시키기 위한 그의 방안은 아프리카의 싼 노동력과 땅을 이용하여 면화를 경작하는 것이었다. 아프리카가 면화 생산지로 달바꿈하게 되면, 낙후된 아프리카만 발전하는 것이 아니라, 유럽에 면화를 수출해 온 미국의 면화 산업이 타격을 받게 되고, 그래서 경제적으로 어려워진 남부의 농장주들이 노예제를 유지하기가 힘들어질 것이라는 것이 그의 논리였다.[41]

들레이니는 서아프리카 여행비용 마련을 위해 여러 단체의 도움을 받는다. 그는 물론 아프리카문명화협회로부터 재정적 지원을 받았지만, 그가 이전에 신랄하게 비판했던 미국식민협회의 도움을 받기도 한다. 아프리카에 도착한 들레이니는 라이베리아와 내륙의 요루바 지역을 방문하면서 여러 부족의 왕들과 조약을 맺기도 하고, 현지의 관습과 자연환경에 대해서 보고서를 작성하는데 그 결과물이 『니제르 유역 탐험대의 공식 보고서』이다. 그는 탐사가 끝난 후 영국과 스코틀랜드를 방문하여 중앙아프리카 탐사에 대한 경험담을 들려주고 아프리카 면화 수출의 가능성을 타진한다.

들레이니는 남북 전쟁이 발발하자 전쟁에 자원하여 야전 지휘관의 지위에까지 오르게 되며, 전쟁 이후에는 관직을 찾아다니기도 하고, 흑인의 부통령 출마와 시장 출마에 반대하는 등 보수적인 행동을 하기도 한다. 재건기가 끝난 후 인권 상황이 크게 나아지지 않은 것에 실망한 흑인들이 라이베리아로 이주할 것을 계획하였을 때, 들레이니는 다시 이들과 행동을 함께 한다. 그는 '라이베리아 엑서더스, 증기선 주식합명회사'를 창설하고 재정 위원장을 맡으나 얼마 후 사직한다. 들레이니의 이러한 태도의 변화는 훗날 비평가들로부터 비판의 대상이 된다.

북미 흑인운동사 연구자 모지즈의 비평이 대표적인 예이다. 그에 의하면 들레이니는 사이비 아프리카주의자이다. 들레이니가 "아프리카인을 위한 아프리카"라는 모토를 만들기는 하였으나 정작 아프리카에 도착해서는 자신이 얼마나 철두철미 미국인인지를 깨달은 인물이라는

---

41   Ibid., chapter 3.

것이다. 이에 의하면 들레이니에게 이러한 변화가 있게 된 데에는 *그가 현지에서 목격한 야만적인 살인 관습*이 큰 역할을 하였다. 모지즈는 그 증거를 들레이니의 니제르 탐사 보고서에서 찾는다. 이를 인용하면 다음과 같다.

> 다호메이의 왕, 바다홍 전하께서 선친 게조 왕을 기리기 위하여 "위대한 관습"을 시행할 예정이었다. 이전의 어느 왕이 한 것보다도 더 장려한 의식을 치르려고 마음먹은 바다홍은 이 위대한 관습을 경축하는 가장 규모가 큰 행사 준비를 하였다. 그는 카누를 띄우기에 충분한 인간의 피로 채워질 거대한 구덩이를 파게 했다. 2,000명의 인간이 이 의식에서 희생될 예정이었다······ 아프리카에 대해 연민의 정이 있는 영국인 박애주의자들이 이를 좀 보았으면![42]

이 인용문만을 보면 모지즈의 주장대로 들레이니가 아프리카의 야만적인 관습을 목격했고, 이를 중단시키기 위해 영국의 인도주의적인 개입을 요청한 듯이 보인다.

그러나 모지즈가 증거로 든 이 인용문은 왜곡된 것이다. 이 인용문이 들레이니의 보고서에서 발견되는 것은 사실이나, 들레이니 본인의 목격담은 아니었다. 이 야만적인 관습에 대한 묘사는 들레이니의 보고서 중 후반부, 즉 아프리카 탐사여행이 끝난 직후 있게 되는 영국과 스코틀랜드의 방문 일정을 다루는 후반부에 실려 있다. 원문을 들여다보면,

---

[42] Wilson J. Moses, *The Golden Age of Black Nationalism, 1850~1925*, pp.36~37.

다호메이의 왕, 바다훙 전하께서 선친 게조 왕을 기리기 위하여 "위대한 관습"을 시행할 예정이었다. 이 **의도와 관련하여 『서아프리카 헤럴드』는 다음과 같이 전한다.** 이전의 어느 왕이 한 것보다 더 장려한 의식을 치르려고 마음먹은 바다훙은 이 위대한 관습을 경축하는 가장 규모가 큰 행사 준비를 하였다. …… 아프리카에 대해 연민의 정이 있는 영국인 박애주의자들이 이를 좀 보았으면!

—『더 타임즈』, 1860.8.13[43]

위 인용문에서 고딕체로 표시한 부분이 모지즈의 인용에서 누락된 것이다. 애초에 이 인용문은 『더 타임즈』의 기사였으며, 이보다 더 중요한 사실은 『더 타임즈』도 또 다른 기사를, 즉 『서아프리카 헤럴드』의 기사를 인용하였다는 점이다. 즉, 들레이니를 철두철미 앵글로-프로테스탄트로 그려내기 위해 모지즈가 『서아프리카 헤럴드』의 기사를 들레이니의 목소리로 바꾸어 놓은 것이다.

들레이니가 아프리카주의를 표방하면서도 앵글로-프로테스탄트적인 가치를 벗어날 수 없었다는 비평은 들레이니에게서 발견되는 이데올로기적인 문제를 조망하는 하나의 창(窓)이 될 수는 있다. 아프리카 제국을 건설할 것을 주장하는 분리주의의 목소리에서 앵글로-프로테스탄트의 가치가 발견되는 것은, 이 흑인들의 성장 환경이나 교육적 배경을 고려했을 때 그리 놀라운 사실이 아니다. 이러한 혼종적인 목소리를 두고 이데올로기적인 모순으로만 치부하거나 변절 사례로 비판하는

---

43 Martin Robinson Delany, *The Condition, Elevation, Emigration, and Destiny of the Colored People of the United States*, chapter 14.

것은 흑인해방운동이나 흑인주권운동이 애초부터 주인의 지식과 가치를 받아들임으로써 가능하였다는 사실, 그 운동이 애초부터 이러한 구조적인 모순을 안고 태동하였으며 이러한 모순을 먹고 자랐다는 사실을 충분히 고찰하지 못하였음을 의미한다.

19세기 전반기에 흑백통합론을 외친 흑인운동가들 중 적지 않은 수가 '50년의 타협' 이후에는 해외 이주를 고려하였고, 노예해방이 이루어진 1864년 이후에는 다시 통합론으로 돌아서게 된다. 그러나 재건기가 끝난 후 기대했던 실질적인 인권의 향상이 이루어지지 않게 되자, 이들은 다시 미국에 실망하게 되고 이러한 판세의 변화가 해외이주론에 힘을 실어 주게 된다. 이러한 일련의 현상을 이데올로기의 창을 통해서 보았을 때 이념적인 변절이나 모순으로 여겨지겠지만, 이는 온전한 설명이 되기에는 부족하다. 들레이니가 보여준 빈번한 입장 변화를 이해하기 위해서는, 흑인의 사회적 지위에 결정적인 영향을 준 일련의 사건들, 즉 '1850년의 타협', 링컨의 노예해방선언, 미국 헌법 수정 제13조의 비준 같은 1860년대의 사건들, 그리고 남부의 노예차별을 종식시키리라 기대를 모았던 재건시대의 조기 종료에 따르는 흑인들의 실망과 같은 역사적 상황을 고려해야 한다.

들레이니가 미국식민협회에게서 지원을 받는 "이중적인 면모"를 보였음을 지적하는 모지즈의 주장은 앞서 설명한 바 있듯 미국식민협회가 갖는 정치적 모호성, 즉 이 협회가 노예폐지론자들로부터 노예존치론자에 이르기까지 다양한 세력들로 구성된 복합적인 성격을 가진 기구라는 점을 충분히 고려하지 못한 면이 있다. 들레이니가 아프리카문명화협회와 미국식민협회의 도움도 받았다는 사실을 두고 이중적인 플레이로 비판한다면, 이는 당대 북미 흑인들의 현실뿐만 아니라 아프리카의 현실도 충분히 고려하지 못한 것이다. 흑인들의 이주가 되었든, 식민화의 형태가 되었든, 19세기에 흑인 정착촌을 아프리카에 건설하는 것은 백인들의 도움이 없이는 실질적으로 불가능한 일이었다. 그러니 "이중성"의 문제는 사실 이데올로기의 문제가 아니라 재정적인 현실의 문제였다. 다음 장에서 다시 논의하겠지만 이러한 점은 19세기 후반에 서아프리카에서 활동한 또 다른 흑인분리주의자로 평가받는 크러멜이나 블라이든의 경우에도 다르지 않았다.

프레드릭 더글러스의 흑백통합주의

흑백통합주의의 선두에는 19세기 중·후반기에 활동한 더글러스가 있다. 더글러스는 1817년에 메릴랜드 주 해안가의 홈스힐 농장에서 노예 어머니 베일리(Harriet Bailey)와 정체가 밝혀지지 않은 백인 아버지 사이에서 태어났다. 성장한 후 그는 다른 백인들에게 여러 차례 임대되기도 하고 조선소에서도 일을 하다가 1838년에 자유를 찾아 북부로 도망간다. 매사추세츠 주 뉴베드포드에 정착한 그는 노예제 폐지를 주장하는 신문 『해방자(*Liberator*)』를 접하게 되고 이로부터 대단한 감명을 받게 된다. 더글러스 자신의 표현을 빌리면, "그 신문은 나를 살찌우는 양식, 나의 목마름을 채우는 음료가 되었다. 나의 영혼이 불타올랐다."⁴⁴ 더글러스는 이 신문의 편집자이자 당대의 저명한 노예폐지론자 개리슨을 만나면서 삶의 전환기를 맞이한다.

개리슨이 설립한 미국노예제폐지협회에 참여하게 된 더글러스는 1841년~1845년의 기간 동안 백인 노예폐지론자들과 함께 북미 지역을 순회한다. 그는 순회 기간 동안 자신의 경험을 바탕으로 노예제를 비판하는 연설을 하여 명성을 얻는다. 그는 북부의 백인들로부터 의심을 사기도 하는데, 그 이유는 그가 공개석상에서 보여준 언변과 지력이 교육받지 못한 노예라고는 여겨지지 않았기 때문이었다. 그래서 그는 동료 백인 노예폐지론자들로부터 단순히 사실만을 이야기할 것이지, 철학이나 수사, 논증은 자신들에게 맡기라는 압력을 받기도 하였다. 뛰어난 말솜씨가 오히려 내용의 진정성을 훼손하니 사실 전달에만 충실히 하라는 것이다. 더글러스가 첫 번째 자서전『미국 노예 프레드릭 더글러스의 자서전』을 출간하게 된 것은 이러한 상황에서였다. 자신의 경험이 진실임을 자서전을 통해서 입증하고자 하였던 것이다.

첫 자서전에서 더글러스는 노예제를 유지하기 위해 백인들이 사용하는 비인간적인 방법들을 폭로한다. 그에 의하면 백인 주인은 노예에 관한 기본적인 사실들, 이를테면 출생일이나 아버지의 정체를 숨김으로써 흑인 아이가 개인 정체성을 발달시키지 못하도록 막는다. 백인 주인은 또한 흑인이 읽고 쓰는 법을 배우는 것을 금함으로써 이들이 권리의식과 자립에 눈뜨는 것을 구조적으로 막아 왔다. 문맹의 상태가 예속을 강화하는 수단으로 이용되었다는 것이다.⁴⁵ 더글러스는 노예제가

---

44 Frederick Douglass, *Narrative of the Life of Frederick Douglass, an American Slave, Written by Himself*, Boston : Anti-Slave Office, 1945, p.117.

흑인들뿐만 아니라 수혜자인 백인들도 궁극적으로 피해자로 만든다고 주장한다. 그는 한때 모셔야 했던 여주인 올드(Sophia Auld)의 예를 들면서, 노예를 소유하게 되면서 여주인이 어떻게 "양과 같은 성품"에서 "호랑이 같은 사나움"[46]으로 변모하였는지, 또한 백인 남성들이 어떻게 강간과 부정(不貞) 행위의 사악한 유혹에 빠지게 되는지를 증언한다. 더글러스는 또한 북미 백인들의 기독교를 공격의 목표로 삼는다. 그는 자신이 겪은 노예 소유주들 중에서도 종교를 믿는 이들이 가장 야비하고 저열할 뿐만 아니라 가장 비겁하였다고 증언한다. 기독교 신자들의 위선에 대한 그의 비판은 "노예 경매장의 종소리와 교회 종소리가 서로 화답하며 울려 퍼진다"[47]로 요약된다.

이 자서전에서 더글러스가 취한 전략은 북부의 백인 독자들의 양심과 동정심에 호소하여 이들을 노예폐지론에 동조하게 만드는 것이다. 그가 사용하는 서사 전략의 치밀함은, 한편으로는 일종의 "세밀화" 기법을 통해 노예 소유주들의 부도덕성과 백인 기독교인들의 위선을 신랄하게 비판하지만, 다른 한편으로는 자신의 주 독자층인 북부의 기독교인들이 자신의 글로부터 완전히 등을 돌리지 않도록 몇 가지 안전장치를 마련해 두는 데서 잘 드러난다.[48] 이 장치 중의 하나가 "부록"의 활용이다. 구체적으로 그는 본문에서 노예 소유주들의 비인간적인 만행과 기독교의 위선을 폭로한 후 부록에서 이러한 폭로의 파장을 적절한 수위

---

45   Ibid., p.99.
46   Ibid., p.37.
47   Ibid., p.119.
48   James Matlack, "The Autobiographies of Frederick Douglass", *Phylon* 40.1, 1979, p.18.

에서 '사후 조절'하는 것으로 드러난다. 이를테면 다음과 같은 문장을 추가함으로써 북부 독자들의 불편한 마음을 달래는 것이다. "내가 앞서 종교에 관하여 제기한 비판은 이 땅의 종교 중에서도 노예를 거느리는 종교에만 적용되는 것이지, 기독교 자체에 관한 것은 결코 아니다."[49]

더글러스가 채택하는 또 다른 안전장치는 "액자형 서한"의 활용이다. 백인들의 비리를 직설법으로 폭로하다 보니 애초의 의도와는 달리 그의 자서전이 진정성을 의심 받는 처지에 놓이게 된다. 이러한 의심을 사전에 봉쇄하기 위해 덕망 있는 인사들의 추천서를 본문 앞에 위치시켜 서사에 신뢰성을 더하는 것이다. 일종의 신원보증인 셈이다. 이러한 전략은 더글러스가 선보인 이래 던바가 『하층생활의 서정시(Lyrics of Lowly Life)』(1896)를 출간할 때 당대 최고의 비평가 중 한 사람이었던 하웰즈(William Dean Howells)의 추천사를 서문으로 삼은 것에서도 드러난다. 하웰즈의 서문이 이 시집의 유명세에 일조를 한 것은 두말할 필요가 없다.[50] 더글러스가 내세운 '신원보증인들' 중에는 그의 멘토 역할을 하였던 개리슨 외에도 보스턴 출신의 변호사로 노예제 폐지를 위해 활동한 당대의 저명인사인 필립스(Wendell Phillips)가 있었다. 더글러스는 이들의 추천서를 자서전의 서문으로 전진 배치하였다.

더글러스는 첫 자서전을 출간한 후 미국을 떠나야 하는 상황에 처하게 된다. 도주 노예가 실명을 밝혔으니, 현행법에 의해 메릴랜드에 있는 그의 주인이 언제라도 그를 잡아들이는 것이 가능하였기 때문이다. 미국

---

49 Frederick Douglass, *Narrative of the Life of Frederick Douglass, an American Slave, Written by Himself*, p.118.

50 James Matlack, op. cit., p.18.

을 떠난 그는 영국과 아일랜드에서 노예 폐지를 촉구하는 강연을 하여 명성을 쌓는다. 영국의 노예폐지론자들이 모금한 돈으로 자유를 산 후인 1847년에야 더글러스는 귀국한다. 이후 그는 정치적 변화보다는 도덕적 개혁을 추구하는 개리슨의 영향력으로부터 점차 독립하게 된다.[51]

더글러스는 1855년에 첫 자서전을 보완한 두 번째 자서전 『나의 예속과 나의 자유(*My Bondage and My Freedom*)』를 출간하며, 1881년에는 첫 번째 자서전에 백여 쪽을 더한 『프레드릭 더글러스의 삶과 시대(*Life and Times of Frederick Douglass*)』를 출간한다. 그러나 시간이 지날수록 그의 작품들은 첫 자서전만 한 문학적 성취도 이루지 못하며, 사회적 파장도 일으키지 못한다. 매트랙의 표현을 빌리면, 세 번째 자서전은 "바쁜 공직 생활이 끝날 무렵 공인들이 종종 출간하는 두터운 회고록"[52] 정도라는 시원찮은 평가를 받게 된다. 그도 그럴 것이 그 무렵에는 노예제가 폐지되었고, 따라서 서스펜스가 넘쳤던 탈주 노예의 회고록이 누렸던 인기도 시들하게 된 것이다.

흑인 인권운동가로서의 더글러스에 대한 평가는 재건 시대 전후 그가 열혈 공화당원으로서 보인 정치적 행보에 의해서 많이 좌우된다. 이를테면 미국이 산토도밍고(현 도미니카 공화국 수도)에 대해 벌인 정복 전

---

51 개리슨과 더글러스가 결정적으로 갈라서게 된 데에는 더글러스가 『해방자』의 경쟁지가 된 주간지 『북극성』을 창간·운영하였다는 것, 뿐만 아니라 개리슨의 정적 스미스(Garrit Smith, 1797~1874)가 주도하는 자유당의 기관지 『자유당 신문(*Liberal Party Paper*)』과 합병하여 『프레드릭 더글러스 신문(*Frederick Douglass' Paper*)』(1851~63)을 발행하게 된 것 등이 원인이 되었다. Cynthia S. Hamilton, "Models of Agency : Frederick Douglass and 'The Heroic Slave'", *Proceedings of the American Antiquarian Society* 114.2, 2005, p.112.

52 James Matlack, op. cit., p.25.

쟁(1916~25)을 옹호하고, 그 대가로 대통령 위원회에 임명되었다는 사실이나, 이후에도 계속되는 정치적 봉사의 대가로 훗날 워싱턴 DC의 연방 보안관직이나 등기소장직 등 고위 관직을 수행하였다는 사실은, 그가 소수민 흑인으로서 이름을 날렸다는 평가 못지않게 주류 사회에 편입되어 영혼을 판 것이라는 비판을 불러일으킨다. 그는 평소 흑인들의 지위 향상을 위해 "자조"와 "근면"[53] 등 개인적인 미덕을 강조하였다. 1881년에 출간된 그의 자서전 증보판도 "자립, 자존, 근면, 인내, 검약"과 같은 개인적인 미덕을 강조하며 끝이 난다. 이러한 사실들은 인종차별에 대한 제도적 투쟁보다는 개인의 도덕적 변화로 그의 강조점이 변화한 것이 아닌가 하는 의구심을 갖게 한다.

더글러스를 연방 보안관직에 앉힌 이가 헤이즈(Rutherford B. Hayes) 대통령이있는데, 그는 1877년에 대통령에 당선되자마자 재건 시대에 남부에 배치한 연방군을 철수시킴으로써 남부의 실권을 구(舊)지배층에게 다시 넘겼다는 비판을 받은 바 있다. 재건 시대를 조기에 마무리 지음으로써 남부 흑인들의 실질적인 해방도 뒤로 미루고 말았던 것이다. 크러멜은 이러한 헤이즈가 더글러스에게 고위직을 제공한 것을 두고, "한 명의 흑인을 영전시킨다고 해서 남부에 있는 50만 명의 흑인들의 상황을 악화시키고, 구지배층에게 패권과 지배력을 준 것에 대한 보상이 되지는 않는다"[54]고 비판한 바 있다. 1891년에 두보이스가 당대의 흑인 지도자들을 가리켜 "거짓을 거짓이라 부르기를 두려워하는, 모

---

53   Frederick Douglass, *Life and Times of Frederick Douglass, Written by Himself*, Hartford, CN : Park Publishing, 1881, p.488.

54   Wilson Jeremiah Moses, *Alexander Crummell : A Study of Civilization and Discontent*, Cary, NC : Oxford Univ. Press, 1989, pp.200~201에서 재인용.

세의 자리에 앉은 기회주의자들이요, 시세 영합주의자"[55]라고 비판한 것도 더글러스가 보여준 말년의 변모와 무관하지 않다.

통합론자의 급진주의와 인종주의

그러나 "변절한 흑백통합론자"라는 레이블만으로 더글러스의 정치적 이력을 설명하기에는 불충분하다. 그는 흑백차별에 반대하여 한때는 급진주의와의 제휴를 고려하기도 했고, 훗날에는 보수적으로 변하여 그 자신 백인들의 인종주의적 사유를 내면화하기도 했다. 이를테면, 그는 1848년 미국 최초의 여권대회에 참석하여 여성의 권리 향상을 지지하기도 하고, 그에 관한 기성의 연구에서는 좀처럼 언급이 되지 않지만 노예제도의 폐지를 위해서 급진주의적 성향도 보여주었던 인물이다. 더글러스와 급진주의와 관계는 그가 영국에서 귀국한 해인 1847년에 백인 노예폐지론자 브라운(John Brown, 1800~59)과의 만남으로 거슬러 올라간다. 개혁과 설득을 통하여 평화적 변화를 추구한 개리슨과 달리 브라운은 노예제 폐지를 위해서 무장 봉기가 필요함을 역설한 인물이었다. 브라운과의 친교를 통해서 더글러스는 급진주의적 사유에 어느 정도 동조하게 된 듯하다.

---

55 Francis L. Broderick, *W. E. B. Du Bois : Negro Leader in a Time of Crisis*, Stanford : Stanford Univ. Press, 1959, p.20.

더글러스가 수용하게 된 전투적인 급진주의는 무엇보다 그가 출판한 유일한 소설인 『영웅적인 노예』(1853)에서 감지되는 것이다. 이 중편 소설은 1841년 11월 7일에 있었던 노예 운반선 크레올 호의 선상 반란을 소재로 한다. 당시 미국은 영국을 따라 노예무역 폐지를 선언했지만 미국 영토 내에서의 노예거래는 묵인하였다. 리치몬드와 뉴올린즈를 오가던 이 운반선에는 135명의 노예들이 승선해 있었는데, 그중 19명이 반란을 일으켜 배를 영국령 바하마의 나소로 납치했다. 이 과정에서 선장이 부상을 당하고 노예 거래상 한 명이 사망하지만, 나소에 도착했을 때 영국 관리들은 노예들을 모두 풀어 준다. 그러니 흑인 노예들은 최소한의 유혈 사태를 대가로 치르고 자유를 얻은 셈이다. 이 선상 반란에서 중요한 역할을 한 이가 노예 워싱턴(Madison Washington)이었는데, 『영웅적인 노예』는 이 역사적 인물을 주인공으로 삼았다. 더글러스는 이처럼 선상 반란을 이끈 노예 주동자의 이야기를 서사화하여 그를 당대 흑인들에게 저항의 아이콘으로 만든다. 또한 더글러스는 반란의 주동자들의 정신을 칭찬하는 글을 『북극성』에 싣기도 하며, 식민화에 반대하는 기고문에서 워싱턴의 이야기를 사용하기도 하였다.[56]

크레올 호 선상 반란이 『해방자』 등의 신문에 보도되었을 때, 이는 노예폐지론자들 사이에서 큰 파문을 일으킨다. 브라운이 주도하는 급진적인 자유당과 개리슨이 이끄는 미국노예제폐지협회가 서로 싱반된 결의를 하게 되는 것이다. 급진적인 자유당은 노예들이 자유를 위해 반란을 일으키는 행위는 독립선언문의 정신뿐만 아니라 대법원의 결정과도

---

56   Cynthia S. Hamilton, op. cit., p.97.

합치하는 것이니 "유사한 상황에 처한 이들이 그들의 고결한 예를 모방할 것" 촉구하였다. 반면 미국노예제폐지협회에서는 "물리력을 동원하는 권리 회복은 어떤 식으로든 결코 지지하지 않음"을 결의한 것이다.[57]

더글러스와 급진주의자 브라운의 친밀한 관계는 브라운이 1858년 1월 말 당시 뉴욕 주 로체스터에 있었던 더글러스의 집에서 한 달간 기식(寄食)한 사실에서도 잘 드러난다. 이 기간 동안 브라운은 새로운 세상을 꿈꾸며 새로운 미합중국의 "임시 헌법"을 기초하였던 것으로 알려져 있다. 브라운은 버지니아 주 북부에 있는 하퍼스페리의 연방 무기고를 탈취하여 남부의 노예 소유주들을 공격하려는 계획을 세운다. 더글러스는 브라운의 군사전략가인 포브스(Hugh Forbes)를 두 차례나 만나기도 하는 등 이 거사에 지속적인 관심을 표명하나 최종적으로는 참여를 거부한다. 1859년 10월 16일에 브라운은 마침내 백인과 흑인으로 구성된 21명의 대원을 이끌고 거사를 실행에 옮긴다. 그는 무기고의 탈취에는 성공하나 연방군에 의해 다음날 진압되어 교수형에 처해진다.

브라운의 "임시 헌법"은 그가 하퍼스페리 점거 사건으로 인해 재판을 받게 되었을 때 그의 변호인 칠튼(Samuel Chilton)에 의해 세상에 공개된다. 이 헌법의 전문만 여기서 옮기면 다음과 같다.

미합중국에서 존속되어 온 노예제는 일군의 시민들이 다른 시민들에게 부당하게 일으킨 야만적인 전쟁에 지나지 않는다. 이 제도는 우리의 독립선언문에 명시되어 있는 영원하고도 자명한 진실을 완전히 무시하고 위반하였

---

57   Ibid., p.94.

으며, 영속적인 감금과 절망적인 예속 혹은 절대적인 말살의 상황과 다르지 않다. 그러므로 우리 미합중국의 시민들과, 백인이 존중하는 어떤 권리도 갖지 못하였다고 대법원이 최근에 판시한 억압받는 민중은, 동일한 법에 의해 모멸을 받은 다른 이들과 함께, 우리의 신체, 재산, 그리고 자유를 보호하고 행동의 지침이 될 다음의 임시 헌법과 조례를 정하여 밝힌다.[58]

칠튼이 이 임시 헌법을 공개한 의도는 이 헌법이 정상인이라면 도저히 진지하게 고려할 수 없는 우스꽝스러운 것임을 보여줌으로써 브라운의 정신 상태가 비정상이었음을 법에 호소하고자 하였던 것이다. 그러나 임시 헌법 전문에서 드러난 바, 인종 차별이 없는 미합중국에 대한 브라운의 비전은 정신이상자의 그것으로 돌리기에는 논리성과 공정성에 있어 나무랄 데가 없다.

더글러스는 동시대의 흑인분리주의자들과 마찬가지로 아프리카의 과거를 자랑스럽게 생각하였고, 아프리카의 미래의 가능성을 믿었다. 그는 들레이니, 블라이든, 가넷과 함께 고대 이집트 문명이 아프리카인들의 선조들에 의해 세워진 것이라고 믿었고 이를 자랑스럽게 여겼다. 비록 현대의 이집트인들이 아랍인인지, 혹은 셈족과 함족의 혼혈인지 의견이 분분하기는 하나, 더글러스는 프리처드(James Cowles Prichard) 같은 당대 영국의 민속학자들의 의견을 인용하며 이집트인들과 아프리카인들이 인종적으로 "직접적인 관련"이 있다고 주장하였다.[59] 그는 쟁

58   "John Brown's Provisional Constitution", Famous Trials : The Trial of John Brown 1859, Google, Aug. 17, 2014. http://law2.umkc.edu/faculty/projects/ftrials/johnbrown/brownconstitution.html.

59   Frederick Douglass, "The Claims of the Negro Ethnologically Considered", *African-*

기가 이집트인이나 아프리카인들의 발명품이었고, 이집트인들과 에티오피아인들이 역사상 최초의 위대한 농업가였다고 주장하였다. 1873년에 테네시에서 있었던 흑인 농부들의 모임에서 그는 "영국인들과 프랑스인들이 숲속을 육식동물처럼 방랑하고 다녔을 때 이집트와 에티오피아 사람들은 잘 경작된 농토와 풍부한 곡식을 수확하여 기뻐하였다"[60]고 주장하며 이들에게서 인종적인 자부심을 고취한 바 있다.

북아프리카의 고대 문명에 대한 자부심과는 대조적으로 더글러스는 당대의 아프리카에 대해서는 매우 부정적인 의견을 견지하였었다. 동시대의 아프리카에 대한 그의 의견이 주로 아프리카 이주론을 반박하는 가운데 표출된 것이라는 점을 감안하더라도, 아프리카 대륙에 대한 그의 견해에는 동시대 백인들의 아프리카 담론과 구분하기가 힘든 부분이 분명히 있다. 이를테면, 1872년 12월 19일자 『새 민족의 시대(*New National Era*)』에 기고한 사설에서 더글러스는 다음과 같이 의견을 피력한다. "진보와 계몽의 땅[아메리카]을 버리고 왜 죽음을 뿌리는 말라리아가 떠도는 야만적인 대륙에서 나라를 세워야 하는지 도무지 이해할 수 없다."[61]

당대의 아프리카 흑인들에 대한 그의 견해도 크게 다르지 않다. 「자수성가한 사람들(Self-Made Men)」이라는 연설에서 더글러스는 자수성가한 사람이란 훌륭한 출생과 유리한 환경 등의 도움을 받는 일 없이

American Social and Political Thought 1850~1920, Brotz ed., pp.237~238.

60   Frederick Douglass, "Address before the Tennessee Colored Agricultural and Mechanical Association", Ibid., pp.288~289.

61   Waldo E. Martin, Jr., *The Mind of Frederick Douglas*, Chapel Hill, N.C. : Univ. of North Carolina Press, 1984, p.208에서 재인용.

혼자의 노력으로 권력, 지식, 유용함 그리고 지위를 획득한 사람이라고
정의 내린다. 그리고 만약에 자녀들을 무력한 인간으로 만들려고 한다
면 총알이나 몽둥이로 그를 반신불수로 만들 것이 아니라 안락함과 사
치를 제공할 것을 제안한다. 이 연설의 문제는, 인간을 망가뜨리는 환
경의 예로서 아프리카를 든다는 사실이다.

> 아프리카의 종려나무 아래에서 인간은 아무런 노력도 들이는 일 없이 음식,
> 의복 그리고 주거지를 발견하게 된다. 그를 위해 자연이 모든 것을 해 주었고
> 그 자신은 한 것이 하나도 없다. 그 결과 아프리카의 영광은 종려나무가 누릴
> 뿐 아프리카인들에게는 없다.[62]

아프리카가 일군 일체의 인간직인 성취를 부정하는 이러한 견해는 아
프리카를 교화시키고 개화시키기 위해서는 백인들의 지배가 필요하다
고 주장한 19세기 유럽 식민주의자들의 아프리카론과 다르지 않다.
  더글러스는 한편으로는 노예무역을 반대하고 백인들의 개입으로 인
해 아프리카의 발전이 더디게 되었음을 주장하였다. 그러나 다른 한편
으로는 노예무역이 장기적으로는 득을 가져다주었다고 주장하기도 한
다. 그의 일관되지 못한 면면은 다음의 두 주장에서 잘 드러난다.

> 300년 동안 기독교 국가들이 — 우리가 그중에서도 제일 앞서 나갔는데 —
> 아프리카를 권력의 욕망을 충족시킬 장소로만 여겼다. 그래서 그 불행한 대

---

62 Frederick Douglass, "Self-Made Men", *Great Speeches by Frederick Douglass*, James
    Daley ed., New York : Dover Publications, 2013, p.136.

류에서 문명의 전진을 지체시키기 위한 각종의 방편이 채택되었다.

우리 인종의 조건은 노예의 신분이 됨으로 말미암아 개선되었다. 왜냐하면
그러한 상황이 우월한 민족과의 접촉을 가능하게 해주었고, 또 지식을 획득
하는데 필요한 방편들을 제공해 주었으니까.[63]

더글러스에 의하면, 아프리카에 대한 서구의 침탈은 당연히 비난받아
야 할 일이지만, 노예무역의 희생양들에게 이 반인륜적인 행위가 결과
론적으로는 다행한 일이었다는 것이다. 이러한 주장의 이면에는 아프
리카가 자력으로 근대화를 이룩하는 것이 요원하다는 생각을 전제로
하고 있다.

　더글러스와 관련하여 반드시 지적하고 넘어갈 사실은, 아프리카의
미래에 대한 비관적인 견해로 인해 그가 당대에 벌어지고 있었던 유럽
의 침략 행위도 변호하는 입장을 취하게 된다는 점이다. 19세기 말엽
에 영국이 프랑스나 러시아의 영향력에 맞서 아프리카에서 자국의 이
익을 보호하기 위해 일으켰던 군사 개입에 대해서도 더글러스는 긍정
적인 면이 크다고 보았다. 19세기 초에 이르면 이집트에 진주해 있던
오토만 제국의 알바니아계 장군인 알리(Muhammad Ali)가 북(北)수단,
시리아, 아라비아의 일부를 병합하여 이집트의 세력을 확장하였을 뿐
만 아니라 이집트를 근대적 국가로 변모시킬 것을 시도하였다. 그러나
이 기획은 오히려 유럽 국가들에 대한 재정적인 의존과 더불어 외세의

63　Waldo E. Martin, Jr., op. cit., p.211에서 재인용.

개입을 불러오게 된다.

1880년대 초에 이집트에서 외세의 간섭에 대항하여 우라비(Ahmed Urabi, 1841~1911) 등이 주도하는 민족주의 운동이 일어나자 영국과 프랑스는 수에즈 운하에 대한 권리를 지키고 다른 제국들의 영향력에 맞설 수 있는 교두보 마련을 위해 1882년에 군사를 동원하여 이집트를 점령한다. 당시 아프리카와 이집트에서 벌어진 영국의 군사 개입에 대해 더글러스는 "유감스럽다"면서도 이 영토 전쟁을 통해 "정의와 박애주의의 대의에 영국이 그토록 큰 기여를 한 것을 잊을 수 없으며 또 칭찬하기를 멈출 수 없다"[64]고 말한 바 있다.

1887년 3월에 카이로 시내에서 영국 군대가 무력시위를 해 보였을 때도 더글러스의 입장은 크게 다르지 않았다. 이집트인들이 영국군의 주둔에 대해 보인 부정직인 태도에 공감하면서도 더글러스는 이집트에 "그들[영국군의 존재]이 없는 것보다는 있는 편이 더 낫다"[65]고 주장한 바 있다. 영국 문화를 받아들임으로써 얻게 되는 이득이 주권국가로서의 독립보다 실질적으로 혜택이 크다고 본 것이다. 흥미로운 사실은 대서양 너머에서 이집트 점령 사태를 바라보는 더글러스의 시각이 당시 영국의 진보적인 계층의 시각보다 더 친영적이었다는 점이다. 더글러스의 이러한 시각을 두고 비평가 마틴은 다음과 같이 논평한다. "[아프리카의] 상황에 대하여 외부인으로서의 시각이나 아프리카석인 시각을 갖기에는, 그가 서구의 전지구적인 팽창을 동반하였던 선교주의와 문화적 제국주의에 너무 깊이 빠져 있었거나, 혹은 그가 너무 서구적이었

---

64   Ibid., p.200, 각주 10에서 재인용.
65   Ibid., 각주 11에서 재인용.

다."[66] 다시 논의하겠지만 기독교 문명을 절대 선으로 간주함으로써 유럽의 제국주의적 침략마저 신의 섭리로 파악하는 오류는 더글러스뿐만 아니라 크러멜 같은 인사들에게서도 발견되는 것이다.

더글러스에게 있어 아프리카의 문제는 언제까지나 대양 건너편에 있는 "다른 대륙"의 문제였다. 그는 미국 흑인들이 아프리카의 흑인들에게 부채의식을 가질 이유가 없다고 여겼다. 도움을 필요로 하는 수백만 명의 흑인들이 아프리카에 있다면, 미국 본토에서도 똑같이 도움을 필요로 하는 수백만 명의 흑인들이 있으니, 가까운 이들부터 도와야 한다는 것이 그의 지론이었다. 그래서 북미의 흑인들이 자립할 수 있도록 먼저 도와야 하며, 이들이 자유를 성취할 수 있도록 싸우는 것이 흑인종 모두를 위한 투쟁이라고 보았다. 그의 표현을 빌리면, "아메리카에서 흑인이 대접 받지 못하면 그 어느 곳에서도 흑인은 대접 받기를 기대할 수 없다."[67] 그러한 그에게 "고향 아프리카"를 돕자는 구호는 헛소리에 지나지 않았다. 그를 비롯한 북미의 흑인들에게 고향은 미국이었다.

더글러스가 백색 아메리카에서 배운 인종주의는 멕시코에 대한 그의 사유에서도 드러난다. 미국이 텍사스를 강제 합병한 직후 일어난 멕시코 전쟁(1846~48)에서 뉴멕시코와 캘리포니아 등 멕시코의 다른 영토까지 강탈하자 더글러스는 이를 신랄한 어조로 비난하였다. 이러한 비판과는 별도로 더글러스는 멕시코인들이 낙후된 인종이라는 의견을 견지하였다. 예를 들면, 멕시코가 정치적인 발전을 보이지 못한 이유를

---

66   Ibid., p.211.
67   Frederick Douglass, "The Folly of Colonization", *African-American Social and Political Thought 1850~1920*, Brotz ed., p.329.

분석하면서 더글러스는 "상대적으로 낙후된 문명의 상태", "오랜 스페인의 압제로 인한 도덕성의 추락", 그리고 마지막으로 "라틴족들에게 유전된 결함"[68]을 그 이유로 꼽는다. 이러한 이유들로 인해 멕시코인들이 "공화주의의 제 원칙들을 제대로 이해하지 못하게 되었다"는 것이다. 백인들에 의해 공동체를 말살 당했던 북미 원주민들에 대해서도 더글러스는 같은 피해자의 입장에서 공감하지는 않았다.

부커 T. 워싱턴의 화해주의

워싱턴은 사회계급의 가파른 사다리를 단숨에 오른 인물로 평가받는다. 버지니아 주 프랭클린 카운티의 버로즈 농장에서 신원미상의 백인 아버지와 흑인 노예 어머니 사이에 태어난 워싱턴은 9년의 노예 생활 후 가족과 함께 몰든으로 이주한다. 소금 광산과 석탄 광산 등에서 일하며 독학으로 글을 깨치던 그는 흑인들을 위해 세워진 버지니아 주 노포크 소재 '햄튼 일반 및 농업학교'에 대해서 듣게 된다. 향학열에 불타던 그는 갖은 고생 끝에 500마일의 거리를 여행하여 목적지에 도달하지만 알거지 신세였다. 이러한 그를 학교 설립자인 암스트롱(S. C. Armstrong)이 학교 수위로 채용하여 일하면서 학업을 하도록 보살펴 준다.

---

68   Waldo E. Martin, Jr., op. cit., pp.216~217에서 재인용.

햄튼 학교는 흑인 학생들에게 청결, 검약, 노동의 가치를 가르쳤고, 농업을 비롯하여 벽돌 제조, 대장간일 등 각종 직업 기술을 연마하도록 하였다. 암스트롱은 흑인들에게 백인과의 충돌을 피하고 육체노동을 통하여 백인 사회에서 자립할 것을 강조하였다. 그는 또한 흑인 학생들에게 교육을 받아 정치적 권리를 현명하게 사용할 수 있게 될 때까지 참정권을 주장하지 말 것을 조언하였다. 워싱턴이 훗날 흑인운동가로서 설파한 동화주의 및 화해주의는 햄튼 학교에서 받은 보수적인 교육의 영향으로 평가된다.[69]

암스트롱의 추천 덕택에 워싱턴은 26세가 되는 해에 앨라배마에서 터스키기(Tuskegee) 직업학교를 설립하여 이를 성공적으로 운영한다. 터스키기에서는 일반 교과목도 가르쳤지만 남부 사회에서 흑인들이 자립하기에 긴요한 기술교육에 중점을 두었다. 그래서 남학생들에게는 농업, 목수, 대장간 일, 건축, 벽돌 제조술을 가르쳤고, 여학생들에게는 가사와 바느질을 가르쳤다. 워싱턴은 흑인 신문과 백인 신문에서 보수적인 견해를 펼쳐 보였는데, 기고문에서 흑인들에게 가장 필요한 것은 참정권이 아니라 직업교육이라는 점을 지론으로 삼았다. 그는 1895년에 애틀랜타에서 열린 만국박람회에서 초대 연사의 자격으로 흑백의 관계에 대해 연설을 하게 된다. 이 한 번의 연설로 인해 워싱턴은 당대에 가장 유명한 흑인 보수주의자로 주목을 받게 된다.

'애틀랜타의 타협'이라는 불리는 이 모두(冒頭) 연설에서 워싱턴은 백인과 흑인 모두가 조화롭게 공존할 수 있는 방안을 제시한다. 그는

---

69 Jacqueline M. Moore, *Booker T. Washington, W. E. B. Du Bois, and the Struggle for Racial Uplift*, Wilmington, DE : Scholarly Resources, 2003, p.25.

흑인들이 해방이 된 직후에 "사회의 바닥이 아니라 꼭대기"를 차지하려고 하였던 것은 "무식하고 경험이 없었기 때문"이라고 변명을 한다. 농장 경영이나 직업 기술을 익히지 않고 어리석게도 연방 의회나 주 의회의 의석을 차지하는 것을 중요하게 여겼다는 것이다. 그래서 그가 동료 흑인들에게 하는 충고는, 멀리서 우물을 찾을 것이 아니라 "당신이 현재 있는 그곳에서 물을 길으라"이다. 즉, 해외 이주에서 새로운 삶의 기회를 찾거나 아직 제대로 행사할 줄도 모르는 정치적인 권리를 요구할 것이 아니라, 현재 있는 그곳에서 백인과 우호적인 관계를 형성함으로써, 상업이나 기술직과 농업 같은 육체노동을 필요로 하는 직종에서 최선을 다함으로써, 남부 흑인들이 성공할 수 있다는 것이다.

워싱턴은 백인들에게도 같은 메시지를 보낸다. "당신들도 당신이 있는 그곳에서 물을 길으시오." 도움 인력이 필요할 경우 해외에서 온 낯선 이민 인력을 찾을 것이 아니라 주변에 있는 800만 명의 흑인들을, 묵묵히 자기할 일을 하는 믿음직한 흑인들을 고용할 것을 백인들에게 권고하는 것이다. 그렇게 할 경우 얻게 되는 이득에 대해 워싱턴은 다음과 같이 설명한다.

과거에도 그러했듯, 미래에도 여러분과 여러분의 가족들이 이 세상에서 가장 인내심 있고, 성실하며, 법을 준수하고, 너그러운 사람들에 의해 둘러싸여 있게 될 것임을 확신해도 좋습니다. 여러분들의 아이들을 기르고, 병석에 누운 여러분들의 어머니와 아버지들을 간호하고, 또는 눈물로써 이분들을 장지로 모심으로써 여러분들에 대한 우리의 충의를 과거에 증명해 보였듯, 미래에도 미천하나마 우리는 어떤 외국인들도 흉내 낼 수 없는 충심으로 여러분의 곁을 지킬 것입니다. 그래서 필요하다면 여러분의 목숨을 지키기 위해 우리의 목숨을 내놓을 것이며, 우리의 산업적, 상업적, 시민적, 종교적 삶을 여러분의 삶과 연결하여 두 인종의 이익이 하나가 되도록 할 것입니다. 그래서 순수하게 사회적인 영역에서 우리는 손가락들이 따로 떨어져 있듯 분리되어 있으되, 상호의 진보에 필수적인 면에서는 하나의 손처럼 함께 할 것입니다.[70]

이 연설이 끝난 직후 워싱턴은 관중들로부터 우레와 같은 박수를 받았다. 조지아의 전임 주지사 불록(Rufus Brown Bullock)이 연단을 가로질러 와서 그의 손을 잡았고, 관중석의 백인 여성들이 손수건을 흔들어댔으며, 전국의 흑인 신문과 백인 신문들이 그의 연설문을 소개하거나 전문을 실었고, 터스키기 학교를 위한 후원금이 각지에서 쇄도했다.[71] 북부와 남부의 백인들은 이 연설에서 당대 흑인문제에 대한 "바람직한" 해결책을 보았고, 워싱턴을 이 연설이 있기 몇 달 전에 사망한 더글러스를 대신할 새 흑인 지도자로 여기게 되었다.

이 연설이 백인 관중으로부터 대대적인 환호를 받게 된 데는 아마도 백인과 흑인 공동체의 관계에 대한 장밋빛 전망 때문일 것이며, 무엇보다도 백인의 충실한 종복이 될 것을 동료 흑인들에게 요청하는 등 위계적인 인종적 질서를 지지하였기 때문일 것이다. 그러나 문제는 워싱턴이 동료들에게 촉구한 양보가 반대급부가 따르지 않는 일방적인 행위에 그치고 말았다는 점이다. 이 연설에서 워싱턴은 흑인들이 적어도 당

---

70 Booker T. Washington, "Atlanta Exposition Address", *African-American Social and Political Thought 1850~1920*, Brotz ed., p.358.

71 Jacqueline M. Moore, op. cit., p.33.

분간 정치적인 권리를 요구하지 않을 것이며, 흑백 분리에도 반대하지 않을 것이고, 노조 활동도 하지 않을 테니 대신 경제적 기회와 교육의 권리를 허락해 달라는 제안을 한다. 그러나 백인들은 자신들에게서 기대된 역할을 하지 않았다. 흑인들의 투표권을 빼앗은 후 남부의 백인들은, 만약 투표권이 있었더라면 흑인들이 응당 요구했을 교육적 지원을 그들에게 해주지 않았다. 뿐만 아니라 백인들이 흑인들의 취업과 사업의 기회를 전보다 더 제한하였다는 것이 훗날의 역사가 증언하는 바이다.

워싱턴의 이 연설은 과거 노예제도로 인해 고통받은 흑인들의 삶을 백인에 대한 애정과 충절심으로 가득 찬 것으로 미화하였다는 점에서도 문제적이다. 무엇보다도 흑백의 사회적 관계를 제시함에 있어 당시에 흑인종을 공공영역에서 분리시켰던 악명 높은 짐 크로법에 반대하기는커녕 사회적 영역에서 흑백이 "손가락들이 따로 떨어져 있듯 분리"될 것을 흑인 스스로 주창하였다는 점에서 이 연설은 남부의 보수주의자들이 가장 듣고 싶어 했던 메시지를 담고 있었다. "사회적 평등에 관한 질문으로 소요를 야기하는 것은 가장 극단적으로 어리석은 짓"이며 흑인들이 "삶의 꼭대기가 아니라 바닥에서 시작해야 한다"[72]는 워싱턴의 호소는 말썽 많은(?) 흑인들을 사회 하층 계급으로 편입하고 싶어 하는 백인 보수주의자들의 염원을 대리 표현한 셈이 된다.

이러한 화해주의적 태도로 인해 워싱턴은 농료 흑인들로부터 비판을 받게 된다. 비판 진영의 대표적인 인물이 흑인 신문의 편집인인 트로터(William Monroe Trotter, 1872~1934)와 두보이스였다. 하버드 졸업

---

[72] Booker T. Washington, op. cit., p.359·357.

생이자 독일 유학까지 한 인상적인 경력을 갖춘 두보이스는 흑인운동의 선배인 워싱턴에게 도움을 요청하기도 하였다. 워싱턴이 애틀랜타에서 연설을 하기 직전 해인 1894년에 독일 유학을 마치고 돌아온 두보이스가 터스키기 학교에 일자리를 부탁했던 것이다. 그러나 워싱턴이 그에게 수학 교사직을 제의했을 즈음에는 두보이스가 이미 오하이오 윌버포스 대학(Wilberforce Univ.)의 고전학과 학과장직을 수락했었다. 두보이스는 점차 전투적인 성향을 띠게 되면서 흑인들의 완전한 참정권을 요구하게 된다. 이러한 맥락에서 그는 워싱턴의 화해주의를, 그가 설립한 터스키기 학교의 실용적인 교육 노선을 비판하게 된다.

워싱턴의 노선을 변호하는 진영에서는 그가 공식적으로는 흑인들의 정치적 권리에 대한 주장을 포기했지만 짐 크로법을 은밀히 방해하는 공작을 펴 왔음을 지적한다. 이를테면 열차에서 유색인종을 분리하는 법안이 조지아 주, 테네시 주, 버지니아 주에서 통과되었을 때, 워싱턴은 자신이 고용한 변호사들을 전면에 내세워 이 법안의 폐지를 위하여 싸웠다. 또한 빚 변제 노역법 때문에 백인에게 빚을 진 흑인들이 강제노역을 당할 위기에 처했을 때 이 법의 위헌성을 증명하기 위해 지역 판사들에 대한 자신의 영향력을 사용하였고, 루즈벨트 대통령과의 친분을 이용하여 싸우기도 하였다고 한다. 그리하여 1911년에는 연방대법원에서 이 법을 위헌으로 판결하는 승리를 거두기도 했다. 워싱턴의 비공식적인 투쟁을 두고 한 비평가는 다음과 같이 평한다. "대중들이 아는 한 워싱턴은 민권을 위해 투쟁하지 않겠다는 1895년의 공적인 서약에 충실했다. 그러나 그는 비밀 작업을 성공리에 추진했다. [서약과는] 정반대의 행동을 비밀리에 해 왔던 것이다. 이렇게 해서 그는 남부의 많은 백인들을 속일 수 있었다."[73]

흑인들에게 기술직을 권고한 워싱턴의 전략에 대해서는 모지즈도 긍정적으로 평가한다. 그에 의하면 워싱턴에게는 흑인들의 직업을 육체노동에 한정시키고자 하는 의도가 결코 없었다. 대학교육을 받은 기술 관료가 지도하고, 대중은 "부유한 농부와 장인들"로 이루어진 계층화된 사회를 그가 꿈꾸었다는 것이다. 그래서 터스키기 직업학교를 통해서 흑인 대중에게 "윤작, 가축 사육, 개인위생, 가계 재정 운영"을 가르쳤고, 물질적인 부를 창출하는데 도움이 되지 않는 교육에 대해서는 경멸감을 표했다고 한다. 다르지 않은 맥락에서 현재의 물질적 여건에는 관심 없이 미래와 내세의 행복을 강조하는 종교에 대해서 워싱턴은 불만을 표했다. 이러한 관점에서 모지즈는 워싱턴을 베버(Max Weber)에 비교하며, 이 흑인 교육자를 "부의 복음"이나 "프로테스탄트의 윤리", "가족의 가치"를 전도한 "전도사"라고 부른 바 있다.[74]

반면, 비평가 할란은 경제적 자립을 위해 흑인들이 백인 사회의 보수적인 기준에 맞출 것을 권고한 워싱턴에 대해 다음과 같이 평가한다.

흑인 대중들은 그의 지도력을 묵인했는데 그 이유는 백인들이 귀 기울이는 [흑인]대표자의 필요성을 절감했기 때문이었다. 정치적 수단보다는 경제적 방법을 통하여 점진적인 인종적 진보를 이룩할 것과 자조(自助)를 강조하는 워싱턴의 주장은 인종적인 상황을 개선시킬 수 있는 정치적인 통로가 닫혀

---

73 Raymond Smock, *Booker T. Washington : Black Leadership in the Age of Jim Crow*, Chicago : Ivan R. Dee, 2009, p.155.

74 Wilson Jeremiah Moses, *Creative Conflict in African American Thought*, Cambridge : Cambridge Univ. Press, 2004, p.152 · 156.

있던 때에 많은 아프리카계 미국인들에게 실질적인 의미가 있었다. 그러나 그의 전략에 따라 흑인의 상황이 개선되리라는 낙관적인 약속들은 시간이 지나면서 공허한 것임이 입증되었다.[75]

워싱턴에 대한 두보이스의 평가도 냉정한 것이었다. 1903년에 출판된 에세이 「부커 T. 워싱턴과 다른 이들에 대해서(Of Booker T. Washington and Others)」에서 두보이스는 워싱턴이 "검약, 인내심, 기술교육"을 전파할 때 여호수아의 손처럼 그의 손을 치켜세우고 그의 영광을 같이 기뻐해야 하나, 남부의 백인들이 흑인을 다루는 태도에 잘못된 점이 없다고 말한다면 이에는 단호히 반대한다고 말한 바 있다.[76] 1915년에 워싱턴이 사망했을 때 두보이스가 내리는 평가는 더욱 냉정한 것이었다. "엄정하게 보았을 때 흑인 참정권이 박탈당하고, 흑인 대학과 공립학교가 쇠퇴하고, 이 땅에서 흑인이 하층 계급으로 더 고착하게 된 책임을 이 분의 영혼에 돌려야 합니다."[77] 워싱턴 사후에 "새로운 니그로(New Negro)"라고 불리는 전투적인 구호를 외치는 젊은 흑인들이 출현하게 되고, 이들과 대비되어 터스키기 학교가 길러 낸 흑인들은 "톰 아저씨(Uncle Tom)"로 불리게 된다.

---

[75] Louis R. Harlan, "A Black Leader in the Age of Jim Crow", *The Racial Politics of Booker T. Washington*, Donald Cunnigen etc. eds., Oxford : JAI Press, 2006, p.27.

[76] W. E. B. Du Bois, *The Souls of Black Folk*, New York : Oxford Univ. Press, 2007, pp.43~44.

[77] Mark Bauerlein, "Booker T. Washington and W. E. B. Du Bois : The Origins of a Bitter Intellectual Battle", *The Journal of Blacks in Higher Education* 46, 2004~2005, p.107.

3장

"검은 양키"와
아프리카 민족주의

아프리카계 미국인들은 그들의 선조가 가졌던 전통과 제도를 알아야

만 한다. 비록 이방의 땅에서 오래 머물렀지만 흑인종의 특징을 보존

해야 한다.

—케이슬리 헤이포드, 1905

아프리카가 300년 전에 흑인들의 고향이었다고 해서 이제 그곳으로

돌아가자고 제안하는 것은, 백인종이 유래했다고 하는 코카서스 산맥

으로 그들이 돌아갈 것을 기대하는 것만큼 터무니없는 소리이다.

—두보이스, 1919

알렉산더 크러멜의 에티오피아론

크러멜은 노예제 폐지론자들 아래에서 교육을 받았고, 또한 목사가 되는 과정에서 흑인에 대한 당대의 차별과 싸워야 했던 인물이다. 그는 성공회교회 목사이자 노예제 폐지론자 윌리엄즈(Peter Williams, 1786~1840)가 세운 흑인 고등학교에 1831년에 입학한다. 그리고 1835년에 뉴햄프셔의 노예제 폐지론자들이 최초로 흑백 남녀 모두를 학생으로 받는 실험적인 고등학교를 세우자 그곳으로 옮겨간다. 그러나 노예제 폐지에 반대하는 백인 주민들이 학교를 부수는 등 난동을 부리자 뉴햄프셔를 떠나 직업학교를 3년간 다닌다. 그 후 그는 성공회교회 일반 신학교에 지원하나 흑인이라는 이유로 입학 거부를 당한다. 그는 우호적인 백인 후원자들의 도움을 받아 보스턴에서 신학교를 졸업한 후 성공회교회 목사가 된다.

애초에 크러멜은 북미 자유 흑인의 사회적 · 문화적 지위를 고양시킬 것을 주장하는 통합주의자였다. 그리고 다른 통합주의자들과 같이 미국식민협회의 라이베리아 이주 계획에 적극적으로 반대하였다. 그는 노예제의 즉각적인 폐지를 주장했던 더글러스의 주장에 반대하지 않았으며, 노예 노동력을 사용하는 남부 주들에 대해 무역 엠바고를 실시해야 한다는 가넷의 주장에도 반대하지 않았다. 그럼에도 불구하고 크러멜은 노예제가 노예 소유주들의 문제에 기인하는 만큼 흑인종의 약점에도 기인한다고 보았고, 그래서 흑인들을 교양 있는 계층의 수준으로 고양시킬 것을 역설하였다. 도덕 개혁 운동과 교육을 통해 자유 흑인들의 지위가 향상되면 백인들의 편견과 더불어 노예제 문제가 해결될 것으로 보았던 것이다.

크러멜이 아프리카 식민화에 대하여 생각이 바뀌게 된 것은 그가 캠브리지 대학을 다니던 무렵인 1851년~1852년이다. 캠브리지대를 막 졸업한 크러멜은 라이베리아로 갈 것을 결심하여 주위 사람들을 경악하게 만든다. 비록 크러멜은 병약한 자신과 아내에게 따뜻한 기후가 필요하다는 개인적인 이유를 들었지만, 이주자의 사망률이 높았던 당대의 아프리카가 크러멜의 건강을 회복시켜 줄 "따뜻한 기후"를 제공할 것이라는 생각에 수긍하였던 이는 없었던 듯하다. 아프리카 이주론을 반대해 왔던 크러멜이 이처럼 전향을 한 것에 대해 비평가 모지즈는 극히 개인적인 이유를 찾는다. 그를 기다리고 있는 뉴욕의 가난한 흑인지역 성공회교회 목사로서의 삶이 너무나 힘든 것이었기에 라이베리아에 대학을 설립하여 교수가 되고자 하는 꿈을 가지게 되었다는 것이다. 이 다소 혹독한 평을 직접 인용하면 "많은 다른 흑인 민족주의자들처럼 그도 개인적인 목적을 위해 이주와 인종적 의무라는 집단 이데올로기를 차용했다."[1]

아프리카에 대한 크러멜의 초기의 관심과 비전은 '흑인교육을 위한 여성협회(The Ladies' Negro Education Society)'의 요청으로 브리스톨에서 한 1852년 4월 21일의 설교에서 잘 드러난다. 영국령 서인도제도 흑인들의 교육을 위해 모인 회중 앞에서 크러멜은 「아프리가에 대한 희망(Hope for Africa)」이라는 제목의 설교를 한다. 이때 그는 성경의 시편 68장 31절 "에티오피아가 하나님을 향해 곧 손을 뻗칠 것이로다"를

---

1   Wilson Jeremiah Moses, *Alexander Crummell : A Study of Civilization and Discontent*, p.88.

설교의 제사(題詞)로 삼는다. 시편의 이 구절은 당대뿐만 아니라 훗날에도 백인의 인종주의를 반박할 때 종교적 근거로 사용되었다. 이에 의하면, 흑인종의 기원은 저주받은 가나안족이 아니며, 아프리카가 하느님의 섭리가 지배하는 자랑스러운 곳이라는 것이다.[2]

브리스톨 연설에서 크러멜은 아프리카 흑인들의 선조로서, 가나안이 아니라 그의 형제 쿠쉬의 후손을 지목함으로써, 오명처럼 따라다니는 기독교의 저주에서 흑인이 자유로움을 천명한다. 그에 의하면 콜럼버스의 지리적 발견 이후 쿠쉬의 자손들도 아메리카 식민지 경영을 위해 노예의 신세가 되어 전 세계로 흩어져야 했다. 그러나 이러한 이산이 성경에서 발견되는 가나안의 저주와는 무관하다는 것이 크러멜의 요지이다. 당대 인종주의자들의 종교 담론에 대항하기 위하여 크러멜은 앞서 인용한 시편의 내용도 자의적으로 해석한다. 사실 시편의 이 구절은 에티오피아도 하나님의 말씀을 받들게 되어 예물을 바치게 될 것임을 예언한 것인데, 이 구절을 흑인들의 창대한 미래를 예언하는 것으로 새롭게(?) 해석한 것이다. 이러한 해석은 크러멜이 처음 선보인 것은 아니고 당대 북미 흑인들 사이에서 유행하였던 담론 중의 하나였

2 　구약의 창세기 10장이 들려주는 각 족속의 목록을 보면, 야벳의 후손은 스키타이족, 그리스인들 및 다른 동유럽인들의 선조가 되었고, 셈의 후손은 아랍, 아시리아, 이스라엘족의 선조가 되었다. 함의 아들 중 저주를 받은 가나안의 후손은 가나안족을 이루어 훗날 이스라엘의 지배를 받게 된다. 반면 정작 아프리카에 정착한 이들은 '저주를 받지 않은' 함의 아들들과 그 후손들이다. 이를테면 함의 맏아들 쿠쉬의 자손이 사하라 이남 아프리카에 정착하게 되고, 또 다른 아들 미즈라임은 이집트인들의 선조가 된다. 2장에서 설명한 바 있듯, 아프리카인들을 노예로 삼는 비인간적인 행위를 정당화하기 위해 유럽인들은 노아가 내린 "가나안의 저주"를 "함의 저주"로 왜곡하여 이용하였다. 이런 얼치기 해석을 통해 가나안의 자손이 아닌 쿠쉬와 미즈라임의 자손들, 즉 아프리카인들과 이집트인들을 노예로 삼는 관행을 정당화하고 싶었던 것이다. David Brion Davis, op. cit., pp.65~66.

다. 19세기 말과 20세기 초엽 미국 흑인들 사이에서 에티오피아를 통해 세계의 구원이 성취될 것이라고 주장하는 '에티오피아 천년왕국운동(Ethiopian millennialism)'이 그 예이다.

크러멜은 아프리카가 앞으로 장대하게 될 것이라는 예언을 뒷받침하는 증거로서 흑인이 해방된 지 50년 밖에 되지 않았지만 그간에 이룩한 놀라운 성취를 든다. 아이티의 독립 영웅 투생 루베르튀르(Toussant Louverture, 1743~1803) 같은 걸출한 개인이 대표적인 예이다. 이외에도 크러멜은 흑인 국가 셋을 예로 드는데, 그중에는 1804년에 프랑스로부터 독립을 쟁취하여 북미와 프랑스 식민지령 흑인들의 자부심을 고양시킨 아이티가 제일 먼저 발견되며, 그다음으로 시에라리온과 라이베리아가 발견된다. 이 마지막 두 나라에 대한 크러멜의 찬사를 들어 보자. "아프리카의 식민지 시에라리온이 건립되었습니다. 전도의 요람이요, 교회들의 어머니이자, 이미 식민지들의 부모가 된 식민지입니다. 그리고 무엇보다 아프리카 서해안에서 검은 공화국 라이베리아가 외로운 별로서, 믿어 의심치 않건대 희망찬 표식과 함께 떠오르는 것을 우리는 목격하게 됩니다."[3] 북미의 자유 흑인을 국외로 송출하려는 백인들의 음모 아래 세워진 것으로 여겨지던 라이베리아를 시에라리온뿐만 아니라 아이티와 같은 반열에 세우는 이 찬사는 이전까지는 반(反)이주론자로 활동하였던 7의 입장과는 정반대였다.

아프리카가 문명의 대륙으로 떠오르는 또 다른 증거로서 크러멜은 유럽과 아메리카에서 해방된 흑인들이 아프리카로 귀환하는 예를 든

---

3   Alexander Crummell, "Hope for Africa", *The Future of Africa : Being Addresses, Sermons, Etc., Etc., Delivered in the Republic of Liberia*, New York : Scribner, 1862, p.294.

다. 16세기~18세기에 이르는 오랜 기간 동안 수백만 명의 흑인들이 유럽과 아메리카 대륙으로 납치당하였다가 이들의 후손이 300년이 지난 후 동시다발적으로 시에라리온으로, 라이베리아로, 아프리카의 다른 고향땅으로 돌아가는 현상에는, 무엇보다도 이들이 문명화되고 기독교로 개종하여 돌아가게 된 현상에는 신의 섭리가 작용한 것이라고 크러멜은 주장한다.[4] 약 15년이라는 짧은 시간에 이 "낙후된 대륙"이 이룩한 변화를 보건대 아프리카의 미래가 어떠할지 쉽게 예측할 수 있다는 크러멜의 주장을 들어 보자.

> 저는 확신합니다. 밤이, 고독과 고통과 황폐의 밤이, 거의 끝나 가고 낮이 다가온 것입니다! 거의 300년 동안 우리의 조국을 약탈자에게 맡겨 버린, 범죄와 오명과 피의 검은 현장이 이제 지워지고 말 것입니다! 제가 시대의 표식을 제대로 읽어 냈다면, …… 피 흘리는 불쌍한 아프리카의 어두운 운명에 있어 이보다 더 위대한 반전이 어디 있겠습니까! 줄어들지도 위무되지도 않는 고통의 절망에서 나온 이 얼마나 유쾌한 일화입니까! 오랫동안 [아프리카]는 우상숭배라는 악마에게 가위 눌려 있었습니다. 오랫동안 그는 사악함, 타락, 부당함과 죄의식의 참화를 겪어 왔습니다. 오랫동안 그는 살인과 증오, 복수와 학살이라는 끔찍한 공격을 받아왔습니다.[5]

아프리카의 미래에 대한 크러멜의 전망은 지나치게 낙관적이다. 크러멜 자신이 인용하듯 "어두운 운명의 위대한 반전"의 증거라고 해야

---

4   Ibid., pp.296~297.
5   Ibid., p.310.

시에라리온에서 희망봉까지 아프리카 서해안을 따라 선교 시설이 드문드문 생겨난 것일 뿐이다. 더구나 19세기의 아프리카에서 이루어진 선교활동이 훗날 있게 될 열강의 아프리카 지배와 무관하지 않았다는 점에서도 이러한 전망은 문제적이지만, 아프리카의 과거를 우상숭배와 타락으로 점철된 것으로 보는 역사관도 그에 못지않게 문제적이다.

크러멜은 아프리카 흑인들이 신으로부터 받은 세 가지 선물에 대한 이야기로 설교를 마무리한다. 첫째 선물은 흑인들의 끈질긴 생명력이다. 북미, 오스트레일리아, 뉴질랜드 등 유럽 문명이 이식된 곳에서는 현지인들이 모두 멸종했는데, 유일하게 흑인들만이 예외적으로 살아남았다는 것이다. 뿐만 아니라 아프리카 본토와 노예살이를 하게 된 곳 모두에서 흑인들의 자손이 번성하게 되었는데, 이러한 사실은 하나님께서 흑인들을 위해 특별한 운명을 예비해 놓았다는 증거라고 크러멜은 주장한다. 첫째 선물이 육체적인 것이라면, 둘째 선물은 강인한 정신력이다. 이에 대한 크러멜의 설명은, 흑인이 "정이 많고" "적응력이 뛰어난 품성"과 "인내심"을 갖춘 인종으로 창조되었다는 것으로 요약된다. 하나님께서 주신 마지막 선물은 아프리카에서의 복음 전파라는 위대한 임무를 흑인들에게 맡긴 것이다.[6]

흑인종의 역사를 신의 섭리로 설명하는 크러멜의 주장은 한편으로는 백인 문명에 짓밟힌 흑인들의 자긍심을 고취하고 복음 전파라는 종교적인 소명에 기여하는 바가 있지만, 다른 한편으로는 선한 기독교도와 악한 이교도라는 이분법적인 서구의 시각으로 아프리카의 과거를

6   Ibid., pp.319~320.

평가하고 미래를 재단하는 문제를 안게 된다. 크러멜에서 발견되는 이러한 서구적인 시각을 고려할 때, 라이베리아에서 16년이라는 긴 세월 동안 아프리카를 문명화시키려고 했던 그의 노력에도 불구하고, 그를 아프리카 개화론자라고 하면 모를까 흑인 민족주의자로 분류하기에는 문제가 있다.

이러한 비판이 라이베리아의 근대화를 위해 크러멜이 들인 노력에 대한 인정을 전제로 함은 물론이다. 1861년 1월에 아프리카에서 일시 귀국하여 1863년 2월까지 미국에 머문 기간, 그리고 1865년에 다시 귀국하여 8개월 동안 미국에 머문 기간을 제외하고는, 1853년부터 1871년까지 크러멜은 라이베리아의 근대화를 위해서 노력하였다. 처음에 그는 성공회교회의 페인(John Payne) 주교 아래에서 선교사로서, 그토록 소망하던 라이베리아 대학이 설립되자 1863년~1867년의 기간은 대학 교수로서, 이후에는 다시 선교사로서 아프리카를 위해 봉사하였다.

페인 주교는 이전부터 아프리카 서안에 신학교를 설립해 줄 것을 미국식민협회에 간청하였다. 그러나 협회에서는 신학교보다는 대학이 라이베리아에 더 필요할 것이라고 판단하였고, 1858년에 초석을 놓은 이후 오랜 기간의 모금 활동 끝에 마침내 1862년에 대학이 설립되었다. 대학의 초대 교수 3인 중 한 사람이었던 크러멜은 지식과 정신철학, 영어와 영문학, 논리, 수사학, 역사를 가르쳤다. 그의 동료였던 블라이든은 문학과 그리스어, 라틴어, 히브리어 및 프랑스어를 가르쳤다. 그러나 크러멜은 대학 운영위원회와의 불화로 인해 3년 만에 강단을 떠나게 된다. 라이베리아의 정국이 쿠데타로 불안정해지자 그는 1871년에 아프리카를 떠나 미국으로 영구 귀국한다. 70년대에도 크러멜은 여전히 아프리카 문명화와 흑인의 인권을 위해 노력하였지만 흑인 국가를 건설하려는 분리주의적 생각은 버리게 된다.[7]

"검은 양키"의 아프리카 문명화론

앞서 논의한 바 있듯 1850년대에 이르면 북미에서 흑인의 해외이주론이 세를 급격히 넓히게 된다. 남부의 흑인 노예들을 해방시키는 것을 일차적인 목표로 삼았던 노예폐지론의 성과와 전망에 대해 회의론을 품게 된 흑인들이 직접적이고도 가시적인 성과를 거두게 되는 아프리카의 식민화 / 문명화 사업에 뛰어들게 되는 것이다. 흑인에 대한 북미 백인의 강고한 편견이 바뀌기를 기대하기 보다는 아프리카에 흑인 주권국가를 건설함으로써 흑인들의 정치적 지성과 자치 능력을 입증하는 것이 인종주의를 보다 효과적으로 분쇄하는 길이라고 믿었던 것이다. 그러한 점에서 들레이니와 가넷 등 북미의 흑인 지도자들이 아프리카로 가게 된 것은 아프리카 민족주의의 실천을 도모하기 위한 것이었다고 여겨진다.

흥미로운 점은 이 아프리카 민족주의자들의 입에서 백인의 목소리

---

7   Wilson Jeremiah Moses, *Alexander Crummell : A Study of Civilization and Discontent*, p.207.

가 들려온다는 점이다. 즉, 흑인 주권국가를 세우려는 흑인 민족주의나 분리주의의 담론 내에서 전형적인 백인의 시각이 발견된다는 것이다. 크러멜의 주장을 들어 보자.

> 그의 모든 유럽 국가가 지금 1,000년에 걸친 문명의 결실을 수확하고 있다.
> …… 그러나 아프리카는 온갖 우상숭배의 희생자이다. 사회적·도덕적 파
> 탄에 덮여 아프리카는 폐허가 되고 있다. 어둠이 그 땅을 덮고 있으며, 지독
> 한 어둠이 사람들을 덮고 있다. 거대한 사회적인 악이 어디에서나 횡행하고
> 있다. 신뢰와 안전은 파괴되었다. 어디에서나 음란함이 넘쳐 난다.[8]

19세기 유럽 탐험가의 눈에 비친 아프리카의 모습이 아닌가 싶을 정도로 크러멜이 그려내는 아프리카는 온갖 종류의 사악함이 지배하는 대륙이다. 아프리카의 문화가 그곳의 토착 환경에 가장 잘 적응하여 발달한 것이라는 문화 상대주의적인 안목을 19세기 중반의 북미 흑인에게서 기대하는 것은 무리일 수 있다. 그러나 기독교를 믿지 않는다고 해서 원주민들에게 우상숭배의 죄악뿐만 아니라 도덕적 파탄과 성적 방종함의 죄를 씌운다면 이는 백인 식민주의자의 시각과 크게 다르지 않다.

아프리카의 과거와 현재를 이런 식으로 규정하고 나면, 흑인들이 노예사냥을 당한 것이 불행이기는 하지만, 이후 기독교가 지배하는 아메리카와 유럽으로 끌려가게 된 것은 "불행 중 다행"으로 해석된다. 또한

---

8 Alexander Crummell, "The Relations and Duties of Free Colored Men in America to Africa", *The Future of Africa : Being Addresses, Sermons, Etc., Etc., Delivered in the Republic of Liberia*, p.220.

기독교로 개종한 흑인들이 북미와 유럽에서 아프리카로 돌아오게 된 것도 아프리카를 흑인의 손으로 구원시키고자 하는 신의 섭리로 해석된다. 이러한 해석은 크러멜의 입을 통해 다음과 같이 표현된다. "슬픔, 고통 그리고 깊은 고뇌 가운데서 하나님께서 [아프리카]에 은총의 역사를 펼치기 위해 이 인종[흑인]을 이방의 땅에서 예비해 두신 것이다."[9]

크러멜의 시각에서 보았을 때 기독교를 믿는 유럽이 다른 종교를 가진 대륙들을 정복하게 된 것도 하나님의 섭리 내에서 설명된다. 크러멜이 라이베리아에서 한 1854년의 설교에 의하면, 신을 성령으로 생각하는 민족은 국가들 중에서 최고의 자리에 오를 것이요, 우상을 숭배하는 민족에게는 미래가 있을 수 없다. 고대에 이교도 민족들이 흥하였던 적이 있기는 하되 이들도 초기의 단순한 자연 숭배의 단계를 벗어나 우상을 섬기게 되었을 때는 필연적으로 망하고 말았다. 즉, "한 민족의 위대함은 신과 종교에 대한 그들의 관념과 상관관계에 있다"[10]는 것이다. 이러한 믿음은 크러멜이 일시 귀국한 후 미국식민협회 펜실베이니아 지부에서 한 1865년의 연설에서도 계속된다. 그에 의하면 아프리카는 결코 스스로를 구원할 수 없다. 역사상 "무례한 이교도들이 자력으로 이교도의 관습을 떨치고 정신적인 우월의 상태로 올라선 경우는 단 한 번도 없다. 우리가 알고 있는 그 어떤 경우에도 정신적인 선진화에는 우월한 민족에 의한 복음의 전파나 문자의 전파가 있었다."[11]

9 Alexander Crummell, "Emigration, an aid to the civilization of Africa", *Africa and America : Addresses and Discourses*, Springfield, M.A. : Willey & Co., 1891, p.421.

10 Alexander Crummell, "God and the Nation", *The Future of Africa : Being Addresses, Sermons, Etc., Etc., Delivered in the Republic of Liberia*, p.154.

11 Alexander Crummell, "The Regeneration of Africa", *Africa and America : Addresses and*

기독교를 믿는 민족이 최고의 자리에 오를 수밖에 없다는 크러멜의 역사관은, 산업화를 일찍 시작한 후 힘자랑을 하기 시작한 19세기 중엽의 유럽의 제국을 염두에 두고 있다는 점에서 역사적 현실을 반영하는 것이기는 하다. 그러나 기독교로의 개종을 지고지선(至高至善)으로 간주하는 그의 시각으로 보았을 때, 19세기 후반부에 벌어지게 되는 유럽의 아프리카 침탈도 하나님의 사업으로 해석되게 된다. 이쯤 되면 유럽의 제국주의의 논리와 크러멜의 역사관을 구분하기가 매우 힘들게 된다.

유럽 제국주의와 크러멜의 아프리카 문명론 간의 회색지대는 훗날 아프리카에 대한 유럽의 침탈이 본격적으로 이루어지는 때에 보다 분명히 드러난다. 1865년 펜실베이니아에서 크러멜의 설교가 있은 지 정확하게 20년 후에 베를린 회담이 열리게 되고, 이를 계기로 벨기에의 왕 레오폴드 2세가 콩고 지역을 왕 개인의 식민지로 만들게 된다. "콩고의 학살자"라 불린 그가 콩고에 대한 자신의 영향력을 인정받기 위해 내건 구호도 아프리카의 정신적인 구원이었다.

반복하여 말씀드리고 싶은 바는, [아프리카의] 도덕적, 물질적 갱생이 우리의 유일한 목표라는 점입니다. 대대로 계속되어 온 타락의 정도가 어느 정도인지 헤아리기가 어려운 이 원주민들 사이에서 우리는 이 과업을 수행해야 합니다. 인류의 수치라 할 그 많은 끔찍하고도 잔혹한 관습들이 저희의 개입으로 인해 조금씩 나아지고 있습니다.[12]

Discourses, p.435.
12 Sabelo J. Ndlovu-Gatsheni, *Coloniality of Power in Postcolonial Africa : Myth of Decolonization*, Dakar : Codesria, 2013, p.137에서 재인용.

실제로 레오폴드의 군대는 콩고인들을 강제 노역에 처했고, 노역을 거부하는 자들은 손과 머리를 자르는 야만적인 행위를 자행했다. 20년의 잔혹한 식민통치 기간 동안 콩고의 인구는 절반으로 줄어든 것으로 추정된다.[13]

1871년에 미국으로 영구 귀국한 이후에도 크러멜은 아프리카의 문명화를 위해 노력하는데, 1877년에 미국지리학회에서 한 그의 연설 또한 당대의 제국주의와 관련하여 주목할 만하다. 이 연설에서 크러멜은 "벨기에의 왕이 제안한 바는 이 대륙의 물질적・정신적 필요에 부합하는 매우 실질적인 것으로 간주된다"[14]고 찬사를 아끼지 않는다. 이는 1876년에 레오폴드 2세가 브뤼셀의 국제지리학회 개최를 후원하면서 아프리카 대륙의 지도 제작에 각국이 참여할 것을 제안한 것을 염두에 둔 말이다. 레오폴드 2세의 음모를 알아채지 못한 것은 그렇다고 치더라도 아프리카의 미래에 대한 크러멜의 전망은 "아프리카인에 의한 아프리카의 건설"이라는 구호가 무색할 만큼 제국주의적인 것이다.

아프리카는 이 모든 악들을 바로잡을 위대하고도 강력한 영향력을 필요로 합니다. 내륙과의 무역과 교환에 쉽게 접근할 수 있는 지역에 기반을 두고 있으며, 편협한 족장들의 끊임없는 소요를 방지할 세력을 이 땅은 필요로 합니다. 그것은 맹목적이고도 비정한 탐욕이 부리는 불온한 영향력을 제어하며 동시에 원주민의 가장 강력한 욕망들을 충족시킬 일상적인 시설들을

---

13   Patrick Brantlinger, *Rule of Darkness : British Literature and Imperialism, 1830~1914*, London : Cornell Univ. Press, 1988, p.256.

14   Alexander Crummell, "Address before the American Geographical Society", *Africa and America : Addresses and Discourses*, p.320.

제공할 권위적인 힘을 필요로 합니다. 달리 표현하면, 아프리카는 폭력을 억제하고, 거대한 교역로를 열어 놓고, 선교사와 여행자들에게 안전을 제공할 ····· 대륙 전체를 지배할 방대한 경찰력을 필요로 합니다.

아프리카를 문명화시키겠다는 크러멜의 청사진은 결국 "방대한 경찰력"과 "권위적인 힘"에 의한 강제 교화요, 강제 개화인 셈이었던 것이다.

같은 연설에서 크러멜은 1868년의 영국의 아비시니아 제국(에티오피아) 침공과 1873년~1874년에 있었던 앵글로-아샨티 3차 전쟁에 대해서 아쉬움을 표한다. 놀랍게도 그의 입장은 두 경우 모두 영국이 일시적인 침공 후 물러날 것이 아니라 현지에 "붉은 십자가와 문명과 기독교의 깃발을 꽂았어야 한다"[15]는 것이다. 여기서 물론 "붉은 십자가"는 영국 국기를 뜻한다. 그 이유는 "국가에는 도덕적 의무가 있는 법이니, [아프리카의] 민족을 야만으로부터 구출해서 문명국의 대열에 속하게 해주는 것이 영국과 같은 기독교 국가의 의무"이기 때문이다.

영국의 아비시니아 침공은 영국인 선교사 스턴(Henry Stern)이 신의 후손임을 자처하던 아비시니아 제국 황제의 비천한 집안 내력을 폭로하는 책을 출판한 것이 직접적인 원인이다. 분노한 황제가 백인들을 감금하자 영국 정부는 중화기로 무장한 봄베이 주둔군을 보내어 아비시니아를 침공한다. 황제가 결국 백인 인질들을 풀어 주는 조치를 취하나 영국군은 이를 무시하여 공격을 감행한다. 영국군은 이 전투에서 영국 전쟁사에서 빛나는 전훈을 세우고 보물과 문화재를 약탈한 후 막달라

---

15   Ibid., p.315.

를 불태워 버리는데 이것이 아비시니아 침공의 내용이다.

앵글로-아샨티 전쟁은 아프리카 서안 지역에서 영향력을 확대해 나가던 영국의 팽창주의 정책이 원주민들을 도발함으로써 발발한 것이다. 앵글로-아샨티 1차 전쟁과 3차 전쟁이 그러하며, 4차 전쟁은 영국의 보호령이 되라는 제안을 아샨티 부족이 거절하자 영국이 침공한 사례이다. 3차 전쟁의 결과로 아샨티 부족은 왕국의 수도 쿠마시를 약탈당하고 5만 온스의 금화를 배상해야 할 책임을 질뿐만 아니라 내륙으로 연결되는 무역로를 강제 개방 당한다. 이러한 제국주의적 발호도 크러멜의 시각에서는 미개한 아프리카를 개화시키고 교화시키는 하나님의 역사로 해석된다. 영국이 아비시니아와 아샨티 왕국을 침공한 후 군대를 철수하는 대신 식민통치를 계속하는 "위대한 사업"을 수행하였더라면 아프리카의 민족들에게 큰 혜택을 주었을 것[16]이라고 보았기 때문이다.

영어 지상주의(至上主義)

크러멜의 편향된 역사적 안목 이면에는 앵글로색슨족의 문화 우월주의가 있다. 1861년에 일시 귀국한 크러멜은 가넷이 주도하던 아프리카문명화협회뿐만 아니라 미국식민협회의 도움을 받아 북미 흑인의 라

---

16   Ibid.

이베리아 이주를 위해 본격적인 행보를 보이게 된다. 귀국하던 해에 그는 뉴욕 주의 식민협회 연례모임에서 해외 이주를 촉구하는 연설을 한다. 이 연설에서 크러멜은 북미에서 받은 특수한 "훈련, 습관, 관습, 교육, 정치적 경험"이 흑인들을 "검은 양키(black yankees)"로 만들었다고 밝힌다. 그리고 이 "검은 양키들"이 북미에서 교육받은 바를 맘껏 펼칠 수 있는 곳이 신생흑인주권국 라이베리아이니 모두들 와서 "이교도 아프리카의 교화와 개화"를 위해 한데 힘을 합칠 것을 촉구하였다.[17] 흑인들의 문화적인 정체성을 회복하고자 하는 입장에서 보았을 때 이보다 더 당황스럽고 수치스러운 주장이 없을 것이다. 크러멜이 주창한 구호가 "아프리카 민족주의"가 아니라 "문명화"라는 것은 이러한 점에서 시사하는 바가 크다. 그에게 있어 아프리카의 문명화는 곧 앵글로색슨족의 선진적인 가치를 옮겨 심는 것이었기 때문이다.

앵글로색슨의 문화에 대한 크러멜의 숭배는 언어 매체에 대한 입장에서도 잘 드러난다. 그에 의하면 "앵글로색슨의 언어"는 아프리카 흑인들이 아메리카로 끌려간 불행으로 인해 받게 된 축복이자 보상 중의 하나이다. 또 다른 보상은 물론 말할 것도 없이 기독교이다. 크러멜에게 있어 영어 구사력을 가졌다는 것은 지구상의 어느 누구도 줄 수 없는 우월한 위치를 갖게 되었음을 의미한다. "주님께서 초서, 셰익스피어, 밀턴 그리고 워즈워드, 베이컨 그리고 버크, 프랭클린과 웹스터의 언어로 저희의 언어를 삼음으로써 저희에게 베푸신 특권과 지위를 아무리 높이 평가해도 지나치지 않다"[18]는 것이 그의 지론이다. 보존이

---

17   Alexander Crummell, "The Progress and Prospects of Liberia", *The Future of Africa : Being Addresses, Sermons, Etc., Etc., Delivered in the Republic of Liberia*, p.148.

쉽지 않은 구술 언어에 의존하는 아프리카에 비해 문자 언어를 사용하는 영국의 문학이 더 발달할 수 있었으리라는 것은 누구라도 추측할 수 있고 동의할 수 있는 바이지만, 영어가 유일한 문자 언어는 아닐 터인데 유독 영어가 축복의 언어인 이유는 무엇일까.

이에 대한 논의를 더 진전하기 전에 아프리카 부족어에 대한 크러멜의 입장은 무엇인지 보자. 1860년 7월 26일 라이베리아 독립일에 한 설교에서 크러멜은 서아프리카의 언어들이 소통 매체로서 부적합하다는 주장을 한다. 그는 이때 노예폐지론자이자 아프리카 부족어를 연구한 윌슨(Leighton Wilson, 1809~85) 목사의 주장을 인용한다. 이에 의하면 첫째, 서아프리카 부족어들은 "신랄하고 급작스러우며, 발성이 불분명하고 단어가 빈약하며, 불분명한 비음과 후두음이 넘쳐 나고, 어형 변화와 문법적 형식이 거의 없고, 습득하기가 지나치게 힘들다." 둘째, "무례한 야만인들의 언어"로서 그것은 "동물적인 경향"이나 "잔인하고 보복적인 감정" 그리고 "저열한 사상"을 담지하는 특징을 갖는다. 셋째, 이 부족어들은 옳고 그름에 대한 구분이나 도덕적 진리, 미덕에 대한 관념을 결여했다. 그 외에도 이 언어들은 문명화된 국가의 특징인 "정의, 사랑, 인권, 통치 질서"의 개념들을 결여하였고, "신의 통치, 불멸, 심판, 영원한 축복"과 같은 기독교인의 삶에 필수적인 진실의 개념들을 결여하였거나 혹은 이 개념들을 왜곡되고 모호하게 표현할 수 있을 뿐이나.[19]

반면, 영어는 비범한 힘을 가진 언어이다. 아프리카에서 영어를 가르쳐야 할 이유에 대한 크러멜의 주장을 들어 보자.

---

18   Alexander Crummell, "The English Language in Liberia", Ibid., p.10 · 11.
19   Ibid., pp.19~20.

영어는 주로 단순하고 간략하며 힘에 넘치는, 한 음절과 두 음절의 단어들로 구성된다. 이러한 연유로 해서 그것은 단순성과 이해도에 있어 비교할 수 없는 우위를 차지한다. 이 단어들의 대부분은 영어의 줄기가 되는 풍부한 색슨어의 오랜 전통에서 나온 것인데, 이러한 연유로 해서 오늘날 우리가 영어의 풍요로움을 맛보는 것이다. 그리고 이러한 요소가 영어에 힘, 정확성, 직접성, 대담함을 제공하며, 또한 상식적이고 정직하며 솔직한 성품을 가진 사람들의 단호한 생각을 표현하기에 적절한 수단이 된다.[20]

크러멜의 이러한 억지 주장을 두고 언어학적 혹은 사회언어학적 지식이 부족한 탓으로 여기고 넘어갈 수도 있다. 그럼에도 불구하고 영어에 대한 그의 예찬이 실은 그 언어를 사용하는 색슨족의 성품에 대한 숭배를 근저에 두고 있다는 점은 지적할 만하다.

영어가 흑인들에게 신의 축복인 이유를 설명함에 있어 크러멜이 드는 또 다른 이유는 그것이 "자유의 언어"이기 때문이다. 이 주장은 곧 비약하여 영어의 우월성에 대한 (비교)언어학적인 논의가 아니라 자유에 대한 색슨족의 사랑, 전제주의에 대한 그들의 증오, 박애주의 정신 등에 대한 논의로 변질된다. 즉, 언어가 우월한 것은 그 언어를 쓰는 민족의 성품이 우월하기 때문이라는 것이다. 영어는 또한 "종교와 동일한 것"이라는 점에서 신이 내린 축복이다. 무슨 말인가 하면, 영어가 "수세기 동안 기독교 신앙의 세례를 받은 언어"이기에 "불모적인 빈약함"과 "풍부한 나약함"에 빠지지 않고 "고결함"을 지켜 낼 수 있었다는 것이

---

20   Ibid., p.22.

다.[21] 영어를 지고한 언어로 추켜세우는 크러멜의 입장에는 노예무역과 노예제도를 제일 먼저 폐지한 영국의 선진화된 제도에 대한 부러움이, 자유주의적 사고를 제도화 할 수 있었던 영국인에 대한 선망이 배어 있다. 그리고 이러한 선망으로 인해 크러멜은 영국이 아프리카에서 세력을 확장하기 위해 벌였던 전쟁의 참혹성에 대해 눈을 감게 된다.

에드워드 블라이든과 문화 민족주의

블라이든은 덴마크령 서인도제도인 세인트토마스 출신으로 자유 흑인 부모 사이에서 태어났다. 재단사인 아버지와 학교 교사인 어머니 모두 교육받은 이들이었으니 그의 집안은 비교적 유복한 편이었다. 1850년에 미국으로 건너온 그는 신학교에 지원하나 흑인이라는 이유로 번번이 거절당한다. 도주노예송환법이 같은 해에 발효되면서 블라이든도 신변의 위협을 느끼게 되는데, 이때 그의 백인 지인들 중 미국식민협회를 주도하는 이들이 그에게 라이베리아 행을 권한다. 1847년에 독립한 이 신생독립국을 위대한 흑인 국가로 발전시키는데 일조할 수 있다는 생각에 마음이 움직인 그는 마침내 1851년에 라이베리아로 건너간다. 그는 그곳에서 고교 과정을 이수한 후 독학을 통해 지식의 세계를 넓혀

---

21   Ibid., pp.22~28.

간다.[22] 이 기간 동안 블라이든은 놀라운 지적인 성장을 보일 뿐만 아니라 사회적인 지위도 급성장하게 된다.

블라이든은 1858년에는 장로교 목사가 될 뿐만 아니라 모교 알렉산더 고교의 교장이 되며,『라이베리아 헤럴드』의 편집장을 맡기도 한다. 그는 미국식민협회가 발행하는 신문과 책자에 라이베리아 이주를 촉구하는 글을 실어 아프리카 이주운동에 불을 지핀다. 그러던 중 그는 1852년에 노예폐지론자인 개릿 스미스 상원의원과 논쟁을 벌이게 된다. 흑인의 해외 이주를 찬성해 왔던 스미스가 입장을 바꾸어 미국식민협회를 "흑인의 가공할 적"이며 라이베리아를 "끔찍한 무덤"이라고 부르자, 블라이든이 라이베리아 이주를 옹호하고 나선 것이다. 이주를 할 것이면 캐나다로 가서 노예제가 폐지될 것을 기다려야 한다는 스미스의 주장에 대해 블라이든은 라이베리아만이 유색인을 억압에서 구출하여 존경받는 위치로 고양시킬 수 있으며, 현재 라이베리아의 사망률이 높은 것은 일시적인 현상일 뿐이라고 반박한다. 블라이든은 비슷한 논쟁을 들레이니와도 벌이게 되면서 대표적인 라이베리아 이주론자로 떠오르게 된다.[23]

1862년에 블라이든은 크러멜, 존슨(J. D. Johnson)과 함께 라이베리아 이주에 대한 관심을 진작시키기 위하여 대사 자격으로 영국과 미국을 방문한다. 미국을 방문하던 중 블라이든은 자유 흑인들이 여전히 차별과 냉대를 받는 것을 목격하고서, 흑인을 박해하는 백인 인종주의자

---

22 James Climent, *Another America : The Story of Liberia and the Former Slaves Who Ruled It*, New York : Hill and Wang, 2014, pp.100~101.
23 Hollis R. Lynch, op. cit., p.16.

들뿐만 아니라 그런 차별을 감내하는 흑인들에 대해서도 실망을 토로한다. 『라이베리아 헤럴드』에 기고한 글에서 그는 북미 흑인들에게 치욕스런 삶을 박차고 떠날 것을 촉구한다. 미국 남북전쟁 중에 흑인 해방이 선언되었지만 그럼에도 불구하고 흑백 간의 실질적인 평등은 불가능할 것이라고 블라이든은 예측했다. 그래서 그는 계속되는 인종차별의 현실에 불만을 품은 북미의 흑인들이 서아프리카로 대거 이주해 올 것을 기대하였으나 실제로 이 기대는 허황된 것임이 나중에 드러난다.

블라이든은 1863년에는 라이베리아 대학의 교수로서 강의를 하고, 1864년에는 내무부 장관직을 맡으면서도 여전히 자유 흑인들의 라이베리아 이주를 위해 노력한다. 그는 서인도제도로 눈을 돌려 아프리카 이주에 관심은 있지만 물질적인 여건이 허락하지 않았던 자메이카와 바베이도스의 흑인들이 이주할 수 있도록 도움을 제공한다. 그는 서인도제도 흑인들의 이주를 위해 라이베리아 정부가 4,000불을 제공하도록 하고, 미국식민협회가 만 불을 기부하도록 설득하여, 마침내 1865년에 서인도제도 출신의 흑인들 346명을 라이베리아로 이주시키는 결실을 거두기도 한다.[24]

이 시기의 블라이든은 라이베리아를 발전시켜 명실상부한 아프리카의 흑인 주권국가로 정착시키는 것을 목표로 삼았다. 아프리카 민족국가의 필요성에 대한 그의 주장은 1862년의 연설문 「아메리카 내의 아프리카 후손들에 대한 하나님의 부름」에서 다음과 같이 드러난다.

---

24   Ibid., pp.33~34.

우리는 아프리카 국가를 갈급하게 필요로 합니다. …… 우리가 강력한 국가를 건설하기 전까지는 다른 인종들의 존경을 결코 받을 수 없습니다. 다른 인종들의 허락을 받거나 그들의 용인을 받는 삶에 만족해서는 안 됩니다. …… 우리는 흑인 국가를 건설해야 합니다. 우리는 다양한 제도를 설립하고 운영해야만 합니다. 우리는 법을 만들고 집행해야 합니다. …… 국적은 자연의 법령입니다. 모든 진정한 흑인은 구분되는 별개의 국적을 마음속으로 갈망합니다.[25]

흑인 주권국가의 필요성을 주장하였다는 점에서 블라이든은 1850년~1860년대의 크러멜처럼 흑인 분리주의자의 범주에 속한다. 두 사람 모두 당대 흑인들의 지도자로서 아프리카의 근대화와 선교를 위해 몸을 바쳤다. 그러나 근대화의 방식이나 아프리카 문화에 대한 입장에 있어서 두 사람은 매우 달랐다.

아프리카 근대화의 길을 앵글로색슨 문명을 수용하고 그들의 성품과 문화를 모방하는 데서 찾았다는 점에서 크러멜은 앵글로색슨 추수주의를 벗어나지 못한 경우였다. 반면, 블라이든은 적어도 한 동안은, 서구의 문명을 수용할 때에도 선별적으로, 비판적으로 해야 한다고 주장하였다. 이러한 사유는 그가 라이베리아 대학의 총장으로 취임한 1881년의 취임 연설에서 잘 드러난다. 이 연설에서 블라이든은 라이베리아 대학이 초기에는 유럽과 미국의 교과과정을 답습하였으나, 이제는 이를 바꿀 때가 되었다고 주장한다. 비록 셰익스피어, 밀턴, 기번(Edward

---

25 Edward Wilmot Blyden, "The Call of Providence to the Descendants of Africa in America", p.117.

Gibbon), 매컬리(T. B. Macaulay)의 저작 같은 근대 영국 문학이나 역사, 철학이 위대하기는 하나 이 과목들을 라이베리아 대학의 초급 학년에서는 가르치지 않을 것이라고 그는 선언하였다. 대신 근대 유럽의 대가들에게 스승이 된 그리스 로마 시대의 거장들로부터 법과 철학을 직접 배우고, 성경도 히브리어를 습득함으로써 근대 유럽을 통하지 않고 직접 배워야 한다고 주장하였다.

교육 과정을 구성함에 있어 이처럼 근대 유럽을 우회하려는 이유로서 블라이든은, 근대가 대서양 노예무역이 이루어졌던 시기였고, 이 시기 유럽의 거장들이 흑인을 비하하고 흑인의 인권을 박탈하는데 기여하는 학문을 만들었기 때문이라고 주장한다.[26] 헤겔이나 칸트, 마르크스 같은 근대 유럽 철학의 거장들의 저작에 깃들어 있는 비서구인에 대한 편견을 폭로하고, 소위 유럽의 보편 정신이 스스로를 우월하게 정의하기 위해 유색인종을 어떻게 비하시켰는지를 비판하는 스피박의 훗날의 비평 작업이 연상되는 부분이다.

유럽의 근대 학문을 우회하겠다는 기획의 이면에는 상대주의적 사고도 발견된다. 블라이든의 표현을 직접 빌리면, "인류의 타고난 능력이 각기 다르고 [인종마다] 임무와 운명도 다르"기에, "앵글로색슨족을 성공과 지위 향상으로 이끈 특별한 길이라고 해서 흑인도 성공과 계몽으로 이끌지는 않을 것이다."[27] 성공한 민족의 문화적 잣대가 나른 민족에도 똑같이 적용되는 보편적인 잣대일 수는 없다는 다원주의적인

26   Edward Wilmot Blyden, *The Aims and Methods of a Liberal Education for Africans*, Cambridge, MA : John Wilson and Son, 1882, p.6 · 20 · 17.
27   Ibid., p.18.

인식이 여기에 있다. 당대에 학식이 높은 흑인들이 많아도 자존감, 자신감, 능력을 갖춘 흑인들이 없는 이유도 여기에 있다고 블라이든은 주장한다. 인종에 따라 감수성이나 성정이 다름에도 불구하고, 여태껏 흑인들이 백인에 맞춰 만들어진 교육 체계 내에서 훈련을 받았기 때문에 잘해야 뛰어난 백인의 "모방"을 길러 냈을 뿐이라는 것이다.[28] 훗날 블라이든은 외래문화를 수용하는 바람직한 태도를 일본에서 찾는다. 유교, 불교, 기독교 같은 외래 종교들이 들어왔을 때 일본인들이 이들을 무조건 배척하거나 혹은 그 반대로 이에 심취하는 대신, 자신들에게 유리한 요소만을 토착 문화 내로 수용하는 지혜를 발휘하였다는 것이다.[29]

흑인 대학의 교과과정에서 인종적 편견이 배어 있는 근대 유럽의 텍스트를 모두 배제하겠다는 블라이든의 선언에 과격하고 이상주의적인 면이 있는 것이 사실이다. 그러나 그가 이러한 교과과정을 '초급 학년들'에 한정시킨다는 점은 유의할 만하다. 인종주의적 텍스트에 대한 연구는 학생들의 비판적인 사유능력이 충분히 발달할 때까지 기다릴 필요가 있다고 보았다는 점에서 그의 계획에는 수긍할 만한 점이 있다. 또한 토착 현실에 맞는 아프리카의 교과과정을 만들어 가야 한다는 주장은 서구를 모방하기에 급급한 오늘날의 제3세계 국가들이 귀 기울일 만한 것이다. 아프리카 대학의 교과과정에 대한 블라이든의 계획을 들어 보면 서구 문명에 대한 그의 입장이 어떠한 것일지 쉽게 추론할 수 있다. 아프리카가 서구 문명으로부터 배워야 하기는 하나 서구 문명의 수용이 혜택만을 가져다주는 것이 아님을 유념해야 한다고 역설하기 때문이다.

---

28 Ibid., p.8 · 9.
29 Edward Wilmot Blyden, *The Significance of Liberia*, p.15.

서구 문명이 아프리카의 현실에 맞지 않을 수 있기에 경계해야 한다는 블라이든의 인식은 당대 흑인들의 인식보다 많이 앞선 것이다. 그는 또한 아프리카의 현재 모습이 비록 세련되지 못하지만 그럼에도 불구하고 그것에는 흑인들의 미래에 아주 중요한 어떤 원천, 즉 정신적 자산이 있다는 믿음을 견지한다. 이러한 그의 생각은 아프리카에도 세계 문명에 기여할 바가 있다는 훗날의 네그리튀드의 주장을 연상하게 한다. 아프리카 문화에 대한 블라이든의 이 주장은 다소 길지만 그럼에도 불구하고 인용할 만한 가치가 있다.

우리가 가진 시와 철학은 우리 주인의 것이다. 우리의 귀에 살아 있고 우리의 입에서 종종 흘러나오는 노래들은, 신음하고 슬퍼하는 우리를 억박지른 이들의 노래를 우리가 들어서 익힌 것이다. …… [백인들]은 자신의 승리에 대해 노래했지만, 그것은 우리의 모멸에 대한 기록도 포함하고 있다. 불행히도 우리는 그들의 편견과 열정을 배웠고 그들의 포부와 권력을 가졌다고 생각했다. 그러나 만약 우리가 독립 국가를, 강한 나라를 만들려면, 우리는 우리의 투박한 형제들이 자신의 역사를 노래할 때, 자신의 전통이나 부족적·민족적 삶의 놀랍고도 신비한 사건들을 들려줄 때, 우리가 미신이라고 부르는 성취를 그들이 들려줄 때, 그들의 노래에 귀 기울여야 한다. 우리의 배에서 노 젓는 크루족이 부르는 노래에, 우리의 농장을 돌보는 페세족과 골라속의 노래에 귀 기울여야 한다. 비록 조잡하다는 생각이 들더라도 만딩고족과 베이족의 글을 읽어야 한다. 그렇게 할 때만 우리는, 헤라클레스와 싸울 때 어머니 대지를 손으로 짚음으로써 힘을 되찾곤 했던 고대의 거인처럼 우리 인종의 힘을 되찾을 것이다.[30]

흑인들의 고유한 전통과 경험을 보존할 것을 촉구하였다는 점에서, 서구화에 맞서 보존해야 할 정신적 자산이 아프리카에 있음을 주장하였다는 점에서, 적어도 이 시기의 블라이든은 아프리카 민족주의자라는 이름에 값한다고 여겨진다.

블라이든은 동시대의 아프리카인들에게 아프리카의 전통이 보존되어야 할 것임을 역설하였을 뿐만 아니라, 자신의 해박한 지식을 이용하여 아프리카에도 자랑스러운 과거가 있음을 증명하려 하였다. "제가 라이베리아인인 것이 감사합니다"라는 유명한 구절을 훗날의 비평가들 사이에서 회자하게 만든 1906년의 연설에서 블라이든은 아프리카가 고대의 문명, 종교, 세계사 등에 있어 선도적인 위치에 있었음을 증명해보인 바 있다. 이를테면, 그는 그리스 역사가 헤로도토스의 저술에서 에티오피아인들이 문명의 건설자로 추앙될 뿐만 아니라 가장 키가 크고 아름다운 민족으로 불렸다는 사실을 지적해 낸다. 호메로스의 저작에서도 에티오피아인들이 "신의 총애를 받는 자들"로 묘사되고 있다는 사실도 그는 지적한다.[31]

이러한 문헌학적 연구를 통해 블라이든은 고대에는 "검은 피부"와 "곱슬머리"가 오늘날과 달리 "고결함, 학식, 예술, 강한 군사력"을 연상시켰다고 주장한다. 또한, 유대교, 기독교 그리고 이슬람교가 모두 아프리카에서 발원하였거나 혹은 아프리카에서 보존되었다는 점에서도

---

[30] Edward Wilmot Blyden, *The Aims and Methods of a Liberal Education for Africans*, p.28.
[31] 실제로 호메로스는 『일리아드』에서 "제우스가 어저께 오세아누스로, 허물없는 에티오피아인들과 연회를 즐기러 갔고 제신들도 그를 따랐다"라는 표현을 사용한 바 있다. Homer, A. T. Murray trans., *The Iliad* vol.1, Cambridge, MA : Harvard Univ. Press, 1924, book 1, line 423.

아프리카가 인류의 발전에 값진 기여를 하였다고 주장한다. 뿐만 아니라 트로이 전쟁에서 패한 아이네이스가 방랑할 때 그를 받아들여 그가 훗날 로마 제국을 건설하도록 도와주었다는 점에서 아프리카는 "제국들의 요람"이라고 부를 만하다고 주장한다.[32]

블라이든의 순혈주의와 친제국주의

블라이든은 아프리카인이 서구인과는 다른 인성과 능력을 가졌다고 믿었다. 아프리카인은 자신만의 방법으로 발전해야 한다고 그가 주장한 것도 각 민족들은 서로 다른 정신적 특질을 가졌기에 민족의 발전 방식이나 경로가 다를 수밖에 없다고 생각하였기 때문이다. 아프리카인들이 서구인의 문화를 받아들여 성공하려는 것은, 그의 표현을 직접 빌리면, 마치 "다윗이 사울왕의 갑옷을 입고 싸우는 불편"[33]을 겪는 것과 다를 바가 없다. 이러한 맥락에서 훗날의 네그리뒤드 운동의 화두가 된 "아프리카적인 인성(African personality)"의 개념이 등장하게 된다. 이 용어는 블라이든이 1895년에 한 연설 「인종과 연구(Race and Study)」에서 처음 사용하지만, 기본적인 개념은 그의 이전의 글에서도 발견되는 것이다.

---

32 Edward Wilmot Blyden, *The Significance of Liberia*, p.6·7·9·pp.10~11.
33 Edward Wilmot Blyden, *Aims and Methods of a Liberal Education for Africans*, p.11.

블라이든은 각 인종이 고유의 정신문화를 소유하게 될 때만이 "허버트 스펜서가 **차이**라고 부른 바 있는 진보의 핵심"[34]을 성취할 수 있었다고 보았다. 스펜서(Herbert Spencer, 1820~1903)는 다윈의 적자생존론을 사회 발전론에 적용한 사회 진화론자이다. 사회 진화론은 낙후되어 있는 인종이나 사회를 유럽이 억압하고 도태시키고자 했을 때 과학의 이름으로 이를 합법화하는 데 사용되었다. 그러나 사회 진화론의 이러한 인종적 함의가 블라이든의 글에서 논의되지는 않는다. 대신 「인종과 연구」에서 사회집단 간의 차이가 진보에 기여한다는 포인트가 채택된다. 그에 의하면, 모든 사람들에게는 각자가 속한 인종을 위해서 해야 할 고유한 임무가 있다. 그것은 특정한 인종에 속하기 때문에 갖게 되는 인성을 유지하고 발전시키는 것이다. 이 의무를 블라이든은 이렇게 표현한다. "각자 자신이 속한 인종을 존경하고 사랑하라. 너 자신이 되라."[35]

블라이든의 이러한 생각은 곧 아프리카 내륙의 문화에 대한 관심으로 이어진다. 그는 아프리카 연안의 개화된 흑인들, 즉 서양과의 접촉을 통해 문화적으로나 혈통적으로 혼성화된 흑인들보다는 내륙의 "순수한" 흑인들로부터 배울 것이 있다고 믿었다. 이 "내륙의 형제들"이 연안의 흑인들보다 우월한 이유를 블라이든은 이렇게 표현한다. 그들은 "우리의 독립 공화국보다 더 독립되어 있다. …… 내륙의 민족은 외래의 주인을 모신 적이 없다는 점에서, 열등감이나 자기 비하의 감정을 내면화하지 않았다는 점에서 우리보다 우월한 위치에 있다. 그 무엇 때

---

34   Ibid., p.10.
35   Hollis R. Lynch, op. cit., p.61에서 재인용.

문에라도 백인들을 우러러보아야 했던 적이 없었다."[36] 아프리카 내륙의 민족들이 우월한 이유는 또한, 외부의 영향을 받지 않았기에 아프리카 문화가 "순수한 형태"로 보존되어 있을 것이기 때문이기도 했다. 아프리카는 자신의 방식대로 발전해야 하기에, 아프리카가 나아갈 길은 서구의 영향을 입지 않은 문화적 순수함에서 찾아야 한다는 것이다.

그래서 블라이든은 흑인종의 "발전 법칙을 우리보다 더 잘 아는 내륙의 형제들을 연구해야 한다"[37]고 주장한다. 이는 한편으로는 문화 상대주의적인 안목으로 평가될 수 있다. 이를테면 아프리카 촌락이 구현하는 공동체적 삶에서 개인주의가 지배하는 서구의 사회가 갖지 못한 장점을 인식하는 것이다. 그러나 이러한 사유는 다른 한편으로는 문화적 혼성은 저열한 것이고 순수한 것이 우월하다는 또 다른 인종주의를 함의한다는 점에서 문제적이나.

문화적 순수성에 대한 블라이든의 집착은 시간이 지나면서 혈통적 순수주의로 발전된다. 급기야 그는 아프리카인을 순수 혈통과 혼혈 흑인으로 나뉘고 후자를 아프리카인에서 제외한다. 혼혈 흑인, 즉 물라토에 대한 블라이든의 부정적인 입장은 1870년대에 이르러 표면화된다. 미국의 지인에게 보낸 글 「라이베리아의 혼혈 인종들(The Mixed Races in Liberia)」(1870)에서 블라이든은 타락한 혼혈 흑인들이 라이베리아에서 중요한 지위를 차지하고 있어서 이 나라가 발전하지 못한다는 비판을 제기한다. 또한 아프리카에서 혼혈 흑인의 사망률이 "순수" 흑인들의 사망률보다 훨씬 높기에, 미국인들의 기금을 혼혈 흑인의 교육을 위

---

36 James Climent, op. cit., pp.106~107에서 재인용.
37 Edward Wilmot Blyden, *Aims and Methods of a Liberal Education for Africans*, p.11.

해 사용하는 것이 결과적으로 재정적인 낭비임을 지적하기도 한다.[38]

이 편지글은 사실 출판을 염두에 두고 쓴 것은 아니었지만 우연히 미국에서 출판된 후 라이베리아에 알려지면서 블라이든은 곤경에 처하게 된다. 혼혈 흑인에 대한 블라이든의 명시적인 입장은 1878년 8월자 『프레이저 매거진(*Frazer's Magazine*)』에 실린 「아프리카와 아프리카인들」에서도 드러난다.

유럽인들이 아프리카인들을 노예로 만들면서 생겨난 서글픈 결과 중의 하나는 억압자들의 피가 대거 피억압자의 혈통과 섞이게 되었다는 점이다. 그래서 이들의 피가 흑인의 피보다 훨씬 더 많거나 비슷할 때조차도 이는, 우리가 도대체 이해할 수 없는 어떤 형평성의 규칙이나 인종학적 원칙에 의해, 흑인의 혈통으로 간주된다. …… 만약 흑인과 물라토의 차이가 이제 제대로 이해된다면, 흑인의 문제가 상당 부분 단순해질 것이다. 그래서 흑인들은 "혼혈 무리"의 죄를 제외한 자신들의 죄만을 짊어져도 될 것이다.[39]

훗날 블라이든은 이 글을 다른 글과 묶어 『기독교, 이슬람, 그리고 흑인 종(*Christianity, Islam, and the Negro Race*)』을 출판하게 되는데, 이때 혼혈 흑인에 관한 대목을 삭제해 버린다.

혈통적 순수성에 대한 블라이든의 편파적인 입장은 라이베리아 내에서 벌어진 정파 싸움과 무관하지 않다. 1870년대가 되면 라이베리아

---

38   Hakim Adi · Marika Sherwood, *Pan-African History : Political Figures from Africa and the Diaspora since 1787*, London : Routledge, 2003, p.12; Hollis R. Lynch, op. cit., p.53.

39   Edward Wilmot Blyden, "Africa and the Africans", *Fraser's Magazine* 18, Aug. 1878, p.188; Hollis R. Lynch, op. cit., p.59에서 재인용.

내에서 피부색에 따른 갈등이 본격화되는데, 혼혈 흑인들과 "순수 혈통" 흑인들 간에 있는 갈등이 그것이다. 혼혈 흑인들은 수적으로 열세였지만 경제력을 바탕으로 라이베리아의 지배계급을 구성하고 있었고, 순수 혈통의 흑인들보다 우월하다고 여겼다. 혼혈 흑인들이 주도하는 공화당과 순수 흑인들로 구성된 휘그당 간의 갈등에서 블라이든은 순수 혈통 흑인들의 편에 섰다. 혼혈 흑인들은 반대파의 세력이 확대되는 것을 경계해서 서인도제도의 흑인들을 이주시켜 오려는 블라이든의 계획에도 반대했다. 뿐만 아니라 혼혈 흑인들은 그들이 독점했던 내륙과의 무역권을 보호하기 위해서, 라이베리아의 통치력을 내륙으로 확대시키려는 블라이든과 크러멜의 계획에도 반대했다. 이들에 대한 블라이든의 혐오감은 당시 미국식민협회 총무에게 보낸 서한에서 혼혈 흑인들이 라이베리아로 오지 못하게 막아 달라고 한 청원에서 잘 드러난다. 그의 표현을 직접 빌리면, 이들의 아프리카행을 막지 못하게 되면 식민협회가 "이 나라와 이 인종을 증오하는 독사들의 보금자리를 만들어 주는 셈 일 것이다."[40] 블라이든은 혼혈 흑인들이 내륙의 순수 흑인들을 경멸하며, 또한 이러한 점에서 백인들의 인종주의를 내면화하였다고 비판하였다.

블라이든의 활동에 사사건건 제동을 건 이들 중에는 다름 아닌 라이베리아의 초대 대통령이자 라이베리아 대학의 초대 총장이 되기도 하였던 혼혈 흑인 로버츠(J. J. Roberts, 1809~76)가 있었다. 총장 재직 당시 로버츠는 급기야 블라이든과 크러멜을 직무 태만을 이유로 대학 이

---

40 James Climent, op. cit., p.99에서 재인용.

사회에 회부시키게 되고, 이에 크러멜은 사직하기에 이른다. 로버츠 같은 혼혈 흑인에 대한 블라이든의 비판이 이와 같은 정치적인 박해에 기인하는 부분이 있음을 감안하더라도, 흑인을 순수 혈통과 혼혈로 나누고, 후자를 흑인의 범주에서 제외하였다는 점에서 블라이든의 아프리카 민족주의는 인종주의를 내포하고 있다는 비판을 피할 수는 없다.

블라이든은 내륙의 이슬람 국가들이 언젠가는 라이베리아 공화국과 하나로 합치는 것이 필요하다고 판단하여 이 국가들과의 소통을 추진하였다. 이를 위해서 그는 아랍어를 배우기 시작했고, 아랍어와 이슬람교에 대해 더 배우기 위해 1866년에는 레바논을 방문한다. 귀국 후 그는 라이베리아 대학의 교과과정에 아랍어를 포함시켰다. 이러한 교과과정 개편을 극구 방해한 것도 로버츠였다. 이러한 일련의 사건들로 인해 블라이든은 패권적인 혼혈 흑인들이 라이베리아의 발전을 막는 암적인 존재라고 확신하게 된다. 정파 간의 갈등으로 인해 라이베리아는 1871년에 내란 직전의 위기에 빠지게 된다. 이때 당시 "순수 흑인" 출신으로 대통령직에 있었던 로이(Edward James Roy)가 강제로 물러나게 되고, 블라이든도 신변의 위협을 받아 시에라리온으로 일시 도피하게 된다.[41]

시간이 흐르면서 블라이든은 기독교보다 이슬람교가 아프리카의 실정에 맞다는 생각을 굳히게 된다. 그는 만약에 라이베리아에서 기독교가 토착 제도와 문화를 무시하고 선교를 계속한다면 라이베리아가 서양의 강대국에 복속되고 말 것이라고 예언한다. 이러한 예언의 근저에는 문화적 주체성을 잃은 민족은 살아남을 수가 없다는 사유가 있다.

---

41   Hollis R. Lynch, op. cit., pp.40~42.

그는 아프리카를 보존시킬 수 있는 두 가지 방안이 있다고 생각했는데, 그것들은 "이교주의"와 "이슬람교"였다. 블라이든은 사실 자신도 "이교주의"라는 용어를 사용하기는 했지만 이 용어가 아프리카의 종교와 문화를 묘사하기에는 부적절하며 외부인의 무식을 드러낼 뿐이라고 보았다. 그는 자신이 한때 방문했던 프랑스 파리의 공동묘지 페흐라쉐즈의 예를 든다. 페흐라쉐즈에서 고인이 평소에 아끼던 물건들로 묘가 장식된 것을 목격한 그는, 이 유럽의 풍습이 아프리카의 장례 / 종교 문화와 크게 다르지 않다는 데 생각이 미치게 된다. 차이가 있다면 아프리카 풍습의 경우 그 의미를 모르는 유럽인들이 이를 미신이라고 부르는 점일 뿐이라는 것이다.[42]

「순수 혈통의 니그로(A Negro of the Purest blood)」에서 드러나는 이슬람교에 대한 블라이든의 평가는 다음과 같다. 기독교가 아프리카의 풍습을 비하하고 흑인들의 발달을 막은 반면, 이슬람교는 현지의 풍습을 존중함으로써 외래 교리와 토착 제도가 일방적인 "억압"이나 "흡수"가 아닌 "건강한 융합"[43]을 이루게 되었다. 또한 서양의 기독교도들이 노예제를 만들어 냈다면, 이슬람교는 평등의 원칙을 실천하여 아프리카 각 부족들을 통합하는 긍정적인 역할을 하였다. 라이베리아의 정국이 혼란하여 시에라리온으로 피신해 있는 동안 내륙과의 정치적·경제적 소통을 위해 탐험을 떠났을 때도, 블라이든은 내륙에서 발견되는 이슬람 사회의 기강과 지적인 성취에 깊은 인상을 받았다.

당시 니제르강의 상류에서 목도한 바를 블라이든은 다음과 같이 묘사

---

42 Edward Wilmot Blyden, *The Significance of Liberia*, p.18·19.
43 Hollis R. Lynch, op. cit., p.70에서 재인용.

한다. "그곳에서 우리는 바깥세상으로부터 초연하게 독서에 열중한 흑인 이슬람 학생들을 발견했는데, 이는 마치 중세 승려들의 습관을 연상시켰다. …… 추장들의 회의록은 …… 켈트족에 대한 시저의 논평에서 발견될 법한 묘사처럼 읽혔다."[44] 블라이든은 이슬람교가 라이베리아에 잘 정착하면 라이베리아가 물질적으로, 육체적으로 그리고 정신적으로 진보할 수 있을 것이라 믿었다.[45] 중앙아프리카 이슬람 부족의 문화를 로마 문명에 견주는 이 부분은 과장된 바가 없지는 않지만 아프리카에 대한 자부심과 이슬람에 거는 기대를 보여준다는 점에서 주목할 만하다. 아프리카의 독자적인 문화를 발전시키고, 아프리카 흑인 국가를 서양의 기독교 국가들에 뒤지지 않는 강력한 나라로 만들고 싶어 했던 블라이든의 아프리카 문화 민족주의는 다음 세대의 흑인 지도자로서 범아프리카주의를 주장한 가비나 응크루마(Kwame Nkrumah, 1909~72)에 지대한 영향을 준다.

여기서 지적할 만한 사실은 블라이든이 초지일관 아프리카 민족주의를 주장한 것은 아니라는 사실이다. 20세기 초에 그가 보여주는 사상적인 궤적은 라이베리아 대학 총장으로 취임할 때 한 연설과는 상반된 내용을 보여주기 때문이다. 이 시기의 블라이든은 한편으로는 『아프리카의 삶과 관습(African Life and Customs)』(1908)과 같은 저작을 통해 아프리카 전통 문화의 우월함에 대하여 주장하였지만, 이보다 3년 전에 출간된 『유럽 이전의 서아프리카』에 실린 연설문에서는 라이베리아

---

44   Edward Wilmot Blyden, "Africa and the Africans", *Christianity, Islam and the Negro Race*, Baltimore : Black Classic Press, 1994, p.319・pp.298~324.
45   Edward Wilmot Blyden, *The Significance of Liberia*, p.21.

를 "국기만 없는 영국의 식민지"라고 부른 바 있다.[46] 문제는 이 발언이 아이러니가 아니라는 점이다. 이 연설에서 그는 라이베리아가 "유니온 잭"이 상징하는 바를 모두 갖추고 있으되 영국의 재정적인 영향력만 받고 있지 못하니 이제 그것마저 제공이 되면 완벽한 식민지가 될 것이라고 주장하기도 하였다. 블라이든이 보여주는 이러한 변화를 두고 당시 라이베리아가 영국인들에게 원조를 요청하는 입장이었던 만큼 현실의 이득을 계산한 일종의 수사적인 전략이라고 해석할 수도 있겠다.

그러나 20세기 초에 발표된 그의 저작들이 "아프리카 분할" 이후 본격적으로 탐욕을 드러내기 시작한 유럽 제국주의의 추악한 면에 대해 비판의 입을 닫는다는 점은 매우 시사적이다. 뿐만 아니라 이 무렵의 블라이든이 당시에 서아프리카에서 세력을 확장해 가고 있었던 영제국뿐만 아니라 프랑스 제국과 독일 제국도 전폭적으로 지지했다는 사실을 고려할 때, 후기의 블라이든이 유럽 제국에 대해 가지고 있었던 입장은 아프리카 민족주의와는 거리가 있었다. 그는 유럽 제국들의 통치가 "원주민들의 삶과 전망에 미친 결과에 대해 만족할 뿐만 아니라 기쁨을 느낀다"고 소감을 피력하기도 했다.[47] 이러한 사실을 고려할 때 앞서 언급한 블라이든의 친영국적인 발언은 우연한 것도, 전략적인 립 서비스도 아니라는 생각이 든다. 블라이든의 이러한 면모는, 당대의 흑인운동이 분리주의적인 입장을 취할 때조차도, "고귀한 야만인"과 같은 백인의 인종 담론과 크게 다르지 않은 흑색 인종주의나 순혈주의뿐

---

46   Edward Wilmot Blyden, *West Africa before Europe and Other Addresses, Delivered in England in 1901 and 1903*, London : C. M. Philips, 1905, p.23.

47   Ibid., p.13.

만 아니라 친제국주의적 발전론을 완전히 떨쳐 버리지 못하고 있음을 시사한다. 그러한 점에서 19세기의 흑인운동은 앞서 1장에서 주장한 바 있듯, 주인의 지식 담론뿐만 아니라 주인의 인종 담론도 내면화하였다고 여겨진다.

마커스 가비의 아프리카 민족주의

대중운동으로서의 아프리카 민족주의가 출현하게 된 것은 아무래도 자메이카 출신의 운동가 가비의 덕택으로 돌려야 할 것이다. 가비에 대한 자전적인 연구에 의하면,[48] 자메이카의 세인트 앤즈 베이에서 태어난 그는 어려운 가정 형편 때문에 14세에 학교를 그만 두고 인쇄공으로 취업을 하게 된다. 20세가 되는 해에 자메이카의 수도 킹스턴에서 인쇄공 노조의 주도로 파업이 발생하는데, 가비는 이에 동조하였다가 직장을 잃게 된다. 그 후 그는 연합청과회사(United Fruit Company)에 고용된 자메이카 흑인 농장 노동자들의 처지를 동정해 항의도 하고, 에콰도르로 건너가서 담배 농장과 탄광에서 일하는 흑인들의 상황을 조사하는 등 중남미 지역 흑인 노동자들의 인권에 지대한 관심을 갖게 되었다.

1912년에 런던으로 간 가비는 아프리카와 서인도제도 출신의 흑인

---

48 E. David Cronon, *Black Moses: The Story of Marcus Garvey and the Universal Negro Improvement Association*, Madison, WI: Univ. of Wisconsin Press, 1969, pp.11~20.

들과 교류하며 아프리카 민족주의에 대해서 알게 되었다. 그가 부커 워싱턴의 『노예 신분을 벗어나(*Up From Slavery*)』를 읽고 감명을 받은 것도 런던 체류 당시였다. 1914년에 자메이카로 다시 돌아온 가비는 '세계 니그로지위향상협회(UNIA, Universal Negro Improvement Association)'를 창설하고 흑인 대학을 설립하기 위해 노력하게 된다. 이 초기 단계에서 가비는 워싱턴의 터스키기 학교를 모델로 삼는다. 그러나 재정적인 어려움으로 인해 대학 설립 활동이 지지부진해지자 가비는 워싱턴에게 도움을 부탁하는 글을 보내게 된다. 이후 가비는 워싱턴으로부터 미국 초청을 받게 되나, 곧 워싱턴이 사망함으로써 이 계획은 수포로 돌아간다.

가비는 1916년에 뉴욕으로 건너가고, 1917년 여름에 서인도제도 출신의 흑인운동가 해리슨(Hubert Henry Harrison, 1883~1927)이 창립한 '유색미국인 자유리그(Liberty League of Colored Americans)'에서 초대 강연을 하게 된다. 이때 가비는 명연설로 할렘가의 흑인들을 사로잡게 된다. "하나의 신, 하나의 목표, 하나의 운명"이라는 구호 아래 그가 창립한 UNIA는 세력을 점차 확장하게 되어 북미의 중요한 흑인운동세력을 형성하게 된다. 당대의 인권운동을 주도하던 조직으로는 1909년에 창설되어 통합주의적 노선을 걸었던 '전국유색인지위향상협회(NAACP)'가 있었다. NAACP는 노동운동가이자 사회주의적 경향을 띤 정치인 월링(William English Walling, 1877~1936), 여성운동가 오빙튼(Mary White Ovington, 1865~1951), 유대인 인권운동가 모스코비츠(Henry Moscowitz, 1879~1936) 같은 백인 진보주의자들이 주도하고 두보이스도 참가하였던 조직이었다. 가비의 UNIA는 NAACP로부터 떨어져 나온 젊고 가난한 흑인들을 블랙홀처럼 빨아들였다. 1911년~1924년은 서인도제도의 흑인들이 북미로 대거 이주를 하던 시기였는데, 이들 또한 가비의 열렬한 지지층을 구성하였다. 반면 당대의 급진적인 젊은 흑인들에게 두보이스와 그의 백인 동료들은 "고루한 반인종주의 투쟁가"로 비쳐졌다.[49] 1920년 초엽에 이르면 가비가 이끄는 UNIA가 38개 주에 700여 개의 지부를 둔 방대한 대중운동으로 발전하게 된다.

가비의 세력이 급속도로 확장될 수 있었던 이면에는 제1차 세계대전이 끝난 후 흑인들이 백인 사회에 대해 갖게 된 실망이 있었다. 나라를 지키겠다는 의무감으로 '인종적 불만'을 뒤로 하고 전선에 뛰어들었지만 전후 백인 사회의 태도에서 바뀐 것이 없음을 알게 된 것이다. 가비는 흑인들의 분노와 실망을 이해했고, 북미의 흑인들이 서인도제도인들과 아프리카인들에 대해 연대감을 느끼고 있다는 사실을 알아차렸다.[50] 털사, 시카고, 세인트루이스, 뉴욕, 워싱턴 DC 등의 도시에서 흑인들의 폭동이 일어난 것도 이때였다. 또한 1915년 이후에는 미국에서 극우 백인인종주의자들인 KKK(Ku Klux Klan)단이 다시 고개를 들기 시작하였다. 흑인들을 아프리카로 돌려보내야 한다는 극우인종주의자들의 주장이 제기되면서 북미의 흑인들은 온전한 미국 시민으로서 대접 받을 수 있는 미래에 대하여 회의적이 되고 급진주의에 관심을 갖게 된 것이다.

제1차 세계대전이 끝난 후에도 북미의 흑백 관계에 변화가 없음을 목격한 가비는 "단결, 아프리카 문화에 대한 자부심, 자립"이라는 세 가지 구호를 외치며 세력을 확장시켜 나갔다. 그의 지도력 아래 흑인 민

---

49   David Levering Lewis, *W. E. B. Du Bois, 1919~1963 : The Fight for Equality and the American Century*, New York : Henry Holt and Co., 2000, p.56.

50   Wilson Jeremiah Moses, *Creative Conflict in African American Thought*, p.243.

족주의는 유례를 찾아볼 수 없는 대중운동으로 성장하였다. 가비는 백인 사회의 인종주의적 편견에 맞서 싸우는 일환으로 아프리카 고대 문명의 역사를 강조하였다. 들레이니, 블라이든, 가넷, 더글러스가 그랬듯 가비도 고대 이집트 문명을 아프리카의 역사 내로 편입시킨다. 실제로 고대 이집트인이 흑인종에 속하는 지의 여부에 대해서 논란이 있음은 앞서 언급한 바 있다. 그러나 가비는 기원전 1350년에 이집트를 다스린 투탕카멘이 흑인이 아닐 뿐더러 고대 이집트 문명이 흑인들에 의해 세워지지 않았다는 백인들의 주장이 흑인들에게서 자랑스러운 역사를 빼앗는 행위라고 비판한다. 그에 의하면 이집트가 아프리카의 찬란한 역사를 입증하는 유일한 증거는 아니다. "에티오피아와 팀북투도 아시아와 유럽보다 발달된 문명을 자랑하였다"고 가비는 주장한다. 팀북투는 13세기~15세기 동안 말리 제국과 송가이 제국의 통치 아래에 번성했던 서아프리카의 경제 중심지였다.

유럽과 아프리카의 고대 문명에 대한 가비의 문명비교론에서 아프리카는 절대적인 우위에 선다. 유럽에 "식인종과 야만적인 인종이, 벌거벗은 이교도들이 거주했을 때 아프리카에는 예술, 과학, 문학의 거장들인 교양 있는 흑인종이 거주하고 있었다"[51]는 것이다. 가비는 그 증거로서 신들이 에티오피아인들과의 친교를 즐겼음을 노래하는 고대 그리스의 시를 예로 든다. 이러한 논리는 "백인들이 동굴에서 거주하는 야만인이었을 때 흑인들이 세상을 지배했음을 편견 없는 역사학자라면 누구나 알고 있다"[52]는 주장으로 이어진다. 흑인들이 이 자랑스러운 역

---

51 Marcus Garvey, "The Future as I see It", *Philosophy and Opinions of Marcus Garvey* vol.1, Amy Jacques-Garvey ed., New York : Atheneum, 1982, p.77.

사를 알지 못하였던 것은 백인들의 계책 때문이었는데, 3,000년이 지난 지금 아프리카를 재건함으로써 옛 영광을 회복할 때가 되었다는 것이 가비의 지론이다.

인종적인 자부심과 단결에 대한 가비의 강조는 1920년 8월 1일에 있었던 제1차 UNIA 국제대회에서도 잘 드러난다. 22개국에서 2,000명의 대표들이 참가한 이 대규모의 대회는 한 달간 지속되었다. 가비는 그 자신이 군인 제복과 깃털 모자로 장식하였고, 그가 창설한 '세계아프리카군단', '세계아프리카흑십자간호부대' 그리고 밴드를 할렘 가를 가로질러 행진하게 함으로써 이 대회에 세인의 이목을 주목시켰다. 이 대회에서 가비는 '세계흑인민족인권장전'을 채택하여 흑인의 권리를 천명한다. 이 선언에서 그는 아프리카를 분할하여 유린한 유럽 제국에 대하여 비판할 뿐만 아니라, 미국 남부의 짐 크로법 등 각종 제도적 차별로 고통 받는 흑인들의 권리, 흑인 정부를 선출할 권리 등 54개항에 이르는 흑인의 권리를 주장하였다.

통상적으로 '가비주의'는 흑인분리주의 혹은 아프리카 회귀운동으로 잘 알려져 있다. 실제로 가비는 아프리카 흑인 국가의 건설을 주장하였고, 라이베리아에 수천 명의 서구 교육을 받은 흑인들을 정착시켜 그 나라의 생산 기반을 건설하려는 계획을 가지고 있었다. 그 이유는 '흑인 제국'의 건설이 백인 사회에서 흑인들이 받는 고통을 해결해 줄 수 있다고 믿었기 때문이다. 백인들의 인종주의적 시각이 바뀌기를 기대하기 보다는 그 편이 더 빠른 해결책이라고 본 것이다. 일례로 1922

52　Marcus Garvey, "Who and What Is a Negro?", Ibid., p.19.

년의 한 연설에서 가비는 남북 아메리카 모두에서 흑인들이 사회적 불평등과 착취로 고통받고 있음을 지적하며, 유일한 해결책은 "모국 아프리카를 외래의 착취자들로부터 구출하여 그곳에 강력한 흑인 정부를 건설하고, 그래서 이 [흑인]정부가 흑인들이 억압받는 곳에는 어디든지 도움을 주도록 하는 것"[53]이라고 주장하였다.

1923년의 연설에서도 비슷한 논지가 반복된다. "이 세상의 흑인들은, 특히 아메리카의 흑인들은 다른 민족들과 같은 특권과 기회를 갖게 되는 조국이 필요합니다."[54] 아프리카에 흑인 제국을 건설하려는 목적은 「아프리카인들을 위한 아프리카」에 상술되어 있다.

> 아메리카 흑인들과 서인도제도의 흑인들이 아프리카에 정착할 때가 왔을 때 그들은 자신의 책임과 의무를 깨닫게 될 것이다. 현지인들 위에 군림하는 지배자가 되려는 목적으로 아프리카에 가는 것이 아니다. 아프리카 현지인의 이익과 아메리카, 서인도제도 흑인들의 이익을 하나로 만들어 줄 형제간의 협동을 아프리카에 설립하는 것, 즉 우리 인종의 이익에 봉사하는 아프리카를 건설하기 위해 공동의 파트너 관계를 만드는 것이 세계니그로지위향상협회의 목적이다.[55]

가비는 서양의 흑인과 아프리카 현지인들 간의 관계가 형제애로 맺어져야 함을 역설하였고, 동등한 파트너 관계가 둘 사이에 가능하다고

---

53 Marcus Garvey, "The True Solution of the Negro Problem", Ibid., p.52.
54 Marcus Garvey, "Racial Reforms and Reformers", Ibid., p.10.
55 Marcus Garvey, "Africa for Africans", Ibid., p.70.

믿었다. 또한 영미와 유럽 국가들이 아프리카에 흑인 제국이 탄생하는 것을 기꺼이 도와줄 것이라고 믿었다. 가비의 이러한 믿음과 기대는 아프리카로의 회귀를 정치적 좌표로 설정하는 효과는 있었으되, 현실 정치의 면에서 보았을 때는 매우 순진한 것이었다. 가비가 보지 못한 현실과 이상 간의 괴리는, 아프리카 서안에 서구 출신의 흑인들이 세운 라이베리아 흑인 국가가 영토 확장을 위해서 내륙의 부족들을 침략하였다는 역사적 사실이 증명해 준다. 대표적인 예가 1852년에 라이베리아가 원정대를 보내 내륙의 크루족을 정벌한 사건, 그리고 세금을 바치지 않는다는 이유로 라이베리아가 아프리카에서 아랍어나 유럽어가 아닌 자체 문자를 소유하고 있었던 몇 안 되는 부족이었던 바이족을 정벌한 사건이다.[56]

가비는 UNIA를 당시의 흑인 사회주의 운동세력이었던 '아프리카의 형제단(African Blood Brotherhood)'이나 흑인 노동운동가이자 사회주의자였던 란돌프(A. Philip Randolph, 1889~1979)와 오웬(Chandler Owen, 1889~1967)과 같은 인사들이 이끌던 흑인노동운동과도 거리를 두었다. 1921년을 기점으로 가비의 정치적 경향은 급진주의나 전투적인 구호와 멀어지고 대신 "인종적인 순수성"을 강조하게 된다. 1922년이 되면 가비주의는 대중운동으로서 힘을 잃기 시작한다. 이에 기여한 사건들 중에는 가비 자신의 투옥 사건과 극우 인종주의자들과의 타협을 들 수 있다. 가비는 KKK단의 최고 지도자인 클라크(Edward Young Clarke)를 초청하여 일종의 거래를 주고받는다. 1922년 6월 할렘에서 두 사람의 면

---

56 James Climent, op. cit., p.106.

담이 있은 후 뉴올린즈의 유력일간지『타임즈-피카윤(*Times-Picayune*)』은 다음과 같이 가비의 진술을 보도했다.

이곳은 백인의 나라이다. 그가 발견했고 그가 점령했으니 자신의 것으로 삼고자 하는 것을 두고 비난할 수는 없다. 남부의 백인들이 내가 흑인이라고 하여 짐 크로법으로 차별한다고 해서 나는 속상해 하지 않는다. 나는 그 어느 전차도, 기찻길도 만든 적이 없다. 백인들이 여러분의 편의를 위해 만들었다. 내가 탈 곳을 백인들이 정해 준 것이 싫으면 걸어야 할 것이다.[57]

이 면담에서 가비는 UNIA가 흑백 간의 결혼을 추진하지 않은 대신 KKK단도 협회를 공격하지 않는다는 합의를 얻어낸 것으로 추정된다. 그러나 백인 인종주의자들과의 면담이 있은 후 가비는 사면초가에 빠진다. 흑인 노동운동가들은 가비가 클라크의 사환 노릇을 했다고 비판했고, UNIA와 양대 산맥을 이룬 NAACP는 1922년 가비가 주재하는 전국대회의 참가 초청을 거절하였다.

이러한 맥락에서 두보이스와 가비 간에 오간 설전을 살펴보는 것은 흥미롭다. 커티스의 연구에 의하면,[58] 가비는 클라크와의 면담에 대하여 1923년 9월『흑인 세계(*Negro World*)』에서 자신의 심경을 밝힌 바 있다. 그에 의하면 KKK난이 적어도 타인을 속이지는 않는다는 점에서는

---

57   Dean E. Robinson, *Black Nationalism in American Politics and Thought*, Cambridge : Cambridge Univ. Press, 2001, p.30에서 재인용.

58   Jerry Curtis, "The Disagreement between Web Du Bois and Marcus Garvey", *Hu-man ities 360*, Google, Jan. 31, 2011. http://www.humanities360.com/index.php/the-dis agreements-between-web-du-bois-and-marcus-garvey-15180/.

정직한 단체이며, 무엇을 원하는지, 본인들의 정체성이 무엇인지 거짓 없이 알려준다는 점에서 위선자들의 집단보다는 흑인들에게 훌륭한 친구라고 생각한다는 것이다.[59] 그러자 1924년 5월에 『위기(*The Crisis*)』에 실린 글에서 두보이스는 가비와 그 동조자들을 다음과 같이 비판한다.

마커스 가비는 의심할 여지없이 이 세상에서, 아메리카에서 흑인에게 가장 위험한 적이다. 그는 미치광이이거나 반역자이다. …… 아메리카 흑인들은 너무나 오랜 기간 동안 자제심을 발휘하고 이해와 협동심을 발휘하면서 이 한심한 자를 내버려두었다. 그러나 이제 끝낼 때가 왔다. 오늘부터 마커스 가비를 옹호하거나 그를 위해 사죄하는 사람은 점잖은 미국인의 지지를 받을 자격이 없다. KKK와 한패인 가비를 감옥이나 고향으로 보내야 한다.[60]

사실 두보이스가 가비를 광인이나 반역자로 규정하기 몇 년 전에 가비도 두보이스에 대해 냉혹한 비판을 한 바 있다. 이에 의하면, 두보이스는 흑인 군중을 실제로 움직일 수 있는 능력을 가진 사람들을 무시하고 대학가에서 어슬렁거리며 티 파티나 즐기는 교양 있는 사람들만을 대우하는 인물이다. 두보이스는 흑인 대중의 지도자가 될 수 없으며 기껏해야 "거실 귀족주의자들의 우상(the idol of the drawing room aristo-crats)"[61]일 뿐이라는 것이다.

가비주의는 흔히 "아프리카로 돌아가자"는 구호로만 이해되지만 실

---

59   Dean E. Robinson, op. cit., p.31에서 재인용.

60   Jerry Curtis, op. cit.에서 재인용.

61   Raymond A. Winbush, *Belinda's Petition : A Concise History of Reparations for the Trans Atlantic Slave Trade*, Bloomington, IN : Xlibris Corp., 2009, p.41에서 재인용.

제로 가비는 흑인들의 경제적 자립도 중시하였다. 그가 초기에 워싱턴의 터스키기 직업학교 프로그램을 받아들인 것도 그러한 맥락이었으며, 라이베리아 귀환 계획도 경제적 자립이 우선되어야 가능한 것이라고 그는 생각했다. 이러한 연유로 그는 흑인 기업을 설립하는데 많은 노력을 기울이게 되는데, 그 결과 해운회사 블랙스타라인, 유니버설 식료품점, 유니버설 레스토랑과 같은 체인점, 그리고 다국적인 지점을 가진 니그로 팩토리즈 코포레이션을 설립하였다. 그러나 주력 사업인 해운업이 실패로 돌아가면서 협회의 조직이 극도로 약화된다. '야머스'라는 첫 배는 14만 불을 주고 구입했으나 서인도제도에 세 번 취항한 후 고장이 나서 조선창 신세를 얼마간 지다가 결국에는 경매장에서 1,625불에 팔리고 말았다. 그를 비판한 두보이스의 계산에 의하면, 블랙스타라인이 낭비한 흑인들의 돈이 80만 불에 이른다.[62]

1922년 1월 미국 정부는 우편 사기 혐의로 가비를 체포한 후 5년형을 선고한다. 항소 기간 동안에도 가비는 새로운 해운회사를 설립하고 1924년 6월에 수천 가구를 라이베리아에 이주시키는 계획을 세우나 라이베리아 정부가 협약을 어기면서 이 계획은 수포로 돌아간다. 동료들의 노력에도 불구하고 항소심에서 패한 가비는 1927년에 미국에서 추방되어 자메이카로 돌아간다. 그는 이듬해에 영국으로 건너가서 운동을 지속하나 이렇다 할 성취 없이 1940년에 사망한다.

세계니그로지위향상협회에 대한 훗날의 평가에 의하면, 이 단체는 선거 개입을 통해 정치제도화하지 못하고, 또한 노조 운동과도 거리를

---

[62] W. E. B. Du Bois, "Marcus Garvey", *The Oxford W. E. B. Du Bois Reader*, Eric J. Sundquist ed., Oxford : Oxford Univ. Press, 1996, p.270.

두면서 구심세력을 형성하지 못하였다. 이처럼 일종의 친목적인 조직의 형태를 취하게 되었다는 사실이 이 협회가 흑인운동으로서의 역할을 지속적으로 수행하지 못한 이유라고 여겨진다. 협회를 세력화함에 있어 근간되었던 각종 사업 경영이 실패하면서 조직의 와해가 찾아왔던 것이다. 흑인분리주의 운동은 훗날 1950년대에 이르러 무하마드(Elijah Muhammad)와 말콤 엑스가 이끄는 '이슬람민족운동(Nation of Islam)'으로 되살아난다. 가비에 대한 최종적인 평가는 나이지리아 출신의 비평가 에세데베에 의해 다음과 같이 요약된다. "비록 블랙스타라인과 아프리카 귀환 계획이 그의 투옥 때문에 수포로 돌아갔지만, 백인들과 W. E. B. 두보이스 같은 아프리카 출신의 유력 인사들의 비판에도 불구하고, 흑인의 자부심을 고취하려는 그의 대중 선전은 세계 곳곳의 아프리카 민족주의에 지울 수 없는 족적을 남겼다."[63] 비평가 윈부쉬도 다음과 같은 평가를 내린다. "조직하고 세력화하는 그의 비상한 능력 덕택에 수백만 명의 아프리카인들이 모든 면에서 자신의 운명이 아프리카와 연대 관계를 다시 맺는 것에 달려 있다고, 100년 전에 그들의 선조들이 했던 아프리카 건설의 노력을 부활시키는 것에 있다고 믿도록 했다."[64]

---

63   P. Olisanwuche Esedebe, *Pan-Africanism : The Idea and Movement, 1776~1991*, 2nd ed., Washington D.C. : Howard Univ. Press, 1994, p.79.
64   Raymond A. Winbush, op. cit., p.41.

4장

W. E. B. 두보이스의 모순

주님에게 맹세컨대 저는 아직도 이해할 수 없습니다. 왜 민주주의가

저를 뺀 모든 사람에게 해당하는 것인지.

—랭스턴 휴즈, "흑인이 말하다"

두보이스, 후천적 인종론?

가비가 타고난 대중운동가라면 두보이스는 당대의 뛰어난 학자이자 지성인이었다. 그는 매사추세츠 주의 그레이트 배링턴에서 가사 노동자인 어머니와 이발사이자 유랑 노동자인 아버지 사이에서 태어났다. 아버지 알프레드 두보이스는 아이티 출신으로 프랑스인의 피가 섞인 혼혈 노예의 후손이었다. 어머니는 네덜란드 노예상인에 의해 팔려 와 자유의 몸이 된 흑인의 후손이었다. 아버지는 아들이 출생한 지 2년이 채 되기도 전에 가정을 버렸고, 두보이스는 그후 어머니와 외가의 손에 의해 길러진다. 그는 백인 동네에서 인종차별을 모르고 비교적 평온한 유년 시절을 보낸 것으로 알려져 있다. 두보이스는 1885년에 남부 최고의 흑인 대학 중 하나였던 테네시 주 내쉬빌의 피스크 대학에 입학한다. 뉴잉글랜드 출신의 두보이스는 이 대학에서 재학하는 동안 남부의 인종차별과 북미 흑인들의 문화를 제대로 알게 된다.[1]

두보이스는 이어 하버드 대학에서 역사학을 다시 전공하고, 대학원에서는 사회학을 전공한다. 학위 기간 중에 독일 베를린 대학에서 연구를 하기도 한 그는 하버드 대학 최초의 흑인 박사가 되니, 그의 학문적 경력은 당대의 어느 누구에게도 뒤지지 않는 화려한 것이었다. 두보이스는 초기에는 부커 워싱턴으로부터 도움을 받기도 하는 등 그와 제휴적인 관계를 유지하였다. 그는 한 동안 윌버포스 대학에서 가르치기도

---

1   W. E. B. Du Bois, "The Concept of Race", *The Oxford W. E. B. Du Bois Reader*, pp.81~85.

했는데, 그가 1894년에 풋내기 교원으로 윌버포스에 도착했을 때 그곳에서 76세의 노교수 크러멜을 만난다. 이때쯤의 크러멜은 아프리카 이주운동을 멀리하고 북미 흑인들의 교육을 위해 전념하고 있었다. 그럼에도 불구하고 크러멜과의 만남은 훗날 두보이스가 범아프리카주의에 헌신하는 데 적지 않은 영향력을 행사하였다고 평가된다.[2] 두보이스는 나중에는 애틀랜타 대학에서 사회학을 가르친다. 1905년에 시작된 '나이아가라 운동(Niagra Movement)'을 통해 두보이스는 흑인운동의 주도적인 인물로, 또한 워싱턴과의 경쟁적인 관계에 들어서게 된다.

나이아가라 운동의 발생은 20세기 초에 이르러 남부의 짐 크로법에 대한 불만과 워싱턴의 화해주의에 대한 실망의 목소리가 높아진 흑인 사회의 상황을 반영하는 것이다. 이 운동은 당시 애틀랜타 대학에 재직 중이었던 두보이스와 보스턴의 인권운동가 트로터가 주도한 것이다. 나이아가라 운동은 경제적 자립을 우선시했던 워싱턴을 비판하는 입장을 취했고, 흑인들의 '정치적 권리'를 다시 요구하며 인종차별을 폐지하기 위하여 노력하였다.

두보이스는 1909년에 백인 진보주의자들과 함께 NAACP를 창설하고 기관지였던 『위기』의 편집자로 활동하였다. 뿐만 아니라 1919년부터 1945년까지 범아프리카회의(The Pan-African Congress)를 주관하였고, 냉전 시대에는 소련과 중국을 방문하며 사회주의를 옹호하나 1961년에는 공산당에 가입한다. 사망하기 2년 전에는 응크루마의 초청을 받아들여 아프리카 신생독립국 가나로 귀화한다. 오랜 시간에 걸친 그

---

2   Abiola Irele · Biodun Jeyifo, *The Oxford Encyclopedia of African Thought* vol.2, New York : Oxford Univ. Press, 2010, p.322.

의 다양한 경력은 다음과 같이 표현된다. "그는 공산당에 가입한 민주적 자유주의자였고, 인종적 낭만주의를 수사적으로 애용한 통합주의자였으며, 농부의 문화를 경축한 엘리트주의자였고, 셰익스피어를 즐겨 읽은 아프리카중심주의자이며, 여생의 마지막을 가나의 독재주의에 봉사한 평등주의자였으며, 한때는 임대주였기도 한 사회주의자였다."[3]

"두보이스 평생의 관심사는 인종의 문제였다"고 할 만큼 인종적 정체성은 두보이스에게 중요한 화두였다. 당대의 지배 담론이었던 생물학적·본질론적 인종론 뿐만 아니라 민족주의 담론의 영향력을 보여준다는 점에서 그의 초기 글은 연구할 만한 가치가 있다. 두보이스의 인종 이론은 워싱턴의 애틀랜타의 타협 연설이 있은 지 2년 후인 1897년에 출간된 에세이 「인종의 보존(The Conservation of Races)」에서 처음 모습을 드러낸다. 이 글에서 드러나는 바 인종적 범주화에 대한 두보이스의 설명은 썩 명쾌하지는 않다. 그는 이 글에서 3대 인종론에서 출발하여 8대 인종론을 펼쳐 보인다. 그는 이러한 인종 구분의 근거로서 "신체적 차이"가 중요함을 부정하지는 않는다. 동시에 그는 인종들 간에는 신체적 차이만으로는 설명하지 못하는 부분이 분명히 있다고 주장한다. 「인종의 보존」에 실린 유명한 표현을 직접 들어 보자.

인류 역사의 놀라운 발전을 돌이켜 보면, 각 인류 집단이 인류의 진보에 있어 어떻게 다른 역할들을 맡게 되었는지를 피부색, 머리털, 뼈와 같이 비루한 신체적 차이로 쉽게 설명할 수 있다. 반면, 요란하진 않지만 분명하게 인류

---

3   Wilson Jeremiah Moses, *Creative Conflict in African American Thought*, p.186.

를 여러 집단으로 나누는 다른 차이들이, 즉 미묘하고 섬세하며 포착하기 쉽지 않은 차이들이 존재한다. 이 미묘한 차이의 힘들은 일반적으로 공통의 혈연, 계보 그리고 신체적 특징과 같은 자연스러운 구분과 일치하지만, 때로는 이와 일치하지 않고 이를 무시하기도 하였다. 그러나 이것들은 항상 인류를 인종들로, 비록 과학적 기준과 일치하지 않더라도 역사학자와 사회학자의 눈에는 명확히 정의되는 인종들로 구분해 왔다. 만약 이것이 사실이라면 인류의 역사는 개인의 역사가 아니라 집단의 역사요, 민족의 역사가 아니라 인종의 역사이다. 인류 역사에 있어 인종의 개념을 무시하거나 무효화하려는 이는 모든 역사의 중요한 생각을 무시하고 무효화하는 셈이다. **그러면 인종이란 무엇인가? 그것은 일반적으로는 공통의 혈연과 언어를 가지며, 항상 공통의 역사, 전통, 충동을 가진 방대한 족(族), 자발적으로나 비자발적으로 다소 명확한 삶의 이상을 실현하기 위해 함께 노력하는 인간들로 구성된 집단이다.**[4]

이경원에 의하면 이 주장은 본질론과 구성주의적 요소를 복합적으로 가지고 있다. "머리털"이나 "피부색" 같은 특징은 생득적인 것이고 마음대로 바꿀 수도 없는 것이다. 이처럼 시간이 흘러도 변함이 없는 생물학적 요건을 인종 구분의 기준으로 받아들였다는 점에서 이 주장은 본질론적 사유라고 할 수 있다. 동시에 두보이스는 역사적인 요소도 인종 구분에 있어 중요한 기준으로 작용한다고 봄으로써 생물학적·본질론적 주장과는 다른 논거를 들여온다. "공동의 이상을 위한 투쟁"이나 "공통된 경험"과 같은 후천적 요소들이 인종을 구분 지어 왔다고 본

---

4   W. E. B. Du Bois, *The Souls of Black Folk*, pp.180~181. 강조는 필자.

점에서 "구성주의적" 사유를 보여주기 때문이다.[5]

구성주의라 함은 정체성이 생득적인 것이 아니라 경험과 학습을 통해 후천적으로 형성된다는 입장을 의미한다. 구성주의가 생득주의보다 '진보적인' 입장으로 여겨지는 이유는, 개인이나 집단의 정체성이 주어진 조건에 의해 일방적으로 결정되지 않고, 환경의 작용에 대한 반작용, 도전에 대한 응전 등 주체의 대응과 자율성을 전제로 하기 때문이다. 그러다 보니 구성주의적 입장에서는 정체성의 개념이 유동성이나 변화에 열려 있고 무엇보다도 다양성이 정체성의 중요한 요소가 된다. 그러나 생득주의로는 이러한 역동성을 설명하기 힘들다.

그런데 두보이스의 인종 이론에서 역사성이나 경험의 영역은 인종적 정체성의 유동성이나 다양성을 확보해 주는 기능을 하지 않는다. 즉, 3대 인종이 되었든, 이를 확장시킨 8대 인종이 되었든,[6] 기성의 인종 범주를 폐기하는 것이 아니라 더욱 강고하게 만들고 있다는 점에 유의할 필요가 있다. 다양한 지역과 국가에 걸쳐 있는 수백만 혹은 수억의 인구들이 사회적 경험을 통해 공통된 정체성을 가질 수 있다는 두보이스의 주장이 유효하려면 첫째, 그렇게 많은 인구가 공통된 사회적·역사적 경험을 할 수 있어야 하며 둘째, 이들이 그 상황에 대해 특정한 인식을 공유하고 공동 대응을 해야 하는데, 이 두 가지 조건을 만족시킨다는 것이 쉽지 않다. 설사 이 조건들을 만족시키는 것이 가능하다고

---

5 이경원, 앞의 책, 110~113쪽.
6 두보이스가 새롭게 선보이는 8대 인종 범주는 다음과 같다. 동유럽의 슬라브족, 중부유럽의 튜턴족, 앵글로색슨족, 남유럽과 서유럽의 로망스족, 아프리카와 아메리카의 흑인, 서아시아와 북아프리카의 셈족, 중앙아시아의 힌두족, 동아시아의 몽골족. W. E. B. Du Bois, *The Souls of Black Folk*, p.181 참조.

하더라도, 그때 모두가 "공통의 이상"을 지향하게 만드는 사회적 · 역사적 경험은 구성적인 요건이 아니라 다양성을 억누르는 본질적인 요건으로 작용할 가능성이 다분히 있다.

앞서 논의한 바 있지만, 서구 출신의 흑인들이 서아프리카에 라이베리아 공화국을 건설한 후 처음에는 영토 확장을 위해, 다음에는 세수 증대를 위해 내륙의 부족들을 정벌하였다는 사실은, 하나의 인종이 공동의 이상을 위해 노력한다고 본 두보이스의 주장이, 인종이라는 거대 범주를 내부에서 수없이 나누고 가르는 이해관계의 복잡한 단층을 보지 못하고 있음을 입증한다. 흥미로운 점은 두보이스의 확장된 8대 인종 범주에 셈족과 흑인 같은 인종뿐만 아니라 힌두나 몽골, 튜턴 등 인종과 종족, 민족이 뒤섞인 채로 발견된다는 점이다. 이러한 범주적인 혼란도 문제지만, 인종적 범주의 내용을 새롭게 쓰려는 시도에도 불구하고 사회적인 경험이나 역사적 과정 같은 요인들이 생득적 · 신체적 요건에 따른 기성의 인종적 경계를 결국 확인해 주고 만다면, 이러한 사유를 과연 구성주의라 부를 수 있을지 의문이 생겨난다.

두보이스의 인종론에서 발견되는 문제는 여기에서 그치지 않는다. 두보이스는 선천적인 기준들보다 인종 분류에 "항상" 작용하는 후천적인 요소들이 더 중요하다는 주장을 한다. 이를테면 "튜턴 민족을 하나로 묶어 주는 것은 인종적 정체성과 공통의 혈원이시만 그보다 더 중요한 것은 공통의 역사, 공통의 법과 종교, 유사한 사유방식, 삶의 이상을 성취하기 위한 의식적인 공동의 노력"이라고 두보이스는 설명한다. 신체적인 구분만으로는 인종 집단의 응집력과 연속성을 제대로 설명할 수 없기에, "영적이고도 정신적인 차이"라는 기준을 들여와야 한다는 것이다. 이러한 기준으로 보았을 때, 영국 민족은 입헌적인 권리와 상업의 자유를, 독일 민족은 과학과 철학을, 로망스 민족은 문학과 예술을 각기 대변하며, 그 외 다른 민족들도 각기 나름의 방식대로 문명을 위한 각자의 메시지와 이상을 발전시키기 위해 노력한다고 두보이스는 주장한다.[7]

이쯤 되면 논의가 인종에서 민족으로 자리를 옮겨갔다는 인상을 받게 된다. 두보이스의 이론에서 인종적 범주를 구성하는 요건들을 살펴보면, "공통의 역사, 공통의 법과 종교, 유사한 사유방식, 삶의 이상을 성취하기 위한 공동의 의식적인 노력"이 발견된다. 이를 민족(nation)과 종족 공동체(ethnie)에 대한 스미스의 정의와 비교해보자. 스미스에 의하면 민족을 구성하는 요건에는 공통의 신화, 역사, 법과 관습, 그리고 공통의 공적 문화가 있다. 종족의 경우도 이와 비슷하나 공적 문화가 없는 점이 민족과 다르다.[8]

그러니 두보이스의 인종적 요건에서 발견되는 언어, 종교, 법 등과 같은 "객관적 요소들"과 공동의 이상을 위해 함께 노력한다는 "주관적 요소"는 인종이라는 거대 범주에 대한 설명이라기보다는 민족이나 종족 집단에 대한 설명에 훨씬 더 가깝다. 이는 블라이든과 크러멜 같은 초기의 흑인 민족주의자들의 영향력과 더불어 독일 유학 시 두보이스가 접했을 독일 민족주의의 영향력에 기인하는 것으로 평가된다. 이를테면 독일 민족주의 이론가 허더(Johann Gottfried von Herder, 1744~1803) 같은 이는 세계사의 발전에 각 민족들이 해야 할 기여에 대해 논

---

7   Ibid., p.182.
8   Anthony D. Smith, *Nationalism*, Cambridge : Polity, 2010, pp.10~15.

한 바가 있다.[9]

결론적으로, 인종 정체성의 형성에 있어 생득적인 부분보다 사회적으로 구성된 부분의 역할이 더 크다는 주장을 함으로써 두보이스는 현대의 구성주의적 사유에 성큼 다가간 것 같은 인상을 주지만, 구성주의적 요건을 기성의 본질론적인 체계 내에 다시 가두는 오류를 범하고 만다. 두보이스 스스로 인정한 바 있듯, 불평등에 대항하기 위하여 인종적 차이를 부정하는 방식을 선택한 동시대의 흑인들과 달리, 그는 이를 긍정적으로 다시 쓰는 방식을 선택하였다. 물론 이러한 선택은 백인의 사회가 흑인에게 부여한 부정적인 이미지를 적극적으로 극복하고자 하는 의도를 띤 것이었다. 그러나 이러한 의도와는 달리, 그의 이론은 개인의 인종적 정체성을 생물학적으로뿐만 아니라 사회문화적으로 중첩 결정시키고 마는 결과를 가져왔다는 비판에 열려있게 된다. 즉, 백인의 생득적 인종론을 반박하려다 또 다른 결정론을 주창하고 만 셈이다.

인종주의적 인종론을 넘어

두보이스의 회고에 의하면, 그가 배운 인종론은 시기에 따라 장소에 따라 내용이 달랐다.[10] 인종론에 대한 그의 첫 학습은 피스크 대학 재학

9   Wilson Jeremiah Moses, *The Golden Age of Black Nationalism 1850~1925*, p.133; Abiola Irele · Biodun Jeyifo, op. cit., p.322.

시절로 거슬러 올라간다. 비록 그는 초등학교와 고등학교 시절에도 인종의 구분에 대해서 들은 적은 있었지만 교사들의 배려 덕택에 학급에서 인종적인 논의를 피해갈 수 있었다. 또한 두보이스 본인이 백인 동료들보다 학업 성적이 우수하였기 때문에 누구라도 흑인 열등론을 제기할 만한 상황이 아니었다고 한다. 흑인 대학인 피스크에서는 학생들에게 인종 간의 평등을 가르쳤고 특정한 인종의 생득적인 열등함을 부정하였다. 문제는 하버드 대학에 진학했을 때이다. 그곳에서 두보이스는 이제껏 배운 것과는 정반대의 인종론을 과학 시간에서 배우게 된다. 하버드에서는 진화론과 적자생존론을 근거로 삼아 진화의 정도가 인종마다 다를 뿐만 아니라 "저열한 인종"인 흑인은 침팬지 정도의 지능을 가진 것으로 가르쳤다는 것이다.

두보이스가 독일에서 유학할 즈음에 인종론은 진화론적인 관점을 떠나서 '문화와 문화적 역사'의 문제가 되었다. 그러나 문제는 각 인종의 지위가 문화적 성취의 문제로, 즉 구성주의적 문제로 여겨졌을 때조차도, 아프리카인이 열등한 인종이라는 공식에는 변함이 없었다는 데에 있다. 백인에게는 역사가 있었고, 그래서 백인은 당연히 우월한 인종으로 간주되었던 반면, 아프리카는 문화도 역사도 없는 곳으로, 더구나 혼혈인은 "순수 혈통"을 타고난 이들보다 저열한 인간으로 여겨진 것이다. 이와 관련하여 두보이스는 베를린 유학 시절의 한 역사 강의에 대해 들려준다. 그가 이 강의를 훗날까지 잊을 수 없었던 것은 담당 교수 폰 트라이치케(Heinrich von Treitschke) 때문이다. 그는 "물라토는 열

---

10   W. E. B. Du Bois, "The Concept of Race", p.77.

등하다"는 말을 강의 시간에 스스럼없이 내뱉었고, 그때 두보이스는 이 교수가 실제로는 자신의 존재를 알고 있지도 못 했을 터지만 그럼에도 불구하고 자신에게 시선을 집중하고 있다고 느꼈다고 고백한다. 흑인과 혼혈인을 타자화하는 백인의 폭력적 시선을 느낀 것이다.

학교에서 그간 배웠던 인종론에 대하여 두보이스는 일관성이 없다는 결론을 내린다. 또한 너무 지나치게 유색인을 폄하하지만 않았다면 그 이론들을 받아들일 수도 있었겠지만 그렇지 못했다는 것이 두보이스의 회고이다.

> 진화론과 적자생존론도 마음만 먹으면 받아들일 수도 있었다. 단지 진보적인 인종과 후진적인 인종 간의 차이가 건너기 불가능한 간극만 아니었으면 말이다. 항상 듣게 되는 "수천 년"의 차이가 난다는 말에는 동의할 수 없었다. 내가 하나의 과학적 이론을 믿을 만한 것으로 받아들이고 나면, 곧바로 인종을 구분하는 기준이 아무런 설명이나 사과도 없이 바뀌어 버리곤 했다. 나는 뇌의 무게로 인종을 구분하는 방식에 회의적이었다. 누구의 뇌를 재느냐에 따라 너무 달랐던 것이다.[11]

다양한 아카데미에서 각기 다른 이론들이 한때 각광을 받다가 다른 이론에 의해 대체되는 것을 목격한 두보이스는 일체의 기성 인종론에 대하여 회의적이게 된다.

1911년에 제1차 세계인종회의가 개최되어 당대의 과학자들이 인종

11　Ibid., p.78.

에 관하여 비교적 진보적인 의견들을 제시하는데, 이 회의에 참석한 두보이스는 스필러(Gustav Spiller)의 주장에 매료된다. 두보이스에 의하면, 스필러는 첫째, 신체적 차이를 근거로 하여 정신적 차이를 논하는 것은 합당하지 못하며, 둘째, 인종의 신체적 차이와 정신적 차이는 영속적이지 않고, 교육이나 공적인 감정과 환경에 의해 몇 세대 만에 심오하게 변화될 수 있는 것이고, 셋째, 한 인종이 특정한 시기에 갖는 지위는 그 인종의 내면적인 혹은 유전적인 능력과는 상관이 없다고 주장하였다.[12]

스필러의 인종론은 생물학적 차이와 정신적 차이가 관련이 없음을 주장하였다는 점에서, 정신적 특징이 생물학적 차이에 근거를 두고 있지만 이를 넘어서기도 한다는 두보이스의 초기 인종론보다 한 걸음 진보한 것이라 여겨진다. 또한 인종적 차이가 몇 천 년의 기간에 걸쳐 형성된 것이라는 백인 인종주의자들의 주장을 반박하며, 몇 세대 만에 이를 따라잡을 수 있다고 주장하였다는 점에도 의미가 있다. 동시에 인종들 간의 정신적·신체적 차이가 비록 가변적이라고 보기는 하지만, 그럼에도 불구하고 집단적인 차이를 여전히 인정하고 있다는 점에서는 문제적이다. 물론 20세기 초의 학자에게서 20세기 후반의 과학적 안목이나 오늘날의 상대주의적, 해체주의적 관점을 기대하는 것이 무리인 점은 있을 것이다.

1915년이 되면 두보이스는 『니그로(The Negro)』를 출판하는데, 이 저서는 두보이스의 인종 관념이 이전의 본질론으로부터 한층 더 자유로

12　W. E. B. Du Bois, "The First Universal Race Congress", *The Oxford W. E. B. Du Bois Reader*, p.58.

워졌음을 보여준다. 과거에나 지금도 '흑인'이라고 하면 누구나 검은 피부와 곱슬머리를 떠올리는 것이 현실이다. 여기에 한 가지를 더 첨가한다면 넓고 납작한 코 정도일까. 이처럼 흑인에 대한 사람들의 개념은 극히 단순하고 또한 명확하다. 두보이스가 문제 삼는 것이 바로 이 부분이다. 그에 의하면, 흑인에 대한 정의만큼 협소하거나 명확한 개념이 없다. 이와 대조적으로 '백인'의 경우 사실 딱히 정해진 피부색이나 얼굴의 형태 혹은 두개골의 크기가 없다. 황인종의 경우는 이보다 더 모호하다는 것이 두보이스의 주장이다.

진실은 이처럼 명확하고 협소한 정의에 맞는 흑인이 실제로는 존재하지 않는다는 것이다. 두보이스의 주장을 들어 보자.

인종에 대해서는 어떠한 과학적 정의도 불가능하다는 것이 오늘날 일반적으로 알려진 바이다. 차이들이, 그것도 놀라운 차이들이 인간들 간에, 집단들 간에 있으나 그것들이 눈에 띄지 않게 상호 침투하고 있어 인간들의 차이를 큰 윤곽 정도로만 그릴 수 있을 뿐이다. …… 사실과 역사적 관례에 비추어 볼 때 "흑인"이라는 범주에 갈색 피부, 곱슬머리나 "지진" 머리털, 완전히 혹은 때때로 돌출한 입술, 턱뼈가 발달하는 경향, 장두(長頭)의 특징을 가진 아프리카 검은 피부의 민족들을 포함시키는 것이 합리적이다. [그러나] 이러한 형태는 고정되어 있지도 않고 분명히지도 않다. 피부색만 해도 다른 정도가 광범위하다. 사람들이 말하듯, 검은색도, 푸르스름한 색도 결코 아니며, 때로는 연갈색이나 노란색을 띤다. 머리털도 곱슬한 형태에서 양모 같은 덩이로 다양하며, 얼굴의 각과 두개골 형태도 매우 다양하다.[13]

두보이스 주장의 요지는 인종 간의 경계를 생물학적으로 명확하게 나누는 것이 불가능하다는 것이다. 그는 이처럼 인종을 명확하게 구분하는 것이 불가능하게 된 데에는 혈통 간의 섞임과 기후가 작용하였다고 주장한다. 두보이스는 같은 글에서 "인종은 정지되지 않은 역동적인 개념이며, 전형으로서의 인종은 변화하고 발전하며 상호 합병하고 차별화 한다"[14]고 주장한다. 두보이스의 이러한 생각은 오랜 세월을 지나 스튜어트 홀의 글에서 상대주의적이고도 해체주의적 언어로 표현된다. 홀은 인종이 과학적 범주가 아니라 "정치적, 사회적 구성물"[15]이라고 주장한 바 있다.

두보이스는 『니그로』의 9장 「노예무역」에서 흑인을 노예로 인식하게 된 것이 근대적인 현상임을 지적함으로써, 흑인들에게 붙여진 노예의 표식 역시 극히 인위적이며 자의적인 것임을 밝힌다. 「노예무역」 장은 다음과 같이 시작된다. "고대와 중세 시대에서도 피부색은 결코 노예제의 표식이 아니었다. 근대에서도 기독교국을 제외하고는 그러했다." 두보이스는 유럽과 아시아에서 노예를 공급받았던 그리스와 로마, 그리고 모든 인종을 노예로 부렸던 이집트를 예로 든다. 15세기까지만 해도 아프리카와 유럽은 문명 발달에 있어 큰 차이가 없었는데, 아프리카의 흑인들이 노예무역의 희생양이 되기 시작한 것은 역사적으로 맞

---

13   W. E. B. Du Bois, *The Negro*, New York : Cosimo, 2010, p.8.

14   Ibid., p.9.

15   Stuart Hall, "Conclusion : The Multi-cultural Question", *Un / Settled Multicultura-lisms : Diasporas, Entanglements, 'Transruptions'*, Barnor Hesse ed., London : Zed Books, 2000, p.222; Stuart Hall, "Old and New Identities, Old and New Ethnicities", *Culture, Globalization, and the World-System*, Anthony D. King ed., Minneapolis : Univ. of Minnesota Press, 1996, p.53.

물린 두 가지 원인과 관련이 있다고 두보이스는 지적한다. 한편에는 유럽의 기독교 국가들이 신대륙을 발견하게 되고 이에 따르는 노동력의 필요성이 있었다면, 다른 한편에는 이베리아 반도와 북아프리카에서 아랍인 이슬람교도들이 남진하게 되면서 "이교도" 아프리카인들에 대한 그들의 적대적인 태도가 노예무역이라는 접점에서 만나게 된 것이다.

아프리카 흑인들을 유럽에 팔기 시작한 것만을 따지자면 14세기에 스페인에 의해 처음 이루어졌고, 15세기에는 포르투갈이 이어받았다. 신대륙이 발견된 이후인 16세기 초에는 아프리카 출신의 노예들이 스페인의 식민지 경영을 위한 중요한 대서양 무역의 교역품이 된다. 매년 5만 명에서 10만 명의 아프리카 흑인들이 대서양 중앙항로를 따라 아메리카로 공급되었다는 것이다. 이어지는 두보이스의 주장을 들어 보자.

> 1450년에서 1850년까지 약 400년의 기간 동안, 유럽 문명은 엄청난 규모의 체계적인 인간 교역을 해 왔고, 그것의 물리적, 경제적, 정신적 영향력은 아직도 명백히 세상 곳곳에 남아 있다. …… 이것들은 [문명이] 퇴락하던 시대가 아니라 이 세상에 셰익스피어, 마르틴 루터, 라파엘, 하룬 알 라시드와 아브라함 링컨이 있었던 시대의 일이다. 세계의 가장 가식적인 2대 종교가 최고로 교세를 확장하였을 때이자 산업화가 시작되었던 때였다. 이러한 진보와 고양(高揚)의 한 복판에서 노예무역이 인간의 불행을 퍼뜨렸고, 인간에 대한 무례함과 무시를, 고통에 대한 더 지독한 냉담함을 가르쳤고, 인간에 대한 더 편협하고 잔인한 증오를 가르쳤다.[16]

---

16 W. E. B. Du Bois, *The Negro*, chapter 9; Du Bois, "Africa and the Slave Trade", *The Oxford W. E. B. Du Bois Reader*, p.631 · pp.632~636.

두보이스는 이 웅변적인 인용문에서 유럽이 비약적인 근대화를 이룩할 수 있었던 이면에는 식민지의 개척과 아프리카 노예무역이 있었음을 지적하고 있다. 유럽 문명과 근대 자본주의 체제의 발달이 아프리카 흑인들의 희생에 의존했다는 비판적인 지적은 두보이스의 후기의 글에서 더욱 정교하게 이루어진다.[17]

두보이스는 『니그로』에서 흑인 인류 기원설을 받아들이되 이를 당대의 인종 구분론을 전복시키는 데 이용한다. 이에 의하면, 아시아에서 원시 흑인이 먼저 출현하였고, 이들이 동으로, 서로, 남으로 이동을 하면서 지역적인 변종뿐만 아니라 다른 종과의 혼혈이 지속적으로 발생하게 되었다. 이러한 변종과 혼종의 과정을 통해 셈족이 생겨나게 되었고, 지중해족이 생겨났고, 또 아프리카로의 이동이 발생하면서 아프리카 흑인이 생겨나게 되었다고 한다. 이어지는 두보이스의 주장을 들어 보자.

그래서 아프리카 민족들 사이에서, 아프리카인들, 유럽인들, 아시아인들 사이에서 그간 벌어진 각종 혼혈과 흑인 변천의 각 단계를, 우리는 오늘날의 아프리카에서 모두 발견하게 된다. 문제는 각 인종 유형을 절대적인 백인과 절대적인 흑인들 간의 중간 단계로 계속 간주하는 오류를 사람들이 저지른다는 것이다. 그런 절대적인 인종 유형은 어느 쪽에서도 존재하지 않았다. 양쪽 모두 공통의 조상에서 분화되어 나와서 지속적으로 혈통이 서로 섞여 왔다.[18]

---

17 이와 관련된 자세한 논의는 양석원, 「두보이스의 범아프리카주의와 아프리카 민족해방운동」, 『비평과 이론』 9권 1호, 2004, 255~284쪽; 이경원, 앞의 책, 149~175쪽 참조.
18 W. E. B. Du Bois, *The Negro*, p.13.

두보이스가 짧지 않은 지면을 이 학설에 할애하는 이유는 순수 혈통으로서의 인종 유형이 실은 어디에도 존재하지 않는다는 점을 강조하기 싫었기 때문이다. 비록 오늘날의 과학적 안목에 견줄 바는 아닐지 몰라도, 혈통적으로 보면 모두가 정도의 차이는 있을지언정 혼혈인이라는 두보이스의 주장은, 오늘날 우리의 의식에서도 강고하게 자리를 잡은 백인, 흑인, 아시아인 간의 구분을 되돌아보게 한다.

"미제(美製) 흑인"의 범아프리카주의

두보이스의 인식적 지평이 미국 내 흑인들의 인권 문제에서 출발한 것은 맞다. 두보이스 자신이 회고록에서 자신의 시야가 세상과 흑인들의 관계에 맞추어져 있다 보니 세상의 흐름 자체에 대해서는 질문을 할 수 없었다고 고백한 바 있다. 제도권 내의 학교를 다니는 동안 자신은 백인 세계가 세운 목적과 이상이 옳다고 믿었기에, 흑인들이 그 세상의 일부가 될 권리를 어떻게 인정받느냐의 문제에만 매달렸다는 것이다.[19] 두보이스가 아프리카와 아프리카 출신의 모든 흑인들의 운명에 대하여 관심을 갖게 될 뿐만 아니라, 아프리카의 문제를 유럽 자본주의와 식민주의의 역사와 연계시켜 이해하게 된 것은 1900년경에 시작된다. 1900

---

19   W. E. B. Du Bois, *Dusk of Dawn*, New York : Schocken Books, 1968, p.27.

년은 런던에서 트리니다드 출신인 변호사 윌리엄즈(Henry Sylvester Will-iams, 1869~1911)가 범아프리카 컨퍼런스(Pan-African Conference)를 개최하게 되는 해이다. 이 회의에서 아프리카, 미국, 영국, 서인도제도 등에서 온 37명의 대표들이 웨스트민스터 홀에 모여 서구 문명국들에게 보내는 권고문을 작성하게 된다. 권고문의 내용은 아비시니아, 라이베리아 같은 아프리카 흑인 국가들의 주권과 아프리카 출신 흑인들의 인권을 존중할 것을 청원하는 것인데, 이 권고문의 초안을 두보이스가 작성하고 공동 서명하였다.[20]

범아프리카주의자로서 두보이스의 경력에 관해서는, 무엇보다 범아프리카회의를 그가 여러 차례 조직했다는 사실이 흔히 언급된다. 범아프리카회의는 1919년부터 1994년까지의 기간 동안 일곱 차례 열렸다. 두보이스는 그중 1919년, 1921년, 1923년, 1927년, 1945년 총 다섯 차례의 회의에서 주도적인 역할을 하게 된다. 두보이스의 회고에 의하면, 이 회의는 처음에는 소박한 의도로 추진된 것이었다. 1차부터 4차에 이르는 범아프리카회의를 소집한 동기에 대해 두보이스는 다음과 같이 회고한다.

범아프리카회의에 대해서 내가 다소 성급하게 착상했음을 설명한 바 있다. …… 시간이 지남에 따라 발전하게 된 나의 계획은 굉장히 극적이거나 혁명적인 것이 아니었다. 몇 십 년이나 100여 년의 시간이 지나면서 이 회의들로부터 유럽의 공격에 대해 공동의 전선을 펼 흑인들의 국제기구가 만들어진

20　W. E. B. Du Bois, "To the Nations of the World", *The Oxford W. E. B. Du Bois Reader*, p.627.

다면, 그것이 내가 꿈꾸는 바였다고 할 수 있을 것이다. 그러나 다른 한편, 유럽과 아메리카의 힘과 대포가 현실에 버티고 있음을 나는 알고 있었다. 그래서 내가 원했던 것은 유색인 집단들과 손을 맞잡고 앉아서 테이블 너머로 서로에 대해서, 우리의 상황과 열망에 대해서, 합심하고 일치하는 행동을 할 가능성에 대해서 배우는 것이었다.[21]

범아프리카회의가 열리게 된 배경에 대해서 일반적으로 알려져 있는 바는 다음과 같다. 제1차 세계대전이 종결된 후인 1919년 1월에 파리에서 베르사유 평화회담이 열리게 되고, 두보이스가 NAACP 이사회의 요청으로 이에 참가하게 된다. 흑인 병사들이 전쟁에서 받았던 대우와 이들의 참전 기록 등을 수집하는 임무를 받은 것이다. 이것이 범아프리카회의 개최의 필요성을 두보이스가 느끼게 된 계기가 되었다.[22] 적어도 두보이스의 회고에 의하면 그렇다.

두보이스가 들려주지 않은 이면의 사정은 이렇다. 사실 이 회의가 중요했던 것은 20세기 초 북미 흑인운동세력들 간의 주도권 쟁탈과 관련이 있었기 때문이다. 제1차 범아프리카회의가 소집되기 직전인 1918년 즈음에는, 범아프리카 컨퍼런스를 조직했던 서인도제도 출신의 윌리엄즈, 19세기에 범아프리카 운동을 주도했고 라이베리아 이주 운동의 핵심 인물이었던 블라이든, 아프리카 이민 운동을 이끌었던 또 다른 지도자 터너(Henry M. Turner), 심지어는 부커 워싱턴도 모두 타계하고 없었다. 그러한 상황에서 종전 회담이 열릴 것이 예측되자 두보이스는 흑인

---

21 W. E. B. Du Bois, *Dusk of Dawn*, pp.274~275.
22 Ibid., p.260.

들의 목소리가 이 회담에 꼭 반영되어야 한다고 생각했다. 또한 그는 자신이 그 의견의 대변인이 되고 싶어 했다. 워싱턴이 타계한 후 비게 된 흑인운동의 대부 자리를 차지하고 싶은 욕망이 있었던 것이다.

연합군의 승리가 확실해지자 두보이스는 자신이 파리에 파견되어야 한다고 NAACP 이사회를 설득한다. 우선 그는 1918년 9월의 협회 이사회에서 범아프리카회의 개최의 필요성을 역설하고, 자신이 이와 관련하여 미국 정부와도 논의를 이미 해 놓았다고 말한다. 이어 10월에 열린 이사회에서는 흑인 병사들의 세계대전 참전 현황에 대한 조사를 위해서라도 파리 회담에 자신이 파견되어야 한다고 주장했고 그래서 이사회의 승인을 받게 된다. 이윽고 종전이 이루어진 11월의 이사회에서 두보이스는 패전국 독일이 지배했던 아프리카 식민지의 미래에 대하여 정리해 놓은 자신의 메모를 이사진과 공유하면서 이에 대한 지지도 얻어낸다. 이 메모는 실제로 범아프리카회의가 열렸을 때 회의 결의문의 기초가 된다. 이사회로부터 파리 출장을 허락받은 후 두보이스는 이제 미국 대표로서 베르사유 회담에 참가하기 위해서 아프리카의 미래에 관한 자신의 구상을 국무성에 전달하는 등 백방으로 노력하게 된다. 그러나 미국 정부로부터 아무런 확답을 듣지 못하게 되고, 결국에는 특파원의 자격으로 파리로 출발한다.[23]

당시 미국 정부는 베르사유 평화회담에 참가하고자 하는 자국 흑인들의 움직임을 달가워하지 않았다. 자국 국민이 해외에서 미국 내의 인권 상황을 비판하는 것이 마뜩치 않았던 것이다. 그래서 미국 정부는

---

23   Clarence G. Contee, "Du Bois, the NAACP, and the Pan-African Congress of 1919", *The Journal of Negro History* 57.1, Jan. 1972, pp.14~16.

기존의 급진적인 흑인 지도자들에게 여권 발급을 거부하게 되는데, 아이러니컬한 것은 이로 인해 이미 출국해 버린 두보이스에게 범아프리카회의를 조직하고 운영할 특권을 사실상 주게 되었다는 점이다. 당시 미국 내에서는 NAACP의 지지를 받던 두보이스 외에도 서인도제도 출신들이 주도하는 함족 리그(The Hamitic League)나 가비가 창립한 UNIA 등이 범아프리카주의를 표방하고 있었다. 이러한 세력들이 대표를 보내지 못하게 됨으로써 두보이스는 골드 코스트의 헤이포드(Casley Hayford)와 프랑스 국민의회의 세네갈 대표였던 디아네(Blaise Diagne)의 지지를 받아 자신의 계획대로 회의를 이끌어갈 수 있었다.

이렇게 해서 소집된 제1차 범아프리카회의의 대표들은 1919년 2월 19일부터 21일까지의 회의 끝에 아프리카의 주권과 아프리카 출신 흑인들의 권리가 보호되어야 한다는 결의문을 통과시키게 된다. 이 결의문은 열강들이 아프리카인들의 보호를 위한 국제법을 제정하고, 국제연맹이 그 법의 준수를 감독할 부처를 신설하며, 아프리카인들과 아프리카 출신들은 특정한 원칙에 의해 통치되어야 한다는 주장을 담았다. 그리고 그 원칙들에는 강제 노역의 금지, 이들이 자치능력을 갖추게 되었을 때 자치권의 부여, 어린이들이 교육 받을 권리, "개화된 아프리카인들"의 평등권 등이 포함되었다.[24] 이처럼 두보이스가 메모로 정리하였던 최초의 구상과 그에 기초한 범이프리가회의의 결의문은 아프리카 식민지의 자치권이 점진적인 과정을 통해 회복되어야 함을 주장하였다. 반면, 가비가 주도하던 UNIA는 아프리카 식민지의 주권이 즉각 회

---

24   W. E. B. Du Bois, *The World and Africa*, New York : International Publishers, 1965, pp.11~12.

복될 것을 요구했다. 물론 이 다른 목소리는 대표자를 파리에 보낼 수 없게 됨으로 말미암아 들리지 않게 되었다. 제1차 범아프리카회의의 결의문에 대해 에세데베는 "우드로 윌슨의 14개 조 평화원칙이 보여주는 자결주의에 대한 당대의 강박적인 관심에 비교했을 때 [범아프리카회의의] 요구는 온건한 것이었다"[25]고 평가한 바 있다.

  범아프리카회의의 결의문과 유사한 내용이 같은 해 2월 『위기』에 실린 두보이스의 「아프리카, 식민주의, 그리고 시온주의」에서 발견된다. 결의문과 같이 이 글은 독일이 지배하던 아프리카 지역이 유럽의 열강에게 양도될 것이 아니라 자치 국가로 발전할 수 있도록 문명국의 공동 통치 하에 두어야 한다는 내용, 그리고 아프리카 출신 흑인들이 아프리카로 돌아가는 것은 시온주의와 같은 의미를 갖는다는 내용 등을 담고 있었다. 이 글에서 두보이스는 "야만성"의 기준에 따라 유럽과 아프리카를 비교한다. 이 비교에 의하면 유럽은 거의 모든 면에서 아프리카를 압도한다. 아프리카 현지의 풍습 중 백인 주인들이 아프리카 출신의 노예들에게 가한 고통의 끔찍함에 견줄 만한 것이 없었기 때문이다. 아프리카에서 유일하게 잔혹하다고 할 풍습으로는 식인제가 있는데, 이는 미국 백인들이 흑인들에게 공공연하게 가하는 사형(私刑)과 유가 크게 다르지 않다고 주장함으로써, 백인들이 아프리카를 침탈했을 때 사용하였던 명분인 "문명의 우월함"이 실은 말장난에 지나지 않음을 두보이스는 폭로한다.[26] 이 글의 결미에서 그는 아프리카가 아프리카인들

---

25   P. Olisanwuche Esedebe, op. cit., p.67.
26   W. E. B. Du Bois, "Africa, Colonialism, and Zionism", *The Oxford W. E. B. Du Bois Reader*, p.638.

을 위한 곳이어야 한다는 범아프리카주의의 모토를 다시 강조한다. 또한 이 글에서 두보이스는 아메리카 흑인들의 아프리카 이민에 대해서도 긍정적으로 언급하지만, "아프리카인들을 위한 아프리카"라는 구호를 외치거나 아프리카 이주를 권고한다고 해서 분리주의 운동을 의미하는 것은 아님을 분명히 한다.

이 결미 부분은 자세히 읽어볼 필요가 있는데, 그 이유는 두보이스가 자신을 포함한 북미 흑인들의 정체성에 대하여 중요한 진술을 하고 있기 때문이다. 아프리카가 아프리카인들과 아프리카 출신의 흑인들을 위한 곳이어야 한다는 점은 의심할 바가 없지만, 그렇다고 해서 "아메리카의 흑인들을 대규모로 낯선 땅으로, 어떤 점에서는 살기에 적합하지 않은 땅으로 보낼" 의도가 없음을 두보이스는 분명히 한다. 이어서 그는 아메리카 흑인들이 최초의 백인 개척자들과 마찬가지로 아메리카 역사의 중요한 부분이며, 서구의 방식과 관습을 완전히 받아들인 미국인임을 분명히 깨닫자고 동료들에게 충고한다. 그의 진술을 직접 들어 보자.

> 우리가 미국인임을, 최초의 백인 개척자들과 함께 이곳에 오게 되었음을 분명히 인식하자. 우리가 유래한 애초의 문명과는 다른 이곳에서, 생존을 위하여 서구의 방식과 관습을 우리가 완전히 받아들일 수밖에 없었음을 분명히 인식하자. 간단히 말하자면, 우리만큼 토착적인 존재도, 확실히 "미국에서 만들어진(made in America)" 존재도 없다. 아프리카가 300년 전에 흑인들의 고향이었다고 해서 이제 그곳으로 돌아가자고 제안하는 것은, 백인들이 그들이 유래했다고 하는 코카서스 산맥으로 되돌아 갈 것을 기대하는 것만큼 터무니없는 소리이다.[27]

그러니 제1차 범아프리카회의를 조직할 즈음 두보이스는 초기의 그를 괴롭혔던 문제, 즉 미국인으로서의 정체성과 흑인으로서의 정체성이 조화로운 하나가 되지 못하고 갈등관계에 있게 되는 소위 "이중 의식(double consciousness)"[28]의 문제에서 상당히 자유로워 보인다. 자신과 동료 북미 흑인을 적어도 문화적 정체성의 측면에서 온전한 미국인으로 생각하고 있는 것이다.

새프란의 고전적인 정의에 의하면 디아스포라의 구성 요건은 "조국에 대한 기억과 신화의 공유(共有)", "조국에 대한 이상화(理想化)" 외에도 "조국의 번영과 보존에 모두가 헌신해야 한다는 믿음" 그리고 "장기간에 걸친 민족 공동체 의식의 유지" 등을 포함한다.[29] 이러한 맥락에서 보았을 때, 아프리카와 아프리카 출신의 흑인들을 도와주기 위해 노력하는 것은 당연하지만 아프리카를 위해 민족의 소속까지는 바꾸지는 않겠다는 단호한 태도를 보이는 두보이스가 아프리카 디아스포라에 포함될 수 있는가 하는 의문이 생겨난다. 왜냐하면 그의 뇌리에 조국이나 모국에 대한 향수는 차치하더라도 아프리카가 "살기에 적합하지 않은 땅"이라는 심상이 각인되어 있다는 점에서, 무엇보다도 아프리카를 돌아갈 고향으로 부르기를 거부하였다는 점에서, 또한 북미 흑인들의 문화적 정체성이 아프리카인들과는 다른 것이라고 보았다는 점에서, 그는 아프리카 디아스포라의 전형적인 유형과는 다른 모습을 보이기 때

---

27   W. E. B. Du Bois, "Africa, Colonialism, and Zionism", p.639.
28   W. E. B. Du Bois, *The Souls of Black Folk*, pp.8~9. 두보이스의 "이중 의식"에 대한 자세한 논의는 이경원, 앞의 책, 116~128쪽 참조.
29   William Safran, "Diasporas in Modern Societies : Myths of Homeland and Return", *Diaspora* 1.1, 1991, pp.83~99.

문이다.

아프리카로의 이주에 대하여 두보이스가 이처럼 부정적인 입장을 취한 것은 19세기에 있었던 라이베리아 공화국으로의 이주운동이 신통하지 않은 결과를 낳았음을 그가 인지하고 있었을 것이라는 점과 무관하지 않을 것이다. 또한 염두에 두어야 할 사실은, 이때쯤 되면 일부 북미 흑인들이 "고향"이라고 부른 라이베리아의 정부와 시민들조차도 이주 기획에 대해 신통찮은 반응을 보이게 되었다는 점이다. 가비가 대규모 이민을 기획하며 대표단을 라이베리아에 파견했을 때, 현지의 신문이 "라이베리아는 우리가 유지하고, 우리가 지키고, 우리가 즐기는 곳"이라는 기사를 대서특필하였다는 사실은 범아프리카주의에 대한 아프리카 현지인들의 반응이 항상 호의롭지만은 않았음을 잘 보여주는 예이다.

두보이스가 아프리카 이주에 대해 부정적인 입장을 취한 것은, 이러한 변수 못지않게 당시 주도권 쟁탈전이 본격화되고 있었던 두보이스와 가비의 관계, 그리고 두보이스를 지지했던 세력의 인종적·계급적 정체성도 중요한 요인이었을 것이다. 두보이스가 이끄는 NAACP의 일차적인 관심은 아프리카가 아니라 북미 유색인들의 지위였다. 사실 제1차 범아프리카회의 계획을 지원하였을 때도 NAACP는 두보이스가 아프리카 문제에 너무 많은 시간을 쓰는 것에 반대하였다. 북미 내의 인종 전선에 투쟁의 우선권을 두었기 때문이었다.

반면 가비가 수장으로 있던 UNIA는 '아프리카 귀환운동(Back to Africa)'을 구호로 내걸고 다른 세력들과 차별화하고 있었다. 중산층 흑인들과 진보적인 백인들 모두를 지지 기반으로 갖고 있는 두보이스로서는, 흑인 하층민을 블랙홀처럼 빨아들이던 가비의 운동조직과 동일한 노선을 표방하기도, 그렇다고 아프리카로의 이주에 반대하기도 어려웠을 것이다. 이러한 애매한 입장이 개인의 이주는 괜찮으나 집단적인 이주는 반대한다는 의견으로 표출되지 않았나 싶다.

범아프리카회의를 위해 두보이스가 수행한 중요한 역할을 고려했을 때, 이 시기의 두보이스를 범아프리카주의자로 간주하기에 손색이 없을 듯 보인다. 그러나 '이 시기의' 두보이스가 표방했던 범아프리카주의는 아프리카의 발전을 위해 이주도 불사했던 블라이든 같은 이가 보여준 범아프리카주의와는 유가 다른 것이다. 범아프리카주의를 아프리카를 조국으로 여기며, 전 세계의 흑인들이 문화적 정체성을 일정 부분 공유한다고 믿음을 가지고, 국제적인 흑인 연대를 추구하는 운동으로 정의한다면, 범아프리카회의를 주도한 두보이스를 범아프리카주의자로 부를 수 없는 모순이 생겨난다. 또한 민족주의를 수평적인 관계로 구성된 공동체의 문화에 본인이 참여하고 있다는 '소속 의식'이나 '소속에 대한 집단적인 상상'이라고 정의한다면, 두보이스는 아프리카 민족주의자도 아니며, 북미 흑인의 분리주의를 반대했다는 점에서는 흑인 민족주의자로 부르기도 적절치 않다. 두보이스를 한 마디로, 하나의 범주로 요약하기란 이렇게 어렵다. 물론 아프리카를 언젠가 돌아갈 조국으로 부르기를 개인적으로 거부했을지라도, 두보이스가 아프리카와 아프리카인들의 권익을 위해 싸우기를 주저하지 않았다는 사실은 아무리 강조해도 지나치지 않다.

두보이스가 아프리카에 대해 느끼는 연대의식은 후기로 갈수록 강렬해진다는 평가를 받는다. 두보이스에게 아프리카는 무엇인가? 이 질

문에 대해 훗날의 탈식민주의 비평가들이 듣고 싶어 하는 대답은 1940
년이 되어서야 발견된다.

아프리카는 내게 무엇인가? 언젠가 이 질문에 대해 단순하게 대답했어야만
했다. "조국"이나 혹은 더 적절하게 "모국"이라고 대답했어야 했다. 인종 간
의 벽이 명백하고 분명하게 세워져 있던 시대에, 이 세상의 인종들이 상호
배타적이었던 시대에, 경계선이 희미할는지 몰라도 [인종]의 의미에 대한
이해나 정확한 정의(定義)에 대해서 의문이 없었던 시대에 내가 태어났기
때문이다. …… 그 이후로 인종 개념이 너무나 많이 바뀌었고 또 너무나 많
은 모순을 드러냈기에, 아프리카를 대할 때 나는 자신에게 묻는다. 내가 설
명할 수 없을 만큼 강렬한 느낌을 주는, 나와 이 대륙 사이의 유대관계를 구
성하는 것이 무엇인가? **아프리카는 물론 나의 조국이다.** 그러나 나의 아버지
도, 나의 할아버지도 아프리카를 보지 못했으며, 그 의미를 알지도 못했으
며, 대단히 사랑하지도 않았다. 나의 외가 어른들은 [아프리카]에 더 가까웠
으나 문화나 인종적인 면에서 직접적인 관계는 미약하게 되었다. 그러나 아
프리카에 대한 나의 유대는 강하다.[30]

1940년의 이 회고록에 가서야 두보이스는 아프리카가 자신의 조국이
며, 자신과 아프리카 사이에는 매우 강렬한 유대관계가 있음을 밝힌다.
1919년의 입장과 비교하면 아프리카와의 문화적 동일시가 강력해져
있음을 알 수 있다.

---

[30] W. E. B. Du Bois, *Dusk of Dawn*, p.116.

아프리카중심주의자로서의 두보이스의 모습을 보려면 그가 『흑인민족의 과거와 현재(*Black Folk Then and Now*)』(1939)를 출간할 즈음이나 『세계 속의 아프리카(*The World and Africa*)』(1946)를 발표할 때까지 기다려야 할 것이다. 아프리카와 흑인들의 해방을 위한 두보이스의 노력은 범아프리카회의에 대한 그의 지속적인 헌신과 가나와의 관계에서도 잘 드러난다. 두보이스는 가나의 독립투사이자 독립된 가나의 초대 대통령을 지낸 응크루마의 반식민 투쟁에 중요한 영향력을 미쳤다고 평가된다. 응크루마는 훗날 두보이스의 이러한 기여를 기념하여 두보이스를 "범아프리카주의의 아버지"[31]라고 불렀다.

범아프리카회의의 전개 양상

제2차 범아프리카회의는 1921년 8월 27일~29일 동안 런던에서 개최되었다. 두보이스가 주도한 이 회의는 회기를 연장하여 같은 해 9월에 브뤼셀과 파리에서도 개최된다. 런던 개회식의 사회를 맡았던 트리니다드 출신의 앨신더(John Alcindor, 1873~1924)는 모두(冒頭) 발언에서 아프리카인의 적(敵)은 종종 아프리카인들 자신임을 지적하며, 품

---

[31] Jesse Weaver Shipley · Jemima Pierre, "The Intellectual and Pragmatic Legacy of Du Bois's Pan-Africanism in Contemporary Ghana", *Re-cognizing W. E. B. Du Bois in the Twenty-first Century : Essays on W. E. B. Du Bois*, Mary Keller · Chester J. Fontenot eds., Macon, GA : Mercer Univ. Press, 2007, p.70.

성, 교육, 단결력이 부족한 아프리카 대중을 계몽시키는 것이 필요하다고 주장하였다. 이어서 두보이스가 1900년 이후 범아프리카 운동이 맞닥뜨린 어려움에 대해서 보고를 하였다. 이 회의에서 채택된 선언문은 인종 간의 평등을 천명하고, 현재 낙후된 억압받는 인종들을 도와주는 것이 세계의 의무임을 선언한다. 그리고 현대의 문제가 민족 간의 부(富)의 불균형적인 분배에서 생겨났고, 이는 원천적으로 지배 민족들이 땅과 천연자원을 강탈하고, 기술과 문화를 독점하였기에 생겨난 문제임을 밝힌다. 이 선언문은 또한 영국, 벨기에, 포르투갈, 스페인, 미국, 프랑스 등 열강들이 식민지와 식민지 출신들을 어떻게 다루어 왔는지를 비판하며, 이 제국들이 흑인 국가들의 주권을 존중하고, "문명인으로서의" 흑인들의 각종 권리를, 교육과 문화, 빼앗긴 땅과 그로부터의 수확물에 대한 흑인들의 권리를 인정할 것을 촉구한다.[32]

기록에 의하면, 제1차 범아프리카회의에는 15개 지역을 대표하는 57명이 참석하였다. 이 지역들 중에는 아비시니아, 라이베리아, 아이티, 미국, 산도밍고, 프랑스령 서인도제도, 영국령 아프리카, 프랑스령 아프리카, 이집트, 벨기에령 콩고 등이 있었다. 인적 구성을 보면, 57명 중 12명이 아프리카 9개 지역을 대표하였고, 21명이 서인도제도를, 12명이 미국을 대표하였다. 이 외에도 프랑스 정부가 외교정책위원회의 의장을, 포르투갈 정부는 전직 외무장관을, 벨기에 정부는 벨기에 평화사절단 중 1인을 이 회의에 파견하였다.[33] 제2차 범아프리카회의에 참

<hr />

32 W. E. B. Du Bois, "Manifesto of the Second Pan-african Congress", *The Oxford W. E. B. Du Bois Reader*, pp.640~644.

33 W. E. B. Du Bois, *The World and Africa*, p.10.

석한 총 113명 중 41명이 아프리카에서, 35명이 미국에서, 7명이 서인도제도에서 파견되었고, 24명이 유럽 거주 흑인이었다고 한다. 통상, 회의를 어느 쪽에서 주도하느냐에 따라 회의의 방향과 결의문의 내용이 좌우될 수 있는데, 이러한 문제는 제2차 회의에서 잘 드러났다. 유럽 제국을 비판한 제2차 회의의 결과가 결의문으로 채택되는 과정에서 의장 디아네에 의해 비토를 당했기 때문이다. 세네갈 출신으로서 프랑스 국민의회의 대의원이었던 디아네는 제국에 대한 비판이나 혁명적인 구절이 들어간 안건을 결의문으로 상정할 것을 거부하였다. 그 결과 파리에서 열린 회의에서는 처음의 내용이 상당히 수정된 결의문이 채택되었다.[34]

제3차 범아프리카회의는 1923년에 리스본과 런던에서 열리게 되고, 제4차 회의는 1927년에 뉴욕에서 개최된다. 1923년 11월 7일~8일에 런던에서 열렸던 제3차 회의는 "아프리카인들과 그 후손들의 최소한의 보편적인 8개 조항 요구"를 발표한다. 이 조항에는 아프리카인들의 통치행위 참여권, 땅과 천연자원에 대한 권리, 배심원에 의한 재판을 받을 권리와 초등교육을 받을 권리, 이 외에도 산업기술 훈련과 재능 소유자를 위한 고등 교육, 아프리카인들의 이익을 위한 아프리카의 개발, 노예와 주류(酒類) 무역의 금지, 군비 축소, 노사(勞使)의 목표가 다수를 위한 복지가 되도록 상업과 산업구조를 조정하라는 요구가 있었다. 제3차 회의 대표들의 요구 사항과 관련하여 특기할 점은, 서아프리카와 서인도제도의 "개화된" 영국령 식민지인들을 위해서는 자치권과 책임

---

[34] P. Olisanwuche Esedebe, op. cit., p.72.

있는 통치권을 요구한 반면, "개화되지 못한" 아프리카의 기타 지역, 이를테면 나이지리아, 우간다, 바수토랜드(현 레소토)는 자치와 경제적 독립을 위한 준비 기간을 거쳐야 한다고 주장하였다는 사실이다.

제3차 회의의 대표들은 또한 라이베리아, 에티오피아, 아이티 같은 독립국의 정치적 주권뿐만 아니라 이 국가들이 열강의 경제적 독점 행위로부터 해방되어야 함을 주장하였다. 이 안은 리스본 회의에서 수정 없이 결의안으로 채택되었다.[35] 제4차 회의의 내용은 제3차 회의와 크게 다르지 않았다. 주목할 만한 점은, 제1차에서 제4차에 이르는 범아프리카회의가 매번 "아프리카인들을 위한 아프리카"라는 대전제 아래 유럽의 열강들을 비판하고 이들에게 인종적 평등을 위해 노력할 것을 촉구하였지만, 미국이나 서인도제도의 대표들이 압도적으로 많았던 이 회의들에 성작 아프리카인들의 목소리가 얼마나 반영되어 있는지는 의문이라는 점이다. 이러한 의문은 앞서 언급한 바 있듯, "개화된 아프리카 출신"과 "개화되지 않은 아프리카인들"을 위한 차별적인 요구 사항에서 잘 드러난다. 시간이 흐를수록 회의 참석자 중 아프리카를 대표하는 흑인들의 수는 늘어났지만, 이들도 기구나 조직의 대표가 아니라 개인의 자격으로 참석하였다는 점에서 대표성을 결여하였다.

범아프리카회의에 참석하지는 못했지만, 영국으로 귀화한 가비도 비슷한 시기에 아프리카인들과 아프리카 출신 흑인들의 권리를 위해 런던에서 활동하고 있었다. 1928년 6월 6일 로열 앨버트 홀에서 가비는 "국제적인 인종 정의를 위해 흑인의 문제를 영국인 앞에 고하다"는

---

35   Ibid., p.74.

제목의 강연을 한다. 이 강연에서 그는 아프리카 출신 흑인들이 영국과 미국을 위해 어떠한 희생을 치렀는지를 기억할 것을 영국인들에게 요구한다. 흑인들이 미국을 위해 치른 희생으로서, 가비는 독립전쟁과 남북 전쟁에서 흑인들이 흘린 피를 지적한다. 흑인들은 영제국을 위해서도 희생을 하였다. 이에 대한 가비의 진술을 직접 들어 보자.

우리가 400년 동안이나 여러분의 짐을 기꺼이 덜어 드린 것을 아시는지? 우리가 영제국을 위해 어떤 일을 했는지는 랭카셔의 면직 공장들과 리버풀의 거대한 선적항이 말해 주고 있습니다. 여러분들이 소비하고, 여러분의 면직 공장을 가동하게 해준 면(棉)은 수 세기 동안 미국의 남부 주에서 나왔고 이는 흑인 노동의 산물입니다. 그 면이 있음으로 해서 여러분의 산업이 번성하였고, 오늘날 위대한 제국을 건설할 수 있었습니다.

가비는 흑인들이 착취에 대한 증오심을 키우는 대신, 자신의 재능을 개발하며 평화롭게 살 공정한 기회를 요구하고 있음을 영국인들에게 환기시킨다. 1928년 9월 5일에 가비는 아프리카 출신 흑인들이 겪고 있는 어려움과 희망을 담은 편지를 '반제국주의연맹(League Against Imperialism)'의 국제 사무총장인 브릿지맨(Reginald Bridgeman)에게 보내는가 하면, UNIA의 이름으로 국제 연맹에 청원서를 제출하기도 하였다. 이 청원서는 벨기에령 콩고에서 벌어지고 있었던 착취 그리고 남아프리카의 유색인 차별 정책에 대한 고발과 백인 농장주들에게 빼앗긴 땅에 대한 아프리카인들의 권리를 주장하였다.[36]
1차부터 4차에 이르는 범아프리카회의는 아프리카인들과 아프리카 디아스포라의 권익을 위해 성취한 바도 많았지만, 이 회의에서 매번 채택한 결의문의 성격이 비교적 온건하였던 것은 이 회의들이 아프리카 디아스포라, 즉 유럽과 북미, 서인도제도에 정착한 흑인들에 의해 주도되었다는 사실과 무관하지 않다. 그러한 점에서 아프리카인들에 의해 주도된 제5차 범아프리카회의를 주목할 만하다. 1945년 영국 맨체스터에서 열린 이 회의를 주도한 이들의 면면은 다음과 같다. 영국령 기니의 밀러드(Peter Milliard, 의장), 서인도제도 출신의 마코넨(T. Ras Makonnen, 재무), 가나의 응크루마(총무), 트리니다드의 패드모어(George Padmore, 총무), 남아프리카 연방(남아공의 전신)의 에이브람즈(Peter Abrahams, 홍보), 케냐타(Jomo Kenyatta, 부총무).[37] 케냐타는 케냐의 해방을 이끌었던 독립투사이자 독립국가 케냐의 초대 대통령이 된 인물이며, 응그루마 역시 가나를 해방시키고 초대 대통령이 된 인물이다. 패드모어는 서인도제도 출신으로 응크루마를 도왔고, 마코넨도 서인도제도 출신으로 훗날 해방된 가나와 케냐에서 일하게 되는 인물이다. 에이브람즈는 남아공에서 자유당의 대표가 되어 인종차별법에 대항하였던 인물이다. 두보이스는 이 다섯 번째 회의에서 명예 의장으로 선출된다.

맨체스터 범아프리카회의는 아프리카인들이 대거 참석하여 아프리카를 지역적으로 적절히 대표하였다는 점에서 이전의 회의와는 많이 달랐다. 앞서 거론한 유명 인사들도 있었지만 200명이 넘은 이 회의 참석자들 대부분이 아프리카 민중을 대표하였다는 점에 이 회의의 특징이 있었다. 이전의 회의들이 소수의 지식인들을 중심으로 조직되고 진

---

36   Ibid., p.80·81.
37   Ali A. Mazrui ed., *Africa since 1935*, Berkeley : Univ. of California Press, 1993, p.744.

행되었던 반면, 맨체스터 회의는 각종 민중의 대표들이 대거 참석하여 의견을 제시하였다. 이를테면 골드코스트 철도 노조, 시에라리온 교원 노조, 트리니다드 유전 노조, 세인트루시아 선원 노조 및 부두 노조 등 직능단체들이 대표를 보냈고, 나이지리아와 카메룬의 국민의회, 그레나다 노동당, 자메이카 민중민족당 등 아프리카의 정당들이 회의 역사상 처음으로 대표를 보낸 곳이 맨체스터 회의였다. 특기할 사항은 프랑스령 서인도제도, 프랑스령 아프리카, 에티오피아, 포르투갈령 아프리카, 벨기에령 콩고와 북아프리카의 아랍권이 불참하게 되었다는 점이다.[38] 이러한 사실은, 프랑스령 아프리카 식민지에서는 제2차 세계대전이 끝난 이후에도 한 동안 프랑스의 영향권 내에 머물려고 하는 움직임이 있었다는 사실, 그리고 아프리카 흑인들의 관점에서 보았을 때 북아프리카의 아랍 민족들이 실은 백인들과 차별화되지 않는 점령자들이라는 점과 무관하지 않았을 걸로 여겨진다.

맨체스터 회의가 갖는 역사적·정치적 의의에 대하여 에세데베는 다음과 같이 평한다.

맨체스터 회의 이전의 범아프리카주의는 대체로 아프리카 바깥에 거주하는, 북미 중산층 흑인들의 저항 운동이었다. 이 저항 운동에서 아프리카와 서인도제도의 대중들의 관심을 끌 메시지는 아예 없었거나 거의 없었다. …… 맨체스터 회의는 이러한 상황을 반전시켰다. 유럽에서 자유를 위한 투쟁을 할 수 있고 또 그 투쟁에서 이길 수 있다는 오랜 믿음과 이제 결별하게

---

38   Peter Fryer, *Staying Power : The History of Black People in Britain*, London : Pluto, 1984, p.349.

되었다. 대신 인도인이 그렇게 하고 있듯 투쟁은 본토에서 이루어져만 했다. 비록 두보이스도 참석하여 적극적으로 관여했지만, [이 회의가 취한] 새로운 접근법은 조지 패드모어와 크와메 응크루마의 사회주의적 영향력을 반영하는 것이었다. 아프리카와 서인도제도의 노조와 정당들을 대표하는 노동자들이 처음으로 범아프리카주의 운동과 관계를 맺게 되었다.[39]

이 회의의 참석자들이 대부분 아프리카 각 지역의 다양한 노동조합, 정당, 문화단체의 대표이었던 만큼 이들의 존재가 결의문에 대표성을 실어 줄 수 있었다. 이들이 회기 동안 다룬 주제들 중에는 '영국의 인종문제', '북아프리카와 서아프리카 내의 제국주의', '남아프리카 내의 억압', '동아프리카의 현황', '에티오피아와 흑인 공화국', '카리브 해 문제'가 있었다.[40] 영국과 서인노제도의 인종 문제뿐만 아니라 아프리카의 다양한 지역의 문제를 집중적으로 논하였다는 점에서도 맨체스터 회의는 이전의 범아프리카회의와는 확연히 구분되는 것이었다. 5일 간의 회의 끝에 참석자들은 이전의 회의보다 훨씬 더 전투적이고도 급진적인 언어로써 아프리카의 즉각적인 해방을 촉구하게 된다.

제5차 범아프리카회의가 보여준 반제국주의 정신은 1955년 반둥회의로 이어져 이 회의에서 아프리카와 아시아의 신생독립국들은 한 목소리로 제국주의에 반대함을 천명하게 되었디. 1960년내가 되면 아프리카너들의 인종주의적 정권이 계속되었던 남아공을 제외한 아프리카 대륙이 거의 모두 정치적 독립을 성취한다. 그러나 이어지는 군부 쿠데

---

39 P. Olisanwuche Esedebe, op. cit., p.145.
40 Ibid., p.139 · 140.

타와 이에 따르는 정국의 불안정으로 인해 범아프리카적인 투쟁이나 단결이, 즉 아프리카 대륙과 아프리카 디아스포라의 공동의 투쟁이 불가능하게 되었다는 점은 두고두고 아쉬움으로 남는다.

5장

네그리튀드의 성적 타자

마르티니크의 시는 식인적(食人的)이어야 할 것이다. 그렇지 않고서는 시는 존재하지 않게 될 것이다.

—쉬잔 세제르, 1942

그들이 사랑하고 존경하는 모든 것, 그들을 살찌우고 기쁨을 주는 모든 것에 우리는 침을 뱉는다.

—『정당방어』 창간호, 서문

다시 쓰는 네그리튀드 계보[1]

  네그리튀드 운동의 출현은 생고르를 비롯한 소위 삼인방이 수행한 역할 못지않게, 이들보다 먼저 '흑인 휴머니즘'과 '흑인 국제주의' 등을 제창한 나르달 자매에 빚진 바가 크다. 이는 생고르와 그의 동료들이 할렘 르네상스를 미국으로부터 받아들였을 때 이러한 사상적 수용이 나르달 자매를 매개로 한 것이라는 사실과 무관하지 않다. 물론 생고르나 세제르의 저작과 단순 비교했을 때 나르달 자매의 글에는 반식민주의로 분류하기에는 힘든 요소들도 있다. 또한 "네그리튀드"라는 용어가 『흑인 학생』의 창간인 중의 한 사람인 세제르에 의해 발명되었다는 점 또한 그 의미를 간과할 수 없는 역사적 사실이기도 하다. "네그리튀드"라는 용어는 한 동안 1939년에 출간된 세제르의 『귀향 수첩(Cahier d'un retour au pays natal)』에서 처음 사용된 것으로 알려져 있었다. 그러나 근자의 연구에서 『흑인 학생』의 1권 3호가 발간된 사실이 밝혀졌고, 세제르가 이 세 번째 호에 실은 기고문에서 네그리튀드라는 용어를 처음 사용하였음이 드러났다.[2]

---

1 이 장의 내용 중 "다시 쓰는 네그리튀드 계보"와 "아프리카계 라틴인"에 관한 논의는 졸고 「네그리튀드 이전의 흑인 여성 문인들」, 『한국아프리카학회집』 41집, 2014, 95~114쪽을 수정한 것이다.

2 비평가 아코는 창간호 이외의 판본이 발견되지 않았음을 근거로 『흑인 학생』이 창간호로 단명하였을 것이라고 주장하기도 하였다. 아코의 이 주장은 최근의 연구에서 오류임이 입증되었다. Edward Ako, "'L'Etudiant Noir' and the Myth of the Genesis of the Negritude Movement", *Research in African Literatures* 15.3, Autumn, 1984, pp.342~343. 새롭게 발견된 『흑인 학생』 1권 3호는 필로스트라트의 저서에 실려 있다. Christian Filostrat, *Negritude Agonistes, Assimilation against Nationalism in the FrenchSpeaking*

네그리튀드 운동에 미친 지대한 영향에도 불구하고 기성 연구에서 나르달 자매와 같은 이들의 흔적이 지워진 데에는, 어쩌면 네그리튀드 운동을 색깔이 선명한 급진주의로 자리매김하고 싶은 훗날 탈식민주의 학자들의 욕망과 관련이 있을지도 모르겠다. 이와 관련하여 주목할 만한 사실은, 이러한 욕망을 다름 아닌 생고르도 가졌다는 점이다. 그가 들려주는 네그리튀드에 대한 회고에는 '훗날'의 급진주의적 색채로 왜곡된 부분이 분명 있기 때문이다.[3] 다시 논하겠지만, 생고르는 자신이 유학생 시절인 1930년~1934년의 기간 동안 모든 것을 부정하는 과격주의자였음을 회고한 바 있다.

그러나 생고르가 실제로 유학생 시절에 출간을 주도한『흑인 학생』의 창간호에는 소위 "호전적인" 주장도, 그의 시론의 특징이라고 할 '흑인 감성론'도 발견되지 않는다. 이 왜곡의 지점에서, 즉 생고르가 급진주의적 언어로 **다시 쓴** 초기의 네그리튀드에서, 우리는 나르달 자매의 역할을 복원해야 할 필요성을 발견한다. 그러니 나르달 자매에 대한 연구가 갖는 의의는 그간 제대로 조명되지 못한 네그리튀드의 '여성적 계보'를 밝히는 데도 있지만, 그에 못지않게 네그리튀드의 '다른 얼굴', 즉 그간 주목받지 못했던 네그리튀드의 혼종적인 모습을 드러내는데도 있다.

마르티니크 출신으로 프랑스에서 유학하던 나르달 자매는 자신들의

Caribbean and Guyane, Cherry Hill, N.J. : Africana Homestead Legacy Publishers, 2008, p.120.

3   생고르의 초기 입장은『흑인 학생』의 창간호에 실린 그의 기고문「휴머니즘과 우리-르네 마랑」이 역설하는 '흑인 휴머니즘'에서 발견된다. 이 개념이 나달 자매의 이론과 다르지 않음에 본 연구는 주목한다. Léopold Sédar Senghor, "L'Humanisme et nous : René Maran", L'Étudiant noir 1, mars 1935, p.4 참조.

숙소에서 문학 살롱을 열어 당시 파리에 체재 중인 흑인들에게 사상의 토론장을 제공하였다. 뿐만 아니라 나르달 자매의 사촌인 토마-아실(Louis Thomas-Achille, 1909~94?)과 마랑도 각기 자신들의 숙소에서 문학 살롱을 열었다. 이들의 살롱에서, 무엇보다 나르달 자매의 문학 살롱을 통해서, 훗날의 네그리튀드 운동가들이 미국의 할렘 르네상스를 이끌었던 맥케이나 휴즈, 로크 같은 인사들을 만날 수 있었다. 영어가 유창하였던 폴렛(Paulette Nardal, 1896~1985)이 이러한 문화 번역의 장에서 중요한 기여를 하였음은 쉽게 추측할 수 있는 일이다. 그러니 나르달 자매가 단순히 급진주의를 꿈꾼 남성 문인들을 위해 토론의 자리만을 제공한 것은 아니었다. 이들은 네그리튀드 삼총사가 본격적인 활동을 하기 이전에 이미 흑인 문화에 관한 평론과 창작을 발표하였으며, 이들의 사유는 네그리튀드의 남성 운동가들에게 지대한 영향력을 행사하였다.

나르달 세 자매 중 맏언니인 폴렛은 1931년에 아이티 출신인 사주(Léo Sajous)와 함께 『흑인세계 리뷰(*La Revue du monde noir*)』(1931~32)를 창간하였으며, 제2차 세계대전이 끝난 직후인 1946년에는 포르-드-프랑스에서 『도시 여성(*La Femme dans la cité*)』을 창간하기도 하였다. 뿐만 아니라 그는 1920년대부터 흑인 문학과 식민지 문제에 대한 비평과 창작을 기고하였다. 『흑인 학생』 이전에 프랑스에서 발간된 흑인 잡지에는 월간지 『아프리카 통신(*La Dépêche africaine*)』(1928~32), 월간지 『흑인 세계 리뷰』, 친(親)소비에트 잡지 『흑인들의 외침(*Le Cri des nègres*)』(1931~36)이 있었다. 폴렛은 『아프리카 통신』과 『흑인들의 외침』 등에 기고를 하였고, 『흑인 학생』이 간행되었을 때는 이 잡지에도 글을 실었다. 영어와 불어 모두에 능통했던 그녀는 미국 흑인 시를 불어로 번역하여 네그리튀드 운동가들에게 소개하는 등 할렘 르네상스가 프랑스어권 반식민 운동에 착종할 수 있는 토양을 마련하였다.

폴렛의 지대한 활약은 생고르에 의해 증언되는 바이기도 하다. 그에 의하면, 폴렛의 리뷰를 읽은 세제르가 그 리뷰에서 다루어진 미국 흑인의 작품을 생고르에게 소개해 주기도 하였다.[4] 폴렛은 흑인 여성의 문제에 대해서도 관심을 보여 1929년과 1930년에 이에 관한 글을 출판한다. 이 중 첫 번째 글은 「망명(En Exil)」이라는 제목을 단 단편소설이다. 『아프리카 통신』에 발표된 이 소설은 파리에서 하녀로 살아가는 한 흑인 여성의 고된 삶을 다룬다. 낯선 대도시의 겨울에 적응하지 못하는 흑인 여성의 눈을 통해 드러나는 파리는 이방인을 경계하고 경멸하는 곳이다. 파리에서 그녀가 발견하는 "끔찍할 정도로 규칙적인 유럽의 삶"[5]은 사람의 상상력을 옥죄는 곳이다. 이와 대조적으로 마르티니크의 바닷가 고향 마을 생트 마리(Sainte Marie)는 목가적인 풍경으로, 끈끈한 정이 있는 곳으로 기억된다. 유럽이 고립된 삶을 개인에게 강요한다면, 마르티니크는 연대 관계에 뿌리를 내린 공동체적 삶이 가능한 곳이다. 두 세계의 비교를 통해 폴렛은 '인간성'의 관점에서 제국이 상실한 것을 식민지 마르티니크가 보존하고 있을 뿐만 아니라, 무엇보다 아프리카 공동체의 전통이 서인도제도에 면면히 이어지고 있음을 보여준다.

「망명」이 마르티니크 출신의 흑인 여성의 기억을 통하여 흑인의 정

---

4   Shireen K. Lewis, *Race, Culture, and Identity*, New York : Rowman, 2006, p.60.
5   Paulette Nardal, "En exile," *La Dépêche africaine*, déc. 15 1929, p.6.

부랑아(1929)　　　　　　　　　　　　　땋은 머리를 한 소녀(1935)

체성이나 문화에 대한 고양된 '인종 의식'을 보여준다면, 폴렛의 두 번째 글 「흑인 여성 조각가(Une femme sculpteur noire)」는 미국의 조각가 새비지(Augusta Savage)와의 인터뷰를 바탕으로 그녀의 삶과 작품 세계를 다룬다. 작품 '부랑아(Gamin)', '땋은 머리를 한 소녀(Girl with Pigtails)', '할렘가의 소녀(Harlem Girl)'같이 평범한 흑인들을 예술로 형상화하여 세상의 주목을 받던 새비지는 할렘 르네상스에 중요한 기여를 한 것으로 평가된다. 예술적 인정을 받기 위해서 성차별이나 인종차별과 싸워야 했던 새비지의 삶은 폴렛의 펜을 빌어 프랑스어권 독자에게 소개된다. 새비지의 예술에 대한 폴렛의 평가는 "아프리카의 전설과 민담이 길러낸 상상력으로부터 태어난"[6] 것이라는 그녀의 논평에서 잘 드러난다. 아프리카 흑인의 상상력에 대한 그녀의 주목은 훗날 흑인 고유의 감수성과 의식을 강조하는 네그리튀드 운동의 방향을 일찍이 설정한 것이라 평가되어야 한다.

　인종 의식에 대한 폴렛의 입장은 1932년 4월에 출간된 『흑인 세계

6　　Shireen K. Lewis, op. cit., p.60에서 재인용.

리뷰』에 실린 「깨어나는 인종 의식(Éveil de la conscience de race)」에서 극명하게 드러난다. 이 평론은 생고르나 세제르보다 먼저 '흑인 의식'이나 '흑인 영혼'을 화두로 삼았다는 점에서 주목할 만하다. 그러나 서인도제도의 문화적 정체성에 대한 폴렛의 입장이 '흑인감성론'과 같은 흑인 문화 우월주의로 설명될 수 있다고 추측한다면 이보다 더 큰 오해는 없다. 이 글은 네그리튀드 운동 초기의 지향점이 훗날의 학자들이 이해한 바와는 상당히 다른 곳으로 향하고 있었음을 드러내기 때문이다.

폴렛은 카리브 해 출신의 흑인들에게서 드러나는 인종 의식의 계보를 추적하면서, 이를 미국 흑인들과 비교한다. 그에 의하면 미국 흑인들은 일찍이 노예제와 인종차별을 경험하였기에 이에 대한 반작용으로 자신의 자랑스러운 과거를 찾아 연구하게 되었다. 반면 서인도제도에서는 아프리카인이 후손이라는 말 자체가 금기 사항일 만큼 인종 의식의 발달이 늦었다. 이에 대한 폴렛의 분석을 인용하면,

> 인종에 대한 앙티유 흑인의 태도는 미국 흑인과는 매우 다른 것인데, 이러한 차이는 유색인에 대한 프랑스인의 태도를 특징짓는 자유주의로 쉽게 설명될 수 있다. [프리드리히] 지부르크의 저서 『하나님은 프랑스인인가?』는 프랑스 정신의 동화적인 힘에 대하여 명철한 분석을 담고 있다. 이 독일 작가에 의하면, 프랑스인들에게 인종 편견이 없는 이유는 비교적 짧은 시간에 흑인을 진정한 프랑스인으로 바꿀 수 있다고 확신하였기 때문이다. 이외에도, 라틴 문화의 영향을 받은 데다 흑인종의 역사를 알지 못하기에, 흑백 같은 타인종이 서로 결합한 결과 태어난 앙티유인들이 종국에 그들을 가장 존중해 주는 요소로 돌아서게 된 것은 자연스러운 일이다.[7]

위 인용문에서 폴렛은 서인도제도에서 인종 의식이 늦게 출현한 이유로서, 프랑스의 자유주의와 동화주의 정책이 식민지 지식인들을 포용하였기 때문이라고 설명한다. 서인도제도인들이 미국 흑인들과 달리 "그들을 존중해 주는" 프랑스 제국의 품으로 돌아가게 된 것이 자연스럽다는 이 주장은 흑인운동가들이나 탈식민주의 비평가들이 보기에는 상당히 문제적인 발언이다. 이는 프랑스의 문화적 영향력에 대한 그녀의 근본적인 입장을 가늠할 수 있게 해 준다는 점에서 중요한 발언이기도 하다.

프랑스어권 서인도제도인들이 원래 타인종과 피가 섞인 "혼종적인" 종족일 뿐만 아니라 "라틴 문화"의 영향을 받았기에 친(親)프랑스적일 수밖에 없다는 설명에 다다르게 되면 독자는 폴렛이 말하는 인종적 정체성이 도대체 무엇인가 하는 의문을 갖게 된다. 폴렛의 인종적·문화적 입장에 대해 생기는 이러한 의문은 그녀가 흑인 고유의 문화적 순수주의를 주창할 것이라는 예단에서 비롯된다. 사실 이 서인도제도 출신의 여성이 아프리카의 문화적 순수성이나 우수성을 주창하지 않는 것은 아니다. 폴렛은 흑인들의 정신적 뿌리라고 할 수 있는 아프리카적 정체성을 복구하는 것이 필요함을 주장한다. 동시에 그녀는 이러한 정신적인 뿌리의 회복이 프랑스 문화와의 관계 단절을 가져와서는 안 된다고 주장한다. 폴렛의 표현을 직접 빌리면,

여기에서 표현된 이러한 [아프리카 지향적인] 경향들이 곧 라틴 문화에 대한, 백인 세계 전반에 대한 무조건적인 전쟁 선포를 의미하는가? 우리는 어

---

7   Paulette Nardal, "Éveil de la conscience de race / The Awakening of Race Cons-
     ciousness", *Revue du monde noir* 6, 1932, pp.25~26.

떠한 의혹도 남지 않도록 그러한 모호성을 없애기를 원한다. 우리는 라틴 문화에 진 빚을 충분히 인식하고 있으며, 어떤 **몽매한 지점**으로의 회귀를 촉진하기 위하여 그것을 버릴 의향도 없다. 그것이 없었다면 우리는 진짜 우리가 누구인지 결코 인식할 수가 없었으리라.[8]

위 인용문을 고려했을 때, 폴렛이 지향하는 문화 운동은 탈(脫)프랑스를 필연적으로 동반하는 아프리카로의 회귀가 아니다. 그것은 프랑스로부터 받은 문화적 영향을 유지한 채 아프리카적 정체성을 복구하는 것이라고 보아야 할 것이다. 달리 표현하면, 아프리카와 유럽 간의 균형 잡힌 문화적 자아를, 즉 문화적 혼종성을 최종 목표로 제시하는 것이다.

일종의 '문화적 이종교배'라고도 할 수 있는 이러한 목표 설정은 폴렛의 동생인 제인의 생각과도 상통하며, 누구보다도 특히 아프리카 감성론으로 유명한 생고르에게 중요한 영향을 미쳤다. 다시 논하겠지만, 생고르가 『흑인 학생』의 창간호에서 제시하는 "흑인 휴머니즘(human-isme noir)"의 개념은, 네그리튀드를 흑인 순수 문화주의로 이해한 후대의 연구자들의 생각과 달리, 폴렛의 문화적 이상형인 '프랑스와 아프리카의 문화적 혼성'과 크게 다르지 않았다. 이렇게 말하고 보면, 네그리튀드를 아프리카의 문화 우월주의나 감성 우월주의와 동격으로 보는 기성의 이해가 실은 초기 네그리튀드의 적지 않은 부분을 왜곡하고 있음을 알 수 있다. 이는 네그리튀드가 약 반세기의 기간 동안 보여준 변화를 고려하지 않은데서 연유한다.

---

8 Ibid., p.31. 강조는 필자.

아프리카계 라틴인

이상적인 자아 정체성을 아프리카와 유럽 문화 간의 조화에서 찾아야 한다는 생각은 사실 폴렛보다 동생 제인(Jane Nardal, 1902~93)의 글에서 먼저 발견된다. 1928년 2월호 『아프리카 통신』에 실린 「흑인 국제주의」에서 제인은 이러한 사유를 "아프리카계 라틴인"이라는 용어로 축약한다. 이 개념은 현대 프랑스의 '문화적 세례'를 유지하면서도, 아프리카의 전통을 자랑스러운 문화적 유산으로 계승함을 의미한다. 아프리카에 대한 이러한 긍정적인 사유는 제인 혼자만의 생각은 아니고, 사실 당대 유럽의 학자들이 주장하였던 아프리카 고대 문명론에 연원하는 것이라 보아야 한다.

앞서도 논한 바 있지만 이미 프로베니우스나 델라포스 같은 아프리카 연구자들이 20세기 초에 고대 아프리카 문명론을 펼치고 있었다. 아프리카와 유럽 두 문명의 조화로운 절충이 가져다 줄 '새로운 흑인'에 대한 제인의 생각을 직접 들어보면,

새로운 생각들을 위해서는 새로운 말들이 필요하게 된다. 그래서 아프리카계 미국인이나 아프리카계 라틴인과 같은 창조적인 의미를 갖는 용어가 생겨나는 것이다. 그것들은 흑인 국제주의의 성격에 새로운 의미를 부여하면서도 우리의 논지를 확인해 준다. 흑인이 스스로에 대해 알고 싶고, 자신의 인성을 주장하고 싶지만, (그에게 종종 경멸과 조소를 안겨 준) 다른 인종의 이러저러한 아류가 되기 싫다고 해서, 반드시 다른 인종이 기여한 바를 단호하게 배

척할 필요는 없다. 반대로, 스스로를 더 잘 알고 자신의 인성을 주장하기 위해서, 다른 [인종]을 통해서 습득된 경험과 지적인 재산을 유익하게 쓰는 법을 배워야 한다. 아프리카계 미국인이나 아프리카계 라틴인이 된다는 것은, 백인 문명이 주는 어떤 이익들을 수혜 받는다고 해서 자신이 속한 인종을 거부하는 것은 아님을 보여줌으로써, 아프리카의 흑인들에게 용기와 위로를 주고 모범을 보여주는 것임을 의미한다. …… 아프리카인들은 이러한 가르침을 그들이 응당 자랑스러워하는 1,000년의 전통과 융화시킴으로써 이러한 모범으로부터 얻는 것이 있을 것이다.[9]

"아프리카계 라틴인"에서 "라틴"은 이탈리아, 스페인, 프랑스와 그 식민지 등 라틴계 문화권을 일컫는다. 제인의 이 신조어는 프랑스령 식민지 출신의 흑인들을 할렘 르네상스를 일으킨 아프리카계 미국인과 동등한 격의 정치적·문화적 동반자의 위치에 올려놓는다. 비평가 에드워즈의 표현을 빌리면, "이 신조어는 특정 민족국가나 제국에 대한 충성심을 표현한 것이 아니라 공화국 프랑스가 속해 있는 더 넓은 문화적 유산을 전유하는 것"[10]이다.

제인의 글에서 거론되는 "아프리카계 라틴인"이 제국과 식민지의 문화적 융합을 지시하는 기호임을 고려할 때 제인의 이 주장은 상반되는 해석에 열려 있다. 이 진술은 한편으로는 제인의 의식이 반식민 해방을 추구하는 단계에까지 도달하지 않았다고 볼 수 있는 증표이다. 다른 한

---

9 Jane Nardal, "L'Internationalisme noir", *La Dépêche africaine*, fév 15 1928, p.5. 강조는 필자.

10 Brent Hayes Edwards, *The Practice of Diaspora : Literature, Translation, and the Rise of Black Internationalism*, Cambridge : Harvard Univ. Press, 2003, p.18.

편으로 이 주장에는 아프리카의 해방이 문화적 순혈주의나 전통주의 혹은 흑인 고유의 감성을 주장한다고 성취될 수 없는 것임을 일찍이 간파한 것으로 볼 여지가 분명히 있다. 또한 "아프리카계 라틴인" 개념은 프랑스 제국의 사상적 동력이었던 유럽중심적인 휴머니즘에 도전하였다는 점에서도 의의가 있다. 무슨 말인가 하면, 프랑스 제국이 식민지에서 실시한 동화주의 정책은 유럽이 보편적 문명이며, 유럽인이 보편적인 인간임을 전제로 하고 있다. 야만적인 "그들"을 "우리"와 유사한 인간적인 형태로 바꾸어야 한다는 생각이 동화주의 정책의 철학적 근간임을 고려할 때, 제인의 "아프리카계 라틴인" 개념은 프랑스 제국이 피식민자들에게 제시한 것과는 다른 여정을, 아프리카 출신의 유색인들이 철두철미 백인이 되지 않고서도 고유의 휴머니즘을 성취할 수 있음을 주장하는 것이다. 어느 쪽으로 해석을 하든지, 제인의 '문화적 혼성론'이 생고르가 한 동안 주장한 혼종주의적 네그리튀드에 영향을 주었음은 아무리 강조하여도 지나침이 없다.

"아프리카계 라틴인" 개념은 물론 순수하게 제인만의 독창적인 생각은 아니다. 할렘 르네상스의 사상을 집대성한 『뉴 니그로(*The New Negro*)』가 1925년에 출간되는 등 로크, 두보이스, 휴즈, 진 투머(Jean Toomer) 같은 미국의 진보적인 유색인 지식인들이 제인에게 영향을 주었기 때문이다. 당시 소르본느 대학에 재학 중이었던 제인은 로크가 편집한 『뉴 니그로』를 프랑스 독자를 위해 발췌 번역할 것을 고려하였고, 1927년에는 로크에게 번역 제안서를 보내기도 하였다. 할렘 르네상스와의 관계에서 보았을 때 "아프리카계-라틴인" 개념은 두보이스가 주장하였던 아프리카계 미국인의 "이중 의식"을 일정 부분 연상시킨다. 「흑인 민족의 분투

(Strivings of the Negro People)」라는 제목을 달고 1987년에 문예잡지『대서양(*Atlantic*)』에 처음 선을 보였던 에세이에서 두보이스는 "이중 의식"을 다음과 같이 설명한 바 있다.

> 이집트인과 인도인, 그리스인과 로마인, 튜턴인과 몽골인이 태어난 이래로, 흑인은 일곱 번째로 태어난 아들이며, 베일에 가려졌으되 통찰력을 가지고 미국 땅에서 태어났다. 미국은 흑인에게 진정한 자의식을 주지 않는 곳, 단지 다른 세계의 시각을 통해 스스로를 보게 하는 세계이다. 이 이중 의식은 참 묘한 기분이 들게 하는데 그 이유는, 타자의 눈을 통해 항상 자신을 보고, 희한하다는 듯 경멸과 연민의 시선으로 바라보는 세상의 잣대로 자신의 영혼을 재야하기 때문이다. 흑인은 항상 느낀다. 이 둘 됨을, 미국인이자 흑인임을, 끈질긴 힘만이 둘로 쪼개지는 것을 막아 주는 이 검은 육신에 있는 두 영혼을, 두 생각을, 화해할 수 없는 분투(奮鬪)를, 다투는 두 이상(理想)을. 미국 흑인의 역사는 이러한 분투의 역사이다.[11]

두보이스는 미국 땅에 놓인 흑인의 현재적 상황을 "베일에 가려진" 존재로 표현한다. 인종주의라는 색안경을 끼고 보는 백인에게 흑인의 진정한 자아는 베일에 가려져 있는 것과 마찬가지인 것이다. 또한 백인이 주인인 세상에서 백인의 시각에 익숙해 있기에 흑인 자신에게노 진정한 자아는 베일에 가려져 있다.

그러나 두보이스는 이러한 열악한 상황에도 불구하고 현실을 타개

---

11   W. E. B. Du Bois, *The Souls of Black folk*, p.8.

할 수 있는 능력이 흑인에게 있음을 강조한다. 흑인들은 베일을 꿰뚫어 볼 수 있는 통찰력을 타고 나기 때문이다. 두보이스는 미국 땅에서 태어 난 흑인의 경우 미국인과 흑인이라는 두 개의 정체성이 하나의 몸에서 싸우고 있음을 토로한다. 그리고 이 갈등적인 두 개의 정체성이 각자의 색깔을 잃지 않고서 하나로 통합될 수 있기를 희망한다.[12] 백인 문명권 에서 자라난 아프리카 출신들이 갖게 되는 이중 의식은, 이들을 동료 시 민으로 대우하지 않는 세상으로부터의 소외, 흑인을 열등항으로 규정 하는 백인 담론을 내면화함에 따라 발생하는 자신으로부터의 소외 등 다중적인 소외에서 생겨난다. 두보이스는 이처럼 분열된 정체성을 조 화롭게 통합함으로써 이중 의식과 소외의 문제를 극복하고자 하였다.

「흑인 국제주의」에서 제인이 "아프리카계 라틴인"이라는 두 문화권 에 걸친 흑인의 자아상을 제시하였을 때, 그래서 다른 인종을 통해서 습득한 경험과 지적인 재산을 유익하게 쓰는 법을 배워야 한다는 주장 을 하였을 때, 그녀가 염두에 둔 것은 아마도 두보이스가 일찍이 주창 한 "이중 의식"의 조화로운 통합이 아닌가 싶다. 제인은 같은 글에서 동 일한 혈통을 가진 아프리카인들의 공동체를, 그녀가 "흑인 국제주의" 라고 이름 붙인 초국적 연대관계를 꿈꾼다. 그리고 현존하는 국경을 뛰 어넘는 이 공동체를 결성하기 위해서 아프리카계 미국인들과 아프리카 계 라틴인들, 그리고 아프리카인들이 상호부조를 통해 새로운 흑인 정 신을 발달시킬 것을 촉구한다. 제인의 이러한 주장 또한 두보이스의 '범아프리카주의'로부터 멀지 않다. 훗날 네그리튀드의 삼총사들이 범

---

12   이와 관련된 자세한 논의는 이경원, 앞의 책, 116~128쪽을 볼 것.

아프리카주의를 채택하였을 때 이들이 두보이스로부터 영향을 받은 것도 있겠지만, 프랑스어권에 이를 소개하였을 뿐만 아니라 프랑스 식민지의 상황에 맞추어 이를 변형시킨 제인으로부터도 영향을 받은 것이라고 보아야 정확한 것이다. 나르달 자매와 네그리튀드 삼총사 간의 관계에 대하여 폴렛은 한 서간문에서 "[생고르와 세제르는] 우리가 던져준 사상을 받아들여 더 가열 차고 화려하게 표현하였다"[13]고 증언한 바 있다. 이는 생고르와 세제르가 『아프리카 통신』이나 『흑인세계 리뷰』를 애독하였다는 사실에서나, 이들의 훗날의 회고에서도 드러나는 것이다.

프로베니우스의 영향

쉬잔 루시도 나르달 자매처럼 마르티니크 출신으로 파리에서 유학한 인물이다. 그녀는 나르달 자매의 클라마르 살롱에 자주 출입하여 당대의 새로운 사상을 접했지만, 그녀의 첫 출판은 세제르와 결혼하여 고국으로 돌아가는 1939년 후에야 이루어진다. 그러니 그녀가 네그리튀드 운동에 행사한 영향력은 나르달 자매에 비해서 시간적으로 뒤시는 것이며, 남편의 저작에 비해서 많은 양을 자랑하지도 않는다. 그러나 그녀가 천명한 "시적 전투성(militantisme poétique)" 개념은 당대의 마르

---

13   Shireen K. Lewis, op. cit., p.5에서 재인용.

티니크에서 일종의 '문화 혁명'을 기도하는 의미 있는 것이었다. 그녀는 또한 마르티니크의 국립고등학교인 리세(Lycée)에서 교편을 잡고 남편과 함께 파농과 같은 저항적인 탈식민 세대를 길러 내는 중요한 역할을 하였다. 쉬잔은 1963년에 남편과 헤어지고 3년 후 사망하는데 이때 그녀의 나이가 50세였다. 이른 사망으로 인해 그녀의 저작은 많지 않았지만 그럼에도 마르티니크의 정신적 독립을 위하여 중요한 족적을 남긴 것으로 평가된다.

1941년에 쉬잔은 남편 세제르, 그리고 리세의 동료 교사인 메닐(René Ménil, 1907~2004)과 함께 문화 리뷰 『열대지역』을 창간하게 되고, 이들은 주요 예술적 강령으로 초현실주의를 채택한다. 다시 논의하겠지만, 메닐은 10여 년이나 먼저 발간된 『정당방어』 창간호에서 초현실주의에 대한 지지를 이미 표명한 바 있다. 『열대지역』의 편집인이었을 당시 세제르도 아내와 메닐 못지않게 초현실주의에 매료되었다. 훗날 세제르는 "브르통이 『열대지역』의 첫 3호를 읽었을 때 나를 초현실주의자라고 믿었다. 이는 완전한 진실도, 또 완전한 거짓도 아니다"[14]라는 말로 초현실주의에 빚진 바를 표현한 바 있다. 브르통(André Breton, 1896~1966)은 무의식을 인간 정신의 자유로운 발로로 여긴 초현실주의의 주창자이다. 세제르의 이어지는 표현을 빌리면,

브르통은 우리들에게 거침없는 면을 보여주었다. 그는 우리가 속박 받지 않는 사상을 이해하도록 도와주었다. 그는 우리의 추구에 필요한 시간을 단축

---

14   Aimé Césaire, "Entretien avec Aimé Césaire par Jacqueline Leiner", *Tropiques 1941 ~ 1945 : Collection Complète*, Paris : Jean-Michel Place, 1978, p.vi.

시켜 주었고 우리의 망설임을 단축시켜 주었다. 내가 안고 있었던 대부분의 문제들이 그에 의해서, 초현실주의에 의해서 해결되었음을 나는 깨달았다 …… 브르통과의 만남은 내가 나만의 사유를 통해서 발견한 것들이 진실임을 확인해 주었다고 말하고 싶다.

세제르가 "완전한 진실도, 완전한 거짓도 아니"라는 모호한 어법을 구사한 데는 『흑인 학생』을 창간한 삼인방이 서구의 사상에 대해 한 때 표방한 일체의 배격주의가 그 배경에 있다. 달리 표현하면, 한편으로는 서구로부터의 정신적인 해방을 추구하면서, 다른 한편으로는 이 해방을 위한 노력에서조차 서구에 빚지지 않을 수 없게 된 정신적인 옹색함을 인정하기 싫었던 것이다. 그러나 이러한 배격주의의 구호에도 불구하고 유럽의 초현실주의 운동이 프랑스어권 탈식민 운동가들에게 매력적인 저항 수단이었다는 것은 부인할 수 없는 현실이었다.

유럽의 초현실주의자들은 서구 부르주아 문화가 장려해 온 일체의 미학적·도덕적 가치를 타도 대상으로 삼았는데, 이러한 반서구적 미학이 프랑스의 문화적 영향에서 벗어나고자 하였던 서인도제도 출신의 지식인들에게 호소력 있게 다가왔다. 유럽의 초현실주의자들은 또한 근대성과 합리주의에 영향 받지 않은 아프리카 흑인들의 전통 문화를 치켜세웠다. 아프리카 흑인 예술에서 자신들이 배격하였던 서구 이성중심주의나 근대성에 대한 대안을 보았던 것이다. 프랑스 정부가 제국의 위용을 자랑하기 위해 1931년에 만국식민박람회(Exposition coloniale internationale)를 개최하였을 때 누구보다도 유럽의 초현실주의자들이 이를 "살인적인 인도주의"이라고 부르며 비판하였다. 그런 점에서 유럽의 초현실주의와 서인도제도 출신의 흑인 문인들 간에는 긴장 관계도 있었지만, 반제국주의적·반부르주아적 배경을 가지고 있었다는 점에서 이 둘은 동지적 관계를 맺고 있었다.

『열대지역』에 관련된 쉬잔의 기여는 1941년 4월에 출간된 창간호에「레오 프로베니우스와 문명의 문제(Léo Frobénius et le problème des civilisations)」를 기고함으로써 시작된다. 독일 민속학자 프로베니우스의 저서는 쉬잔뿐만 아니라 다른 네그리튀드 운동가들에게 지속적인 영향력을 행사하였다는 점에서 주목할 만하다. 일찍이 프로베니우스는 중앙아프리카의 정령숭배 관습을 다룬 논문을 『흑인세계 리뷰』에 기고한 적이 있는데, 이 글이 당시 파리에 유학 중이던 흑인 학생들에게 상당한 공감을 불러 일으켰었다. 프로베니우스의 기고문을 통해 흑인 유학생들이 아프리카의 문화와 아프리카인의 감성에 대하여 자부심을 가질 수 있었던 것이다. 「레오 프로베니우스와 문명의 문제」에서 쉬잔은 '시'야말로 프로베니우스가 말한 적 있는 세상을 새롭게 창조할 철학의 예라고 주장한다. 그러한 임무를 수행하기 위해서 마르티니크의 시인들은 자신이 누구인지를 알아야 하고 또한 자신을 인정해야 할 것을 그녀는 요구한다. 마르티니크인들의 문화적 정체성에 대한 이 질문은 30년대에 나르달 자매에 의해 제기된 바 있으며, 이어 『정당방어』의 공동 창간인들이 집요하게 문제 삼았던 의제이기도 하다. 쉬잔도 이 인종적·문화적 화두와 씨름하기를 계속함으로써 당대 네그리튀드 운동에 본격적으로 참여하게 된다.

「레오 프로베니우스와 문명의 문제」는 프로베니우스의 "파이도이마(Paideuma)"개념을 가져와 아프리카의 특별한 문명사적 위상을 논한다. 그에 의하면, 인간이 문명을 창조하는 것이 아니고 문명이 인간을 창조한다. 문명을 생성시키는 힘으로서 인간을 통해 표현되는 파이도이마는 두 가지 상반된 형태로 나타난다. 그중 하나가 "에티오피아적 문명"이며 또 다른 하나는 "함족 문명"이다. 에티오피아적 문명은 "식물성 인간(homme-plante)"에 의해 세워졌다. 반면 함족 문명은 "동물성 인간(homme-animal)"에 의해 세워졌다. 동물성 인간의 특징이 공격성과 지배욕이라면, 식물성 인간의 특징은 "우주의 생명의 리듬에 몸을 맡기는 것"이다. 이 두 가지 문명은 유럽, 아메리카, 아시아 같은 문명권에서는 개인의 의식 깊숙이 묻혀 있는 반면, 아프리카에서는 온전하고 순수한 형태로 보존되어 있다.

프로베니우스의 문명론은 당대의 프랑스어권 흑인 지식인들에게 큰 공감을 일으키게 된다. 쉬잔은 프로베니우스의 문명론을 다음과 같이 설명한다.

> 19세기에 애용된 지속적인 진보의 개념은 문명이 원시적인 야만성으로부터 최고의 근대 문화를 향해 일직선으로 진보하는 것으로 간주하였으나 이는 잘못된 것이었다. 인류는 완성에의 의지를 갖고 있지 않다. 이를 강조하자면 인류는 문명을 창조하고 이를 더 높이 고양시키려 노력하지 않는다. 반대로 그것은 마치 생명력이 종의 다양성을 통해 하나의 변종에서 다른 변종으로 전화해 가듯, 내면의 파이도이마에 의해 생성되는 과정인 하나의 갑작스런 충격으로부터 다음의 충격을 향해 다양한 방향으로 발전해 나간다.[15]

---

15 Suzanne Césaire, "Léo Frobénius et le problème de civilisations", *Tropiques* 1, avril 1941, pp.32~33.

다윈의 진화론과 과학적 실증주의에 영향을 받은 서구의 역사발전론은 직선적인 시간관을 갖는다. 원시에서 출발하여 문명에 도착하는 진보주의를 인류의 보편적 여정으로 삼았을 때 서구와 비서구는 각각 자연스럽게 도착지 및 ─ 비문명적인 ─ 출발지와 동일시된다. 쉬잔이 프로베니우스의 이론을 높이 산 것은, 그의 이론이 이러한 서구중심적인 발전사관을 정면으로 부정하는 데 있었다. 무엇보다 두 상반된 문명이 아프리카에 상존하고 있다는 주장은 아프리카에 문명권으로서의 새로운 지위를 부여한다. 이러한 견해를 근거로 쉬잔은 문화적 변혁이 마르티니크에서 가능하며, 그것은 마르티니크인들의 진정한 자기 인식에서 출발한다고 주장한다.

1942년 4월에 출간된 『열대지역』 5호에 실린 「문명의 문제(Malaise d'une civilisation)」는 탈식민 문화 비평가로서의 쉬잔의 본격적인 모습을 보여준다. 이 글에서도 쉬잔은 프로베니우스의 문명론을 들여오는데, 이전과 달리 '마르티니크의 문화적 불모'라는 주제와 관련하여 훨씬 더 구체적인 사회 · 역사적인 현상에 논의의 초점을 맞춘다. 그녀는 흑인들이 마르티니크의 낯선 열대 지역과 가혹한 노예제도 아래에서 살아남았음에도 불구하고 왜 이전에 아프리카에서 꽃을 피웠던 독창적인 문화가 이제 와서야 마르티니크에 겨우 출현의 조짐을 보이는지 질문한다. 이 질문에 대한 대답으로 쉬잔은 "낯선 땅으로의 야만적인 이주", "낯선 땅보다 더 낯선 '문명적인' 제도에 의한 강제 수용", 그리고 "집단적 망각"[16]을 꼽는다.

---

16   Suzanne Césaire, "Malaise d'une civilisation", *Tropiques* 5, avril 1942, p.45.

마지막 원인인 "집단적 망각"을 설명하는데 쉬잔은 많은 공을 들인다. 이에 의하면, 피지배자에게 지배자의 삶의 방식이 자연스럽게 동경의 대상이 되듯, 백인의 삶에 길들여진 마르티니크인들은 백인의 욕망을 추구하느라 자신의 진정한 본성을, 에티오피아적인 삶의 감수성을 잊어버렸다. 삶의 리듬에 몸을 맡기고자 하는 욕망이 분투의 욕망, 축재(蓄財)의 욕망, 백인의 삶을 모방하고자 하는 욕망에 의해 대체되었던 것이다. 이 대목에 와서 프로베니우스의 이론은 다소 다르게 변주된다. 아프리카인은 식물성 인간으로 규정되며, 암묵적으로 유럽인은 동물성 인간과 동일시되기 때문이다. 쉬잔의 표현을 빌리면,

> 마르티니크인은 누구인가?
> ─식물성 인간이다.
>
> 식물처럼 보편적 삶의 리듬에 몸을 맡긴다. 자연을 정복하려는 노력을 들이지 않는다. 변변치 않은 농부. 어쩌면 그럴지도 모른다. 이는 그가 식물을 키운다는 뜻이 아니다. 그가 자라나며, 식물처럼 산다는 뜻이다. 게으르다고? 식물의 특징일 따름이다. "나태하다"고 하지 말라. "식물처럼 산다"고 말하라. 그러면 두 배로 옳은 소리이다. 그가 애용하는 표현은 "흐름에 몸을 맡겨라"이다. 그가 유순하고, 경쾌하며, 지나치지 않으며, 거역하지 않는 삶을 위해, 사이좋게, 정답게, 흐름에 몸을 맡기는 것을 인정하라.[17]

위 인용문에서 자연을 정복하는 공격성과 지배욕이 백인의 특성이라고 명시되지는 않지만, 이러한 특징의 소유자가 누구인지를 추측하

---

17 Ibid.

기란 어렵지 않다. 마르티니크가 현재 겪고 있는 문화적인 문제는 서인도제도 흑인들이 자신의 천성을 제대로 알지 못하고 백인을 맹목적으로 모방하였기에 생겨난 것이다. 이러한 모방의 결과를 쉬잔은 "억압, 고통, 불모"[18]라는 세 단어로 요약한다.

쉬잔의 기고문에서 언급되는 마르티니크인의 본성은 에티오피아적인 것이요, 이는 또한 한때 아프리카에서 가장 잘 구현된 것이다. 이 본성이 아직도 마르티니크 흑인들의 무의식에서 발견된다고 본 점에서 쉬잔의 마르티니크 흑인본성론은 생고르의 흑인감성론과 유사하다. '흐름'과 '리듬'에 대한 쉬잔의 강조는 훗날 생고르의 입을 통해 보다 정교한 "아프리카 리듬론"으로 이론화되기도 한다. 생고르에 의하면 리듬은 아프리카인들이 사물의 영성(靈性)과 교감할 수 있도록 해주는 매개물이며, 그것이 재료의 옷을 입고 표현될 때 최고의 예술이 된다. 이처럼 아프리카의 예술적 가능성을 리듬이나 흑인의 본성에서 보았다는 점에서 생고르의 아프리카 문화론과 쉬잔의 마르티니크 문화론에는 공통적으로 수렴되는 부분이 있다.

---

18   Ibid., p.46.

동화(同化)에서 식인화(食人化)로

「문명의 문제」에서 에티오피아적인 감수성을 일깨울 것을 촉구하는 쉬잔의 주장에는 생고르의 네그리튀드 구호와 공통적으로 수렴되는 부분도 있지만, 아프리카적인 것의 회복만으로는 설명될 수 없는 부분도 있다. 그 이유는 무엇보다도, 마르티니크의 역사적·문화적 상황이 생고르가 태어나고 자라난 서아프리카 세네갈과는 다르기 때문이다. 아프리카의 자연에서 정령과 함께 자라난 생고르와 달리 마르티니크의 시인들은 고향 아프리카로부터 시·공간적으로 격리된 디아스포라의 후손들이다. 그들에게 있어 아프리카는 기억 너머에 존재한다. 마르티니크는 1493년에 콜럼버스가 발견한 후 프랑스와 영국에 의해 교대로 식민화되는 과정을 겪다가 나폴레옹 전쟁이 끝나면서 프랑스의 소유로 확정된다. 원주민인 카리브인들은 프랑스의 통치에 저항을 벌이나 진압되어 17세기 중엽에 멸종되다시피 하고, 그 결과 부족하게 된 현지의 노동력을 메꾸기 위해 프랑스인들은 아프리카 흑인들을 수입하여 노예로 부리게 된다. 그러니 쉬잔이 문화 비평가로 활동한 20세기 중엽의 시점에서 보았을 때, 마르티니크의 흑인들은 최소 300여 년 된 강제 이주 역사의 후손이다. 이들에게 아프리카의 정신을 회복할 것을 촉구하는 것은, 백인의 동화주의에 저항하는 대항 담론으로서, 즉 정신적인 탈식민화를 위한 정치적인 구호로서 의미가 있을지는 모르되, 일반인들에게는 상당히 공허한 외침으로 다가왔을 가능성이 다분히 있다.

오랜 식민화의 결과로 다인종적인 사회가 된 서인도제도에서 "조국"

이 무엇을 의미하는지는 트리니다드 출신의 나이폴(V. S. Naipaul)의 입을 통해서 잘 드러난 바 있다. 나이폴은 트리니다드를 일찍부터 조국으로 받아들일 것을 거부한 인물이다.[19]

> 나는 [내가 느낀] 공허감이 나의 기질, 즉 혼종적인 공동체에 최근에 자리 잡은 인도계 이민자 집단에 속한 아이의 기질과 관련이 있다고 생각했다. 그 아이가 과거를 돌아보았을 때 가족의 과거란 없고 단지 공백만을 발견하였던 것이다. …… 우리에게는 배경이 없었다. 우리에게는 과거가 없었다. 대부분 우리에게 과거란 할아버지의 시절쯤에서 멈추고 말았으며 그 이전은 공백일 뿐이었다.[20]

증조부가 인도인 계약노동자로 트리니다드로 오게 된 나이폴의 경우 서인도제도 정착 역사가 고작 3세대에 지나지 않았다는 점도 그를 괴롭힌 "소속감의 결여"와 무관하지 않다.

마르티니크 흑인의 경우 인도인들보다는 정착의 역사가 길다는 점에서 마르티니크에 대한 소속감이 상대적으로 더 강하였겠으나, 그만큼 아프리카에 대한 소속감은 옅어졌다고 여겨진다. 단적인 예로, 마르티니크가 속한 앙티유제도에서는 아프리카인의 후손이라는 말 자체가 금기 사항일 정도로 인종 의식의 발달이 늦었고, 백인 문화에 대한 동화 현상이 심각하였다. 오죽하였으면 파농이 앙티유의 유색인종들은 스스로를 백인으로 생각하며, 또한 동료를 인식할 때도 백인의 관점에

---

19 Arnold Rampersad, "V. S. Naipaul in the South", *Raritan* 10, Summer 1990, pp.45~46.
20 V. S. Naipaul, *A Way in the World*, New York : Vintage Book, 1995, pp.74~75 · p.81.

서 있다고, 즉 세상을 보는 기준점이 백인이라고 질타하였겠는가. 이러한 역사적 맥락을 염두에 두고 쉬잔의 「문명의 문제」로 돌아가 보자.

마르티니크의 문화적 빈곤 현상이 심각하긴 하지만, 그럼에도 쉬잔은 미래를 낙관한다. 그 이유는 마르티니크인들이 겪고 있는 에티오피아적인 감수성의 상실이 영구적인 것이 아니기 때문이다. 그 감수성은 마르티니크 흑인들의 무의식 깊은 곳에 자리 잡고 있다. 따라서 마르티니크의 문화적인 재생은 주민들이 자신의 숨겨진 본성을 제대로 인식할 때 가능해진다. 그때가 바로 마르티니크에서 문화적 혁명이 시작되는 때라고 쉬잔은 보았다. 「문명의 문제」는 다음과 같은 지상 명령으로 끝을 맺는다.

이는 의고주의의 문제, 우리가 음미하고 존중하는 법을 배우게 된 아프리카의 과거를 부활시킬 것인가의 문제가 아니다. 아니, 그것은 **가장 지속적인 혼합의 결과로 새롭게 인종이 생겨난 이 땅의 모든 뒤섞인 생명력을 동원하는 문제**이다. 우리의 내면에 엄청난 양으로 갇혀 있는 다양한 에너지의 존재를 인식하는 문제이다. 이제 우리는 그것들을 온전하게, 일탈하거나 거짓됨 없이 사용해야 한다. 우리를 몽상가라고 생각했던 이들에게는 유감스럽지만 안 된 일이다.

우리의 현실은 가장 문제적인 것.

우리는 행동할 것이다.

이 땅은, 우리의 땅은 오직 우리가 원하는 바대로 될 뿐이다.[21]

---

21 Ibid., pp.48~49. 강조는 필자.

「문명의 문제」는 나르달 자매의 흑인 휴머니즘이나 혼성론에 영감 받은 것으로 보인다. 현재의 주어진 여건을 최대한 활용하여 고유한 문화를 꽃피우자는 생각이 그 단서이다. 또한 마르티니크의 인종적·문화적 상황을 혼성적인 것으로 보는 것이나, 아프리카의 문화가 중요하기는 하되 의고주의(擬古主義)나 전통주의(傳統主義)는 배척한다는 점도 그렇다. 나르달 자매의 혼성론은 마르티니크 흑인이 프랑스의 영향력과 아프리카의 문화를 조화롭게 통합하는 것을 의미한다. 쉬잔이 위 인용문에서 사용한 "혼합(brassage)"의 개념이 마르티니크의 문화적 '다양성'을 의미하는 것인지, 아니면 문화적 '혼종화'를 의미하는 것인지, 또한 혼종화라면 어떤 종류의 혼종화인지 분명하게 할 필요가 있다. 우선 "brassage"는 인적·물적 교류나 혼합을 의미한다. 단어의 축자적인 뜻만을 본다면, 혼합은 다양한 요소들이 개개의 성질을 유지하면서 다른 요소들과 어울리는 상태, 즉 다양성의 공존을 뜻한다. 반면 혼종화(hybridity)는 상이한 요소들이 섞여서 새로운 성질을 만들어 낸다는 의미이다.

이와 관련하여 마르티니크의 인종적 구성을 역사적으로 고찰해 보면, 17세기에 시작된 프랑스 식민통치의 후손인 크레올, 식민통치에 저항하던 카리브 해 원주민들이 전멸하다시피 하게 되자 플랜테이션 운영을 위해 들여온 아프리카 흑인 노예들의 후손들, 계약 노동자로 온 인도인들 등 복수의 인종들이 식민 체제 하에 모여 살게 된다. 이처럼 오랜 기간에 걸친 복합적인 디아스포라의 결과로 마르티니크에서는 다양한 문화와 혈통이 공존할 뿐만 아니라 이들 간의 화학적인 융합도 일어나게 되었던 것이 사실이다. 소위 오늘날 '카리브 해 문화'라고 불리는 것이 그것이다.

인용문에서 쉬잔이 언급한 "우리 내면에 엄청난 양으로 갇혀 있는 다양한 에너지"는 일차적으로 혈통적 / 문화적 다양성을 지시한다. 그런데 이 다양한 문화적 요소들은 단순히 고유의 색채를 유지한 채로 정체되어 있지는 않으며 서로 융합하여 새로운 정체성을 낳기도 한다는 점에 유의할 필요가 있다. 이렇게 해석할 수 있는 근거는 두 가지이다. 첫째, "혼합"의 결과로 "새롭게 인종이 생겨난다"고 표현하는데서 알 수 있듯, 쉬잔은 인종적·문화적 다양성이 새로운 혼종적 문화의 모체가 된다고 생각하였던 듯하다. 둘째 근거는, 다양성에 대한 인정에도 불구하고 마르티니크의 문화가 근본적으로 에티오피아적인 것이라는 쉬잔의 주장이다. 비록 아프리카의 과거로 돌아가자는 뜻은 아님을 천명함에도 불구하고, 쉬잔의 글에서 에티오피아는 '아프리카의 문화적 토양이나 인성'을 지시하는 하나의 기표이다. 에티오피아를 새롭게 정의하지 않은 다음에야 말이다. 그런 점에서 보았을 때, 마르티니크의 문화는 다양한 요소들의 합이 어울려 내는 혼성적인 것이기는 하지만, 그 혼성적 성격은 "에티오피아"라는 기표가 지시하듯 아프리카의 문화적 감수성과 소통하는 성질의 것이다.

그러니 쉬잔이 말하는 마르티니크의 혼종성은 나르달 자매의 혼종성과는 다소 다르다. 나르달 자매가 제국과 식민지 간의 조화로운 문화적 통합을 마르티니크의 미래의 청사진으로 제시하였다고 한다면, 쉬잔은 좀 더 구체적인 맥락에서 마르티니크에 뿌리를 내린 각종 '현지의' 문화들 간의 역동적인 공존과 융합의 상태를 거론하고 있기 때문이다. 쉬잔의 문화론에서 프랑스 제국의 영향력은 다양한 현지 문화들 중의 하나에 불과하다. 제국의 문화적 영향력은 어떤 점에서는 극복되어야 할 것이기도 한데, 그 이유는 바로 프랑스의 동화주의 정책의 결과로 창의적인 에너지가 "우리의 내면에 엄청나게 갇혀 있게" 되었다고 쉬잔이 보기 때문이다. 고유한 문화적 창달이 억압된 에너지의 해방에 있다고 본 점에서, 그렇다고 해서 프랑스의 문화를 전면적으로 거부하는 데 미래가 있다고 보지는 않았다는 점에서, 쉬잔이 말하는 문화적 혁명은 프랑스 제국의 문화적 영향력과 일종의 길항 관계에 있다고 보는 편이 옳다.

제국의 문화에 대한 전유적 태도는 같은 해 1월에 출간된 『열대지역』 4호에 실린 쉬잔의 글에서도 발견되는 것이다. 이 호에 실린 「시의 궁핍」에서 쉬잔은 "시적 전투성"을 추구하기 위해 마르티니크의 문학이 "식인적이어야 할 것이며, 그렇지 않으면 존재하지 않게 될 것"이라고 주장한다. 그리고 그간 현지의 문인들이 애용한 문학적 소재인 "히비스쿠스, 재스민 나무, 부겐빌레아"를 이제는 버려야 할 것이라고 주장한다. 이 주장에 의하면 종래의 마르티니크 문학은 "해먹의 문학, 설탕과 바닐라 문학"이며 궁극적으로 "관광 문학"에 불과하다.[22] 서구의 이국주의적 취향에 맞추어 스스로를 팔았던 종래의 문학을 비판한 것이다. 흥미로운 점은 "식인제(食人祭)"가 유럽이 아프리카와 카리브 해의 원주민들에게 붙였던 인종주의적 꼬리표라는 점이다. 쉬잔은 유럽의 인종적 편견이 고도로 함축된 표현을 선택하여 마르티니크의 문화가 가야 할 미래의 방향을 제시한다. 네그리튀드와 흔히 동일시되는 "흑인감성론"이 "이성이 결여된 흑인"이라는 유럽의 편견을 역이용한

---

22   Suzanne Césaire, "Misère d'une poésie : John Antoine-Nau", *Tropiques* 4, Janvier 1942, pp.49~50.

것과 같은 전략적 선택인 것이다.

마르티니크의 문학이 식인적이어야 한다는 이 기이한 주장을 이해하기 위해서는 식인제의 기원을 고려할 필요가 있다. 아프리카의 일부 부족들에게서 "식인제"가 시행된 연유는 인육에 대한 욕구 때문이 아니라 적군의 신체의 일부를 먹음으로써 적의 용맹한 정신을 자신의 것으로 삼고자 함이었다. 이러한 상징적 맥락에서 읽을 때 마르티니크의 문학이 식인적이어야 한다는 쉬잔의 주장은 문화적 불모의 상태를 벗어나기 위해 현지의 문인들이 외래의 문학이나 사상에 대해 취해야 할 태도를 적시한 것이다. 즉, 외래의 사조를 단순히 모방하거나 사대주의적으로 추종할 것이 아니라 이를 섭취한 후 자신의 것으로, 고유의 마르티니크 문학을 살찌우는 자양분으로 이용해야 함을 주장한 것이다. 프랑스 제국이 서인도제도를 효과적으로 식민화하기 위한 정책이 동화주의였다는 사실을 고려할 때, 쉬잔의 식인화 전략은 제국의 동화주의 정책을 역이용하는 일종의 '발상의 전환'을 보여준다.

마르티니크인의 본성을 "식물성"으로 특정하였을 뿐만 아니라 이것이 문화로 표현된다고 본 점에서 쉬잔의 마르티니크 문화론은 생물학적 본질론의 양상을 띤다. 그리고 그러한 점에서 생고르가 들려주는 흑인감성론과 유사한 부분이 있다. 쉬잔의 문화론에서 발견되는 본질론적인 경향과 동시에 지적할 사실은, "우리 내부에 엄청남 양으로 갇혀 있는 다양한 에너지"라는 표현이 드러내듯 본질에 대한 강조만큼이나 역동성이 강조된다는 사실이다. 현지에 뿌리내린 문화적 전통들 간의 화학 작용에 주목하고 그로부터 마르티니크의 문화 혁명의 가능성을 보았다는 점에, 쉬잔의 문화론이 성취하는 부분이 있다.

쉬잔의 마르티니크 문화론에는 문제점도 발견되는데, 마르티니크의 문화적 다양성에 대한 그녀의 논의에도 불구하고 아프리카 출신 이외의 인종들이 그녀의 문화론에서 목소리를 잃고 사라지게 된다는 점이다. 백인 문화로 동화된 결과 문화적 불모 현상이 생겨났다고 매섭게 비판하는 쉬잔의 입장은 식민지의 문화적 독립이 필요함을 역설하는 성과는 거두었을는지 모르나, 이러한 성과의 이면에는 다른 민족들이 마르티니크에서 다수파를 이루는 아프리카 출신들의 문화를 풍요롭게 만드는데 필요한 '엑스트라'로 전락하게 되었다는 비판에 열려 있다. 글리상이 지적한 대로, 유럽중심주의를 극복하기 위해 또 다른 특정 인종 중심의 문화적 본질을 제기하는 것이 현명한 것인가 하는 질문이 제기될 수 있는 것이다.[23] 그러한 점에서 쉬잔의 문화론은 훗날의 네그리튀드가 일으킨 본질론의 시비를 예견하고 있다. 이러한 문제에도 불구하고 백인 문화에 대한 팽배한 모방 풍조가 마르티니크 고유의 문화를 잠식하고 있음을 맹렬하게 비판하였다는 점에서, 쉬잔의 마르티니크 문화혁명론은 제국 문화와의 절충적인 태도를 취한 나르달 자매의 문화론뿐만 아니라 이에 영향받은 생고르가 대표하는 초기의 네그리튀드와도 분명 변별되는 것이다.

---

23 글리상은 마르티니크의 문화적 불모 현상의 이면에 있는 "모방 충동"을 극복하는 최선의 방안으로서 서인도제도의 정체성을 또 다른 유의 본질로 대체할 것이 아니라 "복수의 과정"으로 볼 것을 제안한 바 있다. Éduard Glissant, *Le discours antillais*, Paris : Gallimard, 1997, p.61; Éduard Glissant, J. Michael Dash trans., *Caribbean Discourse : Selected Essays*, Charlottesville : Univ. Press of Virginia, 1989, p.42 · 43.

『정당방어』, 마르크스와 브르통[24]

『정당방어』는 『흑인 학생』보다 3년 전인 1932년에 당시 파리에 유학 중이던 마르티니크 출신의 학생들에 의해 창간되었다. 이 잡지의 발간에 참여한 이들 중에는 에티엔느 레로(Étienne Léro, 1910~39) 외에도 텔루스 레로(Thélus Léro, 1909~96), 메닐, 모네로(Jules-Mariel Monnérot, 1874~1942), 필로텡(Michel Pilotin, 1906~72), 퀴트망(Maurice-Sabas Quitman), 테제(Auguste-Thésée), 요요트(Pierre Yoyotte)가 있다. 이 창간인들이 취한 입장은 어떤 점에서는 『흑인 학생』과는 분명하게 구분되는 것이면서도, 또한 동시에 이 훗날의 잡지와 부인할 수 없는 연속성을 띠는 것이기도 하였다.

이러한 변별성과 연속성에 대해서 논하기에 앞서 우선 8명의 유학생들이 공동 명의로 발표한 저널의 'avertissement'을 보자. 프랑스어 'avertissement'에는 '서문'이라는 뜻도 있지만 '경고'라는 뜻도 있다. 잡지에서의 위치를 보면 서문이요, 앞으로 예견되는 본격적인 반식민 공세에 비추어 보면 '적(敵)'에게 보내는 경고문이기도 한 이 두 쪽의 글에서 8인의 학생들은 당시 유럽을 뒤흔든 두 혁명적인 이데올로기와 제휴할 것을 밝힌다. 둘 중 하나는 마르크스주의이며, 또 다른 하나는 초현실주의이다. 두 이데올로기에 대한 이들의 입장은 잡지의 첫 쪽에서 다음과 같이 시작된다.

---

24 『정당방어』에 관련한 논의는 졸고 「네그리튀드와 『정당방어』」, 『비교문학』 64집, 2014, 133~151쪽을 수정한 것이다.

이것은 단지 경고일 뿐이다. …… 우리가 어쩔 수 없이 속해 있는 이 자본주의적, 기독교적 부르주아 세계에서 고통스럽게 숨 쉬지 않아도 되는 모두에게 맞서 우리는 궐기한다. 공산당(제3 인터내셔널)이 모든 나라에서 '(헤겔적인 의미에서) 정신'의 결정적인 역할을 하려고 한다. 만약에라도 우리가 공산당의 실패를 믿는다면 그것은 곧 '나는 더 이상 할 수 없다'는 식의 종말, 우리의 종말이 될 것이다. 우리는 공산당의 승리를 한 치의 유보 없이 믿는데, 그 이유는 편향된 해석으로부터 자유로운 레닌이 성공적으로 시험한 마르크스의 변증법적 유물론을 우리가 표방하기 때문이다. 우리는 이와 비슷한 일련의 신념들을 이 땅에 구축하려는 준비가 되어 있다. 인간적인 표현들의 구체적인 방법론에 근거한 우리는 마찬가지로 한 치의 유보 없이 — 1932년에 — 우리들의 미래와 연결되는 초현실주의를 수용한다. 우리는 독자들에게 **루이 아라공**, 앙드레 브르통, 르네 크르벨, 살바도르 달리, 폴 엘뤼아르, 벵자맹 페레, 트리스탕 자라의 모든 작품들과 함께 앙드레 브르통의 두 '초현실주의 선언'을 환기시키고자 한다.[25]

위 인용문에서 언급된 "제3 인터내셔널"은 레닌의 제창 하에 세계 각국의 공산당이 참여하여 결성한 국제조직으로서 프롤레타리아 독재를 추구했다. 『정당방어』는 이 제3 인터내셔널이 표방하는 사회주의 혁명을 하나의 좌표로 삼았다.

이 잡지의 또 다른 이데올로기적인 좌표는 프랑스의 시인 브르통이 주창한 초현실주의 운동이다. 이 잡지의 창간인들은 잡지의 제목도 실

25　Étienne Léro etc., "Avertissement", *Légitime défense*, Paris : Editions Jean-Michel Place, 1979, p.1.

은 브르통이 1926년에 출간한 동명의 문건에서 따왔다. 아이러니컬한 사실은 브르통의 『정당방어』가 동명의 잡지와 달리 프랑스 공산당을 비판하는 문건이었다는 점이다. 브르통은 한 때 프랑스 공산당에 가입하여 예술의 혁명과 사회의 변혁을 동시에 추구했으나, 공산주의와의 관계가 오래가지 못하고 잡지 『정당방어』가 출간된 다음 해인 1933년에 공산당을 떠나게 된다.

어쨌거나 『정당방어』의 창간인들에게 있어 조국이 안고 있는 문제는 소위 '정글의 법칙'이 지배하는 자본주의 체제가 가져다 준 병폐들에서 비롯되는 것이다. 그러한 점에서 반인간적인 사회경제 체제를 주도해 온 서구의 부르주아 계급뿐만 아니라 이에 기생한 식민지의 유산계급도 책임이 있다. 이 후자의 집단은 『정당방어』에서 "프랑스의 유색인 부르주아지"라고 불린다. 이 유색인 부르주아들은 프랑스 제국의 식민통치에 협력하여 기득권을 누려 왔다는 점에서 부역자 집단이다. 특기할 사실은 『정당방어』를 창간한 젊은 지식인들도 이 계급 출신이라는 점이다. 그러니 식민지의 현실에 대한 이들의 반항은 일종의 '계급적 자살'을 의미한다. 자신의 출신 계급에 저항할 것을 다짐하는 이들의 궐기문은 다음과 같은 인상적인 용어로 표현된다.

이 세상에서 가장 한심한 존재 中 하나인 프랑스 [식민지]의 유색인 부르주아 계급에서 태어난 우리는 모든 행정적, 통치적, 입법적, 산업적, 상업적 ······ 등의 잔해(殘骸)에 맞서 다시는 번복하지 않을 선언을 한다. 이 계급의 배반자로서 우리가 이 배반을 가능한 극단까지 추구할 것임을. 그들이 사랑하고 경배하는 모든 것들에, 그들을 배불리고 기쁘게 하는 모든 것들에, 우

리는 침을 뱉는다.[26]

서인도제도가 식민 치하에서 겪고 있는 사회적인 문제를 분석함에 있어『정당방어』는 이처럼 급진적인 계급의 시각을 빌고 있다.

이러한 입장은 잡지에 실린 모네로와 퀴트망의 논문에서 보다 구체적인 형태로 드러난다. 모네로의「프랑스 유색인 부르주아에 대한 논평」과 퀴트망의「지상 낙원」은 서인도제도의 우울한 사회적 현실을 논하면서 문제의 중심에 계급 착취가 있음을 지적한다. 착취 구도의 한쪽 편에는 흑인 프롤레타리아가 있고, 반대편에는 백인 지주들과 유색인 부르주아지가 있는 것이다. 모네로의 표현을 빌리면, 크레올, 즉 식민지 태생의 백인들은 수적 소수임에도 불구하고, 사탕수수밭과 설탕 및 럼주 공장에서 저임금을 받고 일하는 다수의 흑인 프롤레타리아들을 착취하는 경제적인 지배계급을 구성한다. 모네로는 또한 금권정치가 지배하는 섬에서 백인들은 특권적인 지위를 대대손손 물려주는 반면, 흑인들은 저임금 노동자의 위치를 벗어나지 못함을 고발한다.[27] 퀴트망도 흑인 프롤레타리아들의 비참한 현실을 구체적으로 지적하는데, 그의 조사에 의하면 목장 노동자의 경우 하루 13시간을 일하고 고작 7프랑~12프랑을 벌 수 있었다. 이 급여로 당대의 흑인 노동자들이 무엇을 할 수 있었을까? 이에 대하여 퀴트망은 다음과 같이 대답한다. 사실 "급여라고는 없었다. 이는 전혀 과장이 아닌데, 왜냐하면 제공된 노동과 급

26　Ibid., p.2.

27　Jules Monnerot, "Note touchant la bourgeoisie de couleur française", *Légitime défense*, p.3.

여라는 단어가 전혀 어울리지 않는 몇 프랑 사이에는 너무도 큰 괴리가 있었기 때문이다." 가정이 있는 노동자의 경우 상황이 더 혹독하였는데, 아이들이 성장할 때까지 이들을 부양해야 하기 위해 부모의 희생이 배가되었기 때문이다. 그래서 6세~8세 정도의 나이만 되면 아이들은 바로 "작은 작업장"이라 불리는 근로 현장에 투입되었다. 이들은 5프랑에 집안일까지 담당해야 했다.[28] 퀴트망은 노동자들이 저항하는 날이 언젠가는 도래할 것이라는 조심스러운 예언으로 기고문의 끝을 맺는다.

이와 같은 계급 착취에 대한 주목에도 불구하고 『정당방어』의 정치적 입장을 흔히 이해되는바 마르크스주의와 동일시하는 것은 성급한 것이다. 이 잡지의 창간인들이 고향에서 목격했던 자본주의의 모순이 프랑스 제국의 식민통치에서 발원하고 있었음을 인식하고 있었음을 고려할 때 그렇다. 또한 이 마르티니크 출신의 유학생들이 서인도제도의 계급적 상황을 분석하였을 때 이 문제가 궁극적으로 인종적인 차원에서 해결되어야 할 것임을 잊지 않고 있었다는 점을 고려할 때도 그렇다. 『정당방어』를 공정하게 평가하자면, 이 잡지가 계급문제 외에도 식민지의 문화적 정체성 문제를 집중적으로 다루고 있음도 지적해야 할 것이다.

'정신의 탈식민화'에 관련된 주제는 이 잡지에 실린 거의 모든 기고문에서 공통적으로 발견된다. 일례로, 모네로는 계급 착취 못지않게 유색인 부르주아들의 정신적인 동화현상이 서인도제도가 낭면한 중요한 문제임을 지적한다. 유색인 부르주아들은 모든 면에서 백인 부르주아들을 흉내 내기에 바쁜데, 이러한 흉내 내기의 의도는 피부색에 기인하

---

28 Maurice-Sabat Quitman, "Paradis sur terre", Ibid., p.5.

는 인종적 열등감을 보상받기 위해서이다. 백인 지배층의 '인정'을 받으려는 그들의 노력에 대해서 모네로는 다음과 같이 말한다. 유색인 부르주아들은 "자신들을 보듬어 주는 그 [백인 지배]계급이 보고 싶어 하는 [백인]의 이미지를 보여주어야 하기에" 그 계급의 "이상(理想)"과 "습속", "교양"을 본받는데 전념한다.[29] 유색인 부르주아들에 대한 퀴트망의 비판에서도 인종적 출신이나 문화적 동질성에 대한 부인(否認)이 이 집단의 문제임이 지적되고 있다. 퀴트망의 표현을 빌리면,

누구의 잘못인가? …… 그 잘못은, 이 버림받은 이들을 형제로 생각하지 않는 자들에게, …… 거짓된 오만함으로 인해 출신을 부정하고, 아무리 부정을 해도 여전히 동족임에는 변함이 없는 '흑인들'을 경멸한 자들에게, 교활하게 착취하는 공장주들을 봉사하는데 지성을 바친 자들에게 있다.[30]

마르티니크 유색인 사회의 특징은 프랑스 유학에 대한 열광이다. 예나 지금이나 제국으로부터 문화적·사회적 세례를 직접 받는 것이 백인에게 가장 가까워질 수 있는 방법으로, 그래서 백인이 누리는 특권을 가장 빨리 획득할 수 있는 방법으로 여겨졌던 것이다. 제3세계 국가의 경우 아이러니컬하게도 제국의 모방이라는 길을 걷지 않고서 식민지배의 유산을 극복하기란 쉽지 않다. 『정당방어』의 창간인들에 의하면, 마르티니크의 유색인 부르주아들은 계급적인 특권을 획득하기 위해 기꺼이 '정신의 식민화'를 받아들인 경우이다. 그들은 백인이 되는 꿈을 자

---

29   Jules Monnerot, op. cit., p.3.
30   Maurice-Sabat Quitman, op. cit., p.6.

식 대에서라도 실현시키기 위해 프랑스로 자식들을 유학 보낸다.

프랑스 유학과 유색인들의 '백인 선망증'의 관계에 대해 모네로는 다음과 같이 비판의 날을 세운다.

> 유색인 부르주아지의 아이들은 사기(詐欺)의 숭배 속에서 자라난다. 학교를 마친 후 "박사"나 "교사" 등의 직위를 "얻기" 위해 프랑스로 가 그곳에서 일반적으로 성공하는 부류가 있다. 이들이 동료 유럽인들 다수의 정신과 기질을 자신의 것으로 받아들이는 데 얼마나 열정적인지 모른다. 법학도와 의학도들은 프랑스 부르주아들의 취향을, 그들의 승마 모자까지도 받아들인다. …… 어떤 이들은 프랑스에 남아서, 대학의 "연줄"을 이용하여 정착하여 뿌리 내리기를 원한다. 어떤 이들은 "성공한다." 태생적으로 백인인 사람은 자신의 백인성으로 인해 넋을 보는 일이 없다. 그러나 이 흑인들은 순응주의 덕택에 백인성을 획득한다. "조국"으로 돌아온 이들은 상황이 어떻게 돌아가는지를 이미 배웠다. 그들은 프랑스 대학의 보증을 받은 것이다.[31]

위 인용문에서 "백인성"은 단순한 계급적 소속이나 사회적 위상뿐만 아니라 문화적 정체성도 의미한다. 그런 점에서 유색인들에게 있어 백인의 삶에 대한 모방은 단순히 사회적 지위를 격상시키려는 시도가 아니라, 궁극적으로 자신의 본성을 속인다는 점에서 일종의 "사기 행위"라는 모네로의 주장이 이해될 수 있다.

모네로와 쾨트망은 서인도제도에서 흑인들이 겪는 비참한 현실에

---

31 Jules Monnerot, op. cit., p.4.

대한 책임이 크레올 계급에도 있지만 궁극적 책임은 유색인 부르주아지에 있음을 지적한다. 유색인 부르주아지는 자신들과 역사를 공유한 흑인 동포들의 이익을 보호하기는커녕 백인 지주들과 공모한 배신자와 다를 바 없다. 모네로와 퀴트망의 글에서 주목할 점은 마르티니크 사회에 대한 계급적 비판이 이처럼 인종을 매개변수로 하여 전개된다는 사실이다. 말을 바꾸어, 마르티니크에 대한 반식민적 비판이 계급을 매개변수로 하여 제기되었다고 말하여도 틀린 표현이 아니다. 그 이유는 마르티니크에서 인종적 지배와 계급적 지배가 실은 동일한 피식민 흑인 집단을 착취함으로써 가능하였다는 점에서, 또한 착취의 수혜자가 동일 집단이라는 점에서, 이 둘은 같은 몸통을 가진 두 얼굴이라 할 수 있기 때문이다. 비록 피지배 인종 내에서 계급적 분화가 일어난 것은 사실이나, 이때 분리된 상위 계급의 흑인들이 스스로를 흑인 지배계급으로서 인식한 것이 아니라 지배 인종과 동일시하였다는 점에서, 마르티니크의 계급 문제는 인종적 맥락과 분리될 수 없다.

메닐과 레로의 반식민 문화비평

흑인들의 백인 선망증에 대한 비판은 『정당방어』의 다른 기고문에서도 발견된다. 잡지에는 모네로와 퀴트망 외에도 메닐과 레로, 요요트 등이 기고했는데, 이들은 각자 기고문에서 서인도제도 흑인들의 정체성과 문학, 교육 등 폭넓은 문화적인 영역을 변혁시킬 가능성을 논한다. 특히 레로와 메닐의 공통적인 관심사는 프랑스의 식민통치가 서인도제도인들에게 준 정신적인 변화이다. 일례로, 레로는 「시의 빈곤」에서 서인도제도 출신의 시인들이 프랑스 시의 내용과 문체를 모방하는 것을 비판한다. 레로는 이러한 모방 현상의 주범으로 프랑스 제국의 동화정책을 지목한다. 레로를 직접 인용하면,

> 백인의 도덕으로, 백인의 문화로, 백인의 교육과 편견으로 가득 차다 못해 터져 버릴 것 같은 앙티유 [시인]이 자신의 소책자에서 허풍쟁이 모습을 선보인다. 백인의 아류가 되는 것이 그에게 시적 자아뿐만 아니라 사회적 자아도 제공한다. …… 백인이 [시인]의 피부색을 알아채지 못하고 그의 책을 읽는다는 사실을 그는 특별한 영광으로 생각한다.[32]

이 인용문에서 레로가 지적하는 동화 현상은 두 가지이다. 하나는 문학의 모방이요, 또 다른 하나는 사회적·문화적 모방이다. 서인도제도의 문인에게 이 둘은 동전의 양면과 같은 것이다.

백인의 문학을 가능한 한 똑같이 모방함으로써 서인도제도의 흑인은 예술적인 성취를 거둘 뿐만 아니라 문화적인 동화라는 사회적인 성취도 거두게 된다. 서인도제도의 작가들의 외양은 흑인의 모습을 하였지만, 정신은 백인이 되고만 것이다. 오랜 기간 동안 지속된 제국의 동화정책으로 말미암아 백인의 가치와 문화가 흑인들의 규범이 되어 버

---

32   Étienne Leró, "Misère d'une Poésie", *Légitime défense*, p.10.

렸던 것이다. 그러면 레로가 서인도제도의 흑인 시인들에게서 무엇을 발견하기를 기대하였던 것일까? 대답은 레로의 진술에서 다음과 같이 발견된다.

외부인들은 아마 이들[마르티니크인]의 문학에서 독창적이고도 심오한 특징을, 흑인 고유의 관능적인 상상력을, 압제에 시달리는 민족의 열망과 증오의 메아리를 찾으려 하겠지만 이는 헛된 일이다. 문학계의 거물 중 하나인 다니엘 탈리(Daniel Thaly)는 카리브인들의 죽음을 노래하였다. (우리는 [이들에게] 관심이 없는데 그 이유는 이들이 마지막 한 사람까지 전멸하였기 때문이다) 반면 그는 강제로 자신의 땅과 가족과 헤어져야 했던 노예들의 반란에 대해서는 침묵하였다.[33]

레로는 서인도제도의 문학에서 흑인의 감수성이 표현되기를 바랐고, 반식민주의의 원동력이 되는 제국에 대한 증오와 해방에 대한 뜨거운 열망이 발화되기를 기대하였다. 그러나 프랑스의 데카당스를 흉내 내기에 급급한 동시대의 서인도제도 문인들은 이러한 기대에 매우 못 미쳤다. 위 인용문에서 언급되는 탈리만 해도 당대에는 명성이 자자한 마르티니크 시인이었지만, 레로의 관점에서 보았을 때는 실망스러운 인물이었다. 탈리는 "마지막 카리브 원주민들의 친구"라고 불릴 정도로 원주민들의 운명에 지대한 관심을 표명하였던 시인이었다. 프랑스의 식민통치 기간 동안 전멸하다시피 한 마르티니크 원주민들의 죽음은

---

33   Ibid.

기리면서도 식민지 서인도제도에서 현재에 진행되는 비극에 대해서는 침묵하는 탈리의 이중적인 태도를 레로는 풍자의 대상으로 삼는다.

레로는 동시대의 마르티니크에서 발견되는 문화적 사대주의 현상에 대한 해결책을 글의 말미에서 제시한다. 미래에 대한 그의 전망을 인용하면,

> 검은 아메리카에서 불어오는 바람이 순식간에 우리의 앙티유를 정화시켜 노쇠한 문화에서 맺는 발육 부진의 과실들을 없애기를 희망하자. 랭스턴 휴즈와 클로드 맥케이, 두 혁명적인 흑인 시인이 우리에게 붉은 알코올로 적신, 삶에 대한 아프리카적인 사랑을, 아프리카적인 사랑의 기쁨을, 죽음에 대한 아프리카적인 꿈을 가져다준다. 아이티의 젊은 시인들이 미래의 역동성을 배태하는 시를 우리에게 이미 선을 보인 바 있다.
>
> 그 날 이후에, 타락한 백인들에 팔린 앙티유의 혼혈 기생계급(寄生階級)에 의해 고혈을 빨린 흑인 프롤레타리아들이 이 이중의 굴레를 부수고, 먹고 살 권리와 정신적인 삶을 살 권리가 있음을 입증할 수 있을 것이며, 그 날 이후에야 앙티유 문학이 존재할 수 있을 것이다.[34]

위 인용문에서 레로는 프랑스 문학에 대한 모방 풍조가 문화적 불모의 상태를 가져왔다면, 랭스턴 휴즈와 클로드 맥케이가 보여준 문학적 전범을 따름으로써 마르티니크에 새로운 문화의 꽃을 피울 수 있다고 주장한다. 레로가 마르티니크의 문화적 재생을 위하여 "검은 아메리카"

---

34 Ibid., p.12.

가 상징하는 할렘 르네상스의 혁명적 기운을 빌려야 한다고 주장하는 것은 그리 새로운 것이 아니다. 나르달 자매의 경우에서 잘 드러나듯, 레로 이전에도 에티오피아 문명이 상징하는 아프리카의 정신적 유산을 계승할 것을 주장한 서인도제도 출신의 흑인 지식인들이 있었기 때문이다.

그럼에도 불구하고 레로의 이 주장은 『정당방어』의 역사적 의의를 재평가함에 있어서 중요한 자료를 제공한다. 이 장의 결미에서 다시 논하겠지만, 『정당방어』에 대한 그간의 평가는 이 잡지가 마르크스주의와의 이데올로기적인 제휴 아래 정치적 변혁을 꿈꾸었기에 처음부터 문화 운동을 천명한 네그리튀드 운동과는 유가 다르다는 것이었다. 그러나 위에서 드러나는 레로의 입장은, 『정당방어』를 계급적인 잡지로 평가하는 것이 실은 이 잡지의 복합적인 성격을 얼마나 왜곡하는 것인지를 여실히 드러낸다. 레로는 변화의 가능성을 "흑인 프롤레타리아"에서 읽어 냄으로써 마르크스주의적 시각을 빌리고 있다. 동시에 주목해야 할 사실은 레로가 기대하는 계급 혁명이 할렘 르네상스에 영향받은 반식민 '문화운동'에 의해 촉발된다는 점이다. 뿐만 아니라 프롤레타리아가 연 혁명 이후의 세계가 보여줄 새 문학도 프롤레타리아 문학, 즉 "만국의 노동자가 공유하는 계급 문학"이 아니라 아프리카적인 정신을 계승 발전시킨 마르티니크 고유의 문학이라는 사실이다. 레로가 그려내는 미래의 세계가 이처럼 아프리카와 서인도제도의 문화에 뿌리를 내리고 있는 것임을 고려할 때, 마르크스주의는 프랑스 제국이 지배하는 세상을 바꾸는 투쟁의 수단으로, 용도가 제한된 대항 이데올로기로 채택된 것이지, 대안적 세계의 청사진은 아니라고 보는 편이 옳다.

그러한 점에서 레로와 그의 동료들을 계급적인 혁명을 추구하는 마르크스주의자로 간주하는 기성의 평가는 이들의 구호를 극히 단선적으로 이해한 것이다.

마르티니크의 문화적 불모 상황과 제국의 동화정책에 대한 비판은 메닐의 글에서도 발견되는 것이다. 「앙티유 유색인 작가들에 대한 일반론」에서 메닐은 문화의 영역 중에서도 특히 교육제도에 주목한다. 그에 의하면, 제국의 식민지 교육정책으로 말미암아 서인도제도인들은 자신들이 흑인으로서 살아왔던 경험을 거부하고 문화적으로 다를 수밖에 없는 나라의 가치를 내면화하게 되었다. 일례로, 서인도제도의 학교에서 사용되는 책들은 다른 나라에서 만들어지고, 다른 문화권의 독자들을 위해 애초에 쓰인 것임에도 불구하고, 그 내용이 카리브 해 연안의 어린이들이 습득해야 할 가치의 전범으로 제시되었다는 것이다. 이러한 정신의 식민화에 대하여 메닐은 다음과 같이 증언한다. "점차적으로 카리브 해의 유색인은 자신의 인종을 거부하고, 자신의 몸을 거부하고, 자신의 궁극적이고도 독특한 정열을 거부하고, 사랑과 죽음에 대하여 특별하게 반응하는 자신만의 방식을 거부하여, 다른 민족의 추상적인 사상과 이상이 이미 결정해 놓은 비현실적인 영역에서 살아가게 되었다."[35]

서인도제도의 유색인 문인들은 프랑스 문학을 모방한 결과 메트로폴리스의 데카당스, 즉 유럽인들의 '모호한 권태'를 흉내 내기에 바빴고, 그 결과 정작 자신의 나라에서 일어나고 있는 저항이나 빈곤 같은 문제를 다루지 못하게 되었던 것이다. 이들의 문학이 결여한 것들을 기

---

[35] René Ménil, "Généralités sur l'écrivain de couleur antillais", *Légitime défense*, p.7.

록한 목록에는 "냉혹한 공장에 대한 사탕수수 농장 노동자의 감정, 세상 곳곳에서의 흑인들의 고독, 특히 자신의 나라에서 겪게 되는 불의에 대한 저항, 사랑하고픈 욕망, 인생과 환희에 대한 사랑, 명정(酩酊)의 몽상에 대한 사랑, 영감받은 춤에 대한 사랑, 권력에 대한 거부, 인생의 긍정" 등이 발견된다. 흑인들의 삶이, 서인도제도의 현실이 서인도제도 문학에서 결여된 것이다. 이 모방 문학에 대한 메닐의 판결은 가혹하리만치 정곡을 찌른다.

> 권태. 권태와 자기 저주가 앙티유 흑인 작가들의 어깨를 짓누른다. 그들의 작품은 권태를 표현하며 또 권태롭게 만든다. 맥이 빠져 있으며, 또 맥 빠지게 만든다.[36]

흑인의 문화적 동화 현상에 대한 이들의 문제 제기가 갖는 시의성은 이 화두가 훗날 파농의 저서 『검은 피부, 하얀 가면』의 제목으로 다시 이어지고 있다는 사실이 잘 증명한다. 네그리튀드를 대표한다고 흔히 여겨지는 생고르, 세제르 그리고 다마스 같은 이들이 아프리카 문화와 흑인의 특수성을 노래하게 된 것도 실은 『정당방어』의 기고가들이 던져 준 '문화적 동화' 현상이라는 화두가 있었기에 가능하였다. 그런 점에서 레로와 그의 동료들은 네그리튀드의 선구자라는 이름이 참으로 어울리는 선각자들이다. 이들이 네그리튀드 운동에 미친 영향력은 아프리카 흑인들에 대한 그들의 사유에서도 잘 드러난다.

---

36   Ibid., p.8.

카리브 해 유색인의 인성(人性)에 대한 독특한 사유는 위에서 인용한 메닐의 글에서도 드러난다. 그에 의하면 정신의 식민화가 진행되기 전 서인도제도의 유색인들은 자신만의 "궁극적이고도 독특한 정열"을 가지고 있었으며, "사랑과 죽음에 대하여 특별하게 반응하는 자신만의 방식"을 가지고 있는 인종이다. 여기에서 주목할 부분은 흑인 고유의 감성을 강조하는 메닐의 논조가 본질론적인 어법을 빌어 표현되고 있다는 사실이다. 흑인 인성의 특수성에 대한 이러한 강조는 세제르와 생고르의 시와 산문에서 보다 정교하고도 철학적인 체계를 갖추어 발전된다.

위에서 논의한 바와 같이 『정당방어』가 취한 방향은, 모네로와 퀴트망의 경우 마르크스주의를 원용한 정치·경제적인 논조가 일정 부분 있는 것이 사실이지만, 레로와 메닐의 글은 정신의 식민화와 교육의 문제를 다루는 등 다양한 문화의 영역에서 변화의 가능성을 탐색하는 것이었다. 그러한 점에서 이 잡지가 표방한 바를 정치적인 운동으로 한정하여 이해하는 기성의 비평은 다분히 문제적이다. 사실 네그리튀드 운동의 핵심적인 사상과 비판을 제시하였다는 점에서 이 잡지는 네그리튀드의 태동을 알리는 문헌으로 보아도 큰 무리가 없다고 여겨진다. 이들에 대한 정당한 평가는 다름 아닌 다마스의 다음 논평이 잘 보여주고 있다.

그는 하나의 징을, 그의 메시지를 이해하고 그에 동의한 모든 사람들이 각자의 개인적인 모험에 헌신하게 된 그런 변화를 열었습니다. 그가 시도한 것은 이미 결실을 보고 있었습니다. 그의 시와 함께 …… 시가가 태어났습니다 …… 프랑스어권 식민지의 시가 새로운 피를 받게 되고 재생의 기회를 갖게 된 것도 바로 그의 덕택이지, 어느 다른 사람의 공으로 돌릴 수 없습니다.[37]

여기서 프랑스어권 문학을 갱생시킨 "그"는 다름 아닌 『정당방어』를 이끈 레로이다. 세제르 또한 이 잡지의 또 다른 창간자인 메닐의 초현실주의로부터 지대한 영향을 받았다는 사실도 『정당방어』가 네그리튀드의 형성에 한 막대한 기여를 증명한다.

훗날 파농이 씨름하게 된 서인도제도의 사회적 문제들을 신랄한 어조로 이미 지적하였을 뿐만 아니라, 세제르와 생고르의 비평에서 논란의 되었던 흑인의 본성에 대한 논의를 보여주고 있다는 점에서, 이 22쪽의 짧은 문건은 네그리튀드 운동에 대한 연구에 있어 필수적인 문헌이다. 그러한 점에서 본 연구는 네그리튀드의 계보와 관련하여 『정당방어』를 배제하거나 혹은 그 중요성을 폄하하는 네그리튀드의 선구적인 연구자 케스틀롯이나 이에 영향받은 훗날의 연구들과는 시각을 달리 한다.

저항과 모방 사이

이러한 중요성에도 불구하고 『정당방어』에 문제가 없는 것은 아니다. 식민 정권의 압력으로 인해 창간호를 끝으로 더 이상 발간할 수 없었고, 따라서 잡지가 시간을 두고 발전하거나 진화할 수 있는 가능성을

---

37 L. G. Damas, *Poetes d'Expression Française*, Paris : Seuil, 1947, p.15; Christian Filostrat, op. cit., p.117에서 재인용.

갖지 못하였다. 『정당방어』의 정치적 어조에 놀란 프랑스 당국이 잡지 발간에 참여한 유학생들의 장학금 지급을 중단하고 잡지의 배포를 막았던 것이다. 그 원인이 무엇이 되었든, 이 잡지의 창간인들 중 어느 누구도 자신들이 주창하였던 새로운 흑인 미학을 실천하지 못하였다는 점은 애석한 일이다. 우선 이들 대부분이 이렇다 할 문학작품을 출판하지 못하였다는 점이 그렇다. 문학적 재능이 있었다고 여겨지는 레로는 박사 학위를 준비하던 중 1939년 30세를 일기로 세상을 떠나고, 모네로는 공산주의와 네그리튀드 모두를 부정하게 된다. 메닐만 마르티니크로 돌아가 세제르와 함께 『열대지역』의 창간에 참여하나 그 자신이 문학 작품을 발표하지는 않았다.

『정당방어』의 창간인들이 문학 작품을 전혀 남기지 않은 것은 아니다. 레로, 메닐, 모네로, 요요트가 각각 짧은 시 몇 편과 산문을 창간호의 끝 부분에 싣기는 하였으나 이들의 작품이 서인도제도 고유의 정서나 풍광을 담았다고 보기는 힘들다. 레로의 시 한 편을 예로 들어 보자.

> 저기 초원 위에 세 그루의 나무가 차를 들고 있다.
> 너의 손은 숨겨져 있다
> 나의 손은 숨겨져 있다
> 오직 하나뿐인 입과 여름의 시간
> 내가 일상적인 놀이를 하게 해 다오
> 내 손금 사이를 떠다니는 예쁜 여객선[38]

---

[38] Étienne Leró, "Sur la prairie trois arbres prennent le thé", *Légitime défense*, p.16.

레로의 이 짧은 시에서 카리브 해 고유의 풍광이나 문화를 읽어 내기란 거의 불가능에 가깝다. 반식민 저항의 의지나 계급적 비판을 읽어 내는 것은 더더욱 쉽지 않다.

특정한 예술적 사조를 수용하였다고 해서 곧 사대주의적 태도를 견지한 것으로 매도해서는 안 되겠지만, 『정당방어』의 작가들이 초현실주의의 수용을 통해 서인도제도 고유의 정서나 아프리카 출신 흑인들의 감성을 재현해 내는 경지까지 도달하였다고 볼 수는 없을 듯하다. 비평가 루이스(Shireen K. Lewis)는 다소 가혹한 평가를 내리기도 한다. 그에 따르면, "『정당방어』의 작가들이 자신들의 시에서 스스로의 현안을 내세우기 위해, 새로운 형태의 카리브 해의 미학을 창조해 내자는 자신들의 구호를 실천하기 위해 해 놓은 일이 정작 없다."[39] 이들이 기성의 서인도제도 시인들에 대하여 퍼부은 통렬한 비판에도 불구하고 그들이 보여준 창작행위도 프랑스 예술의 영향력을 벗어나지 못하였다는 것이다.

뿐만 아니라 잡지 운영진이 서인도제도 출신으로 한정되었기에 지역적 차이를 넘어 흑인들을 모두 아우를 수 있는 이론이나 실천 방법을 제시하지 못한 것도 아쉬움으로 남는다. 이러한 아쉬움은, 레로가 초현실주의를 전략적으로 사용하는 것을 생각해 내었지만 "'스스로를 초월'하는데 실패함"으로써 "융통성 없는 모방"[40]이 되고 말았다는 사르트르의 지적에서도 묻어난다. 이 프랑스의 좌파 철학자는 레로와 그의 동료

---

39 Shireen K. Lewis, op. cit., p.22.

40 Jean-Paul Sartre, "Orphée noir", *Anthologie de la nouvelle poésie nègre et malgache de langue française*, Léopold Sédar Senghor ed., Paris : Presses Universitaires de France, 1948, p.xxvi.

들이 아프리카 고유의 문화적 정체성을 담아내지 못하고 앵무새처럼 프랑스 초현실주의를 반복하였다는 비판을 한 바 있다. 생고르가 편집하여 1948년에 출간한 프랑스어권 흑인 시인들의 선집인 『흑인과 마다가스카르인들의 새 프랑스어 시선집』의 서문에서 사르트르가 개진한 비판을 인용하면,

> 이 완전히 추상적인 게임에서 어떤 단어의 조합도 아프리카를 아주 미약하게나마라도 불러내지 않는다. 이 시들을 선집에서 빼서 작가의 이름을 숨겨 보라. 그런 후 흑인이든, 백인이든, 그 누구라도 이 시들이 『초현실주의 혁명』이나 『미노토르』의 유럽인 공동저자가 쓴 것이 아니라고 말할 수 있는 사람이 있으면 한번 나와 보라고 하라.[41]

위 인용문에서 "추상적인 게임"은 다름 아닌 레로의 문학을 일컫는다. 아프리카 출신 흑인의 해방이 아니라 상상력의 해방을 외쳤다는 점에서 레로의 시는 현실성이나 역사성을 결여하였다는 것이다. 『미노토르』는 1933년~1939년 동안에 출간된, 브르통과 마비에(Pierre Mabille)가 공동 편집하였던 초현실주의 잡지이다. 초현실주의자들에게서 역사적 인식이나 현실 변혁의 의지를 보지 못했던 사르트르는 이들의 문학 세계를 "추상적인 말의 게임"이라고 폄하하였던 것이다. 그리고 이러한 점에서 『정당방어』의 작가들도 다르지 않다고 본 것이다.

『정당방어』에 대해 제기된 기존의 비판 중에는 이 잡지가 식민지의

41　Ibid.

독립을 주장하지는 못하였다는 지적도 있다. 즉, 계급 혁명을 주장하였을 뿐 프랑스 제국으로부터 독립을 외치지는 않았다는 것이다. 이 잡지가 당시 제국의 수도에서 발간되었다는 사실을 고려한다면 잡지가 제국에 정면으로 항거하기를 기대하는 것은 정치적으로 좀 순진한 발상이 아닐까 싶다. 레로의 글이 보여주듯, 이들이 주창한 혁명이 단순히 계급 구조의 변화뿐만 아니라 문화적 독립을 아우르는 것임을 고려할 때, 잡지가 "독립"이라는 표현만을 쓰지 않았을 뿐 실질적으로 반식민주의적 입장을 표명하였다고 보는 것이 정확한 해석이라 여겨진다. 『정당방어』에 대한 평가가 '정당'하려면, 당대의 어떤 흑인 지식인도 제국으로부터의 독립을 직설법은 물론이려니와 우회적으로도 주장하지 않았다는 사실도 함께 고려되어야 할 것이다. 그러나 이러한 사실은 이 잡지에 대한 종래의 비판에서 고려되지 않았다. 이러한 비평의 대열에는 생고르도 발견된다.

메닐은 훗날 1978년에 『정당방어』의 서문으로 쓴 글에서 그간 자신들에게 제기되었던 비판에 대해서 다음과 같이 답한다.

생고르는 최근의 한 비평에서 『정당방어』에 대하여 여러 가지를 예상치 않게 비판하였는데, 이 의심할 여지없이 시대착오적인 비판에서 [우리가] 1932년에 "카리브 해의 독립은 말할 것도 없으려니와 아프리카의 독립을 주창하지" 못했다는 지적을 하였다. 그에 의하면 이러한 용서할 수 없는 실수를 저지르게 된 이유는 『정당방어』에 서명한 이들이 마르크스주의라는 잘못된 길로 빠졌기 때문이라는 것이다. 비록 생고르가 마르크스주의자가 되는 죄를 저지르지는 않았다고 하더라도, 생고르 자신이나 『정당방어』의 창간인들이나 모두 30년대에는 아프리카의 독립을 — 세네갈의 독립은 말할 것도 없이 — 요구할 것을 꿈꾸지 못한 것은 매한가지라는 점을 굳이 지적할 필요가 있을까.[42]

메닐이 언급한 문제의 비평은 1960년에 출간된 생고르의 논평을 일컫는다. 이에 대한 반박문에서 메닐이 언급을 하지는 않았지만, 『정당방어』의 창간인들이 마르크스주의를 수용한 것을 두고 만약 시비를 건다면, 생고르의 정치적인 동지인 세제르도 이러한 비판에서 자유롭지 못하다. 세제르도 1942년부터 1956년까지 프랑스 공산당원으로 활동을 하였기 때문이다.

결론적으로 『정당방어』가 파리에 정착하거나 고향으로 돌아간 흑인 유학생들에 미친 영향력이 과소평가되어서는 안 된다. 비록 서인도제도 출신이라는 지리적으로 한정된 인원이 모여서 만들어 낸 간행물이기는 하되 그 파급효과는 모임의 국적을 훨씬 넘어서는 것이었다. 이 길지 않은 간행물이 서구 합리주의에 대한 비판, 독창적인 흑인 감성의 주장, 식민 자본주의에 대한 거부, 문화적 독립의 노력 등, 프랑스어권 흑인들의 문화적 르네상스를 배태하는 거의 모든 사상들을 제시하였기 때문이다. 나르달 자매의 영향력과 더불어 『정당방어』는 프랑스어권 흑인들이 집단적이고도 독자적인 목소리를 최초로 낸 잡지라는 점에서 그와 함께 프랑스어권 문학에서 새로운 흑인운동이 시작되었다고 보아

---

42 René Ménil, Michael Richardson · Krzysztof Fijatkowski trans., 1978 Introduction to *Légitime défense*, *Refusal of the Shadow*, Michael Richardson ed., London : Verso, 1996, p.38.

도 과언이 아닐 것이다. 이러한 사상이 생고르, 세제르, 그리고 다마스에게 어떠한 영향력을 행사했을 지를 상상하기란 그리 어렵지 않다. 실제로 다마스는 자신의 시선집 『프랑스어 사용 시인들(*Poétes d'expression française*)』의 세 쪽을 자신이 존경하는 레로를 소개하는 데 바쳤다. 비록 훗날 비판적인 태도를 취한 적도 있으나 생고르도 세제르와 더불어, 레로와 그의 동료들의 목소리를 경청하였다는 점에서는 이와 다르지 않았다. 그러니 『흑인 학생』의 창간인들이 네그리튀드의 대부라고 한다면, 『정당방어』의 창간인들은 이 대부들의 선배인 셈이다.

6장

네그리튀드와 인종주의

제가 할 수 있는 전부가 말하는 것이라면 적어도 당신을 위해서 말하 겠습니다······ 혀가 없는 고통들을 위해 저의 혀가 봉사하고, 절망의 지하 감옥에서 침몰하는 자들의 자유를 위해 저의 목소리가 봉사하게 하겠습니다.

—세제르, 『귀향 수첩』

2 더하기 2는 4가 아니라 5.

—에메 세제르

네그리튀드의 주창자들은 그것을 예술의 원칙으로 내세우면서 스스 로를 노예로 만들고 말았다. 자기 식민화 말이다.

—음팔레레, 1965

서구 가치와의 결별?

생고르는 자신과 동료들이 네그리튀드를 결성하지 않을 수 없었던 이유로 유럽의 인종적 편견에 대항해야 할 필요성을 지적한 바 있다. 아프리카가 발명한 것도, 창조한 것도 없다는 편견에 맞서 아프리카 고유의 것을 내세울 필요가 있었고, 이는 또한 흑인들의 무지와 편견을 이유로 유럽이 실시한 식민주의에 저항하는 명분이 되었기 때문이다. 영국과 달리 프랑스는 동화주의 정책을 실시하여 식민지의 피지배자들을 "검은 프랑스인"으로 만들고자 하였는데, 네그리튀드는 이러한 정책에 반대하는 아프리카 출신의 흑인들이 전개한 운동이었다. 프랑스의 동화주의 정책은 흑인들을 일종의 "백지상태(tabula rasa)"로 간주하여 이 백지를 프랑스어 문화가 쓰인 책의 한 장으로 만드는 것을 목표로 삼았다. 네그리튀드 운동가들은 흑인의 정신이 백지라는 전제에 대해 반기를 들었다. 통상적인 이해에 따르면, 그들은 흑인에게는 자랑스러운 문명의 역사가 있을 뿐만 아니라 흑인의 영혼이 백인의 이성보다 우수하다는 흑인감성론을 주장하기도 하였다.

서구로의 동화를 경계하는 세제르의 표현을 빌리면, 동화주의는 "위험한 것"인데 그 이유는 "내부에 싸움의 소지를 지니기에, 그리고 그 싸움은 같은 편끼리 싸우게 되는 최악의 것이기 때문이다."[1] 여기서 같은 편끼리의 싸움이란 백인의 방식에 동화된 기성세대 흑인들과 이를

---

1   Aimé Césaire, "Négreries : Jeunesse noire et assimilation", *L'Étudiant noir* 1, mars 1935, p.3.

거부하는 젊은 세대 간의 반목을 일컫는다. 그렇다면 동화주의 정책에 저항하는 무기로서 네그리튀드는 어떻게 정의될 수 있는가? 생고르의 표현을 빌리면 네그리튀드는 "흑인 세계의 문화적 가치의 총합(l'ensemble des valeurs culturelles du monde noir)"[2]이다. 그것은 구체적으로 유럽의 인종주의적 편견에 맞선 아프리카인의 자랑스러운 자기 발견이며 이를 노래하는 혁명적인 철학이다. 그것은 또한 흑인 문명의 탄생을 알리는 새로운 문명론이며, 우주의 생명력을 노래하는 예술이며, 제국주의에 반대하는 아프리카인들의 단합을 호소하는 저항 운동이기도 하다. 네그리튀드를 이렇게 요약하고 보면 그것은 유럽의 인종주의를 전복하고 흑인의 가치를 세우는 존재론적인 철학이자 문화 운동이다.

그러니 네그리튀드와 관련된 역사적 맥락에서 '인종주의'라는 꼬리표가 유럽에만 적용되는 것은 아님에 유의할 필요가 있다. 유럽의 인종주의를 반박하기 위해 네그리튀드 운동가들은 아프리카적 가치의 우월함을 주장하게 되는데, 그 결과 인종주의에 대한 반박이 유사한 인종주의의 프레임에 갇히게 되는 문제가 발생하게 된 것이다. 이러한 모순을 지적하면서 사르트르는 네그리튀드가 "반인종적인 인종주의"[3]로 흐르고 말았다는 논평을 한 바 있다. 더욱이 특정한 문화적 가치뿐만 아니라 '공감' 같은 특징을 인종적인 특질로 간주함으로써 네그리뒤드 운동은 인종적 본질론의 면모를 띠게 된다. 이러한 주장이 인종주의적이었

---

2   Léopold Sédar Senghor, "Eléments constructifs d'une civilisation d'inspiration négro-africaine", *Présence africaine* 24~25, 1959, p.260.

3   Jean-Paul Sartre, "Orphée noir", p.xl.

음은 훗날 생고르도 고백한 바 있다.

다시 다루겠지만, 기성의 네그리튀드 연구에 의하면, 생고르와 그의 동료들은 유학생 시절인 네그리튀드 운동의 초기에는 서구를 일체 배격하는 입장을 취하였다. 반면 후기의 생고르는 유럽의 기술력과 아프리카의 영성(靈性)이 조화를 이루는 "보편적 문명론"을 펼침으로써, 서구를 철저히 배격하고 아프리카적 감성의 우월함을 주창하던 이전의 입장과 거리를 두게 되는 것으로 평가된다. 그러나 네그리튀드 연구자들의 평가나 생고르 본인의 회고에는 역사적 사실과 다른 부분이 있다. "급진적"이었다는 이 네그리튀드의 '아버지'가 쓴 최초의 문건에서 아프리카 문화론이 아니라 제국과 식민지의 문화적 조화를 주장하는 발언이 발견되기 때문이다. 다소 거친 표현을 쓰자면, 생고르가 아프리카인의 감성을 가장 소리 높여 외칠 때조차도 그는 프랑스와의 문화적인 연(緣)을 놓지 않았으며, 서구 이성과의 조화를 지향하고 있었다. 그런 점에서 생고르에게 있어 네그리튀드의 텔로스는 아프리카로의 복귀가 아니라 문화적 이종교배의 완성이었다고 하는 편이 옳다. 생고르의 이러한 사상은 동료들 중에서도 흑인 문화론을 주장한 세제르와는 구분이 되는 것이었다. 그러니 네그리튀드의 역사에는 하나의 네그리튀드 운동이 있었다기보다는 다양한 네그리튀드 '운동들'이 있었다고 해야 한다.

생고르와 그의 네그리튀드 동료들은 비평가들로부터 훗날 다양한 평가를 받게 되는데, 한 편에서는 대항 담론의 필요성이라는 전략적인 이유로 긍정하는가 하면, 다른 편에서는 아프리카의 감성(感性)이나 영성(靈性)에 대한 주장이 실은 서구의 이국주의적 취향에 영합하는 것이라는 비판이 제기되기도 한다. 이 흑인들의 문화운동은 일종의 '양날을 가진 칼'이었던 셈이다. 그러니 차제에 생고르나 세제르의 입장이 어떠한 점에서 인종주의와 불가분의 관계를 맺고 있는지, 혹은 그렇지 못한지를 밝히는 것은 의미가 있을 것이다. 네그리뒤드에 대한 균형 잡힌 평가는 이러한 논란의 양면을 고려할 때 비로소 가능할 것이기 때문이다.

생고르와 그의 동료들은 1935년 3월에 『흑인 학생』을 첫 출간하면서 자신들의 주장을 본격적으로 세상에 알리게 된다. 당시 이들은 이 월간지보다 먼저 세상에 선보인 『정당방어』를 상당히 의식하고 있었다. 이러한 점은 『정당방어』와의 변별점에 대한 생고르의 훗날 논평에서도 드러나는 것이다.

『흑인 학생』과 『정당방어』는 학생들이 공유했던 두 가지 경향을 각각 대표한다. 비록 두 잡지 모두 같은 영향력 아래 생겨났지만, 몇 가지 점에서 이들은 다르다. 『흑인 학생』은 문화가 우선되어야 함을 믿는다. 우리에게 있어 정치는 문화의 한 영역에 지나지 않았다. 반면 『정당방어』는 정치 혁명이 문화 혁명에 우선해야 한다고, 문화의 변화는 급진적인 정치적 변화가 있고 난 다음에야 가능하다고 주장했다. 그러나 어떤 정치 혁명을 말하는 것인가? 모네로와 그의 동료들은 공산주의에서만, 그리고 그 결과로 식민주의에 대한 저항에서만 구원을 보았다. 이 기이한 **혁명가들이 서인도제도의 독립은 말할 것도 없고, 아프리카의 독립을 외치지 않았다는 점에 나는 주목한다.** 그들은 공산주의 슬로건을 반복하여 외치는 데 만족하였던 것이다. …… 모네로와 그의 친구들은 동시대의 서구적 가치의 이름으로, 즉 공산주의와 초현실주의의 이름으로, 전통적인 서구의 가치를 거부했다. …… 반면 모든 서구적 가치를 거부하는 것이 우리가 취한 첫 행동이었다.[4]

생고르의 이 발언은 훗날 케스틀룻을 비롯한 많은 네그리튀드 학자들에게 일종의 평가 지침이 되었다. 이 지침에 의하면 『정당방어』는 정치 혁명을, 특히 계급적 변혁을 추구한 운동이었던 반면, 『흑인 학생』은 문화 혁명을 추구한 운동이었다. 뿐만 아니라 공산주의와 초현실주의라는 서구 사상을 선별적으로 받아들인 『정당방어』와 달리 『흑인 학생』은 모든 서구의 가치를 전격적으로 거부한 온전한 의미에서의 흑인 운동이라는 것이다. 앞 장에서 논의한 바 있듯, 『흑인 학생』을 네그리튀드의 시작으로 여기는 비평이 대두된 것도 생고르의 이러한 주장과 무관하지 않다. 그러나 생고르의 이 발언이 1960년에 이루어졌음을 고려할 때, 그가 30년대 중엽에 출간된 『흑인 학생』의 방향성을 제대로 재현하고 있는지, 혹은 그가 비판의 대상으로 삼은 『정당방어』의 논조를 제대로 평가하고 있는지의 여부는 재론의 여지가 있다.

비평가들이 흔히 생고르의 네그리튀드를 요약할 때 사용하는 용어인 "흑인감성론"이나 "흑인 문화 우월주의"는 사실 생고르의 저작에서 일관되게 나타나지 않는다. 생고르 연구자 마르코비츠에 의하면, "1937년경이 되면 생고르는 파리에서의 첫 유학 시절에 가졌던 초기의 정치적·인종적 호전성에서 벗어나게 된다. 인종에 대해서 주장을 펼쳤지

---

4   Léopold Sédar Senghor, Letter of 8 Feb. 1960; Lilyan Kesteloot, Ellen Conroy
     Kennedy trans., *Black Writers in French : A Literary History of Negritude*, Philadelphia
     : Temple Univ. Press, 1974, p.84에서 재인용. 강조는 필자.

만 인종적 우월주의를 주장하지는 않았고, 문화적 자율성에 대해서 말하였지만 프랑스와 아프리카의 정치적 협력관계만을 예견할 뿐이었다."[5] 마르코비츠의 이 요약문은 절반만 옳은 것이다. 생고르를 비롯한 네그리튀드 운동가들에게 있어 서인도제도나 아프리카의 정치적 독립이 의제가 아니었다는 점에서 이 요약문은 옳다. 그들이 주창한 것은 어디까지나 문화의 영역에 한정된 '자율성'이었기 때문이다. 이는 사실상 정치적인 독립을 외치기에는 아무런 물적 여건이 준비되어 있지 않았었고, 문화만이 그나마 자율성을 외칠 수 있었던 영역이었기 때문이다. 반면 프랑스 유학 시절의 생고르가 정치적으로나 인종적으로 호전적이었다는 평가는 재고되어야 할 소지가 있다. 이 논의를 더 진전시키기 전에 먼저 『정당방어』에 대한 생고르의 평가가 정당한 것인지 그리고 얼마나 일관성이 있는 것인지의 문제부터 살펴보자.

앞서 논의한 바 있듯, 레로와 그의 동료들의 기획을 정치 운동에 한정하는 생고르의 평가는 정치·경제 외에도 예술과 교육 등 『정당방어』가 보여준 범사회적인 관심이나 비판을 무시하고서야 가능한 것이다. 사실 이 초기의 서인도제도 출신 지식인들이 공산주의를 환호한 것도 사실이고, 초현실주의를 받아들인 것도 사실이다. 그러나 생고르가 주장하는 것처럼 외래 사상을 수용한 사실만을 두고 이들이 완전히 탈 서구화하지 못한 증표로 보는 것은 석연치가 않다. 『정당방어』의 공동 장산인들이 일차적으로 공유했던 관심사가 다름 아닌 '정신적인 식민화', 즉 마르티니크의 백인화 현상이었다는 점을 고려할 때 그렇

---

5   Irving Leonard Markovitz, *Léopold Sédar Senghor and the Politics of Negritude*, New York : Atheneum, 1969, p.56.

다. 이들이 투쟁을 위해 사용한 특정한 사상이 서구에서 발원한다고 해서 이들에게 서구 추수주의의 꼬리표를 단다면, 이러한 환원적인 평가에서 생고르와 그의 동료들이 얼마나 자유로울 수 있을지 의문스러워진다. 세제르와 다비드 디옵(David Mandessi Diop, 1927~60) 같은 생고르의 동료들이 40년대~50년대에 초현실주의와 마르크스주의의 양 깃발 아래 맹렬히 활동하였다는 것은 잘 알려진 사실이기 때문이다. 정도와 시기는 다르지만 생고르 자신도 프랑스 공산당과 인연을 맺고 활동한 바 있다. 예컨대, 그는 일찍이 1930년에 '사회주의 학생연맹'에 가입하였었다. 이와 더불어 아프리카적인 본질을 고취하고자 한 생고르의 네그리튀드 운동이 실제로 얼마나 '아프리카적인' 것인지에 대해서도 질문이 있을 수 있다. 이 마지막 문제는 다음 장에서 거론할 것이다.

『정당방어』와 관련하여 지적할 또 다른 사실은 이 잡지에 대한 생고르 자신의 입장이 일관되지 못하다는 점이다. 『정당방어』가 급진주의를 표방하기는 하였으나 문화의 중요성을 제대로 인식하지 못한 정치적인 운동이라는 생고르의 비판은 1960년의 서한에서 발견되는 것이다. 이 서한을 생고르 자신이 편집해서 1948년에 출간한 『흑인과 마다가스카르인들의 새 프랑스어 시선집』의 내용과 비교해 보면 흥미로운 사실이 발견된다. 생고르는 이 편저에서 다음과 같이 레로와 그의 잡지에 대해 논평하였다.

『정당방어』는 단순히 리뷰나 문예 집단이 아니라 하나의 **문화운동**(mouve-ment culturel)이었다. 그것은 서인도제도 사회에 대한 마르크스주의적 분석으로 시작해서, 300년 동안 프롤레타리아의 쇠락한 상태에 갇힌 **아프리카 흑인 노예들의 후예**를 카리브 해 지역에서 발견하였다. 레로는 오직 초현실주의만이 그들을 자신들의 금기(禁忌)에서 구하고 그들을 온전하게 표현할 수 있다고 주장하였다.[6]

훗날의 평가와 대조적으로 이 인용문에서 생고르가 『정당방어』가 '문화운동'임을 인정한다는 사실은 특기할 만하다. 또한 그는 이 잡지가 마르크스주의의 계급적 시각에서 마르티니크 사회를 진단하기도 하지만, 동시에 마르티니크의 문제를 '아프리카 디아스포라'라는 역사적 맥락 속에서 파악하고 있음을 인식하고 있다. 비참한 삶 속에서 흑인들이 받는 고통을 단순한 계급 제도의 피해가 아니라 노예제도의 유산으로 보고 있다는 점에서 그렇다.

더불어 주목할 사실은 생고르가 『정당방어』에 참여한 마르티니크 출신의 문인들을 아프리카적 문화운동의 범주에 포함시키는 것이 이 선집이 처음이 아니라는 점이다. 『정당방어』의 공동 창간인들을 비판한 서한이 발표되기 불과 4년 전인 1956년만 해도 생고르는 마르티니크 출신의 유학생들이 아프리카적인 문예 운동을 통해 식민지의 현실을 타개하고자 하였다고 칭찬한 바 있다. 생고르의 시집 『에티오피아』가 그 증거이다. 이 시집에서 생고르는 마르티니크 출신의 문인들이 나름의 가용한 방법으로 네그리튀드를 성취하였다고 평가한다.

---

6   Léopold Sédar Senghor ed., *Anthologie de la nouvelle poésie nègre et malgache de langue française*, p.49. 강조는 필자.

진실을 말하자면 나는 무엇보다 아프리카 흑인들의 시를 읽거나, 아니 정확하게 말하자면, 그 시를 듣거나 옮겨 쓰거나 주석을 다는 작업을 하였다. 이 시들을 알지 못했던 — 세제르를 제외한 — 앙티유인들은 자연스럽게 그들의 내부로 침잠해서, 지하 천 미터의 급류에 몸을 맡김으로써 이것들을 재발견하였다. 만약 누군가 우리의 주인을 찾아 주려면, 아프리카에서 찾는 것이 현명할 것이다.[7]

위의 글은 실제로는 1954년에 쓰인 것이나 2년 후에 『에티오피아』의 후기(後記)로 출판되었다. 여기에서 레로와 그의 동료들이 추구한 초현실주의 문학은 아프리카적인 정신, 즉 네그리튀드를 회복하는 길이라고 평가된다. 아프리카에 대한 기억이 없는 노예들의 후손이기에, 이들이 흑인 정신을 회복하기 위해 취할 수 있는 유일한 방법이 내면세계로의 침잠이며, 그래서 이 무의식의 세계에서 네그리튀드를 다시 발견했다는 것이다. 그러한 결과물에 있어서 마르티니크 출신의 작가들이 자신이나 세제르와 다를 바가 없다는 사실을 생고르는 분명한 어조로 밝히고 있다.

이러한 칭찬은 어떤 점에서는 생고르의 자기 이익에 봉사하는 부분도 있을 것이다. 왜냐하면 이 후기에 담긴 논평은 자신이 편집한 시선집에 대해 그간 제기되었던 비판을 염두에 둔 일종의 반박의 성격을 띠기 때문이다. 이 시선집에는 생고르 자신과 동료인 세제르와 다마스뿐만 아니라 마르티니크 출신인 그라티앙(Gilbert Gratiant, 1895~1985)과

7　Léopold Sédar Senghor, Postface, *Ethiopiques*, Paris : Seuil, 1956, pp.155~156.

레로, 과다루프 출신의 티롤리엥(Guy Tirolien, 1917~88)과 니제르(Paul Niger, 1915~62), 아이티의 랄로(Léon Laleau, 1892~1979), 루맹(Jacques Roumain, 1907~44), 브리에르(Jean-F. Briére, 1909~92)와 벨랑스(René Belance, 1915~2004) 외에도, 아프리카의 비라고 디옵과 다비드 디옵 등 16인의 프랑스어권 흑인 시인들의 작품이 실려 있다. 이들 중 적지 않은 수가 공산주의자들이었을 뿐만 아니라 초현실주의를 주창한 문인이었다. 이 시집을 프랑스 비평가들이 메트로폴리스 문학의 잣대로 비판하자 편저자인 생고르는 이에 응답할 책임을 느꼈다. 그는 이 시집에 실린 작품들이 한편으로는 프랑스어권 독자를 위한 것이기도 하지만 근본적으로 네그리튀드의 재발견을 보여주는 흑인 문학이라고 변호하였고, 이러한 변호의 과정에서 초현실주의를 추구한 문인들도 네그리튀드의 목록에 대거 포함시켰다.

흑인감성론자의 양면성

정확히 말하자면, 생고르의 "흑인감성론"은 1939년의 「흑인의 기여(Ce que l'Homme Noir Apporte)」에서 처음으로 이론화된다. 그의 아프리카 시학은 40년대 이후에 발표된 시집, 예컨대, 1945년과 1948년에 각각 출간된 『그늘의 노래(Chants d'ombre)』와 『검은 성체 / 제물(Hosties noires)』, 그리고 1956년에 출간된 『에티오피아』에서 본격적인 모습을 드러낸다.

이 시집들에는 어린 시절의 시인이 기억하는 아프리카의 자연과 선조들에 대한 숭배의 감정이, 제2차 세계대전에 대한 상념이나 파리에서 느꼈던 고독감과 함께 담겨 있다. 『그늘의 노래』를 예로 들자면, 아프리카에 대한 그의 연모의 정으로 잘 알려진 「검은 여인」이 있다. 시의 첫 연만 여기에서 옮기면,

> 벌거벗은 여인, 검은 여인
> 생명을 이루는 빛깔로,
> 아름다운 형체로 몸을 두른 여인!
> 당신의 그늘에서 나는 자랐고,
> 당신의 부드러운 손이 내 눈을 가려 주었습니다.
> 그리하여 여기 한 여름 한 낮 검게 탄 비탈길 언덕에서
> 나는 당신을 발견합니다, 약속의 땅을.
> 그리고 당신의 아름다움은 전광석화 독수리같이
> 내 가슴 한복판을 내려칩니다.[8]

비평가들이 곧잘 인용하는 이 시에서, 서구인들의 눈에는 질병이 창궐하고 미개한 풍습이 지배하는 곳으로만 보였던 아프리카가 자식을 지극 정성으로 돌보는 어머니의 이미지로 묘사된다. 서구의 담론에서 백색은 항상 순수와 선(善)을 상징하였으며, 흑색은 이와 대척적인 의미를 부여 받아왔다. 생고르의 시는 흑인의 피부에서 "생명"과 "아름다

---

8   Léopold Sédar Senghor, "Femme noire", *Anthologie de la nouvelle poésie nègre et malgache de langue française*, Senghor ed., p.151.

움"을 발견하고 이를 찬양함으로써 흑·백의 피부색을 이분법적으로 구분해 온 종래의 백인의 시학을 전복한다.

「검은 여성」이 아프리카를 추상적이고도 은유적인 수준에서 노래한 다면, 같은 시집에 실린 「조알(Joal)」은 보다 구체적인 아프리카의 이미 지로 구성되어 있다. 조알은 서아프리카 다카르에서 남쪽으로 100여 킬로미터 떨어진 해변 마을이다. 이 마을에서 보낸 어린 시절을 회상하 면서 시인은 시간의 벽을 뛰어넘어 대서양의 물결이 넘실대는 해변을, 찬란한 석양을, 매력적인 귀부인들의 모습을 자신의 시에서 살려낸다.

조알!
나는 기억한다.

나는 기억한다. 베란다의 초록빛 그늘 속의 귀부인들을,
자갈 해변의 달빛처럼 꿈같은 눈빛을 한 귀부인들을.

나는 기억한다. 석양의 찬란함을
코움바 은도페네께서 황제의 옷으로 삼고 싶어 했던 그것을.

나는 기억한다. 목을 딴 가축들 피에서 솟아오르는 김으로 자욱한,
싸움 소리가 요란한, 칭송 시인들의 랩소디가 울리는 장례의 향연을.[9]

---

9   Léopold Sédar Senghor, "Joal", *Chants d'ombre suivi de Hosties noires*, Paris : Seuil, 1945, p.19.

고향 조알의 모습을 구체적으로 그려냄에도 불구하고 이 시가 단순한 자연시에 그치지 않는 이유는 시인에게 있어 자연 경관이 고대 아프리카의 전설이나 부족의 역사를 담은 역사책이기도 하기 때문이다. 시에서 대지를 화려하게 물들이는 석양을 설명하기 위해 등장하는 "코움바 은도페네(Koumba N'Doféne)"가 대표적인 예이다. 그는 세레르(Serer)족이 세운 시네(Sine) 왕국의 왕이다. 자연의 찬란한 아름다움에 대한 칭송을 날줄로 삼고, 아프리카 문명을 화려하게 꽃 피운 왕에 대한 존경을 씨줄로 삼음으로써, 생고르의 문학은 자연시를 넘어 부족의 역사를 담지하는 역사시가 된다. 생고르 자신이 한 명의 칭송시인 '그리오(griot)'가 되어 자신의 부족의 찬란했던 과거를 노래하고 있는 셈이다. 『그늘의 노래』에서 생고르는 일종의 영매(靈媒)가 되어 조상의 메시지를 전하기도 한다. 그 메시지는 정복자의 문화에 동화되어 '백인'이 되어 버린 아프리카 흑인들을 꾸짖고 이들에게 선인들의 삶을 따를 것을 권고하는 내용이다.

생고르가 주장한 네그리튀드에 대한 기성의 이해는, 시인 자신의 유년 시절의 실존적인 경험을 표현한 것이며, 특히 식민통치에 의해 파괴되기 전의 아프리카의 자연적·문화적 특성을 이론화한 것으로 요약될 수 있다. 네그리튀드 학자 루이스의 의견을 들어 보자.

네그리튀드에 대하여 생고르가 내린 정의 중 하나는 그것이 사유가 아니라 영혼에서 유래하는 감성과 관련 있다는 것이다. 이는 "나는 당신이 나를 이해하기를 원한다"는 뜻으로 아프리카인들이 쓰는 표현, "나는 당신이 나를 느끼기를 원한다"에서 잘 드러난다. 그는 이전의 글 「휴머니즘과 우리―르네 마랑」에서 소개하였던 흑인 영혼의 개념을 1939년의 한 에세이에서 설명한 바 있다. 그에 의하면 흑인의 영혼은 흑인 문화에 기여하는 특성들의 근원이며, 어원적으로나 실질적인 의미에서 인간적인 자연으로부터 유래하는 것이다. 생고르에 의하면 흑인의 영혼은 아프리카의 환경이 낳은 딸자식이다.[10]

이러한 유의 네그리튀드 설명은 사유나 이성이 아니라 자연과 교통하는 감성과 영혼을 강조한다.

위 인용문에서 언급한 바 있는 1939년의 에세이는 생고르가 처음으로 네그리튀드에 대해 쓴 「흑인의 기여」를 지칭한다. 이 글에서 생고르는 본질이라는 말을 사용하지는 않지만, 아프리카 흑인의 문화가 근본적으로 인종적 특질에서 유래한다고 봄으로써 인종적 본질론의 시비를 불러일으키게 된다. 같은 글에서 그는 네그리튀드 학자들이 훗날 즐겨 인용하는 문구인 "감성은 니그로적인 것이요, 이성은 그리스적인 것"[11] 이라는 진술을 한 바 있다. 생고르의 이 유명한 정의는 유럽이 아프리카 흑인들에 대해 가졌던 인식론적 이분법을 전유하고 있음을 보여준다. 즉, 유럽이 고안한 '열등항'의 항목들을 계승하되 저열함의 꼬리표를 뗀 후 긍정적인 가치를 부여하는 것이다.

서구인과 아프리카인의 정신적 특징이 분명히 다르다는 생각은 시간이 지나서도, 예컨대 1956년의 에세이 「문명의 정신」에서도 모습을 드러낸다.

---

10   Shireen K. Lewis, op. cit., p.51.
11   Léopold Sédar Senghor, *Liberté 1 : Négritude et Humanisme*, Paris : Seuil, 1964, p.24.

중세를 제외한 19세기 말까지 서구에서 살아남은 그리스-라틴 미학에서, 예술은 '자연의 모방', 혹은 '교정된 모방'이었다. 검은 아프리카에서 그것은 세상에 대한 설명이요, 이해이고, 우주를 초현실과 연결시켜 주는 실체, 더 정확히 말하자면 우주를— 그것을 살아 움직이게 하는— 생명력과 연결시켜 주는 실체에 감각적으로 참여하는 행위이다. 유럽인은— '주체'라는 이름 아래 지정되어 있는— 객체의 재현을 통해 세상을 **인식**하는데서 쾌를 느끼는 반면, 아프리카인은 이미지와 리듬을 통해 세상과 근본적으로 친숙해지는데서 쾌를 느낀다. 유럽인에게 있어 감각의 끈은 가슴과 머리로 연결된다. 아프리카인에게 있어 그것은 가슴과 배로, 생명의 뿌리 자체로 연결된다.[12]

이 글에서 생고르는 유럽인의 인식과 아프리카인의 인식이 달리 작용한다고 주장한다. 유럽인의 경우 이해의 행위나 예술이 주체와 객체의 분리에서 시작한다면, 아프리카 흑인의 경우 이는 주체와 객체의 합치, 그리고 둘 간의 긴밀한 유대감의 형성을 전제로 한다.

특히 「흑인의 기여」에서 제시되는 흑인 감성과 흑인 예술에 대한 생각은 훗날 "리듬론"을 통해서 지속적으로 변주된다. 생고르는 리듬이 "사물의 본질적인 것들에 대한 진실, 즉 우주의 힘들을 접하게 해 준다"[13]고 주장한다. 우주의 힘은 파장의 형태로 움직이기에, 리듬을 통해서 이 우주의 생명력에 동참할 수 있다는 것이다. 이러한 생각은 아프리카 예술에 대한 생고르 사유의 핵심을 구성한다. 그의 표현을 빌리

---

12   Léopold Sédar Senghor, "L'Esprit de la civilisation ou les lois de la culture négro-africaine", *Présence africaine* 8~10, juin~novembre 1956, p.58.

13   Léopold Sédar Senghor, *Ethiopiques*, p.120.

면, "흑인의 예술은, 특히 시는 가시적인 세계보다 훨씬 실재하는 정신적 세계를, ……우주를 지배하는 보이지 않는 힘들이 생동하는 세계를 표현하는 것이다."[14] 보이지 않는 우주의 힘을 포착하여 이를 표현하는 것은 일종의 초자연적인 작업이다. 생고르는 유럽의 초현실주의가 "경험적"인 예술이라면, 아프리카의 초현실주의는 "신비적이며 형이상학적"인 것이라고 주장한 바 있다.[15] 아프리카 예술은 더 이상 유럽에 친숙한 미의 표현이 아니라 비가시적(非可視的)인 세상에 대한 지식, 실재하지만 눈에는 보이지 않는 현실에 대한 지식을 표현한 것이다. 아프리카 흑인 예술가들이 초현실주의자라면 이러한 점에서 초현실을 다룬 것이라 할 수 있다.

생고르의 우주론에 따르면, 리듬은 흑인들이 우주와 타자에 대해 알게 되는 지식의 매개체이다. 데카르트가 "나는 생각한다, 고로 나는 존재한다"라고 말했다면, 아프리카 흑인은 "나는 타자를 느낀다, 나는 타자를 춤춘다, 고로 나는 존재한다"라고 말할 수 있다.[16] 아프리카의 존재론은 리듬을 통한 타자와의 일체감 형성에 근간을 두고 있는 것이다. 생고르의 이러한 주장은 미에 집착하는 유럽의 전통적인 예술론으로부터 아프리카의 예술을 변별시키는 데는 일단 성공한 듯하다. 또한 초현실을 우주적인 것, 초자연적인 것으로 규정함으로써, 이를 심리적이거

---

14 Léopold Sédar Senghor, "Langage et poésie négro-africaine", Deuxième Biennale Internationale de Poésie, Knokke, Belgium, 1954, pp.7~8; Lilyan Kesteloot, *Black Writers in French*, p.87에서 재인용.

15 Léopold Sédar Senghor, "L'Esprit de la civilisation ou les lois de la culture négro-africaine", p.59.

16 Lilyan Kesteloot, *Black Writers in French*, p.221 · 224.

나 무의식적인 것으로 본 유럽의 초현실주의와 변별시키는 데도 성공한 듯하다.

그러나 이러한 평가가 균형 잡힌 것이 되려면 다음의 사실, 즉 초현실주의의 신비성을 생고르가 강조할 때조차 그가 실제로 들려주는 작시법이 유럽의 초현실주의와 크게 다르지 않다는 점도 고려해야 한다. 예컨대, 생고르는 등식(équation)에 의존하는 유럽의 초현실주의와 달리 아프리카의 초현실주의는 유추(analogie)에 의존한다는 주장, 또한 아프리카 흑인에게 "사물은 재현하는 바를 의미하는 것이 아니라 그것이 암시하는 바, 창조하는 바를 의미한다"는 주장을 한 바 있다. 이러한 정신 작용에 의하면 "코끼리는 힘을, 거미는 신중함을, 뿔은 달을, 달은 다산을" 의미한다.[17] 그러나 냉정하게 말하자면, 초현실주의적 이미지를 창조함에 있어 아프리카 시인들이 사용하는 '유추'에 의한 작시법은 사실 그들의 전유물이 아니었다. 이미 유럽의 예술가들이 많이 애용하였던 연상 작용과 크게 다르지 않은 것이다.

앞서도 언급한 바 있듯 생고르는 자신이 유학생 시절인 1930년~1934년의 기간 동안 모든 것을 부정하는 과격주의자였음을 회고한 바 있다. 그러나 그가 실제로 유학생 시절에 주도한 『흑인 학생』의 창간호에는 소위 호전적인 주장도, 그의 시론의 특징이라고 할 흑인감성론도 발견되지 않는다. 생고르의 초기 입장은 『흑인 학생』의 창간호에 실린 그의 기고문 「휴머니즘과 우리-르네 마랑」이 역설하는 "흑인 휴머니즘(humanisme noir)"에서 발견된다.

---

17   Léopold Sédar Senghor, "L'Esprit de la civilisation ou les lois de la culture négro-africaine", p.59.

휴머니즘은 자아를 발견하고 이에 대한 지식을 추구해야 하는데, 우리의 경우에는 흑인 휴머니즘을 발견하고 이에 대한 지식을 추구해야 할 것이다. 나는 흑인 휴머니즘을 서구의 이성과 흑인의 영혼을 탐구의 수단으로 하고 흑인을 최종 목표로 삼은 문화운동이라고 기꺼이 정의하겠다. 그 이유는 사람은 이성과 직관을 모두 가져야 하기 때문이다.

인간은 한 편의 걸작과도 같다. 그렇게 풍요롭고 복잡한 그의 내면의 삶에 대해서 우리가 알고 있는 얼마 되지 않는 지식에 의하면, 에메 세제르처럼 말하자면, 그것은 "한편의 드라마, 이성과 상상력 간의, 정신과 영혼 간의, 백과 흑 간의 대결"이었다. 그러나 마랑은 이러한 이원성을 조화시킬 수 있었다. 왜냐하면 여기에는 갈등이 없기 때문이다. 오늘날 그는 적극적인 중재자의 삶을 살고 있다.[18]

여기서 주목해야 할 바는, 네그리튀드의 또 다른 이름이라 할 수 있는 "흑인 휴머니즘"의 도착지로서 생고르가 상정하는 바가, 오늘날 학자들에게 흔히 알려져 있는 것과는 달리 아프리카 문화의 순수성이 아니라 혼종성이며, 아프리카인의 우월한 감성이 아니라 서구의 이성과 아프리카적 감성의 조화로운 결합이라는 사실이다. 그에 의하면 이성과 감성 두 기능을 대결적 구도로 인식하는 이유는, 인간의 내면에 대한 우리의 지식이 부족한 데에 연유하는 것일 뿐, 실은 둘의 조화로운 결합이 이상적인 것이다. 이러한 문화적 '이종교배(異種交配)'의 전범으로서 생고르는 마랑을 꼽는다.

---

18   Léopold Sédar Senghor, "L'Humanisme et nous : René Maran", p.4.

여기서 잠깐 마랑을 소개하고 넘어가면, 그의 부모는 가이아나 출신이고, 마랑 자신은 마르티니크에서 출생하였다. 그는 프랑스 식민관리로서 적도 아프리카의 우방기-샤리에서 근무한 경력이 있다. 아프리카에 대한 경험을 바탕으로 그가 쓴 소설『바투알라』는 식민지 아프리카의 비참한 상황을 토로함으로써 프랑스에서 큰 논란을 불러일으켰다. 작중 인물 우방기 추장의 입을 빌어 마랑은 프랑스 식민정책의 비인간적인 면을 고발한다. "우리는 세금이 부과되는 육신에 지나지 않는다. 우리는 짐 나르는 짐승에 지나지 않는다. 짐승? 그도 못된다. 개? 그들은 개도 밥을 먹이고, 말을 돌보지 않는가. 우리? 우리는 이 가축들보다 못하다. 우리는 가장 천한 가축들보다 더 천하다. 그들은 우리를 서서히 죽이고 있다."[19] 이 저서는 프랑스의 모든 식민지에서 금서(禁書)로 분류되었지만, 그럼에도 당시 프랑스에서 유학 중이던 식민지 출신의 지식인들에게 지대한 영향력을 행사하였다. 일례로『정당방어』의 기고가들은 이 금서 조치를 서인도제도의 식민적 굴종이 가장 잘 드러난 예라고 비난하였고, 세제르, 생고르와 다마스 같은 이들도 한 목소리로 마랑의 소설이 흑인들의 새로운 문화 운동에 하나의 전기를 마련하였음을 주장한 바 있다.

특기할 점은『바투알라』가 프랑스 제국주의의 추악한 현실을 고발하기는 하였지만 실상 작가 마랑이 제국주의를 반대한 것은 아니었다는 사실이다. 또한 그는 세제르나 생고르처럼 흑인의 가치를 옹호한 것도 아니었다. 그런 점에서 그는 반식민 혁명가와는 거리가 먼 인물이었

19　René Maran, *Batouala—véritable roman négre*, Paris : Albin Michel, 1921, pp.76~77.

다. 그러니 그의 성취를 제국의 중심부로부터 흑인 문학에 대한 인정을 얻어내는 데 성공하였다는 점에 한정하는 것이 옳을 것이다. 프랑스에서 고등교육을 받은 마랑은 프랑스 문화에 완벽하게 동화된 흑인으로 평가받는다. 이러한 마랑을 생고르가 "흑인 휴머니즘"이 지향해야 할 모델로 삼았다는 사실을 고려하였을 때, 이 시절의 생고르의 정신세계를—마르코비츠의 표현을 빌자면—"정치적·인종적 호전성"으로 설명하는 것은 분명 문제가 있다.

마르코비츠나 앞서 인용한 바 있는 케스틀룻의 문제점은 이들이 생고르의 초기 문건이 아니라 훗날의 회고에 의존하고 있다는 사실에 기인한다. 문제가 되는 네그리튀드의 삼인방에 대하여 생고르가 내리는 훗날의 평가를 보자.

> 우리는 이러한 발견에 도취되어, 인종주의로 흐르면서 등장했다. 네그리튀드의 전투원이자, 세네갈의 저격병인 우리는 논증적 이성, 기술, 시장 경제, 즉 자본주의 삼총사로 요약되는 유럽의 가치들을 칼집을 나온 비수처럼 공격하러 우리 자신을 던졌다.[20]

자신들이 펼친 운동의 전투적인 성격에 대한 이 논평은 자화자찬에 가깝다. 아이러니컬하게도 "비수처럼" 서구의 가치를 공격하였다는 생고르의 자평은 그가 훗날 비판한 바 있는 『정당방어』 창간인들의 전투적

---

[20] Léopold Sédar Senghor, Conférence donnée par S. E. Le Président de la République du Sénègal à l'Université d'Oxford, St. Anthony's College, 26 Octobre, 1961, p.7.

인 구호를 더 잘 요약한다.

　백인 문화와의 조화를 강조하는 생고르의 초기 진술과 훗날 그가 들려주는 '평가' 간에는 이 같은 괴리가 존재한다. 이러한 점을 고려할 때, "흑인감성론"이나 "흑인 문화 우월주의"에 기반을 둔 전투적인 시학이 생고르의 초기 네그리튀드를 제대로 요약한 것인가 라는 의구심을 한낱 우문(愚問)으로 치부할 수만은 없다. 이성과 기술을 서구의 가치로 보고 이를 전적으로 배격하였다는 생고르의 기억이나, "처음부터 모든 서구적인 가치를 거부하였다"는 훗날의 회고는, 생고르가 흑인 휴머니즘을 처음으로 제창하였던 『흑인 학생』의 창간호에서는 발견되지 않기 때문이다.

생고르, 프랑스의 연인

　다르지 않은 맥락에서 생고르의 초기 작품들을 고려해 보자. 초기 시집 『그늘의 노래』는 시인이 유럽에서 겪은 유배의 감정이나 문화적 소외감, 그리고 유 · 소년 시절의 아프리카에 대한 향수를 식민주의에 대한 혐오와 함께 표현하는 것으로 평가된다. 그런 점에서 생고르의 네그리튀드는 프랑스에서 체류하는 동안 그가 느꼈던 정체성의 위기에 대한 반응에서 발원하기도 한다. 유럽 문명에 대한 생고르의 비판적인 시각은 『검은 성체 / 제물』에 이르면 더욱 분명해진다. 식민지 아프리카

의 흑인들을 '희생 제물'을 뜻하는 'hosties'에 비유한 것에서도 그의
시작 의도는 드러난다. 'hosties'는 또한 성체(聖體)를 뜻하기도 하는데,
그런 의미에서 이 제목은 우주의 영(靈)과 교감하는 흑인들의 영혼에
대한 생고르의 경의와 자부심이 담겨 있는 중의적인 표현이기도 하다.

　이 시집에서 발견되는 프랑스에 대한 비판을 보자. 1945년 1월에 쓴
「평화의 기도」 3장 끝 부분에서 프랑스에 대한 비판은 다음과 같이 표
현된다.

　　　주여, 백인 국가 중에서 프랑스를 당신의 오른편에 서게 하소서.

　　　오! 저는 잘 압니다, 프랑스도 또한 유럽임을, 북쪽의 소도둑들처럼

　　　사탕수수와 목화밭을 기름지게 하기 위해서 저의 아이들을

　　　빼앗아 갔음을, 흑인의 밤은 거름이기에 ……

　　　주여, 올바른 길을 말하면서 굽은 샛길로 가는 프랑스를 용서하소서,

　　　식탁에 초대해 놓고서 제게 먹을 빵을 가져오라는 프랑스,

　　　오른손으로 주고 왼손으로 대부분을 가져가는 프랑스를.

　　　주여, 용서하소서, 점령자들을 증오하면서

　　　제게는 그토록 엄한 점령을 강요하는 프랑스를,

　　　영웅들에게는 영예로운 길을 열어 주며 세네갈인들을

　　　용병으로 다루고 이들을 제국의 검은 기로 만든 프랑스를,

　　　공화국이면서도 대 경영자들에게 나라들을 양도해 버린 프랑스를,

　　　이들은 저의 메소포타미아, 저의 콩고를 백색 태양 아래의

　　　거대한 묘지로 만들어 버렸습니다.[21]

생고르가 본 프랑스인들은 입으로는 정의와 윤리를 외치지만 식민지 경영에서는 이러한 가치를 헌신짝처럼 내팽개친 위선적인 민족이다. 이 시에서 제국에 대한 비판은 "저녁 식사 초대"라는 은유에 의해 강력한 호소력을 발휘한다. 제국의 동화주의 정책이 식민지인들에게 약속한 바와 현실 간의 괴리가 이 시에서는 "저녁 식사에 초대하면서 자신이 먹을 빵을 가져오라는 주인의 위선"에 빗대어 표현된다. 뿐만 아니라 시인은 프랑스 제국이 저지른 반인륜적인 범죄를 아프리카를 "거대한 묘지"로 만들었다는 노골적인 진술로 폭로한다.

그러나 프랑스에 대한 생고르의 입장이 반식민 정서만으로는 요약될 수 없다. 왜냐하면 제국을 강력히 비판할 때조차도 그는 프랑스와 그 문화에 대하여 애착을 가지고 있었기 때문이다. 프랑스의 야만적인 식민통치를 고발하는 작품에서, 창조주에게 프랑스를 주님의 오른편에 서게 해 달라는 기도를 빼먹지 않고 하는 시인의 입장은 잘해야 '양가적(兩價的, ambivalent)'인 것이다. 같은 시의 4장 도입부에서 발견되는 "오! 주여, 저의 기억에서 프랑스가 아닌 프랑스를, 프랑스의 얼굴 위에 씌운 옹졸함과 증오의 가면을 멀리 하게 하소서, …… 프랑스에 대한 저의 마음은 약하디 약한 것이기 때문입니다"라는 시구도 같은 맥락에서 이해가 된다. 이 문구에서 "프랑스가 아닌 프랑스"의 지시어는 시인이 연모하는 프랑스와는 다른 것이다. 프랑스 제국의 추악함을 프랑스의 본 모습이 아니라 "가면(masque)"으로 규정함으로써 생고르는 프랑스 제국의 이상(理想)을 범죄적인 식민주의 역사에서 구출하기를 기

---

21   Léopold Sédar Senghor, "Priere de Paix", *Chants d'ombre suivis de Hosties noires*, pp.149~150.

도한다. 이어지는 "프랑스에 대한 약하디 약한 마음(grande faiblesse pour la France)"에서 "faiblesse"는 사랑할 수만은 없는 프랑스에 대한 시인의 애틋한 마음을, 잘못은 했지만 차마 가혹하게 나무라지는 못하는 연인의 마음을 드러낸다.

생고르의 네그리튀드를 이해함에 있어 유의해야 할 바는 이 아프리카 출신의 지식인의 정신세계에 깊숙이 뿌리 내리고 있는 모국이 하나가 아니라 둘이라는 점이다. 둘 중 하나가 아프리카라면, 나머지 하나는 프랑스이다. 이러한 양가적인 태도는 문화적 혼종성에 대한 생고르의 신념과도 상통하는 면이 있다. 그러니 생고르의 네그리튀드를 흑인 감성론이나 검은 아프리카의 문화 가치론으로만 이해한다면 이는 이 운동이 가지고 있었던 다면적인 모습을 무시한 것이다. 예컨대, 1959년의 한 인터뷰에서 생고르는 다음과 같이 주장한다.

> 식민주의자들은 '백지 상태'라는 논리로 우리의 정치적, 경제적 종속을 정당화하였습니다. 그들은 우리가 아무 것도 발명하지 않았고, 아무것도, 글도, 조각도, 미술도, 노래도 창조한 것이 없다고 여겼습니다. 춤이라면 모를까! …… 가치 있는 혁명을, **우리의** 혁명을 시작하기 위해 우리는 먼저 빌려 입은 옷을, 동화주의의 옷을 벗어던지고 우리의 본질적 존재를, 즉 우리의 흑인성을 주장해야 했습니다. 그럼에도 불구하고, '검은 아프리카의 문화적 가치의 총합'으로 규정했을 때조차도 네그리튀드는 우리가 당면한 문제에 대한 해결책 자체를 제공해 주지는 못했고 해결의 실마리 정도만을 주었습니다. 우리는 더 이상 이전의 상태, 즉 원천적인 네그리튀드(négritude des sources)로 돌아갈 수는 없었습니다.[22]

여기서 "원천(源泉)적인 네그리튀드"라 함은 식민통치 이전의 아프리카, 제국주의적 자본주의에 의해 파괴되기 '이전의' 아프리카 전통문화를 지칭한다. 아프리카의 과거의 문화적 자원만으로는 식민통치의 유산을 극복하기에 부족하다는 생고르의 이러한 인식은 네그리튀드에 대한 일반적인 이해와는 상당히 다른 논조를 띠는 것이다. 즉, 후기의 생고르의 입장에도 네그리튀드에 대한 통상적인 이해와 달리, 단순히 흑인감성론이나 아프리카 과거의 문화적 순수성에 대한 예찬으로만 환원될 수 없으며, 오히려 『흑인 학생』의 초기부터 면면히 내려오는 부분이 있는 것이다.

"원천의 네그리튀드"로 돌아갈 수 없다면, 아프리카 출신의 흑인들은 어디로 향해야 하는 것인가? 대답은 마랑에게 있다. 마랑에 대한 숭배심과 찬탄이 생고르의 네그리튀드의 시작과 끝에서 발견되기 때문이다. 『흑인 학생』 창간호에서 생고르가 마랑을 아프리카 출신의 흑인들이 따라야 할 모범으로 제시한 적이 있음은 앞서 언급한 바 있다. 마랑에 대한 생고르의 존경은 1945년에 쓰인 편지에서도, 1965년에 출간된 『마랑에 바치는 경의』에서도 그 깊이가 드러난다. 1945년 6월 6일자 서한에서 생고르는 마랑이 『그늘의 노래』를 높이 치하한 것에 감사해 한다. 동시에 그는 "프랑스와 아프리카 두 문화 모두의 배경을 가진" 마랑보다 이러한 노력을 잘 평가할 수 있는 이는 없다고 하면서 이 선배 작가를 스승으로 모신다.

도대체 마랑은 이 후배 작가를 어떻게 평가한 것일까? 1946년의 미

---

22   Interview with Léopold Sédar Senghor, June 1959; Lilyan Kesteloot, *Black Writers in French*, p.102에서 재인용.

출간 에세이 「흑인 작가 레오폴드 세다르 생고르와 그의 작품(L'écri-vain noir Léopold Sédar Senghor et son oeuvre)」에서 마랑은 세제르의 『귀향 수첩』에 대하여 브르통이 한 극찬인 "우리 시대 최고의 서정적 기념비"를 상기시키며, 생고르도 같은 치하를 받아야 한다고 주장하였다. 뿐만 아니라 생고르의 작품이 "프랑스 문화와 아프리카 문화가 조화로운 하나로 합치게 되는 공동의 프로젝트를 위해 선한 의지를 가진 이들이 함께 일할 것을 촉구하는 메시지"[23]를 전달한다고 말한 바 있다.

마랑에 대한 생고르의 존경은 1965년의 글에서도 계속되는 것이다.

그는 프랑스어권에서는 처음으로 "프랑스 작가"와 "흑인" 간에 어느 한쪽을 선택하도록 요청받았다. 순전히 도덕적이며 지적인 고결함으로 인해 그는 이 선택을 거부한 최초의 사람이었다. 동시에 둘 다가 되는 책임을 완전히 질 것을 선택함으로써 말이다. …… 마랑 이후 어느 누구도 흑인을 백인처럼 살고, 사랑하고, 일하고, 울고, 웃고, 말하게 만들지 못했다. 흑인 등장인물들은 더 이상 피진 프랑스어를 말하지 않을 것이다. 대신에 그들은 월로프어, 말링케어와 에원도어를 프랑스어로 말할 것이다. 왜냐하면 흑인에게 프랑스어로, 흑인의 스타일로, 흑인의 영혼을 표현하였기 때문이다."[24]

---

23   Michel Fabre · Randall Cherry · Jonathan P. Eburne, "Rene, Louis, and Leopold : Senghorian Negritude as a Black Humanism", *Modern Fiction Studies* 51.4, Winter 2005, p.932에서 재인용.

24   Léopold Sédar Senghor, "René Maran, précurseur de la négritude", *Homage à Maran*, Paris : Présence Africaine, 1965, pp.9~13; Michel Fabre · Randall Cherry · Jonathan P. Eburne, op. cit., p.922에서 재인용.

생고르에 의하면 마랑은 아프리카 출신 흑인들에게 문인의 사표(師表)이다. 세련되고 정제된 프랑스어 표현뿐만 아니라 흑인 시문학의 생명이라 할 수 있는 아프리카적 리듬과 서정성을 문학에서 살려냈기 때문이다. 그런 점에서 생고르에게 마랑은 프랑스어권 아프리카 문학의 시조이자 네그리튀드의 시조이다. 여기에서 네그리튀드가 최고로 구현된 상태는, 마랑 자신이 구현해 보이는 프랑스의 교육과 흑인의 감수성이 조화를 이루는 상태를 의미한다. 생고르는 1954년에 쓴 『에티오피아』의 후기에서 네그리튀드 작가들이 지향해야 하는 바를 "진정한 흑인 시, 그렇다고 해서 프랑스적이기를 포기하지 않는 흑인 시"[25]라고 강조한 바 있는데, 이 간략한 요약만큼 그의 문화적 양가성을 잘 표현하는 것이 없다.

제2차 세계대전 이후의 변화된 상황에서 생고르는 네그리튀드가 앞으로 나아가야 할 방향에 대해서 다음과 같이 밝힌다.

> 지금 1959년에 우리 흑인들이 직면한 문제는 우리가 어떻게 아프리카 흑인의 가치를 1959년의 세계에 통합시킬 것인가 하는 것이다. 그것은 과거를 다시 살려내는 문제, 아프리카 흑인의 박물관에서 살게 되는 문제가 아니다. 그것은 이 세상을, **지금 여기를**, 우리의 과거의 가치로 생기를 불어넣는 문제이다. 결국 아메리카 흑인들이 시작했던 작업도 이것이다.[26]

---

25 Léopold Sédar Senghor, Postface, *Ethiopiques*, p.163.
26 Léopold Sédar Senghor, *Report to the Second Congress of Black Writers and Artists*, p.277; Lilyan Kesteloot, *Black Writers in French*, p.213에서 재인용.

위의 인용문에 따르면, 더 이상 아프리카 자연과의 교감, 상실한 문화에 대한 향수, 혹은 아프리카인의 감성 자체에 대하여 노래하거나 이것들을 회복하는 것이 목표가 아니라, 이들의 회복을 통해 무엇을 할 것인가가 주요 관심사이다. 즉, 과거의 복구는 현재의 변화라는 의제와의 관계에서만 의의를 갖게 된다. 당면한 문제가 "아프리카 흑인의 박물관에서 살게 되는 문제가 아니다"는 생고르의 주장은 네그리튀드가 그간 보여준 과거를 낭만화하고, 전통을 이상화하는 유의 실천으로는 새로운 아프리카를 건설하는 것이 요원하다는 인식을 보여주는 것이다. 사실 파농이 『대지의 저주받은 자들』에서 지적하듯, 이러한 전략은 그 유효성이 한시적인 것일 뿐만 아니라, 아프리카를 변화시키는 데 오히려 걸림돌이 될 수 있다.

세네갈의 해방 이후 강조점을 이동하는 생고르의 후기 네그리튀드는 "보편적 문명론"에서 그 모습이 가장 잘 드러난다. 텔라르 드 샤르뎅(Teilhard de Chardin)의 문명 진화론에 영향받은 그는 인류의 발전이 인종들의 교류와 통합에 기인한다고 믿게 된다. 같은 맥락에서 그는 아프리카의 문화와 프랑스의 문화가 모두 인류의 문명에 똑같이, 그러나 나름의 방식으로 기여할 바가 있다고 주장한다. 이에 의하면, 제3세계의 해방도 단순히 억압에서 탈출할 수 있어서가 아니라 그로 인해 각 민족들이 비로소 보편 문명의 도레에 기여힐 수 있기 때문에 의미가 있는 것이다. 이러한 관점에서 보았을 때, 이전에 네그리튀드 운동가들이 비판하였던 프랑스 제국주의도 각 민족들과 문화들 간의 거리를 좁혀 주었다는 점에서 의미가 있는 것이다. 생고르의 표현을 직접 들어 보자.

프랑스의 정책은, 비록 우리가 종종 저주를 했지만, 우리로 하여금 유럽 문
명을 적극적으로 동화시키게 하는 긍정적인 균형으로 작용하였습니다. 이
것이 네그리튀드를 풍요롭게 하였습니다. 오늘날 반대는 더 이상 없고, 상보
성만 있을 뿐입니다. 그래서 네그리튀드 투사들은, 종종 제가 말했듯, 네그
리튀드의 잠자고 있는 가치들을 만천하에 드러내고 보편 문명에 기여할 수
있도록 하기 위해서, 유럽적 가치들을 이용하여야 되며, 동화될 것이 아니라
동화를 시켜야 합니다.[27]

다시 논하겠지만 제국주의가 끼친 온갖 폐해에도 불구하고 문명 간의
대화를 가능함으로써 서로를 살찌울 수 있는 기회도 마련되었다는 사
유는 언어권과 시대를 달리하여 후기의 사이드의 주장에서도 들려오는
것이다.

세제르, 거부와 정죄의 시학

학자들 중에는 "네그리튀드"라는 용어가 1938년에 출간된 세제르의
『귀향 수첩』에서 처음 사용되었다고 주장하는 이들도 있지만,[28] 엄밀

---

27   *Conférence donnée par S. E. Président de la Répulique du Sénégal à l'Université d'Oxford*, St.
      Anthony College, p.9.
28   Julio Finn, *Voices of Negritude*, London : Quartet Books, 1988, p.38.

히 말하자면 이 용어는 1935년에 출간된『흑인 학생』3호에서 처음 사용되었다. 세제르의 평론「인종 의식과 사회 혁명」이 바로 그것이다. 용어 "네그리튀드"는 이 글에서 다음과 같은 맥락에서 사용된다. 서인도제도인은 "피상적인 가치로부터 결별해야 한다. 그리고 자신에게 가장 가까운 흑인의 자아를 포착해서, 가장 진정한 과실이 열리도록 아름다운 나무를 식재하듯 자신의 흑인성(négritude)을 심어야 한다."[29]

이 "흑인성"의 개념은 1939년에 출간된『귀향 수첩』에서 자아와 대상 간의 혼연일체를 가능하게 하는 감성, 타자에 자신을 완전히 열어 보이는 공감 능력으로 표현된다. 그의 표현을 한번 보자.

나는 위대한 소통의 비밀을, 거대한 불길의 비밀을 다시 발견하고 싶다. 나는 폭풍이라 말하고 싶다. 나는 강이라 말하고 싶다. 나는 토네이도라고 말하고 싶다. 나는 잎이라고 말하고 싶다. 나는 나무라고 말하고 싶다. 나는 내리는 비에 매번 흠뻑 젖고 싶고 이슬 하나하나로 적시고 싶다. 야생마처럼 갓 태어난 아이들처럼 응고한 덩어리처럼 통행금지 종소리처럼 신전의 흔적처럼 광부들을 좌절시킬 만큼 깊게 묻힌 보석처럼 눈의 느린 흐름에 피가 광란의 몸짓을 하듯 쏟아 내고 싶다. 나를 이해하지 못하는 자는 호랑이의 포효를 이해할 수 없을 것이다.[30]

위의 내용만을 떼어놓고 보면, 이 시가 세제르의 것인지, 생고르의 것

---

29 Aimé Césaire, "Conscience Raciale et Révolution Sociale", *L'Étudiant noir* 1.3, mai-juin, 1935, p.2.

30 Aimé Césaire, *Cabier d'un retour au pays natal*, Paris : Présence Africaine, 1983, p.21.

인지 판단이 전혀 서지 않을 만큼 두 문인은 자연과 일체가 된 흑인의 감성에 관한 담론을 공유한다.

세제르와 생고르 사이에는 유사점만 있는 것은 아니다. 이 둘은 초기부터 운동의 방향성이 달랐다. 그러나 초기의 입장을 비교하기가 쉽지는 않은데, 그 이유는 네그리튀드의 기관지였던 『흑인 학생』이 창간호와 3호 외에는 현재 남아 있지 않기 때문이다. 그래서 네그리튀드 운동의 초기에 대한 연구는 적지 않은 부분 훗날 본인들이 내리는 자평에 의존할 수밖에 없었다. 『흑인 학생』도 『정당방어』와 마찬가지로 창간호를 이후로 폐간된 것이 아닌가 하는 추정이 있었지만, 최근의 연구에 의하면 적어도 5호까지 발간된 것으로 알려진다. 창간호에 드러나기로는 제국의 동화주의에 대항함에 있어 세제르가 생고르보다 훨씬 더 분명한 목소리를 낸다. 그는 노예제와 동화가 닮은꼴임을 주장하며 이를 배격한다. 그러한 점에서 앞서 인용한 바 있는 마르코비츠의 논평은 사실 생고르가 아니라 세제르와 다마스에게 적용되어야 옳다.

세제르는 활동의 초기부터 당대의 젊은 흑인들이 원하는 것은 동화가 아니라 "해방"임을 분명히 한 바 있다. 창간호에 나타난 그의 주장을 직접 인용하면,

> 흑인의 역사는 삼막극인데, 우리는 이제 세 번째 극에 대해 이야기하고자 한다. 처음에 흑인들은 노예가 되었다. …… 다음에 그들은 동화되어, 주인의 학교에 보내졌다. "외모만 어른인 아이들"이라고 백인들이 말했다. 오직 아이만이 주인의 학교에 영구적으로 다니니까. …… 오늘날 젊은 흑인들은 노예의 삶도, 동화도 원치 않는다. 그들은 해방을 원한다. …… 노예제와 동

화주의는 서로 닮았다. 그것들은 둘 다 수동적인 삶이다.

이 두 시기 동안 흑인은 생산적이지 못했다.

해방은, 반대로, 행동과 창조이다.

젊은 흑인들은 행동하고 창조하기를 원한다. 그들은 그들의 시인을, 소설가를…… 갖고 싶어 한다. 그들은 보편적인 삶에, 인류의 휴머니즘에 기여하기를 원한다.[31]

세제르는 흑인의 역사를 세 시기로 나누고, 첫 시기는 아프리카에서 아메리카로 끌려와 노예가 되었던 시기, 두 번째 시기는 백인의 통치 아래에서 그들의 삶에 동화된 시기로 규정한다. 그러나 이제 흑인의 역사는 노예의 삶과 백인의 삶 모두를 거부하고 마르티니크 흑인으로서의 새로운 문화적 정체성을 창조해 내는 시기, 진정한 자유를 구가할 수 있는 세 번째 시기에 들어섰다고 주장한다. 이 시기는 흑인들이 고유한 문화를 창조해 냄으로써 인류 문명의 발전에 당당한 주역으로 참가하는 단계를 의미한다.

세제르는 이처럼 초기의 글에서부터 과격한 어조로 동화현상을 비판한다. 그에 의하면 백인의 문화를 받아들이는 것은 "미친 짓"이다. 그리고 동화주의가 흑인들이 진정한 자아를 찾는 것을 저해할 것이라고, "흑인들 내면의 흑인을 죽이게" 될 것이라고 강력한 경고의 메시지를 보낸다. 백인으로부터의 변별과 차이에서만이 진정한 흑인의 삶을 살 수 있다고 본 것이다. 이는 흑인의 영혼을 노래하면서도, 유럽과 아프

---

31   Aimé Césaire, "Négreries : Jeunesse noire et assimilation", p.3.

리카의 장점의 조화로운 결합을 흑인운동의 지향점으로 본 생고르와는 매우 다른 논조이다. 『흑인 학생』 창간호에 드러나는 세제르의 입장을 동시대의 프랑스어권 흑인 지식인들의 주장과 비교해 보면, 세네갈 출신의 동료보다는 차라리 『정당방어』의 논조와 가장 닮았다고 판단된다. 특히 세제르나 생고르보다 먼저 마르티니크 유색인 부르주아의 문화적 예속을 격렬하게 비판한 레로와 메닐의 문화 비평은 세제르의 비평과 많은 점에서 흡사하다. 반면 네그리튀드를 다루는 종래의 어느 비평에서도 이를 주목하지 않는 것은 놀랍다.

앞서 『정당방어』의 창간인들이 마르크스주의와 초현실주의 같은 서구의 사상에 의존하였다는 생고르의 비판을 언급한 바 있다. 이 비판이 적법한 것인지 판단하기 위해 생고르의 동료 세제르의 걸작으로 꼽히는 『귀향 수첩』을 보자.

> 그리고 당신들, 유령들이 푸르게 일어난다 변화하여 사냥당한 짐승들의 숲에서 뒤틀린 기계에서 대추나무에서 썩은 육체에서 굴 바구니에서 눈(yeux)에서 그물망에서, 아름다운 사이잘 삼 같이 띠처럼 잘라 낸 인간 가죽에서 나는 당신들을 포함할 거대한 말(mots)을 갖게 될 것이다.[32]

서인도제도의 식민 상황을 고발함에 있어 세제르가 사용하는 언어는 합리주의의 언어가 아니다. 비논리적인 순수 연상(聯想)에 의해 이어지는 이 시상에서 우리는 훗날 『열대지역』의 모토가 되었던 초현실주의

---

32 Aimé Césaire, *Cahier d'un retour au pays natal*, p.21.

를 목격하게 된다.

동포 시인들이 전원적이고 목가적으로 그려낸 섬을 두고 세제르는 저주에 가까운 언어로 그 흉측한 실상을 고발한다. "굶주린 앙티유, 천연두에 걸린 곰보의 앙티유, 알코올에 의해 폭파되어, 이 만(灣)의 진흙 속에 이 도시의 흙먼지 속에 흉악하게 좌초된 앙티유."[33] 이는 당시 서인도제도의 현실을 외면하고 프랑스 고답파의 서정주의를 재생산하는 데 여념이 없었던 현지의 문학 경향에 강력하게 반발한 것이었다. 그는 또한 자신들에 대한 유럽이 시각이 어떠한 것인지를 다음과 같이 조롱조의 언어로 고발한다.

나의 죄를 고백하며 아무런 변명도 할 수 없음을
인정한다.
춤. 우상. 배교(背敎). 나는 또

게으름으로 말로 행동으로 음란한
노래로 신을 살해했다.

나는 앵무새 깃털을 사향고양이 가죽을
입고 다녔고
선교사들의 인내심을 소진시켰고
인류의 은인들을 모욕했다.[34]

---

33 Ibid., p.8.
34 Ibid., p.29.

세제르는 이 시에서 자신을 포함하는 흑인들을 죄인의 위치에 세운다. 그의 입에서 흘러나오는 고백이 야만적이고 음란한 관습에 탐닉한 자신과 동료 흑인들을 정죄하기 때문이다. 그러나 이 자기 정죄를 표면적인 의미로만 이해한다면 시의 전체를 관통하는 아이러니를 놓치고 마는 셈이다. 이 고백자의 자기정죄가, 그가 백인의 시각과 동일시하였기 때문에, 그가 문화적인 변절을 하였기 때문에 가능하였다는 점을 고려한다면, 시인이 의도하는 진짜 정죄의 대상은 토착 관습을 야만적인 것으로 고발하는 흑인 고백자 자신이요, 그러한 고발 이면에 있는 내면화된 백인의 시각이다.

유럽이 정복 사업을 정당화할 때 '전가의 보도'처럼 사용하였던 유럽의 우월한 "이성"에 대항하기 위하여 세제르가 선택한 무기는 파괴와 분노의 원천인 "광기"이다.

> 당신들을 증오하기에, 신들과 당신들의 이성을 증오하기에,
> 우리는 불러낸다 조발성 치매를
> 완고한 식인주의의 타오르는 광기를[35]

이처럼 감성과 광기에 호소하는 수사학은 아프리카에 대하여 서구가 가졌던 종래의 편견을 확인해 준다는 점에서는 훗날 생고르에게 쏟아졌던 비판을 예견하는 것이다.

그러나 분노와 증오만이 세제르 문학의 주된 정조는 아니다. 『귀향

---

35 Ibid., p.27.

수첩』에서 세제르는 앙티유 제도의 흑인들이 겪는 고통이 곧 자기의 고통임을 확인할 뿐만 아니라 그것이 실은 서구의 제국주의와 인종주의가 지배하는 곳에서는 어디서나 발견되는 보편적인 것임을 주장한다. 그리고 이러한 발견은 곧 세상을 변화시키려는 예술적 의지를, "위대한 소통의 비밀을 발견"하여 "호랑이의 포효" 같이 외치려는 의지를 낳는다.[36] 그러나 세제르의 이러한 발언은 아프리카 연극의 대부 소잉카(Wole Soyinka)에게서 네그리튀드 운동이 행동을 결여한 슬로건에 지나지 않는다는 비판을 받은 바 있다. 소잉카의 표현을 빌자면, "호랑이가 호랑이의 특성을 외치던가. 호랑이는 덤벼들 뿐이다."

다마스, 핏빛 문명의 비판

자기정죄는 동료들 중 제일 먼저 시집을 출간한 다마스가 즐겨 사용한 주제이기도 하다. 그의 시는 1934년부터 『정신(Esprit)』에 실리기 시작했고, 1937년에는 단독으로 프랑스어로 된 시집 『피부색(Pigments)』을 출판하여 문단의 주목과 더불어 당시 파리에 유학 중이던 흑인 학생들의 관심을 받게 된다. 세제르는 이보다 2년 후인 1939년에 『의지(Volontés)』에 시를 발표하였고 후에 이 시들을 묶어 『귀향 수첩』을 발표하여 네

---

36 Ibid., p.21.

그리튀드 운동의 중심에 서게 된다.

다마스의 시는 자신을 부르주아 시민으로 만들기 위해 가정에서 받아야 했던 백인의 교육에 역겨움을 표출한다. 이는 흑인의 자유분방함을 억누르고, 백인의 기준에 맞춰 살아 온 자신을 "그들의 구두를 신고, 그들의 연미복을 입고, 그들의 가슴장식과 그들의 탈착식 칼라를 달고, 그들의 외눈 안경, 그들의 중산모를 쓴 우스꽝스러운"[37] 모습이라고 부르며 조롱하는 형태로 표현된다. 이러한 시각에 의하면 식민지의 예술인들은 단순히 피해자가 아니라 서양의 이국주의적 취향에 맞추어 고유의 춤과 음악을 팔아 온 매판적인 존재들이다. 백인의 세계와 그에 순치된 자신에 대해 그가 내리는 최종 평결은 다음과 같이 풍자적인 형식을 빌려 표현된다.

나는 우스꽝스러웠다

그들 사이에서

공범처럼

그들 사이에서

포주처럼

그들 사이에서 살인범처럼

나의 손을 소름끼치게 붉게 물들인

그들의 문-명의

피[38]

---

37 L. G. Damas, "Solde", *Pigments · Névralgies*, Paris : Présence Africaine, 1972, p.41.
38 Ibid., p.42.

이 시에서 다마스는 백인이 주인인 사회의 순종적인 부르주아 계층에서 태어난 자신이 단순한 계급 이익의 수혜자가 아니라 인종적 범죄의 공범임을 밝히고 있다. 이와 더불어 서구의 우월성을 담보하는 문명이 인도주의나 계몽주의가 아니라 실은 반인본주의에 기초해 있음을, 즉 인종적 타자의 고혈로 건설된 핏빛 문명임을 고발한다.

억눌린 흑인의 본성과 잃어버린 문화를 되찾고 싶은 다마스의 심정은 유명한 "림베(Limbé)"[39]에서 다음과 같이 표현된다.

> 그것들을 내게 돌려줘, 내 검은 인형들을
> 그것들이 물리칠 수 있도록
> 나의 지루함의 거리 위를
> 오고가는 사랑의 장사치들,
> 창백한 창녀들의 이미지를
> ……
>
> 그것들을 내게 돌려줘, 내 검은 인형들을
> 그래서 내가 그것들과 놀 수 있게
> 내 본능의 소박한 놀이를
> ……
> 그들은 나의 것이었던 공간을 도둑질 했지
> 전통을
> 나날을

---

39 "림베(Limbé)"는 불어가 아니라 반투어에서 유래하는 크레올어로서 "우울증"을 뜻한다.

삶을

노래를

리듬을

노력을

오솔길을

물을

오두막을

잿빛 대지를

지혜를[40]

이 시에서 다마스는 노예무역으로 인해 납치당한 아프리카 출신 흑인
들이 겪었던 문화적 상실을 백인들로 인해 빼앗긴 "검은 인형"과 이를
갖고 노는 "본능의 소박한 놀이"에 빗대어 표현하고 있다. 뿐만 아니라
아프리카가 주는 위안과 사랑을 상징하는 "검은 인형"은 이 시에서 "사
랑의 장사치" 그리고 "주검 같은 창녀"와 대비된다. 여기에서 "창녀"는
인간관계의 순수함을 근대성의 제단에 바친 후 유럽이 맞이하게 된 정
신적 타락을 은유한다.

　이 시에서 주목할 또 다른 점은 잃어버린 "놀이"에 대한 메시지가 바
로 그 놀이 고유의 흥겨움이나 리듬의 형식을 빌려 표현되고 있다는 점
이다. 즉, 시의 한 행을 하나의 단어로만 구성함으로써 시인은 형식적
인 면이나 음향적인 면에서도 아프리카의 전통 리듬에 가까운 효과를

40　L. G. Damas, "Limbé", op. cit., pp.43~44.

내고 있다. 케스틀룻에 의하면, 잃어버린 것들을 헤아리는 이 목록에서 시인은 흑인의 북 소리를, 그 리듬을 다시 복원해 낸다. 단말마 같이 짧은 어귀를 반복함으로써 마치 둥둥 두둥둥 아프리카의 북소리와 같은 리듬 효과를 낸다는 것이다.[41]

백인의 가치에 대한 전격적인 거부와 증오심은 세제르나 다마스의 시집뿐만 아니라 아이티 출신의 랄로 같은 다른 흑인 시인들에게도 발견된다. 이러한 사실은 서구의 이분법적인 사유가 동시대의 많은 네그리튀드 운동가들에게 미친 영향을 반증한다. 이와 관련하여 랄로의 시 「식인종」을 보자.

> 때만 되면 피와 상처를 사랑의 긴장된
> 몸짓과 섞으려는 야만적인 욕망,
> 물어뜯은 자국 아래에서 영원한 입맞춤의 맛을,
> 연인의 오열을, 그 헐떡임을 …… 느끼려는
> 아, 나의 흑인 선조들의, 식인종들의 이 진정될 수 없는 욕망[42]

랄로는 이 시에서 서구가 아프리카를 재현하면서 사용한 이분법을 재활용한다. 차이가 있다면 이전에는 열등항으로 치부되었던 증오, 원한, 식인 욕망 같은 원초적 '감정'이나 '본능'이 아프리카 고유의 것으로 찬양되고 있다는 점이다. 그런 점에서 본질론의 시비나 "반인종적 인종주

---

41 Lilyan Kesteloot, *Black Writers in French*, p.133.
42 Léon Laleau, "Cannibale", *Anthologie de la nouvelle poésie nègre et malgache de langue française*, Senghor ed., p.109.

의"라는 비판은 사실, 적어도 네그리튀드의 초기에는 "문화적 혼종"을 이상으로 삼았던 생고르가 아니라 세제르와 랄로에게 제기되어야 마땅하다. 그러나 아이러니컬한 사실은 사르트르가 "반인종적 인종주의"라는 평결을 내린 문건에서 가장 칭찬하였던 이가 세제르였다. 이에 관한 논의는 곧 다시 하기로 한다.

사르트르의 「흑인 오르페우스」 논쟁

「흑인 오르페우스(Orphée noir)」에서 사르트르는 당대의 네그리튀드가 인종주의에 대한 반대를 넘어 또 다른 인종주의로 흐르게 되었음을 지적하였다. 네그리튀드의 목표에 대하여 그가 개인적으로 느낀 공감이나 운동의 예술적 성취에 대한 인정과는 별개로, 사르트르는 네그리튀드가 흑인의 문제에 대한 대답은 아니라고 생각했다. 그는 "네그리튀드"라는 어휘가 "상당히 추한 말"이라는 논평도 서슴지 않았다.[43] 당대 프랑스의 좌파 지식인을 대표하였으며, 식민지 피지배자들에게 우호적이었던 사르트르의 평가는 생고르와 다마스를 크게 실망시켰다. 유럽의 인종주의가 강탈당한 인간적인 권리와 자존심을 되찾고자 하는 흑인들의 반인종적·반식민적 문화운동이 식민 지배자들의 강탈 행위와

---

[43] Jean-Paul Sartre, "Orphée noir", p.xviii.

별반 다를 것이 없다는 해석에 심기가 불편하였던 것이다.

　그러나 네그리튀드와 사르트르의 관계에 대한 종래의 연구에서 좀처럼 지적되지 않는 사실은, 이러한 논평과는 별도로 세제르와 그의 동료들에 대하여 사르트르가 내리는 평가가 칭찬 일색이었다는 점이다. 사실 사르트르로서는 할 수 있는 최상의 찬사를 네그리튀드에, 그중에서도 특히 세제르에게 바친다. 그도 그럴 것이 사르트르의 이 논평은 다름 아닌 생고르가 편집한 네그리튀드 시선집의 서문의 일부였다. 오르페우스가 하계의 지배자 하데스의 손아귀에서 연인 에우리디케를 구출하는 그리스 신화를 빌려온 사르트르는 세제르를 "흑인 오르페우스"의 위치에 세운다. 그래서 세제르는 백인의 세상에서 감금당하고 억압된 흑인의 문화적 정체성을 구출하는 신화적 영웅의 위치에 서게 된다. 여기서 유의할 점은, 사르트르기 찬사를 아끼지 않은 이 세제르는 공산주의가 반식민 투쟁의 의제를 흑인들에게서 훔쳐 가지 않을까 하는 의구심을 버리지 않던 시절의 세제르, 즉『흑인 학생』을 발간하던 1930년대의 세제르가 아니라는 사실이다.

　사르트르는 레로의 문학이 백인의 초현실주의로부터 변별되지 못하는 것이었다고 혹평하는 반면, 세제르의 문학은 초현실주의를 받아들이기는 하되 이를 백인의 문화를 폭파하는 혁명적 용도로 사용하고 있음을 지적한다. 초현실주의와 관련하여 사르트르가 찬탄해 마지않는 세제르의 시구를 인용하면,

　　바다의 들끓는 머릿니 섬들 바삭 눌러 죽이는 장밋빛 손가락을 한
　　화염방사기 그리고 그 낙뢰에도 끄떡없는 나의 몸

(Les mers pouilleuses d'îles craquant aux doigts des roses
lance-flamme et mon corps intact de foudroyé)

사르트르의 해석에 의하면[44] 고통받고 있는 식민지 서인도제도는 이 시에서 바다의 머릿결 사이를 뛰어다니는 머릿니에 비유된다. 바다에서 드문드문 발견되는 섬들의 모습에서 머릿결 사이의 해충을 떠올리는 것이다. 시인은 이 해충의 박멸을 위해 새벽의 빛, 장밋빛 손길을 한 화염방사기를 시 속으로 들여오는데, 이 화염은 그리스와 지중해에서 발원한 서구 문명의 새벽빛과 다르지 않다. 즉, 서구에서 빌려 온 빛의 도구로 "흑인의 바다"에 들끓는 해충을 잡는 것이다. 한편 이 빛의 도구는 자칫 사용자를 태워 버릴 수도 있는 위험천만한 것이기 하나 흑인 시인은 자신의 건재함을 자랑한다. 여기에서 '빛의 도구' 자리에 초현실주의를 대입해 넣으면, 유럽 문화에 대한 세제르의 태도가 모습을 드러낸다. 주인의 도구로, 주인의 문화를 이용하여 주인의 손아귀에서, 자신의 에우리디케를, 흑인의 문화적 정체성과 자존심을 구출하는 전략인 것이다.

사르트르가 세제르에 찬사를 바친 또 다른 이유는 그에게서 마르크스주의를 보았기 때문이다. 이 시기의 세제르가 마르크스주의자라는 증언은 세제르의 동료인 생고르의 입에서도 나온다. 『흑인과 마다가스카르인들의 새 프랑스어 시선집』에서 편저자 생고르가 쓴 세제르의 소개문을 인용하면,

---

44   Ibid., pp.xxvii~xxviii.

세제르에게 백인은 자본을 상징하며, 흑인은 노동을 상징한다. 그의 흑인 형제들 중 지식인들과 은행가들의 독재에 대항하여 그가 노래하는 것은 세계 프롤레타리아의 투쟁이다. 만약 그런 것이 있다면 그것은, 개인적인 시요, 인종적인 시이되, 모든 인간들을, 그들의 형제들을 위한 "저항할 수 없는 사랑"으로 확장된 시, 그가 원래 표현한 바 있는 "보편적인 사랑"으로 확장된 그런 시이다.[45]

세제르가 프랑스 공산당에 가입한 해가 1942년이니 이 글에서 생고르는 마르크스주의에 심취해 있던 세제르의 모습을 그려내고 있다. 사르트르는 네그리튀드의 가장 열렬한 사도가 전투적인 마르크스주의자인 것이 우연이 아니라는 말로써, 네그리튀드와 마르크스주의 간에 공통분모가 있음을 주장한다.

네그리튀드에 바치는 사르트르의 찬사가 문제가 되는 것은 정작 그 다음부터다. 사르트르는 네그리튀드와 마르크스주의 간의 공통의 관심사에도 불구하고 둘은 상호관련성이 없다고 주장한다. 그 이유는 네그리튀드는 구체적이고 특정한 운동인 반면, 마르크스주의는 보편적이고 추상적인 운동이기 때문이다. 하나가 이해력에 호소한다면 다른 하나는 지력에 호소하고, 하나가 정신과 육체의 혼합의 결과라면, 다른 하나는 경험에서 생겨나는 체계적인 구축이다. 이렇게 네그리튀드를 마르크스주의와 구분한 뒤 사르트르는 네그리튀드를 변증법적 발전에 있어 지양되어야 할 한 단계로 규정한다. 비평가들에게 자주 회자되는 이

---

45 Léopold Sédar Senghor ed., *Anthologie de la nouvelle poésie nègre et malgache de langue française*, p.55.

유명한 대목을 인용하면,

> 이론적으로나 실제로 백인 우월주의를 주장하는 것이 정(正)이라면, 반(反)으로서의 네그리튀드의 입장은 부정성(否定性, négativité)의 국면이다. 그러나 이러한 부정적인 국면만으로는 충분치 않은데, 이를 사용하는 흑인들도 이를 잘 알고 있다. 그들도 [부정성의 국면]이 합(合)을 위한 길 혹은 인종주의가 없는 인간 사회의 실현을 위한 길을 준비하는 것임을 알고 있다. 그러니 네그리튀드는 자신의 파괴를 위한 것이요, 통로의 역할을 할 뿐 목적이 아니며, 수단일 뿐 궁극적인 목표가 아니다. 그러니 흑인 오르페우스들이 에우리디케를 껴안은 순간 자신의 팔에서 그녀가 사라지는 것을 느끼게 될 것이다.[46]

변증법적 관점에서 보았을 때, 반식민 투쟁이나 인종적 정체성의 회복이라는 의제는 궁극적으로 세계의 노동자가 평등한 세상으로 가기 위한 징검다리에 지나지 않는다. 흑인들의 문화적·인종적 의제가 특정한 것이기에, 계급투쟁이라는 인종과 국가를 넘어서는 보편적 의제로 결국 흡수될 것이며 또 그렇게 되어야 한다는 사르트르의 주장은 프랑스어권 흑인 지식인들의 분노를 낳게 된다. 반식민 투쟁의 종착지가 실은 계급 사회의 종식을 위한 중간 기착지에 지나지 않는다는 사르트르의 설명은 마르크스주의자로서는 할 만한 주장이었을는지 모르나, 해방을 위해 고군분투하는 민족주의자들이나 반식민 흑인 전사로서는 납득할 수도, 동의할 수도 없는 것이었다. 마르크스주의에 포섭되기를

---

46 Jean-Paul Sartre, "Orphée noir", p.xli.

거부하는 제3세계의 반식민 민족주의자의 입장은 파농의 『검은 피부, 하얀 가면』에서 나타나니 자세한 논의는 다시 하기로 한다.

사르트르에 의하면, 흑인 오르페우스가 영혼의 심연으로 내려가서 발견한 것은 억압된 반이성(反理性)이나 리비도 같은 개인의 본능이 아니라, 인종적인 원한과 "자신의 존재"의 정당함에 대한 확신이다. 여기서 "자신의 존재"란 보편자로서의 인간이 아니라 "흑인"으로서의 존재를 의미한다. 사르트르의 표현을 빌리면, 유태인은 자신이 유태인임을 부정하고 대신 "인간들 중의 한 사람"임을 선언할 수도 있다. 그는 "보편자"인 백인에 속하기 때문이다. 그러나 흑인들은 이 "추상적인 무색의 인류"에 속한다고 주장할 수 없다. 흑인으로서 차별받고, 흑인으로서 모욕 받았기에, 흑인으로서 명예 회복을 원하는 것이다. 이처럼 식민주의에 대한 지항이 인종적인 분노와 인종적 자부심에 의해 추동되고 있다는 점에서, 즉 "스스로를 흑인으로서 회복하기"를 기도한다는 점에서, 사르트르는 네그리튀드를 "반인종적 인종주의(racisme antiraciste)"[47]라고 부른다. 그러나 사르트르가 붙인 이 "인종주의" 꼬리표는 생고르와 그의 동료들을 매우 실망하게 만든다.

흥미로운 사실은 훗날 생고르가 들려주는 논평이다. 이 논평에서 그는 사르트르의 과거의 평가에 대해 다음과 같이 말한다.

유럽적 가치에 대한 우리의 불신은 곧 경멸로, 또 — 이를 숨길 필요는 없다 — 인종주의로 변했다. 우리 흑인이 세상의 소금이라고, 들려지지 않은 메

---

47   Ibid., p.xl.

시지의 전달자라고, 우리 외 어떤 인종도 그 역할을 할 수 없다고 우리는 생각했고, 또 그렇게 말했다. 무의식적으로, 조금씩 그리고 동시에 반작용에 의해 우리는 히틀러처럼, 식민주의자들처럼 말했다. 우리가 피의 미덕을 고취하게 되었던 것이다.[48]

사르트르에 대하여, 또한 과거 네그리튀드 운동의 방향에 대하여 생고르가 이와 같은 평가를 내릴 수 있다는 사실은 훗날의 그가 정치적으로나 지성적으로 더욱 냉철해졌음을 시사한다.

문화적 기억과 역사성

생고르의 문학으로 다시 돌아오자. 앞에서 살펴보았듯 다마스의 시는 소박하고 단순한 어휘와 아이러니, 신랄한 풍자가 특징이다. 또한 그의 시는 상실한 것에 대한 고통스런 기억이나 인식으로 점철되어 있다. 이와 비교해 보았을 때 생고르의 문학은 사뭇 다른 내용과 정조를 갖는다. 그의 문학은 아프리카에 대한 기쁨의 찬가(讚歌)이자, 일종의 문화적 자원의 보고(寶庫)를 보여준다고 할 수 있다. 이러한 차이는 생고르가 아프리카에서 유년 시절을 보냈다는 사실과 무관하지 않다. 생

---

48 Jacques Louis Hymans, *Léopold Sédar Senghor : An Intellectual Bibliography*, Edinburgh : Edinburgh Univ. Press, 1971, p.71에서 재인용.

고르는 세네갈의 해안 촌락 조알의 대지주 가정에서 태어나 서아프리카의 자연과 전통을 몸과 마음으로 받아들이며 자라났다. 아프리카에서 누렸던 "어린 시절의 왕국(Royaume d'enfance)"에 대해 시인은 『에티오피아』의 후기에서 다음과 같이 서술한다.

> 나는 그때 이 왕국에서 살았고, 사물의 너머에 있는 놀라운 존재들을 눈으로 보았고 귀로 들었다. 타마린드 나무에서 조상의 영을, 샘의 수호자인 악어들을, 강 하구에서 노래하는 해우(海牛)들을, 나에게 말을 걸며 밤과 정오의 교차적인 진실을 알게 해 준 촌락의 사자(死者)들과 선조들을 말이다. 이들에게, 나의 어릴 적 우주의 부분들에게 이름을 붙이는 것만으로도, 옛 것들의 재에서 태어날 미래의 왕국을 예언할 수 있었다. 이것이 시인의 임무다.[49]

생고르가 어릴 때 뛰놀았던 산과 강은 단순히 초목과 물로 이루어진 것이 아니라 형이상학적 세계와의 교통을 가능하게 하는 매개체였다. 자연을 통해서 초자연적인 존재와 교감할 수 있었던 것이다. 그러니 그에게 아프리카는 유학 생활이 힘들어질 때 언제나 돌아갈 수 있는 일종의 정신적 피난처요, 고갈된 에너지의 원천이 되었던 것이다. 케스틀릇의 표현을 빌리면, "생고르에게 있어 귀향은, 서인도제노인늘의 경우에는 항상 동반된 그런 고통이 없이 이루어질 수 있었다. 그에게는 마부들, 마구간지기들, 목동들, 하인들과 장인들이 딸린 대가구를 이룬 가정의

---

49 Léopold Sédar Senghor, Postface, *Ethiopiques*, p.158.

품에서 응석부리며 자라난 행복한 유년의 추억이 있었기 때문이다."[50]

자연의 '책'에서 영혼의 '언어'를 읽어 내는 생고르의 작업은 정령신앙을 기조로 하되 구전되어 내려오는 선조들의 역사를 신화화하기도 한다. 생고르가 찬양하는 조상의 목록에는 다양한 부족들을 이슬람 아래에 통합하여 영토를 확장하였을 뿐만 아니라 학문적·경제적 중흥을 이룩하여 말리 제국의 명성을 유럽에까지 알린 서아프리카의 계몽군주 공고-무사(Mansa Gongo-Moussa) 같은 이도 발견되지만 가부 지역에 정착한 생고르 자신의 조상도 발견된다.

> 나는 나 자신이 나의 할아버지의 할아버지였다
> 나는 그의 영혼이었고 그의 조상이었고,
> 푸타-잘롱과 푸타의 알마미에 맞서
> 우뚝 선 가부 왕국 엘리사의 우두머리였다
> "그들이 우리를 살해한다, 알마미! 그래도 우리를 모욕하지는 못하리"
> 그들의 산도 우리를 지배할 수 없고, 그들의 기마병들도
> 우리를 포위할 수 없고, 그의 옅은 색 피부가 우리를 유혹하지 못하고
> 그의 예언자들도 우리를 타락시키지 못한다.
> 나의 이교(異敎)의 수액은 시지 않는 오랜 술. 단 하루에 시어지는 종려주가 아니다.
> 또한 열여섯 해의 전쟁! 열여섯 해의 타발라스 전쟁 북치기, 타발라스 총알[51]

---

50 Lilyan Kesteloot, *Black Writers in French*, p.196.
51 Léopold Sédar Senghor, "Que m'accompagnent kôras et balafongs", *Chants d'ombre*

생고르가 마랑에게 헌정한 이 시는 서아프리카에서 있었던 푸타 잘롱(Fouta Djallon, 1725~1896)과 가부 왕국(Gâbou, 1537~1867) 간에 있었던 16년에 걸친 전투를 배경으로 한다. 엘리사(Elissa)는 가부 왕국이 망하기 20여 년 전인 1850년경에 푸타 잘롱이 이끄는 풀라족에 의해 침략되었다. 이 시에서 생고르는 선조의 영과 혼연일체가 되어 그의 눈으로 과거사를 조명한다. 이 전투에서 엘리사는 결국 함락되지만 생고르는 이슬람교를 내세우며 쳐들어온 살인자들, 이 풀라족에 맞선 선조의 영웅적인 투지와 인내력을 노래한다. 그리고 이 침략자들에 맞서느라 선조들이 16년간 무엇을 잃었어야 하였는지를 노래한다. 이처럼 구전되어 온 과거사를 시로 옮김으로써 생고르는 아프리카의 문화적 기억을 되살려 내는데 지대한 기여를 한다.

반면 이 시는 집단적 기억에서 발견되는 역사성이나 재현의 공정성이라는 문제를 안고 있기도 하다. 시인은 풀라족을 무자비한 침략자로, 가부 왕국을 피해자로 묘사하고 있지만, 실제로 가부 왕국의 지배 가문을 그간 살찌운 것이 포르투갈과의 노예무역이었다는 사실은 서사에서 배제하고 있다. 뿐만 아니라 가부 왕국이 몇 세기 간 고지(高地)의 풀라족을 마음껏 유린해 왔다는 역사적 사실을 고려한다면, 생고르의 시는 공정한 재현과는 거리가 멀다. 풀라족의 관점에서 본다면 이 "끔찍한" 16년의 전쟁은 그가 가부 왕국에 의해 노예사냥을 당하고 침략당해 온 이들이 굴욕의 사슬을 끊기 위해 일어섰다는 의미를 띤다. 이슬람교 아래 뭉쳐진 풀라족이 제기한 위협도 위협이지만, 가부 왕국은 19세기

suivis de Hosties noires, p.46.

초반에 유럽이 노예무역을 금지함에 따라 이미 경제적 기반이 약해져 있었다는 것이 학자들의 의견이다.[52] 그러나 생고르가 들려주는 이 서사시는 한편만의 상실과 고통을 들려준다는 점에서 역사적 상상력이 견지해야 할 공정성을 결여한 것이다.

시인은 격정적으로 외친다. "그 높은 장작더미에 나는 나의 오랜 소중한 것들을 모두 던졌다. 잿빛 호박과 카우리를, 나의 가계의 근간인 포로들을, 나의 딸들의 엄마인 배우자들을, 성소의 물품들을." 그러나 만딩고족이 자행한 유린의 역사를 고려할 때, 가부 왕국이 누려 온 경제적 풍요는, 시인이 격양된 어조로 나열하는 상실의 목록은 어쩌면 애초에 풀라족에게서 빼앗은 것일 수 있다. 그리고 생고르의 조상이 사실 가부 왕국을 이룬 만딩고족도 아니며 실은 그곳에 정착한 세레르족임을 고려할 때, 그리고 세레르족이 전통적으로 이슬람교에 반대한 가톨릭교도이었음을 고려할 때, 생고르가 자신의 조상의 고통과 미덕에 바치는 이 노래는 반이슬람의 정서에 기초해 있다. 아프리카가 다양한 왕국들로 분열되어 서로 침략과 통합을 일삼은 긴 역사를 염두에 둔다면, 자신의 부족이 겪었던 침략의 역사를 문학의 영역으로 옮겨 옴에 있어 시인이 역사가로서의 공정함을 엄격하게 견지할 것을 기대하는 것이 무리일 수 있다.

문제는 이러한 인종적인 정형이, 부족주의적 사유가, 다른 시인이 아닌 범아프리카적인 가치와 억압받은 모든 민족들의 연대를 역설한 생고르에게서 발견된다는 점이다. 이 마지막 진술이 의심스러우면 생고르의 다음 주장을 들어 보자.

---

52 Hans Schoenmakers, "Old Men and New State Structures in Guinea-Bissau", *Journal of Legal Pluralism and Unofficial Law* 25~26, 1987, pp.99~108.

우리는 더 이상 송가이 제국의 아스키아 왕이나 줄루족의 차카 왕 아래에서 살고 있지 않았다. 우리는 파리에서 20세기를 살아가는 학생들이었다. 그리고 이 20세기의 현실 중의 하나가 민족의식을 일깨우는 것이요, 이보다 더욱 현실적인 것이 민족들과 대륙 간의 상호의존이었다. 진정으로 자기 자신이 되기 위해서 우리는 20세기의 현실에서 아프리카 흑인 문화를 구현해야 했다. 우리의 네그리튀드가 박물관의 소장품이 아니라 효과적인 해방의 수단이 되기 위해서, 그것에서 찌꺼기를 제거하고 동시대의 통일된 운동에 포함시켜야 했다.[53]

위의 주장에서 생고르가 네그리튀드 운동의 지향점으로 제시하는 것은 부족적 이해관계나 민족주의적 이념을 뛰어넘는 검은 아프리카 공동체이다. 이러한 지향점에 견주어 보았을 때, 생고르 문학적 실천에 대하여 아쉬움이 있음을 부정하기란 쉽지 않다.

---

[53] Léopold Sédar Senghor, "Rapport sur la doctrine et le programme du parti", given at the Constitutive Congress of the African Assembly Party, mimeographed, 1959, p.14; Lilyan Kesteloot, *Black Writers in French*, pp.102~103에서 재인용.

7장

네그리튀드의 혼종성

혁명을 완수하였으나 그로 인해 고유함을 잃게 된 흑인 대중에게 당신은 어떤 정신적인 빵을 줄 것입니까?

—생고르, 1935

식민 지배자의 복사본이 되는 것이, "검은 피부의 프랑스인"이 되는 것이 우리의 야심이었다.

—생고르, 1962

내가 원하는 것은 마르크스주의와 공산주의가 흑인 민족들에게 봉사하도록 하는 것이지 흑인 민족들이 마르크스주의와 공산주의에 봉사하는 것이 아니다.

—세제르, 「공산당원 탈당서」, 1956

초현실주의의 수용과 한계[1]

엄격히 말하자면 20세기 초 서인도제도에서 프랑스어로 발표된 문학은 카리브 해 지역의 역사나 자연과는 유리된 것이었다. 프랑스 고답파의 영향 아래 기교에 충실하고 유럽의 상상력에 기초한 서정주의를 흉내 내기에 바빴던 것이다. 이와 관련된 대표적인 문인이 플라비아-레오폴드(Emmanuel Flavia-Léopold), 그라티앙(Gilbert Gratiant) 그리고 탈리 등이다. 프랑스 고답파 시인들을 모방한 결과 이 서인도제도의 시인들은 목가주의, 초연함, 이국주의 등의 진부한 내용과 형식주의를 벗어나지 못하게 된다. 식민지에 살고 있는 흑인의 창작임에도 불구하고 내용이나 기법에 있어 동시대의 프랑스 시와 구별이 되지 않는 것이다. 서인도제도의 작가들은 자신의 이야기가 아닌 프랑스 문학의 아류를 생산함으로써만, 유럽의 미학적 기준에 부합할 때만 예술적인 인정을 받을 수 있다고 생각하게 된 것이다.

서인도제도에서 정신적인 동화현상이 진행된 정도를 세제르는 프랑스의 문학 경시 대회에 작품을 출품한 한 마르티니크인의 일화에서 다음과 같이 읽게 된다.

여가 시간에 시와 소네트를 쓰면서, 자신의 작품을 툴루즈의 '꽃놀이' 같은

---

1   7장의 내용 중 초현실주의와 프랑스어 예찬 관련 논의는 졸고 「마르티니크 네그리튀드 운동과 초현실주의 문제」, 『한국아프리카학회지』 44집, 2015, 181~207쪽을 수정한 것이다.

창작 경시 대회에 보내는 한 한심한 약사(藥師)를 나는 아직도 기억한다. 그는 자신의 시가 상을 받게 되어 자랑스러워했다. 하루는 심사위원들이 그의 시가 유색인의 손으로 쓰인 것임을 알아채지 못했다고 말했다. 달리 표현하면 그의 시에서 개인적인 색채가 다 빠져서 그는 자랑스러웠던 것이다. 나 같으면 몸서리칠 저주라고 여겼을 것에 대해 그는 자부심을 느낀 것이다.[2]

인용문에서 세제르가 말하는 "개인적인 색채"란 흑인 고유의 문화적인 특질을 의미한다. 백인의 문학 전통을 따르고, 백인의 감수성으로 세상을 보고 표현하는 것을 지상 목표로 삼은 식민지 출신에게서 세제르는 일종의 '인종적 자살'을 보았고 이를 "몸서리칠 저주"라고 불렀다.

프랑스어로 쓰인 마르티니크 문학이 무엇을 결여하였는지는 『정당방어』에서 메닐이 논한 바 있다. 이 결여에 대한 그의 목록은 다음과 같다. "공장의 맹렬한 확장에 직면한 사탕수수 농장 노동자들의 감정, 전 세계 흑인들의 고독, 그가 ― 특히 자신의 나라에서 ― 처한 불의에 대한 반항, 사랑에 대한 그의 애착, 취한 꿈에 대한 그의 사랑, 영감받은 춤에 대한 사랑, 삶과 기쁨에 대한 사랑."[3] 레로도 동시대 서인도제도 문학을 접할 때 흑인 문학에 대한 기대가 산산이 부서지고 만다고 토로한 적이 있다. "이 문학을 처음 대하는 이는 심오하거나 독창적인 사유를, 흑인의 감각적이고도 색채 화려한 상상력을, 억입 받는 민족의 승오와 꿈의 반향을 찾으려 하나 이는 헛된 시도가 되고 만다."[4] 아프리

---

2 Aimé Césaire, "Interview", *Discourse on Colonialism*, New York : Monthly Review Press, 1972, p.89.
3 René Ménil, "Généralités sur l'écrivain de couleur antillais", p.8.
4 Étienne Leró, "Misère d'une Poésie", p.10.

카 디아스포라의 고통, 식민통치 하의 굴욕, 그리고 이를 떨쳐 버리고 자 하는 의지와 욕망, 흑인성에 대한 자부심 등이 마땅히 표출되어야 할 곳에, 국적 없는 자연에 대한 묘사, 이국주의적 찬탄, 무심(無心)과 평정심 같은 정신적 특질에 대한 묘사가 자리 잡게 된 것이다. 동시대 의 동포 문인들에게서 실망한 레로와 메닐이 흑인 문학의 전범을 발견 하는 곳은 할렘 르네상스이다. 휴즈와 맥케이 같은 미국 흑인 문인들의 시에서 아프리카인의 특징, 아프리카 문화의 특징을 발견하는 것이다. 그러나 서인도제도 출신의 문인들이 할렘 르네상스의 정신을, 아프리 카인의 특징을 표출하는 방식으로 선택한 것은 초현실주의였다.

앞서 논의한 바 있듯, 초현실주의와 네그리튀드의 관계는 『정당방 어』의 서문으로 거슬러 올라간다. 이 초기 간행물의 서문은 다음과 같 이 네그리튀드의 입장을 천명한다.

> 우리는 아무런 조건 없이 초현실주의를 수용하며, 1932년 오늘 우리의 미래 를 초현실주의에 맡긴다. 앙드레 브르통의 두 선언문들과 루이 아라공 (Louis Aragon), 앙드레 브르통, 르네 크르벨(René Crevel), 살바도르 달 리, 폴 엘뤼아르(Paul Eluard), 벵자맹 페레(Benjamin Péret), 트리스탕 차 라(Tristan Tzara)의 작품에 우리의 독자들이 주목할 것을 요구한다. 이들 이 프랑스어권 민족들에게 거의 알려지지 않았다는 사실이 우리 시대의 통 탄할 일이다.[5]

---

5   Étienne Léro etc., op. cit., p.1.

레로와 그의 동료들이 프랑스어로 쓰인 서인도제도 문학에 실망하고 분노하였다는 사실은 앞서 논의한 바 있다. 이때 생겨나는 의문은, 왜 이들은 고향의 문학적 경향에 대한 대안을 하필 초현실주의에서 찾게 되었을까? 서인도제도의 문학이 조국의 정치적 현실과 아무런 관계도 맺지 못한 채 유럽의 앵무새가 되고 만 상황에서 초현실주의의 추구가 또 다른 '서구 모방'으로 전락하지 않을 이유는 무엇인가?

현실 변혁의 가능성을 탐구하던 마르티니크 출신의 지식인들에게 있어 초현실주의의 차용은 유럽의 무기로 유럽에 대항하는 의미를 띠었다. 초현실주의의 폭발적 에너지는 그것이 근원적으로 서구 문명의 에토스인 합리주의에 대한 거부라는 점, 그리고 그 에토스를 계급 정신으로 삼은 부르주아지에 대한 반항에서 나오는 것이다. 계몽주의적 전통에서 본 이성은 인류의 무한한 진보를 약속하는 것이었지만 19세기 말 유럽의 지식인들은 당대의 세계를 움직이는 지배 원칙인 합리주의에서 숨겨진 다른 얼굴, 즉 배타적이고 전제주의적인 면을 보게 되었다. 이는 합리주의의 발달이 유럽에게 가져다 준 '근대성'이 기성의 인간관계를 비인간적인 계약 관계로 대체하였으며, 그 결과 정의와 공정성이 아니라 생산성과 효율성이 사회의 지배 원리로 대두하게 되었다는 사실에서도 잘 드러난다.

그래서 합리주의는 매너리즘이 되고 사람들에게 순응주의를 상요하여, 인간의 삶을 풍요롭게 하는 것이 아니라 오히려 옥죄는 전제주의로 전화되었다는 인식이 세기 말 유럽의 지식인 사회에서 자리 잡게 되었다. 아도르노와 호크하이머가 주장한 바 있듯,[6] 이성이 추구하는 진실이 인류의 나아갈 길을 밝혀 주는 횃불이 아니라 파괴를 불러오는 정신의 감옥이 되었다는 비관적인 전망은 양차 세계대전을 거치면서 기우가 아님이 입증된 바 있다.

초현실주의자들이 보여준 기성의 질서와 가치에 대한 전면적인 거부는 이러한 시대적 상황에서 이해될 수 있다. 서구 문명으로부터 등을 돌린 이들은 기성세대와 관련이 되는 일체의 가치와 성취들을, 합리적인 사유의 전통이 마련해 놓은 일체의 '모범 답안'을 부적절한 것으로 물리쳤다. 대신 삶에 직접 뛰어들어 기성세대가 가보지 못한 새로운 길을 탐색함으로써, 사물의 진실과 본질을 스스로 발견할 것을 동시대인들에게 촉구하였다. 기성의 가치체계와의 결별을 브르통은 1923년의 한 에세이에서 다음과 같이 표현하였다.

모든 것을 버려라. 다다를 버려라. 아내를 버려라. 연인을 버려라. 희망과 공포도 버려라. 아이들은 숲에다 버려라. 그림자를 좇아 실체를 버려라. 필요하다면 안락한 삶을, 너의 미래라고 여긴 것을 버려라. 길을 떠나라.[7]

1916년에 다다가 일어났을 때 브르통은 이 반문화·반예술 운동의 원년 멤버였다. 그러나 예술의 구원적인 가치마저를 부정하지는 않은 브르통은 이를 부정하는 다다를 버리게 된다.

합리주의가 배척하였던 것들, 즉 감성, 본능, 욕망, 광기, 신비에 눈을 돌리게 된 초현실주의자들에게 프로이트의 무의식은 새로운 여행을

6   Max Horkheimer · Theodor W. Adorno, *Dialectic of Enlightenment*, New York : Continuum Publishing, 1993.
7   Breton, André, Mark Polizzotti trans., *The Lost Steps / Les Pas Perdus*, Lincoln : Univ. of Nebraska Press, 1996, pp.78~79.

약속하는 미개척지를 의미하였다. 이와 다르지 않게, 질식할 것 같은 서구 문명에서 벗어나고 싶어 했던 이들에게 서구의 바깥은 그것의 "이국성"과 "원시성"으로 인해 대안적인 가치, 대안적인 세상을 약속하는 듯했다. 이러한 맥락에서 볼 때, 유럽의 초현실주의자들이 감각적이고도 본능적인 진실을 찾아 한편으로는 무의식의 세계를 탐구하는 내면의 여행을 떠났다고 한다면, 다른 한편으로는 유럽의 식민지에서 합리주의와 근대성에 의해 파괴되지 않은 실체나 생명력을 찾았다고 여겨진다.

이러한 점에 있어서 유럽과 식민지의 만남은 호혜적인 것이었는데, 서인도제도 출신의 지식인들도 유럽의 초현실주의로부터 도움을 받았기 때문이다. "원시" 아프리카가 정신적으로 병든 유럽이 회복되기 위해 필요로 하는 '치유적 타자'의 역할을 하였다면, 유럽의 아방가르드 운동은 식민 피지배민족에게 해방을 위해 필요로 되는 저항적인 상상력과 에너지를 제공하였기 때문이다. 이 관계에 대하여 생고르는 말한다. "초현실주의는 『정당방어』의 기고가들에게 학교와 교사 노릇을 했다."[8] 생고르의 이 평가는 그의 동료 세제르에게도 수정 없이 적용될 수 있다. 『정당방어』의 기고가들만큼 세제르도 초현실주의를 환호하며 받아들였다. 차이가 있다면 세제르는 초현실주의자가 되는데 만족하지 않고, 아프리카의 뿌리를 찾는 시 작업에서 이를 적극적으로 원용하는 면모를 보였다는 것이다. 첫 시집 『귀향 수첩』도 그렇지만 40년대에 출간된 『경이로운 병기(Les Armes miraculeuses)』나 『목 잘린 태양(Soleil cou

---

8   Léopold Sédar Senghor, letter of 8 Feb. 1960; Lilyan Kesteloot, *Black Writers in French*, p.37에서 재인용.

coupé)』도 초현실주의의 영향을 받은 것으로 평가된다. 그가 공동 창간한『열대지역』도 초현실주의를 잡지의 강령으로 받아들였다. 초현실주의가 세제르에게 미친 영향력은 그의 회고에서도 수차례 목격된다.

> 초현실주의는 내게 그간 혼돈 속에서 찾아 헤매던 것을 제공해 주었다. 새로운 발견이라기보다는 이미 알고 있던 것을 확인해 주었기에 나는 그것을 기쁘게 받아들였다. 그것은 프랑스어를 폭파시킬 수 있는 병기였다. 그것은 모든 것을 절대적으로 뒤흔들어 놓았다. …… 만약에 내가 초현실주의의 방법을 나의 특별한 상황에 적용한다면, 나는 이 무의식의 힘을 불러낼 수 있다. 내게는 이것이 아프리카를 불러내는 것이다. 나는 다짐한다. 표면적으로 우리가 프랑스인인 것은 맞다. 우리는 프랑스 관습의 표식을 달고 다닌다. 우리에게는 데카르트 철학의 낙인이, 프랑스 수사학의 낙인이 찍혀 있다. 그러나 이 모든 것을 청산한다면, 심연 깊이 낙하한다면, 우리가 발견하게 되는 것은 근원적으로 흑인의 모습일 것이다.[9]

『열대지역』과 브르통의 인연은 1941년에 시작된다. 세제르의『귀향수첩』에 부친 서문에서 브르통은 마르티니크를 방문하던 해인 1941년을 회고한다. 당시 친독(親獨) 비시(Vichy) 정부에 의해 저작물을 판금당하자 브르통은 미국을 향해 출국하게 되고 여행 도중 마르티니크를 들르게 된다. 그러나 당시 마르티니크도 비시 정부의 지배 아래에 있었기에 이곳에 도착하자마자 브르통은 현지의 수용소로 보내지고 일주일

---

9   Aimé Césaire, "Interview", pp.83~84.

후에야 풀려나게 된다. 갑작스러운 감금 이후에 누리게 된 자유에 들뜬 그는 거리를 돌아다니다가 한 가게에서 『열대지역』의 첫 호를 마주치게 된다. 이 잡지에 실린 노골적인 비판과 저항의 목소리에 브르통은 자신의 눈을 믿을 수 없었다고 고백한다. 비시 정권의 검열과 감독 아래 입을 닫아야 했던 프랑스 지식인들의 자조적인 태도와 너무나 대조적이었던 것이었다. 이러한 브르통과의 만남은 초현실주의에 관심이 있었던 세제르를 더욱 고무하였던 것으로 평가된다.[10]

당대 마르티니크의 문화적 상황에 대한 세제르의 가감 없는 어법은 『열대지역』의 창간호에서 조국을 "침묵하는 불모의 땅(terre muette and stérile)"[11]이라고 부른 데서 잘 드러난다. 『열대지역』은 서인도제도의 정신적인 식민화를 집중적으로 조명하였다는 점에서, 그리고 그 문제에 대한 해결책을 초현실주의에서 찾았다는 점에서, 『정당방어』가 남긴 궤적 중의 하나를 성실하게 좇는다. 『열대지역』의 핵심 인물에는 세제르 부부와 메닐이 있는데, 먼저 마르티니크의 문화에 대한 쉬잔 세제르의 진단을 들어 보자. "마르티니크인은 실패했다. 그 이유는 자신의 진정한 본성을 인식하지 못하고 자신의 것이 아닌 삶을 사려고 노력하였기 때문이다. 거대한 집단적 거짓의 현상. …… 어떤 고양된 마르티니크인도 자신이 단순히 흉내 내는 사람임을 인정하려고 하지 않을 것이다."[12] 서인도제도 출신의 소설가 V. S. 나이폴의 『흉내 내는 사람(*The*

---

10   세제르에 대한 브르통의 영향력을 무시할 수는 없지만, 이 프랑스 시인을 만나기 전에 세제르가 초현실주의에 관심이 있었다는 사실은 그가 브르통을 만나기 전에 출간된 『경이로운 병기』에 실린 초현실주의적인 시들이 입증한다.

11   Aimé Césaire, "Présentation", *Tropiques* 1, avr. 1941, p.5. 케스틀룻은 세제르의 이 글이 1944년에 출간된 『열대지역』에 실린 것이라고 주장하나 이는 잘못된 고증이다. Kesteloot, *Black Writers in French*, p.238 참조.

Mimic Men)』(1967)이 상기되는 부분이다. 훗날 나이폴도 같은 이유로 카리브 해 연안의 삶이 진정성을 결여한 채 서구를 모방하기 급급하다는 비판을 개진한 바 있다.

비시 정권 하의 프랑스는 체제 비판적인 인사들의 입에 재갈을 물렸으며, 마르티니크도 곧 상황이 다르지 않게 되었다. 프랑스의 통치에 대하여 노골적인 반감을 표현하였기에 세제르 부부도 신변과 해직의 위협을 받았다. 분위기가 이러했으니 세제르가 잡지를 창간하기까지 겪었던 어려움은 이루 말할 수가 없었다. 비시 정권 하의 마르티니크 식민 행정부는 잡지들을 검열하고 그 내용이 위험 수위에 이를 때마다 정간 조치를 내리곤 했다. 세제르와 그의 동료들이 제기한 노골적인 식민주의 비판으로 인해 마르티니크 정보국의 수장이었던 베일 대위 (Captain Bayle)는 마침내 1943년 5월 10일에 『열대지역』 정간 조치를 내리게 된다. 베일은 정간 통지문에서 『열대지역』이 "인종적이고도 파벌적인 혁명적 잡지"이며, 편집인들이 증오심으로 사회 정신을 중독시킨다고 비판하였다.

이틀 뒤 저널의 편집인들은 다음과 같은 글로 답신한다.

　베소 베일 대위에게

　『열대지역』에 대한 귀하의 고발을 받았습니다.

　"인종주의자들", "파벌주의자들", "혁명분자들", "배은망덕한 반역자들",

12　Lilyan Kesteloot, *Histoire de la littérature négro-africaine*, Paris : Editions Karthala, 2001, p.177에서 재인용. 케스틀룻은 쉬잔의 이 글을 『열대지역』 5호에 실린 "La psychologie du Martiniquais"라고 출전을 밝히나 5호에는 이 글이 실려 있지 않다. 이 글의 행방은 현재로서는 오리무중이다.

"영혼을 중독시키는 자들", 이 표현들 중 어느 것도 진실로 저희들을 모욕하지 않습니다. "영혼을 중독시키는 자들"이라면 라신느와 같고, …… "배은망덕한 반역자들"이라면 졸라와 같으며, "혁명분자들"이라면 『징벌시집』을 쓴 위고와 다르지 않습니다. 정열적인 "파벌주의자들"이라면 저희가 랭보와 로트레아몽과 같다는 말씀입니다. 인종주의자들. 맞습니다. 저희는 드뤼몽과 히틀러의 인종주의에 맞서고, 투생 루베르튀르, 클로드 맥케이와 랭스턴 휴즈의 인종주의를 따릅니다. 그 외의 고발 내용에 대해서는 저희가 변호하거나 헛된 이의 제기를 할 것이라고 기대하지 마십시오. 귀하와 저희는 같은 언어를 공유하지 않습니다.

서명 : 에메 세제르, 쉬잔 세제르, 조르쥬 그라티앙, 아리스티드 모제, 르네 메닐, 루시 테제[13]

위의 답신에서 저널의 편집인들은 자신들에게 씌워진 혐의를 프랑스가 가장 아끼는 문인들의 성향에 빗댐으로서, 모욕을 칭송으로 바꾸어 버리는 지략을 발휘한다. 그리고 자신들이 인종주의자라면, 유태인들을 핍박한 드뤼몽과 히틀러의 인종주의에 반대하는 그런 류의 인종주의라고 정의함으로써, 프랑스가 히틀러의 하수인임을 은근히 풍자한다.

비시 정권 하에서 그 어느 때보다 억압적인 정치적 상황에 놓인 세제르와 그의 동료들에게 초현실주의는 저항의 목소리를 표출하는 유일한 가능성을 제공하였다. 세제르의 시 중에는 『경이로운 병기』에 실린 「순

---

13   Aimé Césaire etc., "Réponse de *Tropiques*", *Tropiques 1941~1945 : Collection Complète*, Paris : Jean-Michel Place, 1978, p.xxxix.

종말(Les pur-sang)」이 대표적인 작품 중의 하나이다. 암시와 비논리적인 상징에 의존하는 초현실주의의 재현방식이 당대의 검열을 피하면서 저항을 표출하는 길을 열어 주었던 것이다. 쉬잔의 표현을 빌리면, "비시가 지배했던 그 어려운 시절 동안 자유에 대한 비전이 여기서 완전히 사라졌던 순간은 한 번도 없었는데, 이는 초현실주의의 덕택이었다."[14] 이들은 서양의 합리주의에 대한 반항어법에서 반식민 저항의 가능성을 찾을 수 있다고 여겼던 것이다.

여기서 다시 지적할 만한 중요한 사실은, 네그리튀드의 중심 사상들, 그중에서도 아프리카의 자긍심을 고양시키는 데 핵심적인 역할을 한 흑인감성론이나 생명력에 대한 사유가 흑인들이 주장하기 전에 이미 유럽의 지식 담론에서 유행하고 있었다는 점이다. 사실 유럽에서는 19세기 말엽에 고흐나 고갱 같은 후기 인상파들이 질식할 것 같은 서구 문명에 대한 대안으로 원시적인 비전을 추구했으니, 파리의 초현실주의자들이 "흑인 문화(l'art négre)"나 "원시 예술"에 보인 관심은 기성의 이국적이고도 원시적인 취향의 한 변형이었다. 아프리카에 대해 유럽이 새롭게 가지게 된 관심에 대해 브르통은 다음과 같이 설명한 바 있다. "합리성과 효용성에 휩쓸려 간 20세기 유럽의 예술가는 소위 **원시적 비전**으로 되돌아감으로써, **감각적 인식**과 정신적 이미지의 결합으로 되돌아감으로써, 영감의 원천이 고갈되는 것을 막을 수 있다. 그중 흑인의 조각 예술은 이미 멋들어지게 사용되어 왔다."[15] 네그리튀드의 태

---

14 Suzanne Césaire, "1943 : le surréalisme et nous", *Tropiques* 8~9, Oct. 1943, p.18.

15 Jean Duche, "André Breton nous parle", *Figaro Literary Supplement* 5, Oct. 1946; Lilyan Kesteloot, *Black Writers in French*, p.39에서 재인용. 강조는 필자.

동을 알린 메닐과 레로가 서인도제도의 작가들에게 아프리카의 예술에서 영감을 찾을 것을 촉구했을 때 이러한 주장이 당대 유럽의 아방가르드의 영향력 아래에서 일어난 것임을 부정하기가 어렵다. 즉, 네그리튀드는『정당방어』의 기고가들을 거쳐서『흑인 학생』의 창간인들에 의해 완성되었으나 그 핵심 사상이 형성되고 발전하기까지에는 유럽이 기여한 지분이 분명 있는 것이다.

식민지 출신의 지식인들에게 있어 초현실주의가 어떤 '정치적 효용'이 있을 것인지는 논란의 대상이다. 같은 맥락에서 개인의 심리 세계 내에서 벌어지는 사건이나 현상이 사회적인 대변혁을 위한 도구가 되거나 촉매가 될 수 있다고 믿는 것이 정치적으로 순진한 것은 아닌가 하는 질문이 있을 수 있을 것이다. 어떤 점에서는 당시 문화적으로 빈곤하였던 마르티니크에서 조현실주의는 유일한 선택이었을 것이다. 당시 서인도제도의 문화적 불모 현상에 대한 세제르의 인식은 절박한 것이었다.『열대지역』의 서문에서 세제르는 당시의 상황을 이렇게 요약한다.

죽음보다 더 지독한 죽음을 향해 살아 있는 자들이 떠내려간다. 다른 곳에서는 과학이 진보하고, 새로운 철학이 솟아나고, 미학이 변화한다. 우리의 이 땅에서는 씨앗을 뿌린들 헛수고이다. 도시가 없다. 예술도 없다. 시도 없다. 씨앗 하나 없고, 어린 싹 하나도 없다. 모방의 추악한 문둥병만이 있을 뿐이다. 진실로 불모의 적막한 땅 …… 이 세상의 기생하는 존재로 보낼 시간이 없다. 이 세상을 구해야 한다. 용자(勇者)처럼 전의를 다져야 한다.[16]

초현실주의가 정부의 검열을 피하여 저항 정신을 표현하고 고취할 수 있도록 한 것에 대한 인정은 있어야 할 것이다. 동시에 사회의 변화는 집단적인 소통과 조직에 의해 가능할진대, 개인의 내밀한 세계에서 일어나는 혼돈이나 광기의 경험이 정신적인 자위행위를 넘어 공영역의 변화를 가져올 수 있을 것인가 하는 문제도 마땅히 제기되어야 한다. 이러한 놀라운 심리적 경험이 공영역의 행위로 번역되기 위해서는 궁극적으로, 초현실주의자들이 저주했던 이성, 즉 소통적 이성의 개입이나 지휘가 필요한 것이 아닌지?

시인에게 있어서 창작이 곧 행동이요, 실천임을 감안하더라도, 변화를 주창하는 문학이 어떤 독자를 상정하고 있는지도 제기되어야 할 질문이다. 네그리튀드 운동이 안고 있었던 모순 중의 하나는 사실 이 운동의 사상적 원료가 되었던 초현실주의에서도 발견되는 것이다. 유럽의 초현실주의는 부르주아지가 지배하였던 당대의 세상을 질타하였지만, 이 운동이 근본적으로는 부르주아 출신의 시인들에 의한, 부르주아 독자를 위한 예술이라는 한계를 벗어나지 못하였기 때문이다. 유럽의 초현실주의자들이 누구를 독자로 생각하였는지에 대해서 사르트르는 다음과 같이 말한다.

초현실주의와 프롤레타리아의 관계는 간접적이고 추상적이다. 작가의 힘은 그가 대중에게 미치는 직접적인 행동에, 그의 글이 도발하는 분노와 열정과

---

16 Aimé Césaire, "Présentation", p.5. 네그리튀드 연구의 선구자 케스틀롯은 세제르의 이 글이 1944년 1월에 출간되었다고 기록하고 있으나 이는 잘못된 고증이다. Lilyan Kesteloot, *Black Writers in French*, p.238 참조.

사색에 있다. 디드로, 루소, 볼테르는 그들의 독자였던 부르주아 계급과 지속적인 연대 관계를 맺고 있었다. 그러나 초현실주의자들은 프롤레타리아 계급 내에 한 명의 독자도 가지고 있지 않다. …… 그들의 대중은 다른 데 있다. 교육받은 부르주아 말이다.[17]

이러한 맥락에서 사르트르는 초현실주의자들의 반항이 사실상 혁명과 무관한 것, 즉 "혁명의 바깥에 있을 뿐"임을 지적하였으며, 초현실주의자들이 그들이 "조롱하는 계급에 기생하는 집단"[18]에 불과하다고 일갈한 바 있다.

사르트르의 냉철한 지적은 초현실주의를 수용한 네그리튀드 운동가들에게 다르지 않게 적용될 수 있다. 이들의 독자는 누구였는가? 이들이 빈식민적 분노와 열정과 사유를 도발하기를 기대했던 계층은 누구였는가? 달리 표현하면 세제르와 생고르의 저항시는 어느 계층에 의해 소비되었는가? 대중과의 관계에서 보았을 때 네그리튀드 문인들이 저항 문학을 통해 성취한 바가 상당히 왜소해 보이는 것은 부인할 수 없는 사실이다. 물론 이들이 당대 프랑스어권 반식민 지식인들에게 저항 담론을 형성하고 공유하는 장을 마련해 주었다는 사실은 인정할 만하다. 실제로, 유럽이 전화(戰火)에 싸여 있는 동안 『열대지역』이 서인도 제도에서 파농과 글리상 같은 차세대 반식민 지식인을 길러 내는 데 일조를 하게 된 것으로 평가받는다.

---

17 Jean-Paul Sartre, *Qu'est-ce que la littérature?*, Paris : Gallimard, 1948, p.192.
18 Ibid., p.193. 본 연구서와 시각은 다소 상이하나, 프랑스 초현실주의와 저항의 문제에 대한 본격적인 논의로는 오생근, 『초현실주의 시와 문학의 혁명』, 서울 : 문학과지성사, 2010을 참조로 할 것.

프랑스어 예찬과 표절 시비

네그리튀드와 초현실주의와의 관계에 대해서 생고르는 "수단으로 초현실주의를 받아들였지, 주인으로서 모신 것은 아니었다"[19]라는 주장을 한 바 있다. 이와 관련하여 케스틀롯은 생고르와 다마스가 초현실주의를 창작에는 실제로 거의 사용하지 않았으며, 세제르도 전쟁이 시작되기 전까지는 이 유럽의 문예사조를 거의 채택하지 않았다고 주장한 바 있다.[20] 본 연구는 케스틀롯과 의견을 달리한다. 케스틀롯의 주장을 따라 세제르의 전쟁 전의 시를 그 이후의 시와 굳이 구분함으로써 네그리튀드 비평가가 성취할 수 있는 것은, 아프리카 출신 흑인들의 예술이 애초에 얼마나 독창적이었던 것인지를 강조하고 싶은 생고르의 욕망에 한 표를 더해 주는 것이리라. 그러나 엄밀히 말해서, 세제르의 첫 시집 『귀향 수첩』이 제2차 세계대전이 시작된 1939년에 출간되었다는 사실을 고려한다면 세제르의 창작 시기를 전쟁 전과 그 이후를 구분하는 것은 의미 없는 행위이다. 또한 전쟁의 기간 동안 세제르 부부를 비롯한 『열대지역』 편집진이 초현실주의를 열렬히 환호하였다는 사실, 이들이 쓴 초현실주의적인 시, 그리고 이들의 잡지에 실린 비슷한 경향의 시들의 의미를 애써 무시하는 행위에 지나지 않는다.

프랑스 제국의 문학이 자신을 포함한 네그리튀드 작가들에게 미친

---

19 Léopold Sédar Senghor, Letter of Feb. 1960; Lilyan Kesteloot, *Black Writers in French*, p.86에서 재인용.
20 Ibid.

영향을 부정하고 싶은 생고르의 면모는 앞서도 인용한 바 있는『에티오피아』의 후기에서 드러난 바 있다. 이 후기에 의하면 프랑스의 비평가들은 생고르가 프랑스의 대시인 페르스(Saint-John Perse)를 모방하였다고 비난을 하는가 하면, 또 어떤 이들은 생고르에게 프랑스어로 글을 쓰는 이상 프랑스인처럼 느껴야 한다는 충고를 하였다.[21] 이에 대해 그는『그늘의 노래』와『검은 성체 / 제물』를 쓰기까지는 페르스를 읽은 적이 없다고 항변한다. 그는 흑인 시인과 유럽 시인에게 있어 시작(詩作)이 근본적으로 다르다는 말로써 유럽을 모방하는 방식으로는 흑인성을, 즉 네그리튀드를 성취할 수 없음을 암시한다. 창작 활동에 대해서도 생고르는 "유럽은 선지자들(voyants)을 감옥과 정신병원에 가두나 아프리카는 이들을 계속 키우고 존경하며 그중에서 신의 사자(使者)를 찾아낸다"[22]는 말로써, 흑인 시인을 유럽의 이성이 배척한 선지자의 위치에 올려놓는다. 또한 "[흑인들]은 근본적으로 **느끼는** 존재들이기에 생각하지 않는다. 아름다움이 삶의 뿌리에서 창(槍)처럼 그들을 찌르는 것"일 뿐이라는 말로써 즉각적이고도 자발적인 감성이 흑인 예술의 모체임을 생고르는 주장한다. 감성의 역할을 이처럼 강조함으로써 그는 프랑스어를 쓰는 이상 프랑스인처럼 느껴야 한다는 주장에 대하여 흑인 시인은 유럽 시인과는 다른 유전자를 타고 났다는 반박을 하는 셈이다.

흑인이 유럽인과 다른 유전자를 갖고 있다면 왜 굳이 프랑스어로 시를 쓰는가 라는 질문을 생고르는 예견한다. 그의 자문자답을 인용하면,

21   Léopold Sédar Senghor, Postface, *Ethiopiques*, p.153.
22   Ibid., p.154.

그러나 혹자는 "그러면 왜 프랑스어로 쓰는가"라는 질문을 던질 것이다. 그것은 우리가 **문화적 잡종**(métis culturels)이기 때문이며, 우리가 흑인으로 느낀다 해도 프랑스어로 표현하기 때문이며, 프랑스어가 보편적 성향의 언어이기 때문이며, 우리의 메시지가 프랑스의 프랑스인들과 다른 이들을 향한 것이기 때문이며, 프랑스어가 "고귀하고 정직한" 언어이기 때문이다. …… 나는 그것을 맛보고, 반추하고, 가르쳐 왔기에 [프랑스어의] 자원을 알고 있으며, 그것이 **신들의 언어**임을 알고 있기 때문이다.[23]

이 인용문에서 드러나는 생고르는 프랑스어 예찬주의자이다. 프랑스어의 우수함을 증명하기 위해, 생고르는 세네갈의 부족어에는 없는 추상어가 프랑스어에 있을 뿐만 아니라, 프랑스어는 온갖 음색과 효과를 가진 "거대한 파이프 오르간"과 같다는 주장을 이 글에서 개진한다. 프랑스어가 "보편적"이며 "고귀하고 정직한" 언어이며, 나아가 "신들의 언어"라는 그의 주장은, 당대에 마르티니크에서 크레올어로 현지의 문학을 계속해 온 이들의 관점에서 볼 때는 맥이 빠지게 만드는 생각이다. 그것도 네그리튀드의 아버지의 입에서 나온 말치고는 말이다.

프랑스어권 아프리카 출신의 흑인들이 "문화적 잡종"이라는 생고르의 주장은, 그의 이중적인 면, 한편으로는 아프리카인 고유의 감성을 노래하면서도, 다른 한편으로는 프랑스의 문화적 세례를 완전히 무시하고 싶은 마음이 없었던 면모를 부지불식중에 드러낸다. 케스틀룻은 생고르가 방법론만을 빌려왔을 뿐 정신을 내주지는 않았다고 주장함으

---

23   Ibid., pp.164~165. 강조는 필자.

로써, 네그리튀드 운동의 문화적 순수성을 지켜 주려 한 바 있다. 그러나 방법론만을, 혹은 언어만을 빌려오는 것이 가능한 것인지에 대한 질문을 케스틀룻은 해보았어야 한다. 네그리튀드 운동가들이 처음부터 안고 있었던 문화적 모순을 사르트르는 일찍이 다음과 같이 지적하였다. "말이 생각에서 나온다는 것을 고려할 때, 프랑스 문화를 거부한다는 사실을 프랑스어로 선언하는 흑인은 한 손으로 밀쳐 둔 것을 다른 손으로 다시 받아들이는 셈이다."[24] 뿐만 아니라 생고르의 위 진술은 프랑스 언어에 바치는 그의 경의가 굴종에 가깝다는 점에서도 문제적이다.

생고르에게 제기된 또 다른 심각한 비판은 그가 프랑스의 시인 클로델(Paul Claudel)과 페르스를 모방했다는 것이다. 페르스는 1960년에 노벨문학상을 받은 프랑스의 대시인이다. 이에 대해 생고르는 다음과 같이 답한다.

무엇 때문에 내가 부인하겠는가? 『시선집』의 시인들은 영향을, 그것도 많은 영향을 받았다. 그들은 그것을 명예롭게 생각한다. 나도 또한, 아라공이 그 예를 보여주듯, 음유시인들에서부터 폴 클로델에 이르기까지 많이 읽었고, 많이 모방하였음을 고백하겠다. 곧 그 이유를 말하겠지만 나는 내 나라 말이 아닌 언어로, 프랑스어로 글을 써야만 했다. 나는 해방 이후에 생종 페르스를 발견했고, 다마스커스로 가는 길의 베드로처럼 현혹되었다는 것도 고백하겠다. 그리고 『죽은 자의 책(*Le Livre des Morts*)』도 내게 같은 황홀감을 불러 일으켰다. 놀랄 이유가 뭐가 있는가? 그 시는 유럽의 것이 아니다. 장 게

24   Jean-Paul Sartre, "Orphée noir", p.xviii.

노가 확언하기를 말리의 우주생성에 관한 텍스트들이 "클로델 씨나 알렉시 레제(생종 페르스) 씨의 시와 유사하다"고 했는데 이는 우연이 아니다. 그러나 나는 서랍 속에 시집 두 권 분량의 자료를 이미 가지고 있었다. 진실을 말하자면 나는 [이미] 아프리카 흑인의 시를 읽거나, 아니 정확하게 말하자면, 듣거나, 옮겨 쓰거나 주석을 다는 작업을 하였었다.[25]

생고르는 위에서 『시선집』의 시인들처럼 자신도 프랑스의 위대한 문인들의 영향을 받았음을 인정할 뿐만 아니라 그러한 문화적 세례를 명예롭게 생각한다고 말한다. 여기서 『시선집』은 물론 그가 편집한 『흑인과 마다가스카르인들의 새 프랑스어 시선집』을 일컫는 것이다. 이러한 견해에 의하면 『시선집』에 실린 프랑스어권 아프리카와 서인도제도의 중요한 시인들 거의 모두가 제국의 문학 전통의 영향 아래에 있었다.

　생고르는 자신에게 영향을 미친 프랑스 시인들로서 클로델과 페르스 등을 꼽는다. 페르스와 클로델은 이전의 유럽의 문학적 전통이었던 "상찬시(賞讚詩)"와 "호칭 기도"를 부활시킨 것으로 주목을 받는다. 예컨대, 페르스의 『상찬(Éloges)』(1911)과 『원정기(Anabase)』(1924)의 특징적인 기교라고 할 수 있는 돈호법은 생고르의 대표작 『그늘의 노래』에서도 차용된다. 앞서 인용한 바 있는 「조알」이나 「가면에 바치는 기도(Priére aux Masques)」가 대표적인 예이다. "조알!" 혹은 "가면들이여!"로 시작하는 이 시들은 당대의 프랑스 비평가들에게 페르스의 장시들이나 클로델의 시를 연상시키기에 충분하였다. 그러나 생고르는 자신

25　Léopold Sédar Senghor, Postface, *Ethiopiques*, p.155.

이 페르스의 영향을 받았다는 점을 인정하기는 하되 이는 언제까지나 해방 이후에 일어난 일이었다고 완강히 부인한다. 즉, 세네갈이 해방되는 해인 1960년 이후면 몰라도 『그늘의 노래』를 쓰고 있었을 당시에는 페르스를 몰랐다는 것이다.

생고르는 그 증거로 자신이 페르스를 읽기 전에 아프리카 흑인의 시를 읽고 논평하는 작업에 몰두하였다는 사실을 지적한다. 이와 관련하여 다음의 두 비평을 보자.

> 종교적 상찬과 호칭 기도에서 유래한 클로델의 『송가(Odes)』와 그것들의 영웅적이고도 궁정적인 유사물에서 유래한 생종 페르스의 『상찬시』는 이전 시대의 사회에서는 많은 시가 직접적으로 성스럽고도 사회적인 기능과 역할을 수행하였음을 상기시킨다. 이 두 프랑스 시인들이 이러한 점에 있어 생고르에게 영향력을 행사하였을 가능성은 배제할 수 없으나 모방이라고 말하는 것은 부적절하리라. 이 주제에 대한 그의 이론적인 글이 보여주듯, 생고르는 특히 자기 고향의 아프리카 전통에 대해서 익히 알고 있었다. 그러니 그의 스승이었던 두 프랑스 시인들, 그리고 그들만큼이나 영향력을 행사하는 아프리카적 양식, 이 두 가지 전통이 그의 시에서 합쳐졌다고 말하는 것이 더 정확하리라.[26]

> 구체적인 시간과 공간을 시에서 불러내기 위하여 정관사를 반복적으로 사용하는 것이나, 고유 명사를 아무런 설명 없이 사용하는 것, 적대적이면서도

---

26 Abiola Irele, Introduction, *Selected Poems of Léopold Sédar Senghor*, Abiola Irele ed., New York : Cambridge Univ. Press, 1977, p.33.

완곡하게 관능적인 삶의 팽배한 기분, 이 모든 것이 『원정기』의 강렬한 향기를 뿜어낸다.[27]

첫 번째 인용문의 경우 생고르가 페르스를 모방하였다고 하는 것은 지나친 것이나 그 영향 아래 쓰였음을 부정하지는 않는다. 반면, 두 번째 견해에 의하면 생고르 시의 분위기는 『원정기』의 판박이라고 할 수 있다.

모방에 관련된 이 시비를 새삼 거론하는 것은 생고르의 예술적 성취를 폄하하고자 하는 의도에서가 아니다. 한편으로는 "문화적 잡종"을 주장하면서도, 다른 한편으로는 페르스의 영향력을 송두리째 부정하고 싶었을 만큼 네그리튀드의 독창성을 주장하고 싶은 욕망에 사로잡혀 있었던 생고르의 양면성을 보여주고 싶었기 때문이다. 제국의 문화적 세례와 독창성에 대한 욕망 중 어느 하나도 포기하지 못하였던 생고르의 모순에 대해서 다음의 평가를 인용함으로써 정리하고자 한다.

비록 그의 창작물이 자신 외의 그 어느 누구에게도 귀속될 수 없는 것이라고 할지라도, 가장 본질적인 면에서 생고르는 독창적인 사상가나 독창적인 시인은 아니었다. 두 가지 점에서 모두 그는 자신의 시대와 상황을 위해 동시대나 이전 세대의 작가들과 사상가들의 기법과 사상을 한데 모으기 위해 창조적인 재능을 사용하는 그런 사람들 중의 한 사람이었다. 테야르 드 샤르뎅, 마르크스, 프로베니우스와 고비노에 대한 그의 지적인 빚, 클로델과 생종 페

---

27   Robert Fraser, *West African Poetry : A Critical History*, Cambridge : Cambridge Univ. Press, 1986, p.48.

르스에 대한 빚, 보들레르와 위고에 대한 빚, 주지주의와 관습적 형식의 인위성을 멀리하는 현대 프랑스 시가의 뿌리 깊은 경향에 대한 그의 시적인 빚을 비평가들이 인지한 바 있으며, 몇몇 경우는 생고르 자신도 인정한 바 있다.[28]

마르크스-레닌주의와의 만남

앞서 논의한 바 있듯, 프랑스 식민지 출신의 지식인들과 마르크스-레닌주의의 만남은 『정당방어』의 공동 장간인들이나 친(親)소비에트 잡지 『흑인들의 외침』으로 거슬러 올라가는 것이다. 이들에게 있어 사회주의에 대한 관심은 초현실주의에 대한 관심과 한 동안 같은 길을 걸었다. 이를테면, 레로와 그의 동료들이 초현실주의에 끌린 데에는 브르통을 비롯한 당대의 프랑스 초현실주의자들이 반(反)부르주아적 태도를 견지한 점도 중요한 원인으로 작용하였지만, 이에 못지않게 이 프랑스 지식인들이 유럽 제국주의에 반대하는 반(反)식민주의자였다는 점도 중요한 이유였다. 앞서 브르통 같은 이들이 다다에서 출발하였음을 언급한 적이 있다. 다다와 결별하게 될 때 이들은 다다의 정치적 노선

---

28 Clive Wake, "L. S. Senghor and Lyrical Poetry", *European-Language Writing in Sub-Saharan Africa*, Albert S. Gérard ed., Philadelphia : John Benjamins Publishing, 1986, p.470.

인 무정부주의를 버리고 대신 공산주의를 정치적 이념으로 채택하게 된다. 반이성적이자 반부르주아적 노선을 취한 초현실주의자들이 억압적인 계급 제도로부터 인간의 해방을 외치는 공산주의의 슬로건에 쉽게 공감하게 되었으리라는 것은 어렵지 않게 추측할 수 있다. 그래서 1927년이 되면 다수의 초현실주의자들이 프랑스 공산당에 가입하게 되는데, 이 중에는 브르통 외에도 아라공과 아르토(Antonin Artaud)가 있었다.

1931년에 프랑스 정부가 '만국식민박람회'를 개최하여 프랑스 제국의 영광과 경제적 성공을 기리고자 했을 때, 아라공과 브르통 같은 초현실주의자들은 공산주의자들과 보조를 함께 하여 '식민 박람회에 관한 진실의 길잡이(Le Véritable Guide de l'Exposition Coloniale)'라는 대항 전시회를 연다. 그러나 프랑스 제국주의에 대항하여 펼친 공동의 전선에도 불구하고, 이 혁명적인 예술 사조와 프롤레타리아의 해방을 추구하는 정치 운동의 만남은 밀월관계라고 부르기에는 심각한 갈등의 소지를 처음부터 안고 있었다. 프랑스 공산주의자들은 프롤레타리아 혁명을 유일한 진정한 혁명으로 간주하였기에, 예술을 혁명으로 내세우는 초현실주의자들을 의구심으로 대했고, 그래서 이들이 당의 이념을 온전히 받아들일 것을 요구했다. 또한 초현실주의자들은 그들대로 공산당과의 관계에서 자신들이 추구하는 예술적인 자율성을 침해받고 싶어 하지 않았다. 이러한 갈등으로 인해 결국 공산주의와 결별한 브르통이 프랑스 공산당을 비난한 소책자를 발간하는데 이것이 바로 레로와 그의 동료들이 창간한 저널과 같은 이름을 가진 『정당방어』였다.

그러나 서인도제도 출신의 초현실주의자들에게 있어 공산주의는 브르통과 같은 프랑스 지식인들에게보다는 훨씬 더 절실한 의미를 갖는 것이었다. 식민지 출신으로 파리에서 유학 중이었던 이들의 관심을 끈 것은 러시아에서 혁명을 성공적으로 끝낸 후 레닌의 제창 하에 조직되어 세계 각국의 공산당을 한데 묶은 제3 인터내셔널이었다. 마르크스의 사상을 당대의 현실에 적용시킨 레닌은 유럽의 식민주의가 실은 자본주의의 발달이 정점에 달한 증거라고, 즉 프롤레타리아 혁명의 전조 현상인 독점적 자본주의의 발달이 출현시킨 현상이라고 보았다.[29] 그러니 세계의 프롤레타리아 계급이 힘을 모아 제국주의와 맞서 싸워야 함은 논리적 귀결이었다. 제3 인터내셔널이 1919년의 1차 대회에서 반식민주의 노선의 선언문을 채택하고, 이어 1920년의 2차 대회에서 모든 식민지의 해방운동에 지지를 약속한 것도 이와 같은 맥락에서였다.

레로와 그의 동료들이 『정당방어』에서 초현실주의와 더불어 공산주의를 이념적 토대로 천명한 것도 제3 인터내셔널이 유럽의 제국주의에 맞서는 이들에게 변화의 가능성을 약속했기 때문이다. 실제로 프랑스 공산주의자들은 1930년~1931년간에 출간된 리뷰 『신세기(Nouvel Age)』 특집호에서 미국 흑인문학을 다루면서, 백인 사회에서 차별받는 흑인들의 고통과 이들의 저항 정신을 프랑스어권 독자들에게 소개하는 등 흑인 해방운동에 일조하였다. 그러나 레로와 그의 동료들을 공산주의로 이끌었던 것은 당대의 공산주의자들이 보여 주었던 반식민주의적 노선 때문만은 아니었다. 왜냐하면 레로와 그의 동료들이 촉구했던 반식민 투쟁은 애초부터 반계급적인 요소도 내포하고 있었기 때문이다. 이들이 추

---

29 V. I. Lenin, *Imperialism, the Highest Stage of Capitalism : A Popular Outline*, New York : International Publishers, 1990, pp.9~14.

구한 정치학의 복합성을 이해하기 위해서는 서인도제도의 사회적 현실을 좀 더 자세히 들여다 볼 필요가 있다.

프랑스의 식민 지배 아래에 있었던 서인도제도는 한편으로는 인종적으로 나뉘기도 하였지만 다른 한편으로는 계급적 단층선에 의해 내적으로 분열되었던 사회였다. 이 두 단층선은 반드시 일치하지는 않았는데, 그 이유는 피지배인종인 흑인들 중에서도 계급적인 면에서는 백인 집단에 속하는 이들이 있었기 때문이다. 유색 부르주아지라 불리는 이들은 인종적 범주로는 흑인으로 분류되었지만, 계급적 범주로는 지배 집단의 일원이었던 것이다. 『정당방어』의 기고가들이 간행물의 서문에서 "그들이 사랑하고 존경하는 모든 것, 그들을 살찌우고 그들에게 기쁨을 주는 모든 것에 우리는 침을 뱉는다"[30]고 했을 때 "그들"은 바로 백인 크레올과 계급적 이해를 같이한 토착 부르주아들을 지칭한 것이었다. 또한 이 계급이 기고자 자신들의 출신 집단이었다는 점에서, 『정당방위』는 이 마르티니크 출신의 지식인들의 계급적 자살을 알리는 일종의 자기 부고(訃告)였다.

레로와 그의 동료들은 서인도제도에서 노동계급이 처한 경제적 현실을 매우 정확하게 꿰뚫어 보고 있었다. 이들이 가지고 있었던 계급 인식은 『정당방어』의 첫 두 기고가인 모네로와 퀴트망이 당대 사회의 임금 노동에 관한 분석에서 정확하고 냉철한 언어로 표현된 바 있다. 모네로는 마르티니크의 하층계급을 이루는 사탕수수 농장 노동자들이 처한 열악한 상황에 대하여 다음과 같이 원인 분석을 한다.

---

[30]　Étienne Léro etc., op. cit., p.1.

대대로 상속되는 백인의 금권 정치. 어떠한 혁명도 폐지시키지 못했던 이 금권 정치의 체제가 이 땅의 8할을 소유하고 있으며, 사탕수수를 설탕과 럼주로 변화시키는데 필요한 인적 재료로 노동계급을 사용한다. 무역업뿐만 아니라 제조업의 모든 중요한 직위들은 이 금권 정치의 회원들이 갖고 있다. 한때는 노예제도로 이득을 보았고 이제는 임금 노동자들을 노예 같이 착취하여 여전히 이득을 보는 백인 크레올들이 폐쇄적이고도 냉혹한 사회를 만들어 놓았다. [그래서] 1932년의 사탕수수밭 노동자의 처지는 1832년의 상황에 비해 조금도 나아지지 않았다.[31]

요약하자면, 20세기 초 프랑스에 유학중이던 식민지 출신의 흑인 지식인들이 공산주의에 끌렸던 이유 중의 하나는, 공산주의가 표방한 사회 변혁의 비전 외에도, 당시 거의 유일하게 공산주의자들만이 식민지 출신의 흑인들이 처한 상황에 관심을 가졌고, 이들을 프랑스나 러시아 프롤레타리아들의 형제로 여겼기 때문이었다. 물론 이들의 운동에는 한계도 분명히 있었다. 레로와 그의 동료들은 '흑인 프롤레타리아'의 권익은 요구하였지만 프랑스의 식민통치에 대하여 근본적인 질문을 제기하지는 못했던 것이다. 그러한 점에서는 그들의 뒤를 이었던 『흑인 학생』의 삼인방도 크게 다르지 않았다.

---

[31] Jules Monnerot, op. cit., p.3.

아프리카식 사회주의

"모든 서구적 가치를 거부하는 것이 우리가 취한 첫 행동이었다"고 선언한 1960년 2월 8일자 생고르의 서한은 네그리튀드 연구가들에 의해 자주 인용된다. 생고르에 따르면 레로와 그의 동료들은 사회주의와 초현실주의를 받아들였다는 점에서 서구적 가치를 철저히 거부하지는 못했던 반면, 이 미완의 작업을 완성시킨 것이 자신들의 첫 행동이었다. 그러나 생고르의 글을 『정당방어』가 제기하는 문화 비평과 비교해 보았을 때, 사실 레로와 그의 동료들이 세제르보다 인종 의식에 있어 더 진보적이었다고 판단할 만한 부분이 발견된다. 레로나 메닐이 주장한 공산주의 혁명이 단순한 사회 · 경제적인 변화만은 아니었기 때문이다. 그들에게 사회 혁명은 진정한 흑인 문화를 창달하는 지름길이라는 점에서도 의미를 지니는 것이었다. 이와 함께 주목할 만한 사실은 이 잡지가 식민지의 문화적 예속 현상에 대한 비판에 많은 공을 들인 반면, 공산주의 혁명에 도달하는 구체적인 정치적인 프로그램이나 혁명 이후의 사회에 대한 청사진을 제시하지는 않았다는 점이다.

사회주의 저널로서의 이러한 모호성으로 인해 『정당방어』는 실제로 생고르나 세제르가 믿었던 만큼 『흑인 학생』과 다르지는 않았다. 그럼에도 『정당방어』의 창간인들을 포함한 마르티니크의 공산주의자들은 생고르로부터 엄중한 비판을 받았다. 이들이 주창한 사회주의 혁명으로는 서인도제도에서 문화적 독립이나 유의미한 정신적인 삶을 성취할 수 없다고 판단했기 때문이다. 당대의 공산주의자들에게 제기했던 생

고르의 질문을 되풀이 하면,

> 바로 그 점이 우리가 정치를 위해 문화를 희생해서는 안 됨을 설명해 준다. 당신들은 경제를 위해 정신을 등한시한다. 경제도 중요하다. 그러나 혁명을 완수한 후에 당신은 그로 인해 고유함을 잃게 된 흑인 대중에게 무슨 정신적인 빵을 줄 것인가?[32]

생고르는 마르크스주의자들의 혁명이 경제적인 평등을 가져다줄는지는 몰라도 흑인들의 문화적인 정체성에는 아무런 방향도 제시할 수 없음을 질타한 것이다. 뿐만 아니라 생고르는 흑인 고유의 문화적 의제가 마르크스주의자들이 궁극적으로 지향하는 탈민족적 · 탈인종적 지평으로 인해 자신의 목소리를 잃고 말 것을 염려하고 있다. 훗날 파농이 『검은 피부, 하얀 가면』에서 사르트르에 대해 제기하였던 비판을 연상시키는 부분이다.

그러나 사회주의로부터 거리를 두는 이 진술에도 불구하고, 프랑스 공산당과 오랫동안 인연을 맺고 활동한 세제르는 말할 것도 없고, 초기뿐만 아니라 훗날의 생고르 자신도 사회주의와의 연을 끊지 않았다는 것이 역사적 사실이다. 비교적 창작 초기에 속하는 생고르의 두 번째 시집인 『검은 성체 / 제물』에만 해도 아프리카의 해방에 대한 시인의 비전이 사회주의적 언어로 표현되고 있다.

---

32   Léopold Sédar Senghor, "Racisme? Non, mais Alliance spirituelle", *L'Étudiant noir* 1.3, Mai-Juin 1935, p.2.

왜냐하면 다양한 색깔을 한 우리가 여기에서 하나가 되었으니까.
볶은 커피색, 황금빛 바나나색, 논의 흙색이 여기에 모였다.
다양한 특색들이, 다양한 복색과 관습과 언어들이 있다. 그러나
눈 깊숙이, 열기에 들뜬 긴 눈썹 아래에는 동일한 고통의 노래
카프라리아인, 카빌리아인, 소말리아인, 무어인, 판족, 폰족, 밤바라인,
보보족, 만디아고족
유목민, 광부, 노역자, 농부와 장인, 장학생, 그리고 저격병
그리고 모든 백인 노동자들이 이 형제의 전투에 모였다.
오스트리아의 광부들이, 리버풀의 항만노동자들이,
독일에서 쫓겨난 유태인들이, 듀퐁과 듀퓌, 생드니의 모든 소년들이.[33]

피부색을 뛰어넘어 모든 피지배민족의 노동자들을 "형제의 전투"에 나설 전사(戰士)로 호명하는 이 시는 만국의 노동자들에게 단결할 것을 호소하는 공산당 선언을 상기시킨다. 생고르는 하나로 뭉친 해방군의 무리에 억압받은 집단들을, 특히 유럽과 아프리카 각지의 하층민들을 모두 소속시킴으로써 아프리카 해방의 지향점이 프롤레타리아 혁명과 크게 다르지 않을 것임을 암시한다.

사회주의의 필요성에 대한 생고르의 인식은 1946년의 글에서 보다 명시적으로 드러난다. 이 시기의 생고르는 프랑스 제국의 통치보다 더 나쁜 것이 국제 자본주의라고 보았다. 프랑스 제국으로부터 자치를 획득한다고 하더라도 이것이 곧 봉건적 계급 사회로의 회귀를 의미한다

---

33 Léopold Sédar Senghor, "A l'appel de la race de Saba", *Chants d'ombre suivis de Hosties noires*, p.93.

면, 이 역시 극복해야 할 대상이었다. 그가 동지들과 함께 건설해야 할 세상은 식민 지배자들이 통치하는 세상도 아니요, 유럽인들이 침공하기 전의 아프리카도 아니었기 때문이다. 그 미래는 아프리카의 이 두 과거보다 더 나은 세상이어야 했다.

미래의 세계를 건설하는 임무와 관련하여 생고르는 동료들에게 다음과 같이 호소한다. "우리는 과학적 사회주의와 오랜 아프리카 집단주의의 영감을 받아 그것을 해낼 것입니다."[34] 그러니 생고르가 가졌던 미래의 세상에 대한 청사진은 한편으로는 마르크스주의에, 다른 한편으로는 아프리카의 공동체주의에 빚지고 있는 셈이다. "혁명을 완수한 후에 당신은 그로 인해 고유함을 잃게 된 흑인 대중에게 무슨 정신적인 빵을 줄 것인가?"라는 말로 마르크스주의에 대한 경계심을 게을리 하지 말 것을 호소하던 10년 전과는 많이 다른 모습이다. 사회주의와 동시에 아프리카의 공동체주의를 거론하는 이 글은 생고르가 훗날 제창하게 되는 "아프리카식 사회주의"라는 비전이 어떠한 맥락에서 생겨나는지를 보여준다.

네그리튀드 비평가들이 즐겨 인용하는 생고르의 유명한 문구인 "동화될 것이 아니라 동화시켜라"는 입장에서 보았을 때, "아프리카식 사회주의"는 마르크스의 과학적 사회주의를 아프리카적 맥락 내로 동화시킨 사례가 된다. 훗날의 관점에서 보면, 사회주의에 대한 생고르의 입장이 수단으로서 사용은 가능하되 목적이 되어서는 안 된다는 것으로 정립되었다는 것은 놀랍지 않다. 특히 그는 식민지 사회의 모순을

---

34 Irving Leonard Markovitz, op. cit., p.84에서 재인용.

해결하기 위해서 바깥 세계의 해결책을 그대로 빌려와서는 안 됨을 강조한다. 당대의 유럽이 마르크스주의에서 본 해결책은 어디까지나 유럽의 해결책이지 식민지의 해결책은 아니라는 것이다. 1959년에 한 연설문에서 표현을 빌리면,

> 사회주의로부터 영감을 받는다는 것은 일종의 마르크스주의 강령을 채택하는 것도, 유럽의 기성의 해결책을 빌려오는 것도 아니다.

> 그것은 아프리카 흑인으로서, 마다가스카르인으로서, 인도네시아인으로서, 혹은 식민화된 서인도제도인으로서, 우리의 구체적인 상황을 변증법적으로 분석하는 것이다.[35]

이러한 비전은 세네갈이 해방된 직후인 1961년 세네갈 대통령의 자격으로 옥스퍼드대에서 행한 연설에서도 크게 변하지 않은 모습으로 발견된다.

> 우리의 사회주의는 유럽의 사회주의가 아닙니다. 그것은 무신론적인 공산주의와도, 제2 인터내셔널의 민주적 사회주의와도 다릅니다. 우리는 그것을 겸손하게 아프리카식 사회주의라고 불러왔습니다. …… 내가 방금 강조한 두 가지 요소들—**경제적 민주주의와 영혼의 자유**—을 중요하게 다룰 우

35　Léopold Sédar Senghor, "Rapport sur la doctrine et le programme du parti", given at the Constitutive Congress of the African Assembly Party, mimeographed, 1959, p.14 · 13; Lilyan Kesteloot, *Black Writers in French*, p.85에서 재인용.

리 자신의 독창적인 방식, 아프리카 흑인의 방식을 우리는 찾지 않을 수 없었습니다.

이러한 전망 아래에서, 우리는 사회주의적인 — 이론적이면서도 실천적인 — 실험으로부터 특정한 가치들만을, 특정한 과학적이고도 기술적인 가치들만을 빌려와서 그것들을 네그리튀드의 야생적 줄기에 어린 가지처럼 접붙이기로 결정했습니다.[36]

아프리카식 사회주의를 발전시켜야 한다고 주장하였다는 점에서 생고르의 비전은 세제르가 훗날 도달한 결론과 크게 다르지 않다. 차이가 있다면 생고르의 경우 극히 주관적이고도 철학적인 네그리튀드를 주장함으로써 대중들과 유리되었다는 점이다. 그럼에도 불구하고 생고르가 어떻게 정치가로서 성공할 수 있었는가? 그에 대한 대답은 그의 정치 이데올로기가 근본적으로 문화 지향적이요, 가치 지향적이라는 데 있다. 무슨 말인가 하면, 사회주의를 제창하였음에도 불구하고 이를 네그리튀드라는 '정신적인 운동' 내에 수용함으로써, 생고르가 세네갈의 어떤 기득권 계층도 적으로 돌리지 않았다는 것이다.

프랑스에서 유학하던 시절의 세제르도 생고르와 마찬가지로 사회주의가 식민지의 문제를 해결해 줄 수 있다는 좌파 지식인들의 희망을 선뜻 받아들이지는 않았다. 그러나 생고르와는 달리 사회주의에 대하여 비판적이라 볼만한 태도도 그의 진술에서는 발견되지 않는다. 『흑인

---

36 Léopold Sédar Senghor, "African-Style Socialism", A Lecture in 1961 at Oxford; Léopold Sédar Senghor, "African-Style Socialism", *African Socialism*, William H. Friedland · Carl G. Rosberg, Jr. eds., Stanford : Stanford Univ. Press, 1964, pp.264~265.

학생』의 1권 3호에 실린 「인종 의식과 사회 혁명」을 보면, 네그리튀드 운동 초기의 세제르는 당대의 공산주의자들로부터 일정한 거리를 둔다. 세제르가 이 문건에서 제창한 "인종 의식"이 마르티니크 공산주의자들이 표방한 사회주의 혁명에 대한 일종의 대항 구호의 의미를 갖는다고 볼 가능성도 있겠지만, 그는 이 글에서 당대의 사회주의와 네그리튀드의 관계가 반드시 적대적이거나 경쟁적일 필요가 없다는 인식도 함께 보여준다. 세제르를 직접 인용하면,

> 혁명가가 되는 것도 좋다. 그러나 우리 흑인들에게는 그것만으로는 충분치 않다. 우리는 우연히 인종적인 면에서 흑인으로 태어난 혁명가가 아니라, 흑인 혁명가가 되어야 한다. 강조점을 질적인 것뿐만 아니라 실체적인 것에 두는 것이 적절하다. …… 혁명을 위해서는, 먼저 우리 자신을 되찾고, 정복적인 제국주의의 공식적인 백인 문화 위에 우뚝 서도록 노력하자. …… 흑인이 되는 것이 바로 혁명을 위하여 노력하는 것임을, 그것이 혁명을 일으키는 유일한 방법임을 깨닫고, 그렇게 되기 위해 노력하자.[37]

이 글에 드러나는 세제르는 마르티니크의 공산주의자들이 자신의 길을 가는 것에 대해 반대하지 않는다. 사회주의가 가져다 줄 투쟁의 에너지가 현재의 세상을 바꾸는데 필요하다는 점을 그도 어느 정도 인식하고 있기 때문이다. 그러나 세제르는 사회주의가 제국주의의 굴레로부터 해방을 가져다 줄 수는 있어도 문화적인 독립을 식민지에 돌려줄 수는

---

37   Aimé Césaire, "Conscience raciale et revolution sociale", *L'Étudiant noir* 1.3, Mai-Juin 1935, p.1 · pp.1~2.

없음을 당대의 공산주의자들이 인식해야 한다고 촉구한다.

세제르의 이러한 태도에는 생고르가 일정 부분 영향력을 행사하였다고 여겨진다. 30년대에 대한 회고에서 생고르는 자신과 동료들이 마르크스주의자들에 대해 비판적이었다고 말한다. 생고르의 반(反)사회주의적인 영향력에 대한 세제르의 회고를 들어 보자.

> 우리 그룹에는 두 경향이 있었다. 한편으로는 좌파들, 당시 공산주의자였던 J. 모네로, E. 레로 그리고 르네 메닐과 같은 사람들이 있었다. 그들은 공산주의자이었고 그래서 우리는 그들을 지지했다. 그러나 곧 나는 그들이 프랑스 공산주의자라고 비판하게 되었는데, 이는 어쩌면 생고르에게 빚진 바이기도 한 것이다. 그들을 프랑스 초현실주의자나 프랑스 공산주의자들로부터 구별할 방법이 전혀 없었다.[38]

위 인용문에서 세제르는 마르티니크의 공산주의자들이 자신들의 목소리를 잃고 백인―마르크스주의자―들의 목소리를 흉내 내는 현상에 대해 우려를 표명한다. 노동계급이 주인이 되는 세상에서 흑인 민족주의가 존중받거나 실현될 수 없을 것이라는 우려가 있는 것이다. 그러나 역사의 아이러니는 마르티니크 공산주의자들을 이처럼 비판하였던 생고르와 세제르도 시간이 지나면서 마르크스주의뿐만 아니라 프랑스 공산당과도 인연을 맺게 된다는 점이다.

1939년에 고향 마르티니크로 돌아온 세제르는 1942년에 프랑스 공

---

38   Aimé Césaire, "An Interview", p.85.

산당에 가입한다. 그의 첫 시집이 나오기 전까지 사회주의나 공산당에 대한 세제르의 진술을 찾아보기란 쉽지 않다. 앞서 논의한 바 있듯 동료 생고르와 사르트르가 하는 논평에서 마르크스주의자로서의 세제르의 모습을 읽게 되는 정도일 뿐이다. 1944년에 세제르는 아이티를 방문하여 7개월가량 그곳에서 머문다. 남아메리카와 카리브 해 지역에서 가장 먼저 독립을 성취한 아이티는 세제르에게 큰 감명을 준 듯하다. 그는 이 기간의 방문을 토대로 아이티 혁명 운동을 이끈 두 지도자인 루베르튀르와 크리스토프(Henri Christophe)에 대한 저술을 시작한다.[39]

1944년에 마르티니크로 돌아온 세제르는 당시 마르티니크 공산당원으로 활동하는 친구들의 권유로 아이티에 대한 강연 활동을 시작한다. 공산당원으로서 세제르의 본격적인 활동은 그가 프랑스 공산당의 후원 아래 지방 선거에 출마하여 대승을 거두게 되는 1945년 5월 27일 선거를 기점으로 시작된다. 선거일 다음날 세제르는 포르-드-프랑스의 시장으로 선출되고, 마르티니크 섬의 대표로 프랑스 입법부에서 활동하게 된다. 1946년에 출판된 공산당 문건에서 세제르는 다음과 같이 공산당원으로서의 소신을 밝힌 바 있다.

내가 공산당에 가입하게 된 연유에는, 인종주의가 사라지지 않고, 식민지 민중에 대한 가혹한 착취가 여전히 계속되는 이 세상에서, 우리가 받아들일 수 있는 유일한 사회적, 정치적 질서의 도래를 위해 효과적으로 싸우려는

---

39   『투생 루베르튀르―프랑스 혁명과 식민지 문제(*Toussaint Louverture : la révolution français et le problème colonial*)』와 희곡 『크리스토프 왕의 비극(*La Tragédie du roi Christophe*)』이 그 예이다.

의지를 공산당이 구현하기 때문이며, 출신, 종교, 피부색과 무관하게 존엄성에 대한 모든 인간의 권리를 인정하는 데서 공산당이 출발하기 때문이다.[40]

아이러니컬한 사실은 이 시기의 세제르가 마르티니크의 '해방'을 위해 싸우지는 않았다는 점이다. 그가 대신 외친 것은 마르티니크의 '자치'였다. 이러한 맥락에서 그와 동료들은 마르티니크가 프랑스의 해외도(道)로 편입되게 한 1946년의 법령을 추진하였다. 마르티니크의 이 지위는 오늘날에도 변하지 않고 있다. 이 법령으로 인해 세제르는 국내의 반대 세력들로부터 혹독한 비판을 받게 된다. 반식민 운동가로서 독립을 위해 싸운 것이 아니라 제국으로의 편입을 위해, '동화'를 위해 노력한 부역자였다는 평가를 받게 되는 것이다. 마르티니크를 프랑스의 식민지가 아니라 프랑스의 해외 지방으로 승격시킴으로써 세제르는 식민지의 최상위 착취 계층인 지주 계급의 지배 구조를 변화시킬 수 있다는 판단을, 마르티니크가 아메리카보다는 유럽에 속하는 것이 낫다는 판단을 내린 것 같다. 또한 그는 마르티니크가 당장 독립을 할 만한 정치적, 경제적 여건이 성숙되지 못했다는 정치적 판단을 내린 것 같다.

공산당원으로서 세제르의 활동은 1956년에 공식적으로 막을 내린다. 이에는 소비에트에 대한 환멸이 주요 원인으로 손꼽힌다. 1956년 10월에 헝가리에서 반소(反蘇) 봉기가 일어나자 후르시효프가 군내를 보내 강제 진압한 후 친소 정권을 세우게 된다. 약소국을 짓밟는 소련

---

40 Aimé Césaire, *Why I am a Communist*, a pamphlet published by the French Communist Party in 1946; Clayton Eshleman · Annette Smith eds., Introduction to *Aimé Césaire : The Collected Poetry*, LA : Univ. of California Press, 1983, p.4에서 재인용.

의 이러한 야만적인 행동은 당대 유럽의 좌파 지식인들을 소비에트식 공산주의로부터 멀어지게 만들었다. 당시 공산당원이었던 세제르도 이 사건에 경악을 금치 못했다. 뿐만 아니라 세제르는 프랑스 공산당이 과거 식민지였던 마르티니크의 특수한 상황을 제대로 인지하거나 사회적 문제들을 해결할 수 없다는 판단을 하게 된다. 프랑스 공산당 서기장인 토레(Maurice Thorez)에게 보낸 세제르의 공산당 탈당서는 스탈린 치하에서 일어난 사회주의의 변질에 대한 혐오를 토로하며 공산주의와의 이별을 선언한다.

> 어느 다른 상황과도 혼동될 수 없는 "세상에서 우리의 상황"의 고유함. 어느 다른 문제로 환원될 수 없는 우리의 문제들의 고유함. 어느 누구와도 공유할 수 없는 끔찍한 불행으로 엮인 우리 역사의 고유함. 점점 더 현실적인 방식으로 우리가 영위하고 싶어 하는 우리 문화의 고유함. …… (식민지의 문제라고도 할 수 있는) 더 중요한 전체의 부분으로서, 타인들이 임의로 협상에 부치는 부분으로서, 자신들만이 독점적으로 평가하는 보편적 상황에 비추어 임의로 타협시키기도 하는 부분으로서, 우리의 문제들이 다루어져서는 안 됨을 우리가 확신한다고 말씀드립니다. …… 어떤 경우든지 우리의 투쟁은, 식민주의에 항거하는 피지배민족의 투쟁은, 인종주의에 항거하는 유색인종의 투쟁은, 프랑스 자본주의에 반대하는 프랑스 노동자들의 투쟁보다 훨씬 복잡하거나, 완전히 성질이 다른 것이라는 점, 그리고 이 후자의 투쟁의 부분이나 파편으로 결코 간주될 수 없다는 점이 명백합니다.[41]

---

41 Aimé Césaire, "Lettre à Maurice Thorez", 24 Octobre 1956. http://lmsi.net/Lettre-a -Maurice-Thorez.

이 탈당서에서 언급되는 바, 식민주의 문제를 임의로 협상에 부치거나 타협의 희생양으로 삼는 "타인들"이란 다름 아닌 프랑스 공산당이다. 세제르에 의하면, 혁명의 궁극적 영역이 국가와 인종의 경계를 넘는다는 점에서 계급투쟁은 "보편적 상황"이라는 특권적 위치에 서게 되는 반면, 반인종적 투쟁은 보편적 상황에 종속되는 "특수한 상황"으로 다루어진다. 세제르는 인종적 투쟁이 "특수한" 상황이기는 하되, 바로 이 "특수성 / 고유함" 때문에 인종 투쟁이 계급투쟁이라는 보편적 영역에 종속될 수 없다는 논리를 설득력 있게 펴 보인다. 반식민 운동이 계급 해방을 위해 공산주의자들이 거쳐 가야 할 경유지가 아니라는 논지, 인종주의에 대한 저항이 계급투쟁의 의제에 포섭될 수 없다는 세제르의 논지는 훗날 파농에 의해 더욱 더 강력하게 표현된다.

파농과 비교했을 때 공산주의에 보내는 세제르의 작별 인사는 사실 완곡한 것이다. 예를 들면, "우리 유색인들의 길과 공산주의의 길이 단순히 구분될 수 없는 것이 아님을 확신한다"는 표현이나 "공산주의와도, 마르크스주의와도 의절하는 것이 아니라 그것들의 현실의 용도를 비난한다"는 표현에서 드러나듯, 세제르는 이상이나 가능성으로서의 사회주의에 대해서 경의를 표하는 것을 잊지 않는다. 그러나 현실에 드러난 공산주의에 대해서, 특히 마르티니크 공산당에 대해서 그는, 백인들의 동화주의 정책이라는 올가미를 흑인들의 목에 걸고 이들을 문화적 뿌리로부터, 여타의 카리브 해 지역으로부터 고립시키는 범죄를 저질렀다고 비판한다.

탈당서에서 이어지는 세제르의 진술은 그의 후기의 사상에 있어 아프리카가 어떤 위치를 차지하는지를 가늠하게 해준다는 점에서 인용할 만하다. "제가 카리브 해 지역의 부활을 가능하게 하리라 기대하는 곳은, 우리 카리브 해 지역의 문화와 문명의 어머니, 바로 검은 아프리카입니다." 마르크스주의에 대한 그의 입장은 1967년의 인터뷰에서 다음과 같이 요약된다. "마르크스도 괜찮으나, 우리는 마르크스를 완성할 필요가 있다."[42] 그는 이 인터뷰에서 아프리카를 변화시키기 위해 마르크스주의가 필요함을 부정하지는 않으나, 마르크스주의가 식민지 상황에 수정 없이 적용될 수는 없음을 다시 확인한다.

동지들의 비판과 이국주의 논란

흑인감성론에서 발견되는 본질론적 사유는 적지 않은 평자들로부터 비판을 받게 된다. 대표적인 이가 소잉카이다. 아프리카에서 노벨 문학상을 최초로 수상한 이 문인은 네그리튀드 운동이 당대에 수행한 정치적 역할이 결코 평가 절하되어서도 무시되어서도 안 됨을 전제로 하며 이 운동의 한계를 지적한 바 있다. 그에 의하면, 흑인의 정체성을 규정하고 옹호함에 있어 네그리튀드 운동은 유럽의 마니교적 사유가 만들어 놓은 이분법적인 인식론을 부정하기는커녕 그대로 물려받는 오류를 저질렀다.[43] 마니교적 분류에 의하면 유럽은 분석적 사유를 할 수 있는 발

---

42   Aimé Césaire, "An Interview", p.86.
43   Wole Soyinka, *Myth, Literature and the African World*, Cambridge : Cambridge Univ.

달된 문명인 반면, 아프리카는 그러한 사유를 결여한 후진적 문명이거나 혹은 비(非)문명이라 할 수 있다. 이러한 상황에서 "감성은 니그로적인 것이요 이성은 그리스적인 것"이라는 생고르의 외침은 아프리카인에 대한 불공정한 재현일 뿐만 아니라 유럽의 이분법적 사유의 한 축, 즉 아프리카인은 이성을 결여하고 있다는 주장을 긍정한 셈이 되고 만다.

네그리튀드가 프랑스에 유학한 일부 식자층을 중심으로 전개된 운동임을 고려할 때, 이 운동이 민중의 열망이나 요구에 얼마나 부응하는지, 즉 대표성에 대해서도 의문이 제기될 수 있다. "네그리튀드가 정권의 공식 이데올로기였던 세네갈 같은 나라에서조차도 그 운동은 대부분의 민중에게는 단순한 흥밋거리에 지나지 않았으며 젊은 지식인들과 문인들에게는 점점 더 진부하고도 관련 없는 표현이 되었다"[44]는 지적은 이러한 점에서 시사하는 바가 크다.

네그리튀드를 옹호하는 이들의 관점에서 보았을 때, "니그로의 감성"을 노래하기로 한 선택은 한편으로는 반식민 담론을 구성해야 할 당시의 전략적 필요성이라는 측면에서 이해될 수 있다. 김준환의 주장을 인용하면, "[생]고르의 이러한 논의 전개 방식은 본질주의에 입각한 이원론으로서 결국 식민 구도를 고착화시키는 것이라고 볼 수도 있겠으나, 그의 기본적 논지는 프랑스적 아프리카주의에 대한 반대 담론을 구성해야 한다는 것이다."[45] 당시 프랑스 식민지령 아프리카가 겪고 있었던 가장 큰 문제 중의 하나가 제국의 동화주의 정책이 가져다 준 '백인

   Press, 1976, pp.127~129.
44   Ibid., p.135.
45   김준환, 「네그리튀드와 민족주의 — 생고르와 쎄제르」, 『비평과 이론』 9권 2호, 2004, 21쪽.

문화와의 동일시'임을 고려할 때, 흑인감성론은 백인 문명으로부터 아프리카를 차별화시키고자 하였던 전략에서, 흑인들을 백인화의 과정으로부터 정신적으로 독립시키고자 하는 전략에서 출발하였던 것이다.

그러나 그러한 전략적 응수가 과연 '전략적으로' 현명한 선택이었을까 하는 의문이 드는 것 또한 사실이다. "유럽인만이 이성적 존재"라는 등식이 허구임을 폭로하는 손쉽고도 현실적인 해결책을 놓아두고 정체성을 변별하기 위해 굳이 유럽이 설정해 놓은 열등항을 선택할 필요가 있었냐는 것이다. 이러한 부정적인 평가를 패리가 다음과 같이 요약한다. "이러한 담론들은, 불변하는 과거를 신비화된 인종적 본질론의 가장 터무니없는 형태로 복구할 것을 선동하며, 근원주의적이며 고정된 토착적 자아 개념을 주입하는 차별화되지 않는 퇴행적 담론으로, 통상 비난받아 왔다."[46]

60년대에 생고르는 네그리튀드를 설명하면서 강조점을 이전과는 다른 곳에 찍는다. 예컨대, 1961년 10월 26일에 옥스퍼드대에서 한 연설에서 생고르는 다음과 같이 말한 바 있다.

> 네그리튀드는 흑인 민족들의, 보다 정확히 말하자면 아프리카 흑인들의 특징이 되는 문명의 모든 ― 문화적, 경제적, 사회적, 정치적 ― 가치들 전체입니다. 그것은 본질적으로 이 가치들에 배어 있는 본능적 이성(instinctive reason)입니다. ······ 그것은 자아를 포기하고 대상과 완전히 동일시함으로써, 집합적 영혼이라는 원형적 신화를 통해서, 우주에 부여된 태초의 신화를

---

46 Benita Parry, *Postcolonial Studies : A Materialist Critique*, London : Routledge, 2004, p.43.

통해서, 감정이 표현된 것입니다. 다른 말로 하면, 영적 교감, 상상력의 재능, 리듬의 소질 — 이것들이 우리가 흑인의 모든 작품과 행위에서 지워지지 않는 표식처럼 발견하는 네그리튀드의 특징들입니다.[47]

위 연설에 의하면 아프리카의 이성은 개인의 존재론적 근거가 되는 데카르트적인 분석적인 이성, 즉 회의(懷疑)적인 이성과는 다른 것이다. 아프리카의 이성은 주객의 분리가 아니라 합일과 상호교감을 가능하게 함으로써, 개체가 아니라 원형적이고도 집합적인 영혼과의 일치를 가능하게 함으로써 그 실체가 구현되는 것이다. 내용만을 보면, "신화"나 "감정", "영혼", "리듬" 등의 용어를 그대로 쓰고 있다는 점에서 이전의 주장과 크게 다를 바가 없다. 그러나 자세히 들여다보면 이전에는 "감성"과 대적적인 것으로 배제하였던 "이성"을 들여와 흑인의 정신세계를 설명한다는 점이 주목할 만하다. 그에 의하면 아프리카의 이성은 유럽의 분석적인 이성보다 우월한 것이다.

이러한 아프리카 인성론이나 예술론에 문제가 없는 것은 아니다. 우선, 생고르의 이러한 주장이 진정 아프리카 인성이나 예술의 정수를 표현한 것인가 하는 문제는 차치하고라도, 네그리튀드를 대표하는 공식적인 입장으로도 보기 힘들기 때문이다. 이와 관련하여 중요한 사실은 생고르의 주장에 동료들이 모두 동의하지는 않았다는 점이다. 일례로, 세제르는 형이상학적인 힘이나 정신적인 우주론을 믿지 않았다.[48] 생고르의 예술론에 따르는 또 다른 문제는, 그가 주장하는 아프리카 예술

---

47 Irving Leonard Markovitz, op. cit., p.41에서 재인용.
48 Lilyan Kesteloot, *Black Writers in French*, p.89.

이 실은 마법적 / 주술적 종교와 근본적으로 다르지 않다는 점이다. 즉, 아프리카 예술을 보이지 않는 초자연적인 힘들과 교통하고 이를 표현하는 작업으로 정의 내림으로써, "주술적" 아프리카에 대한 유럽의 기성 시각을 확인해 주고 말았다는 비판을 초래하였던 것이다.

생고르에게 제기된 또 다른 비판은, 그의 네그리튀드가 아프리카의 현실에 바탕을 둔 사실의 진술이 아니라, 현실에 대한 그의 '주관적인 해석'이라는 점이다. 생고르가 그려내는 아프리카의 자연이 사실 과거에 대한 자신의 기억을 현재에 투사한 것이기 때문이다. 그러한 점에서 생고르의 네그리튀드는 '회고적 낭만주의'의 성격을 띤다. 이러한 비판은 아프리카 흑인 비평가들로부터 들려온다. 이 중 남아프리카 공화국 출신으로 마르크스주의 비평가인 음팔레레(Ezekiel Mphahlele)를 빼 놓을 수 없다. 1963년 다카르 대학에서 열린 '아프리카 문학과 대학 교과과정'이라는 제목의 학술대회에서 음팔레레는 네그리튀드에 대하여 비판적인 의견을 개진하였다가 '네그리튀드의 적'으로 비난받게 된다. 이에 대해 음팔레레는 아프리카의 '문화적 가치'에 대한 긍정으로서, 또한 유럽에 대한 저항으로서 기능한 네그리튀드의 역사를 부정하지는 않는다고 응답한다. 다만 그가 반대하는 것은 네그리튀드에 영향받은 아프리카의 문학이 아프리카 대륙을 "순수, 순진, 기교 없는 원시의 상징"으로 "낭만화"하는 것이라고 밝힌다. 그는 현실의 아프리카와 아프리카인의 모습을 아래와 같이 역설한다.

아프리카가 폭력적인 대륙이 아니라고 사람들이 암시할 때 나는 모욕감을 느낍니다. 나는 폭력적인 인간이고 그 점을 자랑스럽게 여기는데, 그 이유는 그것이 인간의 건강한 정신 상태이기 때문입니다. 언젠가 나는 약탈하고, 강간하고, 방화할 것입니다. 나는 누군가의 목을 자를 것입니다. 나는 **정복을** 전복시킬 것입니다. 나는 쿠데타를 조직할 것입니다. 그렇습니다. 나는 나의 민족을 억압할 것입니다. 작고 약한 흑인들을 괴롭히고 그들의 삶을 파괴하는 살진 부자 흑인들을 나는 사냥할 것입니다. 나는 자본가가 될 것입니다. 그래서 나와 인연을 맺는 자들 모두에게, 나의 하인이나 운전수가 되려는 자들 모두에게 재앙이 있을 것입니다. …… 이것은 아프리카가 무엇을 할 수 있는지, 현재 무엇을 하고 있는지를 극화한 것일 뿐입니다. 아프리카의 이미지는 이 모든 것과 다른 것들로 이루어져 있습니다.[49]

음팔레레가 이처럼 스스로를 "폭력적인 인간"으로, 아프리카를 피비린내 나는 억압적인 땅으로 제현하였을 때 이에는 두 가지 의미가 있다고 여겨진다. 첫째, 그는 아프리카를 평화가 지배하는 이상향으로 미화해 온 네그리튀드의 낭만주의적 경향을 비판하고 이를 시정하고자 하는 의도를 가진 것이다. 아프리카에 대한 현실적인 인식이 없는 곳에서 아프리카를 바꿀 수 있는 의지와 비전을 기대할 수 없기 때문이다. 둘째로,

---

[49]   Ezekiel Mphahlele, "Negritude—A Reply", *Critical Perspectives on Léopold Sédar Senghor*, Janice Spleth ed., Colorado Springs, CO : Three Continents Press, 1993, p.33. 음팔레레가 생고르에게 비판의 칼날만 휘두른 것은 아니라는 점은 특기할 만하다. 이 마르크스주의자는 생고르의 네그리튀드에 단순히 낭만주의만 있는 것이 아님을 인정하기도 했다. 그는 아프리카와 유럽의 접점으로서의 아프리카인에게 오늘날의 아프리카가 지향할 만한 가치가 있다고 봄으로써 생고르의 혼성론에 경의를 표하기도 한다. 사실 생고르는 한편으로는 우주의 영과 사물과 교감하는 아프리카인의 감수성을 노래하기도 하였지만, 또 다른 한편으로는 아프리카인의 감성과 유럽적 이성이 조화되어야 할 필요성을 주장하기도 하였기 때문이다. "유럽과 아프리카의 조화로운 합이 반드시 아프리카인의 '흑인성'을 배척하는 것은 아니다"고 주장함으로써 음팔레레는 생고르의 혼성 문화론에 힘을 실어주기도 한다.

음팔레레가 자신을 "폭력적인 인간"으로 소개했을 때 이는 마르크스주의자로서의 면모를 보인 것으로 생각된다. "폭력"에 대한 그의 언급은 네그리튀드가 사변적으로 흐르게 됨으로써 상실하게 된 현실 변혁의 수단으로서의 물리적인 힘이 필요함을 역설한 것으로 해석될 수 있다. 정신의 혁명도 필요하지만 현실에서의 변화가 시급함을 강조한 것이다.

네그리튀드에 제기된 비판에는 이 운동이 실은 병든 유럽이 자기 치유를 위해 필요로 하는 역할을 인종적 타자가 충실히 수행하였다는 주장이 있다. 19세기 말~20세기 초엽에 이르면 유럽인들은 그들이 신봉하였던 이성과 과학 기술이 실현시키는 미래의 '신세계'가 실은 영혼의 감옥이요, 엘리엇(T. S. Eliot)의 표현을 빌리자면, 정신의 '황무지'에 지나지 않음을 발견하게 된다. 인간의 해방을 가져다 줄 것이라 믿었던 기획이 실은 그의 정신을 옥죄고 황폐화시키기 시작하였던 것이다. 과잉한 이성중심주의와 기계 문명에 병든 유럽은 눈을 바깥으로 돌려 동양이나 아프리카에서 구원의 가능성을 보게 되었다. 이러한 맥락에서 이전에는 정복과 지배의 대상이었던 이국의 땅이 이제는 정신적인 위무를 베푸는 일종의 '치유지(治癒地)'로서 상상되었던 것이다. 아프리카가 병든 유럽 문명을 치유할 수 있다는 생고르의 주장이 생각나는 대목이다.

비판적인 관점에서 보았을 때, 네그리튀드의 이러한 주장은 용도만 바뀌었을 뿐 주인을 모신다는 점에서는 식민주의가 강요한 예속과 다를 바가 없다. 음팔레레의 주장을 직접 들어 보자. "네그리튀드가 기계와 정전에 대하여 19세기 유럽이 제기한 반대와 중첩된다는 점을 잊지 말자. 뻐꾸기, 나이팅게일, 수선화 대신에 아프리카가 유럽의 제단에 끌려오게 된 것이다. 그러니 네그리튀드 운동가들은 이러한 것이 전적으로 아프리카의 개념인 체하지 말아야 할 것이다."[50] 네그리튀드에서 발견되는 "이국주의"에 대한 비판은 사실 음팔레레가 처음 제기한 것은 아니다. 『열대지역』을 세제르와 함께 운영한 메닐도 음팔레레보다 4년 전에 네그리튀드 운동의 이국주의적 경향에 대해 신랄한 비판을 제기한 바 있다.

메닐은 이국적 비전을 "다른 편에서, 바깥으로부터, 지리학적 경계선을 넘어 개인을 조망하는 것"[51]으로 정의한다. 국가와 민족들 간의 만남에서 개인들의 시야는 "(상대방의) 드라마의 진정성과 '진지함'을 놓치고, 목가적이고도 피상적인 비전에 국한되는 경향"[52]을 보인다. 개인의 진실에 도달하기 위해서 이러한 관계는 극복되고 부정되어야 할 성질의 것이다. 메닐은 이러한 비전을 "정상적인 이국주의"라 부른다. 두 번째는 타인과의 관계에서 자연스럽게 발생하는 것이 아니라 "자신으로부터 거리를 두고 스스로를 피상적이고 외면적으로 묘사"하는 것으로 이를 "식민적 이국주의"[53]라 부른다. 이 이국주의는 식민 관계에서 발생하는 것으로서, 원주민이 오랜 식민통치로 인해 백인 식민주의자의 의식을 내면화하게 되고, 그 결과 스스로를 백인의 눈으로 조망하게 된다. 그러니 나의 눈에 나 자신이 이국적으로 비치는 것이다.

메닐은 카리브 해 지역의 "자기 이국화" 사례를 선배 시인인 탈리와 뒤크네(Duquesnay) 그리고 살라비나(Salavina)에서 찾는다. 앞서 논의한 바 있는 메닐의 탈리 비판론에서 알 수 있듯, 이 신배 작가들은 백인 식

---

50 Ibid., p.34.
51 René Ménil, "De l'exotisme colonial", *La Nouvelle Critique*, Mai 1959; René Ménil, "Concerning Colonial Exoticism", *Refusal of the Shadow*, p.176.
52 Ibid.
53 Ibid., p.177.

민주의자들이 만들어 놓은 정형화된 흑인 담론을 비판적 성찰 없이 수용하였다. 흥미로운 사실은 유럽의 이국주의 취향에 함몰된 선배 시인들을 비판한 2세대 시인들도 이국주의의 틀을 벗어나지 못하였다고 메닐이 평가하였다는 점이다. 그의 표현을 빌리면, "반이국주의의 형태를 취한 투쟁조차 불행히도 이국주의의 상황에 처해 있었다."[54] 놀랍게도 여기서 2세대 시인들은 네그리튀드 시인들을 지칭한다. 더욱 놀라운 사실은 이 시인들 중에는 "백색은 암과 같다"고 주장한 생고르가 포함되어 있다.

백인들이 만든 인종주의적 이분법을 전도시키는 유의 네그리튀드에 대하여 메닐은 다음과 같은 선고를 내린다.

> 식민 문화에서 발생하는 우리의 이미지를 포착해서 색과 특성을 전도시킴으로써 유리하게 재활용할 수 있다고 생각한다면, 그것은 오산이다.
> 만약 식민주의적 망상에 빠진 백인이 생각하는 우리의 모습이 진정한 우리가 아니라면, 우리에 대한 그의 생각을 전도시킨 모습 역시 우리가 아닌 것이다. 우리는 식민 담론이 정형화한 이미지의 "반대"가 아니라, 그 이미지와 **다른** 것이다.
> 우리는 식민주의적 오류의 역상(逆像)이 아니다. 우리는 스스로를 옆에서, 바깥에서 정의하는데 이는 완전히 다른 것이다.[55]

흑인이 "식민주의적 오류의 역상"이 아니라고 주장한 대목에서 네그리튀드 삼인방 중 "아버지" 생고르에 대한 비판이 암시되어 있다. 흑인을

---

54   Ibid., p.180.
55   Ibid., p.181. 강조는 필자.

군이 백인의 대척적인 모습으로 정의할 것이 아니라, 백인과는 "다른 모습"임을 내세웠어야 한다는 메닐의 주장은 저항 담론이라는 전략적 맥락에서 네그리튀드를 옹호하는 비평가들이 귀 기울일 필요가 있다.

유럽의 인종주의적 틀을 과감히 벗어던지지 못하였다는 비판을 생고르에게 제기한 이는 메닐이 처음도 아니요, 마지막도 아니다. 사르트르가 네그리튀드를 흑인 영혼론으로 요약하면서 "반인종적 인종주의"라고 불렀던 것도 사실 생고르의 활약(?) 덕택이었다. 세제르만 하더라도 생고르의 흑인 영혼론이나 우주론에 동의하지 않았다. 특히 오랜 식민화의 결과로 마르티니크 섬은 백인, 흑인, 아시아인, 그리고 카리브인 간의 인종적·문화적 혼종화가 상당히 진행되었는데, 이러한 현실에서 아프리카를 문화적 뿌리로 외치는 것은 특정 인종만을 위한 '그들만의 구호'라는 비판에서 자유로울 수 없다. 비평가 토와는 "이구동성으로 동의하듯, 세제르가 더 강력하고 심오한 네그리튀드 시인이라면, 생고르는 그 운동을 속화시킨 주요 인물"[56]이라는 표현으로 생고르에 대하여 비판을 제기한 바 있다. 생고르의 네그리튀드 철학에서 발견되는 문제는 '환원적인 본질론'에 그치지 않는다. 그의 철학은 개인적이고도 추상적인 언어로 표현되었기에 대중들로부터도 유리된 것이었다. 네그리튀드에 대한 평가가 공정해지려면 이 운동에서 발견되는 순수주의와 혼종주의와 같은 다면적이고도 모순적인 특징뿐만 아니라 이러한 한계와 약점에 대한 논의를 포함해야 할 것이다.

---

56   Marcien Towa, *Léopold Sédar Senghor : Négritude ou servitude?*, Yaoundé, Cameroon : Éditions Clé, 1971, p.99.

8장

파농의 지적 채무

존재는 흑인, 존재는 불꽃같은 것, 허나 우리는 외진 곳에 우연히 생겨
난 존재. 우리는 스스로를, 우리의 관습을, 우리의 기술을, 우리의 "덜
익힌" 창백함을, 우리의 녹슨 초목 같은 삶을 변명해야 한다.

—사르트르, 「흑인 오르페우스」

흑인을 만드는 자는 백인이다. 그러나 네그리튀드를 만든 자는 흑인
이다.

—프란츠 파농, 『혁명의 사회학』

백인의 잘못에 저항하느라 흑인의 환상에 굴복해서는 안 될 일.

—알베르 메미, 1971

성 심리학 vs. 유물론적 심리학

식민 담론은 식민 지배자가 꾸며낸, 그래서 현실과는 아무런 관련이 없는 거짓인가? 아니면 담론마다 정도의 차이는 있으되 현실을 어떤 점에서는 반영하는가? 식민 담론을 유색인을 지배하려는 목적에 봉사하는 인종적 정형 담론이라고 본다면, 지배 민족의 인종적 편견과 같은 허위 내용을 담고 있는 것으로 생각하기 십상이다. 그러나 이러한 이해는 절반만 옳다. 식민 담론을 '허구'로만 이해해서는 식민통치가 피지배자에게 남기는 정신적인 상흔의 복합적인 문제를 제대로 짚어 낼 수 없기 때문이다. 파농의 반식민 담론이 네그리튀드 담론보다 심층적인 인식을 보여주는 부분도 바로 여기에 있다.

인종적 편견의 표현이라는 점에서 식민 담론은 피지배자들의 모습을 왜곡한 것이다. 동시에 그것은 식민지라는 특정한 정치·경제적 상황에서 피지배자가 겪을 수밖에 없는 정신적 병리현상을 어떤 식으로든, 이를테면 징후적으로라도 지시하고 있다는 점에서, 사실 관계에 부합하는 면이 있다. 백인에 대한 유색인들의 성적(性的) 욕망을 과장하는 인종 담론이 대표적인 예이다. 흑인 남성을 과잉된 성욕의 소유자로, 특히 백인 여성을 범하고자 하는 욕망의 소유자로 재현하는 인종 담론은 역사가 오랜 것이다. 파농은 이러한 인종 담론을 단호히 부정하는 방법을 선택하지 않는다. 오히려 그는 이러한 현상이 식민지 흑인들의 정신세계에서 실제로 발견됨을 전제로 한다.

파농은『검은 피부, 하얀 가면』에서 앙티유 출신의 흑인 남성 유학생들의 심리를 다룬다. 그가 소개하는 일화에 의하면 이 흑인 남성들이 프랑스에 도착하자마자 첫 번째로 하는 일이 홍등가를 찾아가 백인 여성과 잠자리를 갖는 것이다. 일설에 의하면 어떤 흑인은 그렇게 가진 백인 여성과의 잠자리에서 "쉘세르 만세"를 외쳤다고 한다. 파농은 쉘세르(Victor Schoelcher)가 프랑스 제3공화정 때 노예제를 폐지한 인물이라고 소개하고 있으나[1] 사실 이는 역사적인 오류이다. 쉘세르는 1848년 2월 혁명으로 들어선 프랑스 제2공화정을 설득하여 노예제를 폐지하게 한 인물이다. 어쨌거나 이 앙티유 출신의 흑인이 성적 흥분 속에서 노예제 폐지론자의 이름을 외쳤다는 사실은 흑인에게 있어 백인 여성의 정복이 단순한 욕정의 충족을 넘는, 보통 이상의 의미가 있는 일임을 시사한다. 파농 자신도 흑인이 아니라 백인으로 인정받고 싶은 욕망을 가졌음을, 백인 여성과의 관계를 통해 그러한 욕망을 성취할 수 있다고 믿었음을 인정한 바 있다.[2]

유색인 여성들에게 있어서도 상황은 다르지 않다. 유색인 여성들이 백인 남성을 선망한다고 주장하는 백색 담론은 식민주의자가 꾸며낸 말이 아니다. 백인 남성과의 관계를 통해서 자신의 인종적 지위와 경제적 신분을 동시에 상승시킬 수 있었기에, 유색인 여성들에게 있어 백인

---

1 Frantz Fanon, *Peau noire, masques blancs*, Éditions du Seuil, 1952, p.51; Frantz Fanon, Richard Philcox trans., *Black Skin, White Masks*, New York : Grove Press, 2008, p.45. 『검은 피부, 하얀 가면』의 영문 번역본은 일찍이 1967년에 그로브 출판사가 출간한 찰스 램 마크맨의 영역과 2008년에 출간된 필콕스의 영역 두 가지가 있다. 두 역본 모두 번역의 오류가 없지 않으나 필콕스의 영역이 원문에 조금 더 충실하다고 판단된다. 영어에 익숙한 독자의 편의를 위해 앞으로 필콕스 영역본의 쪽수를 프랑스어본의 쪽수에 이어 괄호로 표기한다.

2 Ibid.

남성과의 관계가 특별한 로망이었음은 사실이다. 그래서 실질적으로 백인 남성의 성적 파트너가 됨으로써, 그와 결혼함으로써 소위 '인생역전'을 꿈꾸는 것이 서인도제도 유색인 여성들에게 만연한 현상이라는 것이 파농의 주장이다. 이러한 주장은 유색인 여성과 백인 남성과의 관계에 대해 우리가 갖고 있는 통념과 대치된다. 왜냐하면 이 식민지의 남녀 관계에 대해 우리가 통상적으로 갖고 있는 개념은, 강제의 논리, 즉 힘 있는 자가 휘두르는 폭력적인 관계의 패러다임을 벗어나지 않기 때문이다. 그러나 파농은 앙티유 유색인 여성들이 '실제로' 백인 남성과의 로맨스를 동경했다고 증언한다. 그러한 점에서 유색인종을 열등하며 의존적인 존재로 규정하는 식민 담론은 일종의 편견이면서도, 동시에 현실에 부합하는 모순 어법이 된다.

고양된 흑인성을 노래하였던 생고르와 달리 파농은 비정상적인 흑인의 존재, 의존성, 열등의식 등으로 마음이 병든 흑인들의 현실을 인정하는 데서 출발한다. 그의 최종 목적은 이러한 비정상적인 흑인들의 욕망의 이면에 비정상적인 현실이 있음을 밝히는 것이다. 달리 표현하면, 그의 정신분석학은 흑인들에게서 실제로 발견되는 비뚤어진 욕망이나 병리적인 정신 현상이 어디에서 연유하는 것인가를 드러내는 것을 목표로 한다. 그에 의하면, 백인 여성을 향한 흑인 남성들의 욕망이나 소유욕을 설명하기 위해서는, 혹은 그 반대로 백인 남성에 대한 흑인 여성들의 욕망을 설명하기 위해서는, 그 원인을 개인의 정신세계가 아니라 그가 처한 역사적 상황, 즉 식민지에서 찾아야 한다. 바로 이 지점이 파농이 유럽의 전통 심리학과 결별하는 지점이다.

어린이의 성 심리 발달에 관한 프로이트의 요지는 부모에 대한 아이의 리비도적인 고착(固着)으로 설명된다. 흔히 '가족 로맨스'라 불리는 프로이트 심리학의 패러다임에 의하면, 아이는 리비도와 자아가 형성되는 시기인 3세~6세의 시기에 성(性)이 다른 부모에 대하여 근친상간의 욕망을 갖게 된다. 즉, 남자 아이는 어머니에게, 여자 아이는 아버지에 대해 성적인 욕망을 갖게 되는 것이다. 이러한 욕망으로 인해 남자 아이는 아버지와, 여자 아이는 어머니와 경쟁 관계에 서게 된다. 프로이트가 "오이디푸스 콤플렉스"라고 이름 붙인 이 성 심리 발달 단계는 유럽 정신분석학의 중요한 토대가 된다.

프로이트와 융 그리고 아들러(Adolf Adler) 같은 당대의 저명한 심리학자들이 흑인을 연구하지 않았음을 지적하면서 파농은, 이들이 흑인을 연구대상에서 제외한 것이 실은 옳은 행위였다고 주장한다. 그 이유는 이 학자들이 연구한 신경증이 보편적인 현상이 아니었기 때문이다. 파농은 더 나아가 오이디푸스 콤플렉스가 흑인들에게는 존재하지 않는다고까지 주장한다. 그는 구체적인 수치까지 들려준다. "프랑스령 앙티유에서 전체 가족 수의 97퍼센트가 오이디푸스 신경증을 앓을 수 없다는 것을 쉽게 증명해 보일 수 있다."[3] 어떻게 그럴 수 있다는 것인지, 왜 하필이면 97퍼센트의 가족이 오이디푸스 콤플렉스에서 자유롭다는 것인지 구체적인 증빙자료를 파농은 내놓지 않는다. 대신 그는 앙티유에서 신경증이나 과민증과 같은 정신 병리적인 증세가 발생한다면 이는 문화적인 상황에 기인하는 것이라고 장담한다. 그가 말하는 문화적 상황이란 다름 아닌 식민지의 상황이다.

---

3   Frantz Fanon, *Peau noire, masques blancs*, pp.123~124(p.130).

가족중심적인 프로이트 심리학이 앙티유에 적용 불가능한 이유로서 파농은 상황에 따라서는 개인의 정신세계를 이해하는 단초가 개인 자신이 아니라 사회에 있음을 지적한다. 그래서 식민지에서 개인의 무의식을 이해하기 위해서는 그의 개인적인 정신력이나 가족 관계가 아니라 그가 속한 사회를 보아야 한다. 이러한 주장에 대한 이론적 근거로서 파농은 프랑스 초현실주의 작가이자 공산주의자였던 나빌(Pierre Naville)이 『심리학, 마르크스주의, 유물론(*Psychologie, Marxisme, Matérialisme*)』에서 펼쳐 보인 주장을 인용한다. 나빌의 주장을 보자.

> 개인의 꿈에 대해 말하듯 사회의 꿈에 대해서 말하는 것은, 개인의 성적 본능에 대해 말하듯 집단 의지에 대해서 말하는 것은, 사물의 자연스러운 질서를 거스르는 것이다. 개인의 성 본능이 표현되는 실제 상황을 설명해 주고 결정짓는 것은 계급투쟁의 경제적·사회적 조건들이기 때문이며, 개인의 꿈의 내용이란 종국에는 그가 살고 있는 문명의 조건에 의해 결정되기 때문이다.[4]

위의 인용문에 의하면, 개인의 무의식이 형성되는 과정에 있어 경제적인 조건이 가족 로맨스 같은 개인의 사적인 조건보다 중요한 영향력을 행사한다. 거칠게 말하자면 개인의 무의식도 계급투쟁이 전개되는 또 다른 장에 지나지 않는다. 이는 마치 의식이 존재를 결정하는 것이 아니라 존재가 의식을 결정한다는 마르크스의 주장에서 한 걸음 더 나아가 이제는 존재가 무의식도 결정한다고 주장하는 것이다. 물론 여기서

---

4   Ibid., pp.85~86(p.86).

'존재'란 경제적 조건에 뿌리를 내린 사회적 존재를 의미한다.

나빌의 이론을 식민지에 대입한 결과 파농이 얻게 되는 결론은 식민지 유색인종에게 있어 무의식은 정치적·경제적인 요인에 의해 결정된다는 주장이다. 이러한 맥락에서 그는 마다가스카르 원주민들의 꿈을 분석한다. 이 원주민들의 꿈에 등장하는 "분노한 검은 황소"나 "세네갈 병사들의 소총"은 프로이트 심리학에서는 성적인 상징으로 이해된다. 그러나 파농은 이 꿈의 내용을 "올바른 시간"과 "올바른 장소"에 맥락화시킬 때 비로소 제대로 해석할 수 있다고 주장한다.[5] 파농이 염두에 두고 있는 "맥락"은, 1895년에 마다가스카르가 프랑스에 의해 점령되었을 때의 상황이다. 이때 제국이 동원한 군대는 백인이 아니라 세네갈 및 서부 아프리카 출신의 흑인 보병이었다. 이 흑인 점령군은 그들이 저지른 무자비한 행동으로 인해 마다가스카르 원주민들에게 공포와 경멸의 상징이 되었다. 이러한 맥락에서 보았을 때 "분노한 검은 황소"는 오이디푸스 콤플렉스 구도에서 빠질 수 없는 한 축을 구성하는 아버지도, 이 원주민들이 숭배하고 의존하는 조상도 아니다. 이 상징은 1895년에 그들을 무참히 짓밟은 제국의 검은 군대를 지시하는 것이다. 마찬가지로 원주민들의 꿈에 등장하는 흑인 병사들의 소총도 남근을 상징하는 것이 아니라 원주민들을 살상하는데 사용된 프랑스제 르벨 소총을 지시한다.

식민지 원주민들의 무의식에 대한 분석을 개인의 성 심리에 초점을 맞추는 프로이트 유의 심리학으로부터 탈피시켰다는 점에서 파농은 유

---

5   Ibid., p.84(84).

물론적 정신분석학에 기여한 면이 있다. 피지배자의 심리를 역사적 맥락에 맞추어 새롭게 읽어 내고, 그 결과 정신분석학을 유럽으로부터 탈식민화시켰다는 평가를 내릴 수 있는 것이다. 이경원의 주장을 인용하면, "[파농의 정신분석학은] 주체와 타자의 상관관계를 강조하는 정신분석학의 분석틀은 그대로 두면서도 그 초역사적 주체를 식민 주체, 즉 식민지 피지배자로 역사화한 것이다. ······ 말하자면, 인종적 차이에 무관심한 정신분석학 이론을 '인종화(racialize)'한 셈이다."[6] 식민지의 억압이 피지배자의 무의식은 배제한 채 의식 세계에만 선택적으로 작용할 리가 없다는 점에서, 파농의 정신분석학은 피지배자의 심리에 대한 연구에 새로운 지평을 열었다고 여겨진다.

식민지인의 무의식을 분석함에 있어 "프로이트의 발견은 쓸 데가 없다"는 그의 주장에서 드러나듯, 파농은 개인의 무의식에서 전(前)정치적인 영역을 과감하게 추방해 버린다. 그러나 이러한 주장에는 개인의 정신세계를 탈정치화한 프로이트 심리학만큼이나 문제적인 부분도 있다. 이 문제는 파농이 원용하는 나빌의 이론에서 오롯이 발견되는 것이다. 사실 유물론으로 인간의 의식을 온전하게 설명하려는 노력이 환원론적이라는 기성의 비판을 염두에 둔다면, 인간의 무의식이나 꿈마저 경제적인 조건으로 풀이하려는 나빌의 시도도 유사한 비판에서 자유롭지 못하다. 물질적 이해관계라는 특수하고도 단일한 축에서 인간의 무의식이라는 복잡다단한 현상을 설명하려고 했다는 점에서 그렇다.

나빌과 비교해 보아도 파농이 극단적인 유물론을 향해 한 걸음 더 나

---

6   이경원, 앞의 책, 226~230쪽.

아갔다고 해석할 여지가 있다. 나빌은 개인의 꿈이 "종국에는(en fin de compte)" 경제적 조건에 의해 결정된다고 보았다. 반면, 파농은 프로이트 심리학의 전제가 되는 성 심리라는 사적인 맥락을 아예 배제해 버린다. 나빌이 "종국에는"이라는 표현을 썼을 때는, 모르긴 해도 엥겔스가 블로흐(Joseph Bloch)나 슈미트(Conrad Schmidt) 등에게 보낸 편지에서 지속적으로 강조한 "최후의 심급"을 염두에 둔 것이라고 여겨진다. 이 서한에서 엥겔스는 하부 구조가 유일한 결정요소가 아님을, 즉 역사 발전에는 하부 구조와 마찬가지로 상부 구조도 영향력을 행사함을 강조하였다. 그는 오직 "최후의 심급에서만" 하부 구조가 상부 구조를 결정짓는다고 주장함으로써 마르크스와 자신의 주장이 경제적 결정론으로 읽히는 것을 경계하였다.[7]

이러한 맥락에 위치시켰을 때 나빌이 사용한 "종국에는"이라는 표현도 엥겔스의 경고를 받아들인 것으로, 즉 개인의 무의식을 결정함에 있어 경제적인 조건이 유일한 심급이 아님을 강조한 것으로 이해될 수 있다. 마다가스카르 원주민들의 꿈의 내용을 분석할 때 파농에게 결여된 것이 바로 이러한 탄력성이다. 그는 식민지 정신분석학에서 개인의 사적인 맥락을 배제함으로서, 해방을 위한 투쟁을 위해 한 걸음 더 나아갔지만, 동시에 이론으로서의 객관성과 균형을 그만큼 대가로 치렀다고 판단된다.

---

[7] Friedrich Engels · Karl Marx, *The Marx-Engels Reader*, 2nd ed., Robert C. Tucker ed, New York : Norton, 1978, pp.760~761.

마노니의 비판, 혹은 오독?

파농 당대의 인종정신의학자로는 리버스(W. H. R. Rivers, 1864~1922), 포투스(Stanley Porteus, 1883~1972), 캐러더스(J. C. Carothers), 포로(Antonin Porot) 그리고 마노니(Octave Mannoni, 1899~1989)가 있다. 영국 출신의 리버스는 멜라네시아 원주민 심리 연구를 20세기 초에 수행하였고, 오스트레일리아에서는 포투스가 원주민의 지능에 대한 연구를 한 바 있다. 리버스와 포투스가 개척한 심리학적 인종연구는 캐러더스와 포로, 그리고 마노니에 이르면 인종주의적 색채가 훨씬 짙어진다.[8] 예컨대, 캐러더스는 케냐의 마우마우 운동에 대한 연구에서 이 독립운동의 발생을 변화에 대한 부적응의 문제로 치부한다. 알제 학파를 이끈 포로도 북아프리카 이슬람교도들에 대한 연구에서 이들이 원시적인 정신의 소유자이며 이러한 정신적 후진성은 대뇌 피질이 아니라 간뇌가 발달하였기 때문이라는 인종주의적 의견을 피력한 바 있다.

캐러더스와 포로가 주창한 이론의 공통점은 식민지 피지배 민족에 대한 연구에서 정치적·경제적인 요인을 배제하고 있다는 데 있다. 뿐만 아니라 식민관계의 중요한 변수인 지배 민족을 연구의 대상에서 배제함으로써 일방통행적인 인종심리학에 그치고 말았다. 이러한 관점에서 보다 보니 반식민 저항 운동조차 정치적·경제적인 요인이 배제된 채 아프리카인의 인성(personality) 문제로 환원되고 만다. 캐러더스의

---

8   Jock McCulloch, *Black Soul, White Artifact : Fanon's Clinical Psychology and Social Theory*, Cambridge : Cambridge Univ. Press, 2002, pp.17~20.

연구에서 발견되듯, 마우마우 운동을 적응 장애를 앓는 키큐유 부족의 신경증적인 반응으로 해석하는 것이 그 예이다.

캐러더스와 포로의 인종정신의학의 전통에 서 있는 또 다른 주요 인물이 프랑스의 정신의학자 마노니이다. 그는 마다가스카르에서 20여 년 넘게 한 관찰을 토대로 『프로스페로와 캘리번(Prospero and Caliban)』을 출간한다. 마다가스카르는 아프리카의 동남쪽, 즉 인도양에 위치해 있는 섬이다. 영국과 프랑스가 이 섬을 장악하기 위해 쟁탈전을 벌이다 1895년에 결국 프랑스가 정복한다. 이후 마다가스카르의 실질적인 독립이 1960년에 이루어졌으니 70여 년에 걸친 식민통치가 원주민들의 정신세계에 지대한 영향을 미쳤음을 추측하기란 어렵지 않다.

마노니는 마다가스카르인들의 무의식을 식민 지배자와의 관계에서 연구함으로써 캐러더스나 포로 유의 연구에서 한 걸음 더 나아갔다. 마노니에 대한 긍정적인 평가를 들어 보자.

『프로스페로와 캘리번』의 출간과 더불어 비로소 독립적이고도 진정한 인종정신의학이 가능한 지점에 도달할 수 있었다. 이제 처음으로 사회의 역사가 아프리카인 정신에 관한 연구의 핵심으로 도입되었다. 마노니 이전의 인종정신의학은 식민지배와 인성의 관계에 무관심했다. 비서구 민족의 심리에 대한 연구에서 유럽 과학이 보여준 암묵적인 인종주의의 문제들에 대해서도 아무런 관심이 없었다. 이 두 가지 요소 없이 아프리카인의 고유함과 심리적 실체를 기술할 수 있는 체계적이고 정확한 이론을 만들어 낸다는 것은 불가능한 것이었다.[9]

식민지 정신분석학에 대한 마노니의 기여는 그가 인종 간의 경제적 불평등이 사회적 실천에서 어떻게 나타나는지, 이러한 불평등이 탄생시키는 신화가 어떻게 표현되는지를 연구했다는 데에 있다고 평가된다.[10]

『프로스페로와 캘리번』이 식민지인의 심리적 역학관계를 종합적으로, 즉 양방향적으로 고찰하려고 하였음은 사실이다. 식민지 경영이 지배 민족의 심리에 어떠한 영향을 미치며, 또한 지배자와 피지배자의 심리 간에는 어떠한 상관관계가 있는지를 밝히려고 하였다는 점에서 그렇다. 마노니는 식민주의자를 추동하는 요인으로 세상에 대한 혐오증과 타인에 대한 지배욕구를 지적했다. 로빈슨 크루소(Robinson Crusoe)가 대표적인 인물이다. 고향의 안정된 생활을 박차고 떠나서 무인도에서 생활하며, 원주민 프라이데이(Friday)를 하인으로 삼는 크루소가 이러한 인간혐오증과 지배욕의 화신이다. 마노니는 이러한 인간의 원형을 셰익스피어의 『태풍』의 주인공에게서 발견하고 이를 프로스페로(Prospero) 유형이라고 이름 붙인다.[11]

마노니의 정신분석학의 핵심 이론은 의존 콤플렉스와 열등 콤플렉스이다. 모든 사람은 어린 시절에 부모에 의존하게 되는데, 이러한 관계는 유럽인의 경우 정신적인 성장과 더불어 단절된다. 의존 관계가 단절되면서, 어떤 유럽인들은 독립적인 인격체로 성장하는 반면, 어떤 이들은 관계 단절로 인해 ─ 본인이 독립을 요구하였음에도 불구하고 ─ 부모로부터 버림받았다는 생각 때문에 열등 콤플렉스를 갖게 된다. 그

---

9   Ibid., p.17.

10   Ibid., p.21.

11   O. Mannoni, Pamela Powesland trans., *Prospero and Caliban : The Psychology of Colonization*, Ann Arbor : Univ. of Michigan Press, 2008, pp.97~109.

리고 이 후자의 경우, 타인에 대한 지배 관계를 형성함으로써 열등 콤플렉스를 극복하려는 경향을 갖는다.

마노니에 의하면, 마다가스카르인들에게는 열등 콤플렉스가 좀처럼 발견되지 않는다. 그 이유는 이들의 사회가 강력한 의존 관계에 기초해 있기 때문이다. 이 설명에 의하면, 마다가스카르인들이 가장 두려워하는 것이 버림받는 것이고, 이 두려움의 이면에는 자신감의 결여가 있다.[12] 이러한 자신감의 결여를, 이들이 항상 느끼는 유기(遺棄)의 위협을 마다가스카르인들은 가부장적 제도와 조상 숭배를 통해 해결한다. 그러니 이들에게 있어 조상은 절대적인 권위자로 숭배되며, 가부장은 조상의 뜻을 가족들에게 해석하고 알리는 역할을 한다. 이러한 의존관계로 인해 마다가스카르인들은, 마노니의 표현에 의하면, "[정신적인] 고아의 상태에 전적으로 부적합하며, [유럽인들과 달리] 성장하려는 노력을 어설프게라도, 어떤 식으로도 절대 기울이지 않는다."[13]

프랑스 제국과의 전쟁에서 패배한 후 마다가스카르인들은 정신적인 위기를 맞이하게 된다. 자신들의 군주에 대한 신뢰를 잃게 되었던 것이다. 마노니는 마다가스카르인들이 이 정신적인 공백을 새로운 주인인 유럽인들과의 관계에서 메꿀 수 있게 되었다고 본다. 즉, 유럽인들은 "원주민의 의존 네트워크에서 죽은 조상들의 자리를 차지하게 되었다."[14] 원주민들은 또한 오래 관습이나 외부인의 노래를 알리는 토착 신화들로 인해, 유럽인들이 모습을 나타내기 전부터 이들을 기대하고

---

12   Ibid., p.49.
13   Ibid., p.56.
14   Ibid., p.87.

맞이할 준비가 무의식적으로 되어 있었다. 사실 이들 영혼 내의 "무의식적인 우군"의 존재가 없었더라면 제국이 이들을 힘으로 정복하기란 쉽지 않았을 것이다.[15] 여기서 "무의식적인 우군"이란 의존 콤플렉스를 지시한다. 반면, 독립된 성인으로 발달하는 과정을 제대로 밟지 못해 열등 콤플렉스를 갖게 된 유럽인들에게 식민지 경영은 콤플렉스를 해결하는 안성맞춤의 기회를 제공한다. 이렇게 해서 식민주의는 원주민의 의존 콤플렉스와 유럽인의 열등 콤플렉스가 만나서 서로의 필요를 충족시켜 주는 호혜적인 장이 되는 것이다.

마노니에 대한 파농의 평가는, 그가 한편으로는 식민관계를 심리학적으로 설명하였다는 점은 인정하지만, 그럼에도 불구하고 심각한 인종주의적 편견을 벗어나지 못하였다는 것으로 요약된다. 우선 파농은 마노니가 식민지 연구에 역사적 상황이라는 변수 외에도 이에 대한 개인의 태도를 연구 변수로 도입한 것을 긍정적으로 평가한다. 동시에 그는 "마다가스카르인에게 열등 콤플렉스는 어린 시절부터 잠재적으로 존재한다"는 마노니의 전제에 대해 이의를 제기한다. 그에 의하면, 열등 콤플렉스가 식민 지배 이전에도 존재하였다는 주장은 피지배 민족이 겪게 되는 심리적 외상(外傷)에 대한 지배자의 책임을 면제하거나 경감시켜 준다. 즉, 어떤 질병이 사고를 당하기 전에도 있었음을 증명함으로써 사고 책임을 어떻게든 피해자에게 돌리려고 하는 보험금 산정인과 같은 수법이라는 것이다. 또한 마노니의 주장은, 식민통치가 낳은 의존 심리를 피지배자의 선천적인 특징으로 돌리고 있다는 점에서, 즉

---

15   Ibid., p.86.

마다가스카르인들이 타고난 의존 콤플렉스가 이들에게 식민 지배를 불러들이게 만들었다고 보는 점에서, 역사적 인과관계를 전도시키는 오류를 저지른 것이다. 식민주의에 대한 피지배자의 애착은 메미(Albert Memmi, 1920~)의 표현을 빌자면, "식민화의 결과이지 원인이 아니다."[16]

마노니에 대한 파농의 또 다른 불만은 경제적 요인이 식민지 심리학 연구에서 배제되었다 점이다. 인종주의가 경제적 상황에 영향을 받지 않음을 증명하기 위해 마노니는 남아프리카 공화국에서 백인 노동자가 백인 고용주만큼이나 인종주의적일 뿐만 아니라 오히려 더 인종주의적일 수 있다는 주장을 한다. 실제로 마노니는 유럽 문명과 그 문명 최고의 대표자들이 식민지의 인종주의에 대해 책임이 없으며, 반면 하급 관료, 소상인 그리고 성공을 거두지 못하고 열심히 일만 해야 했던 식민주의자들의 책임이라고 주상한 바 있다. 그리고 북미에서 흑인들이 백인 노동자보다 열등한 대우를 받는 이유는 흑인에 대한 인종차별이 백인에게 경제적인 이득을 주어서라기보다는 심리적인 만족을 주기 때문이라고 주장하였다.[17] 파농은 이러한 주장이 경제적인 요인을 고려하고 있지 못하다고 반박한다. 이 반박에 의하면, 남아프리카 공화국에서 백인 노동자가 흑인 노동자에게 공격성을 보이는 이유에는 근본적으로 남아공의 경제적인 구조가, 즉 인종적인 착취 구조가 도사리고 있다. 그럼에도 불구하고 이를 심리적인 것으로 실명하는 것은 문제의 핵심

---

16 Albert Memmi, Howard Greenfeld trans., *The Colonizer and the Colonized*, Boston : Beacon Press, 1967, p.88. 파농의 문제 제기에 대해 식민지 피지배 민족이 겪는 심리적 외상과 어린 시절부터 존재하는 열등 콤플렉스가 같은 것인가 하는 질문이 가능하다. Jock McCulloch, op. cit., p.217.
17 O. Mannoni, op. cit., p.24・33.

을 회피하는 것이다.[18]

파농은 또한 식민지의 인종주의에 대한 책임은 지배 민족의 특정한 계급의 문제가 아니라 사회 전체가 인종주의적이기 때문이라고 주장한다. 이러한 논지를 펼침에 있어 파농은 세제르와 프랑스 좌파 철학자이자 운동가였던 장송(Francis Jeanson)의 글을 길게 인용한다. 익히 알려진 대로 세제르는 『식민주의에 대한 담론』에서 유럽 문명 전체가 나치주의에 대해 책임 있음을 통렬하게 지적한 바 있다. 나치주의가 독일에서 융성하게 되고 그 세력을 유럽에서 떨치게 된 데에는 대다수 유럽인들이 이에 동조하거나 방조하는 역할을 하였기 때문이라는 것이다. 그러니 나치주의는 독일의 극렬인종주의자들만의 책임이 아니라 유럽 문명 전체가 책임져야 할 문제이다.[19]

장송의 주장도 세제르에 못지않게 준엄한 비판의 논조를 띤다. 침묵하는 다수에게 행동할 것을 요구하는 장송의 주장을 들어보면,

당신은 특정한 현실로부터 거리를 두고 있다고 자랑스러워한다. 그러나 스스로 만들어 낸 환경이기에 가장 해로운 곳에서도 끄떡없는 자들에게 당신은 자유 재량권을 주는 셈이다. 당신이 당신의 손을 깨끗하게 유지하는 듯하나, 그것은 다른 사람들이 당신 대신에 더러운 일을 하기 때문이다. 당신이 폭력배를 고용한 것이다. 셈을 제대로 하자면, 진짜 범죄자는 바로 당신이다. 당신이 없었더라면, 당신의 무관심이 없었더라면, …… 그런 행동을 그들이 저지를 수 없었을 것이기 때문이다.[20]

---

18   Frantz Fanon, *Peau noire, masques blancs*, p.70(68).
19   Aimé Césaire, *Discourse on Colonialism*, pp.14~15.

장송에 의하면, 어떤 공동체 내에서 범죄가 저질러질 때, 그것은 범죄를 저지른 개인뿐만 아니라 그 행위를 방조한 모든 사람들의 책임이다. "모두가 자유로울 때까지 우리는 자유롭지 못하다"는 남아공 흑인운동의 구호와 궤를 같이 하는 신념이다. 장송도 알제리 독립전선에 가입하여 식민지의 독립을 위해 싸웠다는 점에서 파농에 비견될 만한 인물이다.

마노니에 대한 파농의 비판은 대체로 수긍이 가는 것이지만, 파농이 그를 의도적으로 오독하는 부분도 분명히 있다. 먼저 마노니가 식민지인에 대한 심리학적 연구에서 경제적 조건을 완전히 제외하였다는 파농의 비판을 보자. 마노니의 주장이 식민 관계를 두 가지 다른 인성의 만남으로 정의하고 있다는 점에서 '인성적 결정론'이라고 비판받을 부분은 분명 있다. 동시에 마노니가 실제로 경제적 조건을 무시하지 않았음에도 불구하고 파농이 이를 언급하지 않고 있음도 주목할 필요가 있다. 마노니를 주의 깊게 읽어보면 그가 "경제적 관계의 중요성을 간과해서는 안 됨"을 거듭 강조하고 있을 뿐만 아니라 경제적 관계가 "무엇보다 제일 중요하다"[21]고 주장하고 있기 때문이다. 그러니 마노니가 강조하고 싶었던 것은 경제를 배제하는 것이 아니라 경제적인 틀만으로는 세상을 다 설명할 수 없다는 점이라고 보아야 할 것이다. 심리학자에게, 그가 유물론자가 아니라고 비난의 채찍을 들 수는 없는 노릇이다. 물론 경제 외의 변수로 선택한 것이 인성적 본질론이라는 점에서는

---

20 Francis Jeanson, "Cette Algérie conquise et pacifiée", *Esprit*, avril 1950, p.624; Frantz Fanon, *Peau noire, masques blancs*, p.74(72)에서 재인용.

21 O. Mannoni, op. cit., p.32.

문제적이지만 말이다.

마노니는 1964년 2판에서 새로 쓴 「작가 노트」에서 첫 판이 출간된 후 자신을 비판하였던 프랑스 공산당에게 답변을 한 적이 있다. 그는 프랑스 공산주의자들이 자신의 의도를 오해하였으며, 이 오해는 정치적인 문제를 회피하고 싶을 때 사람들이 종종 심리학적인 해결책을 회피를 위한 알리바이로 사용하기에 생기는 것이라고 말하였다. 여기서 "정치적인 문제를 회피하고 싶었던 자들"이 누구인지는 분명하지 않다. 분명한 사실은 프랑스 공산당도 비판에서 자유롭지 못하다는 점이다. 이러한 비판의 이면에는 프랑스 공산주의자들이 기울인 노력에도 불구하고 탈식민 과정에서 이들이 실제 수행한 역할이 무시해도 좋을 정도로 미미하였다는 인식이 있다. 마노니의 판단에 따르면, 이들은 경제학 이론이라는 고답적이고도 추상적인 수준에 머물러 있었기 때문에 현실의 문제에 제대로 개입할 수 없었다는 것이다.[22]

경제적 관점에서 파농은 마다가스카르인들의 꿈에 대한 마노니의 해석을 수정하는 데 이 부분 또한 공정성을 점검할 필요가 있다. 마노니가 연구 대상으로 선택한 꿈 중에는, 앞서 간략히 언급한 바 있는 검은 황소와 총에 대한 꿈 등이 있다. 이 중 첫 번째 꿈의 맥락은 한 요리사가 꿈에서 성난 검은 황소에 쫓기다 나무에 올라가서 이를 피한다는 내용이다. 두 번째 것은 한 소년이 꿈에서 두 흑인 남성에게 쫓기던 중 그들의 총을 목격하게 된다는 내용이다. 파농은 이 꿈들의 내용을 오이디푸스 콤플렉스와 연관하여 해석하는 것을 경계한다. 앞서 언급한 바

22　O. Mannoni, "Author's Note to the Second Edition", Ibid., p.8.

있듯, 파농에 의하면 성난 검은 황소는 남근이 아니라 마다가스카르인들에게 공포의 대상인, 프랑스군 소속의 서아프리카 흑인 병사로 해석되어야 한다.[23] 같은 맥락에서 세네갈 군인들의 총도 남근이 아니라 진짜 총으로 해석해야 한다. 언뜻 보면, 프로이트 유의 성 심리학의 패러다임이 포착하지 못한 정치적 의미를 파농이 밝혀내는 듯하다.

문제는 파농의 이 정치적 해석이 실은 마노니가 이미 설파한 것이라는 데 있다. 다음의 해석을 보자.

> [첫 번째 꿈에서] 황소는 세네갈 병사를 상징한다. 이 경우 더 이상의 분석이 가능하지 않지만 아래에 적은 다른 꿈들에 대한 해석의 정확성에 대해서는 일말의 의구심도 없다.
>
> 유립의 상징과 마찬가지로 나무는 어머니를 상징한다. 이 상징은 쉽게 설명된다. 위험이 닥쳐오자 아이가 어머니를 향해 달려가는 것이다 …… 마지막으로 외부의 위험을 나타내는 세네갈인(황소)의 이면에는 의심할 여지없이 심리적으로 훨씬 더 깊은 아버지의 이미지가 있다.[24]

놀랍게도 이 인용문은 파농의 것이 아니라 마노니의 것이다. 마노니는 첫 번째 꿈을 우선 마다가스카르의 정치적 상황에 맥락화시킨다. 이때 소년을 위협하는 황소는 식민지 마다가스카르의 침략군이사 진압군이었던 공포의 세네갈 군인을 지시한다. 그 후 마노니는 이에 만족하지 않고 같은 꿈이 프로이트적인 가족 로맨스의 패러다임 내에서도 해석

---

23   Frantz Fanon, *Peau noire, masques blancs*, p.86(86).

24   O. Mannoni, op. cit., p.89.

이 가능함을 보여준다. 즉, 소년의 꿈을 '중층적인 의미'로 해석하는 것이다. 마노니의 이러한 복합적인 해석에 비교해 보았을 때, 꿈속의 황소가 세네갈 병사 외의 다른 어떤 의미도 없다는 파농의 해석이 오히려 편협해 보인다.

파농의 주장과는 다르게, 마노니 심리학의 문제점은 마다가스카르인들의 무의식이 아니라 이들의 사회적 관습에 대한 그의 관찰에서 발견된다. 마노니는 마다가스카르인들의 의존 콤플렉스에 대한 증거로, 경제력까지 거머쥔 강력한 가부장제도, 그에 대한 반대급부로 나타나는 어머니에 대한 아이들의 강력한 애착관계, 일상생활의 가이드라인까지 제공하는 조상 숭배의식, 그리고 그 조상의 뜻을 전달하는 가부장의 역할 등을 제시한 바 있다. 그러나 블로흐의 연구에 의하면, 마다가스카르에서 경제력을 가진 사람은 아버지가 아니라 사실상 어머니이며, 어머니도 아버지 못지않게 조상의 뜻을 해석하고 전달하는 역할을 하며, 마다가스카르는 세계 어느 곳보다도 어머니와 아이들의 관계가 느슨한 곳이다.

마다가스카르의 메리나 부족의 경우, 아이들의 25퍼센트가 부모로부터 떨어져 친척들에 의해 양육되거나 입양된다. 그뿐만 아니다. 마다가스카르의 가정에서 조상은 사소한 일에는 간섭하지 않는다. 조상들은 개인적인 의지를 행사하지 않는, 서로 구분되지 않는 개체들의 합으로만 여겨진다. 그러니 조상은 가부장이나 연장자들과 같은 권위적인 존재와는 거리가 멀다.[25] 블로흐의 연구는 마다가스카르인에 대한 마

---

25 Maurice Bloch, New Foreward, *Prospero and Caliban : The Psychology of Colonization*, pp.xiv~xv.

노니 심리학의 가장 핵심 요소인 의존 콤플렉스가 실은 단순한 가정(假定)에 지나지 않음을 강력히 시사한다. 마노니 자신이 마다가스카르어를 배우지 못 했다는 사실을 인정하고 있는 만큼, 이러한 오류는 문화인류학적 연구 대상을 외부에서 관찰할 수밖에 없는 연구자에게서 처음부터 예견된 것이기도 하다.

유럽인들은 열등 콤플렉스를 해결하기 위해 타인과의 평등이나 우월을 주장하는 반면, 마다가스카르인들은 의존관계를 선택한다고 마노니가 주장한 바 있다. 마노니는 의존 콤플렉스에 대한 또 다른 증거로서 자신에게 테니스를 가르치는 원주민 코치의 예를 든다. 이 코치가 말라리아에 걸렸을 때 마노니가 키니네를 선물하는데, 병이 나은 후 코치는 마노니에게 감사의 표시를 하는 대신 더 많은 호의를 지속적으로 요구한다. 마노니의 낡은 테니스 신발을 달라고 하기도 하고, 또 다른 때는 담배를 말 종이를 달라고 한다. 담배 마는 종이를 암시장에서 어렵지 않게 구할 수 있음에도 불구하고 백인인 자신에게서 이를 선물로 받으려고 하는 원주민의 행동에서 마노니는 의존 콤플렉스의 증거를 보게 된다. 즉, 마노니가 이 코치를 병마에서 구해 준 순간, 원주민의 타고난 의존 심리가 작동하기 시작했다는 논리이다. 백인인 자신을 일종의 아버지와 같은 인물로 생각하였기에 무엇이든 달라는 소소한 요구를 부끄럼 없이 할 수 있었다는 것이다.[26]

마노니의 이러한 가설에 대해 블로흐는 다음의 몇 가지 이의를 제기한다. 첫째, 마다가스카르인에게 타고난 의존 심리가 있다는 결론을 내

---

26   O. Mannoni, op. cit., pp.42~43.

리기 전에, 마노니는 자신과 원주민 간에 이전부터 있었던 주인-하인의 관계가 그러한 행동에 영향을 미치지 않았는지 고려해 보았어야 했다. 달리 표현하면, 실제로는 주인과 하인 같은 식민지의 권력 관계가 작동한 것을 두고 이를 심리적인 기제, 즉 의존 콤플렉스로 풀어내는 오류를 저질렀을 수도 있다는 것이다. 둘째, 원주민에 대한 관찰을 토대로 이론화하는 과정에 있어 마노니는 관찰 대상과의 대화를 통해 진실을 파악하는 것이 가능하였을 것이나 그는 한 번도 이를 시도하지 않았다. 셋째, 마다가스카르인들이 일상생활에서 서로에게 어떻게 행동하는지에 대해서는 관찰하지 않고, 임의적인 심리학적 패러다임에 맞추어 이들의 행동을 해석함으로써 연구의 객관성을 훼손하였다.

만약에 마노니가 마다가스카르인들 간의 관계를 제대로 관찰하였다면 어떤 결과가 나왔을까? 블로흐는 이렇게 대답한다. 메리나 부족에서 평등한 관계에 있는 친숙한 개인들 간에는 서로에게 호의를 요구하는 관습이 있다. 그리고 요구를 받은 이상 가능한 한 요구를 들어주어야 할 의무가 상대방에게 있다. 요구가 지나칠 경우에도 일단 들어주기는 하되 나중에 다시 돌려받는다. 일례로 메리나 부족의 남자들은 빈 담뱃갑과 그렇지 않은 담뱃갑 두 개를 준비해 다니는데, 그 이유는 담배를 내놓으라는 요구를 받을 때 빈 담뱃갑을 보여주기 위해서이다. 또한 메리나 부족은 친구의 집을 지나칠 때 음식을 내놓으라고 종종 소리를 치는데, 설령 이때 초대를 받게 되어도, 음식을 먹을 시간이 없다는 핑계로, 혹은 바쁜 걸음을 멈출 만큼 음식이 훌륭하지 않다는 농담을 하며, 그냥 갈 길을 재촉할 뿐이다. 그러니 무엇인가를 요구하는 것은 지인들 간의 장난기 어린 행위라는 것이다. 반면 이 원주민 부족에는 수직적인 관계도 있다. 그리고 이와 관련해서 다른 관습들이 있다. 이를테면 사회적 위치가 높은 사람에게서 무엇인가를 제공받게 될 때, 개인은 감사의 표현을 충분히 해야 한다. 이러한 맥락에서 마노니가 알게 된 테니스 코치의 행동을 해석하자면, 이 원주민이 마노니에게 감사의 표시도 없이 소소한 요구를 계속해 온 것은 그를 의존의 대상으로 삼아서가 아니라, 말라리아에서 자신을 구해 준 이 유럽인을 친숙한 지인으로 받아들였기 때문이라는 결론이 가능해진다. 반면 이 원주민으로부터 감사의 말을 기대하는 마노니의 행동은, 원주민의 관점에서 본다면, 그를 수직적 관계에 위치시키려는 의도를 지닌 것으로 해석될 수 있다.[27]

파농, 마랑 그리고 라캉

『검은 피부, 하얀 가면』의 3장에서 파농은 흑인 남성이 백인 여성의 몸에 대해 갖는 정복욕에 대하여 심리적인 분석을 해 보인다. 3장의 초입부에서부터 파농은 백인 여성과의 사랑을 통해 탈인종화를 시도하는 흑인 남성의 심리를 상세히 들려준다. "나의 쉬지 않는 두 손이 백색의 젖가슴을 애무할 때 그것들은 백인의 문명과 위엄을 거머쥐어 나의 것으로 만들어 준다."[28] 또한 흑인 남성은 프랑스 여성과의 성관계를 통

---

27   Maurice Bloch, op. cit., pp.xvii~xvii.
28   Frantz Fanon, *Peau noire, masques blancs*, p.51(45).

해 비로소 "진정한" 남성이 되었다는 기분에 충만하게 된다. 백인 여성과의 성관계를 통해 식민지 흑인은 지배자와 동등한 위치에 서게 되었다는 심리적인 만족이나 자신감을 갖게 되는 것이다.

그러나 파농이 분석의 대상으로 삼는 이는 이보다 좀 더 복잡한 심리 분석이 필요한 인물이다. 파농의 분석 대상은 마랑이 1947년에 발표한 소설 『다른 사람들과 같은 남자(*Un homme pareil aux autres*)』에 등장하는 주인공 쟝 브뇌즈(Jean Veneuse)이다. 쟝은 카리브 해 지역 출신의 흑인이기는 하나 보르도에서 프랑스 교육을 받으며 자라난다. 유럽식 교육을 받았음에도 불구하고 그는 피부색 때문에 유럽 사회에 소속될 수는 없다. 그러한 쟝은 백인 연인에게 지속적으로 사랑의 확인을 요구한다. 이 모습에서 파농은, 백인 여성을 지배함으로써 지배 인종과 동등한 지위를 획득하고 싶은 흑인들의 욕망도 읽지만, 보다 근원적으로 "유기 신경증(névrose d'abandon)"의 증상을 읽어 낸다.

"유기 신경증" 개념은 파농이 스위스 심리학자 귀엑스(Germaine Guex, 1904~64)로부터 빌려온 것이다. 이에 의하면, 쟝의 행동은 백인과의 동등함을 연인의 입을 통해서 확인받고자 했기 때문이라기보다 실은 스스로가 이를 확신할 필요성이 있었기 때문이다. 그리고 이러한 욕망은 그가 일찍부터 백인 사회로부터 갖게 된 유기감(遺棄感), 무엇보다 동료 흑인들의 삶으로부터 격리되어 자라나야 했던 문화적 소외에서 비롯되는 것이다. 귀엑스의 『유기 신경증』에 의하면, 이 증세는 버림받음에 따르는 고통, 그것이 낳는 공격성, 그리고 자존감의 실추라는 세 가지 요소로 이루어진다. 행복하지 못했던 과거를 곱씹으며 분한(憤恨)을 키워 나가던 쟝은 공격적인 형태의 유기 신경증에 걸리게 된다. 이러한 분석을 통해 파농이 제시하고자 하는 바 중 하나는 백인 여성에 대한 흑인 남성의 욕망이 단순히 성적인 차원을 갖는 것이 아니라, 제국과 식민지 간의 권력 관계에, 즉 식민지의 사회적 상황에 뿌리를 두고 있는 것이라는 주장이다. 특히, 쟝에 대한 분석을 통해 파농은 이러한 신경증이 개인의 정서적 불안에서 발원하는 것이 아니라 사회 구조적인 문제임을 주장하고자 한다.

이와 관련하여 주목할 점은, 생고르와 세제르 같은 인물들이 존경해 마지않았던 마랑을 주인공 쟝과 다를 바 없는 유기 신경증 환자라고 파농이 비판하고 있다는 사실이다. 뿐만 아니라 마랑이 인종 간의 관계를 개인의 타고난 병리(morbidité constitutionnelle)[29] 문제로 귀결시키는 것을 환원적인 분석이라고 비판한다. 이러한 비판을 제기함에 있어 파농은 라캉의 주장을 빌려온다. 라캉이 일찍이 1932년에 이 개념을 강력히 비판하였다는 것이다. 이 환원론적인 병리론에 대한 대안으로 파농이 제시하는 것은, "억압과 금지의 형태를 갖는 무의식적 정신생활"의 개념이요, 이에 기초한 구조의 개념이다. 파농의 이 주장을 곰곰 생각할 때 갖게 되는 의구심은, 마랑의 소설이 설사 백인과의 관계에서 열등감을 가지는 흑인의 심리를 잘못 분석하였다고 치더라도, 마랑의 이러한 실수(?)를 반박하기 위해 라캉을 언급하는 것이 필요한 일이었을까? 이러한 의구심이 드는 이유는 프랑스의 정신분석학지 라캉의 이론을 언급하며 마랑을 비판하였지만, 이와 관련하여 정작 파농이 비교적 자세히 인용하는 이론은 라캉이 아니라 앞서도 여러 번 길게 인용한 바

---

29   Ibid., p.64(61).

있는 귀엑스의 "무의식" 개념이기 때문이다. 개인의 정체성을 사회 구조와의 관계에서 풀어냈다는 점에서 두 학자 사이에 구조에 대한 공통의 관심사가 있다고 볼 수도 있지만, 라캉의 정신분석학은 프로이트의 가족 로맨스를 구조주의적 언어로 풀어썼다는 점에서, 식민지인의 정신적인 문제를 정치경제적인 상황에서 설명하고자 하는 파농의 방법론과는 상당한 거리가 있다.

파농이 라캉의 이론을 좀 더 본격적으로 다루는 부분은 『검은 피부, 하얀 가면』 6장에서 반유태주의에 대한 사르트르의 주장을 다룰 때이다. 그는 본문이 아닌 주석에서 『프랑스 백과사전』에 실린 라캉의 "거울 단계" 개념을 장황하게 인용한다. 라캉의 "거울 단계"는 익히 알려진 대로 6개월 무렵부터 아이가 주 양육자 등 주위 어른들의 모습을 자신으로 오인하는 단계이다. 이 시기의 백인 아이들이 경험하는 이마고 형성과 흑인의 관계에 대하여 파농은, "백인 소년이 동료 인간과의 관계에서 구축하는 이마고가 흑인이 출현함에 따라 어느 정도까지 상상적인 공격욕을 경험하게 되는지" 조사해야 한다고 주장한다. 그래서 라캉의 거울 단계 이론을 적용하여, "백인에게 있어 진정한 대타자가 흑인"이라는 결론에 도달하게 된다. 논리적으로 보았을 때, 흑인의 경우에는 그 역 진술이 진실이겠으나, 파농이 강조하고자 하는 바는 서인도 제도의 흑인들에게 있어서는 상황이 다르다는 점이다. 그 이유는 "동료에 대한 앙티유인의 인식이 백인을 준거점으로 삼아 이루어지기" 때문이다. 앙티유에서 자식들 중 어느 아이가 가장 검다는 부모의 언급, 혹은 다른 흑인들에 대해 이야기할 때 누구는 검긴 하지만 점잖다든지, 혹은 누군 검지만 똑똑하다는 논평이 나오는 것도 이러한 맥락에서 이해될 수 있다. 이러한 일화는 앙티유의 흑인들이 자신들을 백인과 동일시하고 있음을 증명한다.

그렇다면 앙티유 흑인들에게 "진정한 대타자"는 누구인가? 백인의 눈으로 세상을 보는 이들에게 "동화할 수 없는" 절대 타자는 아프리카 흑인이다. 제1차 세계대전에 참전한 세네갈 군인의 활약상이나 프랑스군에 소속되어 앙티유를 점령하고 1947년의 봉기를 진압한 세네갈 및 서아프리카 출신의 흑인 군인들이야 말로 앙티유 유색인들이 보기에 공포스런 "진짜 흑인"이다.[30] 이처럼 라캉의 거울 단계 이론을 원용하되 앙티유 사회의 역사적 상황에 비추어 이를 수정함으로써 파농은 프로이트의 심리학뿐만 아니라 라캉의 정신분석학도 식민지의 맥락에서 새롭게 구성하게 된다. 백인의 가족 로맨스라는 패러다임에 묶여 있던 유럽의 정신분석학을 인종화시킨 것이다.

라캉을 수정하며 이용하는 파농의 주장을 곰곰이 따져 보면 몇 가지 의구심이 생긴다. 첫 번째로, 아기의 성장 과정에 있어 동료 인간의 모습이 어째서 중요한 것일까. 동료 인간의 이미지나 거울에 비친 자신의 모습과의 동일시, 즉 이마고의 구축이 아기의 자아 성장과 무슨 관계가 있는가? 둘째로, 상상적인 공격욕과 어린 아이의 성장은 어떤 관계에 있는가? 위의 질문에 대한 대답을 찾기 위해서는 라캉의 저서를 보아야 한다. 라캉은 "거울 단계"를 다루는 『에크리』의 1장에서 나음과 같은 주장을 한다.

---

30   Ibid., pp.131~132(139~141).

게쉬탈트가 개개 생명체의 성숙에 영향력을 행사할 수 있다는 사실이 생물학적 실험에 의해 증명되나, 이러한 사실 자체가 심리학적 인과관계의 개념과는 너무도 다른 것이어서 그 실험 결과를 심리학 용어로 설명할 수는 없다. 그럼에도 불구하고 암컷 비둘기의 성(性) 생식샘의 발달을 위해서는 암컷이든 수컷이든, 같은 종에 속하는 다른 새를 보아야만 하는 것이 절대적인 요건이라는 점은 인정이 된다. 이러한 요건은 너무나 중요한 충분조건이어서 개인을 거울의 반사 거리 내에서만 위치시켜도 원하는 효과를 거둘 수 있다.[31]

위 인용문에서 게쉬탈트는 개체의 총체적인 모습을 의미한다. 라캉이 생물학에서 빌려오는 실험 결과에 의하면, 자신과 같은 종에 속하는 개체의 총체적인 모습에 노출되는 것이 개인의 신체적 발달에 있어 절대적으로 필요하다. 여기서 주목할 또 다른 사실은, 개인이 동일시하게 되는 이 일종의 "거울상(mirror image)"이 본인의 실제 신체 발달 상태와는 상당히 거리가 있다는 점이다. 즉, 생후 6개월에서 18개월 사이에 아기가 자주 노출됨에 따라 동일시하게 되는 사람은 주 양육자인 어머니를 비롯한 어른들일 터인데, 이들이 아직 신체적으로 미성숙한 아이의 실제 상태와는 상당히 다른, 성숙한 개체의 모습이라는 것이다. 이러한 이유에서 라캉은 — 언어권에 진입하게 되면서 경험하는 상징적 동일시와 대별되는 의미에서 — 이 일차적, 상상적 동일시에 의해 형성하게 되는 자아가 실은 자아의 본 모습이 아니라 오인(méconnaisance)의 구조에 기반을 둔 것이라고 주장한 바 있다.

---

31 Jacques Lacan, Alan Sheridan trans., *Écrits : A Selection*, New York : Norton, 1977, p.3.

이러한 심리적 기제는 아이를 상상적 질서 내로 편입하는 계기도 제공하지만, 타자와의 양가적 관계를 만들어 내기도 한다. 현실의 '파편적인 나'와 거울상의 '이상적인 나' 간에 존재하는 차이로 인해 자기애적 동일시와 공격욕이 공존하게 되기 때문이다. 무슨 말인가 하면, 아이는 거울상과의 동일시를 통해 한편으로는 불완전한 발달 상태를 극복하는 희열을 맛보기도 하지만, 이마고와 현실 간의 극단적인 괴리로 인해 아이는 파편화의 위협을 느끼게 되며, 이는 타자에 대한 공격욕으로 표출된다.

어린 백인 아이가 동료 인간으로부터 구축하게 되는 이마고가 흑인의 출현과 함께 상상적인 공격욕을 경험하게 된다는 파농의 주장으로 돌아가 보자. 파농의 이 주장은 앞서 거론한 바 있는 거울상이나 대타자와의 관계에서 나타나는 양가성, 즉 "자기애적 동일시"와 "공격욕"이라는 라캉의 개념을 빌려온 것이다. 이때 파농은 동전의 양면이라고 할 이 현상 중 "자기애적 동일시"는 백인과 백인의 관계에, 즉 백인이 동료 백인의 총체적 / 이상적 모습에서 이상적인 백색의 이마고를 구축해 내는 과정을 설명하는데 사용한다. 반면, "공격욕"은 백인과 흑인의 관계를 설명하는데 적용한다. 그러나 "자기애적 동일시"와 "공격욕"이 이처럼 선택적으로만 작용하는 것인지는 의문스럽다. 유아기의 백인 아이가 자아를 형성함에 있어 흑인이 그처럼 지대한 역할을 할 것인지도 의문이지만, 백인 아이와 흑인과의 관계가 공격욕으로만 설명될 수 있을지도 의문인 것이다. 이 시기의 백인 아이가 일상적으로 노출될 수 있는 흑인이라고 해봐야 흑인 하인이나 흑인 유모 정도일 텐데, 백인 아이와 이들과의 관계에게서 공격욕만을 읽어 내는 것은 무리한 해석이라고 여겨지기 때문이다. 백인 가족에 알려져 있는 흑인의 정형은 착실한 충복이나 교활한 하인, 백인을 증오하는 반항자, 백인을 선망하는 이등시민 등 다양한 스펙트럼을 구성할 진대, 파농이 상정하는 흑인은 단 한 가지, 백인에게서 공격욕을 일으키는 공포스런 존재에 국한되어 있다는 점에서 문제적이다.

더 근본적인 문제는 유아기의 자아형성을 설명하는 양가적 패러다임으로, 식민지의 인종 관계를, 그것도 이런 식으로 설명하는 것이 적절한가 하는 것이다. 식민지의 인종 관계가 모호성이나 미묘한 복합성이 발붙일 틈이 없는 관계, 즉 공포와 증오 같은 적대성이 지배하는 단순하고도 평면적인 관계임을 전제로 하고 있다면, 왜 애초에 인종적 현실에 제대로 부합하지도 않는 라캉의 양가적 패러다임을 빌려 왔는지 의문스럽다. 양가적인 패러다임을 빌려와서는 이를 일방적인 관계를 설명하는데 사용함으로써 빌려온 이론을 불구로 만들고, 현실의 흑백 관계를 단편적으로 설명하는 방식은 앙티유 흑인에 대한 파농의 설명에서도 발견되는 것이다.

파농에 따르면, 앙티유의 유색인종은 스스로를 백인으로 생각한다. 그들은 스스로가 백인으로 인식되기를 기대하며, 타인을 인식할 때도 백인의 관점을 취한다. 백인과의 관계에서 "자기애적 동일시"를 통해 백색 이마고를 취하게 되었고, 아프리카 흑인들을 타자로 생각하여 이들을 향해 공격욕을 느낀다는 것이다. 앞서와 마찬가지로 여기에서도 라캉의 양가적인 패러다임은 대립적인 이분항으로 나뉘어져 인종에 따라 선택적으로 작용한다. 앙티유의 백인들 중에는 정치·경제적으로 높은 위상으로 인해 흑인들에게 선망의 심리를 불러일으키는 이도 있을 것이고, 혐오나 증오심을 불러일으키는 이도 있을 것이나, 파농이 정신분석학적 연구 사례로 삼은 앙티유에는 후자의 백인들이 존재하지 않는다.

그러나 파농이 그려내는 앙티유의 기이한 사회적 현상, 즉 이 프랑스의 식민지에 백인이 되고 싶어 안달하는 유색인들이 많다는 그의 주장이 사실이라면, 어쩌면 라캉의 "자기애적 동일시" 개념은 이러한 현상을 설명하기에 적절하지 않다고 여겨진다. 파농이 냉혹하게 비판하는 앙티유 출신의 작가들이나 그들의 흑인 주인공 모두가 백인이 되고 싶어 안달이 났다는 사실이나, 프랑스에 도착하자마자 백인 창녀를 찾아가는 흑인 유학생들의 행동이, "자기애적 동일시"가 주는 환각적인 희열을 동시대의 앙티유인들이 현실에서 실제로 즐기고 있지 못함을, 아니 자기애적 동일시가 식민시의 현실에서 제대로 작동하지 못하고 있음을 반증하기 때문이다. 여기에 파농이 정립해 보이는 정신분석학의 구멍이 있다. 파농의 주장과 달리 앙티유인들은 외상적인 자기 발견을 하기 위해서 굳이 유럽으로 가지 않아도 된다. 식민지의 억압적인 정치·경제적 현실에 발을 담그고 있는 한 이들은 자기 분열의 아픔을, 자기 소외의 절망을 이미, 누구보다도 더 잘 알고 있기 때문이다. 그러한 점에서 앙티유인들에게 있어 백인과의 동일시는 '현실'이 아니라 '소망'이라고 해야 정확하다.

네그리튀드 비판

파농은『검은 피부, 하얀 가면』에서 네그리튀드를 논의하는데 많은 지면을 할애한다. 5장과 6장이 대표적인 예이다. 네그리튀드에 대한 파농의 태도를 이해함에 있어 유의할 점은 '운동'으로서의 네그리튀드와 흑인으로서의 '경험'이나 '존재 조건', '가치' 등이 모두 같은 이름으로 불리고 있다는 점이다. 더욱이 독자를 혼란스럽게 하는 것은 네그리튀드 운동에 대한 파농의 태도가 단순하지 않다는 점이다. 그는 한편으로는 네그리튀드 운동이 백인의 인종 담론에 대한 대항 담론의 역할을 한 것을 인정하면서도, 다른 한편으로는 이에 대하여 끊임없이 문제 제기를 한다.

파농에 의하면 백인 앞에서 흑인은 무가치한 대상으로 전락한다. 이러한 점에서 백인 사회의 편견을 맞닥뜨려야 하는 흑인의 처지는 유태인에 비견될 만하다. 두 존재 모두 주류 집단의 예단적인 시선 앞에 서야 하기 때문이다. 사르트르의『반유태주의와 유태인』에 의하면, 유태인들은 당대의 편견이 잘못된 것임을 입증하기 위해 자신의 행동 하나하나에 신경을 쓰고 살아야 한다. 자신의 행동이 정형화된 유태인의 모습과 혹시 일치하지는 않는지 순간순간 자기검열을 하며 살아야 하는 것이다. 그래서 그가 설사 순수하게 선의를 가지고 행동할지라도, 이에는 자기검열이나, 타인뿐만 아니라 스스로에게도 자기가 전형적인 "사악한 유태인"이 아님을 입증하고자 하는 욕망이나 계산이 이미 작용하고 있는 것이다. 그런 점에서 '순수한 선의'는 유태인에게 모순어법이

다. 이를 두고 사르트르는 "유태인의 행동은 내부로부터 중첩 결정된다"고 말한 바 있다.[32]

파농은 사르트르의 이 표현을 빌려 흑인을 설명한다. 그에 의하면, 흑인은 유태인에 비해서도 사정이 훨씬 나쁜 경우이다. 유태인에게는 본인의 행동과 태도에 따라서 자신이 "전형적인 유태인"인지 아닌지를 결정할 수 있는 일종의 재량권이 있다. 뿐만 아니라 유태인도 백인에 속하기에 유럽의 다른 백인들에 섞여 갈 수 있는 가능성, 민족적 정체성을 인종 범주 속에 숨길 수 있는 가능성이 있다. 반면, 흑인의 경우 그의 몸이, 그의 피부색이 그를 만천하에 고발한다. 흑인은 백인들이 가지고 있는 편견의 노예일 뿐만 아니라 자신의 외모의 노예인 셈이다. 이를 두고 파농은 "나는 외부적으로 중첩 결정된다"[33]고 표현하였다.

백인의 예단적인 시각에 맞서 네그리튀드 운동이 선택한 첫 번째 대항 전략은 유럽이 경멸하거나 배척한 특성을 아프리카 고유의 것으로 긍정하고 찬양하는 것이다. 두 번째 대항 전략은 아프리카 본래의 합리성을 주장하는 것이다. 파농에 의하면 이 중 첫 번째 전략은, 흑인이 백인의 합리성을 받아들이고 그들의 잣대에 맞추려고 노력하였으나 백인들의 인정을 받지 못하였기에, 이에 대한 반발로서 생겨난 것이다. 그래서 유럽이 배척한 비이성, 주술, 원시성, 삼성 등을 아프리카적인 특성으로 취하고 이를 노래하였다는 것이다. 생고르의 아프리카 리듬론

---

32   Frantz Fanon, *Peau noire, masques blancs*, p.93(95); Jean-Paul Sartre, George J. Becker trans., *Anti-Semitism and Jew : An Exploration of the Etiology of Hate*, New York : Schocken Books, 1948, p.68.

33   Frantz Fanon, *Peau noire, masques blancs*, p.93(95).

이 대표적인 예이다. 리듬은 아프리카인들이 대상의 영성(靈性)과 교감할 수 있도록 해주는 매개물이며, 그것이 재료의 옷을 입고 표현될 때 최고의 예술이 된다. 비록 이 전략이 흑인들이 진화되지 못한 존재라는 기존의 편견을 강화하는 부작용도 있었으나, 흑인의 감성과 감수성을 긍정함으로써 흑인을 우주와 교감하는 선택받은 자의 위치로 고양시켰다고 파농은 설명한다.

그러나 기성의 네그리튀드 운동에 대해 파농이 긍정적인 태도만을 취하는 것은 아니다. 네그리튀드에 대한 그의 평가를 제대로 파악하려면, 네그리튀드 운동에 대한 묘사에서 무시할 수 없는 부정적인 함의를 가진 언어가 사용된다는 사실에 주목해야 한다. 생고르의 리듬론이 출현하게 된 상황에 대한 파농의 설명으로 돌아가 보자.

> [나의 합리성을 인정하지 않으려는] 백인의 감정적인 완고함에 부딪히자 나는 마침내 나의 흑인성을 외치기로 결정했다. 점차적으로 나는 **위족(僞足)을 사방으로 뻗쳐** 한 인종을 분비하였다. 그리고 이 인종은 한 근원적인 요소의 **무게 아래에서 비틀거렸다.** 그것이 무엇이냐고? 리듬이다!³⁴

위 인용문은 생고르의 리듬론이 당대에 수행한 역할에 대한 인정(認定)의 의미로 읽힌다. 그러나 자세히 읽어보면 이 인정에 아이러니가 깃들어 있다. 생고르가 그려내는 감성적이고도 공감적인 흑인을 "사방으로 뻗쳐진 위족"이 만든, 즉 가짜 발이 만든 결과물이라고 부름으로써, 파

---

34   Ibid., p.98(pp.101~102). 강조는 필자.

농은 그것이 아프리카의 현실과는 무관한 급조된 존재임을 은근히 풍자하고 있다. 또한 이 새로운 인종이 "리듬의 무게"로 비틀거린다는 표현은, 생고르의 주장이 흑인의 다른 능력이나 기관들을 모두 희생시키고 나온 이론임을, 즉 지탱하기 힘든 모든 무게를 오직 하나의 요소에 실어 존재를 비틀거리게 만드는 그런 불균형적인 것임을 암시한다.

생고르의 흑인은 우주 만물과 교감하며 존재의 핵심을 직관적으로 파악하는 시인이다. 자연인이자 시인이기도 한 그는 근대성과 합리성을 위해 유럽이 버려야 했던 가치들, 예컨대 공감, 교감, 직관, 감수성을 자신의 특성으로 삼는다. 그는 주객이 분리되지 않은 행복한 일체의 세상에서 거주한다. 그가 세상이요, 세상이 곧 그인 것이다. 반면 백인들의 세계를 지배하는 패러다임은 공존이나 융화가 아니라 정복과 지배, 강제적인 동화의 관계다. 두 세계의 차이에 대한 파농의 표현을 들어 보자.

> 직관으로 세상을 다스리는 흑인이 여기에 키를 잡고서 복귀하였다. …… 아니다. 한 명의 흑인이 아니다. "세상의 모든 숨결에 열려 있고", 자신의 시적 능력으로 세상에게 세례를 해주며, 세상의 무대 전면에 서서 세상의 번식 촉수를 일깨우는 **보편적인 흑인** 말이다. **나는 세상을 포옹한다! 내가 세상이다!** 백인은 이러한 마법적 대체관계를 결코 이해하지 못했다. 백인은 세상을 원한다. 그는 그것을 독차지하고 싶어 한다. …… 그는 그것을 노예로 삼는다."[35]

---

35 Ibid., p.103(pp.106~107). 강조는 필자.

생고르가 노래하는 흑인도 세상을 지배한다. 그러나 그의 지배는 정복과 강제에 의한 것이 아니라 교감과 공감의 모범을 보임으로써 가능한 것이다. 그는 "세상의 숨결에 열려 있기에", 우주와 혼연일체가 되기에, 그렇지 못한 백인들과 그들의 세상을 계도할 수 있는 존재이다.

이 칭찬에서도 파농의 비판적인 시각은 은연중에 드러난다. 파농은 생고르의 존재론이 개별자(un négre)에 대한 설명이 아니라 보편자(le négre)에 관한 것임을 지적하고 있는데, 이 후자의 흑인은 대표성을 갖기도 하지만 동시에 개별자들의 구체적인 현실로부터 유리된 존재이다. 다시 논하겠지만, 보편적인 흑인의 특성인 '추상성'은 파농이 지향하는 투쟁의 정치에서 가장 경계해야 할 대상 중의 하나이다. 사르트르에 대한 파농의 비판에 있어 핵심어도 바로 '보편성'과 '추상성'의 덫이다. 이러한 점을 고려할 때, "내가 곧 세상!"이라는 "보편적 흑인"의 네그리튀드의 외침을 파농이 들려줄 때 아이러니가 느껴지는 것이다. 생고르의 우주적 자아는 흑인의 위상을 제고하는 역할도 하였지만 동시에 추상적이며 유아론적인 발상에 다르지 않다는 비판에 열려 있다는 점을 여기서 상기할 만하다.

파농에 의하면, 생고르와 그의 동료들이 제창한 새로운 흑인론의 문제가 급조된 추상성에만 있는 것은 아니다. 이 대항 담론의 한계는, 백인들에 의해 매번 반박되는 결과 그것이 지향하는 흑인의 인간적 지위를 복권할 가능성이 번번이 봉쇄당한다는 데 있다. 생고르의 범신론적인 세계관이 백인들의 인식을 바꿔 놓기는커녕 일종의 "인류를 위한 보험"[36]으로 취급됨으로써 그 의미가 격하되고 전유되고 만 것이 그 예이다. 유럽이 지나친 기계화와 물질화 때문에 삶이 삭막해지고 생기가 고

갈되었음을 느낄 때, 백인들이 "자연 친화적인" 흑인들과의 관계에서 삶의 활력을 충전 받는 것이다. 자랑스러운 "세상의 시인"이 다시 백인의 복지를 위해 봉사하게 되는 것이다. 이러한 대접은 그래도 흑인의 존재를, 그의 유용성(?)을 어느 정도 인정한다는 점에서 그간의 무시로부터 진일보한 것이기는 하다. 정작 참기 힘든 대접은 범신론적인 네그리튀드를 유럽이 이미 경험했던 것, 즉 "자연으로 돌아가라"로 요약되는 과거의 한 발전 단계로 취급하는 것이다.

네그리튀드 운동은 유럽의 완고한 편견에 맞서 새로운 자기 홍보 전략을 개발한다. 프로베니우스와 델라포스 같은 학자들이 아프리카에서 고대 문명의 자취를 발견하자 이에 고무된 네그리튀드 운동가들이 이번에는 아프리카의 역사성과 문명적 지위를 주장하게 된 것이다. 대표적인 사례가 세제르의 글이나. 노예 해방론자였던 쉘세르의 『노예제와 식민화(Esclavage et colonisation)』에 부친 서문에서 세제르는 다음과 같이 아프리카의 고대 문명을 노래한다.

강제가 아니라 상호 부조와 삶의 기쁨이, 자유롭게 동의한 규율이 있다.
질서 — 힘 — 시와 자유.
걱정 없는 개인으로부터 거의 전설적인 지도자에 이르기까지 이해와 신뢰의 끈으로 연결되어 있었다. 과학이 없었다고? 물론 있었다. 그리고 가장 예리한 관찰력과 가장 대담한 상상력이 서로 보완하고 용해되는 위대한 신화가 있어 그들을 공포로부터 보호해 주었다. 예술이 없었다고? 그들에게는

---

36 Ibid., p.104(108).

인간의 감정이 너무도 강렬하게 분출되는 웅장한 조각이 있었다. ······ 유럽 문명은 단지 많은 문명 중의 하나일 따름이다. 가장 자비로운 문명은 분명 아니다.[37]

네그리튀드의 첫 번째 전략이 유럽과 아프리카를 위계화하는 이분법을 그대로 물려받되 우열의 위치를 역전시키는 것이라면, 두 번째 전략은 서구가 스스로에게 할당한 이성의 대표자라는 위치가 서구의 전유물이 아님을 주장하는 것이다. 이와 관련하여 세구(Segu), 디엔네(Djenné)같이 발달된 고대의 대도시가 아프리카에서 발견되었다는 사실을 네그리튀드 운동가들은 지적한다. 2,000년 전에 이미 금은 세공 기술이 발달하였을 뿐만 아니라 학문이 융성했던 대도시에 대한 기록이 발견된 것이다. 파농은 이러한 민속학적 발견에 대해 신뢰성의 문제를 제기하지는 않는다.[38] 대신 파농은 네그리튀드의 두 번째 전략도 백인의 편견 앞에서는 아무런 효과가 없음을 절감하게 되었다고 말한다. 백인이 소유한 이성만이 진정한 이성이요, 아프리카에서 발견된 기록이 흑인의 이성을 보증해 주지는 못함을 발견한 것이다. 백인의 시각으로 본 아프리카는 여전히 세계의 "유년 시절"에 속한다. 이에 대한 좌절

---

37   Ibid., pp.105~106(p.110)에서 재인용.
38   프로베니우스의 아프리카론과 관련하여 제기해 봄직한 질문은 이 독일 학자가 콩고 지역에서 본 것이 그가 주장하듯 아프리카 문화의 본질이 표현된 것인지, 아니면 『오리엔탈리즘』에서 거론된 바 있듯, 실은 문화적 타자의 모습에서 서양인의 거울 이미지를 본 것인가 하는 것이다. 콩고 왕국에 대한 그의 묘사를 관통하는 핵심어는 "질서"이다. 또한 아프리카 예술에 대한 그의 해설은 "엄격한 기능성"으로 요약될 수 있다. 문제는 이 문화적 핵심어들이 사실 아프리카의 왕국들도 유럽의 다른 국가들도 아닌 게르만족을 유독 상기시키는 연유가 무엇인가 하는 것이다. Christopher Miller, *Theories of Africans : Francophone Literature and Anthropology in Africa*, Chicago : Univ. of Chicago Press, 1993, p.17 참조.

감을 파농은 다음과 같이 표현한다. "나는 전형적인 흑인이 되고 싶었으나 이는 불가능했다. 나는 백인이 되고도 싶었으나 그것은 우스갯거리였다."[39]

파농이 이때 느끼는 좌절은 궁극적으로는 네그리튀드의 좌절을 의미한다. 즉, 흑인에 대한 백인들의 편견을 바꿈으로써 그들로부터 인정을 받으려는 네그리튀드의 전략들이 차례로 실패한 것이다. 파농은 당대의 네그리튀드 운동이 대체로 과거에 대한 미화와 크게 다르지 않다고 생각한 듯하다. 즉, 현실의 투쟁으로부터 멀어진 지적인 사치품이 되어 버린 형국이라고 본 것이다. 이러한 입장은 『대지의 저주받은 자들』에서 좀 더 분명한 어조로 표현된다. 이 훗날의 저서에서 파농은 아프리카의 지식인들이 백인들의 왜곡과 폄하에 대항하려는 일환으로 민족의 과거를 발굴하는 작업에 만족해서는 안 된다고 주장한다. 그에 의하면 "민족 문화는 민속도 아니요, 민족의 진실을 발견할 수 있다고 믿는 추상적인 포퓰리즘도 아니다." 그에 의하면 진정한 민족 문화는 "해방을 위한 투쟁의 한 가운데서 발생한다."[40]

의고적이면서도 형이상학적인 경향을 띠게 된 네그리튀드에 대한 파농의 비판은 사실 『검은 피부, 하얀 가면』의 서론에서 분명한 어조로 개진된 바 있다. 이에 의하면 네그리튀드 운동가들이 복원하려고 노력하였던 "검은 영혼"이 실은 "백인들의 작품"일 따름이며, 따라서 흑인 운동가들이 결국 백인의 장단에 춤 춘 꼴에 지나지 않는다.

---

[39] Frantz Fanon, *Peau noire, masques blancs*, p.107(111).

[40] Frantz Fanon, *Les damnés de la terre*, p.221 · 222(233).

자발적이고 우주적인 신화의 노예가 된 교육받은 흑인은 동료들이 더 이상 그를 이해하지 못하게 되었다고 느끼게 된다.

혹은 그가 자신의 동료들을 더 이상 이해하지 못하게 되었다고 느끼게 된다.

그는 이러한 사실에 기뻐할 뿐만 아니라 이러한 차이를, 몰이해와 부조화를 더욱 발달시킴으로써 자신의 인간성의 의미를 발견한다. 자신의 민족과 하나가 되고 싶다는 느낌도 약해지게 된다. 떨리는 입술과 현기증 나는 마음으로 그는 거대한 검은 심연 속으로 돌진한다. 이 멋들어진 태도가 신비주의적인 과거의 이름으로 현재와 미래를 거부하는 것을 우리는 보게 될 것이다.[41]

파농은 이 인용문에서 네그리튀드 운동이 흑인 대중과 유리되고 말았을 뿐만 아니라 아득한 과거를 찬양하느라 정작 현실의 변혁이라는 중차대한 과제를 놓치고 말았음을 지적한다. 흑인해방운동이 "검은 정체성"이나 "신비주의적인 과거"에 대하여 집착하게 될 때, 그것은 과거를 위해 현재와 미래를 한꺼번에 담보 잡히는 행위가 되고 만 것이다.

네그리튀드에 대한 인정사정없는 비판은 영국령 아프리카 출신의 지식인들에게서도 들려온다. 이들의 시각에서 보았을 때, 아프리카 고대 문명의 특징을 "상호부조"와 "자유롭게 동의한 규율"로 기술하는 세제르의 주장은 유토피아를 연상시킬 만큼 낭만적인 것이다. 1955년에 출간된 『식민주의에 대한 담론』에서 세제르는 다소 수정된 시각을 보이기는 한다. 이 저서에서 그는 제국이 침략하기 전의 아프리카에도 문

---

41   Ibid., p.11(xviii).

제가 있었음을 인정하기 때문이다. 그렇지만 그는 최종적으로는 긍정적인 평가를 내린다. 그에 의하면, "잘못도 있었지만 그럼에도 불구하고 [아프리카 전통] 사회들은 증오나 비난을 받을 대상은 아니었다. 그 사회들은 만족스러운 존재였다."[42] 그러나 세제르가 "만족스러운 존재"라고 부른 전통 사회는 나이지리아의 천민 집단인 '오수'나 쌍둥이로 태어났기에 죽어야만 했던 영아의 입장에서 보면 만족과는 거리가 먼 공동체였다. 이들에게는 생고르와 세제르가 칭송한 아프리카의 공동체가 아름답지도, 인간적이지도 않았다. 아프리카는 유럽을 치유할 메시아적 사명을 맡을 수 있을 만큼 건강하지 못하며 유럽도 그러한 치유에 관심이 없다는 논평을 통해 아체베는 네그리튀드 운동의 자아도취적인 성격을 비판한 적이 있다.[43]

헤겔의 "절대성의 밤"과 보편성 논쟁[44]

사르트르에 대한 파농의 비판은 보편성 논쟁과 관련된다. 파농은 흑인들이 자신의 정체성과 경험을 문화적 운동으로 전개하는 작업을 하였으되 이마저도 백인들에게 빼앗겨 버렸다고 주장한다. 즉, 사르트르

---

42 Aimé Césaire, *Discourse on Colonialism*, p.23.
43 이석구, 앞의 책, 47쪽.
44 사르트르와의 논쟁에 관한 논의는 졸고 「파농과 보편성 논쟁－네그리튀드, 사르트르, 헤겔」, 『영어영문학』 62권 2호, 2015, 335~355쪽의 내용을 수정한 것이다.

가 네그리튀드 운동을 변증법적 발전 과정의 한 단계로 취급함으로써, 네그리튀드 운동의 독자성과 합목적성을 박탈해 버렸다는 것이다. 「흑인 오르페우스」 중에서 파농이 두고두고 부당한 평가라고 생각하는 구절은 네그리튀드가 "변증법적 진보의 약한 단계"라는 표현이다. 파농은 흑인들이 백인 친구에게 도움을 청했으나 그가 흑인들의 행동이 "상대적인 것"임을 입증해 주었을 뿐이었다고 말한다. 여기서 백인 친구란 물론 인종차별을 반대했던 당대의 진보주의자 사르트르를 일컫는다.

여기까지 말하고 보면, 사르트르의 논거뿐만 아니라 그가 인용하는 헤겔의 변증법까지 파농이 반대할 것이라는 인상을 받는다. 사르트르가 흑인운동을 백인들의 역사 패러다임에 흡수시키고 말았다는 파농의 비판을 기억하고 있다면 말이다. 그러나 사르트르의 변증법적 주장을 반박함에 있어 파농이 사용하는 논거는 놀랍게도 변증법 이론이다. 헤겔의 변증법 이론 중 부정(否定)의 단계에 대한 사르트르의 이해가 잘못되었음을 파농은 지적한다.

> 이 친구는, 이 타고난 헤겔주의자는, 자의식에 도달하기 위해 필요한 유일한 조건인 절대성의 밤 속에서 의식이 길을 잃어야 한다는 사실을 어쩌다 잊었나 보다. 합리주의에 대항하여 그는 부정의 국면을 불러들였으나, 이 부정성(否定性, négativité)도 실질적인 절대성으로부터 가치를 부여받음을 잊었나 보다.[45]

---

45   Frantz Fanon, *Peau noire, masques blancs*, p.108(pp.112~113).

『정신의 현상학』서문에서 헤겔이 주장하는 바, 의식은 대상에 대한 지식과 실제 대상 간의 일치 여부를 비교, 검증하면서 발달한다. 이때 지식과 "경험된" 대상 간에 모순이 발견되면, 의식은 기성의 지식을 "부정"하고, 경험된 대상에 부합되는 새 지식이나 기준을 들여오게 된다. 이렇게 들여온 새 기준은, 그것이 의식의 일부라는 점에서 기성 의식의 변화를 동반하며, 또한 대상에 대한 지식이라는 점에서 대상의 변화도 동반한다.[46] 변증법적 진화는 의식의 이러한 끊임없는 자기 초월이 대상과 지식이 합치되는 단계, 더 나아가 정신이 대상과 일치하는 진리의 단계에 도달할 때까지 계속되는 것인데, 주목할 사실은 이러한 초월이 항상 이전의 인식 단계를 완전히 폐기함을 의미하지 않는다는 점이다. 그 이유로 헤겔은 "지양(aufheben)은 부정(Negieren)과 보존(Aufbewahren)을 동시에 하는 것"[47]이라고 설명한다. 즉, 의식이 도달하는 새로운 인식의 단계는, 대상에 대한 기존의 지식이 그릇되었음이 판명되었기에 원점에서 새롭게 출발한 결과가 아니라 이전의 인식 단계를 부정함과 동시에 이를 보존하는 작용의 결과물이다.

헤겔은 "부정"의 결과가 단순히 "비어 있음"이나 "무(無)"가 아님을 누누이 강조하였다. 헤겔에 있어 무엇인가를 "규정하는 것(Bestimmung)"

---

46 여기서 대상이 변화한다는 주장은 원치적으로 헤겔에 있어, 대상이 즉자적인 존재, 즉 의식으로부터 독립한 독자적인 존재가 아니라, 항상 "의식을 위한 대상", 즉 의식과의 관계 내에 있는 존재이기 때문에 가능하다. 헤겔의 표현을 빌리면, 이 새로운 대상은 "애초의 대상과 관련하여 [의식이 하게 되는] 경험에 해당한다." G. W. F. Hegel, *Phäno-menologie des Geistes*, Leipzig : Dürr'schen Buchhandlung, 1907, p.59(143). 영역본으로는 J. B. Baillie trans., *The Phenomenology of Mind*, New York : Harper & Row, 1967을 참조하였다. 괄호 안의 쪽수는 영역본임.
47 Ibid., p.76(164).

은 그것에 고유한 정체성이나 내용을 부여하는 것을 의미한다. 이러한 규정 행위는 차별화에 의해서 가능하다. 이는 결국 규정의 대상이 여느 존재와 다름을 확정하는 것이며, 이는 곧 다른 존재에 대한 부정을 함의한다. 그런 점에서 헤겔에게 지대한 영향을 미쳤다고 하는 "모든 규정은 부정"이라는 스피노자의 명제가 성립하게 된다. 또한 부정은 그것이 새로운 존재를 내포하고 있다는 점에서 긍정이다. 부정에서 새로운 의식이, 새로운 대상이, 그 대상에 대한 새로운 지식이 발생한다는 점에서, 이는 허무로 귀결되는 회의주의적인 결론이 아니라 '내용'을 가진 것이다. 이를 헤겔은 "규정적 부정(bestimmte Negation, 規定的 否定)"[48]이라고 불렀다. 이를테면 의식이 가지고 있던 기준 / 지식과 불일치하는 경험이 그 후 발생하는 인식 단계의 "대상"으로 보존된다는 점에서, 헤겔에 있어 부정은 부정적 양상을 띠는 것 못지않게 긍정적 내용이라는 실체를 제공한다.

이제 파농으로 돌아가면, 앞서 논의한 바 있듯 사르트르가 네그리튀드 운동을 변증법의 전개에 있어 부정의 국면에 해당한다고 본 것은 사실이다. 파농은 "부정성도 절대성으로부터 가치를 부여받는다"는 헤겔의 주장에 기대어 사르트르를 반박한다. 네그리튀드 운동이 나름 합목적성을 띤 것임을 역설하는 것이다. 비록 헤겔이 사용한 표현은 아니지만 정(正)-반(反)-합(合)의 용어를 빌리자면, "반"이 "합"을 위한 하나의 단계로만 간주될 때, 네그리튀드 운동은 합목적성을 상실하고 도구적인 존재로 전락한다. 그래서 파농은 "의식이 절대성의 밤 속에서 길을

---

48   Ibid., p.55(137). 참고로 국내 헤겔 학자들 사이에서 이 개념은 이 외에도 "특정적 부정", "한정적 부정" 등 다양한 용어로 번역되었다.

잃어야 한다"는 헤겔의 은유를 빌려, 흑인운동도 자체로 유의미할 뿐만 아니라 "합"으로의 지양을 위해서 사력을 다하여 투쟁해야 하는 존재 임을 환기시킨다. 달리 표현하면, 네그리튀드 운동은 지양과 발전을 위해 등장하는 들러리가 아니라 그 자신 동등한 자격으로 인정 투쟁에 참가하는 존재라는 것이다.

「흑인 오르페우스」에서 사르트르는 흑인의 영혼 깊은 곳에서 정체성을 찾으려는 네그리튀드 운동을 하계(下界)로 아내를 찾아 내려간 오르페우스의 여행에 비유한 바 있다.[49] 파농은 이러한 사르트르의 비유를 받아들이되 이때 하계가 여행의 반환점이 아니라 실은 최종 목적지임을 인식할 것을 역설한다. 그런 점에서 네그리튀드가 상징하는 하계로의 여행은 왕복표가 없는 편도 여행이다. 파농의 주장을 직접 들어 보자.

> 나는 네그리튀드 속에서 완전히 길을 잃어야 한다. 어쩌면 언젠가, **이 가련한 낭만주의의 심연에서** …… 어쨌거나 나는 알 필요가 없었다. 이 투쟁, 이 또한 번의 하강은 그 자체로 완성된 양상으로 여겨져야 한다.[50]

헤겔 연구자라면 금방 알아 볼 익숙한 헤겔의 언어를 사용하면서도 파농은 헤겔의 변증법에 개입하여 그것을 시간 속에서 멈추게 만든다. 반환점을 돌고 난 이후의 귀환 여행, 즉 새로운 지양이 가져올 합의 세상에 대한 관심은 "언젠가 이 가련한 낭만주의의 심연에서" 다음에 등장하는 생략부호에서만 '흔적'처럼 희미하게 감지될 뿐이다. 그러나 이러

---

49   Jean-Paul Sartre, "Orphée noir", p.xvii.
50   Frantz Fanon, *Peau noire, masques blancs*, p.109(pp.113~114). 강조는 필자.

한 관심도 곧 "알 필요가 없다"라는 진술로 부정된다.

　이러한 반박 전략은 한편으로는 독자를 궁금하게 만들기도 한다. "합"으로 진행되기 전에 부정성을 충분히 주장하고 사력을 다하여 노력할 것을 강조하는 것도 좋지만, 이왕에 헤겔의 개념을 빌려 사르트르를 반박할 것이었으면, 헤겔의 지양 개념이 "부정"과 "보존"을 동시에 하는 것이라는 논리를 빌려 오는 것이 나았을 것이라는 생각이 들기 때문이다. 부정의 국면이 단순히 이전의 단계를 폐기하고 새롭게 출발하는 것이 아니라는 헤겔의 "규정적 부정" 개념을 적용하자면, 네그리튀드 운동은 궁극적으로 합의 단계에서 완전히 자취를 감추고 소멸되어야 하는 것이 아니라 어떤 형태로든 보존되어야 하는 것이기 때문이다.

　"부정성"으로서의 네그리튀드 운동이 보편성의 단계를 위해 거쳐 가야 할 것이라고 보았던 사르트르나, 사르트르의 이 주장을 반박하기 위하여 부정성(네그리튀드 운동)도 그 자체로 가치가 있는 것이라고 반박하는 파농 모두 엄격히 말하자면, 헤겔의 변증법을 가지고 다툼에도 불구하고 헤겔의 이론적 틀에서 제대로 사유하지 않았다는 생각이 든다. '부정성을 초월할 것인가?'에 대한 대답이 달랐을 뿐 둘 다 부정성에 대한 인식이 같았다는 점에서 그렇다. "부정성", 즉 안티테제에 해당하는 국면이 고양된 인식의 다음 단계로 넘어가기 위해서 완전히 부정되거나 해소되어야 할 성질의 것이 아니라 다음의 단계에서도 제한적이긴 하나 여전히 유효한 하나의 항목이라는 인식이 이들에게서 보이지 않기 때문이다.

세제르론

헤겔에 관한 논의는 이쯤하고 앞서 인용한 문구 "이 가련한 낭만주의의 심연에서(romantisme malheureux)"로 돌아가자. 이 문제의 문장은 네그리튀드 운동과 파농의 관계를 『검은 피부, 하얀 가면』을 통틀어 가장 압축적으로 설명해 준다. 네그리튀드 운동에 대한 파농의 평가가 "가련한 낭만주의"라는 두 단어에서 직설적으로 표현되어 있기 때문이다. 파농의 이러한 비판에는 "자연과의 교감력을 갖춘" 아프리카인을 노래한 생고르뿐만 아니라 반투족의 낙천적인 세계관을 역설한 알리운 디옵(Alioune Diop) 같은 인물도 포함된다. 이들의 공통적인 문제점은 흑인들이 '지금 이곳'에서 겪는 고통을 직시하지 못하며, 따라서 이에 대한 적절한 해결책을 모색하지 못하고 있다는 사실이다.

디옵은 『반투 철학(La Philosophie bantoue)』에 부친 서문에서 아프리카 흑인 문화가 "자연과의 교감"과 "삶의 기쁨" 같은 고유한 특징을 가지며, 이러한 점이 아프리카가 현대 세계에 공헌할 수 있는 부분이라고 주장한다. 뿐만 아니라 "혁명적인" 문화는 삶에 기쁨을 느끼는 흑인들의 "천재성"과는 맞지 않는 것이라 보았다. 디옵이 주장하는 일종의 '안빈낙도(安貧樂道)'하는 유의 존재론에 대해 파농은, 반투족의 세계관에서 혁명적인 요소로 해석할 만한 부분이 없는 것은 사실이지만 이는 반투 사회가 오래도록 폐쇄적이었기에 당연한 것이라고 반박한다. 또한 당시 이들이 인종차별 때문에 상상할 수 없이 힘든 삶을 살아가는 상황에서, 무엇보다 반투 사회가 백인의 식민통치로 인해 와해된 시점

에서, 기쁨과 교감의 반투 철학을 운운하는 것은 현실에서 눈을 돌린 헛소리라고 일축해 버린다.[51]

네그리튀드의 낭만주의나 이상주의에 대하여 파농이 보여주는 비판에는 고대 아프리카 문명을 찬양한 세제르도 포함된다. 그렇다고 해서 세제르에 대한 파농의 태도가 단면적이지는 않다. 그 이유는 파농이 한편으로는, 생고르나 디옵의 경우와 달리 세제르에게서 강력한 현실 참여의 의지를 발견하기 때문이다. 다른 한편으로 세제르의 현실 참여가 사회주의를 통해서 이루어진다는 점에서 파농은 유보적인 태도도 견지한다. 이는 초기의 파농이 마르크스주의자가 아님을 보여주는 증표이다. 그는 사회주의가 추구하는 보편성으로는 흑인의 문제를 풀어낼 수 없다고 보았다. 보편성의 논란이 일어난 대목을 보면,

한동안 흑인에 대해서 많은 말들이 있었다. 좀 지나치도록 말이다. 흑인은 이제 좀 잊히고 싶다. 자신의 힘을, 진정한 힘을 다시 모으기 위해서 말이다. **어느 날 그가 말했다. "나의 네그리튀드는 탑도 아니고 ……"**

그러자 그들이 그를 헬레니즘으로 편입하려고, 그를 오르페우스로 만들려고 하였다. **보편성을 추구하는 이 흑인을. 보편성을 추구하다니!** 그러나 1950년 6월에 파리의 호텔들에서는 흑인 여행자들의 투숙을 거부했다. 왜냐고? (누구나 알고 있듯 흑인 공포증에 시달리는 부유한) 미국인 투숙객들이 호텔을 나가겠다고 협박을 했기 때문이다 …… 흑인은 보편성을 추구하고 있다. 그러나 파리의 생-루이 리세에서는 흑인 학생을 쫓아냈다. 뻔뻔하게 엥

---

51   Ibid., p.150(pp.162~163).

겔스를 읽는다고 말이다.

이는 심각한 일이다. 그러나 흑인 지식인들은 이를 개의치 않는다.[52]

위 인용문에서 "그"는 세제르를 지칭하며, "나의 네그리튀드는 탑도 아니고"라는 구절은 세제르의 『귀향 수첩』에서 인용된 것이다.

"흑인들에 대해 너무 많은 말들이 있었다"는 지적을 통해 파농은 기성의 네그리튀드 운동에서 실천이 결여되었음을 냉철하게 지적한다. 곧 이어지는 대목에서 파농은 『귀향 수첩』에 드러나는 세제르의 정신을 일단은 긍정하는 듯하다. "나의 네그리튀드는 탑도 아니"라고 세제르가 주장했을 때 이때 "탑"은 본질화되거나 굳어진 흑인의 문화적 정체성을 일컫는 은유이다. 문화의 현재성과 역동성을 강조하였다는 점에서 세제르의 이 주장은 파농의 시각과 일치한다. 이어지는 "그를 오르페우스로 만들려고 하였다"는 구절에서 파농은 위대한 흑인 시인을 헬레니즘이라는 유럽의 시각에서 이해하고 규정하려 한 사르트르를 비판한다. 사르트르의 논평이 세제르를 왜곡하고 있음을 지적하고 있는 것이다.

그러나 이것이 파농이 말하고자 하는 바의 전부가 아니다. 네그리튀드 운동가를 유럽화시키는 시도가 문제적이라면, 흑인으로서 보편성을 추구하는 것도 문제적임을 파농이 동시에 지적하고 있기 때문이다. 파농의 경악스런 감탄문이 그 예이다. "보편성을 추구하다니!" 이 외침에서 "보편성"이 무엇을 지시하는지 언뜻 분명하지 않다. 생고르가 주장

---

52   Ibid., pp.150~151(p.163). 강조는 필자.

하는 우주적이고도 신화적인 흑인에 대해 세제르가 동의하지 않았다는 사실을 고려한다면 흑인감성론이 말하는 우주적 자아 유의 보편성은 아니라고 판단된다. 이 "보편성"이 지시하는 바는 인용문에서 이어지는 대목에서 발견된다. 즉, "엥겔스를 읽는" 흑인 사회주의자들이 지향하는 바를 지칭한 것이다. 현실에서는 아직도 흑인들이 인종차별로 고통받고 있는데, 흑인의 입장에서 보편성을 논하는 것이, 마르크스주의의 세계관에 따르는 것이 성급한 자축행위라는 것이다.

그렇다면 보편성과 마르크스주의에는 어떤 상관관계가 있는 것일까. 이 관계를 이해하기 위해서는 사르트르의 「흑인 오르페우스」로 돌아갈 필요가 있다. 네그리튀드 운동이 필연적으로 프롤레타리아 계급혁명으로 전이될 이유로서 사르트르는 다음과 같은 논리를 제시한다. 흑인들이 가장 억압받은 집단이기에, 또한 이들이 세상의 지배를 원하는 대신 세상의 억압받은 자들과 연대하기에, 이들이 자신의 구원을 위해 벌이는 투쟁은 필연적으로 만인의 해방을 위한 것이 된다.[53] 즉, 네그리튀드 운동이 필연적으로 인류의 진보에 개입하게 된다는 것이다. 사르트르는 마르크스주의 관점에서 이 예정된 진보를 "보편적 역사"라고 보았다. 반면 파농은 흑인으로서의 의제가 해결되기 전까지는 계급 없는 사회를 지향하는 마르크스주의의 "보편적" 의제를 논하기를 거부한다.[54]

이러한 맥락에서 "보편성을 추구하다니!"라는 파농의 외침은 사회주의자 세제르의 네그리튀드 운동이 잘못된 방향을 향하고 있음을 지적

---

53 Jean-Paul Sartre, "Orphée noir", p.xxxix.
54 사르트르가 훗설(Edmund Husserl)이나 하이데거(Martin Heidegger) 같은 현상학자들의 영향을 받았음을 고려한다면, 또한 그가 한 번도 유물론을 받아들인 적이 없음을 고려한다면, 사르트르가 진정으로 마르크스주의자였던 적이 있었는지는 사실 의문이다.

한 것이다. 세제르가 프랑스 공산당에 입당한 때가 1942년이고 공산당 탈당서를 제출한 때가 1956년이니 파농이 이 저서를 출판할 당시 세제르는 충실한 마르크스주의자였다. 마르크스주의를 받아들인 세제르와 사르트르에 대한 파농의 대답은 간결하다. "나는 나 자신으로 충만하다. 나는 보편성을 추구하지 않아도 된다."[55]

동시에 지적할 사실은 파농이 세제르에게서 마르크스주의자만을 보는 것은 아니라는 점이다. 그는 세제르에게서 행동하는 실천가의 모습도 보며, 이러한 면모에는 다른 흑인 지식인들이 본받을 점이 있다고 생각하였다. 일례로는 파농은 세제르의 시구에서 영감을 받았음을 고백하기도 한다. 문제의 경구는 다음과 같다. "인생은 구경거리가 아니고, 슬픔의 바다는 무대가 아니며, 비명을 지르는 자는 춤추는 서커스단의 곰이 아니니, 나의 육체와 영혼이여, 방관자의 불모의 태도로 팔짱끼고 있는 것을 경계할지라." 서지 사항을 밝히지 않은 채 파농이 들려주는 세제르의 이 시구는 『귀향 수첩』에서 인용된 것이다.

네그리튀드에 대한 파농의 입장은 이처럼 복잡하다. 그는 한편으로는 헤겔의 부정성 개념을 빌어 네그리튀드 운동을 정당화하는가 하면, 다른 한편으로는 생고르가 대표하는 유의 네그리튀드 운동을 신랄한 언어로 비판한다. 그리고 자신의 스승이었던 세제르에 대해서는 실천적인 면을 부분적으로 인정하였다. 파농에게 있어 기성의 네그리튀드는 본질론에 그치는 한 만족스럽지 못한 것이었다. 또한 그러한 네그리튀드가 보여준 의고주의적 경향이나 마르크스주의의 수용도 인종적 현

---

55 Frantz Fanon, *Peau noire, masques blancs*, p.109(114).

실을 변혁하는 데 걸림돌이 될 가능성을 경계하였다. 그러나 『검은 피부, 하얀 가면』에서 파농은 현실의 네그리튀드 운동에 대한 구체적인 대안을 형상화시키지는 못한다. 그의 정치학이 여물은 모습을 드러내기 위해서는 『혁명의 사회학』[56]이나 『대지의 저주받은 자들』 같은 후기 저작을 기다려야 할 것이다. 후기의 저서에서 드러나는 파농의 흑인 운동은 이상주의나 의고주의, 혹은 보편주의와는 다른 성질의 것, 즉 구체적이며 실천적인 것이다. 그것을 네그리튀드라고 부른다면, 그것은 "목소리가 없는" 흑인들의 현재의 입장과 경험을 대변하는 유의 네그리튀드이며, 이들을 차별의 고통에서 구출하기 위하여 행동할 것을 촉구하는 운동이다.

내가 하면 로맨스?

사르트르에 대한 파농의 비판은 흑인의 해방 투쟁을 백인의 변증법적 역사관이 상정하는 중간 단계로 의미를 축소시키지 말라는 것으로 요약될 수 있다. 그러한 의미에서 파농이 지향하는 흑인운동은 인종적 정체성을 찾아 하계로 내려가기는 하되 되돌아오는 왕복 여행을 꿈꾸지

---

[56] 1959년에 출간된 『알제리 혁명의 다섯째 해(*L'an V de la révolution algérienne*(1959)』는 몇 번 제목이 바뀌게 된다. 1972년에는 『혁명의 사회학(*Sociologie d'une révolution*)』이라는 제목으로 출간되고, 영역되면서 다시 『사멸하는 식민주의(*A Dying Colonialism*)』로 바뀌게 된다.

않는 '편도 여행'에 비교될 수 있다. 그러나 『검은 피부, 하얀 가면』의 결론에서 파농은 여행의 일정을 갑자기 바꾼다. 편도 여행의 목적지에서 귀환할 꿈을 꾸는 것이다. 더욱 흥미로운 사실은 이러한 사유의 전환을 전개함에 있어 그가 여태껏 비판했던 사르트르의 담론을 빌려온다는 점이다. 차이가 있다면 앞서 파농이 비판한 사르트르의 담론이 마르크스주의자의 변증법적 역사발전론이라고 한다면, 결론에서 원용하는 사르트르의 담론은 실존주의 철학이다.

파농은 『검은 피부, 하얀 가면』의 7장 두 번째 절에서 헤겔을 인용한다. 이번에 인용되는 헤겔의 글은 『정신의 현상학』 중 흔히 "주인과 노예의 변증법"으로 잘 알려진 "자기의식의 독립과 의존"의 첫 문장이다.

또 다른 자기의식을 위해 존재한다는 점에서, 그리고 그러한 사실로 인해서만 자기의식은 즉자적으로, 그리고 대자적으로 존재한다. 달리 표현하면 타자의 인정을 받음으로써만, 자기의식은 비로소 존재할 수 있다.[57]

헤겔에 의하면, 대자적 존재(Für-sich-sein, 對自的 存在)로서의 자기의식은 타자와 아무런 관계를 맺지 못하는 상태에서 자기 자신만을 확신하고 자신의 생명을 유지하는 데만 급급한 존재다. 이런 존재가 가지고 있는 자기 확신은 검증을 거치지 않았기에 어디까지나 주관적일 뿐이다. 그래서 그는 참된 객관적인 확신을 필요로 한다.

주관적인 확신을 객관적인 확신으로 고양시키기 위해서 필요로 되

---

[57]   Ibid., p.175(191); G. W. F. Hegel, *Phänomenologie des Geistes*, p.123(229).

는 것이 타자의 인정이다. 노발리스(Novalis, 1772~1801)의 표현을 빌자면, "다른 영혼이 믿어 주는 순간 내 확신이 무한히 커진다는 것은 확실한 것"[58]이다. 타자의 인정에 대한 이러한 필요성은 자기의식과 그의 타자를 소위 "인정투쟁(認定鬪爭)"의 관계에 위치시킨다. 인정을 요구받는 타자도 스스로를 확신하고 있기에, 이러한 요구에 맞서 자신을 절대적으로 내세울 것이므로, 개인은 타자를 죽음과 같은 위험에 몰아넣음으로써만 인정을 받아 낼 수 있다.

헤겔의 논리를 인종적 맥락에서 풀이하자면, 자기의식처럼 흑인들도 죽음을 무릅쓴 투쟁을 통해서 타자의 인정을 얻어내야 한다. 파농이 강조하는 바도, 순순히 응하지 않는 타자, 극렬히 저항하는 타자로부터 인정을 얻기 위해 흑인들이 반드시 벌여야 하는 사투의 가치이다. 같은 맥락에서 반식민 저항에 대한 파농의 독려도 헤겔의 언어로 표현된다.

그래서 즉자-대자적 인간의 현실은 투쟁을 통해서, 그 투쟁이 내포하는 위험을 통해서만 성취될 수 있다. 이는 내가 삶을 넘어 지고한 선을 향해, 나 자신의 가치에 대한 주관적 확실성을 보편타당한 객관적 진실로 변모시키는 지고한 선을 행해 나아감을 의미한다. ……

나를 인정하지 않으려는 자는 나를 반대하는 자이다. 야만적인 투쟁에서 나는 죽음의 위기를, 돌이킬 수 없는 해체를, 또한 불가능의 가능성을 받아들일 용의가 있다.[59]

---

58 Thomas Carlyle, *The Works of Thomas Carlyle*, Henry Duff Trail ed., Cambridge : Cambridge Univ. Press, 2010, p.58에서 재인용.

59 Frantz Fanon, *Peau noire, masques blancs*, p.177(193).

인종차별에 대항하여 싸웠던 미국의 흑인들과 달리, 프랑스령 흑인들에게는 사력을 다하는 투쟁에 참여할 기회가 없었다. 주인인 프랑스인들에 의해 해방이 주어진 것이다. "자신의 행동에 의해서, 자신의 심장의 수축에서 뿜어져 나온 피에 의해서 얻은 가치가 아닌 것이다."[60] 타자로부터의 인정이 스스로 쟁취한 것이 아니라 주인에게서 선물로 받은 것이니, 프랑스령 흑인들은 진정한 의미에서 즉자-대자적 존재가 될 수 없다는 것이다.

투쟁의 필요성에 대한 지속적인 강조에도 불구하고 파농의 이 저서에서 투쟁의 방법이나 실천에 대한 구체적인 언급은 발견되지 않는다. 대신 발견되는 것은 그가 비난했던 사르트르의 실존 철학 담론이다. 이에 대해 논의하기 전에 먼저, 제3세계에서 일어난 투쟁에 대한 파농의 논의를 살펴보자. 목숨을 건 현실의 투쟁은 8장 「결론을 대신하여」에서 베트남 청소년들의 죽음에 대한 논의에서 언급된다. 파농은 제2차 세계대전에서 함께 싸운 전우로부터 베트남의 청소년들이 총살 집행조 앞에서 얼마나 의연하게 죽어 갔는지를 듣게 된다. 인도차이나 전쟁이 비엣민(Viet Minh)의 청소년들에게 어떤 의미를 갖는 것이었을까. 비엣민은 1941년에 호치민을 중심으로 인도차이나의 공산당과 다수의 민족주의 계열 정당의 동맹으로 결성된 독립 연맹이다. 비엣민의 목표는 프랑스 제국으로부터 독립을 성취하고, 당시 인도차이나에서 영향력을 행사하였던 일본 제국에 저항하는 것이었다.

불행히도 비엣민의 투쟁은 제2차 세계대전의 종결과 함께 끝나지 않

---

60   Ibid., p.178(194).

는다. 종전 후 인도차이나에서 물러가겠다는 약속을 프랑스가 어기면서, 비엣민과 프랑스 간에 제1차 인도차이나 전쟁이 발발하게 되기 때문이다. 비엣민의 반식민 전쟁에 대하여 파농은 다음과 같이 평가한다. "인도차이나인들이 저항을 한 것은 그들이 자신들만의 문화를 발견했기 때문이 아니다. …… 총살 집행 사격조 앞에서 죽어 간 베트남인들은 그들의 희생이 어떤 잊혀진 과거를 부활시킬 것이라는 기대를 하지 않는다. 그들은 현재와 미래를 위하여 죽음을 받아들인 것이다."[61]

파농은 비엣민 젊은이들의 죽음에서 훗날 저서에서도 반복되는 주제, 즉 네그리튀드 운동의 과거 지향성에 대한 비판을 읽어 낸다. 아이러니는, 제1차 인도차이나 전쟁에서 비엣민이 승리하면서 1954년에 호치민이 북베트남에 사회주의 정부를 설립하게 된다는 점이다. 반식민 투쟁의 최종 목적지가 이처럼 사회주의 국가로 드러났다는 사실은, 앞서 네그리튀드 운동을 사회주의 혁명의 중간 단계로 보지 말 것을, 그래서 그 자체로 "완성되는" 운동으로 볼 것을 요구하는 파농의 주장이 인도차이나의 역사 앞에서 무릎을 꿇게 되었음을 의미한다.

『검은 피부, 하얀 가면』에서 가장 문제적인 부분은 결론이다. 본론에서 누누이 강조하였던 반(反)보편적인 태도가, 차이의 정치나 마니교적 세계관에 대한 강조가 결론에서 갑자기 폐기되기 때문이다. 보편적 가치가 아니라 흑인의 특수한 가치와 존재를 주장해야 한다는 전제 아래 파농이 사르트르를 비판하였음을 우리는 기억하고 있다. 그의 표현을 다시 빌리면, "다른 어떤 무엇의 잠재성이 아니라 자체로 충만한 존

---

61   Ibid., p.184(pp.201~202).

재"[62]이기에 흑인은 보편성으로 지양되거나 그에 함몰될 것을 완강하게 거부해야 한다. 보편성을 향한 상승 운동은 흑인들이 "알 필요가 없는"것으로 앞서 전제되었는데, 놀랍게도 이 보편성이 결론에서 일종의 팡파르와 함께 등장한다. "흑인은 존재하지 않는다. 백인과 마찬가지로." 그의 다른 표현을 빌리면 "백인의 세상이란 없다. 백인의 지성이 없는 것과 마찬가지로 백인의 윤리도 없다."[63]

파농은 위의 주장을 펼치기 직전에 "나의 검은 피부는 특정한 가치들의 저장소가 아니다"[64]라는 말로써, 생고르가 설파했던 흑인 고유의 가치를 거부하기도 한다. 흑인과 백인을 가치론적으로 나누었던 백인의 마니교적인 세상뿐만 아니라 이를 흑인중심주의적 시각에서 전복시키려 했던 흑인의 마니교적 세상도 넘어서고자 하는 것이다. 같은 맥락에서 그는 과거에 저질러진 인종차별의 범죄와 관련하여 백인에게 죄의식이 형성되기를 바랄 권리도, 선조들이 겪었던 고통에 대하여 보상을 요구할 권리도 의무도 흑인에게 없다고 천명한다.

흑인에게 유색인으로서의 임무도 없고, 또 백인이 져야 할 짐도 없다면, 더 나아가 흑인에게 "흑인이어야 할 의무도 없다면" 파농이 지향하는 바는 무엇인가? 부정을 넘어선 보편성의 가치다. 파농의 표현을 직접 들어 보자.

나는 역사의 죄수가 아니다. 나의 운명이 갖는 의미를 그곳에서 찾아서는

---

62 Ibid., p.109(114).
63 Ibid., p.187 · 186(206 · 204).
64 Ibid., p.184(202).

안 된다.

진정한 도약은 창의성을 존재 내로 들여오는 것임을 나 자신 명심해야
한다.

내가 지향하는 세상에서 나는 자신을 끊임없이 창조한다.[65]

이처럼 결론에서 파농은 과감한 '행동'을 통해 자신이 더 이상 '과거의
나'에 묶이지 말 것을, 아직 실현되지 못한 '미래의 나'가 되기 위해 도
약할 것을 역설한다. 자유로운 보편인이 되고자 하는 이 욕망에 관해
메미는 파농이 마르티니크인으로서의 정체성을 버렸기 때문에 그에게
보편인의 욕망만이 남은 것이라고 비판한 바 있다.[66] 메미의 비판에 다
소 과한 면이 있기는 하지만, 훗날의 파농에게 있어서 조국 마르티니크
를 변모시키려는 열정이 보이지 않았던 것은 특기할 만하다.

위 인용문에서 등장하는 핵심어인 "자유", "선택", "책임", "창조",
"지양", "도약"은 실존주의 철학의 핵심어이다. 이 유럽의 철학에 의하
면 인간의 본질은 자유이다. 사르트르는 존재를 즉자(卽自, en soi)와 대
자(對自, pour soi)로 나누었다. 즉자는 자체로서 있는 사물, 의식이 없는
사물이다. 대자는 스스로 존재하지 못하고 즉자에 의존하는 존재, 그러
나 자기의식을 가지고 있는 존재이다. 대자인 인간의 본질은 자유이고,

---

65 Ibid., p.186(204).
66 메미에 의하면, 프랑스를 떠나기로 마음먹은 파농이 서인도제도로 돌아가 조국의 변화
를 위해 지속적으로 노력하지 않았던 것은 변화를 바라지 않는 서인도제도인들에게 실망
했기 때문이었다. 파농은 알제리에 대해서 특별한 관심을 가지고 있지도 않았다고 한다.
파농은 처음에는 아프리카에서 진료를 하고 싶어 했으나 갑자기 마음을 바꾸어 알제리
행을 선택했다고 한다. Albert Memmi etc., "The Impossible Life of Frantz Fanon",
The Massachusetts Review 14.1, 1973, pp.9~39 참조.

이를 달리 표현하면 주어진 것에 만족하지 않는 부정(否定, négation)이다.[67] 그러나 자유는 항상 선택을 동반하기에, 이 고뇌에 찬 상황을 피하고 즉자적인 안정을 취하고자 하는 경향이 인간에게는 있다. 스스로의 본질을 속이고 즉자적 존재에 안주하는 것을 사르트르는 "자기기만"이라고 불렀다. 파농이 위 인용문에서 "내가 지양하는 세상에서 나는 자신을 끊임없이 창조해야 한다"고 주장했을 때 그는 '과거의 나'이기를 거부하고 '미래의 나'를 지향할 것을 역설하고 있다. 사르트르도 인간은 "자신이 아닌 존재인 동시에 자신인 존재가 아니다"는 말로 같은 내용을 표현한 바 있다. 즉, 기투(企投)를 통해 나은 세상으로 도약하려는 인간에게 있어 과거의 나는 "이미 자신이 아니며" 그가 지향하는 미래의 나는 "아직 되지는 못한 자신"인 것이다. 이러한 인간의 상황을 사르트르는 "무"라고 불렀다.[68]

파농은 피해 의식과 열등 의식으로부터의 자유뿐만 아니라, 흑백의 갈등과 증오로 얼룩진 역사로부터의 자유를 역설한다. 이는 흑인해방운동이 편도 여행이어야 함을 주장하던 것과는 정반대의 내용이다. 흑백 간의 인정 투쟁이 결코 쉽사리 초월 / 지양되어서는 안 될 성질의 것

---

67 "나의 의식은 육신으로부터, 다른 인간존재가 자신의 가능성으로 투사하는 그 가능성을 부정함으로써 스스로를 구성한다. 그러한 이유로 해서 그것은 세상에서 하나의 아님(Non)으로 일어서야 한다. 노예가 주인을 처음 인식할 때도 이 아님으로써이다." Jean-Paul Sartre, *L'être et le néant : Essai d'ontologie phénoménoulogique*, Paris : Gallimard, 1976, p.81.

68 "인간존재는 자기 자신의 무이다. 존재한다는 것은 대자가 그 자신인 즉자를 무화시키는 것이다. 이러한 상황에서 자유는 무화 이외의 아무것도 되지 못한다. 대자가 본질로서의 존재를 탈출하는 것은 자유에 의해서이다. …… 대자가 그 자신의 모습이어야 한다는 말이나, 그것이 자신의 모습이 아니면서, 또 자신이 아닌 모습이라는 말이나, 실존이 본질에 선행하고 규정짓는다는 말은 …… 모두 같은 말, 즉 인간이 자유로움을 인식하고 있다는 뜻이다." Ibid., pp.483~484.

이라는 주장, 그래서 온전히 흑인의 힘으로 인정을 받아 낼 때까지 투쟁의 고삐를 조금도 늦추어서는 안 된다는 주장이 모두 폐기되고, 스스로를 실존 속에서 새롭게 창조해 내어야 할 '사르트르적인' 지상과제만이 남아 있음을 파농이 천명하기 때문이다.

인종적인 차이를 잊고 "타자를 그냥 만지고, 느끼고, 발견해 보자"[69]는 파농의 촉구는 분명 흑백의 고통스러운 갈등을 넘어서는 놀라운 초월적인 비전이기는 하나, 문제는 현실의 역사가 이러한 비전이 군홧발에 무참히 짓밟혀 왔음을 증언하고 있다는 데 있다. 이러한 추상적인 비전이 사르트르가 꿈꾸었던 흑백의 갈등을 넘어서는 '사회주의적 비전'과 어떤 점에서 다른 것인지, 어떤 점에서 파농의 비전이 사르트르를 비판받게 했던 보편성의 논란에서 자유로울 수 있는지 선뜻 대답하기가 힘들다. 목표의 실천을 위해서나 이론적인 일관성을 위해서나 파농은 "상황을 넘어서는 추상적이고 보편적인 자유의 이름으로 [네그리뒤드]를 종국적으로 포기하지 말았어야 했다"[70]는 주장이 나오는 이유도 여기에 있다.

아마도 이 초월적 비전을 구체적으로 실현할 방도를 찾는다면 파농의 박사학위 논문이 아니라 그의 후기작 『대지의 저주받은 자들』을 들여다보아야 할 것이다. 두 저서의 출판이 10여 년을 격하고 있고, 파농의 첫 저서가 주로 정신분석학적인 논문인 반면, 『대지의 저주받은 자들』은 실천을 염두에 둔 논조라는 점에서 이 둘은 상당히 다르다. 그리

---

69 Frantz Fanon, *Peau noire, masques blancs*, p.188(206).

70 Sonia Kruks, "Fanon, Sartre, Identity Politics", *Fanon : A Critical Reader*, Lewis R. Gordon etc. eds., Oxford : Blackwell, 1996, p.132.

고 이렇게 다른 만큼 초기의 논문이 결여한 부분을 후기의 저작이 채워주는 부분이 있다고 여겨진다. 물론 이러한 시각은 그의 후기작을 함께 고려했을 때의 이야기이고, 『검은 피부, 하얀 가면』만을 고려했을 때, 파농의 초월은 여전히 문제로 남는다. 네그리튀드 운동가들과 사르트르를 함께 묶어 통렬히 반박하던 그의 목소리가 아직도 독자의 귀에는 쟁쟁하기 때문이다. "보편성을 추구하다니!". "눈을 아직 채 뜨지도 않았는데 보편성에 나를 함몰시키기를 원한다고?" 자신이 비판하였던 사르트르의 실존적 언어로써 마니교적 이분법이 지양된 세상을 그려내고 있다는 점에서, 파농의 이 질문은 파농 자신에게도 적용된다. 알제리의 해방을 위해 몸을 던진 파농의 용기에 대한 경의에도 불구하고 이 저작의 결론이 마음 편하게 다가오지 않는 이유가 여기에 있다.

9장

파농과 페미니즘

백인 여성의 성 심리에 대한 우리의 결론을 마지못해 인정하는 이들이 유색인 여성에 대하여 우리에게 물이 올지도 모르겠다. 나는 이에 대해 알지 못한다.

—파농, 『검은 피부, 하얀 가면』

지금까지 아무도 답을 못했고, 여성의 영혼에 대해 30년이나 연구를 하였지만 나도 해결하지 못한 큰 문제는 "여성이 무엇을 원하는가?" 이다.

—프로이트, 1953

파농의 탈역사성

파농을 옹호하는 비평가들의 일반적인 견해는, 그가 흑인의 해방을 외쳤을 때 이 '흑인'의 범주에 당연히 흑인 여성들도 포함되었다는 것이다. 본 연구가 흑인들의 해방을 위하여 파농이 기울인 노력에 의문을 제기하는 것은 아니다. 그러나 식민주의가 흑인들에게 미친 심리적인 영향을 연구하기 위해 파농이 구축한 분석적 틀에서 흑인 남성과 흑인 여성이 동일한 비중으로 다루어지는지, 혹은 흑인 여성이 흑인종으로서뿐만 아니라 여성으로서의 갖는 사회적·문화적 특수성이 적절히 고려되는지에 대해서는 질문을 제기할 바가 있다는 전제에서 본 연구는 출발한다. 또한 파농의 분석틀에서 백인 여성은 어떠한 위치를 차지하는지에 대한 문제 제기도 가능할 것이다.

여성주의적 관점에서 고려해 볼 수 있는 이 문제는 파농의 저서 중에서도 문제작으로 꼽히는 『검은 피부, 하얀 가면』뿐만 아니라 『혁명의 사회학』과 『대지의 저주받은 자들』에 대해서도 제기 가능하다. 파농에 대한 페미니스트 학자들의 초기 비판은 1975년에 출간된 수전 브라운밀러의 『우리의 의지에 반하여』[1]로 거슬러 올라간다. 페미니스트들의 파농 연구는 1990년대에 접어들면서 '봄'을 맞이하게 된다. 몇 가지 대표적인 예만을 들면, 1990년에 발표된 엘리-뤼카의 논문, 1991년에 출간된 메리 돈의 논문이 있으며,[2] 이어서 매클린톡, 버그너(Gwen Bergner),

---

[1] Susan Brownmiller, *Against Our Will : Men, Women and Rape*, New York : Simon & Schuster, 1975.

퍼스(Diana Fuss), 초우(Rey Chow), 영(Lola Young) 등이 이 논의에 뛰어들었다.

『검은 피부, 하얀 가면』에서 파농은 타 인종에 대한 성적 판타지나 성 폭력의 문제를 심리적으로 분석하는 데 많은 지면을 할애하였다. 그러나 엄밀히 말하자면, 파농은 이 저서에서 아프리카 알제리나 마르티니크의 흑인 '여성'들이 겪어야 했던 신체적 폭력과 그것의 정신적·사회적 함의에 대해서는 논의하지 않았다고 말하는 편이 옳다. 그의 주된 관심이 흑인 남성과 백인 여성 간의 성적 관계요, 그 관계에 대한 판타지가 갖는 정치·사회적 함의였기 때문이다. 흑인 여성과 백인 남성의 성적 관계에 대해서 논할 때에도 파농의 관심은 흑인 여성이 백인이 주인인 사회에서 당했던 폭력에 대해서는 논의하지 않는다. 대신 그는 흑인 여성들이 백인 남성들에 대해 갖는 선망의 심리를 분석하고 이를 질타하는 데 주력한다는 인상을 준다.

『검은 피부, 하얀 가면』에서 파농이 분석 대상으로 삼은 텍스트 중 하나는 마르티니크 출신의 마요트 카페시아(Mayotte Capécia, 1916~55)가 1948년에 출간한 『나는 마르티니크 여성이다(*Je suis martiniquaise*)』이며, 또 다른 하나는 동일 작가가 2년 후에 출간한 『백색 흑인 여성(*La Negresse blanche*)』이다. 이 중 첫 소설은 작가에게 흑인 여성으로서는 처음으로 저명한 앙티유 문학 대상을 수상하는 영광을 안겨 주었다. 이 소

2 Marie-Aimée Helie-Lucas, "Women, Nationalism, and Religion in the Algerian Liberation Struggle", *Fanon : A Critical Reader*, Lewis R. Gordon etc. eds., pp.271~282; Mary Anne Doane, "Dark Continents : Epistemologies of Racial and Sexual Difference in Psychoanalysis and the Cinema", *Femme Fatales*, Mary Anne Doane ed., New York : Routledge, 1991, pp.209~248.

설에 대한 파농의 평가는 간단명료하다. 이 책은 "건전하지 못한 행동을 권장하는 삼류 작품이다."[3] 그 이유는, 파농의 표현을 빌리면, 자신이 백인 남성과의 결혼만을 원했다는 고백, 그리고 백인 남성의 눈에 유색인 여성이 수치스런 존재로 보인다는 사실을 알고 있다는 여주인공의 고백이 소설에서 결말로 제시되기 때문이다.

파농의 시각에서 보았을 때, 주인공이자 작가인 카페시아는 흑인 여성의 삶에 대하여 올바른 상을 제시하지 못했다. 백인 남성을 주인으로 모시며 누리게 되는 "약간의 백인성"을 대가로 모든 것을 기꺼이 내어주는 유색인 여성을 그려냈기 때문이다. 할머니가 백인이라는 사실을 발견하고 기뻐한다든지, "백인, 푸른색 눈을 한 금발머리 백인, 프랑스인 외에는 어느 누구도 사랑하지 않을 것"[4]이라고 다짐하는 주인공의 백인 선망(羨望) 심리가 아프리카의 문화적 뿌리를 자랑스럽게 여긴 네그리뒤드 운동가들뿐만 아니라 파농 같은 이가 보기에 꽤 수치스러운 것이었을 것임을 추측하기란 어렵지 않다.

카페시아의 소설이 "건전하지 못한 행동을 권하는 삼류 작품"임을 입증하기 위해 파농은 주인공의 행동에 숨겨진 동기를 분석한다. 파농이 주목하는 사건들 중에 잉크병 사건이 있다. 백인 급우가 자신을 흑인이라고 깔보았을 때 어린 카페시아는 잉크병을 들어서 그의 머리 위에 내용물을 부어 버린다. 그리고는 "이것이 백인들을 흑인으로 만드는 나의 방식이었다"[5]고 회고한다. 이에 대한 파농의 분석을 보자.

---

3   Frantz Fanon, *Peau noire, masques blancs*, p.34(25).

4   Mayotte Capécia(Lucette Ceranus), Beatrice Stith Clark trans., *I am a Martinican Woman & The White Negress*, Pueblo Colorado : Passeggiata Press, 1997.

5   Ibid., p.30.

처음부터, 5살 때부터, 그녀의 책 3쪽부터, 마요트에게 문제가 생겨나는 방식이 이랬다. "그녀는 책상에서 잉크병을 들어 그의 머리 위에 부어 버렸다." 이것이 백인들을 흑인으로 만드는 그녀의 방식이었다. 그러나 그녀는 곧 이러한 시도가 얼마나 헛된 것인지를 알게 되었다. 그리고 유색인 여성에게는 인생이 힘든 것임을 말해 주는 어머니와 루루즈가 있었다. 그래서 그녀가 더 이상 세상을 검게, 흑인의 것으로 만들 수 없었을 때, 그녀는 몸과 마음으로 세상을 희게 만들려고 노력하게 된다. 그래서 우선 세탁부가 된다. "나는 값을 높게, 어느 곳보다 비싸게 책정했다. 그러나 다른 사람들보다 일을 더 잘했고 포르-드-프랑스에서 사람들은 리넨이 깨끗한 것을 좋아했기 때문에 내게 일을 맡겼다."[6]

위에서 고딕체로 강조된 내용은 카페시아의 치기 어린 행동을 파농이 분석한 것 같이 들린다. 이 소설을 읽지 않은 독자들에게는 영락없이 그렇다. 특히, 파농이 바로 그 앞의 문장은 인용부호로 처리하여 원전에서 옮겨 왔음을 분명히 하는 반면, 그다음의 문장은 인용부호 없이 들려주고 있음을 고려할 때 더욱 그렇다. 그러나 이 문장은 사실 카페시아의 진술로서, 자신의 행동을 스스로 분석한 것이다. 파농이 이 소설의 분석에 정작 기여하는 바는, 밑줄 친 부분, 즉 카페시아가 세탁부 직업을 선택한 동기에 대한 설명 부분이다. 즉, 주인공이 세탁 일을 통해 "검은 세상을 백색으로 만들려는" 시도를 하였다는 것이다.

현실적인 차원에서 고려되었을 때 카페시아가 세탁부를 선택하게

---

6   Frantz Fanon, *Peau noire, masques blancs*, p.36(28). 강조는 필자.

된 데에는 무엇보다도 집을 뛰쳐나온 후 갖게 된 생존의 욕구, 즉 경제적인 자립의 필요성이 응당 있었을 것이다. 물론 상징적인 차원에서 보았을 때, 인종 차별로 더러워진 세상을 깨끗하게 만들고 싶은 욕망도 포함될 수 있을 것이다. 아니면 이 모두가 복합적으로 작용하였을지도 모르겠다. 그러나 파농의 분석에는 오직 하나의 선택지 밖에 없다. 그것은 백인의 특권에 대한, 백색의 세상에 대한 주인공의 선망이다. 그러니 카페시아에 대한 파농의 분석은 어쩌면, 주인공의 정신세계를 추동하는 다른 동기나 다른 욕망의 가능성을 배제하고 싶은 파농 자신의 욕망을 드러내고 있는지도 모르겠다. 이어서 제기될 만한 질문은 '왜 파농은 여주인공의 심리 분석에서 경제적 생존이라는 현실적인 동기를 배제하게 된 것일까?'이다.

위의 질문에 대답하기 전에 카페시아의 직업 선택에 대한 파농의 분석이, 그가 항상 주장하는 '정신분석학의 정치학'이나 '경제학'에 얼마나 부응하는 것인지를 알아보자. 앞서 논의한 바 있듯, 파농은 식민지 마르티니크에서 흑인들이 겪는 심리적인 문제를 올바르게 이해하기 위해서는 이를 오이디푸스 콤플렉스 같은 성(性)적인 차원, 즉 순수하게 개인적이고도 사적인 차원이 아니라 정치적·경제적 차원에서 분석해야 함을 역설한 바 있다. 개인의 정신적인 문제에서 구조적인 원인을, 즉 식민지 상황이 배태한 정치적이고도 경제적인 동인(動因)을 찾아내야 한다는 것이다. 이러한 주장으로 인해 파농은 프로이트의 심리학을 인종화시켰다는 인정을 받게 되지만, 이러한 안목이 카페시아의 경우에 작동하지 않는다. 파농이 충분히 고려하지 못한 문제는 카페시아의 직업 선택이 그 자체로 '이미' 사회적인 행위요, 경제적인 행위라는 점이다. 파농은 이처럼 명백히 경제적인 행위를 있는 그대로 읽는 대신, 이를 병리적인 현상으로 선(先)규정한 후 정신분석학적인 관점에서 설명하려 한다. '탈색'의 욕망이 전치된 경우로 해석하는 것이다. 이는 '정신분석을 정치화'하는 것이 아니라 '사회·경제적인 행위를 정신병리화'하는 것이다.

카페시아 당대의 하층민 유색인 여성들에게 어떠한 직업들이 가용했을까. 그들에게 어떤 선택권이 있었을까. 이러한 질문을 해보았다면, 마르티니크의 유색인 여성들에게 있어 세탁부 일이 욕망을 투사하는 대상이 아니라 생존을 위한 거의 유일한 방편이었을 것이라는 결론이 나왔을 가능성이 있다. 세탁부 일이 주인공의 어릴 적 친구 루루즈(Loulouze)가 도시 생활이 처음인 주인공을 위해 찾아 준 직업이라는 사실도 파농의 주의를 끌지 못한다. 이와 관련하여 페미니스트 비평가 롤라 영의 주장이 소개할 만하다. "[카페시아]가 세탁부 직업을 선택한 것에 대한 [파농]의 정신분석학적 설명은 노동의 성적 분업과 경제적 독립을 성취하려는 흑인 여성들에게 어떤 선택이 가능하였는지의 문제를 무시한 것이다."[7] 버그너도 유사한 맥락에서 파농을 반박하나 그 결은 다소 다르다. "[파농]은 여성들의 경제적·성적 선택이 물질적 현실과 관련이 없는 성애의 정신적 차원에서 유래하는 것으로 본다. 흑인 여성에 대한 이처럼 탈맥락화된 분석은 파농이 『검은 피부, 하얀 가면』 내부분의 지면에서 성공적으로 해체해 보이는 식민 담론의 구조를 아

---

7   Lola Young, "Missing Persons : Fantasising Black Women in *Black Skin, White Masks*", *The Fact of Blackness : Frantz Fanon and Visual Representation*, Alan Read ed., Seattle : Bay Press, 1996, p.91.

이러니컬하게 다시 만들어 내고 만다."[8]

파농에 대한 비판은 안드레이드의 글에서도 발견된다. 그는 파농이 카페시아의 텍스트에서 발견되는 심미적 거리를 무시하는 실수를 저질 렀음을 지적한다. 여기서 말하는 심미적 거리란, 작중 주인공과 작가 사이에서 발견되는 정서적 · 지적 거리 등을 의미한다. 주인공에게 도 덕적 흠결이 분명히 있거나 지적으로 성숙하지 못한 면이 있을 경우, 심미적 거리는 그런 주인공과 성숙한 작가 사이에서 흔히 발견된다. 안 드레이드를 직접 인용하면, "작가의 일인칭 서사를 흑인들의 소외에 대 한 명료한 패러다임으로 사용하며, 심지어는 그녀를 인종주의의 원조 격인 고비노에 비교하면서, 파농은 마요트 카페시아에게 혹독한 비판 을 퍼붓는다. 그의 독법은 작가와 그의 일인칭 서사 사이에 아이러니의 거리를 허용하지 않는다."[9] 여기서 고비노는 『인류의 불평등에 관한 에 세이』를 쓴 아서 드 고비노를 지칭한다. 백인과의 결혼을 통해 자손을 탈색화시키려고 시도하는 주인공은 고비노 같은 이가 제창한 인종적 불평등의 "과학 이론"을 유색인의 입장에서 옹호하려 한다는 인상을 준다. 이러한 "흑인종의 배반자"를 작가와 동일시함으로써 파농이 주

---

8 Gwen Bergner, "Who Is That Masked Woman? or, The Role of Gender in Fanon's *Black Skin, White Masks*", *PMLA* 110.1, Jan. 1995, p.83 · pp.75~88. 버그너의 이 글에 서 언급되는 식민 담론이 무엇을 의미하는지는 한번쯤 생각해 볼만한 문제이다. 카페시 아의 직업 선택을 근원적인 경제적 현실과 연결시켜 이해하지 못하였다는 점에서 파농의 분석에 문제가 있는 것이 사실이다. 그러나 버그너의 주장처럼 파농이 이를 현실과 유리 된 성애의 정신적 차원으로만 해석하였다는 것 또한 파농을 제대로 읽지 못한 결과이다. 세탁부가 되고자 하는 여주인공의 행동에서 파농은 자신과 세상을 백색으로 만들고자 하는 탈인종화의 동기를 읽어 내기는 했지만 성애적 차원에서 분석을 하지는 않는다.

9 Susan Andrade, "The Nigger of the Narcissist : History, Sexuality, and Inter-textuality in Maryse Condé's *Hérémakhonon*", *Callaloo* 1.61, 1993, p.219.

인공과 작가 사이에 있을 수 있는 아이러니의 거리를 무시했다는 것이 안드레이드의 주장이다.

파농을 옹호하는 진영 중 샤플리-화이팅은 이러한 주장에 대해, 작가와 주인공 모두 마요트 카페시아라는 같은 이름을 쓴다는 점에서 동일 인물이므로 안드레이드의 비판은 잘못된 것이라고 반박한다.[10] 작가와 주인공 모두 동일 인물이니 둘 사이에 어떠한 거리도 있을 수가 없다는 것이다. 이 반박은 두 가지 점에서 문제가 있다. 먼저, 이 반박이 옳으려면, 훗날 이야기를 들려주는 작가와 서사 속에서 재현되는 어린 시절의 자신 모두 정신적인 성숙도에서 다르지 않아야 한다. 그러나 그가 마르티니크에서 살았던 시점과 그 후 파리로 가서 섬 생활을 바탕으로 글을 쓰는 시점 사이에 적지 않은 시간이 흘렀다는 점을 고려한다면, 서사의 주인공과 작가가 완전히 동일한 수준의 정신세계를 공유한 것으로 보기는 힘들다.

또한 마요트 카페시아가 실명이 아니라 필명이라는 주장이 있는데 이러한 관점에서 보았을 때도 샤플리-화이팅의 반박은 문제적이다. 카페시아의 두 소설을 영어로 번역한 베아트리스 클라크의 조사에 의하면, 작가의 본명은 뤼세트 세라뉘-콩베트(Lucette Céranus-Combette)이다.[11] 뤼세트는 소설에서 묘사된 바와 달리 세 자녀를 두었고, 그녀의 쌍둥이 자매는 렌느(Reine)였다. 이처럼 새롭게 발견된 전기적 사실에 비추어 볼 때, 작가와 주인공이 모든 면에서 정확하게 일치하는 동일

---

10   T. Denean Sharpley-Whiting, *Frantz Fanon : Conflicts and Feminisms*, Oxford : Rowman & Littlefield, 1998, p.38.

11   Beatrice Stith Clark, Beatrice Stith Clark trans., Forward : An Update on the Author, *I am a Martinican Woman & The White Negress*, p.ix · pp.vi~xii.

인물임을 전제로 하는 해석은 설득력을 잃는다. 클라크의 이러한 발견은 크리스티안 마콰르(Christiane P. Makward)의 연구가 재확인해 준다. 이 후자의 연구에 의하면 세라뉘는 제3의 인물인 어떤 연인의 필사본을 창작에 활용하였고, 수 명의 대리 작가들을 이용하였다고 한다.[12] 이쯤 되면 작가 세라뉘와 주인공 카페시아를 동일 인물로 전제한 후 작가가 백인의 지위를 얻기 위해 동족 남성을 배반하였다는 논의나 유색인 여성으로서 바람직하지 못한 행동을 찬양하였다는 논의를 재고할 근거가 충분히 있지 않나 싶다.

주인공 카페시아를 비판함에 있어 파농이 충분히 고려하지 못한 또 다른 사항은 카페시아가 백인 남성과의 관계에서 보여주는 태도이다. 프랑스인 장교 앙드레(André)와 동거를 시작한 카페시아는 포르-드-프랑스 상류 사회의 사교모임에 자신을 데리고 가 달라고 고집을 부릴 만큼 허영심이 강한 인물이다. 이와 동시에 고려할 사실은 그녀가 앙드레에게 경제적인 빚을 지려 하지 않을 뿐만 아니라 오히려 그의 몫인 생활비까지 자신이 내려고 한다는 점이다. 하루는 앙드레가 생활비를 자신의 지갑에 몰래 넣어 둔 것을 발견한 카페시아는 분노하며 "나는 사랑과 봉사를 팔지 않는다"고 외친다. 자신과 앙드레의 관계가 성(性)을 사고파는 계약관계가 아님을 천명하는 것이다. 앙드레가 다이아몬드 반지를 선물하였을 때도, 카페시아는 이전에 루루즈가 성관계의 대가로 팔찌를 받은 것을 기억하고는 자신을 매춘부처럼 취급한다고 격하게 반응한다.[13] 앙드레의 사랑을 이용하여 금전적인 이득을 챙기든

---

12   Christiane P. Makward, *Mayotte Capécia, ou l'aliénation selon Fanon*, Paris : Karthala, 1999.

지, 계급적인 상향 이동을 꾀할 수도 있었으나 카페시아는 그렇게 하지는 않는다. 그녀가 여성 주체로서의 자립심이나 자존감을 보여주는 이러한 일화들을 고려할 때, "건전하지 못한 행동을 권장하는 삼류소설"이라는 파농의 비판은 주인공을 적과 아군이 피부색으로 구분되는 인종적인 전선(戰線)에만 세워 놓고, 백인 남성과의 동거는 곧 백색 진영에 투항하는 것으로 평가한 것이 아닌가 하는 생각이 들게 된다.

카페시아가 앙드레와의 관계에서 보여주는 경제 주체로서의 모습은 샤플리-화이팅 같은 비평가를 더욱 자기 확신에 빠지게 만든다. 카페시아가 앙드레에게서 원하는 것이 금전적인 이득이 아니라면 무엇인가? 샤플리-화이팅은 이 질문에 대한 대답이 파농의 분석에서 발견된다고 주장한다. "그녀가 원하는 모든 것은 자신의 삶에 있어 약간의 백인성이다."[14] 파농의 이 분석을 제시하며 샤플리-화이팅은 한 걸음 더 나아간다.

> 그녀의 동기는 정신적·실존적 콤플렉스를 드러낸다. [흑인을] 지독하게도 비인간화시키는 식민지에서 앙드레의 사랑이 마요트를 인간으로 만들어 주는 것이다. 그녀는 "스스로를 백인들과 동등하다고 볼 수 없다." …… 그녀를 사랑해 줌으로써 그는 마요트가 백인의 사랑을 받을 가치가 있음을 증명해 보이는 것이다. 그녀는 프랑스 여성처럼 사랑을 받는다. 그녀는 프랑스 여성이다.[15]

---

13   Mayotte Capécia(Lucette Ceranus), op. cit., p.118 · 116.

14   Frantz Fanon, *Peau noire, masques blancs*, p.34(25).

15   T. Denean Sharpley-Whiting, *Frantz Fanon : Conflicts and Feminisms*, pp.39~40.

이러한 논리에 따르면, 주인공 자신의 입으로 앙드레와의 관계가 경제적인 이득을 목적으로 시작된 것이 아니라고 하니, 이는 백인과의 관계에서 주인공이 갖고 있는 열등감을 더욱더 분명하게 증명하는 셈이 된다. 그러한 점에서 이 소설이 "건전하지 못한 행동을 권장한다"는 파농의 판단이 옳다는 것이다.

샤플리-화이팅의 이러한 논지는 설득력이 있다. 본 연구서가 제기하는 주장도 실은 여기에 있다. 카페시아처럼 자립심이 강한 여성도 인종적인 열등감에서 자유로울 수 없다는 것, 그래서 경제적 주체로 설 수 있게 된 이후에도 백인의 삶을 갈망하게 되고, 백인의 아이를 낳고 싶은 욕망을 갖게 되는 것이 바로 식민지 피지배자의 정신세계의 한 단면이라는 것이다. 이것이 식민지에서 행해지는 차별과 억압이 개인의 무의식에 남긴 상흔의 현주소라는 것이다. 그런 점에서 파농이나 샤플리-화이팅의 입장과 본 연구서의 입장이 근본적으로 다르지 않다.

본 연구가 동의하지 않는 점은, 식민지의 현실에 대한 이러한 안목을 작가 세라뉘는 가질 수가 없었고 파농은 가질 수 있었다는 샤플리-화이팅의 주장이다. 왜냐하면 백인 남성과의 동거를 통해 금기의 영역이었던 백인의 삶에 진입하기를 욕망하였지만 그러한 시도가 슬픈 실패로 끝나 버리는 주인공에 대한 묘사를 통해, 작가 세라뉘가 독자들에게 전달하고 싶었던 것이 바로 식민지 여성을 옥죄는 이러한 질곡의 삶에 대한 메시지가 아니라고 단정할 권리가 파농이나 혹은 그를 옹호하는 비평가에게 없다고 생각하기 때문이다. 즉, 백인의 삶을 추구하다 결국에는 버림받는 유색인 여성의 삶을 그려낸 작가가 이러한 비극적인 서사로부터 한 걸음 물러서서 주인공을 평가할 수 있는 지적인 능력이 없다고 단정할 권리가 독자들에게는 없다. 이 소설이 "가장 우스꽝스러운 생각들이 멋대로 펼쳐지는 자신의 인생에 관한 202쪽"[16]이라고 단정할 권리가 비평가 파농은 물론이요, 정신분석가 파농에게도 없다고 생각된다.

남성중심주의와 보편적 성(性)

앞서 '왜 파농은 카페시아에 대한 분석에서 다른 원인이나 동기의 가능성을 배제한 것일까?'라는 질문을 제기한 바 있다. 왜 파농은 주인공뿐만 아니라 작가 세라뉘의 정신도 백색 선망심리로만 채우고 싶었던 것일까? 카페시아의 정신세계를 분석하는 파농의 말을 들어 보자.

명백히 [카페시아]에게 흑백은 이세상의 양 극(極)을, 영원한 갈등 속에 놓인 극들을 뜻한다. 세상에 대한 진짜 마니교적인 인식이다. 자, 이제 말해 버렸다. 흑이냐 백이냐, 그것이 문제로다.

나는 백인이다. 달리 말하면 나는 결코 검었던 적이 없는 미와 미덕을 소유하고 있다. 나는 낮의 색이다.

나는 흑인이다. 나는 이 세상과 완전히 융합되어 있고, 대지와 공감하며 친화적인 관계를 맺고, 나 자신을 우주의 심연 속에서 잃어버렸다. 반면 백

---

16   Frantz Fanon, *Peau noire, masques blancs*, p.34(25).

인은 아무리 지적이라고 할지라도 루이 암스트롱이나 콩고의 노래를 이해할 수 없다. 내가 검은 이유는 저주 때문이 아니라 나의 피부를 바쳐 모든 우주적인 발산을 사로잡을 수 있었기 때문이다. 나는 진정으로 지구 속의 한 줄기 태양이다.[17]

위 인용문에서 파농은 마요트가 마니교적인 이분법의 세계에 살고 있다고 주장한다. 그리고 이 마니교적 세상은 흑백의 가치들이 서로 화해하거나 융합될 수 없는, 영원히 서로 투쟁하는 세상이다. 앞서 인용한 바 있듯, 이러한 분석은 왜 마요트가 검은색 잉크를 백인 급우의 머리 위에 부어 버렸는지, 왜 세탁부 직업을 선택하였으며, 왜 백인과의 삶을 그토록 갈망하였는지 등의 질문에 대하여 흑백 간의 권력 관계라는 측면에서 명쾌한 대답을 해주는 듯하다.

그러나 이 인용문을 자세히 읽어보면 사실 명쾌한 해결을 제공하는 만큼 문제적이기도 하다. 만약 마요트가 살고 있는 "검은 세상"이 파농의 설명과 다르지 않다면, 식민지 흑인들의 열등의식은 애초부터 존재하지 않았을 것이다. "우주와 교감하고 세상과 융합하며 대지와 친화적인 존재로서의 흑인." 이것이 마요트를 비롯한 흑인들과 그들의 세상이 보여주는 모습일까? 파농이 여기서 그려 보이는 흑인상은, 생고르 같은 네그리튀드 운동가들이 서구의 인종주의에 맞서기 위해 대항 담론으로 만들어 낸 흑인과 다를 바 없는 '신화'이지, 현실에 존재하는 흑인이 아니다. 심지어는 세제르 같은 이도 "우주의 영과 교감하는 흑인"의 개념

---

17   Ibid., p.36(27).

에 동의하지 않았음은 앞서 밝힌 바 있다. 마요트의 정신(병리)을 진단함에 있어 파농이 하필이면 형이상학적인 흑인론을 준거의 틀로 사용하는 것은, 식민지 피지배자에 대한 정신분석이 물질적인 현실에서 맥락화되어야 함을 주장하는 그로서는 실로 자기모순이 아닐 수 없다.

　마요트가 살고 있는 검은 세계는 파농이 그려내는 형이상학적 기운이 충만한 곳과는 아주 다른 곳이다. 그곳은 도덕적으로나 감성적으로 고양된 인간들이 우주와 교감하는 세계가 아니라 사기(詐欺)와 가난, 더러운 욕망이 어우러진 곳이다. 그 세계는 여성이 성을 대가로 남자 친구로부터 받은 금팔찌가 가짜임이 드러나고, 어머니를 잃은 12살의 소녀가 가정을 꾸려 나가야 하고, 아버지가 딸 또래의 소녀를 정부로 맞이하고, 그러면서 또 다른 소녀와 놀아나는 곳이다. 마요트가 끝내 가출을 하여 경제적인 어려움을 겪으면서 백인 남성과의 삶을 꿈꾸게 된 데에는, 여성의 목소리를 존중하지 않는 마르티니크의 가부장적 사회가 있다.

　가정을 돌보지 않는 무책임한 아버지 때문에 마요트는 자신에게 미래가 없을 것이라고 생각하고 때로는 낙담하며 때로는 분노한다. "내가 아무리 노력을 하더라도 나의 목소리에 귀를 기울이지 않은 것은 그의 잘못이었다. 부당하다는 생각이 나의 내면에서 자라났다. 내가 돈을 조금이라도 갖게 될까? 내가 결혼을 할 수나 있을까? 내가 행복해질 수 있을까? 이 질문들에 나는 이미 부성석으로 대답하기 시작했다." 탐욕스런 식민 사회에 대해서도 마요트는 다음과 같이 비판한다. "자연이 그토록 관대하게 제공하는 부를 사람들은 동료들이 즐기는 것을 금하였고, 정원을 울타리로 막았고, 모든 것을 상품화하였고, 대량으로 구매하는 사람들만 중시하였다."[18] 이러한 상황에서 유럽인 남성과의 삶은 마요트에게 방탕하고 탐욕스러운 가부장적 식민 사회로부터의 해방을 의미하였다.

마요트의 욕망을 분석하면서 파농이 내리는 진단을 요약하면, 유색인으로서 식민지 사회에서 내면화하게 된 열등의식이 그 이면에 있다는 것이다. 그리고 백인 남성들이 자신들과 결혼해 줄 수 있을지도 모른다는 여성들의 간절한 생각을 "거대한 망상"[19]이라 부른다. 그러나 파농의 이러한 진단은 마르티니크의 여성들을 남성들과 같은 위치, 즉 '유색인'이라는 탈성적(脫性的)인 보편인의 위치에 두고 있다는 점에서 문제적이다. 처음에는 남자 친구로부터 다음에는 아버지로부터 버림받은 루루즈나 남편의 뒤치다꺼리에 평생을 바친 마요트의 어머니, 마요트, 그리고 마요트의 새 어머니 레네리즈(Rènelise)의 상황이 보여주듯, 마르티니크의 유색인 여성들은 프랑스 제국의 지배뿐만 아니라 가부장제의 지배라는 이중의 멍에를 지고 있다. 그러나 유색인 남성들과 다를 바 없는 인종적인 열등의식이 이들의 "건전하지 못한" 행동을 추동하고 있다고 주장한다는 점에서 파농은 이들을 식민지의 '여성'이 아니라 식민지의 '피지배자'로 보았다. 사르트르는 『대지의 저주받은 자들』의 서문에서 유럽의 휴머니즘에서 인간성은 백인에게만 배타적으로 적용되는 것임을 비판한 바 있다. 서구의 식민 담론에서 백인이 인류의 보편자로 등장한다면, 파농의 정신분석론에서는 흑인 남성이 흑인종의 보편적인 성(性)으로 등장하는 것이다.

이러한 의구심으로 파농의 저작을 읽을 때 그의 언어 습관이 예사롭

---

18 Mayotte Capécia(Lucette Ceranus), op. cit., p.76.
19 Frantz Fanon, *Peau noire, masques blancs*, p.34(25).

게 다가오지 않는다. 『검은 피부, 하얀 가면』에서 파농이 일반인을 지시할 때 즐겨 사용하는 명사는 남성이며, 인칭 대명사도 남성이다. 유일하게 여성 주체의 욕망을 다루는 2장의 첫 부분에서도 보편자는 남성이다. "인간은 세상과 동료들을 향한 행위이다."[20] 사르트르를 연상시키는 유명한 이 첫 구절에서 파농은 남성 명사(L'homme)를 사용한다. 이처럼 특정한 성을 선호하는 언어 습관은 보편적·추상적 존재로서의 흑인을 지시할 때도 "le noir"나 "le nègre"라는 남성 명사를 사용하는 데서 드러난다. "흑인에게도 나라가 있다"[21]와 같은 문장에서 흑인이 남성 명사 "Le nègre"로만 표기되는 것이 그 예이다. 매클린톡의 표현을 빌리면, 파농에게 있어 "보편적 용어 흑인에는 여성이 포함되지 않는다. 여성은 남성의 부속물로 존재한다."[22] 곧 자세히 다루겠지만 이러한 경향은 파농의 두 번째 저작인 『혁명의 사회학』[23]에서도 다르지 않게 나타난다. 호미 바바는 파농의 언어 습관에서 발견되는 함의를 이렇게 요약한 바 있다. "파농에게 있어 '남성'이라는 말은 현상학적인 인간적 특질을 함축하는데, 이는 남성과 여성 모두를 포괄하는 것이다. 그리고 바로 그러한 이유로 해서 성차의 문제를 무시해 버린다."[24]

---

20 Ibid., p.33(24).
21 Ibid., p.140(150).
22 Anne McClintock, "Fanon and Gender Agency", *Rethinking Fanon*, Nigel C. Gibson ed., New York : Humanity Books, 1999, p.286.
23 Frantz Fanon, *Sociologie d'une révolution*, Paris : François Maspero, 1972. 영역본으로는 Haakon Chevalier trans., *A Dying Colonialism*, New York : Grove Press, 1965가 있다. 본 저서에서는 독자의 편의를 위해 앞으로 1972년판 프랑스 원본의 페이지 수에 이어 영역본 페이지 수를 괄호 안에 표기한다.
24 Homi Bhabha, "Remembering Fanon : Self, Psyche, and the Colonial Condition", *Rethinking Fanon : The Continuing Dialogue*, Gibson ed., p.195.

그뿐만이 아니다. 백인 남성하고만 결혼하기를 원했다는 카페시아의 고백을 읽을 때 "우리에게는 심란해 할 권리가 있다"[25]고 파농은 말한다. 유의할 점은, 이때 파농이 독자를 슬그머니 자신의 편으로 끌어들이고 카페시아를 "우리"라는 집단의 바깥에 세운다는 점이다. 파농의 이러한 배타적인 태도는 비평가 버그너의 시선을 피해 가지 못한다. "파농은 자신의 서사적 관점에서 카페시아를 배제시키며, …… 독자를 자신과 같은 남성적 주체 위치에 나란히 세우고, ― 백인 남성이 아니라 ― 흑인 여성을 악마적 타자로 만들고 만다."[26] 파농이 흑인 여성을 악마적인 타자로 만드는지는 모르겠으나, 적어도 파농의 정신 분석에서 일종의 편 가르기가 행하여지고, 이때 흑인 여성이 "우리"와는 이해관계가 다른 위치에 세워지고 있음은 분명하다.

　　파농의 언어에서 묻어나는 남성중심주의를 파농 당대의 사회적 관습의 탓으로 돌릴 수도 있겠다. 그러나 『검은 피부, 하얀 가면』에서 드러나는 여성의 성에 대한 파농의 관심을 남성의 성에 대한 관심과 비교할 때, 단순히 동시대의 사회언어학적인 경향으로만 치부할 수 없는 면이 있다. 이 저서에서 전반적으로 여성이 독자적으로, 즉 여성 주체로 고려되는 적이 없고, 항상 남성과의 성적인 관계에서만 다루어지기 때문이다. 그러다 보니 여성의 욕망도 항상 제한된 성적 경향, 즉 이성애적인 것으로 정의된다.[27] 이러한 시각에서 보았을 때 여성의 몸과 성은 백인 남성과 흑인 남성들 간의 권력 관계가 표출되는 장소로서만 의미

25　Frantz Fanon, *Peau noire, masques blancs*, p.42(25).
26　Gwen Bergner, op. cit., p.82.
27　Ibid., p.77.

를 갖는다. 백인의 권위에 대하여 흑인 남성이 보여주는 반발심이나 도전이, 백인 여성에 대한 욕망으로 전치되어 나타나는 것도 남성들 간의 권력 관계에 저당 잡힌 여성의 처지를 증명하는 것이다. 백인 남성들이 백인 여성을 "잠재적 성폭력범"인 흑인 남성들로부터 지켜야 할 대상으로 구축하는 것도 같은 맥락에서이다. 물론 파농의 궁극적인 목적이 흑인 여성에 대한 이 왜곡된 시각을 낳은 식민지의 상황을 비판하는 것임을 모르지 않는다. 그러나 이와 관련하여 반드시 지적되어야 할 문제는 흑인 여성의 욕망에 대한 그의 분석도 이 기성의 시각을 수용하고 있다는 점이다.

식민지 사회는 인종적인 이분법이 지배하는 세계이다. 그러한 사회를 진단함에 있어 파농이 마니교라는 이분법적인 분석틀을 사용하는 것은 합당하나. 문제는 인종적인 이분법이 식민지 사회를 바라보는 파농의 유일한 시각이라는 데 있으며, 이 시각으로 보았을 때 마르티니크 여성들이 처한 현실의 특수성이 보이지 않는다는 데 있다. 화해나 절충을 모르는 마니교적 이분법이 한편으로는 식민지 사회 마르티니크를 조직하는 법과 이념으로 작동하고, 그런 점에서 식민지 사회를 분석하기에 적합한 틀이기는 하지만, 다른 한편으로는 같은 시각이 식민지 현실이 초래한 정신적 병리 현상을 분석하는 파농의 시각마저도 구성하고 있다는 것이다 문제는 그러다 보니 유색인 여성과 흑인 남성의 차이도 삭제되고, 이는 다시 유색인 여성을 추동하는 심리적 욕구나 경제적 원인을 분석틀에서 배제하는 결과를 낳는 것이다. 앞서 제기한 질문 '왜 파농은 카페시아에 대한 분석에서 그녀에게 다른 동기가 있을 가능성을 배제하게 된 것일까?'에 대한 대답이 여기에 있다.

다르지 않은 맥락에서 흑인 여성과 혼혈 흑인 여성 간의 차이도 파농의 시각에서는 포착되지 않는 것으로 나타난다. 세라뉘의 주인공 카페시아도, 파농이 분석하는 또 다른 소설 『니니(*Nini*)』에 등장하는 주인공 니니도 혼혈 흑인이다. 아브둘라브 사디(Abdoulaye Sadji, 1910~61)의 주인공 니니는 자신에게 사랑을 고백하는 흑인 남성에 분개한다. 평소 백인과 동일시하던 주인공이었기에, 자신에게 구애하는 흑인 남성들에게 히스테리컬하게 반응하는 것이다. 이 유색인 여성의 심리는 파농의 분석에서 조소적으로 그려진다. 파농의 표현을 직접 빌자면, "물라토 여성이 흑인 남성과 결혼하는 것보다 더 비논리적인 것이 어디 있는가? 이것이 인종을 구원하느냐 마느냐의 문제임을 여러분들은 반드시 이해해야 한다."[28] 독자의 이해를 촉구하는 듯한 이 문장이 실은 반어법의 형식을 빌고 있다는 사실은 파농의 반응이 다분히 감정적인 것임을 반증해 준다.

엄격히 말하자면, 물라토는 혈통적으로 흑인에 속하는 만큼 백인에도 속한다. 그러나 이들이 백인과의 삶을 꿈꿀 때 파농은 이들이 자신의 나라에, 동료 흑인들에게 등을 돌린다고 비판한다. 이들이 흑인과 동일시하면 건전한 행동을 하는 것이고, 백인과 동일시하면 건전하지 못하다는 기준은 어디서 나오는 것인가? 식민지에서 지배 민족과의 동일시를 일종의 부역 행위로 간주하고 이를 비판하는 것이 이해가 되지 않는 바가 아니다. 그러나 문제는 혼혈 흑인 개개인의 상황이 반드시 인종적 전선과 일치하지 않을 수도 있다는 데에 있다. 카페시아와 그의

---

28 Frantz Fanon, *Peau noire, masques blancs*, p.44(38).

어머니가 그런 경우인데, 캐나다계 백인인 외할머니가 마르티니크 남성과 사랑에 빠지게 되었고, 그 결과 카페시아의 어머니가 태어났다. 그러니 백인과 살고 싶은 카페시아의 욕망을 부역으로 간주하는 것은, 혼혈 흑인은 식민지에서 흔히 벌어지는 강압적인 성관계의 산물이라는 공식이 은밀히 작용한 결과이다. 혼혈 흑인을 자동적으로 피지배자이자 희생자 집단에 소속시키는 것이다. 이러한 관점에서 보았을 때 백인과의 동일시 욕망은 흑인으로서의 정체성을 버리는 배신이요, 아프리카라는 정신적 뿌리로부터의 소외를 자초하는 행위인 것이다. 이처럼 파농의 분석틀에는 흑인 여성의 범주만 있을 뿐, 혼혈 흑인 여성이 없다. 이들이 존재한다면 그것은 흑인 여성의 의미 없는 하위 범주로서일 뿐이다. 유럽의 백인들이 흑인들을 식민화하였다면, 파농의 대항 담론에서는 흑인들이 혼혈인들을 식민화한다.

주목할 사실은 마요트 같은 여성을 묘사할 때 파농이 사용하는 언어가 객관적이고도 분석적이라기보다는 다분히 감정적인 요소를 갖고 있다는 점이다. 파농은 백인 남성과의 로맨스를 욕망하는 앙티유 유색인 여성들을 "백인을 찾는 데 환장한" 여성들이라고 부른다. 이들이 탈인종화를 위해서는 무슨 일이라도 할 준비가 되어 있으며 이들의 "증상"을 "구역질나는 현상"이라고도 부른다. 심지어 세라뉘의 두 번째 소설 『백색 흑인 여성』에 대한 분석을 하다가 파농은 한 각주에서 작가가 "아둔한 짓들"을 그만 저지를 것을 촉구하며 다음과 같이 말한다. "평화롭게 떠나시오, 비방하는 소설가여. 사람들은 당신의 무기력한 500쪽을 넘어서 항상 마음에 도달하는 정직한 길을 찾을 것이오. 당신이 뭐라 해도."[29] 이쯤 되면 정신분석학자의 진단이 아니라 날선 인신공격이다. "비방하는 소설가(éclaboussante romancière)"에서 "éclaboussante"은 남에게 흙탕물을 튀긴다는 뜻이다. 즉, 중상모략으로 타인의 인격에 해를 가한다는 뜻인데, 작가 세라뉘가 누구의 인격을 살해하였다는 것인가? 파농이 여기에서 피해자로 지목하는 이는 흑인 남성들이다. 세라뉘의 작품에서 바람직한 흑인 남성상이 제시되지 않았음을 지적한 것이다. 이러한 관점에서 본다면 많은 페미니스트 작가들이 부역을 했다거나 민족에 불충하다는 비판으로부터 자유롭지 못할 것이다.

파농의 남성 욕망론

반면 흑인 남성의 욕망에 대해 파농은 어떤 태도를 보이는가? 『검은 피부, 하얀 가면』에서 그가 선택하는 주요 텍스트는 르네 마랑의 소설 『다른 사람들과 같은 남자』이다. 주인공에 대한 심리분석을 하기 전에 파농은 자신의 고백을 들려준다. 3장의 첫 부분을 인용해 보면, "나의 영혼 검디검은 곳으로부터, 등고선 같은 기복을 통과하여 갑자기 백인이 되고 싶은 욕망이 솟아난다. 나는 흑인이 아니라 백인으로 인정받고 싶다." 1인칭 화자의 사용에서 알 수 있듯, 파농은 사뭇 진지한 자기 고백조로 설명을 시작한다. "영혼의 검디검은 곳" 같은 표현도 이 고

---

29   Ibid., p.39(31)・38(30)・42(35).

백에 실존적인 진지함을 부여하는 장치이다. 이러한 장치를 사용함으로써 파농이 의도하는 효과가 독자와의 공감을 이끌어 내는 것임은 두말할 필요가 없다. 파농은 이어 백인 여성과의 관계를 통해 백인의 인정을 받고 싶어 하는 흑인 남성의 행동을 "헤겔이 설명하지 않았던 인정의 형태"[30]라고 부르며, 흑인 남성의 욕망에 철학적 아우라를 부여한다.

이러한 배려는 마랑의 소설을 분석할 때도 계속된다. 소설의 주인공 장 브뇌즈는 유럽인으로 자라났지만 피부색 때문에 유럽 사회에 소속될 수 없다. 또한 흑인이지만 고향을 일찍 떠났기 때문에 흑인들을 이해하지 못한다. 이러한 이중의 문화적 소외로 인해 그는 백인 여성과의 연인 관계를 발전시키는데 어려움을 겪는다. 문제는 상대방이 그의 사랑을 받아들인 후에도 그의 정신적인 문제가 멈추지 않는다는 데 있다. 왜냐하면 자신이 내면화한 열등의식을 스스로 없앨 수 없기 때문이다. 장의 정신적인 문제를 파농이 어떻게 보는지 살펴보자.

무엇보다 그는 다른 사람들에게 자신이 인간임을, 그들과 같음을 증명하기를 원한다. 그러나 오해하지 말도록 하자. 확신을 시켜야 할 사람은 장 브뇌즈 그 자신이다. 그의 불신은 자신의 영혼 깊은 곳에, 어느 유럽인 못지않게 복잡한 영혼의 깊은 곳에 놓여 있다. 이 표현을 용서해 주기 바란다. 그렇지만 장 브뇌즈는 도살당할 사람이다. 우리는 최선을 다해야 한다.[31]

---

30 Ibid., p.51(45).
31 Ibid., p.53(48).

인용문에서 파농은 쟝을 희생양에 비유한다. 이 비유에 의하면 쟝의 심리를 파헤치는 것은 그의 인격을 살해하는 행위이다. 개인의 내밀한 세계, 그의 심층심리에 숨겨진 문제나 욕망을 백일하에 드러내는 것이 주체로서의 존엄함이나 고귀함을 손상하는 것이라는 생각이 드러난다. 얼마나 배려 깊은 행동인지. 그러나 백색 욕망을 가진 혼혈 흑인 여성에 대한 그의 경멸에 찬 태도와 비교할 때, 또한 얼마나 차별적인지.

파농은 쟝을 "어느 유럽인 못지않게 복잡한 영혼을 가진" 인물로 간주한다. 그 이유가 무엇이 되었든지 간에, 즉 쟝이 유럽의 교육을 받았기 때문이든지, 아니면 쟝을 비롯한 모든 흑인들이 유럽인 못지않은 복잡한 영혼이기 때문이든지 간에, 이러한 사려 깊은 대우를 카페시아는 받지 못하였다. 카페시아와 그의 동류들은 "약간의 백인성"을 얻기 위해 무엇이든 할 준비가 되어 있는 "환장한" 여성들로 진단되었기 때문이다. 흑인 남성이 백인 여성에 대해 욕망을 느끼면, 파농은 이를 헤겔이 말한 인정 투쟁의 변종으로, 혹은 "진정한 남성성"을 취득하기 위한 "통과의례"[32]로 보았다. 반면, 흑인 여성이 백인 남성과의 로맨스를 꿈꾸면 이는 "백인에게 환장한" 꼴불견이요, 자신의 나라에 등을 돌리는 배신행위인 것이다. 영이 주장하듯, 이러한 차별은 궁극적으로 생리적인 기능 차이가 낳는 결과에 대한 두려움 때문인가? 즉, 아기를 낳을 수 없는 흑인 남성은 자신이 속한 인종을 백색화할 위험이 없는 반면, 흑인 여성의 경우는 그럴 수 있기 때문인가?[33]

파농은 종국에는 쟝의 심리적인 문제가 흑백의 관계에서 유래하지

---

32   Ibid., p.58(54).
33   Lola Young, op. cit., p.93.

않는 것으로 진단함으로써 독자를 혼란 속에 빠트리기까지 한다. 백인 여성에 대한 유색인 남성의 욕망을 다루겠다고 선언해 놓고서, 또한 이 장의 제목도 그에 걸맞게 "유색인 남성과 백인 여성"으로 정해 놓고서, 주인공의 심리분석에 그토록 공과 시간을 들인 후 파농이 마침내 내리는 결론은 쟝이 "흑백 간의 경험을 대표하지 않는", "우연히 흑인이었을 뿐인 신경증 환자"[34]라는 것이다. 그의 신경증은 어린 시절 겪었던 유기(遺棄)의 경험이 주위의 사람들을 경계하고 의심하는 증세로 표출된 것이라는 것이다. 파농의 이러한 탈인종적인 진단은 흑인의 인종적 범주에서 완전히 벗어나고 싶은 쟝의 소망과 일치한다.

파농의 이러한 차별적인 진단은 적지 않은 페미니스트 비평가들의 반박을 초래하였다. 유색인 여성이 '백색의 가면'을 쓸 때 파농이 유독 신랄하게 비판한다는 주장은 비평가 돈의 글에서도 발견되는 것이다. 파농의 분석에서 "유색인 여성은, 마요트 카페시아는 그녀의 피부색이 아무리 하얗더라도 —타자가 되고 싶은 궁극적으로 무기력한 욕망으로서 드러나는— 흑인성의 대표가 된다. …… 백색의 가면은 유색인 여성의 경우 가장 눈에 띄며, 이 여성은 또한 모방에 훨씬 능한 것으로 비춰진다."[35] 카페시아와 쟝 간에는 어떠한 차이가 있는 것일까? 동일한 욕망을 가졌음에도 불구하고 무엇 때문에 두 사람이 차별적인 대우를 받는 것일까? 버그너는 둘 간의 차이를 "백인성을 싱취하는 방식"에 있다고 본다. "하층계급 흑인 여성으로서 카페시아는 성취하기 불가능한 백인성을 백인 남성과의 관계를 통해서만 넘볼 수 있는 반면, 브뇌즈는

---

34 Frantz Fanon, *Peau noire, masques blancs*, p.64(61).
35 Mary Anne Doane op. cit., p.220.

지성, 문화적 동화 그리고 계급적 특권을 통해 이미 성공적으로 백인 유럽인의 정체성을 내면화하였다."[36] 즉, 브뇌즈와 달리 카페시아가 백인의 지적 수준에 도달하기 위해서는 흉내에 의존하여야 했고, 이러한 가식 행위가 파농에게 비난의 표적이 되었다는 것이다. 이유가 어쨌거나 파농이 분석 대상인 흑인 남성들과 공감 관계를 형성하고 있는 것만은 부정할 수 없는 사실이라고 여겨진다. 그 자신 백인 여성과 결혼한 파농이기에 쟝이 겪고 있는 정신적인 고민은 제3자의 문제가 아니었을 가능성도 있지 않았을까.

파농의 정신 분석에서 흑인 남성이나 파농 자신이 차지하는 비중은 그의 유명한 일화인 자신의 타자성에 눈 뜨게 만든 백인과의 만남에서도 잘 드러난다. "엄마, 봐! 검둥이야. 나 무서워!" 이 만남은 공포에 떠는 백인 아이 못지않게 당사자인 파농에게도 충격으로 다가온다. 자신이 하나의 대상으로, 그것도 타자와의 관계에서 두려움을 주는 열등항으로 선(先)규정됨을 발견하기 때문이다. 파농은 이 일화를 통해 백인의 세상에서 주체가 아닌 객체로서 겪어야만 했던 고통을 다음과 같이 토로한다. "나는 사물의 의미를 발견하고, 세상의 근원을 파악하려고 욕망하는 영혼을 가지고 이 세상에 태어났으나, 여기서 나는 다른 객체들 중의 하나일 뿐이다."[37]

파농에 의하면 흑인은 아무리 발버둥을 쳐도 백인의 규정적인 시선을 벗어날 수 없다. 백인들은 흑인에 관한 무수한 서사들, 지엽적 사실들, 일화들을 유통시키면서 이로부터 흑인의 정체성을 만들어 내고 또

---

36   Gwen Bergner, op. cit., p.84.

37   Frantz Fanon, *Peau noire, masques blancs*, p.88(89).

이를 공고히 한다. 이러한 융단폭격과 같은 인종 담론에 노출된 흑인은 자신의 몸에 대하여 주체적으로 이해할 수 없다. 대신 그는 백인이 정해 준 개념들을 통해서 스스로를 이해하게 된다. 자신에 대한 대상화와 자기 부정이 자기 이해를 대신하게 되는 것이다. 파농이 자신의 몸에 대한 의식, 곧 자의식이 "3인칭 의식"이 되고 말았다고 말할 때 바로 이러한 자기타자화의 과정을 염두에 둔 것이다.

파농은 백인 모자와의 삼자대면에서 자신이 전일(全一)한 존재가 아니라 세 존재로 나뉘어 있음을 깨닫게 된다. 백인의 시각에 의해 삼중으로 대상화되는 것이다. 여기서 삼중의 대상화란 자신의 검은 몸, 그가 속한 인종, 그리고 그의 조상에 대한 백인의 담론을 의미한다. 파농의 표현을 빌리면,

나는 나의 몸에 대해서뿐만 아니라 나의 인종과 나의 선조들에 대해서도 책임을 지게 되었다. 나는 나 자신에게 객관적인 시선을 돌렸고, 나의 흑인성, 나의 인종적 특성들을 발견하였다. 식인제, 정신박약, 물신주의(物神主義), 인종적인 오명, 노예 상인들, 무엇보다, 그렇다 무엇보다, 씩 웃는 흑인의 표정을 담은 "이 아 봉 바나니아" 선전에 귀가 아프다.[38]

백인들의 인종 담론에서 이처럼 흑인은 백인이 지향하는 모든 가치들의 대적적인 지점에 서게 된다. 실제로 아프리카에서 식인제는 전쟁과 관련된 의식이라는 것이 밝혀진 사실이나, 백인의 담론에서 흑인은 인

---

38 Ibid., p.90(92).

육을 즐겨 먹는 존재로, 지능이 박약한 존재로, 우상을 섬기는 존재로
그려진다.

일상에서 피하려야 피할 수 없는 흑인에 대한 환원적 재현은, "이 아
봉 바나니아(Y a bon banania)"에서 잘 요약된다. "바나니아"는 20세기
초 니카라과를 방문한 저널리스트 라르데(Pierre Lardet)가 카카오 음료
제조법을 현지에서 발견한 후 프랑스에서 유행시킨 바나나 맛이 나는
초콜릿 음료이다. 처음에는 앙티유 흑인을 광고에 썼으나, 제1차 세계
대전의 발발과 함께 프랑스 사람들에게 그 모습이 익숙해지게 된 식민
지 세네갈 흑인을 광고에 쓰게 되었다. "이 아 봉"은 "맛있다" 혹은 "좋
다"를 뜻하는, 세네갈 흑인 군인들이 사용하는 피진(pidgin) 프랑스어
이다. 파농의 시각에서 이 광고를 보자면, 이 광고에서도 흑인은 세 가

지 존재로 나뉜다. 그는 한편으로는 바나나 / 카카오 음료의 판매 촉진을 위해 사용된 이국적인 상징으로, 또 다른 한편으로는 피진 프랑스어로 대화할 수밖에 없는 소통의 장애가 있는 인물로, 또한 인간의 다양한 기능과 재능 중에서도 단순히 먹는 기능으로 전락한다. 그의 모습이 만화에 등장하는 인물로 희화화되면서 식민지 출신의 흑인 군인은 개별성을 잃고 그의 존재감도 같이 사라지게 된다.

백인의 세계에서 흑인이 처하게 되는 상황에 대한 파농의 진술은 그 실존적 안목에도 불구하고 페미니스트 비평가들로부터 비판을 받게 됨은 앞서 논한 바 있다. 롤라 영은 파농의 정신분석에서 흑인 여성이 보이지 않음을 지적하며, 앞서 논의한 바 있는 흑백의 삼각 구도에서 등장인물을 바꾸게 되면 어떤 결과가 나올 것인가 질문한다.[39] 즉, 흑인 남성이 아니라 흑인 여성이, 백인 모자가 아니라 백인 부녀와 마주친다면 어떤 반응이 나오게 될까. 누가 공포에 떨게 되고, 상대방의 오금을 저리게 만드는 시선을 보내는 주체는 누구일까. 영에 의하면 이 새로운 삼각 구도에서 두려움에 떨게 되는 인물은 백인 소녀가 아니라 흑인 여성이며, 이 여성을 두렵게 하는 시선은 백인 아버지의 것이다. 공포에 휩싸인 이 흑인 여성이 소리라도 지를 수 있을까? 이러한 관점에서 보았을 때, 흑인 여성에 대해 백인 남성이 가지고 있는 판타지나 선입견을 파농이 다루지 않기로 한 것은, 백인 사회와 식민 사회 양 쪽에서 목소리를 박탈당한 흑인 여성의 곤경에, 이중의 억압에 기여하는 셈이 된다. 의도적이든, 그렇지 않든지 간에 말이다.

---

[39] Lola Young, op. cit., p.93.

파농의 여성 욕망론

파농이 여성에 대해 갖는 차별적 태도는 인종 간의 성폭력 문제에서도 드러난다. '식민지에서 일어나는 성폭력'이라고 하면 응당 떠오를 피해자와 가해자는 유색인 여성과 백인 남성일 것이다. 그러나 파농은 논의에서 이 전형적인 억압의 관계를 제외해 버린다. 대신 그가 의제로 삼는 것은 흑인 남성과 백인 여성이다. 백인 여성과의 관계에서 흑인 남성들이 어떤 위치에 세워지는지, 이러한 위치가 그들의 전인적인 인격을 얼마나 손상시키는 것인지에 논의를 집중한다. 실제로 일어난 성폭력 문제는 제쳐 두고, 흑인 남성을 백인 여성의 가해자로 상상하는 백인들의 피해망상을 다루는 것이다.[40]

파농이 공들여 분석하는 백인의 인종적 망상은 흑인 남성을 육체의 수준으로, 위협적인 성기(性器)의 수준으로 환원시키는 내용을 갖는다. 그에 의하면 백인 남성이 흑인 남성을 성범죄자로 상상하고 증오하는 이면에는, 백인의 무의식이 관여한다. 이를 설명함에 있어 파농은 다양한 이론적 경우를 제시한다. 첫 번째 경우는 성적 열등의식의 투사이다. 이에 따르면 백인 남성이 흑인 남성을 증오할 때, 흑인에 견주어 볼 때 자신이 느끼는 성적 열등감이나 무력감이 작용한다. 지치지 않는 정

---

40 식민지에서 흑인 여성이 겪는 폭력에 대한 파농의 무관심은 페미니스트 비평가들의 비난을 초래하였다. 브라운밀러가 최초로 포문을 열었다. 그녀의 표현을 빌리면, "정신분석 의사로서, 식민주의 연구자로서, 파농은 알제리와 앙티유에서 현지 여성들을 억압하는 수단으로서의 성폭력에 대한 연구에 독창적이고도 실질적인 기여를 할 위치에 있었다. 그러나 파농의 관심은, 그가 반복해서 다루는 (일종의 강박이 되어버린) 주제는 흑인 남성과 백인 여성이다." Susan Brownmiller, op. cit., p.250.

력을 이상(理想)으로 여기는 백인들이 "성기의 상징"인 흑인 앞에서 위축되는 것이다. 이러한 맥락에서 보았을 때 백인 남성이 흑인 남성에 대해 보이는 증오나 그에게 가하는 이유 없는 형벌은 "성적인 복수(復讐)"의 의미를 띤다.[41]

두 번째 경우는 욕망 투사론이다. 이는 모든 지적인 성취는 성적 잠재력의 상실을 부른다는 전제에서 출발한다. 이에 따르면 문명화된 백인 남성은 강력한 본능을 그리워하는 비합리적인 향수를 가지고 살게 된다. "교양" 있는 위치에 오르기까지 억압해야 했던 모든 것들, 즉 "성적인 방종, 난교, 벌 받지 않고 저지르는 강간, 금지되지 않은 근친상간"에 대한 판타지를 그는 품고 있다. 백인 남성은 이러한 욕망을 흑인에게 투사한 후, 이들이 실제로 그런 것이라고 믿는 것이다. 그러니 이번에도 흑인 남성은 성기의 수준에서 고착화된다.[42]

세 번째로 무의식적인 피학증(被虐症) 이론이 있다. 이에 따르면, 백인 남성은 흑인 남성을 성적·물리적 폭력의 가해자로, 본인을 그 폭력의 피해자로 상상함으로써 피학적 쾌감을 느낀다. 파농의 말을 직접 인용하면, "미국에서 생산되는 서사들에서 흑인은 공격성을 발산할 가능성이 있는 존재로 묘사된다. 그리고 백인은 무의식중에 자신이 공격의 대상이라 여김으로써 그 공격을 정당화하고 가치를 부여하며, 그럼으로써 피학증의 고전적인 형태를 재생산한다."[43] 백인이 스스로를 피해자로 상상한다는 이 주장에 동의하지 않는다면, 적어도 파농에 의하면,

---

41   Frantz Fanon, *Peau noire, masques blancs*, p.129(137).
42   Ibid., pp.133~134(142~143).
43   Ibid., pp.142~143(p.154).

백인 남성이 피해 의식을 느끼게 될 수많은 서사들, 예컨대 흑인 남성이 백인 여성과 사랑을 나눈다든지, 흑인의 손에 죽게 되는 백인의 이야기들 등이 왜 백인에 의해 대량으로 창조되고 또 소비되는지를 설명할 수 없게 된다.

흑인 남성에 대한 백인 남성의 심리에 대해 이처럼 정교한 분석을 제시하는 것과 대조적으로, 파농은 백인 여성이 흑인 남성에 대한 갖는 공포에 대해서는 비교적 간단한 분석을 보여준다. 파농이 준비하고 있는 대답은 "자아의 자기방어"이다. 이는 앞서 언급한 두 번째 이론인 욕망 투사론에서도 작동하는 심리 기제이다. 파농에 의하면 백인 여성이 흑인 남성에 대해 갖는 강간의 공포를 있는 그대로 이해해서는 안 된다. 파농의 표현을 인용하면, "근본적으로 강간에 대한 이 공포는 정확히 말하자면 강간을 해 달라는 요청이 아닌가? 뺨 한 대 때려 줄 것을 원하는 얼굴들이 있듯, 강간해 줄 것을 원하는 여성들에 대해서 말할 수는 없는가?" 즉, 백인 여성에게는 흑인 남성에 대한 욕망이 있으며, 이 금기된 욕망을 가진 자아를 방어하기 위해서, 상대방이 자신을 강간하려 한다는 상상을 하게 된다는 것이다.

파농은 이 문제적인 지론을 입증하기 위하여 자신의 관찰과 이론을 모두 동원한다. 그가 제시하는 증거 중 하나는 하임(Chester Hime)의 소설 『그가 소리 지르면 보내 줘(If He Hollers Let Him Go)』(1945)이다. 이 소설에서 흑인 남성이 가까이 다가올 때마다 질겁하던 백인 여성이 결국에는 그와 함께 침대로 갈 것을 제의한다. 비슷한 현상을 파농은 군에서 목격하였다고 한다. 그의 관찰에 의하면, 백인 여성들은 흑인 남성들이 춤을 함께 출 것을 권했을 때 공포감을 드러내며 몸을 움츠렸다.

그러나 설령 이 흑인들이 해를 가하려는 의도를 가졌다고 할지라도 그들이 이를 현장에서 실행에 옮길 수는 없었을 것이기에, 백인 여성들의 행동이 상상력에 기인한 것이라는 것이 파농의 분석이다. 이로부터 파농이 내리는 결론은, 흑인 남성을 무서워하는 여성은 기실 그의 잠재적인 '성 파트너'라고 봐야 한다는 것이다.[44] 이러한 주장으로 인해 파농은 "이 제3세계 해방론자는 여성 혐오자"[45]라는 비판을 받게 된다.

흑인의 성범죄에 대하여 백인 여성이 갖는 공포가 실은 욕망이 스스로의 존재를 감추기 위해 쓴 가면이라는 주장을 학문적으로 입증하기 위해 파농은 프로이트 학파에 속한 여성학자들의 이론을 인용한다. 여성의 성 심리의 발달에 관한 연구는 일찍이 프로이트의 「오이디푸스 콤플렉스의 해소(The Dissolution of Oedipus Complex)」(1924)나 『성 이론에 관한 세 편의 에세이(*Three Essays on the Theory of Sexuality*)』(1905)에서 제시된 바 있다.[46] 이 이론은 도이치(Helen Deutsch, 1906~1992)와 보나파르트(Marie Bonaparte, 1882~1962) 같은 당대의 여성학자들이 더욱

---

44 Ibid., p.127(pp.134~135).
45 Susan Brownmiller, op. cit., p.250.
46 프로이트에 의하면, 어머니에 대한 리비도의 고착을 경험하는 여아는 자신에게도 작지만 남근이 있다고 믿는다. 그러나 남자 아이의 벌거벗은 모습에서 자신에게는 남근이 없음을 깨닫게 되고 이로부터 어머니에 대한 증오와 더불어 남근 선망을 발달시키게 된다. 그러던 여아는 마침내 자신이 거세된 존재임을 인정함으로써 남근을 가진 아버지를 욕망의 대상으로 삼게 되고, 동시에 어머니와 동일시하게 됨으로써 오이디푸스 콤플렉스를 해소하게 된다. 그러나 여아가 남근 선망을 갖게 된다는 프로이트의 주장은 훗날 이리가라이(Luce Irigaray, 1930~) 같은 페미니스트 학자들뿐만 아니라 동시대의 학자 호르니(Karen Horney, 1885~1952)의 반발을 사게 된다. 여성이 남근 선망을 갖게 되는 것이 아니라 아이를 낳을 수 없는 남성이 자궁 선망(womb envy)을 갖게 된다는 호르니의 반박이 대표적인 예이다. Sigmund Freud, James Strachey trans., "The Dissolution of Oedipus Complex", *On Sexuality* Vol. 7 of Penguin Freud Library, Angela Richards ed., Harmondsworth : Penguin, 1976, pp.313~322.

발전시킨다. 도이치는 프로이트가 창립한 비엔나 정신분석학회의 첫 여성 회원으로서 여성의 성과 심리를 연구한 학자이다. 보나파르트도 프로이트의 성 심리 발달론을 받아들여 여성의 성, 특히 여성의 양성성에 대하여 연구를 하였다. 파농은 두 여성 심리학자 중에서 보나파르트의 "여아의 성 발달론"을 빌려온다.

보나파르트의 성 심리 발달론 중 어떤 부분을 파농이 이용하는지 살펴보자.

> 마리 보나파르트에 의하면, 능동적 오이디푸스 콤플렉스와 수동적 오이디푸스 콤플렉스는 순서대로 발생하는 것이 아니라 공존하는 것이되, 이 중 능동적 오이디푸스 콤플렉스는 클리토리스 단계에 상응한다. 공격욕의 거세는 남아보다 여아에서 더 미완성으로 남게 된다. 클리토리스가 잘려진 남근으로 여겨지게 된다. 이러한 구체적인 사실에도 불구하고 여아는 그 특질만을 유지하게 되며, 현실도 이 특질을 통해 이해하게 된다. 남아와 마찬가지로 여아에게는 어머니를 향한 본능이 있다. 그녀도 또한 어머니의 몸을 찢어 열고 싶어 한다. 그러나 우리는 여성성이 완성되었을 때도 이러한 유아기의 판타지가 잔존하는 것이 아닌지 하는 의문을 갖게 된다.[47]

선뜻 이해가 되지 않는 파농의 압축적인 글에서 빠진 부분을 채워 보면 대략 다음과 같다. 보나파르트와 프로이트에 의하면, 여아는 남아와 달리 두 번의 오이디푸스 콤플렉스를 겪는다. 그중 첫 번째가 어머니에게

---

47   Frantz Fanon, *Peau noire, masques blancs*, p.144(156).

리비도적 집착을 보이는 "능동적이며 남성적인 오이디푸스 콤플렉스"이며, 두 번째가 거세를 기정사실로 받아들인 후 아버지와 그의 남근에게 리비도를 옮기게 되면서 갖게 되는 "수동적인 오이디푸스 콤플렉스"이다. 이때 보나파르트는 남아와 달리 여아의 경우 리비도와 공격욕의 분리가 쉽지 않다고 주장한다. 남아의 경우, 공격욕은 아버지에게로, 리비도는 어머니에게로 각각 분리되어 고착이 이루어지는 반면, 여아의 경우 능동적 오이디푸스 콤플렉스 기간 동안 공격욕이 리비도와 혼재된 상태에서 존재한다는 것이다. 그 이유는 여아의 경우 능동적 오이디푸스 콤플렉스 기간이 짧아서 공격욕이 아버지에게 제대로 고착되지 못했다는 데 있다. 그러다 보니 공격욕과 리비도가 깔끔히 분리되지 못한 채 발달하게 되었고, 이는 두 번째 수동적 콤플렉스와 함께 시작되는 아버지와의 관계에서도 계속 작용하게 된다는 것이다.

남아의 경우 능동적인 오이디푸스 콤플렉스가 해소됨에 따라 공격욕이 거세되어 초자아로 내면화되는 반면, 여아의 경우 공격욕이 자신을 향하게 된다. 이때 생겨나는 피학증은 여아가 성관계시 남근을 휘두르는 역할이 아니라 그 자신 몸을 찢고 상대의 남근을 받아들이는 역할을 준비시켜 준다. 즉, 피학증의 개입에 의해 성 기능이 클리토리스에서 질로 이전되는 것이다.[48] 보나파르트는 이처럼 여성의 성 역할이 수동성을 띠게 되면서 여성의 성 심리가 정상화된다고 보았다. 보나파르트의 이러한 이론은, 프로이트의 이론과 마찬가지로 문제적이라는 평가를 받는다. 유아기의 성 심리에 대한 발견도 추정된 사실에 불과하지

---

48 Nellie L. Thompson, "Marie Bonaparte's Theory of Female Sexuality : Fantasy and Biology", *American Imago* 60.3, 2003, p.360・363・pp.343~378.

만, 피학증이 성 발달을 완성시킨다는 주장이나 수동성이 여성의 정상적인 성 심리라는 주장도 또 다른 추정에 지나지 않기 때문이다.

파농이 보나파르트의 이론에서 관심을 갖는 것이 바로 여성의 성 심리 발달에 관여하는 "피학증"과 "공격욕"이다. 파농은 백인 여아에게서 완전히 거세되지 않은 공격욕이 흑인에게 고착된다고 주장한다. 즉, 피학증을 가진 여아는 아버지로부터 공격성을 기대하나 아버지가 이를 거부할 경우, 서사 속에 자주 등장하는 인물들에게로 공격성이 고착될 가능성이 높다는 것이다. 파농이 주목하는 서사 속의 인물들이 바로 흑인이다. 즉, 흑인 남성이 이 거세되지 않은 "공격욕의 숙명적인 저장소"가 된다는 것이다. 이러한 논리 전개의 끝에서 파농이 제시하고자 하는 결론은 다음과 같다. "흑인 남성이 자기를 강간하는 판타지를 가지고 여성이 살아갈 때 이는 일종의 개인적인 꿈이나 내밀한 소망이 실현되는 것이다. 스스로에게 공격욕이 향하게 함으로써, 여성은 스스로를 강간한다."[49] 파농의 이 주장은, 피학증이나 공격욕이 성인이 된 이후의 여성의 정신세계에서 상당히 중요한 역할을 함을 전제로 한다.[50]

흑인 남성에 대한 백인 여성의 공포가 '순전히' 상상에 기인하는 것이라는 주장에 의문을 표할 이들도 있겠다. 흑백의 갈등이 심각한 사회에서 이 공포에 실체가 없다고 할 수는 없을 것이기 때문이다. 물론 이

---

49 Frantz Fanon, *Peau noire, masques blancs*, p.145(156).

50 실제로 보나파르트는 파농과는 다른 결론을 내린다. 결론을 인용하면, "여성이 자신의 역할을 수용함에 있어 피학증이 아주 살짝 동종요법처럼 작용할 수도 있다. 그리고 이것이 성관계에서 그녀가 취하는 수동성과 결합하여, 남성의 다소 난폭한 행동을 환영하거나 소중하게 생각하게 하는 것이다." Marie Bonaparte, "Passivity, Masochism and Femininity", *Psychoanalysis and Female Sexuality*, Hendrik M. Ruitenbeek ed., New Haven : Yale Univ. Press, 1966, p.136 · pp.130~139.

러한 논리는 백인 남성의 성적 강제에 대해 흑인 여성들이 가진 공포에도 적용될 수 있을 것이다. 이보다 더 문제적인 것은 백인 여성의 공포가 실은 욕망의 다른 얼굴이라는 주장이다. 이는 경험에 근거한 것이라고 볼 수도, 이론적인 분석이라고 볼 수도 없는 한낱 추정에 지나지 않는다. 파농의 이 지론은, 타인종 여성에 대한 성범죄가 엄연히 현실 세계에 존재한다는 사실을 고려할 때 파농 당시에도, 그리고 오늘날에도 극히 제한적인 타당성을 갖는다.

여성의 입장에서 보았을 때 파농의 주장은 과학의 이름으로 성범죄를 변호하는 가능성을 안고 있다. 혹은 식민주의나 기타 인종 차별로 인해 흑인들이 입은 집단적 피해와 비교하여, 백인 여성을 대상으로 하는 흑인 남성의 성범죄를 가볍게 여기는 시각을 조장할 수도 있다. 이후자의 경우는 흑인의 인권을 옹호하는 백인 진보주의자들에게서 실제로 목격되었던 경향이기도 하다. 브라운밀러의 증언에 의하면, 여성 인권 운동가들이 흑인 남성의 성범죄를 여성운동의 의제로 삼았을 때, 여성 진보주의자들 중에서는 이를 인종주의자들의 전략에 말려드는 것으로 간주하는 이들이 있었다. 한 젊은 여성 급진주의자가 맨해튼에서 흑인 성범죄의 희생이 된 후 『뉴욕 포스트』의 기자에게 한 말은 그러한 점에서 시사적이다.

나는 역사를 마냥 무시할 수가 없다. 백인 여성을 겁탈하였다는 억울한 누명을 쓴 남부의 흑인 남성들에게 진 빚을 갚는데 내가 이용되었다는 느낌을 갖게 된다. 심지어는 나의 친구들조차 내가 고발조치를 하지 않았으면 한다.[51]

하이크와 남성적 시선

파농은 『혁명의 사회학』에서 알제리 여성이 알제리 해방운동에 기여한 바를 이슬람 여성들이 쓰는 "하이크(haïk)"에 관한 투쟁을 중심으로 비교적 상세히 기록하고 있다. 이 책을 쓸 당시 파농은 알제리 민족해방전선에서 정치 전략가이자 이데올로그로 활동하고 있었고, 또 해방 전선의 기관지 『엘 무자히드(*El Moudjahid*)』의 편집을 맡고 있었으니, 알제리 혁명전쟁에 대해서는 소상히 알고 있었다. 1954년 4월에 9인의 '통일과 행동을 위한 혁명 위원회'가 조직되고 이들이 같은 해 10월에 알제리 민족해방전선을 탄생시키게 된다. 반면 프랑스 식민당국은 알제리인들의 반식민 저항을 해체하기 위하여 현지 여성들을 제국의 편으로 끌어들이는 방법을 채택하였다. 알제리 토착 사회가 표면적으로는 가부장제를 유지하고 있으나, 사실 내부적으로 여성이 중요한 역할을 하는 구조를 가지고 있다고 프랑스 식민당국이 파악하였기 때문이다.

식민당국은 하이크가 현지 여성의 "모욕받고 격리된"[52] 지위의 상징이라고 보고, 이들이 하이크를 벗어던지도록 유도하는 등 이들을 가부장적 억압으로부터 해방시키려는 시도를 하였다. 파농은 하이크 착용을 두고 프랑스 제국과 알제리 민족주의 진영 간에 벌어진 싸움을 지배와 저항의 관점에서 소개한다. 그에 따르면 식민 지배자가 하이크를 벗

---

51   Susan Brownmiller, op. cit., p.253에서 재인용.
52   Frantz Fanon, *Sociologie d'une révolution*, p.19(38).

기려고 하는 것은 알제리 여성을 그의 시각적 통제 아래에 두려는 의도, 더 나아가 궁극적으로 그의 욕망의 대상으로 삼으려는 의도를 가진 것이다. 파농의 표현을 직접 들어 보자. 식민 지배자에게 있어 "이 [알제리] 여성의 베일을 벗기는 것은 그녀의 아름다움을 드러내는 것이다. 그것은 그녀의 비밀을 드러내고, 그녀의 저항을 해제하고, 육욕의 모험에 그녀를 가용하게 만드는 것이다."[53] 그러니 하이크를 스스로 벗는 것은 몸을 파는 창녀의 행동이요, 적과 내통하는 반역 행위이다. 반대로 하이크 착용을 고수하는 것은 프랑스 제국의 지배에 저항하는 애국적인 행위로 해석된다. 이 논리에 의하면, 베일을 쓴 여성은 자신의 모습을 보여주지 않으면서도 상대방을 관찰할 수 있기에, 하이크 착용을 통해 식민 지배자의 시각적인 통제 기도를 좌절시킨다는 것이다.

알제리 여성의 몸 위에 이처럼 인종적 전선이 그려짐에 따라, 이들에게는 하이크 착용과 관련하여 선택의 여지가 없게 된다. 이슬람 여성의 몸을 두고 벌어진 전쟁의 양 진영 모두 자유를 대의로 삼았다는 사실은 흥미롭다. 한편에서는 반여성적 구습으로부터의 자유를, 다른 한편에서는 식민지배로부터의 자유를 내세운 것이다. 아이러니컬한 사실은 여성의 몸을 두고 벌어지는 이러한 이데올로기적 교전장에서 정작 현지 여성들의 목소리는 들리지 않는다는 점이다. 파농은 하이크 문제에 대하여 가치와 철학을 갖춘 알제리 사회가 "상당히 동질적인 방식으로 대응했다"[54]고 일찍부터 진술함으로써, 여성들의 다양한 목소리를 '동질성'의 이름으로 애초에 봉쇄해 버린 바 있다.

---

53 Ibid., pp.25~26(p.43).
54 Ibid., p.18(37).

스피박도 인도 미망인의 순장(殉葬) 풍습에 관하여 논하면서 여성이 처한 이데올로기적 곤경을 고발한 적이 있다.

영국인들이 이 [순장] 의식을 폐지하는 것은 일반적으로 "백인 남성이 갈색 남성들로부터 갈색 여성들을 구하려는 것으로 이해되어졌다." …… 이에 대항하여 인도 민족주의자들의 논거, 상실한 근원에 대해 갖는 향수의 패러디라고 할 논거는 "여성들이 실제로 죽기를 원했다"는 것이다.
　　이 두 문장은 서로를 합법화하는 큰 기여를 한다. 여기에서 당사자인 여성들의 목소리 / 의식(意識)에서 유래하는 증언은 결코 찾아볼 수 없다. 그렇다고 그러한 증언이 이데올로기로부터 자유로울 수도 없고, 또 완전히 본인의 주체적인 의견일 수도 없겠으나, 대항 문장을 구성하는데 필요한 요소들을 제공할 수는 있었을 것이다.[55]

이 인용문에서 순장의 관습을 옹호하는 인도의 민족주의자들이 현지의 미망인들을 대변하는 행위를 스피박은 "상실한 근원에 대해 갖는 향수의 패러디"라고 불렀다. 여기에서 잃어버린 근원이란 애초부터 의견을 낼 수 없었던 미망인들의 목소리이자, 그들의 의사(意思)이다. 다르지 않은 맥락에서 파농의 손에서 이루어지는 알제리 여성의 재현에 대해서 질문할 수 있을 것이다. 하이크 착용에 대한 여성 당사자의 목소리는 들리지 않고, 파농에 의한 재현 / 대변(re-presentation)만 있을 뿐이기 때문이

55　Gayatri Spivak, "Can the Subaltern Speak?", *Marxism and the Interpretation of Culture*, Cary Nelson · Lawrence Grossberg eds., Urbana, IL : Univ. of Illinois Press, 1988, p.297.

다. 그에 따르면, 알제리 여성은 하이크를 벗기를 거부함으로써 식민 지 배자에게 "굴복하지도, 몸을 주지도, 몸을 맡기지도 않았다."[56]

설령 파농이 알제리 여성들의 목소리에 귀 기울이려는 시도를 한다고 해서 그들의 주체적인 목소리를, 종교나 가부장제의 이데올로기로부터 자유로운 목소리를 들을 가능성이 높지는 않았을지도 모르겠다. 알제리 출신의 사회학자 엘리-뤼카의 회고는 그러한 점에서 시사하는 바가 크다. "배신자라는 비난에 대한 공포와 민족주의적 신화가 우리의 입을 닫게 만들었다."[57] 비록 혁명의 투쟁이 진행되는 도중에 이 글이 쓰이긴 했지만, 파농이 다른 목소리들을 들어보려는 시도를 하려면, 할 수도 있지 않았을까. 정신분석의로서 그의 위치가 이러한 시도를 가능하게 해 줄 수 있었을 것이다. 하이크가 사적·공적인 영역에서 이슬람 여성들에게 어떤 의미를 띠었는지는 투쟁의 시기마다 다를 수 있는데, 파농이 본인들로부터 하이크에 대한 의견을 청취함으로써 알제리 여성에 대한 단일하고도 환원적인 재현에 깊이를 더할 수 있지 않았을까 하는 아쉬움이 있다.

'시선'의 측면에서도 알제리 남성은 프랑스인과 비교된다. 파농에 의하면 프랑스인 남성의 시선에는 알제리 여성을 "사정거리 내에 두어 잠재적인 소유 대상으로 만들고자 하는 의지"가 있다. 파농은 이 프랑스 남성의 시선을 "폭력"으로 규정힌다. 이에 반해 알세리 남성은 섬삻은 신사이다. 그는 상대를 보지 않는다. 그에게는 "심지어는 여성의 몸의 윤곽을 보지 않으려는 변하지 않는 의도가, 여성에게 눈길을 돌리지

---

56   Frantz Fanon, *Sociologie d'une révolution*, p.26(44).

57   Marie-Aimée Helie-Lucas, op. cit., p.278.

않으려는 의도가 있다."[58] 당연히 이 비교에서 알제리 남성은 도덕적인 우위의 자리를 차지한다. 그는 밖으로 향한 시선을 거두어들임으로써 길거리에서 마주치는 타인을 배려할 줄 아는 인물이다. 그래서 거리에서 남녀 간에 시선이 오고갈 때 흔히 경험하게 되는 근육의 긴장이나 외모에 대한 신경과 같은 불편함이 알제리의 남성과 여성 간에는 없다. 적어도 파농에 의하면 그렇다.

하지만 알제리를 바라보는 파농의 시야에 현지 여성의 문제가 애초부터 포착되지 않았을 가능성이 높다고 보는 것이 정확한 판단이리라. 알제리는 1962년에 프랑스로부터 독립을 성취하였다. 그로부터 반세기가 지난 오늘날에도 성 평등을 위한 투쟁 소식이 알제리로부터 들려오는 것을 부인할 수 없다. 하물며 파농이 이 글을 썼던 1959년은 말할 것이 무엇이 있으랴. 『아프리카 온라인 뉴스』의 2013년 1월 11일자 알제리 기사 첫머리를 보자. "알제리는 진정한 성 평등을 위하여 느리게 나아가고 있다. 새로운 가족법과 국민법이 더 나은 평등을 제공할 것이다. 그러나 농촌 지역에서는 '전형적인 성차별적인 시각이 여전히 남아 있어' 그 결과 자유를 찾는 여성들이, 소위 정부 관리들이 '농촌의 엑서더스'라고 부르는 현상을 보여주고 있다."[59] 해방 직후 성 평등의 현실에 대한 엘리-뤼카의 증언은 좀 더 생생하다. 해방 이후 새 정부가 만든 헌법은 남녀의 평등을 선언하였지만 현실은 달랐다. "여성들은 법적으로 거리에 나갈 수 있었지만, 남성들과 경찰들이 이들을 괴롭혔다.

---

58   Frantz Fanon, *Sociologie d'une révolution*, p.25(43) · 26(44).
59   "Sexist stereotypes cause 'rural exodus' in Algeria", *African Online News*, Jan. 11, 2013. http://www.afrol.com/articles/15211.

정숙한 여성이 가정 밖에서 무엇을 하고 있는가? 사람들이 여성을 길거리에서 폭행하기 시작할 때 어느 누구도 도와주려 하지 않는다. 경찰의 심문이 두렵기 때문이다."[60]

그러면 1959년 파농의 시야에 알제리 여성은 어떻게 포착되었는가? 알제리 민족해방전선이 식민 당국의 하이크 캠페인을 역이용하게 됨에 따라, 알제리 여성들이 해방 전선을 위한 임무를 수행하게 된다. 하이크를 벗어던지면서 유럽 여성으로 변장하는 것이 가능하게 되었던 것이다. 프랑스 군인들의 눈을 피해 비밀 임무를 띠고 거리에 나선 알제리 여성에 대하여 파농은 다음과 같이 묘사한다.

베일을 벗어던진 알제리 여성의 어깨는 해방되었다. 그녀의 걸음걸이는 유연하고 용의주도한 것이다. 지나치게 빠르지도 않고 지나치게 느리지도 않다. 베일의 제약을 벗어나 돌려받은 그녀의 다리는 맨살을 보여주고, 엉덩이도 바깥 공기에 노출되어 있다.

전통 사회에서 젊은 알제리 여성은 성숙한 시기에 베일을 통해 자신의 몸에 대해 알게 된다. 몸이 가장 뜨겁게 달아오르는 시기를 경험할 때, 베일은 그 몸을 가리고, 훈육하고, 진정시킨다. 베일은 보호해 주고, 자신감을 주고, 고립시켜 준다. 여성의 몸에게 베일이 얼마나 중요한 것인지를 깨닫기 위해서는 알제리 여성들의 고백이나 최근에 베일을 벗어던진 여성들의 꿈 이야기를 들어야만 한다. [베일 없이는] 자신의 몸이 조각조각 잘려지고 표류하는 느낌을 받는다. …… 베일을 벗은 몸은 새어나오고, 갈기갈기 찢겨져 없

---

60   Marie-Aimée Helie-Lucas, op. cit., p.277.

어지는 것 같다. 옷을 잘못 입은 것 같기도 하고, 벌거벗은 느낌도 받는다. 불완전하다는 느낌이 강렬하게 드는 것이다.[61]

위 인용문은 언뜻 보아 앞뒤의 논리가 맞지 않다. 한편으로는 하이크를 벗어던진 알제리 여성의 자유분방함을 찬탄하고, 다른 한편으로는 하이크가 여성들의 몸과 마음의 평화에 얼마나 중요한 역할을 하는지를 설명하기 때문이다.

첫 단락에서 파농은 하이크를 벗은 여성의 자유분방함이 실은 얼마나 훌륭한 연기(演技)인지를 강조하는 듯하다. 맨살을 노출시키는 것에 익숙한 유럽 여성의 흉내를 완벽하게 냄으로써 식민지 경찰의 단속을 피하는 것이다. 독자의 입장에서는 이런 전후 맥락을 이해하고 나서도 떨쳐 버릴 수 없는 불편한 마음이 남는다. 파농의 시선 때문이다. "맨살을 보여주는 다리"와 "바깥 공기에 노출된 엉덩이"와 같은 언급은 연기력에 대한 설명이라고만 보기에는 여성의 몸 특정한 부분에 시선이 고정되어 있다는 느낌을 준다. 그러니 베일을 벗은 여성의 모습을 있는 그대로 묘사하는 것인지, 아니면 그 시선이 이 여성을 벌거벗기는 것은 아닌지 하는 의문이 생긴다.

---

61 Frantz Fanon, *Sociologie d'une révolution*, p.42(pp.58~59).

초대 (못)받은 여성전사

파농의 시선만이 문제는 아니다. 하이크의 중요성을 강조할 때 파농은 스스로를 알제리 여성의 자리에 위치시킨다. 그리고 하이크가 여성들의 든든한 보호 장구라고 주장한다. 프랑스 군경의 감시하는 시선 앞에 선 여성들이 그렇게 느꼈을 법은 하다. 그러나 이러한 생각이 하이크 착용에 대한 여성들의 일반적인 의견인지는 생각해 볼 문제이다. 뿐만 아니라 여성의 몸이 가장 달아오르는 시기를 경험할 때 하이크가 이를 훈육시키고 진정시켜 준다는 주장은, 여성의 성 심리에 대하여 파농이 가지고 있던 생각이 당대 가부장 사회의 성편견과 과연 얼마나 차별화되는 것인가 하는 의문을 갖게 만든다. 무엇보다 문제는, 파농이 어떤 자격으로, 누구로부터 어떤 권위를 부여받았기에, 알제리 여성의 의중을 대변할 수 있는지가 의문스럽다는 점이다. 파농이 알제리 여성의 심리를 분석할 기회가 있었다는 언급이 텍스트에 없음을 고려할 때 더욱 그렇다. 하이크를 착용하지 않았을 때 마치 벌거벗은 느낌을 받는다는 주장은 하이크를 강요해 온 현지의 가부장들과 성직자들이 듣고 싶어 하는 내용일 수는 있으되, 이것이 알제리 여성들의 심경을 대표할 수 있을지는 별개의 문제이기 때문이다.

알제리 여성전사에 대하여 일반 대중이 가지고 있는 이미지는 파농의 이 「베일 벗은 알제리」와 더불어 폰테코르보(Gillo Pontecorvo) 감독의 〈알제리 전투(*La Bataille d'Alger*)〉(1966)의 영향이 크다. 식민 당국의 압박이 심해 오자, 알제리 민족해방전선은 민간인에 대한 테러를 계획

〈알제리 전투〉(1966)

하게 되고, 이를 위해 당국의 의심을 덜 받을 여성들이 동원된다. 시한
폭탄을 숨긴 채 목숨을 걸고 프랑스인 구역의 카페로, 밀크 바로, 프랑
스 항공사로 향하는 세 여성들의 모습이 영화가 우리에게 남긴 알제리
여전사의 모습이다. 이 중 '밀크 바 카페 테러'는 훗날 알제리 상원 부
의장을 지내게 되는 조라 비타트(Zohra Drif Bitat)가 1956년 9월 30일
에 실행한 것이다.

파농에 의하면, 1955년까지의 알제리 해방운동은 남성들의 배타적
인 영역이었다. 그러나 원주민의 저항조직을 완전히 와해시키려는 제

국의 압박이 심해지고, 민족해방전선 지도부도 이에 맞서 투쟁의 총력을 기울여야 할 필요성을 느끼게 된다. 그러나 여성을 테러 같은 전투 임무에 동원하는 것은 쉬운 결정이 아니었다. 전투 임무의 수행을 위해서는 남성들이 보여주었던 "강인한 성격"이나 "고양된 정신" 그리고 "희생정신"이 필요하였기에 지도부는 애초에 많이 망설이게 된다. 왜냐하면 여성의 현실이 이러한 요구 사항과 거리가 있다고 판단되었기 때문이다. 투쟁 지도부는 여성들에게서 흔히 목격되는 "점령군을 피하려는 경향"과 "전통적인 행동 유형"[62]이 임무 수행에 방해가 된다고 판단한다. 여기에서 파농이 들려주는 부연 설명은 주목할 만하다. 알제리 여성들의 "전통적인 행동 유형"을 언급하면서 파농이 염두에 두고 있었던 것은, 실내 생활을 주로 해 온 알제리 여성들이 넓은 바깥세상에 섰을 때 겪게 될 "평정심"과 "자신감" 그리고 "정상적인 운동성"을 "상실"한 모습이다.

파농이 알제리 여성들의 전통적인 행동 유형을 언급한 것은 궁극적으로 그들이 남성 지도자들의 우려와 달리 현장에서 보여준 놀라운 변신 능력을 강조하려는 의도였는지는 몰라도, 그의 언급은 여성들이 가부장적 이슬람 사회에서 그간 어떤 위치에 놓여 있었는지를 무의식중에 폭로하는 고발문이다. 사회로부터의 오랜 고립과 자유의 박탈로 인해 이 여성들의 정신적·육체적 건강이 훼손되어 일종의 광장공포증과 유사한 증세를 보이는 것이다. 파농이 이 신경증적인 행동에서 읽어 내는 것은, 정신분석의라면 응당 주목했어야 할 정신병리적인 문제의 가

---

[62]   Ibid., p.31(48·49).

능성이 아니라, 전투적 가치의 유무이다.

파농의 「베일 벗은 알제리」는 어떻게 여성들이 민족해방전선의 전투에 가담하게 되었는지를, 남성 전투원들이 어떤 논의 과정을 거쳐 이를 결정하게 되었는지를 상세히 설명해 준다. 알제리 혁명 지도부는 여성들의 취약점을 잘 알고 있었고, 자칫 여성들이 저지를지도 모를 실수가 대재앙을 가져올 수도 있음을 인식하고 있었다. 이들은 또한 여성들이 임무 수행 중 체포될 경우 고문으로 사망할 수 있다는 사실도 잘 알고 있었다. 그렇기 때문에 혁명 지도자들이 이 문제를 두고 무척 고민하고 주저했다고 파농은 전한다. 여성들의 안전 및 혁명의 성공적인 수행 모두를 염려하지 않을 수 없었기 때문이다. 파농의 이 설명을 들을 때 한 가지 의문이 떠오른다. '1954년부터 1962년까지의 혁명전쟁 기간 동안 여성들은 오직 남성들의 지시에 따라 행동하였는가?' 다시 물어 '여성들이 의사 결정에 있어 목소리를 낸 적은 없었는가?' 파농의 텍스트에서 이러한 질문에 긍정적인 대답을 할 만한 단초는 발견되지 않는다.

일부 알제리의 여성들이 실제로 전투원으로 혁명에 참여했음을 가능성이 없지는 않지만 이를 입증하기란 쉽지 않다. 해방 직후 알제리의 보훈청이 보상 차원에서 혁명전쟁에 참여한 전투원의 등록을 실시하였지만 전쟁에 참여한 대부분의 여성들이 등록을 하지 못했다. 많은 수가 문맹이었고, 본인의 참전을 증언해 주는 복잡하고도 많은 증빙서류들을 갖추기도 쉽지 않았을 뿐더러, 가정에 머물러야 하는 처지였기 때문이었다. 전쟁이 끝나자마자 대다수 남성들이 여성들을 가정이라는 '원래의 위치'로 돌려보냈기 때문이다.

이처럼 공적 영역으로부터 이중삼중으로 차단된 여성들의 혁명 참여는 기록으로 복구될 수 있는 성질의 것이 아니다. 본인들이 공기록에 대한 접근 권한과 능력이 없었고, 주변에서 원하지 않았고, 관계 관청도 이를 장려하지 않았다. 엘리-뤼카의 주장에 의하면, 이러한 기록의 부재는 농촌의 경우 훨씬 더 심했다. 사실 도시에서는 전투원과 민간인의 구분이 뚜렷하였지만, 농촌에서는 그렇지 않았는데, 농부들과 아낙네들이 모두 전투원들의 인도, 은닉, 음식 제공, 메시지 전달, 프랑스군의 동태 관찰 등 무수한 방식으로 혁명에 참전하였기 때문이다. 그러나 농촌 여성들의 이러한 참전은 기록에서 누락되었다. 그 이유는

> 만약 남성이 굉장한 위험을 무릅쓰고 무장한 전투원에게 음식을 날라다주면 그는 "전사"라고 불렸다. 똑같은 일을 여성이 하면 그는 "보조원"이라 불렸다. 만약 남성이 무장한 전투원이나 정치 지도자를 숨겨 주느라 생명의 위험을 무릅쓰면 그는 "전사"라고 불렸다. 똑같은 일을 하는 여성은 단순히 "보살피는" 여성의 임무를 수행했을 뿐이었다.[63]

혁명에의 참전 유무를 결정함에 있어서도 이처럼 성차별이 존재했던 것이다. 이러한 관점에서 보았을 때 알제리 혁명전쟁과 관련하여 대중에게 각인된 이미지, 즉 남성들과 함께 무기를 들고 싸우는 여성 자유 전사의 이미지는 신화에 지나지 않는다.

파농의 텍스트에서 드러난 알제리 여성은 전투 보조원이다. 그들에

---

63   Marie-Aimée Helie-Lucas, op. cit., p.272.

게 참전과 임무 수행에 관한 의사 결정권이 애초부터 없었고 남성들의 전투를 도와주는 역할을 하였기 때문이다. 남성 전투원들의 지휘 아래 그들의 무기를 날라주는 그녀는 성공적인 임무 수행을 위해서 "어린애 같은 두려움"[64]을 극복해야 하는 인물이다. 파농이 그려내는 알제리 여성들은 자기 동기가 결여된 비주체적인 존재들이라고 매클린톡이 비판한 것도 이러한 맥락에서이다. 그들이 활약하기 위해서는 남성들의 허락이나 초대가 필요하다는 점에서 그들의 주체성은 임명에 의해, 초대에 의해 비로소 작동하는 것이다.[65] 1954년에 9인의 "알제리 혁명위원회"가 민족해방전선을 탄생시키면서 전선의 목표를 다음과 같이 정하였다. "인종과 종교의 구분 없이, 모든 근본적인 자유를 보호하고, 이슬람의 원칙 내에서 민주적이며 사회적인 알제리 국가 회복을 통한 민족독립."[66] 민족 독립은 반세기 전에 성취되었지만 여성들의 시각에서 보았을 때 이 목표는 아직도 미완의 프로젝트이다.

---

[64]   Frantz Fanon, *Sociologie d'une révolution*, p.35(52).

[65]   Anne McClintock, op. cit., pp.290~291.

[66]   T. Denean Sharpley-Whiting, *Frantz Fanon : Conflicts and Feminisms*, p.55.

10장

오리엔탈리즘, 푸코, 니체

하나의 지배 계급을 세우는 것은 세계관을 하나 창조하는 것과도 같은 것.

—안토니오 그람시

텍스트는 지식을 창조할 뿐만 아니라 그것이 묘사하는 듯하는 현실도 창조한다.

—사이드, 『오리엔탈리즘』

푸코와 지식의 세속성

탈식민주의 이론과 운동은 식민주의의 유산을 극복하고 신식민주의에 저항함을 목적으로 하는 것이었다. 탈식민주의의 이러한 면면은 인종적 억압에 대항하여 투쟁의 현장을 떠나지 않았던 파농 같은 인물을 떠올릴 때 쉽게 이해될 수 있겠다. 그러나 탈식민주의는 제2차 세계대전 이후 서구의 메트로폴리스에서 자리를 잡게 된 구(舊)식민지 출신들에 의하여 이론화되면서 이전과는 다분히 다른 양상을 갖게 된다. 이러한 탈식민주의 이론가들 중 대표적인 인물 중에 사이드가 있다. 사이드가 1978년에 출판한 『오리엔탈리즘』은 식민주의와 관련된 문화 연구의 의제를 설정하였을 뿐만 아니라 문학과 담론에 대하여 기존의 인문주의자들이 가졌던 시각을 반박함으로써 문화 비평을 본격적으로 '정치화'하였다는 평가를 받는다. 사이드는 이 저서에서 서구에서 떠받들어 온 인본적인 가치들이 실은 특정한 이데올로기의 영향 아래에서 구성된 것임을 보여 준다. 그리하여 사이드는 '보편성'의 이름으로 침묵당해 온 인종적 타자를 백인 지배집단과 동등한 위치에 세우고자 하였다. 구체적으로 그의 작업은 고대 그리스 시대부터 현대에 이르는 서구의 방대한 문헌들을 연구하여 인종적 타자를 규정함에 있어 서구의 담론이 어떠한 방식으로 작동하였는지를 밝혀내는 것이었다.

적어도 사이드의 초기 저작에 지대한 사상적 영향을 미친 서구 이론가들 중에는 푸코와 그람시(Antonio Gramsci, 1891~1937)가 있다. 사이드 자신이 인용하듯, 『지식의 계보학(The Archaeology of Knowledge)』과 『훈육과 처벌(*Discipline and Punish*)』에 드러나는 푸코의 담론 개념과 『옥중수고 (*The Prison Notebooks*)』에서 그람시가 보여주는 헤게모니 개념이 그 예이다. 서구의 "보편적 진실"에 대한 심문을 수행함에 있어 사이드는 또한 니체로부터도 안목을 빌려온다.[1] 그중 첫째는, 진실은 언어의 옷을 빌지 않고서는 표현될 수 없으되 언어란 본래 — 데리다의 용어를 쓰면 — "현전"을 "대신"하는 것이다. 사이드가 니체로부터 빌려오는 두 번째 사유는 계보학적인 것으로, "진리란 그것이 본래 환상이라는 사실을 사람들이 망각한 환상"이라는 것이다. 푸코의 지식 개념에서도 반영되는 니체의 이러한 반(反)휴머니즘적 사유로부터 사이드는 동양에 관하여 서구가 쌓아올린 학문적 업적이 서구의 정치적·지적·문화적·도덕적 권력과의 공모적 관계에서 생겨났다는 주장을 이끌어 낸다.

먼저 푸코가 탈식민주의 이론에 미친 영향을 살펴보자. 푸코의 담론 개념은 서구의 인본주의와 형이상학적 전통과의 결별을 전제로 한다. 인본주의는 진리와 지식에 대한 믿음에서 출발한다. 종교적 믿음이 아니라 세속적인 지식의 축적을 통해, 합리성의 확장을 통해 인간이 자유로워질 것이라는 이 신념은 근대성의 핵심적인 추동력이었다. 인간의 이성이 눈을 떠야 한다는 칸트의 지론이 대표적인 사례이다. 이성과 그의 경험적 축적물로서의 지식에 대한 숭배는 18세기 말 유럽의 거의 모든 내로라하는 지식인들을 움직였던 계몽주의 운동에서 잘 드러난다. 이러한 서구의 형이상학적 전통에서 보았을 때 지식은 인류를 미몽(迷夢)이나 미망(迷妄)의 상태에서 깨우는 해방의 도구이다. 그러나 푸

---

1   Edward Said, *Orientalism*, New York : Vintage Books, 1979, p.203.

코는 지식과 진리의 성격을 새롭게 규명함으로써 계몽주의 전통과 결별한다. 그는 "진리의 정권"이라는 표현으로써 지식을 고귀한 위치에서 세속으로, 정치판의 한가운데로 끌어내려 버린다. 뿐만 아니라 "진리가 너희를 자유롭게 하리라"로 요약되어 온 서구의 진리관을 푸코는 새롭게 쓴다. '진리가 너희를 감시하고 통제하리라.'

지식과 진리를 고귀한 이상으로 떠받들어 온 서구의 형이상학적 전통에 대해 푸코는 "세속성"의 개념을 들이댄다. 그에 의하면 진리는 고귀한 영혼이 세속적 관심을 멀리한 채 오랜 학문적 훈련과 정신적 수련을 통해서 도달할 수 있는 것이 아니다. 그것은 세속으로부터 해방된 사람이 추구할 수 있는 성질의 것이거나, 혹은 세속의 사람들을 권력으로부터, 플라톤이 말한 "미망(迷妄)의 동굴"로부터 해방시켜 줄 세속 밖의 무엇이 아니다. 푸코의 표현을 빌리면, "진리는 바로 세속의 것이다."[2] 『훈육과 처벌』에서 푸코는 지식과 권력의 관계를 다음과 같이 정의한다.

> 권력이 지식을 생산한다는 사실을 우리는 인정해야 한다. 이는 단순히, 지식이 유용하므로 권력이 이를 사용한다거나, 혹은 진실이 권력에 봉사하기에 권력이 이를 조장한다는 의미가 아니다. 권력과 지식이 서로에게 직접적으로 연루되어 있음을, 그에 상응하는 지식의 영역이 구축되지 않고서는 권력 관계도 없음을, 권력 관계를 전제로 하지 않는 어떠한 지식도, 권력 관계를 동시에 구성하지 않는 어떠한 지식도 없음을 우리는 인정해야 한다.[3]

2   Michel Foucault, "Truth and Power", *Power / Knowledge*, New York : Pantheon, 1980, p.131.

위 인용문에 의하면 지식은 권력과 함께 생성될 뿐만 아니라 바로 권력 관계의 일부를 구성한다. 지식은 다양한 형태의 제한을 통해서 생겨나고, 권력의 효과를 가능하게 하는 것이다.

여기서 유의할 부분은 푸코에게 있어 지식이 권력에 봉사하는 거짓된 정보로서만 이해될 수는 없다는 점이다. 권력이 지식을 생산한다고 푸코가 주장했을 때, 그는 권력이 짜 놓은 각본에 의해 거짓 진술이 대중을 기만할 목적으로 진실 행세를 한다는 것을 의미하지는 않았다. 푸코가 말하는 지식은 때로 왜곡되거나 불완전한 형태를 띠기도 하였으나 그럼에도 불구하고 적어도 당대의 사회가 수용하였고, 그래서 그 시대에는 진리로 기능하였던 것이다. 그러니 대중은 종종 불의와 거짓이 아니라 진리의 이름으로, 진리의 정권 아래에서 억압을 받은 것이다. 진리에 대한 푸코의 설명을 더 들어 보자. "진리는 자유로운 영혼이 받게 되는 보답도 …… 자신을 해방시키는데 성공한 자들의 특권도 아니다."[4] 그것은 권력의 효과를 가능하게 하면서 권력 내에 존재하는 것이다.

이어질 니체에 관한 논의에서 자세히 거론하겠지만, 진리의 상대성에 대한 이러한 사유는 니체에게서 배운 것이다. 그런 점에서 푸코의 지식／진리는 고전적인 마르크스주의에서 정의하는 참 지식으로서의 "과학"과 다르다. 마르크스주의가 허위의식 너머에 위치시키는 "과학"은, 푸코가 보았을 때는 일종의 초월적인 지식에 대한 노스탤지어에 지나지 않는다. 푸코의 지식／진리 개념은 또한 이데올로기와도 다르다.

---

3   Michel Foucault, Alan Sheridan trans., *Discipline and Punish*, New York : Random House, 1979, p.27.
4   Foucault, "Truth and Power", p.131.

마르크스가 정의하는바 "거울상(camera obscura)"[5]으로서의 이데올로기의 개념은 진위의 이분법에 기초한 것이다. 즉, 세상의 진실은 엄연히 존재하는 반면, 이데올로기의 영향 아래에 있는 개인은 이를 제대로 읽어 내지 못하고, 카메라의 거울상처럼 진실의 전도(顚倒)된 이미지만을 보게 된다는 이론이다. 반면, 푸코는 지식 / 진실이 진위의 이분법을 넘어 존재한다고 보았다.

오리엔탈리즘의 구성 및 작동 방식에 대한 사이드의 설명은 그가 지식과 권력이 한 몸이라는 푸코의 사유를 큰 수정 없이 차용하고 있음을 보여준다. 이는 무엇보다 지식의 "세속성"이라는 개념에서 잘 드러난다. 사이드에 의하면 학자를 그가 속한 세속적 환경으로부터 분리하는 것은 불가능에 가깝다. 이때 세속적 환경이란 계급, 일련의 신념, 사회적 지위, 혹은 특정 사회의 한 구성원이라는 사실을 모두 포괄하는 것이다. 이러한 환경적 요인은 학자들이 일상의 삶에서 유래하는 제재나 금기(禁忌)로부터 벗어나 자유롭게 연구를 수행하고자 할 때조차도 그들에게 필연적으로 영향력을 행사한다. 이러한 맥락에서 사이드는 진실된 지식은 근본적으로 비(非)정치적인 것이라는 전통적인 인본주의적 사유의 사각 지대를 지적한다. 지식이 생산되는 곳에서는 '이미 그리고 항상' 정치가 작동하고 있다는 것이다. 학문과 정치의 관계는 『오리엔탈리즘』의 3부의 첫 머리에서 더 명확한 어조로 진술된다. "학문의 제분야들은, 가장 기이한 예술가의 작품들도 그렇듯, 사회에 의해, 문화적 전통에 의해, 세속적 환경에 의해, 학교, 도서관 그리고 정부 같

---

5   Karl Marx, "The German Ideology : Part 1", *The Marx-Engels Reader*, p.154.

은 사회적 안정을 추구하는 기관들에 의해 제약되고 영향 받는다."[6]

사이드는『오리엔탈리즘』의 서론에서 오리엔탈리즘, 즉 서구의 동양론을 세 가지 방식으로 정의 내리는데 이러한 주장도 푸코의 관점에서 이해되어야 한다. 이를 간략히 요약하면 다음과 같다. 첫째가 "학문"으로서의 오리엔탈리즘이다. 이에 의하면, 동양에 대해 연구하고 가르치는 사람은 누구든지 오리엔탈리스트이며, 동양에 관한 이들의 진술과 행동이 오리엔탈리즘의 전통을 구성한다. 둘째로, 오리엔탈리즘은 동양과 서양 간의 존재론적이고도 인식론적인 구분에 기반을 둔 "사고"의 유형이다. 이 광의의 정의에 의하면 동서양에 대한 기성의 구분을 받아들인 모든 문인들, 철학자들, 정치이론가들, 경제학자들, 식민 행정가들 등의 저술이 오리엔탈리즘의 전통에 속한다. 그래서 이 전통은 고대 그리스의 작가 아이스큘로스에서 빅토르 유고, 단테와 칼 마르크스의 저작에 이르기까지 방대한 문헌을 포괄하게 된다. 셋째, 오리엔탈리즘은 동양을 다루는 "제도", 즉 동양에 대하여 진술하고, 그에 관한 견해를 승인하고, 묘사하고 가르치며, 사람들을 그곳으로 이주시키고 지배함으로써, 동양을 다루는 복합적인 제도이다. 즉, 오리엔탈리즘은 서구가 동양을 지배하고, 개조하며, 그를 마음대로 휘두를 수 있는 권한을 갖는 방식이다. 서구 지식 체계의 일부로서의 오리엔탈리즘에 대해 사이드는 "긴요한 필요와 주관적인 관점, 이데올로기적인 편견에 의해 조직되는(혹은 동양화되는) 글쓰기, 비전 그리고 연구"라고 부연한다. 오리엔탈리즘은 근본적으로 동양에 강요된 "정치적 교리"이며, 인종적

---

6   Edward Said, op. cit., p.10 · 201.

인 타자의 "다름"을 "약점"으로 대체해 버린 것이다. 동양에 대한 저술의 공통점은 동양을 몇 가지 단순화된 본질적인 속성으로 이해하거나 재현한다는 점일 것이다. 동양에 대한 이 추정적인 "본질"의 범주에는 "동양적인 성격, 동양적인 전제주의, 동양적인 관능성" 등이 있다.[7]

이데올로기론과 가다머의 해석학

지식 생산에 영향력을 행사하는 세속적 요인에는 정치·사회적 환경만이 있는 것이 아니다. 지적 전통도 개인의 연구 활동이나 예술가의 비전을 제약하는 요소로 작용한다. 이와 관련하여 사이드는 두 가지 예를 드는데, 그중 하나는 천재론이며 다른 하나는 지식의 발전론이다. 첫째는, 천재 예술가나 천재 지식인은 그가 속한 시공간의 제약을 뛰어넘어 완전히 새로운 작품과 사유를 창조해 낼 수 있다는 믿음이며, 두 번째는 시간이 지나면서, 지식이 축적될수록 학문은 필연적으로 발전한다는 낙관론이다. 사이드는 이 두 가지 믿음이 상당 부분 근거가 없는 것이라고 주장한다. 개인 비전의 창의성과 학문의 객관성을 부정함에 있어 사이드가 들여오는 개념은 "전통"이다. 그의 표현을 직접 빌리면, "개인이 아무리 독창적인 정신을 가졌다고 하더라도 동시대 문화에

---

7   Ibid., p.202·203·204.

내재된 창의적 가능성은 무한하지 않을 뿐만 아니라, 천재조차도 자기 분야에서 이루어진 기성의 성취나 선배들에 대하여 건강한 존중심을 갖기에, 천재가 공간과 시간의 경계를 완전히 뛰어넘는 자유로운 정신적 추구를 하기란 매우 어렵다.[8] 뿐만 아니라 개개 지적 생산물이 갖는 창의성이나 독자성(獨自性)은 학문 분야의 제도적 특성과 연구 활동의 집단적 성격 등으로 인해 제한을 받는다. 특히, 동양을 연구하는 분야에서는 특정한 진술이나 저작들이 사실로 받아들여지게 되었고, 이후의 저술들은 이를 바탕으로 생산되며, 이들 또한 다음 세대의 저술 활동에 강력한 영향력을 행사하게 된다. 이 마지막 진술은 앞서 소개한 두 번째 믿음, 즉 훗날의 지식은 기성의 지식을 발판으로 진일보한다는 낙관적 믿음을 반박한다.

사이드의 논거에는 문제적인 두 가지 개념이 발견된다. 그중 하나는 창의성과 독자성도 당대의 문화적 가능성의 한계로 인해 제약을 받는다는 생각이고, 또 다른 하나는 권위적인 구조로서의 담론 전통 개념이다. 당대에 내재된 '문화적 가능성'이 일찍부터 제한되어 있다는 사이드의 주장부터 살펴보자. 우선, '가능성'이라는 용어는 얼마나 확장된 의미로, 혹은 축소된 의미로 사용되는지에 따라 내용이 가변적일 수 있다. 이를테면 특정 시대의 문화에 내재된 창의적 가능성이 무한하지 않다는 진술이, 구석기 시대의 출중(出衆)한 인간에게서 21세기 지식인에 필적할 정도의 고도로 발달된 정신 활동을 기대할 수 없음을 의미하는 것인지, 아니면 동시대의 지배적인 사상을 뛰어넘어 사유할 능력이 그 시대

---

8   Ibid., p.202.

인들에게 구조적으로 제한되어 있음을 의미하는 것인지 모호하다. 만약 전자의 의미라면, 이는 굳이 『오리엔탈리즘』에서 논의할 필요가 없는 상식에 가깝다. 만약 후자의 의미라면 사상사나 과학사에서 발견되는, 보편적인 시대정신을 뒤흔든 이단적인 사유, 예컨대 지동설, 진화론, 마르크스주의, 상대성 이론 같이 새로운 시대를 연 사상이 어떻게 가능하였는지를 설명할 수 있어야 한다.

다음, 권위적 구조로서의 담론 전통에 대한 사이드의 주장을 살펴보자. 학술 담론으로서 오리엔탈리즘이 권위를 누릴 수 있었던 것은, 사이드가 "전략적 형성(strategic formation)"[9]이라고 부르는 과정, 즉 훗날의 저술들이 이전의 저작을 인용하고 참고로 할 뿐만 아니라 서로를 옹호함으로써 특정한 진술들이 의심할 여지가 없는 진실로 받아들여지는 과정이 있기 때문에 가능한 것이다. 저술이나 학문적 진술들 간에 형성되는 제휴는 이단적인 사유가 생겨나는 것을 강력하게 억제하는 효과를 발휘한다. 사이드는 오리엔탈리즘이 고대 그리스 시대로까지 거슬러 올라간다고 보는데, 동양에 대한 서구의 편견과 오인이 그토록 오랫동안 권위를 유지할 수 있었던 이유가 바로 여기에 있다. 또한 "모든 유럽인은 동양에 관하여 말하는 한 인종주의자며, 제국주의자이고 거의 전적으로 자민족중심적"[10]이라는 진술을 사이드가 거침없이 하는 이유도 여기에 있다. 새로운 저작들이 과거 저작들의 전제를 질문하기 보다는 이에 동의하고 옹호하여 왔기 때문이다. 이러한 관점에서 보았을 때 지식의 축적은 인간의 정신을 해방시키는 것이 아니라 우매한 상태로

---

9   Ibid., p.20.
10   Ibid., p.204.

유지하는 데 더 큰 기여를 하였다고 볼 수 있다.

사이드는 그렇다고 해서 동양에 대한 서구의 지식이 진실을 밝히면 분쇄되고 말 단순한 허구나 거짓말의 집합은 아니라는 사실을 강조한다. 즉, 오리엔탈리즘은 동양에 대한 단순한 판타지나 편견이 아니다. 판타지나 편견일 때조차도 그것은 물적 투자가 이루어진 것, 그래서 현실의 실천과 제도에 뿌리를 내리고 있는 것이다. 사이드의 표현을 빌자면, 그것은 "유럽 문화가 정치적으로, 사회학적으로, 군사적으로, 이데올로기적으로, 과학적으로 그리고 상상적으로 동양을 관리할 뿐만 아니라 **생산**하는 것을 가능하게 해 준 체계적인 학문 분야"[11]이다. 오리엔탈리즘이 동양에 대한 서양의 지배를 가능하게 할 뿐만 아니라 실은 동양을 "생산"하기도 한다는 이 주장은, 담론의 물질적 성격이나 현실 구축 능력을 전제로 한다.

사이드의 이러한 주장은 자신도 인정하듯 푸코의 담론과 권력 개념에 빚진 것이다. 푸코에게 있어 담론이 권력과 맺는 밀접한 관계와 권력의 생산적인 기능을 함께 고려할 때, 담론은 단순히 의사소통을 위한 매개물이 아니라 권력이 현실에 작용하는 방식, 즉 현실을 구성하고 변형하는데 작용한다. 그러한 점에서 푸코에게 있어 현실은 이데올로기 너머에서 존재하는 참된 실체, 이데올로기의 허구성을 드러낼 '오염되지 않은 진실'이 아니다. 그것은 이데올로기에 의해 "구성되고 조작된 것"이면서도 동시에 엄연한 현실이다.[12] 이러한 조작된 현실에는 개인

---

11 Ibid., p.3. 강조는 필자.
12 이 부분에 있어 푸코와 사이드는 알튀세르의 영향을 받았다고 여겨진다. 이데올로기는 개인과 현실과 맺는 상상적인 관계이면서도 동시에 이데올로기적 국가 장치 등에 의해 실천되는 물질적 존재를 갖는다고 알튀세르는 주장한 바 있다. Louis Althusser, Ben

주체도 포함된다. 이 역설을 푸코는 다음과 같이 표현한 바 있다.

> 이 시대에 개인을 지식과 권력의 상관물(correlative element)로서 구성하
> 는 기술이 있었음을 잊어서는 안 된다. 의심할 여지없이 개인은 사회의 "이
> 데올로기적인" 재현을 구성하는 허구적 요소이다. 그러나 동시에 그는 내가
> "훈육"이라고 부르는 특정한 권력 기술에 의해 조작된 현실이기도 하다. 우
> 리는 "배제하고", "억압하고", "검열하고", "추상화하고", "위장하고", "은폐
> 하는" 것과 같은 부정적인 방식으로 권력의 효과를 묘사하는 관례와 완전히
> 결별해야 한다. 실제로 권력은 생산한다. 그것은 현실을 생산한다. 그것은
> 대상의 영역과 진실의 의식(儀式)을 생산한다. 개인과 그에 관해 습득될 지
> 식이 이 생산에 포함된다.[13]

지식 전통에 대하여 사이드가 이러한 사유를 전개하는 이유는 지식
과 권력 간의 동거 관계를 증명하고 싶었기 때문이리라. 그래서 오리엔
탈리즘이라는 거대 담론의 전통이 서구인의 상상력과 지력을 그토록
오랫동안 지배할 수 있었던 이유를 설명하고 싶었을 것이다. 그럼에도
불구하고 개인 연구자와 지식 전통의 관계에 대한 사이드의 사유는 환
원적이라는 비판을 피할 길이 없다. 그의 사유에 있어 전통은 모든 개
인 주체를 포괄하고 그들의 정신을 지배하는 일종의 거대 구조의 지위
를 갖기 때문이다. 이 초(超)구조는 다른 목소리들을 허용하지 않는 단

Brewster trans., *Lenin and Philosophy and Other Essays*, London : Monthly Review Press, 1971, pp.162~170.

13 Michel Foucault, *Discipline and Punish*, p.194.

성적인 권위체이다. 이 구조 내에서 개인의 비판적 정신이나 창의적 상상력은 거세되어 동화와 순응의 길을 걷는다. 구조와 이러한 관계에 놓인 개인으로서는 전통의 오류를, 혹은 동료와 선배 지식인들의 오류를 발견하거나 수정할 길이 애초에 없다. 이러한 전체론적인 사유를 대할 때, 전통과 개인의 관계가 과연 그런 것인지, 이것이 우리의 경험적 현실에 어느 정도 부합하는지 의문이 떠오르지 않을 수 없다.

개인의 독창성이 안고 있는 구조적인 한계와 전통의 강력한 동화력을 고려할 때 사이드의 해석학에서 편견은 언제까지나 편견으로 남을 가능성이 높다. 그러나 편견이 실제로 인식 행위에서 항상 그런 식으로만 작동하는지는 의문이다. 지식인에게 실수와 편견은 무슨 일이 있어도 피해야 할 덫이 아니라—사실 이는 가능하지도 않다—총체적인 인식이나 올바른 이해에 도달하는 것을 가능하게 하는 인식적인 도약의 발판 역할을 하기도 한다. 해석학적으로 표현하자면, 이해는 편견에서 출발하는 것이다. 이해의 과정은 무지의 상태에서 앎의 상태로 갑작스럽게, 이를테면 영감에 의해 인식론적 지위가 갑자기 전환되는 것이 아니라, 대개는 편견에서 출발하여 그것을 고쳐 나가는 과정이다. 가다머가 "계몽주의의 가장 근본적인 편견은 편견에 대한 편견"[14]이라는 주장을 제기했을 때, 이는 이성을 강조한 계몽주의자들에 있어서도 편견이 없이는 이해도 불가능한 것임을 역설하는 것이었다. 사이드의 이론에서 배제되고 있는 것이 바로 이러한 자기교정적인 과정을 전제로 하는 "해석학적 순환"[15]의 가능성이다.

---

14   Hans-Georg Gadamer, Garrett Burden·John Cumming trans. ed., *Truth and Method*, New York : Seabury, 1975, pp.239~40.

푸코가 사이드에 미친 영향은 권력의 세속성 개념뿐만이 아니다. 푸코에 의하면 18세기 말~19세기 초의 시기를 중심으로 권력의 존재 양태는 상당히 다른 모습을 보이게 된다. 푸코가 고전적인 에피스테메가 지배했던 시기라고도 부르는 19세기 이전의 사회에서 권력은 특권적인 개인의 소유물이었다. 여기서 특권적인 개인이라 함은 물론 군주를 일컫는다. 군주는 이 가공할 소유물을 '광장의 정치'를 통해 운영하였다. 이를테면, 절대 왕정 시대의 군주는 범죄자에 대한 형벌을 공개 집행함으로써 권력의 존재를 백성들에게 각인시킬 수 있었던 것이다. 물리적 강제와 형벌에 대한 '공포'가 광장의 정치를 운영하는데 필요한 소도구였던 셈이다. 그러나 19세기에 접어들면서 광장의 정치는 사라지게 되고, 육체의 고통을 통한 통치 방식은 중요성이 그만큼 낮아지게 된다.[16]

근대에서 권력은 소유되는 것이 아니라 실천되거나 작용하는 것으로 바뀌게 된다. 고전적인 에피스테메의 시대와 달리 근대의 권력은 '생산'을 통해 유지되었다. 이는 빅토리아조 시대에 있었던 성(性)에 대한 통제에서 잘 드러난다. 주지하다시피 빅토리아조 영국은 "고상한 척 하기 (prudery)"로 잘 알려져 있다. 점잖은 예법과 도덕성에 대한 집착은 공영역에서 성 담론뿐만 아니라 심지어는 신체에 대한 언급마저 추방하

---

15 가다머는 하이데거로부터 "해석학적 순환"의 개념을 빌려와서 편견과 이해의 관계를 설명한다. 이에 의하면, 텍스트에 대한 이해 과정에는 필연적으로 텍스트 전체의 의미에 대한 어떤 기대나 선(先)이해가 개입하는데, 이 기대는 텍스트를 실제로 읽기 시작했을 때 드러나는 최초의 의미에 의해 수정된다. 그런데 이 최초의 의미가 생겨날 수 있는 것은 애초에 우리가 선 이해를 가지고 텍스트를 대했기 때문이다. 이러한 과정이 계속됨에 따라 텍스트에 대한 우리의 선이해가 점점 더 설득력 있는 것으로 보정되고 대체된다는 것이다. Ibid., p.236.

16 Michel Foucault, *Discipline and Punish*, pp.3~16.

게 된다. 이러한 도덕적인 노력은 영국이 인도와도 바꿀 수 없다고 자랑한 셰익스피어의 작품마저도 개작하여, 상스러운 언어를 제거해 버린 『가족용 셰익스피어(*The Family Shakespeare*)』를 만들어 내기에 이르렀다.

이처럼 흔히 성적 억압과 같은 핵심어로 이해되는 빅토리아조 영국에 대하여 푸코는 완전히 다른 시각으로 접근한다. 그는 빅토리아조를 금지, 검열, 혹은 거부와 같은 억압적인 기제가 지배적으로 작동하였던 시기가 아니라, 오히려 성에 대한 담론이 만발하였던 시기, 그래서 성 담론이 공공연히 유통되었을 뿐만 아니라 성 담론이 개인의 은밀한 일상까지 침투하였던 시기로 볼 것을 제안한다. 개인의 입을 틀어막고 성을 밀실에 가둠으로써가 아니라 성을 광장으로 끌어냄으로써, 즉 적극적인 성의 공담론화를 통하여 성에 대한 규제가 이루어졌다는 것이다. 그래서 권력에 봉사하지 않는 성, 즉 생식에 기여하지 않고 쾌락만을 추구하는 성의 양태들이 목록화되고 이에 대한 전방위적인 캠페인이 법 담론, 교육 담론과 의학 담론 등의 형태로 전개된 것이 빅토리아조 영국을 포함하는 근대 사회의 특징이라는 것이다.[17]

그러니 권력은 거부하고 봉쇄하고 무효화하는 전략도 동원하지만, 동시에 생산, 증대, 강화의 전략도 적극 사용한다. 푸코의 표현을 직접 빌리자면 권력은 "사물을 관통하고 또 생산한다. 그것은 쾌를 유발하고, 지식을 형성하며, 담론을 생산한다."[18] 권력을 언술적 생산(discursive production)과 불가분의 관계로 이해하는 이러한 관점이 사이드의 『오

---

[17]   Michel Foucault, Robert Hurley trans., *The History of Sexuality Vol 1 : An Introduction*, New York : Random House, 1980, p.36.
[18]   Michel Foucault, "Truth and Power", p.119.

리엔탈리즘』에서도 원용된다. 사이드는 개인과 문화의 관계를 논하면서 개인 작가에게 문화가 가하는 제약이나 압박이 단순히 일방적으로 금지하는 형태가 아니라 생산적 형태로 나타난다고 주장한 바 있다.[19] 그래서 문학, 학문, 사회 이론, 역사적 글쓰기 등 다양한 분야에서 제국주의를 추동하는 정치학이 다양한 담론의 생산을 촉발시켰다는 것이다. 물론 푸코와 사이드 간에 차이점도 있다. 사이드는 『오리엔탈리즘』의 서문에서 자신이 푸코에게 많은 빚을 지고 있음에도 불구하고 개인 작가의 역할에 대해서는 의견을 달리 함을 분명히 밝힌다. 푸코에게 있어 개별 텍스트와 작가의 의미가 미미한 반면, 오리엔탈리즘 전통을 구성하는 텍스트들에 대해 개인 작가가 "결정적인 각인력(determining imprint)"[20]을 갖는다고 사이드는 주장한다.

「작가란 무엇인가?」에서 개진된 푸코의 주장에 의하면, 작가란 "담론의 기능"[21]에 불과하다. 하나의 작품은 다른 작품들과의 관계 속에서 존재하며, 작가는 일군의 작품을 다른 작품들과 구분 짓는 '지시 기능' 정도로 이해된다. 반면 사이드는 영국의 이집트 연구자 레인(Edward William Lane)에 대한 예시를 통해 푸코와는 반대되는 주장을 한다. 이에 의하면 레인 같은 학자가 다음 세대의 학자들에게 미친 영향은 매우 지대하여, 그를 인용하지 않는 어떠한 후대의 동양학 저술도 불가능하였다고 한다. 뿐만 아니라 레인의 영향력을 제대로 이해하기 위해서는

---

19   Edward Said, op. cit., p.14.

20   Ibid., p.23.

21   Michel Foucault, Donald Bouchard · Sherry Simon trans., "What is an Author?", *Language, Counter-Memory, Practice : Selected Essays and Interviews*, Donald Bouchard ed., Ithaca : Cornell Univ. Press, 1977, pp.113~138.

그의 텍스트가 갖는 고유한 특징들을 이해하는 것이 필수불가결하다. 이와 같은 주장은 레인에만 해당되는 것은 아니며, 르낭(Joseph Ernest Renan)이나 사시(Silvestre de Baron Sacy) 같이 영향력 있는 프랑스 오리엔탈리스트의 경우에도 해당된다. 이와 같은 주장을 개진함으로써 사이드는 푸코의 담론 개념을 사용함에도 불구하고 작가들을 개별적인 존재로, 무엇보다 역사 내의 존재로 복구해낸다. 물론 이 복구 작업은 적어도 『오리엔탈리즘』에서는 이들이 인문학과 정치학의 연루 관계에 대하여 증언하도록 증인석에 세우기 위해서라는 점에서 구출이 아니라 구인(拘引)에 가깝다.

그람시, 마쇼레이, 만하임의 패러독스

권력과 지식에 대한 푸코의 개념은 그람시의 헤게모니 개념과도 닮은 점이 있다. 푸코에 있어 권력은 더 이상 특권적 개인이 소유하고 행사하는 것이 아니라 일종의 "관계"로서 사유되게 된다. 푸코를 직접 인용하면,

> [권력]은 여기나 저기, 하나의 지역에 결코 거점을 두지 않으며, 어느 개인의 수중에도 결코 존재하지 않으며, 결코 상품이나 재산처럼 전유되지도 않는다. 권력은 그물망 같은 조직을 통해 사용되고 실천된다. 그러니 개인들은

그물의 망 사이를 순환하는 것만은 아니다. 그들은 이 권력을 경험하면서 동시에 실천하는 위치에 항상 서 있다.[22]

이러한 시각에 의하면 권력은 지배자와 피지배자가 함께 참여하는 양방향적인 것이 된다. 이 네트워크에서 개인은 권력의 지배를 받기도 하지만 동시에 권력이 현실에 개입하는 통로나 수단이 된다. 네트워크로서의 권력에 대한 푸코의 사유는 권력을 강제와 무력이 아니라 일종의 "상호작용"이나 "문화적 리더십"으로 이해한 그람시의 이론과 일정 부분 맥이 닿는다. 물론 개인의 주도권이나 자율성을 인정하였다는 점에서 그람시는 푸코와 다르기도 하다.

헤게모니의 기본적인 전제는 개인이 강제에 의해서만 아니라 사상에 의해서도 지배된다는 것이다. 그리고 이 사상은 마르크스도 주장한 바 있듯 지배 계급의 사상이다.[23] 한 계급의 세계관이 사회 구석구석까지 퍼지고 침윤해 들어간 결과 지배 계급이 성립되는 것이다. 정신의 영역에서 이루어지는 이러한 동화나 동의 수렴의 과정이 없다면, 즉 무력과 강제에만 의존한다면, 계급 사회는 하루아침에 무너지고 말 것이라는 것이 마르크스의 주장이요, 또한 그람시의 주장이다.

그람시는 헤게모니 용어를 20세기 초 러시아의 혁명가들로부터 배웠다. 플레하노프(Georgi Plekhanov, 1856~1918)와 레닌(Vladimir Lenin, 1870~1924) 같은 사회주의 혁명가들은 헤게모니를 한편으로는 "프롤

---

22 Michel Foucault, "Two Lectures", *Power / Knowledge*, p.98.
23 이데올로기에 대한 마르크스의 설명은 다음과 같이 요약된다. "각 시대의 지배 사상은 항상 지배 계급의 사상이었다." Karl Marx, "German Ideology", p.172.

레타리아 주도권"의 의미로, 다른 한편으로는 농민과 프롤레타리아 간의 "동맹"의 의미로 사용하였다. 이를테면 플레하노프는 농민 계층에 대한 프롤레타리아의 주도권이나 프롤레타리아에 대한 당(黨)의 리더십을 역설하였고, 레닌의 경우는 프롤레타리아 전위대의 역할을 강조하였다. 프롤레타리아 전위대의 임무가 농민 대중의 "허위의식"을 깨트려 이들이 계급적 이익을 위해 행동하도록 유도하는 것이었으니, 레닌의 경우 헤게모니는 "농민과 프롤레타리아 간의 동맹 성취"를 의미하게 되었다. 베이츠의 연구에 의하면, 그람시도 처음에는 헤게모니 용어를 리더십의 의미로 사용하였다. 그러나 무솔리니에 의해 체포된 이후 하게 된 옥중 생활 동안 "지식인의 역할"에 대해 사유하게 되면서 비로소 레닌이 사용한 의미로서의 헤게모니 개념에 눈뜨게 되었다고 한다.[24]

"지식인"의 개념은 속류 마르크스주의의 한계에 대한 해결책을 모색하는 과정에서 나오게 된다. 속류 마르크스주의자들은 마르크스의 이론을 기계적으로 해석하여, 상부구조가 하부구조에 의해 전적으로 결정되는 것, 즉 하부구조의 반영에 지나지 않는다고 보았다. 문화와 법, 정치 등의 영역이 경제적 조건에 의해 결정된다고 믿었던 것이다. 그람시는 이러한 기계론적인 해석을 수용하는 대신 상부구조를 두 가지 영역으로 이해하였다. "시민 사회"와 "정치적 사회"가 그것이다. 정치적 사회는 정부, 재판소, 경찰, 군대 등과 같은 공적인 기관들로 구성되어 있으며, 대중에 대해 직접적인 지배력을 행사한다. 반면, 시민 사회는 교회나 학교, 가족, 클럽과 같은 사조직으로 구성되어 있으며 개인들의

---

24   Thomas R. Bates, "Gramsci and the Theory of Hegemony", *Journal of the History of Ideas* 36.2, Apr.~Jun. 1975, p.352.

사회적, 정치적 의식의 형성에 기여한다.

지식인이 중요한 역할을 하게 되는 곳이 바로 시민 사회이다. 시민 사회에서 지식인들은 자신이 속한 계층의 신념과 사상을 선전하고 전 파하는 계급의 '정치적 선전원'으로 기능한다. 그러니 독립된 집단으로 서의 지식인은 존재하지 않는다. 모든 사회 집단에는 이에 속하는 지식 인들이 있는 것이다. 지식인과 계급 간의 관계에 대해 그람시는 다음과 같이 말한 바 있다.

> 역사적으로, 정치적으로, 비판적인 자의식은 지식인 간부들의 출현을 의미 한다. 인간의 무리는 스스로를 조직하지 않고서는 자신을 다른 집단과 구분 하거나 독자적으로 존재하지 못한다. 지식인 없이는, 조직자와 지도자 없이 는 어떠한 조직도 존재할 수 없다.[25]

한 계급을 대변하는—그람시가 "유기적"이라고 부른—지식인들이 다른 계급에 속하는 지식인들을 설득시킬 수 있을 때, 그리하여 이 후 자의 계급이 특정 계급의 이익과 세계관과 동일시할 때 비로소 지배 계 급이 생겨나게 된다.

일방통행이 아니라 선전과 설득의 과정을 통해 지배 계급은 피지배 계급의 "자발적인 동의"를 획득한다. 그람시의 이론이 종래의 마르크

---

[25] Antonio Gramsci, *Il materialismo storico e la filosofia di Benedetto Croce*, Turin, 1966; Thomas R. Bates, op. cit., p.360에서 재인용. 그람시는 지식인을 "전통적(tradi-tional)" 유형과 "유기적(organic)" 유형으로 나누면서, 유기적 지식인이 자신이 속한 계급을 대변하고 그 계급을 조직하고 동원하는 기능을 하는 반면, 전통적 지식인은 본래 자신이 속한 계급과의 관계를 잃고 자신이 비정파적이며 불변의 지식을 추구한다고 믿는 보수적인 인물이라고 규정한 바 있다.

스주의와 다른 점은, 문화가 경제 관계에 의해 자동적으로 결정되지 않으며, 또한 지배 계급의 사상과 세계관이 아무런 대립이나 저항 없이는 하층 계급으로 퍼져 나가지 않는다는 점이다. 헤게모니는 항상 다른 계급의 사상에 의해 도전받기에, 완성될 수 없는 불완전한 과정이다. 헤게모니 개념은 사이드가 오리엔탈리즘의 지속성과 영향력을 사유함에 있어 중요한 이론적 틀을 제공한다. 사이드는 정치적 사회와 시민 사회에 대한 그람시의 구분을 빌려 오면서, 시민 사회에서 작동하는 문화를 사상이나 제도 등 동의에 의해 작용하는 곳이라고 정의 내린 바 있다. 시민 사회에서는 특정한 문화 형태들이 다른 문화 형태들에 대해 지배력을 갖게 되고, 이러한 "문화적 리더십"이 작동한 결과 오리엔탈리즘이 지속적인 영향력을 행사하게 된 것이라는 것이 사이드의 설명이다.

헤게모니와 오리엔탈리즘에 관한 사이드의 설명을 들어 보자.

> 오리엔탈리즘은 데니스 헤이가 유럽에 대한 관념이라고 부른 것, 즉 모든 비유럽인들과의 대조를 통해 "우리" 유럽인들을 정의하는 집합적 관념과 크게 다르지 않다. 그리고 정말로, 유럽 문화의 어떤 중요한 요소로 인해 유럽 문화가 유럽 내외에서 지배력을 갖게 되었는데, 그 요소가 바로 비유럽 민족들과 그들의 문화보다 유럽인의 정체성이 우월하다는 관념이다. 이외에도 후진적인 동양에 비해 유럽이 우월하다는 관념들이 누렸던 헤게모니가 있다. 이 헤게모니로 인해, 독자적으로 혹은 회의적으로 사유하는 개인이 이 문제에 대해 다른 의견을 가질 가능성이 사라지게 된다.[26]

---

26   Edward Said, op. cit., p.7. 강조는 필자.

동양에 대한 편견이 유럽에서 오랫동안 영향력을 발휘할 수 있었던 것은, 이러한 편견들이 반대급부로 강조하였던 유럽인의 우월함에 대한 믿음이 있었고, 그래서 이러한 생각에 대부분의 유럽인들이 쉽게 동의할 수 있었기 때문이었다. 좀 거칠게 표현하자면, 오리엔탈리즘이 헤게모니를 유지할 수 있었던 것은, 거의 모든 유럽인들이 가지고 있었던 우월감에 호소하였기에 가능했던 것이다.

그람시에 기댄 사이드의 이론은 개인에게 미치는 당대 문화의 영향력을 설명하기에 부족함이 없는 듯하다. 문제는 사이드의 이론 체계가 지배 사상이 변화할 가능성을 열어 두지 못하는 데 있다. 위 인용문에서도 나타나듯 사이드는, 지배 사상에 대항하여 개인이 독자적으로나 회의적으로 사유할 가능성을 닫아 버린다. 오리엔탈리즘 내에서 반대나 저항의 가능성을 상상할 수 없는 이유를 설명함에 있어 사이드는 개인과 전통의 관계에 대한 보수적인 사유에 기댄다. 앞서 논의한 바 있듯, 담론의 "전략적 형성"에 대한 사이드의 논리에 의하면, 지배 사상에 대항하여 이단적인 사유가 출현하기란 쉽지 않다. 사이드는 오리엔탈리즘이 도덕적 중립성과 객관적 타당성을 가질 뿐만 아니라 "역사적 연대기나 지리적 위치에 맞먹는 인식론적 지위"[27]를 갖는 담론이라고 주장하는데, 이처럼 어마어마한 과학적, 인식론적 지위를 누리는 담론을 어떤 개인이 반박할 수 있을지가 의문이다.

흥미로운 점은 사이드가 독자적 사유의 출현 가능성을 부정할 때 다름 아닌 그람시의 헤게모니 개념을 이용한다는 점이다. 이러한 논리는

---

27 Ibid., p.205.

첫째, 경험적인 수준에서 정당화하기 어렵다. 세계의 역사는 물적·정신적 여건이 변화함에 따라 사회의 지배 사상도 변해 왔거나 혹은 그 반대의 경우가 있어 왔음을 증언하는 반면, 사이드의 닫힌 이론으로는 이러한 변화를 설명할 수 없기 때문이다. 둘째, 그람시의 헤게모니 개념과 사이드의 오리엔탈리즘이 과연 같은 식으로 작동하는가 하는 질문이 있을 수 있다. 헤게모니 개념은 기본적으로 사상들 간의 경쟁, 그리고 이러한 사상들을 전파하는 지식인들 간의 경쟁, 더 나아가 이 지식인들이 대변하는 집단들 간의 경쟁을 전제로 한다. 상대에 대한 "설득과 타협"의 결과로 인해 한편이 다른 편을 지배하기는 하되, 이 관계는 여건이 성숙되면 언제든지 반전될 수 있는 불완전한 것이다. 반면 오리엔탈리즘은 이러한 대립이 원천적으로 배제된 전체주의적인 구조의 형태를 띤다. 이러한 면모는 오리엔탈리즘이 "도전을 받지 않는 일관성"[28]으로 충만한 담론 체계라는 사이드의 주장이 뒷받침한다. 그러한 점에서 사이드의 『오리엔탈리즘』은 그람시의 헤게모니 개념을 빌려오기는 하였으되 이를 오용한 경우에 해당한다.

사이드의 저서에서 담론들 간의 충돌 가능성이 전혀 언급되지 않는 것은 아니다. 고대 그리스 시대부터 계속되어 온 동양에 대한 서양의 오랜 인식과 근대의 동양에 대한 최근의 인식 간에 괴리가 있을 수 있음을 사이드는 인정한다. 유럽과 동양 간에 상업적·징지적 조우 등 각종 경험적인 만남이 빈번해짐에 따라 오늘날의 동양에 대한 담론과 고전적인 인식 간에 불일치가 인지되기 시작했다는 것이다. 그러나 사이

---

[28] Ibid.

드에 의하면, 이러한 불일치에도 불구하고 유럽인의 인식에 있어 새로운 각성의 계기나, 기성의 동양 담론에 깊이 뿌리박은 편견을 교정하는 계기가 생겨나지는 않는다.

동양과 관련하여 생겨나는, 오랜 정치적 교리와 근대 담론 간의 괴리, 정치적 신념과 실제 경험 간의 괴리, 무의식과 의식 간에 있을 수 있는 괴리에 대해, 사이드는 "특정할 수 없는 역사상 어느 한 순간에 이 이분법이 합치하게 되었다"[29]는 말로써 교정의 가능성을 배제해 버린다. 사이드의 맹점이 바로 여기에 있다. 동양에 관한 한 서구 주체의 경험이 기성의 교리를 지지할 수밖에 없다는 것이다. 이에 의하면, 과학자, 학자, 선교사, 상인, 군인 등 다양한 계층의 구성원들이 동양을 '직접' 경험하였지만, 이들의 경험은 기성의 교리가 가르쳐 온 "동양의 본질"에 모두 수렴된다. 또한 이 교리의 영향력에 대해 동양 쪽에서도 어떠한 저항도 없었다는 것이 사이드의 지론이다.[30]

사이드는 오리엔탈리즘이 강압이 아니라 동의와 설득에 의해 작동한다고 보고, 푸코와 그람시의 이론을 빌려와서 이를 설명하려 하였으나, 결과적으로 전복의 가능성을 넘어서 있는, 완전한 허위의식을 생산해 내는 거대한 이데올로기 개념을 만들어 내고 말았다. 사이드의 주장처럼 오리엔탈리즘의 파급력과 영향력이 그렇게 지대하려면, 경험의 영역에서 일어날 수 있는 온갖 의문이나 회의, 도전을 미리 예견하고 이를 설명해 줄만큼 방대하면서도 정밀한 답변들을 오리엔탈리즘이 갖추고 있어야 할 텐데, 경험의 방대한 영역과 정확하게 일치하는 설명체

---

29 Ibid., p.223.
30 Ibid., p.7.

계가 가능한가 하는 의문이 생긴다. 동양에 관한 불완전한 정보가 유럽의 텍스트에 수용될 때, 현실세계에 대한 독자들의 경험과 충돌을 일으키기 마련이다. 반대로, 텍스트에 수용되는 정보가 현실에 부합하는 정도가 높으면, 이때는 지배 이데올로기와 불협화음을 일으키게 된다.

일찍이 마쇼레이는 이데올로기적인 텍스트의 한계와 모순에 대해서 주목한 바 있다. 그에 의하면, 모순을 감추거나 전치시키기 위해서는 먼저 모순의 존재에 대해 주목을 요구할 수밖에 없다는 점에서, 또한 이데올로기가 서사의 형식으로 스스로를 펼쳐 내기 위해 경험적 세계로부터 들여올 수밖에 없는 수많은 지엽적이고도 자잘한 사실들의 뉘앙스 하나하나에 대한 완전한 통제가 사실상 불가능하다는 점에서, 모든 이데올로기적 행위는 자기배반의 가능성을 안고 있다. 마쇼레이의 표현을 빌리면, 이데올로기적인 문학작품은 반영의 편파성을 담지하고 있다는 점에서 자신의 편파성, 즉 반영의 편파성을 반영하는 거울이다.[31] 이러한 경우의 수들을 모두 배제한 채, 오리엔탈리즘의 절대적인 지배력을 강조하는 것은 일종의 전체주의적 텍스트를 상정함을 의미한다. 어떤 창도 뚫을 수 없는 방패를 만들고 만 셈이다. 그렇다면 오리엔탈리즘의 초구조적인 이데올로기적 작동을 꿰뚫어 보는 사이드 본인의 안목은 어떻게 가능하였던 것일까. 한편으로는 어떤 창도 뚫을 수 없는 방패를 선전하면서, 다른 한편으로는 그 방패를 뚫는 창을 선보인다는 점에서 사이드는 "만하임의 패러독스"[32]의 예를 보여준다.

---

31 Pierre Macherey, Geoffrey Wall trans., *A Theory of Literary Production*, London : Routledge, 1980, pp.121~122.

32 문화인류학자 기어츠의 용어로써, 개인의 현실 인식 정도에 따라 이데올로기에 대한 비판도 실은 이데올로기적이라는 만하임(Karl Mannheim)의 주장을 일컫는 것임. Clifford

오리엔탈리즘, 역사성, 예단의 독법

사이드에 의하면 오리엔탈리즘은 나름의 역사가 있는 담론 체계이다. 오리엔탈리즘이 동양에 대한 서구의 오랜 인식과 정보가 축적된 결과라는 점에서 그 주장은 사실이다. 반면, 그가 분석하는 오리엔탈리즘에는 변화의 동인이 원천적으로 배제되어 있다는 점에서 그 반대의 주장 역시 가능하다. 즉, 사이드의 오리엔탈리즘은 역사적 진공 상태에서 존재한다는 주장도 가능한 것이다. 그가 오리엔탈리즘에 대해 유일하게 시간성을 허락하는 때는 동양에 대한 고대의 편견과 근대 담론 간의 차이를 '잠정적으로' 인정할 때이다. 여기서 유의해야 할 점은 사이드가 이러한 차이의 존재를 인정할 때 이는 궁극적으로 변화의 가능성을 인정해서가 아니라 차이가 결국 어떻게 봉쇄되는지를 주장하기 위해서라는 점이다.

사이드는 프로이트의 연구를 빌려와 오리엔탈리즘을 두 가지로 구분한다. 그중 하나가 "잠재적(latent) 오리엔탈리즘"이며, 다른 하나가 "외현적(manifest) 오리엔탈리즘"이다. 잠재적 오리엔탈리즘은 무의식적인 것으로서, 유럽인의 정신세계에 뿌리를 깊게 내린 동양에 대한 편견이다. 무의식적인 실체이기에 그것은 시간의 흐름에 영향을 받지 않으며, 따라서 내용이 좀처럼 변하지 않는다. 잠재적 오리엔탈리즘의 범주를 구성하는 내용에는 "동양의 다름, 그것의 기이함, 후진성, 말없는

Geertz, "Ideology as Cultural System", *Ideology and Discontent*, David E. Apter ed., New York : Free Press of Glencoe, 1964, p.48.

무관심, 여성적인 관통 가능성, 나태한 순응성"등이 있다. 반면, 외현적 오리엔탈리즘은 동양의 사회, 언어, 문학, 역사 등에 관한 다양한 진술을 의미한다. 동양에 대한 지식이나 개념에 있어 변화가 있다면 그것은 바로 이 외현적 오리엔탈리즘의 영역에서 발생한다. 통일성, 안정성, 그리고 지속성이 잠재적 오리엔탈리즘의 특징이라면, 형식이나 개인적인 스타일의 차이가 외현적 오리엔탈리즘의 특징이 된다.[33]

사이드의 이러한 구분은 한편으로는 프로이트의 심리학에, 다른 한편으로는 소쉬르의 구조주의에 빚진 바가 있다. 익히 알려진 대로 프로이트는 개인의 심리를 의식과 무의식이라는 이분법 구조로 이해하였다. 무의식은 충격적인 현실에 대응하여 자아의 방어기제가 작동하는 곳, 금지된 욕망과 억압된 감정, 트라우마의 기억이 개인의 통제나 검열을 피하는 방식으로 작동하는 곳이다. 사이드는 이 개념을 빌려와 잠재적 오리엔탈리즘을 설명한다. 그러나 프로이트의 무의식 개념이 갖는 역동성과 복합성은 사이드의 탈식민주의 이론체계에서 거세되어 버린다. 그 결과 잠재적 오리엔탈리즘은 동양에 대한 변하지 않는 오랜 편견과 동의어가 되고 만다.

반면 오리엔탈리즘이 역사의 공간에서 겪게 되는 변화는 사이드의 이론에서 외현적 범주로 오롯이 수용된다. 그러나 이때도 사이드는 변화의 가능성을 오직 형식, 즉 스타일과 표현에 한정함으로써, 변화의 가능성을 거의 무의미한 것으로 만들고 만다. 오리엔탈리즘의 범주를 이분화함으로써 열어 놓은 듯한 변화의 가능성이 다시 닫히는 순간이

---

33   Edward Said, op. cit., p.206.

다. 불변하는 구조가 잠재적인 형태로 존재하며, 외현적인 현상들이 이러한 구조의 다양한 표현이라고 본 점에서, 사이드의 이분법은 언어 현상을 랑그(langue)와 파롤(parole)로 구분한 소쉬르의 구조주의 언어학을 닮기도 하였다. 프로이트와 소쉬르의 이분법이 갖는 공통점은, 비록 정도의 차이는 있지만, 외적인 현상이 내적인 구조에 의해 영향을 받거나 결정된다는 점이다.

『오리엔탈리즘』에서 역사적 변화의 가능성에 관한 논의는 또 다른 이분법의 도입을 통해 이루어진다. "비전"과 "내러티브"의 이분법이 그 예이다. 사이드에 의하면 동양에 관한 유럽의 비전은 "포괄적인 것"이다. 그러나 유럽인이 동양이라는 방대한 현상을 효율적으로 조망하기 위해서는 도식적이고도 단순한 창(窓)을 선택할 수밖에 없는데, 그러다 보니 생기게 되는 시각적인 한계로 인해 이 포괄적 비전은 또한 아이러니컬하게도 환원적인 것이기도 하다. 이 비전을 달리 표현하면 동양에 대한 "공시적인 본질론(synchronic essentialism)"[34]이라 할 수 있다. 공시적인 비전은 정적(靜的)이며 본질론적이기에 필연적으로 항구적이다. 반면, 내러티브는 역사적인 변화가 감지되는 "통시적인" 것이다. 내러티브에 묘사되는 동양은 역사가 가능한 곳, 변화의 흐름이, 성장, 쇠락과 같은 운동의 추세가 느껴질 수 있는 곳이다. 변화를 전제로 하고 있다는 점에서 내러티브는 본질론적인 비전과 대척적인 지점에 서게 된다. 사이드의 표현을 빌리면, "내러티브는 비전의 항구성에 대항하기 위하여 글쓰기로서의 역사가 취하는 특정한 형태"[35]이다. 동양에 대한

---

34   Ibid., p.240.
35   Ibid.

실제 진술이라는 점에서 내러티브는 앞서 논의한 바 있는 "외현적 오리엔탈리즘"과 유사하면서도, 변화에 열려 있을 뿐만 아니라 비전에 대항하는 글쓰기라는 점에서는 이와 다른 듯하다. 그것은 이단적인 견해와 관점을 오리엔탈리즘 전통 내로 들여옴으로써 비전이 추구하는 안정성과 통일성에 도전한다.

교리에 대항하여 이단적인 사유를 들여오고, 비전이 추구하는 안정성을 역사적 장에서 흔들어 놓는 내러티브는 바흐친의 헤테로글로시아를 연상시킨다. 모든 텍스트는 문학적 언어뿐만 아니라 문학의 바깥, 즉 현실 세계의 언어로 구성되며, 그 언어들은 다양한 직업 계층이나 사회적 집단의 이데올로기와 분리하여 생각될 수 없기에, 텍스트는 필연적으로 상충되는 이데올로기의 교전장이라는 바흐친의 이론은 텍스트에 깃든 사유나 신념들 간의 역동적인 관계를 분석하기에 적절한 방법론을 제공한다. 바흐친과 유사하게 사이드는 내러티브를 "역사"와 "대항 관점"에서 정의 내림으로써, 잠재적 오리엔탈리즘과 외현적 오리엔탈리즘이라는 이분법적인 사유를 벗어나 변화의 가능성을 향해 한 걸음 나아간 듯하다. 혹은, 오리엔탈리즘 내에서 담론과 역담론 간의 경합이 가능하다고 봄으로써 그람시의 헤게모니 개념에 가까워진 느낌을 준다. 사이드의 다음 주장도 이러한 맥락에서 이해될 수 있다. "역사와 그것이 표현되는 수단으로서의 내러티브라는 관점에서 보았을 때, 비전은 충분하지 못하며, 무조건적인 존재론적 범주로서의 '동양'으로써는 변화의 실체적 가능성을 제대로 다룰 수 없다." 그러나 사이드를 전공하는 학자들에게 혼란스러운 점은 그가 내러티브를 이렇게 역동적으로 설명해 놓고 이 역동적 가능성을 결국 부정한다는 사실이다.

내러티브에 대한 사이드의 모순적인 입장은 T. E. 로렌스(Lawrence)의 저술에 대한 분석에서 자세히 드러난다. 영화 〈아라비아의 로렌스(*Lawrence of Arabia*)〉의 모델이 되기도 한 로렌스는, 제1차 세계대전 당시 영국군과 오스만투르크 제국이 수에즈 운하를 둘러싸고 대치하고 있었을 때, 오스만투르크의 중동 지배에 대항하는 아랍 전사들의 무장 봉기를 지휘하였다. 그는 아랍 비정규군을 이끌고 전략적 요충지인 아크바와 다마스쿠스를 함락시키는 등 아랍의 독립을 위해 싸운 전설적인 영국 장교로 대중의 기억에 각인되어 있다. 사이드가 "내러티브"의 예로 드는 것이 바로 이 로렌스의 저서들 중 『지혜의 일곱 기둥(*Seven Pillars of Wisdom*)』과 『동양에 대한 글모음(*Oriental Assembly*)』이다.

사이드의 분석에 의하면, 로렌스의 저서에서 동양은 "불변하는 수동성"에서 "군사적인 근대성"으로 변모하며, 이에 따라 내러티브(역사)와 비전 간의 갈등이 모습을 드러낸다. 문제는 이러한 변화의 가능성이 로렌스의 내러티브에서 존재함을 지적함에도 불구하고, 사이드가 궁극적으로 준비하고 있는 결론이 이러한 가능성을 대부분 상쇄시키는 보수적인 논조로 회귀한다는 점이다. 이를테면 사이드는 로렌스가 목격한 동양의 변화가 극히 제한된 틀 내에서 이루어진다고 부연함으로써 동양을 새롭게 인식할 가능성을 닫아 버린다. 그 이유로서 사이드가 드는 근거는, 동양인들이 자유의 전통을 가진 적이 없다는 것이 로렌스 당대의 공인된 견해이었다는 점, 그래서 동양이 자기 갈 길을 멋대로 가지 않게 하는 것이 로렌스와 그의 동시대인에게 중요한 의제였다는 점이다.[36] 이러한 시각 아래에서 조망된 동양은 서구의 지배를 지속적으로 필요로 하는 존재이다.

내러티브에서 변화의 가능성이 부정되는 과정을 사이드는 다음과 같이 요약한다. 먼저, 내러티브에서는 생기, 시간성, 세력을 모두 결여한 동양에 활력이 부여되며, 둘째로 활기를 되찾은 동양에 본질적으로 서양의 형체가 부여되며, 셋째로 이렇게 살아난 새로운 동양을 작가의 개인적인 비전으로 봉쇄한다. 결과적으로 오리엔탈리스트 내러티브는 작가의 "목소리가 전체 역사가 되는" 텍스트, 그래서 그 목소리가 유럽 독자에게 인지 가능한 유일한 "동양"이 되는 텍스트이다.[37] 로렌스의 텍스트로 돌아가서, 사이드가 자신의 주장을 뒷받침하기 위하여 드는 예문을 살펴보자.

실제로 우리는 대리자들을 만들었는데, 이는 우리 자신을 위한 것이라고, 혹은 그렇게 하는 것이 우리의 이익에 봉사하는 것이라고 지적되었기 때문이다. 그리고 이러한 행동의 동기(動機)뿐만 아니라 이에 대한 인식에 있어 스스로를 속임으로써 이 사실을 외면할 수 있었다……

우리의 지도자들이 이 올바르지 못한 처신의 길에서 똑바로 걸어갈 가능성은 없어 보였다. 알려지지 않은 창피스러운 동기가 이전의 동기를 무효화거나 이를 두 배로 가중시키는 겹겹의 미로에서 말이다.[38]

『지혜의 일곱 기둥』에서 인용된 이 글에서 사이드가 주목하는 바는, 아라비아의 독립을 위해 싸웠지만 결국에는 실패하게 된 상황에 대하

36   Ibid., p.240 · 241.
37   Ibid., p.243.
38   T. E. Lawrence, *Seven Pillars of Wisdom : A Triumph*, Garden City, N.Y. : Doubleday, 1935, p.540 · pp.550~552; Edward Said, op. cit., p.243에서 재인용.

여 로렌스가 토로하는 실망감과 배신감이다. 실제로 로렌스는 분열된 아랍 지도자들을 설득하여 오스만 제국에 저항하였고 아랍의 독립을 열렬히 지지하였다. 그러나 프랑스 군의 개입과 이어지는 프랑스와 영국 간의 비밀 조약으로 인해, 중동 지역은 양대 열강에 의해 분리 통치되고, 이로써 아랍의 독립은 요원해지고 만다. 인용된 로렌스의 서사는 이처럼 영국과 프랑스가 중동 지역의 오랜 숙원을 짓밟음으로써 양국의 이해관계를 공고히 하는 정치적 공모에 대해 회한을 토로하는 것이다.

로렌스의 서사에서 정작 중요한 것은 작가 자신의 실망이며, 또한 작가가 스스로를 새롭게 태어날 아라비아와 동일시하고 있다고 사이드는 평가한다. 그래서 새로운 아랍에 대한 동경을 담은 이 서사가 작가의 개인적인 비전이나 감정에 의해 통제될 뿐만 아니라, 서사의 모든 요소들이 궁극적으로 작가의 사적인 감정과 욕망을 표현하는 목적에 군소리 없이 봉사하고 있다고 본다. 그러나 『지혜의 일곱 기둥』이 작가의 도덕적 자아와 등치될 수 있는 것인지는 의문이다. 인용된 단락에서도 드러나듯, 로렌스는 영국이 중동 지역에 개입하였을 때 이는 정치적·군사적 이익을 노리고 한 것임을, 그러나 이러한 국가 이기주의가 스스로를 기만하는 행동임을 통렬하게 비판하고 있다. 영국에 있어 아랍의 독립은 결국 일종의 수사에 지나지 않았으며, 영국인들이 실은 "창피한 동기"를 감추고 "올바르지 못한 처신의 길"을 가고 있다는 로렌스의 지적은 동양을 침략할 때 유럽이 동원한 거창한 목표들이 실은 미사여구에 지나지 않음을 폭로하는 것이다.

사이드의 주장대로 비록 이 서사나 혹은 로렌스의 다른 서사에서, 아랍인에 대한 유럽의 오랜 편견이 드러난다고 할지라도, 이러한 묵은 편견의 존재만으로 로렌스의 서사를 동양 담론으로 결론짓는 것은 무리한 예단이다. 동양이 작가의 극히 개인적인 비전에 의해 대체되고 있다고 사이드는 주장하지만, 실은 역사적인 서브텍스트를 명시적으로 참조하고 반향하는 로렌스의 서사를 순수하게 사적인 글쓰기로 만드는 것은 사이드 자신의 '예단적인 독법'이 아닌가라는 질문이 제기될 수 있다. 교리로서의 오리엔탈리즘과 경험적 세계 간의 충돌 가능성을 원칙적으로는 인정하나, 이러한 충돌이 텍스트 내에서 이 교리에 대한 도전으로 이어지기는 힘들다는 것이 사이드의 결론이다. 그러니 역사성은 오리엔탈리즘에서, 좀 더 정확히 말하자면 오리엔탈리즘에 대한 사이드의 분석에서, 인정되자마자 곧 삭제되는 것과 같은 운명에 처하게 된다. 마치 데리다의 해체론에서 "글"은 쓰이자마자 지워져야 하는 것처럼 말이다. 그러한 점에서 사이드의 "내러티브" 개념은 외현적 오리엔탈리즘과 크게 다르지 않다.

19세기~20세기 초에 출간된 동양에 관한 서사들에서 경험적 세계가 언급되기는 하나 이 "이단적인" 현실의 편린이 오리엔탈리스트 개인의 고백에 의해, 혹은 당대의 이데올로기적 비전에 의해 봉쇄당한다는 사이드의 주장은 텍스트와 독자의 역할에 관하여 극히 기계적인 모델을 상정하고 있다. 사실 내러티브가 오리엔탈리즘의 비전을 공고히 하는 것으로 끝난다고 해서, 그러한 보수적인 종결에 이르기 전까지 텍스트가 보여주기도 하는 일탈적인 궤적, 이를테면 텍스트 내에서 징후적으로 드러내는 대항적 관점이나 전복적 사유를 아예 처음부터 없었던 것으로 치부할 수는 없다. 결말의 봉쇄에 공감할지, 아니면 보수적인 결말에 도달하는 도중에 제기되었던 도전과 일탈에 공감할지의 최종적인 선택은, 작가가 내릴 결정이 아니라 온전히 독자의 몫이기 때문이다.

적지 않은 오리엔탈리스트 서사들에서 식민통치의 문제에 대한 언급이, 지배 민족과 피지배 민족의 갈등이 언급된다. 해거드(H. Rider Haggard)나 부칸(John Buchan)의 아프리카 소설이나 콘래드(Joseph Conrad)의 콩고 소설과 말레이 소설, 포스터(E. M. Forster)의 인도 소설도 예외는 아니다. 사이드의 논조를 따르자면 이러한 식민지의 갈등이나 식민 사회의 모순은 결국 봉쇄될 운명을 가진 의제에 지나지 않는다. 응당 봉쇄되어야 마땅할 이 '눈의 가시' 같은 의제를 작가가 왜 애초에 텍스트에서 언급했어야 하는지에 대해서 사이드가 설명을 하지는 않지만 말이다.[39]

식민주의 문학이 다루는 당대의 모순은, 이를 전통적인 서사의 구조, 즉 위기에서 해결로 이어지는 형식적 구조에 담음으로써 반드시 봉쇄되지는 않는다. 봉쇄의 기도에도 불구하고 봉쇄될 수 없는 것이 있기 때문이다. 억지 봉쇄가 오히려 열린 결말로 해석될 소지도 있거니와, 억지 봉쇄로 인해 독자가 텍스트의 의도를 거스르는 반응을 보일 수도 있기 때문이다. 사이드가 즐겨 인용하는 『어둠의 심연(*Heart of Darkness*)』(1899)이나 『인도로 가는 길(*A Passage to India*)』(1924)도 예외가 아니다. 일례로, 『어둠의 심연』에 대한 통상적인 해석은 이렇다. 일인칭 화자

39 　서사를 현실에서 해결할 수 없는 사회적 모순에 대한 상상적 혹은 심미적 해결책이라는 제임슨의 서사론은 이러한 점에서 곱씹어 볼만하다. Fredric Jameson, *The Political Unconscious : Narrative as a Socially Symbolic Act*, Methuen : Cornell Univ. Press, 1981, p.79 참조. 혹은 앞서 언급한 바 있는, 지배 이데올로기에 의한 텍스트의 통제가 완전할 수 없다는 마슈레이의 주장을 고려해 봄 직하다. Pierre Macherey, op. cit. 참조.

말로(Marlow)가 주인공 커츠(Kurtz)를 정글의 유혹과 보복에서 구출함으로써, 또한 구조된 커츠가 마지막 순간에 아프리카에서 보낸 시간에 대해 "끔찍하다"는 도덕적 평가를 내림으로써, 콘래드의 소설은 유럽의 우월함을 재천명하는 것으로 결말을 맺는다. 그러나 이러한 봉쇄적인 결말 때문에, 텍스트에서 그간 제기되어 온 식민통치의 적법성에 대한 문제 제기나 "우월한" 유럽인의 위선에 대한 문제 제기가 독자의 뇌리에서 완전히 사라지거나 상쇄될 것이라고 기대하는 것은 순진한 발상이다. 작가의 의도가, 혹은 텍스트의 의도된 결말이 텍스트의 수용(受容) 과정, 즉 독자에 의해 이루어지는 해석의 전 과정을 통제할 수는 없기 때문이다.

말로가 커츠의 "끔찍하다"는 단말마를 도덕적 신념이나 문명의 승리로 해석하기는 하나, 이 승리를 얻기 위해 치른 대가를 생각해보면 그것은 "승리"라는 이름을 붙이기에는 너무나 초라한 것이다. "교역"을 위해 백인들이 노역장에 강제로 투입한 흑인들의 고통, 이들이 병들자 버려져 맞이하는 고독한 죽음, 상아를 강탈하기 위해 커츠에게 사냥되었던 현지 부족들의 운명, 내륙 무역소 주변의 말뚝에서 발견되는 말라비틀어진 흑인들의 머리통, 이 모든 것들은 식민주의뿐만 아니라 서구 문명 자체의 도덕성에 대하여 경악과 충격의 질문을 제기한다. 이 질문에 담겨 있는 비극성이나 심오함은 커츠가 보여주는 최후의 — 그러나 미약하기 짝이 없는 — 긍정에 의해 쉽사리 봉쇄될 수 있는 성질의 것이 아니다.

지배 이데올로기에 의해 완전히 제어되지 않는 식민지의 현실은 『인도로 가는 길』에서도 봉쇄의 결말을 넘어 독자의 의식 속에 지워지지 않는 흔적을 남긴다. 이 서사에서 주인공 인도인 아지즈(Aziz)와 영국인 필딩(Fielding)은 서로에게 호감을 가지고 식민지에서 보기 힘든 우정의 관계를 만들어 나간다. 그러나 백인 여성을 겁탈하려 하였다는 누명을 아지즈가 쓰게 되고, 비록 그의 결백함이 재판정에서 밝혀지기는 하나, 필딩과의 관계는 결국 소원하게 된다. 세월이 지난 후 둘이 다시 만나게 되었을 때 필딩은 아지즈에게 친구가 될 것을 다시 청한다. 그러나 소설은 하늘도 땅도 둘의 화해를 거부한다는 진술로 결말을 맺는다. 이 종결부에서 사이드가 이끌어 내는 결론은 서양과 동양 간의 좁혀질 수 없는 거리를 이 오리엔탈리스트 서사가 다시 확인한다는 것이다. 동·서양의 관계에 대한 "이러한 정의(定義)를 동양이 항상 맞닥뜨리게 된다"[40]는 것이다.

이러한 해석은 포스터의 텍스트가 인도를 지배하던 백인 계층의 편협함과 위선, 그리고 인종주의에 대해 일관되게 제기해 온 비판을 무시할 때만 가능하다. 사이드의 이 해석은 또한 포스터의 소설이 영국인들에 대한 냉혹할 정도로 솔직한 묘사 때문에 출간된 직후 영국 독자들로부터 혹평을 받았다는 사실을 무시할 때만 가능하다. 콘래드와 포스터의 소설을 이러한 관점에서 이해하였을 때, 소위 오리엔탈리스트 서사에 대한 사이드의 접근법이 극히 단선적이라는 생각을 떨쳐 버릴 수가 없다. "텍스트의 무의식"에 대한 마쇼레이의 주장에 굳이 동의하지 않더라도, 텍스트에는 지배 이데올로기에 의해 완전히 장악될 수 없는 부분들이, 지배 이데올로기가 통제를 하고 있을 때조차도 이를 배반하는

---

40   Edward Said, op. cit., p.244.

순간들이 있는 법인데, 사이드의 저술은 이 부분들에 대해, 이 순간들에 대해서 아무런 이야기도 들려주지 못한다.

현존, 재현 그리고 마그리트의 파이프

사이드에 의하면 오리엔탈리즘과 그것이 묘사하는 대상과의 관계는 "외재성(外在性, exteriority)"으로 특징 지워진다. 이는 오리엔탈리스트 서사가 동양의 내부가 아닌 외부에 위치해 있다는 뜻이다. 외재성으로 인해, 오리엔탈리스트는 동양을 있는 그대로 보여주지 못하고, 서양을 위해서, 서양이 이해할 수 있는 방식으로 동양을 재현할 수밖에 없다.[41] 그러한 점에서 사이드의 이론에 있어 "외재성"은 필연적으로 재현의 왜곡 개념으로 이어진다. 동양에 관한 외부인의 어떠한 재현에서도, 그의 이해관계나 인지적 한계에 따라 동양은 환원적으로 재구성될 수밖에 없다는 뜻이다. 엄격히 말하자면, 이 명제는 동양인에게도 적용될 수 있다. 동양에 대한 동양인의 시각도 니체식으로 표현하자면, "인지적 이해관계"에 의해 필연적으로 영향을 받을 것이기 때문이다. 이렇게 말하고 보면, 재현의 진정성 문제는 관찰자의 인식론적 위치에 애초부터 내재되어 있던 구조적인 한계에 연유하는 것이다.

---

41 Ibid., p.20 · 21.

사이드의 이 주장에 동의하지 않을 학자들도 있을 터이나, 사이드는 여기에서 한 걸음 더 나아가서 언어의 속성을 또 다른 구조적 제약으로 거론한다. 사이드 연구자들에게 많은 혼란을 불러일으키는 부분이 바로 이 대목이다. 종종 인용되는 사이드의 표현을 직접 들어 보자.

> [문화적 담론]에서 흔히 유통되는 것은 "진리"가 아니라 재현이다 …… 그 어떤 경우에도, 적어도 문자 언어에 의해 현존이 전달되는 법은 없으며, 오로지 재-현존, 즉 재현만이 가능할 뿐이다. 동양에 대한 진술서의 가치, 효과, 힘, 그리고 그것의 그럴 듯한 진실성은 실제로 동양에 거의 의존하지 않으며, 기술적으로 의존할 수도 없다. 오히려 그 진술서가 동양의 존재를 독자에게 가져다준다면 그것은 실제 동양을 배제하고 대체하여 그것을 필요 없게 만들었기 때문에 가능한 것이다.[42]

현존은 언어에 의해 전달될 수 없다는 생각, 매개된 현존은 어떠한 경우에도 재-현존(再-現存, re-presence), 즉 재현(再現, representation)에 지나지 않는다는 생각은 언어의 지시기능에 대한 현대 이론가들의 관점을 반영한다. 이들에 의하면 '모든 재현은 필연적으로 왜곡된 재현'일 따름이다.

위 인용문에서 사이드가 말하고자 하는 바를 정리해 보면, 현존이나 진리가 언어를 통해 매개될 때 그것은 더 이상 원래의 존재론적 지위를 갖지 못한다. 이 주장의 이면에는 문자 언어가 가진 전달력의 한계에

---

42   Ibid., p.21. 강조는 필자.

대한 인식이 있다. 엄밀히 말하자면, 이러한 사유는 딱히 후기구조주의 적이라고 할 것도 없다. 재현과 대상, 기호와 지시물 간에 건널 수 없는 단절이 놓여 있다는 생각은 벨기에의 초현실주의 화가 마그리트(René Magritte)의 '이미지의 배반(The Treachery of Images)'(1928~29)에서도 잘 드러나 있다. 마그리트는 파이프의 그림 아래에 "이것은 파이프가 아니다"라고 써 놓음으로써, 엄밀히 말하자면 화폭에 "그려" 놓음으로 써 관람객의 궁금증을 자아낸 바 있다. 이 그림이 왜 파이프가 아닌지 의아해 하는 사람들에게 때 화가는 "그럼 담배를 넣고 한번 피워 보시 죠"라는 말로 대답을 대신했다고 한다. 이처럼 마그리트의 그림은 재현 과 지시물 간의 차이를 역설한다. 즉, 관객이 보고 있는 물체는 파이프 가 아니라 그것의 그림일 따름이라는 것이다.

이렇게 밀하고 보면 이 그림에는 기호에 대한 구조주의적 사유를 예 시해 주는 부분이 있다. 언어가 외부 세계, 즉 객관적 실재나 개인의 의 식 같은 주관적 실재를 표현하거나 지시할 수 있다고 주장한 지시론 (referentialism)에 대해 구조주의 언어학자 소쉬르는 언어적 기호는 사

물과 명칭의 결합으로 이루어지는 것이 아니라 개념과 청각 영상 간의 결합으로 이루어진다고 주장[43]함으로써 지시론으로부터 거리를 취한 바 있다. 소쉬르는 또한 기호는 언어 체계의 내적 차이에 의해 작동할 뿐 기표와 기의 사이에는 아무런 자연적인 관계가 없다고 주장한다. 이를 소쉬르는 언어의 자의적인(arbitrary)[44] 특징이라고 부른 바 있다. 현존이 언어에 의해 "전달(傳達, deliver)"되는 법이 없다[45]는 사이드의 주장은 언어와 대상 간의 절연(絶緣)에 대한 소쉬르의 사유와, 또한 파이프 그림은 그림일 뿐 파이프가 아니라는 마그리트의 메시지와도 상통한다.

소쉬르의 구조주의 언어학과 관련하여 특기할 사실은 그가 문자 언어보다 음성 언어를 중요하게 생각하였다는 점이다. 학자들이 즐겨 인용하듯, "청각 영상과 의미의 결합만이 진정한 것"[46]이라는 소쉬르의 진술은 상대적으로 "피상적인" 관계를 갖는 문자 언어와 달리 청각 영상이 의미와 특별한 관계를 맺고 있음을 의미한다. 적어도 이 부분에 있어서 소쉬르의 생각은 서구의 형이상학적 전통과 맥을 같이 한다.

데리다가 들려주듯, 소크라테스에서 플라톤, 루소, 레비스트로스에 이르기까지 서구의 철학자들은 음성 언어가 현존에 더 가까운 매체라고 생각하였다. 그 이유인즉슨, 말은 발화자로부터 떨어져서 존재할 수 없다는 점에서 발화자의 의도(의미 / 근원)와 직접적인 관계를 맺지만, 글은 저자로부터 떨어져 존재할 수 있고, 그래서 최초 저자의 의도와

---

43   Ferdinand de Saussure, Wade Baskin trans., *Course in General Linguistics*, Charles Bally · Albert Sechehaye eds., New York : McGraw-Hill Book, 1959, p.66.

44   Ibid., p.67.

45   Edward Said, op. cit., p.21.

46   Ferdinand de Saussure, op. cit., p.25.

다르게 해석될 수도 있다는 점에서 타락한 형태의 언어였다.[47] 말은 영혼의 살아 있는 대화이지만, 글은 생명이 없는 죽은 기록에 불과하다는 것이 소크라테스와 플라톤의 생각이었다. 이러한 맥락에서 "적어도 문자 언어에 의해 현존이 전달되는 법이 없다"는 사이드의 주장은, "문자 언어"를 특정하였다는 점에서, 소크라테스부터 소쉬르에 이르기까지 서구의 학자들이 뿌리치지 못했던 '존재의 형이상학'을 반복하고 있다는 의구심을 불러일으킨다. 훗날 데리다가 이러한 입장을 "음성중심주의(phonocentrism)" 혹은 "로고스중심주의(logocentrism)"라고 비판한 것은 주지의 사실이다.

흥미로운 사실은, 언어의 전달력(혹은 그것의 부재)에 대한 사이드의 생각이 한편으로는 구조주의 언어학을 반영하는 것이지만, 다른 한편으로는 후기구조주의로부터도 그리 멀지 않다는 점이다. 사이드의 글에서 발견되는 이러한 해석적 가능성은, 그의 이론 체계를 관통하는 모호성에서도 연원하는 것이지만 근본적으로 구조주의와 후기구조주의 간에 존재하는 모호한 관계, 즉 연속과 단절 간의 어정쩡한 관계와도 관련이 있다. 구조주의와 후기구조주의 사이에 발견되는 중간 지대는 앞서 논의한 바 있는 마그리트의 회화에 대한 푸코의 해설에서 엿볼 수 있다.

푸코는 마그리트의 파이프 그림에 대하여 여러 가지의 해석적 가능성을 보여준다. 몇 가지를 소개하면, 첫째, 그림 속의 진술 "이것은 파이프가 아니다"에서 "이것(Ceci)"은 화폭에 그려진 파이프 그림을 지시하며, 진술 속 "파이프(pipe)"는 기표로서의 파이프를 의미한다. 그러니

---

[47] Jacques Derrida, Gayatri Spivak trans., *Of Grammatology*, Baltimore : Johns Hopkins Univ. Press, 1976, p.11.

이 진술은 이미지와 기표가 서로 다른 것임을 천명하는 것이다. 둘째, 진술 속의 "이것"은 그것이 속해 있는 문장의 주어이자, 그 문장 전체를 지시하는 기표이다. 그리고 "파이프"는 그림의 모델이 되었을 현실의 파이프이다. 그러므로 그림 속의 진술은 "이것"이라는 지시어가 실제 파이프와는 아무런 관련이 없음을 의미한다. 마지막으로, 진술 속의 "이것"은 이미지 파이프와 기표 파이프의 연합체(ensemble)이다. 이때 진술 속의 "파이프"는 그림과 기표 "이것"이 동시에 불러낸다는 점에서, 이미지이기도 하면서 기표이기도 한 모호한 존재로서의 파이프를 가리킨다. 이 세 번째의 관점에서 마그리트의 진술을 읽어 보면, 이미지와 언어 기호의 연합으로서의 파이프는 이미지와 언어 기호가 동시에 불러내고자 하는 그 무엇, 즉 이미지이면서 언표이기도 한 파이프와 아무런 상관이 없다는 의미가 된다. 푸코의 이 중층적인 해석은 이미지와 언표, 그리고 지시 대상 간에는 건널 수 없는 간극만 있을 뿐, 이들의 합치가 불가능함을 강조하기 위한 것이다. 그것들이 서로 만날 수 있는 지점이, 즉 언표가 형상을 취하고 이미지가 언어적 질서에 합류하게 되는 공동의 기반이 없다는 것이다. 진술 및 이미지와 일치하고 이 둘을 합치시켜 줄 "파이프"는 존재하지 않는다. 그래서 푸코는 단언한다. "파이프는 어디에도 없다."[48]

앞서 언어의 한계에 대한 사유가 후기구조주의 고유의 특징은 아니라고 언급한 바 있다. 그러나 푸코가 강조하듯 이미지와 언표를 결합시켜 줄 그런 "파이프"가 없다면, 그래서 이미지는 결국 스스로를 지시할

---

48   Michel Foucault, James Harkness trans. ed., *This Is Not a Pipe*, LA : Univ. of California Press, 1983, pp.26~27 · p.28 · 29.

뿐이고, 마찬가지로 언표도 결국 자신만을 지시할 수밖에 없다면, 이 결론은 후기구조주의로부터 멀지 않다. 후기구조주의를 변별 짓는 특징 중의 하나가 기호의 "자기지시성(self-referentiality)"에 대한 믿음이기 때문이다. 구조주의자들은 기표와 기이 간의 간극에도 불구하고 기표는 기의를 지시할 수 있다고 본 반면, 후기구조주의자들은 기표가 궁극적으로 스스로를, 다른 기표를 지시할 수밖에 없다고 주장한다. 일례로 데리다와 드 만(Paul de Man)의 시각에서 보았을 때 모든 텍스트는 언어의 성질에 대한 알레고리적 서사의 형태를 띤다.[49] 문화적 텍스트건, 문학적 텍스트건, 이 텍스트들이 들려주는 이야기라는 것이 결국은 텍스트성에 관한 것, 즉 은유나 환유 같은 언어의 속성에 관한 것이라는 것이다. 이러한 주장의 이면에는 기호의 피할 수 없는 자기지시성에 대한 전제가 있다.

오리엔탈리즘의 작동 방식에 대한 사이드의 사유도 기본적으로는 동양 담론과 동양 간의 간극, 푸코의 표현을 빌자면 언표와 지시 대상 간에 내려진 "이혼 판결"[50]을 전제로 하는 것이다. 사이드는 여기에서 한 걸음 더 나아가 언어적 재현과 왜곡은 떼려야 뗄 수 없는 동전의 양면과 같은 것임을 주장한다. 그래서 자신의 저작이 목표로 삼는 바는, 이슬람 세계가 서구의 담론에서 근본적으로 왜곡되었음을 증명하는 것이지만, 이보다 더 중요한 의제가 있다고 주장한다. 이 중요한 의제는 재현의 진실성에 대한 문제 제기이다. 즉, 대상이 무엇이 되었든지 간에 그것의

---

49   Paul de Man, *Allegories of Reading : Figural Language in Rousseau, Nietzsche, Rilke, and Proust*, New Haven : Yale Univ. Press, 1979.
50   Michel Foucault, *This Is Not a Pipe*, p.29.

참된 재현이 가능한지에 관한 보다 근원적인 질문을 제기한다는 것이다.[51] 이러한 맥락에서 그는 "재현은 곧 변형"이라는 바르트의 주장[52]을 인용한다. 그러나 엄밀히 말하자면, 바르트가 이차적 기호 체계로서의 신화의 기능을 다루면서 이 진술을 하였을 때 이는 후기구조주의 강령을 천명한 것이 아니었다. 사이드가 인용한 『신화론』을 출간할 당시 바르트는 구조주의자였기 때문이다.[53] 그럼에도 불구하고 사이드는 바르트의 주장을 인용함으로써, 언어의 불투명성을 강조함으로써 자신의 이론적인 기반이 후기구조주의에 있음을 각인시키고자 한 듯하다.

"언어의 감옥"과 아마드의 오류

　현존의 전달이 불가능하다고 사유함에 있어 사이드는 누구보다도 니체를 사상적 원류로 지목한다. 사이드 자신의 입을 통해서 드러나는 이 철학적 계보를 따라 올라가 보자. 앞서 인용한 바 있듯, 니체는 "언어의

51　Edward Said, op. cit., p.272.

52　Ibid., p.273.

53　Roland Barthes, *Mythologies*, New York : Noonday Press, 1972, pp.109~159. 바르트의 이 저서는 저자가 후기구조주의자로 변모하기 전에 출간된 텍스트로서 초기의 구조주의적 사유를 담고 있다. 이 저서에서 바르트는 기호의 의미와 신화의 개념 간의 관계가 항상 변형에 기초한 것임을 주장한 바 있으나, 이 주장이 기호의 자기지시성이나 의미의 불확정성 같은 후기구조주의적인 의미를 띠는 것이 아니다. 기표와 기의로 구성된 기호가 안정된 의미를 가짐을 이 시기의 바르트는 부정하지 않았다.

진실이란 것은 은유, 환유, 그리고 의인화의 유동적 무리"에 지나지 않으며, "진리는 그것이 환상이라는 사실을 우리가 잊어버린 환상"[54]이라고 주장한 바 있다. 이 포스트모더니즘의 대부는 기성의 도덕이란 주인이 노예를 통치하기 위한 만든 수단이라고 주장함으로써 허무주의자이자 냉소주의자라는 비판을 받은 바 있다. 이 허무주의자의 경구를 인용함으로써 사이드도 니체가 받은 유의 비판을 피해 가지 못한다. 마르크스주의 비평가 아마드에 의하면, 사이드는 경험적인 역사가가 역사적 자료와 해석에 대해 가질 수 있는 통상적인 의문이나 회의(懷疑)를 넘어서 "사실의 사실성을 심문하는 니체의 세계"[55]에 동참하게 되었다.

사적 유물론을 믿는 마르크스주의자의 입장에서 보았을 때, 오리엔탈리즘의 '역사'를 쓰겠다고 하는 사이드가 역사적 사실의 객관성조차 인정하지 않는 포스트모더니즘에 기댄다는 것은 자가당착적인 것이다. 그런 점에서 사이드와 푸코, 니체를 "반인본주의"의 범주 아래 한데 묶는 아마드의 비판은 인용할 만하다.

> 서구 문명 전체에 대한 사이드의 비난은 서구 에피스테메에 대한 푸코의 비난이나 초역사적인 로고스에 대한 데리다의 비난만큼 극단적이며 비타협적인 것이다. 에피스테메적인 권력, 로고스중심적인 사유, 오리엔탈리즘 담론의 외부에는 아무 것도, 아무 것도 존재하지 않는다. 계급노, 젠더도, 심지어는 역사도, 저항의 지점도, 인간 해방을 위한 어떠한 축적된 기획도 말이다. 모든 것이 차이를 동반하는 끝없는 반복일 뿐이다. …… 이러한 비전은, 데

---

54   Edward Said, op. cit., p.203에서 재인용.
55   Aijaz Ahmad, op. cit., p.194.

리다의, 푸코의, 사이드의 비전이 갖는 마니교적인 특성은 니체에 걸맞은 것이다.[56]

이러한 평가의 잣대에서 볼 때, 사이드는 의심할 여지없이 '차이의 끝없는 반복' 속에, 제임슨이 "언어의 감옥"이라고 부른 텍스트 속에 갇힌 존재다.

오리엔탈리즘의 바깥에 아무 것도 없다는 지적은 사이드의 이론에서 발견되는 탈역사적인 경향을 비판하는 것이라 이해될 수 있다. 오리엔탈리즘을 일종의 초(超)구조적인 이데올로기로 간주하는 사이드의 주장에서 배어나는 전체주의적 사유를 지적한 것이다. 그러나 아마드가 제기하는 비판에서 핵심적인 논거가 되는 "사실의 사실성에 대한 심문"이라는 문제는 아마드가 상정하고 있는 것보다는 더 복잡하다. 그것이 객관적 사실이나 진리의 실재를 의문에 부치는 것인지, 객관성이나 진실성이 개인의 인식이나 검증의 절차 너머에 '있다'고 보되 그 진실이 그간 누려 온 특권적 지위를 질문하는 것인지 불분명하다. "사실성에 대한 심문"이라는 표현이 객관적 사실이나 즉자적 현실의 존재에 대한 의구심을 함의하는 것이라면, 이는 포스트모더니즘의 특징 중의 하나인 존재론적 회의주의를 표명하는 것이라 볼 수 있겠고, 실재에 대한 질문은 논외로 하되 올바른 인식의 가능성에 대하여 질문하는 것이라면 칸트로 거슬러 올라가는 인식론에 가깝다.

사실성을 심문하는 니체의 세계에 사이드가 동참했다는 표현을 아

---

56   Ibid., p.195.

마드가 사용하였을 때, 이 마르크스주의자가 지적하고자 한 바는 아마도 사이드가 니체로부터 진실의 존재를 부정하는 극단적인 상대주의를 빌려오고 있다는 점일 것이다. 그러나 문제는 극단적인 상대주의를 주장한 것으로 알려진 니체의 철학에는 다양한 사유들이 혼재하고 있다는 사실이다. 익히 알려진 바와 달리, 니체는 때로 초월적 진리나 그가 형이상학적 세계라고 부른 것이 존재할 가능성을 전적으로 부정하지 않았다.[57] 그러나 그러한 때조차도 니체는 이 형이상학적 세계에 대한 지식을 "가장 쓸모없는 것"으로 치부하였으며, 인간이 형이상학적 세계로써 할 수 있는 것은 아무것도 없다고 주장하였다. 경험을 넘어선 그 세계에 대해서 "접근이나 이해를 불허하는 타자적 존재"라는 말 외에는 할 수 있는 것이 없다고 생각하였기 때문이다.

이러한 관점에서 보았을 때, 이 너머에 있는 세계에 대한 기존의 주장이나 설명이 마치 선험적 이성에 의해서 파악된 객관적인 지식인 양 행세하는 것은 기만적인 행위에 지나지 않는다. 니체가 형이상학적 세계를 무의미한 것으로, 그래서 부정되어야 할 것으로 규정하는 것도 이러한 맥락에서 이해될 수 있다. 그것은 "더 이상 소용이 없는 관념, 더 이상 의무도 아닌 것, 쓸데없고 잉여적인 관념, 그래서 부정되는 관념"에 지나지 않는다.[58]

---

57 "형이상학적 세계. 사실이다. 형이상학적 세계가 존재할는지 모른다. 그것의 절대적인 가능성을 부정할 수는 없다 …… 그 세계의 존재가 매우 훌륭하게 입증될 때조차도 그 세계에 대한 지식은 가장 쓸모없는 것이다. 물의 화학적 성분에 대한 지식이 조난을 당한 선원에게 쓸모없는 것보다 더 쓸모없다." Friedrich Nietzsche, R. J. Hollingdale trans., *Human, All Too Human*, Cambridge : Cambridge Univ. Press, 1986, pp.15~16.

58 Friedrich Nietzsche, Duncan Large trans., *Twilight of the Idols*, Oxford : Oxford Univ. Press, 1998, p.20.

이러한 반근원론적(反根源論的, anti-foundational) 입장은 일반인들에 알려진 '성상파괴자'로서의 니체의 면모와 일치하는 것이다. 형이상학적 실체나 객관적 사실을 부정하고 나면 남는 것은 경험 세계와 이를 해석하는 개인의 주관적인 시각이다. 그래서 진리와 객관성이 떠난 자리를 극단적인 상대주의와 그에 따르는 혼란, 즉 허무주의가 채우게 된다는 주장이 니체에 대하여 내려지는 통상적인 평가이다. 그러나 니체 연구에서 종종 간과되는 사실은 니체의 상대주의 이면에 있는 강력한 긍정의 힘이다. 초월적 세계를 부정하든지 그렇지 않든지 간에 니체가 정작 강조하고 싶었던 것은, 진리와 객관성이 인간들로부터 삶의 자연스러움을, 경험의 치열함과 풍요로움을, 인간이 가진 유일한 것이자 전부인 이것들을 빼앗았다는 사실이다.[59] 형이상학적 진리, 즉 경험의 영역을 초월하는 진리를 숭배하게 될 때, 그것의 이름이 종교이든, 철학이든, 과학이든, 그때부터 인간은 자신으로부터, 또한 자신에게 주어진 유일한 세상으로부터 소외되며, 비인간화된다는 것이다. 이러한 시각에서 보면, 극단적 상대주의가 허무주의적인 것이 아니라, 실은 개인에게 가능한 유일한 시각인 주관적인 시각을 폄훼하는 세상, 절대적인 진리가 지배하는 세상이 허무주의적이다.

삶과 변화에 대한 니체의 입장을 이렇게 정리하고 보면, 푸코, 데리다, 사이드를 한데 묶어 극단적인 허무주의의 이름으로 비난하는 아마

---

59   니체의 표현을 직접 빌리면, "현실은 우리에게 황홀할 정도로 풍부한 유형들을, 호화로운 놀이와 변화하는 형태들의 풍요를 보여준다." 그러니 니체는 긍정성을 긍정하고 싶었고, 부정성을 부정하고 싶었던 것이다. 교의의 형태로 단순화되는 확실성과 불변성이 진리가 아니라, 경험의 세계를 특징짓는 항변성과 역동성이 진리임을 강조하고 싶었던 것이다. Ibid., p.24.

드의 논평은 아무래도 니체의 주장을 제대로 이해하지 않았다는 인상을 준다. 이 사상가들에게 있어 권력과 로고스, 오리엔탈리즘의 외부에는 아무 것도 존재하지 않는다고 주장함으로써 아마드는, 이들이 해체하고자 한 바로 그 억압적인 진리를, 상대성의 이름으로 이들이 해체하고자 한 권위적인 객관성을 경배(敬拜)의 단 위에 다시 모시는 셈이다. 사실 니체의 시각에서 보았을 때, 아마드가 시대를 초월하는 "과학"임을 자부하는 마르크스주의도 플라톤의 이데아나 기독교의 신과 마찬가지로 또 다른 '부정(否定, denial)'의 진리에 지나지 않는다. 사이드의 의제가 오리엔탈리즘이 절대 진리로 행세하는 것을 폭로하는 것이라는 점에서 이러한 성상파괴적 사유는 니체의 계보학적 사유로부터 배운 것이다.

니체는 이러한 억압적인 진실에 대하여 누누이 경고를 해 왔다. "사람들은 일반적으로 자신의 관념이 마치 놀라운 동화의 나라에서 받은 유산인 양 신뢰해 왔다. 그러나 그것들은 사실 우리가 가장 아득한 과거의, 가장 똑똑하면서도 가장 멍청한 조상들로 물려받은 유산에 불과하다."[60] 푸코 철학의 근간이 되기도 하는 니체의 계보학적 사유는 이러한 문화적 유산들의 정체, 즉 도덕적 신념이나 형이상학적 진리가 누려 온 절대적 지위의 정체를 폭로하고 그것의 근원에서 우연성의 존재를 드러내 왔다. 『선과 악을 넘어(*Beyond Good and Evil*)』에서 니체가 실천해 보이는 이 방법론에 의하면, 이 신념들은 결국 이것들을 필요로 하는 인간들의 심리적인 욕구나 현실적인 요구를 반영할 따름이다.

---

[60] Friedrich Nietzsche, Walter Kaufmann · R. J. Hollingdale trans., *The Will to Power*, New York : Vintage Books, 1968, pp.220~221.

아마드가 사이드를 비판하는 근거는 그가 원용하는 니체의 철학이 역사와 변화의 가능성을 논의에서 추방하였다는 점이다. 초월적 진리나 객관적 사실의 존재를 부정하고 나면, 남는 것은 상대주의와 회의주의이다. 니체나 사이드, 데리다가 그려내는 세계가 진리에 한 걸음도 더 나아가는 일 없이 "차이만 있는 끝없는 반복"이라고 아마드가 주장하는 이유도 바로 이러한 추정에 의한다. 동시에 니체에 대한 아마드의 비판이 문제가 되는 부분도 바로 이 대목이다. 앞서 설명한 바 있듯 니체에 의하면, 형이상학적 세계를 부정한다고 해서 곧 "세상"의 존재를 부정하는 것도 아니요, 주관적 시각만을 주장한다고 해서 세상에 대한 개인의 판단이 영원히 오류로만 남아 있음을 의미하지는 않는다. 니체는 형이상학적 세계를 폐기하거나 의미가 없는 것으로 치부하고, 대신 경험적 세계를 우리가 치열하게 살아야 할 '유일한' 세계임을 주장한다. 또한 비록 주관적인 시각에는 제약과 오류가 있을 수는 있을지 모르되, 그것이야 말로 개인에게 주어진 유일한 시각이며, 이것은 시간과 더불어 더욱 포괄적인 것으로 발전할 수 있다고 믿었다.[61] 그러한 점에서 앞서 인용한 바 있는 진리에 대한 니체의 경구는 완성된 것이 아니다. 진리가 환상이라는 그의 주장이 완성되려면, '진리가 환상인 것은

---

61 경험적 세계에 대한 개인의 인식이 나아질 것이라는 견해는 니체에 의해 다음과 같이 피력된다. "주관적 이해만이, 주관적 앎만이 있다. 하나의 사물에 대해 더 많은 감정들이 토로될 수 있도록 할 때, 하나의 사물을 관찰함에 있어 더 많은 눈들을, 다른 눈들을 사용할 때, 그 사물에 대한 우리의 '개념'이, 우리의 '객관성'이 더욱 완전해질 것이다." 니체는 하나의 독립된 판단은 결코 옳지 못하며, 다른 많은 판단들과의 관계에서만 확실성을 갖게 된다고 주장하였다. Friedrich Nietzsche, Walter Kauffmann, trans. ed., *The Genealogy of Morals*, New York : Vintage, 1989, p.119; Friedrich Nietzsche, *The Will to Power*, p.530.

분명하지만, 그 환상이 없는 우리의 삶도 상상할 수 없다'는 명제가 추가되어야 할 것이다.

이러한 점을 고려할 때 아마드가 비판했어야 할 것은, 사이드가 니체의 철학적 세계에 동참하였다는 점이 아니라, 사이드가 니체를 인용하면서도 정작 그의 철학적 세계에 '제대로' 동참하지 못했다는 사실이다. 경험적 세계에 대한 개인의 인지 행위가 발전 가능한 것이라는 사유가 니체에게는 발견되는 반면, 니체에게서 배운 사이드에게서는 발견되지 않기 때문이다. 적어도 유럽인의 지각 능력에 대한 그의 논의에서는 말이다. 비평가들이 흔히 인용하는 사이드의 주장을 다시 인용하면, "모든 유럽인은 동양에 대하여 말하는 한 결과적으로 인종주의자이고, 제국주의자이며, 거의 전적으로 자민족중심적이라고 말하는 것이 옳다."[62] 이 인용문에서 유럽인들은 모두 경험적 세계에서 아무 것도 배우지 못하는 저능한 학습 주체들, 배움을 통해 사유를 진보시키지 못하는 존재들이다. 그러니 사이드와 니체 간에 놓여 있는 거대한 괴리를 인식하지 못하고 둘을 한데 묶어 비판하였다는 점에서 아마드는 사이드와 니체 두 이론가 모두를 제대로 읽지 못했다는 비판에서 자유로울 수 없다.

『오리엔탈리즘』에서 드러나는 이론가로서의 사이드에 대한 평가는 다양하다. 한편으로는 후기구조주의 사상이 영향을 받아 오리엔탈리즘을 해체가 원천적으로 불가능한 일종의 언어의 감옥으로 제시했다는 비판이나, 그로 인해 지배담론을 내부에서 뒤흔들 가능성이나 지배담론의

---

[62]   Edward Said, op. cit., p.204.

바깥에서 비판적 사유를 할 수 있는 가능성이 심각하게 위협받게 되었다는 지적이 있다.[63] 다른 한편으로는 "생산적인 양다리 걸치기"를 하고 있다는 평가가 있다. 이 후자의 시각에 의하면 사이드가 비록 모든 재현은 왜곡이라는 주장도 하지만, 이와 동시에 "올바른 재현"이 가능하며 또 필요하다는 주장도 하고 있다. 그리고 이러한 긍정적인 사유는 마르크스주의자로서의 그의 면모에 기인한다고 한다. 이러한 관점에서 보았을 때 사이드는 니체와 마르크스, 즉 포스트모더니즘과 마르크스주의 양대 전통을 자신의 비평적 실천을 위해 전유하고 있다는 주장이 가능하다.[64] 소수 의견이지만 긍정적으로 읽어 내려는 시도가 새롭다.

사이드와 올바른 재현, 그리고 마르크스주의 전통과의 관계에 대한 논의를 하려면 "올바른 재현"에 대한 사이드의 언급을 찾아야 할 것이다. 그러나 올바른 재현에 대한 언급은 사이드의 저서에서 발견되지 않는다. 대신 경험의 영역에서 오리엔탈리즘의 지배를 벗어나는 개인을 발견하는 것이 불가능하지는 않다는 주장은 발견된다. 『오리엔탈리즘』의 결론에서 드러난 주장, 즉 "[자신이] 묘사한 유의 학문과 달리 **인간적 현실에 눈멀지 않은, 혹은 그만큼 타락하지 않은 학문이 있다**고 내가 믿지 않았다면 이러한 유의 책을 쓰지 않았을 것"[65]이라는 사이드의 완곡한 주장이 그 예이다. 또한 "값어치 있는 학문"을 하는 학자들과 "경계심이 풀려 있는" 학자들과의 대비에서도 이러한 면모는 발견된다. 그

63 Dennis Porter, "Orientalism and Its Problems," *Colonial Discourse and Post-colonial Theory*, Patrick Williams · Laura Chrisman eds., Hemel Hempstead : Harvester Wheatsheaf, 1993, pp.152~153; Bart Moore-Gilbert, op. cit., pp.56~57.

64 이경원, 앞의 책, 356쪽.

65 Edward Said, op. cit., p.326. 강조는 필자.

리고 기얼츠(Clifford Geertz)나 로댕송(Maxim Rodinson)과 같은 "선한 동양연구자"들은 "이데올로기적인 구속(ideological straitjacket)"으로부터 자유로울 수 있다고 주장한다.[66] 한편으로는 문화의 봉쇄 능력을 전면에서 강조하면서도 다른 한편으로는 자율적인 개인의 존재를 인정하는 일종의 뒷문을 열어 둔 셈이다.

위에서 본 바와 같이 사이드에게서 진정한 재현이 가능할 수도 있다는 '미련'이 발견되는 것은 사실이다. 그러나 이러한 미련으로부터, 혹은 진정한 재현과 그렇지 못한 재현 간의 구분이 필요하다는 입장으로부터 마르크스주의자의 모습을 읽어 내는 것은 성급하다고 판단된다. 언어에 의한 현존의 전달이 불가능하거나 혹은 (왜곡된) 재현만이 유통될 수밖에 없다는 생각이 반드시 후기구조주의의 전매 상표만은 아니다. 유사한 맥락에서 "올바른 재현"이 필요하고 또 가능함을 암시하였다고 해서 이를 마르크스주의의 독점적 징표라고 볼 수도 없다. 만약 "올바른 재현"에 대한 믿음이 마르크스주의자가 되기 위한 필요충분조건이라면, 앞서 논의한 가다머나 니체까지도 마르크스주의자로 분류해야 하는 곤란한 상황이 발생한다.

계급 이론이 피지배 계급의 허위의식을 깨트리고 지배와 착취의 진실을 깨닫도록 해준다는 점에서 마르크스는 자신의 이론을 "과학"이라고 불렀다. 오리엔탈리즘을 사회의 모든 담론의 영역을 장악하는 일종의 전체주의적 이데올로기로 보았다는 점에서 사이드의 사유가 마르크스가 말하는 "허위위식"으로서의 이데올로기 개념에 다가간 것은 사실

---

66 이석구, 「사이드 이후의 탈식민주의 동향―전유의 부메랑」, 『비평과 이론』 10권 2호, 2005, 272쪽.

이다. 그러나 마르크스의 이론이 기만에서 진실로의 진보적인 행진을 상정한 것과 달리, 사이드에게 있어 진리는 기만을 해결할 수 있는 수단도, 진보적 행진이 지향하는 텔로스도 아니다. 그에게 있어 진리는 권력으로부터의 해방을, 허위의식으로부터 해방을 담보하는 특권적 위치에 있지 않다. 비록 경험의 영역에서 "선한 오리엔탈리스트"의 발견이 가능하다고 하나, 그 경험이 이데올로기와 구체적으로 어떠한 관계에 놓이게 되는지에 대한 설명이 없다는 점에서, 구체적으로 그가 상정한 유의 오리엔탈리즘이나 기성의 지배이데올로기에 대항하여, 개인이 단순히 "바짝 경계심을 강화하는 것"만으로 자유나 자율성을 지킬 수 있는지에 대한 설득력 있는 논의가 결여되어 있다는 점에서, 사이드의 오리엔탈리즘 이론은 미완성이다.

11장

사이드의 문화론과 정서 구조

문화 경험은, 혹은 정말로 모든 문화 형식은 철저히, 본질적으로 혼성적인 것이다. 만약 문화적, 심미적 영역을 세속저 영역으로부디 분리시키는 것이 임마누엘 칸트 이후의 서구의 관례였다면, 이 영역들을 합칠 때가 되었다.

—사이드, 『문화와 제국주의』

알튀세르와 문화 결정론[1]

앞 장에서 언급한 바 있듯, 개인과 제국주의의 관계를 논함에 있어 사이드는 개인 주체에게 자율성을 적극적으로 부여하지는 않았다. 적어도 그의 이론만을 본다면 개인에게 당대 지배 문화의 '바깥'을 사유할 안목이나 능력은 결여되어 있다. 모든 유럽인은 동양에 관하여 말하는 한 인종주의자며, 제국주의자이고, 거의 전적으로 자민족중심적이라는[2] 주장에서 드러나듯, 개인이 문화의 영향력을 넘어 사유하거나 이에 저항할 가능성이 지극히 낮다. 그런 점에서 사이드에게 있어 문화는 일종의 이데올로기적인 구조로 치환될 수 있는 개념이며, 알튀세르의 이데올로기나 문화 개념에 비견될 만하다.

지배 권력과 개인 간의 관계를 설명함에 있어 알튀세르는 이데올로기의 "호명(呼名, interpellation)" 개념을 도입한 바 있다. 그에 의하면 이데올로기는 "개인이 자신의 존재 조건과 맺는 상상적 관계"[3]이다. 그 관계는 피지배자가 처한 계급적 현실을 왜곡한 것이라는 점에서 상상적이기는 하되, 그럼에도 불구하고 개인이 영위해 온 현실의 삶이다. 즉, 전통 마르크스주의에서 주장하는 "허위의식"과 달리 이 관계는 개인이 "살아온 경험"이라는 것이다. 그리고 이러한 지배와 피지배의 권력 관계를 재생산하기 위해서 이데올로기는 개인을 주체로 호명한다.

---

1   문화적 결정론 및 자율성에 관한 논의는 졸고 「에드워드 사이드 문화론의 계보와 문제점」, 『영어영문학』 60권 4호, 2014, 745~765쪽에 출간되었다.

2   Edward Said, op. cit., p.204.

3   Louis Althusser, op. cit., p.162.

중요한 점은 개인이 이 이데올로기의 호명으로부터 벗어날 수 있는 길이 거의 없어 보인다는 사실이다. 호명 과정을 통해서 개인은 비로소 '주체'로 탄생하기 때문이다. 주체로서의 탄생은 곧 그가 이데올로기의 지배, 사회적 법의 지배에 종속됨을 의미한다.

개인이 지배 이데올로기의 호명에서 벗어나기가 힘든 또 다른 이유는 이데올로기의 "편재성(遍在性, immanence)" 때문이기도 하다. 알튀세르는 지배 이데올로기가 작동되는 채널로서 "이데올로기적 국가 장치(Ideological State Apparatus)"와 "억압적 국가 장치(Repressive State Apparatus)" 두 가지를 상정한다. "억압적 국가 장치"에는 경찰과 군대 같은 정부 기관이 포함되며, "이데올로기적 국가 장치"의 목록에는 가족, 교회, 학교, 클럽, 대중 매체뿐만 아니라 문학, 예술 등 시민 사회의 전 영역이 포함된다. 알튀세르의 이 두 목록은 그가 그람시의 "정치적 사회"와 "시민 사회"의 개념을 빌려왔음을 암시한다. 그러나 그람시에게 있어 헤게모니는 교섭과 제휴의 과정이기에 개인 행위자의 자율성이 보장되었던 반면, 알튀세르에 이르면 개인과 관련된 이러한 전망은 상당히 암울해진다. "호명"과 "이데올로기적인 국가 장치"의 개념이 개인을 이데올로기의 전방위적인 포위 상태에 두기 때문이다. 이데올로기는 "이미 그리고 항상" 개인을 주체로 호명한다는 명제, 달리 표현하면, "개인은 이미 그리고 항상 주체"라는 알튀세르의 명제는 이러한 맥락에서 이해될 수 있다.[4]

이데올로기적 국가 장치에 대한 알튀세르의 긴 목록은 동양에 대한

---

4   Ibid., p.176.

글쓰기에 영향을 미치는 사회적 요인들에 대한 사이드의 목록을 연상시킨다. 사이드가 작성한 목록에는 학교, 도서관, 정부 등과 같은 사회 안정화 세력뿐만 아니라 세속적 환경, 문화적 전통에 이어 초거대 개념인 "사회"도 발견된다.[5] 이쯤 되면 이데올로기적인 국가 장치가 아니라 국가나 사회 전체가 구석구석까지 지배 이데올로기로 침윤되어 있다고 해야 할 것이다. 알튀세르에 대해 제기된 비판 중의 하나가 이데올로기를 일종의 '편재한 구조'로 간주함으로써 개인의 자율성을 부정하고 말았다는 것인데, 모든 개인을 실패 없이 포섭하는 구조로서의 이데올로기를 상정한다는 점에서 사이드의 문화 개념도 유사한 비판에 열려 있다. 특히 알튀세르는, 편재하는 구조에 대한 강조와 더불어 개인의 자율성과 주체성을 경시하였기에, 구조주의 이론이 받았던 지적, 즉 사회의 통시성이나 역사적 변화를 설명하지 못한다는 비판을 받았던 바 있다. 사회 영역과 이데올로기를 동의어로 만들고 만 것이다.[6]

앞 장에서 논의한 바 있듯, "전략적 형성"이나 "잠재적 오리엔탈리즘" 등의 개념으로 자율적 개인을 봉쇄시켰다는 점에서 사이드 역시 유사한 비판에 열려 있게 된다. 기억을 다시 살려 보면, "전략적 형성"이나 "잠재적 오리엔탈리즘" 개념이 문제가 되는 것은, 이 개념들이 한편으로는 서구의 오리엔탈리스트 담론 전통이 어떻게 훗날의 개인에게 작용하는지를 드러내는데 유용하기는 하지만, 다른 한편으로는 이 개념들이 상정하는 기성 담론 전통이 일종의 '언어의 감옥'으로도 작용하

---

5   Edward Said, op. cit., p.201.
6   Patrick Brantlinger, *Crusoe's Footprints : Cultural Studies in Britain and America*, New York : Routledge, 1990, p.93.

기 때문이다. 사이드에 의하면 "전략적 형성"이란 개개 텍스트들이나 장르들이 어느 정도의 규모와 밀도를 갖고 상호 참조관계를 형성하는 것을 의미한다. 그래서 동양에 대해 글을 쓰는 개인이라면 누구나 무시할 수 없는, 즉 참조하거나 도움을 받지 않을 수 없는, 권위를 가진 이전의 글들과 지식의 전통을 일컫는다.[7]

문제는 "전략적 형성"의 개념이 개인에 대한 전통의 영향력을 절대화한다는 데 있다. 기성 담론 전통이 개인에게 미치는 영향력이 크다는 사실을 사이드가 부정하기를 기대해서가 아니라, 사이드의 이론이 상정하는 개인이 기성 담론에 대해 비판적인 태도를 가질 줄 모르기 때문이다. 개인에 대한 문화의 영향력이 거의 절대적이라는 점에서, 『오리엔탈리즘』에서 드러나는 사이드 초기의 문화 개념은 '문화 결정론'에 가깝다고 해야 할 것이다. 문화결정론이 아니라 이에 '가깝다'고 말한 데는 그럴 만한 이유가 있다. 엄격히 말하자면, 문화 결정론이란 문화를 궁극적인 동인(動因, cause)으로 간주하는 이론이다. 문화가 정치나 경제 영역까지 결정하는 최후의 심급 역할을 하는 것이다.

그러나 서구 제국에 대한 사이드의 분석에 있어서 문화의 광범위한 영향력이 대부분의 사회 구성원들을 예외 없이 포섭한다고 해서 곧 문화가 최후의 심급임을 의미한다고 여겨지지는 않는다. 『오리엔탈리즘』에서 사이드는 문화의 영역이 세속적 이해관계로부터 자유롭지 못함을, 지식 발전과 창작의 전통이 당대의 정치적 상황과 떨어지려야 떨어질 수 없는 관계임을 입증하고자 하였다. 이러한 맥락에서 사이드는

---

7 Edward Said, op. cit., p.20 · 202.

유럽 문화의 전면에서 제국주의 이데올로기의 절대적인 영향력을 보았다. 제국주의가 사회의 전 영역에서 큰 저항 없이 작동하게 된 연유에는, 식민지 경영에 대한 시민들과 지식인들의 적극적인 지지가 있었고, 이 지지는 제국의 경제적 이해관계와 맞물려 있었다. 그러니 『오리엔탈리즘』이 마르크스주의와 공유하는 부분이 있다면, 바로 이 사이드의 첫 저서가 자세히 다루지 않는 이 부분, 즉 제국의 문화가 궁극적으로는 식민지의 자원 수탈이라는 경제적 이해관계에 의해 좌우된다는 사실이다.

그러한 점에서 '문화 결정론'이라는 용어는 한편으로는 사이드의 이론에서 문화의 중요성을 설명해 주기는 하지만, 다른 한편으로는 유럽 제국들을 움직여 온 '경제'라는 최후의 심급으로부터 눈을 돌리게 만든다는 점에서 정확하지 않은 표현이다. 『오리엔탈리즘』이 서구 문화를 제국주의 이데올로기나 경제적 이해와 일종의 결혼 관계에 있는 것으로 이해하였다면, 사이드의 후기 저서 『문화와 제국주의(Culture and Imperialism)』는 이 부분을 적어도 명목상으로는 별거시킨다. '이혼'이 아니라 '별거'란 표현을 쓴 이유는, 문화가 더 이상 제국의 정치나 경제에 예속되지도 않고 그렇다고 해서 완전히 자유롭지도 않은 상태, "상대적인 자율성"[8]을 지닌다고 주장되기 때문이다. 또한 작가들이 이데올로기, 계급, 혹은 경제의 역사에 의해 기계적으로 결정되지 않을뿐더러, 자신의 사회적 경험과 사회의 역사로부터 영향을 받고 또 그것들에 영향을 준다[9]는 말로써 사이드는 개인과 문화와의 관계에 대해서도 새롭게 정리한 바 있다.

---

8   Edward Said, *Culture and Imperialism*, New York : Vintage Books, 1993, p.xii.
9   Ibid., p.xxii.

상대적 자율성과 아포리아

『오리엔탈리즘』과 『문화와 제국주의』의 차이점은 문화의 역동성에 대한 강조에서도 발견된다. 문화에 대한 이 수정된 시각이 나오게 된 것은 물론 첫 저서를 출판한 후 사이드에게 한 동안 매서운 비판이 쏟아졌었기 때문이다.[10] 『문화와 제국주의』의 서문을, 유럽의 제국주의에 대한 제3세계의 반응을 소개함으로써 시작한 것은 바로 이러한 이유에서이다. 한편에 지배자들의 제국주의 문화가 있었다면, 다른 한편에는 피지배자들의 군사적·문화적 저항이 있었음을 지적함으로써 지배자에게로 편중된 이전의 시각을 교정하고자 하는 것이다. 비슷한 맥락에서, 가만히 앉아서 제국으로부터 침략을 당했던 무기력한 비서구인은 없었다는 주장을 함으로써 사이드는, 이전의 저서에서는 언급하지 않았던 피지배자의 존재감을 부각시킨다.

문화를 두 가지로 정의 내림에 있어 사이드는 모순어법에 가까운 수사학을 동원한다. 첫째, 문화는 재현, 소통, 묘사의 술(術)과 같은 언술적 실천으로서, "정치, 경제, 사회의 영역으로부터 상대적인 자율성을 유지하며", 종종 독자에게 "쾌를 제공하는 미학적 형식"으로 존재한다.[11] 여기에는 먼 나라들에 대한 설화들과 인문학 및 사회과학의 지식이 포함된다. 사이드는 다양한 창작 장르 중에서도 특히 소설을 대표적

---

10 Dennis Porter, op. cit., pp.150~161; Aijaz Ahmad, op. cit., pp.159~219; Bart Moore-Gilbert, op. cit., pp.40~53.
11 Edward Said, *Culture and Imperialism*, p.xii.

인 미학 형태로 꼽는다. 『오리엔탈리즘』에서 드러나는 사이드의 문화 개념은, 서구의 문화가 제국주의나 제국의 이해관계에 의해 틀 지워진 다고 보았다는 점에서 상당히 기계적인 개념이었다고 여겨진다. 반면, 『문화와 제국주의』에서 사이드는 문화가 여타의 사회 영역으로부터 "상대적인 자율성"을 가지고 있다고 주장함으로써 초기의 기계론적이 거나 결정론적인 경향으로부터 분명하게 선을 긋는다. 동시에 사이드 는 소설과 같은 문화적 형식들이 제국주의적 경험이나 태도를 형성함 에 있어 중요한 역할을 하였을 뿐만 아니라 문화적 형식들이 제국과 식 민지 양쪽의 역사에 개입하고 있다고 주장한다.

문화적 형식의 역동성과 자율성에 대한 사이드의 주장을 들여다보 자. 그는 제국주의 전쟁이 궁극적으로 땅에 관한 것이었고, 땅의 소유, 경작, 유지 등의 문제가 서사에서 논의되었다는 사실에 주목한다.

> 제국주의의 중요한 전투는 물론 땅에 관한 것이었다. 그러나 누가 땅을 소유 하며, 누가 그 땅에 정착하고 이를 경작할 권리를 가지며, 누가 그것을 유지하 고, 누가 그것을 다시 차지하였고, 또 누가 그 땅의 미래를 지금 계획하는가의 문제, 이 문제들이 서사에서 반영되고, 논쟁되고, 심지어 얼마 동안은 결정되기도 하였다. 한 비평가가 말했듯, 민족 자체가 서술이다. 서술하는 권력, 혹은 다른 서사들이 생성되거나 출현하는 것을 막는 권력이 문화와 제국주의에는 매우 중요하다. …… 무엇보다 중요한 것은, 해방과 계몽의 거대 서사들이 식민지 의 대중이 분기하여 제국주의의 굴레를 벗어던지게 해 주었다는 점이다. 이 러한 과정에서 많은 유럽인들과 미국인들 또한 이 이야기들과 주인공들에 의해 고무되어, 평등과 인류 공동체의 새로운 서사를 위해 싸웠다.[12]

사이드의 이 진술은 문화가 정치·경제의 영역과 동떨어진 것이 아니라고 본다는 점에서 "세속성"의 개념과 유사하다. 그러나 특기할 점은 정치적인 현안이나 경제적 이해관계가 문화의 내용과 틀을 일방적으로 결정하는 것이 아니라, 사회의 각 영역과 문화가 서로 영향력을 행사하는 양방향적인 모델을 제시하고 있다는 사실이다. 정치적 신념이나 의제가 서사에 반영되기도 하나, 또한 그 의제들이 서사 내에서 논쟁을 불러일으키고 현실의 현안들이 결정되기도 한다는 그의 주장이 그 증거이다.

문화의 역동성에 대한 사이드의 생각은 제국과 식민지 양쪽에서 검증될 수 있는 것이다. 문화가 발휘하는 현실 변혁의 영향력은, 유럽의 식민지에서 "해방과 계몽의 거대서사"가 반식민 운동을 추동하였다는 사실에서뿐만 아니라, 유럽인들과 미국인들도 이러한 움직임에 영향을 받아 새로운 평등의 서사를 위해 싸우게 되었다는 사실에서도 드러나는 것이다. 구체적으로 명시하지는 않았지만 사이드가 "해방과 계몽의 거대 서사"가 반식민 운동을 추동하였다고 했을 때, 20세기 초 프랑스어권 식민지에 있었던 네그리튀드 운동이나 제2차 세계대전 직후에 본격적으로 전개된 영어권 식민지에서의 독립운동을 염두에 두고 있었던 것 같다. 어쨌거나 이러한 사유는 이전에 『오리엔탈리즘』에서 소개되었던 "전략적 형성"이나 "진통"의 개념이 허락하지 않는 역동적인 면모를 서사에 부여한다. 식민지의 서사이든, 제국의 서사이든, 서사를 정치적 논쟁이나 대화의 장으로, 지배 권력에 대한 대항 담론이 전개되는

---

12 Ibid., p.xiii. 강조는 필자.

장으로 보는 시각이, 앞서 언급한 바 있는 문화의 "상대적 자율성"이라는 개념에서 뒷받침됨은 두 말할 필요가 없다.

문화에 대한 사이드의 두 번째 정의는 "알려지고 사유된 최상의 집합체"이다. 사이드의 이 개념은 빅토리아조 사상가 아놀드(Matthew Arnold, 1822~88)에게서 빌려온 것이다. 『문화와 무정부』에서 아놀드는 문화를 정치나 경제와는 별개의 영역으로 보았다. 그에 의하면 문화는 "인간의 완성에 대한 연구"로서 인간 본성을 아름답고 가치 있게 하는 능력들의 조화로운 발전을 목표로 한다. 그러나 문화가 순전히 개인적인 추구만은 아니다. 아놀드는 개인의 문화적 완성이 타인을 도와서 그와 함께 발전할 때만 가능하다고 봄으로써 문화에 사회적인 맥락을 부여하였다.[13] 아놀드의 문화론은 무질서한 도시와 상업화의 형태로 출현한 근대성이 빅토리아조 사회에 끼친 정신적 폐해를 극복하고자 하는 의도를 가진 것이었다.

그러나 사이드는 아놀드의 사회 비평과는 다른 의제를 가지고 있다. 그는 아놀드의 개념을 빌려오되 이를 정치적으로 재해석한다. 이에 의하면 당대 사회가 누리게 된 최고로 고양된 사유나 지식은 세속으로부터 멀리 떨어져 고고한 위치를 차지하고 있는 것이 아니다. 그것은 민족의식이나 민족주의를 낳거나 이를 강화시키는 기제 역할을 한다. 이를테면 천재 작가 셰익스피어의 작품을 읽음으로써 빅토리아조의 영국인들은 단순히 교양의 수준만을 높인 것이 아니라 영국인이라는 사실에 대한 자부심과 더불어 우월한 민족의식을 고양시킬 수 있었다는 것

13　Matthew Arnold, *Culture and Anarchy*, J. Dover Wilson ed., Cambridge : Cambridge Univ. Press, 1990, p.48.

이다. 셰익스피어를 배출한 교양 있는 민족인 '우리'와 그렇지 못한 '그들' 간의 구분이 가능하였기 때문이다.

이러한 맥락에서 보았을 때, '우리'의 결속이나 연대를 가능하게 하였다는 점에서, 문화는 교양과 지식을 넘어 민족이 서로 구분되는 장, 특정한 공동체가 옹호되거나 폄하되는 장이다. 그리스에서 "바르바로스(barbaros)"가 원래는 "알아들을 수 없는 말"을 뜻하였다가, 기원전 472년 아이스큘로스의 희곡 『페르시아(Persae)』에 이르러 비(非)그리스 종족을 뜻하는 용어로 바뀌게 된 연유도 유사한 맥락에서이다. 임지현에 따르면, 이 용어는 페르시아 전쟁을 거치면서 페르시아에 저항하는 전 그리스의 단결과 델로스 동맹을 이끄는 아테네의 헤게모니를 정당화하기 위해 새로운 의미를 부여받게 되었다. 이렇게 하여 아테네의 민주정이 표방하는 기치와 대립되는 타자성의 개념으로 바뀌게 된 "바르바로스"는 오리엔탈리즘의 원조로 꼽힌다.[14] 문화가 민족이나 국가와 항상 연관될 뿐만 아니라 "우리"를 "그들"과 구분 짓고 항상 어느 정도의 외국인 혐오증을 동반한다[15]는 사이드의 주장은 이러한 관점에서 이해될 수 있다. 이렇게 말하고 보면, 고전(古典)처럼 고도의 예술적 성취를 보이는 소위 고급문화도 정치적인 맥락에서 자유롭지 못하다. 단순히 자유롭지 못한 것일 뿐만 아니라 정치의 영역에 한 발을 깊숙이 담그고 있다.

정치와 고급문화와의 관계를 사이드는 다양한 정치적 대의나 이데

---

14   임지현, 「민족담론의 스펙트럼 : 원초성, 근대성, 탈근대성」, 『안과밖』 8집, 2000, 70쪽; E. Hall, *Inventing the Barbarian : Greek Self-Definition through Tragedy*, Oxford : Clarendon Press, 1989, p.8 · 16 · 40 · 99.

15   Edward Said, *Culture and Imperialism*, p.xiii.

올로기들이 등장하여 서로 경쟁하고 다투는 일종의 "극장"이나 "전쟁 터"에 비유한다. 그러나 사이드가 문화를 "극장"이나 "전쟁터"에 비유 했다고 해서 그의 문화 개념을 다양한 목소리들이 자유롭게 자기주장 을 내세우며 서로 논박하는 다성적(多聲的, polyphonic)인 것으로 이해하 기에는 섣부른 감이 있다. 초기의 이론에서 드러난 바, 이데올로기에 의해 일방적으로 결정되는 문화론을 부정하고 싶은 욕망이 이러한 주 장을 이끌어 냈겠지만, 그럼에도 불구하고 『문화와 제국주의』에서조차 유럽 제국의 문화에 대한 그의 분석은 『오리엔탈리즘』에 대한 일종의 기시감(既視感)을 불러일으키기 때문이다.

이와 관련하여 사이드의 주장을 들어 보자. "노동 운동과 마찬가지 로 여권 운동도 예외 없이 제국을 지지하였다. 다른 상상력들, 감수성 들, 사상들, 그리고 철학들이 작용하고 있었음을, 문학 작품이나 예술 작품 하나하나가 특별함을 보여주기 위해 우리는 항상 노력해야 하지 만, 제국이 유지되어야 한다는 점에 있어서는 실제로 모두가 같은 목적 을 가지고 있었다."[16] 유럽 제국에서 당대의 지배적인 태도나 사상에 대해 어떠한 종류의 일탈도, 이견도, 반대도 없었다는 이 단호한 주장 은, 앞서 문화를 다양한 정치적 대의나 이데올로기들이 서로 논박하고 경쟁하는 "전쟁터"에 비유한 사이드의 역동적인 문화론을 무색하게 한 다. 다시 논의하겠지만 한편으로는 문화에 역동성과 "상대적 자율성" 을 부여하지만, 다른 한편으로는 실제로 19세기 유럽의 문화 텍스트를 분석할 때 자율성과 역동성을 거의 부정하다시피 한다는 점에서 사이

---

16   Ibid., p.53.

드의 문화론에는 아포리아가 발견된다. 『오리엔탈리즘』이 출간된 이후로 받았던 비난을 의식하여 『문화와 제국주의』에서는 자율성을 강조하였으되, 19세기 유럽 문화에 대한 그의 근본적인 시각은 이전과 크게 달라지지 않은 것이다.

후기 사이드 문화론의 계보

문화의 "상대적 자율성"에 대한 사이드의 강조는 몇 가지 의문을 떠올리게 한다. 사회 계급은 어떻게 조직되어 있고, 이데올로기는 어떤 역할을 하기에, 개인과 그의 예술 작품이 한편으로는 당대의 역사나 사회제도에 영향을 받으면서도 또 반대로 영향력을 행사할 수 있을까? 이에 대한 속 시원한 대답이 『문화와 제국주의』에서 발견되지 않는다. 대신 사이드는 논의의 초점을 제국과 식민지의 관계에, 문학과 제국주의의 관계에 맞춘다. 이에 대한 논의는 곧 하도록 하고, 앞서 소개한 바 있는 사이드의 문화 이론에 대하여 계보학적 차원에서 논의를 더 진행시켜 보자.

『문화와 제국주의』 서문에서 문화 개념을 소개하면서 사이드는 19세기 영국 사상가 아놀드의 문화론을 인용한 바 있지만 영국의 좌파 비평가 윌리엄즈(Raymond Williams, 1921~88)나 바바에게 빚진 부분은 구체적으로 언급하지 않았다. 앞서 인용한 "민족 자체가 서사"라는 주장을 언급하면서 사이드는 원전의 저자를 익명으로 처리하였지만, 원저자가 『민족과 서술(*Nation and Narration*)』(1990)의 편저자이자 「민족의 산종(DissemiNation)」의 저자인 호미 바바임을 알아채는 데 많은 시간이 필요치 않다. 그러나 『오리엔탈리즘』에서의 실수를 되풀이하지 않으려는 듯, 사이드는 바바의 후기구조주의적 테제를 들여와서는 이를 극히 보수적으로 이용한다. 후기구조주의자들의 서사 이론에 내재되어 있는 "텍스트성"의 의미를 폐기하고, 국가의 의제가 서사에서 논의되고 결정된다는 의미로만 사용하기 때문이다.

고부응이 주장한 바 있듯, 문화에 대한 사이드의 기본적인 이해는 윌리엄즈의 『장구한 혁명』에 나타난 세 가지 문화 범주에서 나왔다고 하여도 큰 과장은 아닐 듯싶다.[17] 윌리엄즈에 의하면, 문화의 첫째 범주는 시대를 초월하는 절대적이거나 보편적인 가치를 뜻하는 "이상(ideal)"이다. 이러한 의미에서 문화는 인간의 완성을 지향하며, 이때 문화 분석은 보편적 가치들을 발견하고 기술하는 작업을 수행한다. 둘째 범주는 "기록(documentary)"으로서 지적, 상상적 저작물의 집합을 뜻한다. 이때 문화 분석은 사유와 경험의 성질 및 언어와 형식의 가치를 논하는 비평 행위와 일치한다. 셋째 범주는 문화를 사회적으로 정의 내린 것으로서, 예술과 지식뿐만 아니라 제도와 일상적 태도를 통해서 의미와 가치를 표현하는 특정한 삶의 방식에 대한 기술이다. 이때 문화 분석은 특정한 문화나 삶의 방식에 명시적으로 혹은 암시적으로 존재하는 가치와 의미를 명료하게 드러내는 작업을 수행한다. 그리고 이것은 첫 번

17　고부응, 「문화, 제국, 민족―비판적 전유를 위한 에드워드 사이드의 『문화와 제국주의』 읽기」, 『영어영문학』 58권 5호, 2012, 911~912쪽 참조.

째 문화 분석과 두 번째 문화 분석 작업이 모두 포함되는 포괄적인 것이다.[18] 이렇게 말하고 보면, 앞서 인용한 바 있듯 "기록"을 강조한 사이드의 첫 번째 문화 개념이 윌리엄즈의 두 번째 범주와, "인간 완성"을 강조한 사이드 / 아놀드의 두 번째 문화 개념이 윌리엄즈의 첫 번째 범주와 다르지 않다는 사실을 발견하게 된다. 그리고 비록 사이드가 명시적으로 밝히지는 않지만 윌리엄즈의 세 번째 문화 개념이 『오리엔탈리즘』과 『문화와 제국주의』 모두에서 여전히 유효한 범주임을 알아채기란 그리 어렵지 않다.

사이드는 윌리엄즈의 "정서 구조(structure of feeling)" 개념에도 빚진 바가 있다. 사이드는 디킨즈(Charles Dickens)와 콘래드의 소설을 논의하면서 "정서 구조" 개념을 간략히 언급한 바 있는데,[19] 그의 이 논의를 보건대 윌리엄즈의 이 핵심 개념에 대한 사이드의 이해에는 문제가 있다. 윌리엄즈에 대한 오독 가능성은 곧 다루기로 한다. 사이드는 본문에서 윌리엄즈의 "정서 구조"를 참조하여 자신이 "태도와 참조의 구조(structure of attitude and reference)"라고 부르는 개념을 만들어 냈음을 밝힌다. "태도와 참조의 구조"는 문학, 역사, 민속학의 문화적 언어들에서 때로는 간접적으로, 때로는 용의주도하게 계획된 형태로 발견되며, 서로 관련이 없고 제국의 공식적인 이데올로기와도 관련이 없는 개별 텍스트들에서도 공통적으로 발견되는 것이다.[20] "제국의 공식적인 이데올로기와 관련이 없다"는 표현에서 드러나듯, 사이드가 이 구조를 지

---

18   Raymond Williams, *The Long Revolution*, Orchard Park, NY : Broadview, 2001, pp.57~58.

19   Edward Said, *Culture and Imperialism*, p.xvii · 14.

20   Ibid., p.52.

배 이데올로기의 직접적인 영향권 바깥에 두는 이유는, 이 구조와 이 구조가 작동하는 문화 텍스트들에게 '상대적 자율성'을 부여하기 위해서이다.

"태도와 참조의 구조"에서 "참조"가 갖는 의미 중의 하나는 지리적인 것이다. 이를테면 디포우(Daniel Defoe)나 오스틴(Jane Austen), 디킨즈 같은 작가들의 작품에서, 메트로폴리스와 비유럽을 비교하며, 전자를 후자보다 우월한 위치에 두는 사유가 공통적으로 나타난다는 것이다. 사이드에 의하면, 이러한 태도와 지리적인 참조는 개개의 작품에 "선행하는 반(半)공모적인 기획"이 만들어 낸 것이 아니라, 지리적인 공간 속에서 발달한 영국의 문화적 정체성과 더불어 생겨난 것이다.[21] 유럽이 자신의 문화적 정체성을 항상 비유럽 세계와의 대조를 통해서 정의해 왔다는 사실을 고려할 때 영국의 문화적 정체성의 발달을 지리적인 상상력과 연관시키는 사이드의 주장에는 설득력이 있다. 사이드에 의하면, 이러한 지리학적 참조 / 사유에는 비유럽을 지배하거나 통제하고, 개선시키려 하며, 또한 이로부터 이득을 취하려는 태도가 동반된다. 그런데 왜 사이드가 "태도와 참조의 구조"를 "개개의 작품에 선행하는 기획"과 무관한 것이라고 하는 것일까? 이 수수께끼 같은 진술의 이면에는, 제국의 서사가 궁극적으로 제국에 기여하는 바를 부정하고 싶지는 않지만, 그럼에도 불구하고 당대의 지배 사상에 의해 미리 기획되거나 생산되지 않는 반(半)자율적인 지위를 텍스트에 주고 싶은 사이드의 욕망이 있다.

사이드는 자신의 문화론을 문화 순수주의로부터 구분 짓는다. 그에

---

21   Ibid.

의하면 제국주의가 근대 세계에 기여한 바 중의 하나가 국가 간의 거리를, 서양과 동양 간의 거리를 좁혀 놓았다는 사실이다. 비록 그러한 과정에서 식민지 피지배 민족이 고통을 받기는 하였지만 제국의 역사적 경험이 우리 모두의 "공동의 것"[22]이 되었다는 점을 그는 긍정적으로 평가한다. 제국에 반대할 때조차도 제3세계 민족주의는 제국과 상호의존적인 관계에 있었다. 그러니 문화는 동양이 독점할 수도, 서양이 독점할 수도 없는 것이며, 필연적으로 다양한 세력들 간의 합작품의 성격을 띠는 것이다. 사이드의 표현을 빌리면,

> 전적으로는 아니지만 제국으로 인해 모든 문화는 상호 관련되어 있다. 어떤 문화도 하나이지 않고, 순수하지도 않다. 모든 문화가 혼성적이고, 이질적이고, 고도로 차별화되어 있으면서도 전일(全一)적이지는 않다. 이는 현대의 이슬람 세계에도 적용되며 오늘날의 미국에도 적용된다고 나는 믿는다.

> 문화들은 상호 침투적이다. 서구 과학이 아랍인들에게서 유래했듯, 아랍인들은 인도와 그리스에서 빌려왔다. 문화는 결코 불변의 채권자와 채무자가 있어 한쪽이 다른 쪽에 빌려주는 소유의 문제가 아니다. 이질적인 문화들 사이에 있는 전유, 공통의 경험, 온갖 종류의 상호의존의 문제이다.[23]

사이드는 이 인용문들에서 바바나 루시디(Salman Rushdie)의 혼성주의를 연상시키는 문화론을 펼쳐 보인다. 비록 후기구조주의의 세례를

---

22   Ibid., p.xxii.
23   Edward Said, *Culture and Imperialism*, p.xxv · 217.

받은 이 문인들의 이름이 언급되지는 않지만, 사이드가『문화와 제국주의』를 출간하기 오래 전에, 바바가 일련의 논문에서 문화의 순수성과 전일성(全一性, monolithicness)을 해체해 보인 바 있다. 바바의 대표 저서『문화의 위치(*The Location of Culture*)』가『문화와 제국주의』가 출간된 이듬해인 1994년에 출간되기는 하였지만, 이 저서에 포함된 12편의 글 중 9편이 1985년부터 1992년까지의 기간에 이미 출간되었다는 사실을 고려한다면, 사이드가 바바의 혼성주의에 영향을 받지 않았다고 단언하기는 힘들다.

혼성 문화론은 1992년에 출간된 루시디의 에세이집『상상의 고향들(*Imaginary Homelands*)』에서도 발견되는 것이다. 뿐만 아니라 사이드가『문화와 제국주의』에서 인용하기도 한 루시디의 대표 저작『자정의 아이들(*Midnight's Children*)』(1981)이나『악마의 시(*The Satanic Verses*)』(1988)는 이슬람 세계가 표방하는 문화 순수주의에 대항하여 문화 혼성주의를 웅변적으로 옹호한 작품으로 유명하다. 일례로『자정의 아이들』은 문화적 순수성이나 고유함이 한갓 '신화'에 지나지 않을뿐더러, 인도가 표방하는 동질성이 실은 엄청난 피의 대가를 치르고 얻어진 것임을 폭로하였다.『악마의 시』에서 순수주의에 대한 비판은 이슬람 세계뿐만 아니라 영국 사회에도 똑같이 적용된다. 루시디는 이 작품에서 순수주의에 대한 두려움과 잡종화에 대한 경축을 동시에 표현한다. 작가의 표현을 빌리면 "뒤범벅, 짬뽕, 이것과 저것을 조금씩 모은 것, 이것이 세상에 새로움이 등장하는 방식이다.『악마의 시』는 융합에 의한 변화를, 접합에 의한 변화를 위한 것이다. 그것은 우리의 잡종화된 자아에 바치는 연가(戀歌)다."[24]

루시디의 '잡종 연가'를 사이드의 혼종주의 선언과 비교해 보면 둘 간의 친연성이 잘 드러난다.

역사적·문화적 경험들이 얼마나 기이하게 혼종적인지를, 이 경험들이 어떻게 종종 모순적이기도 한 수많은 경험들과 영역들에 동참하고, 국가들의 경계선을 가로지르며, 단순한 교리와 목청 큰 애국주의가 행사하는 사찰(査察)에 저항하는지를 오늘만큼 잘 깨달은 적이 없다. 통합적이거나 전일적이거나 자율적이기는 커녕, 문화는 실제로 그것이 의식적으로 배제하는 것보다 훨씬 많은 "이국적" 요소들을, 타자성들을, 차이들을 내포한다.[25]

사이드가 바바에 진 빚은 앞서 인용한 바 있는 민족과 서술의 관계에 대한 그의 짧은 인용에서도 유추될 수 있다. 사이드의 표현을 빌리면, "한 비평가가 말했듯, 민족 자체가 서술이다." 민족을 서사로 읽어 내는 바바의 편저서 『민족과 서술』은 『문화와 제국주의』보다 3년 전인 1990년에 출간되었다. 문제의 인용문에서 사이드는 서술의 권력, 즉 서사의 생성을 허용하거나 불허하는 권력이 민족이나 민족국가의 탄생과 유지에 필수적임을 간파하고 있다. 어떠한 서사가 언술적 헤게모니를 갖느냐에 따라 한 민족 공동체의 운명이 결정되기도 하거니와, 새로운 서사의 형성을 위해 민족이 운명을 건 투쟁을 한다는 것이다.

다음 장에서 논하겠지만, 바바가 민족을 서사에 비유했을 때 이는 후

---

24   Salman Rushdie, *Imaginary Homelands : Essays and Criticism 1981~1991*, New York : Penguin Books, 1981, p.394.

25   Edward Said, *Culture and Imperialism*, p.15.

기구조주의적인 의미에서의 글쓰기, 즉 비결정성이나 불확실성의 기표로서의 에크리(écrit)를 뜻하는 것이다. 물론 바바가 민족을 텍스트의 관점에서 이해했을 때, 이는 사회적 실체로서의 민족의 범주를 부정하려는 것은 아니었다. 픽션과 현실의 구분을 부정하는 유의 포스트모더니스트가 아닌 다음에야 어떻게 상이한 존재론을 가진 이 구조물들을 비교할 수 있겠는가? 바바가 정작하고 강조하고 싶었던 바는 민족이 생성되고 유지되는 '방식'과 후기구조주의자들이 '에크리'나 '차연(différance)'이라고 부른 문자학의 성질이 유사하다는 점이었다. 그러나 사이드의 저서에서 바바의 이러한 논지는 드러나지 않는다. 대신 민족은 서술이라는 그의 유명한 해체주의적 경구만이 픽션과 역사가 상호교환 가능하다는 암시와 함께 인용될 뿐이다.

참조 구조 vs. 윌리엄즈의 정서 구조

기록으로서의 문화 개념을 넘어 역동적인 문화, 즉 "전투장"을 모델로 하는 사이드의 문화론은 '산 경험'을 강조하는 윌리엄즈의 문화론과 유사하다. 사이드는 윌리엄즈의 "정서 구조" 개념을 논하면서 이로부터 자신의 문화론을 차별화시킨다. 사이드의 문화론은 영국 문학과 영국 문화가 영국에 한정되지 않고 식민지와의 관계라는 국제적 혹은 간문화적 맥락을 가질 수밖에 없는 것이라고 요약될 수 있다. 그는 윌리엄즈를 위대한 비평가로 존경하나 영문학과 영문화가 주로 영국에 한정되는 것이라고 생각하였다는 점에 그의 한계가 있다고 평가한다.

윌리엄즈의 정서 구조를 언급할 때도 사이드는 이를 지배 이데올로기의 영향력 아래 있는 경험의 영역 정도로 이해하고 있다. 『문화와 제국주의』에서 사이드가 "정서 구조"를 어떻게 사용하는지 사례를 보자. 사이드는 서문에서 콘래드의 『노스트로모(Nostromo)』를 언급하면서, 라틴 아메리카의 산업을 쥐락펴락하는 미국인 금융가 홀로이드(Holroyd)의 모습에서 냉전이 종식된 이후 승리주의에 도취한 미국 정부가 "새로운 세계 질서"의 수호자연 하는 모습을 읽어 낸다. 이어서 오늘날 미국 정부가 가지고 있는 정치적·도덕적 확신, 즉 우리가 세계 최고이며, 우리가 세계를 이끌 운명을 타고 났고, 또 "우리가 자유와 질서를 수호한다는 유의 정서 구조"로부터 자유로운 미국인은 없다고 언급한다. 사이드가 디킨즈의 소설 『돔비 씨와 아들(Dombey and Son)』을 다룰 때도, 문학이 만들어 내는 정서 구조는 "제국의 실천을 지지하고, 정교하게 하며, 또 강화하는" 것으로 파악된다.[26] 이렇게 말하고 보면 사이드가 이해한 "정서 구조" 개념은 현 체제를 지지하는 이데올로기적인 기제 정도로 이해된다.

이제 윌리엄즈의 "정서 구조" 개념을 자세히 알아보자. 윌리엄즈는 『장구한 혁명』에서 정서 구조를 "전반적인 조지 내의 모든 요소들이 만들어 내는 특정한 살아 있는 결과물"[27]이라고 정의 내린다. 『마르크스주의와 문학』에서 이 용어는 좀 더 분명한 어조로 규정되는데, 그것은

---

26   Ibid., p.xvii·14.
27   Raymond Williams, op. cit., p.64.

공동체가 "적극적으로 경험하고 느낀 그대로의 의미들과 가치들"[28]이다. 여기서 '산 경험'으로서의 의미들과 가치들을 하필이면 "정서"라는 범주 아래 포함시킨 것이 언뜻 이해가 되지 않을지도 모르겠다. 이에 대해 윌리엄즈는 세계관이나 이데올로기 같이 이미 형식화된 개념들로부터 이 용어를 변별하기 위한 것이었다고 설명한다. 세계관과 이데올로기로부터 굳이 거리를 두고자 한 이유는 이 개념들을 따라다니는 결정론적이고도 전체론적인 함의를 피하고 싶어서이다.

과거의 어느 시기를 특정 이데올로기의 창으로 들여다볼 경우—이는 사이드가 『오리엔탈리즘』에서 저지른 실수이기도 한데—연구자들이 훗날 소급하여 구축한 이 신념 체계에 맞지 않는 요소들이 논의에서 배제되는 경향이 있다. 과거에 있었던 다양한 전복적인 요소들이나 주변적 요소들이 당대를 지배했다고 추정되는 으뜸 요소들, 즉 당대의 지배적 가치와 사상에 가려져 보이지 않게 되는 것이다. 이를테면 20세기 초반의 유럽 문학을 모더니즘이라는 창으로 들여다 볼 경우, T. S. 엘리엇이나 조이스(James Joyce), 프루스트(Marcel Proust), 만(Thomas Mann) 같은 이들의 문학만을 선택적으로 보게 되고, 19세기를 지배하였고 20세기 문학에서 여전히 작동하는 리얼리즘 사조를 당대의 예술에서 파악하기가 쉽지 않은 것과 같은 이치이다.

윌리엄즈가 "정서 구조" 개념을 통해 강조하고 싶었던 바는 훗날의 역사가들이나 문화 이론가들의 손에 의해 추정된 어떤 체계적인 신념으로 환원되거나 정형화되기 이전의 "실제 경험"의 중요성이었다. 이

---

28 Raymond Williams, *Marxism and Literature*, Oxford : Oxford Univ. Press, 1977, p.132.

러한 강조의 이면에는 과거의 지배 문화 형식이 당대의 산 경험을 온전하게 포착해 낼 수 없다는 의구심이 있다. 『장구한 혁명』에도 나타나는 이 의구심이 적법한 것인지 알아보자.

> 전반적인 상황을 실질적으로 파악하리라 기대할 수 있는 것은 우리 시대와 공간에 관련될 때뿐이다. 다른 공간과 다른 시대의 삶에 대해서 많이 배울 수는 있겠으나 어떤 요소들은 항상 복구가 불가능하다고 여겨진다. 복구가 가능할 때조차도 이는 추상적인 형태로 이루어진다. …… 과거의 어떤 시대에 대한 연구에 있어서도 가장 포착하기 힘든 것은 특정한 장소와 시대에 있었던 삶의 특질에 대한 살아 있는 감각, 특정한 행동들이 사유와 삶의 방식과 결합하게 되는 방식들에 대한 감각이다. 삶을 특정하게 조직하는 방식의 외연을 복구하는데 어느 정도 진전을 보일 수는 있다. 프롬이 "사회적 특성"이라고 불렀던 것도, 베네딕트가 "문화의 유형"이라고 불렀던 것도 복구할 수 있다. …… 그러나 우리가 이것들을 복구할 때조차도 이것들은 항상 추상적이다.[29]

기록으로서의 문화의 영역에 기입되는 순간 경험은 필연적으로 글쓰기라는 매개 과정의 개입으로 인해 역동성이 약화되거나 경화되거나 누락된다. 만약 과거의 어느 시점에 당대의 지배 사상과는 다른 대안적 목소리나 비전이 존재했다면, 그러한 목소리가 발화되었던 바로 그 시점에서만, 즉 문화적 형식이 개입하기 전의 시점에서만 그 목소리의 파

---

[29] Raymond Williams, *The Long Revolution*, p.63.

악이 가능하다는 점에서 정서 구조의 중요성에 대한 윌리엄즈의 강조는 이해될 만한 것이다.

그러니 "정서 구조"에 대한 사이드의 평가는 그것의 지배 기능만을 거론하고 있다는 점에서 단편적인 이해에 그치고 있는 것이 아닌가 하는 의문이 생긴다. 윌리엄즈에게 있어 정서 구조는 과거 어느 시점의 공동체를 지배했던 지배 가치에 대한 대안적 가치와 정조를, 지배 문화를 변화시키거나 대체할 가능성을 내부에서 모색하게 해주는 매우 포괄적이면서도 역동적인 개념이다. 그에게 있어 문화는 특정한 형식들이나 실천이 지배하는 일방향적인 공간이 아니라 "부상하는 형식", "지배적인 형식", "잔존하는 형식들"[30] 간의 역동적인 관계로 이해되며, 정서 구조는 이러한 역동적인 관계를 이해함에 있어 핵심적인 개념이다. 지배 가치나 사상에 대한 반동적인 움직임이나 조짐을 지배 문화와의 관계 내에서 고려할 수 있도록 해 주기 때문이다. 이러한 전복적이고도 역동적인 면에 대한 이해가 사이드가 인용하는 "정서 구조"나 이를 변용한 "태도와 참조의 구조" 개념에서는 발견되지 않는다.

---

30 "부상하는 문화(emergent culture)", "지배적인 문화(dominant culture)", "잔존하는 문화(residual culture)" 개념은 일찍이 윌리엄즈의 *Culture and Society*(1958)에서 발견되는 것이며, *Marxism and Literature*에서 자세히 논의된다.

대위법적 해석학의 계보

개개 텍스트에 관한 비평에서 정교한 분석을 보여 줌에도 불구하고, 텍스트나 역사에 대한 사이드의 이해는 종종 역사 기록의 투명성이나 지배 이데올로기와 문화 간의 일방적인 관계를 전제로 하고 있다는 인상을 준다. 그에게 있어 역사의 총체성은 제국의 경험과 식민지의 경험을 대조함으로써 파편화된 조각들이 큰 그림으로 맞추어질 수 있는 성격의 것이다. 사이드의 핵심 개념인 "대위법적(對位法的, contrapuntal) 읽기"도 이러한 역사의 투명성을 전제로 하고 있는 것이 아닌가 하는 의구심이 든다. 대위법적 독법을 통해 사이드는 제국의 문학에서 지배 이데올로기에 대한 선복적 가능성을 이끌어 내기보다는 이에 대한 충실한 봉사를 읽어 낸다. 그러니 문화나 문화형식에서 다양한 이데올로기나 신념들의 경합을 지적해 내기보다는 지배 이데올로기의 대변인 역할에 주목하게 된다. 사이드가 유럽 소설이 "유럽의 식민지 팽창에 참여하는 주체로 스스로를 끊임없이 지시한다"[31]고 주장하는 것도 같은 맥락에서이다.

반면, 윌리엄즈는 문화 형식과 경험 간의 거리에 주목한다. 이에 의하면 "인간의 문화적 행위에 대한 인식에 있어 가장 큰 장에물은 즉각적으로 그리고 규칙적으로 경험을 완성된 생산물로 전환시키는 것"[32]이다. 그래서 후대의 연구자들에게는 고정되고 경화된 형식을 취한 생

---

31   Edward Said, *Culture and Imperialism*, p.14.
32   Raymond Williams, *Marxism and Literature*, p.128.

산물만 존재하게 되고, 그 결과 경험의 총체성과 역동성은 이들의 인식 지평으로부터 멀찍이 물러나게 된다. 경험의 당사자들이 문화적 역량을 갖지 못해서 자신들의 경험을 당대의 지배적인 문화 형식에 적절히 담아낼 수 없는 경우도 있겠지만, 설사 이들이 경험과 욕망을 문화 형식에 담아낼 수 있을 때조차도 무엇이 발화되고 무엇이 발화되어서는 안 될 것을 결정하는 당대 지배 이데올로기로부터 허락을 받아야 한다. 이러한 사실은 '허락된 형식'에 담겨져 있는 경험이 원래의 모습과 많이 달라져 있을 것임을 시사한다. 애초에 경험을 기록하기 위해 고안된 생산물이 경험으로부터 멀어지는 결과가 발생하는 것이다.

사이드의 작업은 제국과 식민지 간의 대립적인 구도를, 둘 간의 적대와 대립의 역사를 극복하게 해 줄 일종의 "대안적 역사"를 문학 텍스트에서 추적해 내는 것을 목표로 삼는다. 사이드는 그러한 역사를 복원하기 위한 구체적인 방법론으로 "대위법"을 제시한다. 음악에서 대위법은 독립적인 두 가지 이상의 멜로디를 결합시키는 작곡 기법을 뜻한다. 대위법을 사용한 음악에는, 특정한 순간순간에는 한 멜로디가 다른 멜로디보다 강조되는 듯이 보이지만, 전체적으로 보면 어울림과 질서의 아름다움이 있다. 이를 문화 연구 용어로 전용한 사이드는, 제국과 식민지가 각기 겪은 상이한 경험들을 병치함으로서 둘 간의 중첩적인 역사를, 문화 간의 상호의존성을 발견하고자 한다. 이러한 공통분모의 발견을 발판으로 삼아 "비난의 수사학(rhetoric of blame)"과 대립의 역사에 대한 대안을, 어울림과 조화의 가능성을 찾겠다는 것이다.[33] 대위법

---

33   Edward Said, *Culture and Imperialism*, p.xx · 18 · 51.

적 시각은 제국과 식민지가 단순히 한 국가가 다른 국가를 지배하거나 침탈하는 일방적인 관계를 넘어서 상호영향이나 상호의존의 관계에 있음을 드러내 준다.

사이드에 의하면, 근대 영문학 연구가 제국과 식민지의 상호의존 관계를 잘 드러내는 대표적인 예이다. 근대 영문학 연구가 영국 청소년들의 교양을 함양하고 민족 정체성을 강화시키기 위해 영국에서 최초로 만들어진 학문이라고 흔히 생각하겠지만 이는 오해이다. 실은 19세기 초에 인도에 파견된 영국인 관료들이 피지배 민족을 이데올로기적으로 순화시키기 위해 이 연구를 설립하였다는 것이 최근에 밝혀진 바 있다. 근대 영문학 연구가 영국 청소년들을 교육시키는데 사용되게 된 것은, 훨씬 나중의 일로서 식민지에서 영국으로 역수입된 이후이다.[34] 그러니 근대 영문학 연구를 통해 제국과 식민지가 상대방의 문화에 영향력을 행사한 셈이다.

사이드는 디킨즈의 소설을 논하면서 윌리엄즈로부터 많은 것을 배웠기에 그를 존경한다는 말과 함께, 자신의 대위법적 독법이 윌리엄즈의 디킨즈 비평보다 훨씬 더 많은 것을 고려하게 해준다는 자평을 한다. 디킨즈의 『돔비 씨와 아들』에 붙여진 서문에서 윌리엄즈가 1840년대를 "문명의 새로운 양상에 대한 의식이 형성되고 표현되었던 중요한 시기"라는 말을 한 적이 있다. 이러한 언급에도 불구하고 그렇게 중요한 시기의 영국 문명이 인도와 아프리카, 중동, 아시아 등지로 퍼져 나가 이 지역들을 변모시킨 사실을 윌리엄즈가 주목하지 못 했을 뿐만 아

---

34   Ibid., p.42.

니라 영국 문학을 주로 영국에 관한 배타적인 문화적 문헌이라고 보았다는 점에서 한계가 있음을 사이드는 지적한다.[35]

이 서문에서 윌리엄즈는 1840년대의 영국 사회를 뒤흔들어 놓은 다양한 경제적·문화적 변화들을 계급적인 관점에서 추적한 바 있다. 그에 따르면, 산업 혁명 이후 노동계급이 출현하였고, 이 계급이 조직화됨에 따라 참정권 운동 및 노동 시간을 하루 10시간으로 제한할 것을 요구하는 운동 등이 일어났는가 하면, 다른 한편으로는 대중 독자를 위한 출판, 연극, 음악당 등 새로운 도시 문화가 제도화되고 있었다. 이처럼 윌리엄즈는 소설을 비롯한 새로운 문화 양식의 출현을 언급하며, 이 시기를 특징짓는 계급적·문화적 변혁과 위기가 당대의 소설에서도 드러나고 있음을 지적하였다.[36] 윌리엄즈의 이 글이 제국 바깥의 상황을 다루고 있지 못하다는 사이드의 지적은 한편으로는 논의의 차원을 확장시키는 생산적인 면이 분명 있다. 비록 사이드가 디킨즈의 이 작품에서 이끌어 내는 국제적인 맥락이란 것이 "이 세상이 돔비 씨와 아들의 사업을 위해 만들어졌다"는 디킨즈의 진술을 지적하는 빈약한 수준에 그치지만 말이다.

그러나 윌리엄즈에 대한 평가가 공정하려면, 사이드가 스스로를 차별화시키는 근거인 대위법적인 해석학이나 대립된 역사들 간의 공통분모 찾기가 어디에서 유래하였는지 대해 좀 더 연구해 볼 필요가 있다. 『문화와 제국주의』에서 사이드는 윌리엄즈의 『시골과 도시(*The Country*

---

35   Ibid., p.14.
36   Raymond Williams, "Introduction in Charles Dickens", *Dombey and Son*, Harmondsworth : Penguin, 1970, p.12.

*and the City)』*를 여러 차례 인용한 바 있다. 그러나 이외에도 적시되지 않은 지적인 빚이 사이드에게는 있다. 대표적인 경우가 "시골과 도시"의 역사에 대한 윌리엄즈의 기본 구도이다. 일례로 윌리엄즈는 시골과 도시의 역사가, 유럽에서 발원한 자본주의가, 유럽 바깥의 세계를 자신의 세력권 아래로 병합해 나가는 자본주의 팽창의 역사와 일치함을 지적한 바 있다. 그에 의하면 "도시에서 일어나는 일들이, 즉 메트로폴리스의 경제가 '시골'에서 발생하는 일들을 결정하고 또 이에 의해 결정이 된다." 이때 "시골"의 역할을 처음에는 내륙의 농경지가 담당했다가, 그를 넘어서는 방대한 지역이 이어 받았다가, 마침내는 다른 민족들의 땅이 담당하게 된다. 요지는 메트로폴리스와 해외의 "시골 땅들"이, 도시와 시골의 관계와 마찬가지로, 서로의 경제와 역사를 결정짓는 상호의존 관계에 놓여 있다는 것이다. 그리고 이 상호 관계에 오늘날 새로운 이름을 붙이게 되었는데 그것이 바로 제국주의라는 것이다.[37]

이렇게 말하고 보면, 앞서 사이드가 설명한 대위법적 독법의 대전제가 되는 제국과 식민지 간의 공통된 역사에 대한 생각이 실은 윌리엄즈에 의해 이미 제시되었던 것이다. 이어지는 윌리엄즈의 생각을 보자.

> 서구인과 동양인들의 중첩되는 경험을, 식민 지배자와 피지배자가 공존하고 또 …… 서로 싸우는 문화 영역들 간의 상호의존성을 무시하거나 긴과하는 것은 지난 세기의 세계에서 있었던 가장 핵심적인 사실을 놓쳐 버리는 것이다.[38]

---

[37] Raymond Williams, *The Country and the City*, New York : Oxford Univ. Press, 1973, p.279.

우리의 서인도제도 식민지들은 자생적인 생산 자본을 갖춘 나라로 고려될
수 없다. …… 사용되는 자본도 영국 자본이요, 그곳의 거의 모든 산업이 영
국인들의 사용을 위한 것이다. …… 서인도제도와의 교역은 해외 교역보다
는 시골과 도시 간의 교역과 더 닮았다.[39]

위 인용문들을 윌리엄즈의 진술이라고 소개했는데 이는 사실이 아니
다. 『시골과 도시』에서 발견될 법한 첫째 인용문은 실은 윌리엄즈의 주
장이 아니라 사이드의 『문화와 제국주의』의 서문에 있다. 독자를 속인
것은 두 비평가 간의 유사함을 지적하고 싶었기 때문이다. 두 번째 인
용문도 실은 윌리엄즈의 것이 아니다. 이는 존 스튜어트 밀의 『정치경
제학 원리』에서 나온 것이다. 제국과 식민지의 상호관계에 대한 윌리
엄즈와 사이드의 사유는 밀로부터도 영향을 받았다고 여겨진다. 밀이
주창했던 제국주의적 사고에는 동의하지 않았겠지만 말이다. 흥미로운
사실은 사이드가 자신의 저서에서 제국주의를 옹호한 밀의 글은 길게
인용하지만 윌리엄즈의 글은 인용하지 않는다는 점이다.

---

38 Edward Said, *Culture and Imperialism*, p.xx.
39 John Stuart Mill, *Principles of Political Economy* Vol.3, J. M. Robson ed., Toronto : Univ.
of Toronto Press, 1965, p.693; Edward Said, *Culture and Imperialism*, p.90.

콘래드론 vs. 웨일즈 산업소설론

윌리엄즈로부터 스스로를 차별화시킴에도 불구하고, 사이드의 소설 분석과 윌리엄즈의 독법 사이에는 우연으로만 치부할 수는 없는 유사성이 발견된다. 비록 두 비평가가 동일한 텍스트를 분석해 보인 것은 아니지만 당대의 지배적인 정조에 대한 저항이나 대안적 가치를 텍스트 내에서 "지리적인 은유"의 형태로 읽어 내려고 노력한다는 점에서 그러하다. 사이드가 이러한 독법을 적용하는 텍스트로는 콘래드의 『어둠의 심연』이 있다. 이 중편 소설을 분석한 장의 제목을 "『어둠의 심연』에 나타난 두 개의 비전"이라고 붙인 데서 드러나듯, 사이드는 문제의 텍스트에서 두 개의 상반된 의미를 읽어 내고 있다. 그에 의하면 이러한 의미적 모순은 작가의 주변적인 위치에 기인한다. 러시아의 속국이었던 폴란드 출신의 이민자였던 콘래드로서는 제국주의적 영국 사회에 완전히 동화될 수 없었고, 이러한 "망명객의 주변성"[40]으로 인해 한편으로는 당대의 인종주의적 시각을 받아들이면서도, 다른 한편으로는 제국주의에 대해 거리를 둘 수밖에 없었다는 것이 사이드의 설명이다.

콘래드의 서사를 관통하는 지배적인 비전은 당대 유럽을 지배했던 제국주의 이데올로기에 연유하는 식민적 세계관이다. 이 세계관은 일인칭 화자 말로의 서사를 추동하는 전진적(前進的)인 움직임, 즉 콩고강을 따라 이루어지는 말로의 맹렬한 항행, 오지 아프리카에서 발견되

---

40   Ibid., p.24.

는 온갖 위험과 장애를 극복하는, 한계를 모르는 유럽인의 정복 의지를 통해 표현된다. 동시에 콘래드의 소설에는 19세기 말엽 유럽을 지배했던 식민주의 외에 다른 비전이, 비록 명확한 형태는 아닐지라도 어떤 대안적인 비전이 발견된다. 식민적 세계관이 당대 유럽의 주도 하에 이루어지는 세계의 변화를 관통하고 있다면, 다른 하나는 잠재적인 현실, 즉 말로의 아프리카 여행으로부터 반세기 이후에 이루어질 미래에 대한 어렴풋한 인식이다.

사이드에 의하면, 콘래드는 말로와 그의 일행이 보여주는 전진과 정복이 유럽의 지배 의지가 이룩한 공고한 업적이 아니라 사실 우발적이고도 위태한 상태에 있음을 드러냄으로써, 또한 말로와 넬리 호에 승선한 동료들의 인식론으로는 애초에 파악할 수 없었던 더 큰 역사가 유럽의 바깥에 존재함을 드러냄으로써, 이 모호한 비전을 암시적으로 드러낸다. 다만 유럽 바깥의 역사나 세상이 어떤 모습이 될지는 콘래드도 알 수가 없었기에 단지 암시적인 형태로, 불분명한 형태로 그려낼 수밖에 없었다는 것이 사이드의 주장이다.

식민적 세계관이 유럽을 지배하던 시기에 생산되었고, 그래서 "자연스럽게" 유럽중심적인 사유가 반영된 콘래드의 소설에서, 사이드가 대안적 비전을 읽어 내는 방식은 텍스트의 형식에 주목하는 것이다. 대안적 읽기의 예를 하나 들어 보자.

말로의 이야기에 귀 기울이는 이들의 바깥에는 정의되지 않은 불명확한 세상이 있다. 때로 콘래드는 말로가 재현하는 메트로폴리스의 제국 담론으로 그 세상을 감싸고 싶어 한다. 그러나 그는 자신의 전도(顚倒, dislocated)

된 주체성으로 인해 그러한 시도에 저항하고, 주로 형식적 기제들을 통해 성공적으로 저항한다고 나는 항상 믿어 왔다. 콘래드의 자의식에 찬 순환적인 서사 형식들은 작가 자신의 지위가 인위적인 구성물에 지나지 않음을 환기시킴으로써, 어떤 잠재적 현실을, 제국주의적 시각으로는 파악할 수 없었고 그것의 통제를 벗어나 있으며, 1924년에 콘래드가 사망하고 그로부터 한참 후에야 실현되었던 잠재적 현실을, 독자가 감지하도록 유도한다.[41]

위의 인용문에서 "전도된 주체성"이란 다름 아닌 콘래드의 망명 경험을 일컫는 말이다. "정의되지 않은 불명확한 세상"이란 유럽중심적인 시각으로는 파악할 수도 이해할 수도 없었던 반식민 저항과 그것이 가져다 줄 미래의 세상을 지칭한다. 이 탈식민적인 비전을 당대 제국주의의 담론으로 봉쇄해 버리고 싶었던 욕망이 콘래드에게 없었던 것은 아니나, 망명이 가져다 준 주변자로서의 시각으로 인해 그러한 욕망을 억누를 수 있었다는 것이다.

위 인용문에서 특기할 점은, 콘래드가 대안적 세상에 대한 비전을 서사 내에서 유지할 수 있었던 것이 형식적 기법의 도움에 의해 가능하였다는 주장이다. 이에 의하면, 콘래드는 화자 말로로 하여금 제국주의 사상과 가치를 전도시켜 표현하게 함으로써 그것들이 인위적인 구성물에 지나지 않는다는 사실을 독자에게 지속적으로 환기시키게 되고, 이러한 환기 행위가 결국 그 가치와 사상들을 해체하는 효과를 만들어 낸다. 이를테면 소설 초반에 등장하는 프랑스 군함이 아프리카 "대륙으

---

41   Ibid., p.28 · 29.

로"포격을 가한다는 말로의 진술은, 한편으로는 수사학적인 표현으로 볼 수 있지만, 다른 한편으로는 해안이 아니라 하나의 대륙이 포격의 대상이라는 점에서 논리적인 오류이다. 이처럼 모순적인 어법을 사용함으로써, 당대 제국주의 사업에 무엇인가 크게 잘못되어 있음을 드러낸다는 것이다.

이러한 작업은 단순히 제국주의의 모순을 고발하는 데 그치지 않고, 독자의 현실 감각을, 즉 현실이라는 것이 안정되고 명확한 것이라는 독자의 믿음을 뒤흔드는 효과를 낳는다. 그래서 이 소설은 한편으로 어둠의 세계를 제압하고 통제하는 제국주의자들의 노력을 그려내지만, 다른 한편으로는 어둠의 세계가 실은 그렇게 만만한 존재가 아니어서 유럽이 강탈한 것을 다시 탈환할 수도 있음을 암시한다. 이러한 해석을 통해 사이드가 내리는 결론은 말로가 목도한 유럽 바깥의 "어둠"이 바로 "제국주의에 저항하는 비유럽 세계"라는 것이다.[42]

유럽 문명을 위협하는 아프리카의 어두운 지리적 심상(心象)에서 미래의 반식민 저항의 은유로 읽어 내는 사이드의 독법은 웨일즈 산업 소설에 대한 윌리엄즈의 분석을 여러 가지 면에서 상기하게 한다. 윌리엄즈는 웨일즈 산업 지대를 배경으로 하는 1926년 이후 출간된 일군의 소설에서 "패배 의식"이 지배적인 정서 구조로 작용함을 지적한 바 있다. 1926년 5월 3일 영국에서 약 80만 명의 광부들이 임금 삭감과 노동 시간의 연장에 반대하여 파업을 벌이게 되고, 이에 영국 노총이 호응하여 연대 파업을 벌임으로써 전 영국 사회를 무기력하게 만들었던

---

42   Ibid., p.29 · 30.

적이 있다. 그러나 노총이 탄광 소유주들과 비밀 회담을 벌인 끝에 파업을 철회함으로써 광부들의 파업은 10일 만에 실패로 끝나게 되었다. 대부분의 탄광지대가 자리 잡은 웨일즈에는 파업 실패에 따르는 패배감과 더불어 제1차 세계대전 이후의 경기 침체, 영국과의 관계에서 받은 억압 등으로 인해 총체적인 비애감이 지배적이었다. 이것이 당대 웨일즈 사회의 지배적인 정서 구조였다. 그러나 윌리엄즈는 비애감이나 배반감 외에도 강렬한 투쟁 의식이나 전투적인 정신이 웨일즈 산업 공동체의 삶의 기저에 있었다고 주장한다. 윌리엄즈에 의하면 이 저항 의식이 웨일즈 산업 도시의 또 다른 정서 구조를 형성한다.

이 상이한 정서 구조들은 1920년대 이후 웨일즈 산업 공동체의 실제 경험을 구성한다. 그러나 이 경험의 주체들이 당대의 문화 형식을 빌려 이를 적절히 재현할 수 있는가 하는 것은 별개의 문제이다. 노동자들이 자신들이 느낀 바를 소설이나 그 외 문화적 형식으로 표현할 역량을 갖추지 못할 수도 있기 때문이다. 패배감이 지배적인 정조를 이루는 소설들에서 윌리엄즈가 저항의 가능성을 읽어 내는 방식은 사이드처럼, 엄격히 말하자면 사이드보다 먼저, "지리적 심상"에 주목하는 것이다. 그에 의하면 웨일즈의 정서 구조는 지역 특유의 물리적 환경에 기인한다. 윌리엄즈의 이 주장을 직접 보자.

증기와 석탄 시대의 [웨일즈의] 즉각적인 풍경은, 산업 발달의 물리적 존재는, 거의 항상 검고, 연기에 찌들었고, 군집해 있는 것이다. 이것들이 진정한 물리적 태도들이다. …… 그러나 탄광에서 햇볕 쬐는 지상으로 올라올 때도 그렇지만 웨일즈의 탄광 계곡에서는 어디건 어느 때건, 즉시에 다가갈 수 있으면서도 심오하게 다른 풍경이, 활짝 펼쳐진 언덕들과 그 위로 하늘이, 솟아오르는 빛과 탁 트인 공간이, 실제로나 비유적으로나 들어갈 수 있는 풍경이 있다. 우리 위로 솟아오른 언덕들에 대한 이 익숙한 경험들은 그것들이 아주 흔한 광경일 때조차도 웨일즈인의 감정과 사고에 심오하게 영향을 미친다. …… 웨일즈의 역사가 되기도 한 이 목가적인 삶은 여전히 웨일즈의 또 다른 현재를 이루며, …… 역사의식뿐만 아니라 대안에 대한 의식을, 야심찬 포부와 가능성에 대한 의식을 근대적 형식으로 드러낸다.[43]

위 인용문에서 파업 실패 이후 패배감이 지배했던 웨일즈의 탄광지대와 대비하여 이 지역을 둘러싼 언덕과 평야가 주목을 받는다. 자조감에 빠졌을 광부들에게 일종의 호연지기(浩然之氣)와 같은 감정을 불러일으켰을 웨일즈의 광활한 자연에서 대안적인 정서 구조의 원천을 발견하는 것이다. 이렇게 말하고 보면 웨일즈 계곡의 탄광 공동체가 살아온 총체적 경험으로서의 삶에는 그 삶을 지배하는 패배감을 극복할 수 있는 가능성이 내포되어 있는 셈이다. 이러한 맥락에서 윌리엄즈는 존즈(Gwyn Jones)나 휴즈(T. Rowland Hughes) 같은 웨일즈 출신 작가들의 산업 소설에서 비애나 상실감과 더불어 대안적 가능성을 읽어낸다.

사이드와 윌리엄즈는 과거 특정 시대의 문건에 대한 연구에서 그 시대의 지배 정서를 지적하였을 뿐만 아니라, 그러한 지배 정서를 극복하거나 그에 저항할 미래의 가능성도 발견하는 유사한 작업을 수행하였다. 뿐만 아니라 당대의 지배 정서나 사상에 대한 대안적 가치를 인간

---

43 Raymond Williams, "The Welsh Industrial Novel", *Problems in Materialism and Culture*, London : Verso, 1980, pp.222~223.

(위)적인 형식이 아니라 자연에서, 특정한 지역의 지리적 심상에서 추론해 냈다는 점도 동일하다. 한편에서는 아프리카의 자연이, 다른 한편에서는 웨일즈의 자연 풍광이 그러한 비전을 담지하는 곳으로 여겨지는 것이다. 그러나 사이드와 윌리엄즈가, 현재의 교착 상태를 변화시킬 미래의 가능성을 인간의 활동에서가 아니라 그가 소속된 공동체의 바깥에서, 즉 지리적 심상에서 찾는 행위는, 실은 그 시대의 역사에서 변화의 가능성을 찾을 수 없었음을 반증해 보이는 것이라고도 해석될 수 있다. 과거의 특정한 시기에, 혹은 그 이후부터 오늘에 이르기까지 무슨 일이 일어났는지를 알고 있는 훗날 역사가의 특권적인 관점에서만 가능한 해석이라는 점에서 그렇다. 특히 사이드의 경우 대안적 비전의 존재는 제1차 세계대전이나 제2차 세계대전 이후 아프리카에 어떤 역사적 변화가 있었는지를 알고 있는 훗날의 시식에, 지리적 타자에서 미래를 읽어 내는 비평가의 '해석'에 절대적으로 의존하고 있다.

역사적 독법의 비역사성

유럽의 바깥 세계의 미래를 콘래드의 소설에서 읽어 내는 사이드의 해석은 그의 해석학적 모델이 되는 "대위법적 독법"을 통해서, 즉 유럽의 식민통치 역사와 아프리카의 역사를 비교함으로써 가능한 것이다. 이때 생기는 의구심은 사이드가 어떤 역사들을 비교했을까 하는 것이다. 이 질문을 하는 이유는, 만약 『어둠의 심연』의 무대가 되는 아프리카의 역사를 유럽의 역사와 정말 비교했다면, 말로가 콩고 강변과 정글에서 목도하는 '어둠'을 미래의 반식민 저항의 은유로 읽기 전에, 콘래드 당시의 콩고 강변이 '어둠'이 암약할 만한 곳이 실은 아니었다는 역사적 사실을 보았을 것이기 때문이다.

콘래드가 방문했을 당시의 콩고 지역에 대한 연구에 의하면,[44] 교역소가 있던 지역들은 당시에 병영, 경찰서, 정부 청사 등의 건물들이 이미 들어서 있거나 건축 중에 있어 사람들로 북적거리는 곳이었다. 말로는 자신의 여행담에서 내륙의 교역소를 야만적인 식인 습속이 지배하고 어둠의 세력이 약동하는 곳으로 묘사한 바 있다. 반면 이 교역소가 위치한 스탠리 폭포(현 보요마 폭포)에는 1893년에만 해도 적어도 병원, 경찰 막사, 감옥을 포함하는 비교적 대규모의 정착촌이 있었다는 것이 콘래드 연구자들에 의해 밝혀진 바 있다. 당대의 역사적 현실과 소설간의 차이를 제대로 고려하였을 때 도달하게 되는 결론은, 아프리카를 '어둠'이 암약하는 본거지로 묘사하기 위해, 즉 어둠을 형이상학적인 악의 세력으로 만들기 위해 콘래드가 당시 콩고 자유 국가의 근대적인 모습을 소설에서 삭제해 버렸다는 것이다. 그러니 콘래드의 작품에서 등장하는 '어둠'을 은유적인 맥락에서 해석하기 전에 그것의 실체를, 혹은 그것의 실체 없음을 역사적인 맥락에서 질문하는 것이 우선이 아니었나 하는 생각이 든다.

44　Norman Sherry, *Conrad's Western World*, Cambridge : Cambridge Univ. Press, 1971, p.30 · 51; Ian Watt, *Conrad in the Nineteenth Century*, Berkeley : Univ. of California Press, 1979, p.140.

사이드의 독법에서 발견되는 또 다른 아쉬운 점은 남성적 장르로서 『어둠의 심연』에 대하여 별다른 문제의식을 갖지 못하였다는 점이다. 대위법적 읽기는 콘래드의 텍스트에서 작동하는 성(性) 정치학의 존재를 드러내는 데 사용될 수도 있었다. 일례로 콘래드의 이 작품을 19세기 말엽 영제국의 역사와 비교하여 읽을 때, 당대의 가부장적 영국 사회를 시끄럽게 하였던 여권 운동도, 경제적 영역에서 남성들의 경쟁자로 등장하기 시작한 신여성들의 모습도 『어둠의 심연』에서는 보이지 않는다. 19세기 후반기에 접어들면, 영국의 대도시에서는 참정권을 요구하는 여성들의 대규모 집회가 자주 열렸고, 이러한 치열한 투쟁의 결과 1870년과 1883년 사이에 여성 참정권을 허용하는 법안이 거의 매년 국회에 상정되었다. 1884년에 상정된 3차 투표권 개정안에도 여성 참정권을 추가시키려는 진지한 시도가 있었으나 수상 글래드스톤의 강력한 반대에 부딪혀 무산된다. 정부의 강경한 반대에도 불구하고 여성의 참정권을 요구하는 법안은 국회에 여전히 상정되었으며, 1883년과 1896년간에 있었던 대부분의 중요한 정치 집회에서 여성의 참정권 요구는 지지를 받았다.[45]

여성 참정권론자들이 투표권을 얻기 위해서 싸웠다면, 다른 여성 인권운동가들은 교육을 포함한 일련의 개혁 운동에 헌신함으로써 빅토리아조의 부권주의에 저항하였고, 이는 상당한 성공을 거두고 있었다. 1870년, 1874년 그리고 1882년에 기혼 여성의 재산권을 점차적으로

---

45   Helen Blackburn, *Women's Suffrage : A Record of Women's Suffrage Movement in the British Isles with Biographical Sketches of Miss Baker*, London : Source Book, 1902, chapter 9 · 10.

인정하는 법안들이 차례로 통과되어, 결혼과 동시에 남편에게 예속되었던 여성의 재산이 법의 보호를 받게 되었다.[46] 또한 1870년대와 1880년대에는 버틀러(Josephine Butler)의 지휘 아래 여성 인권 운동가들이 당시 빅토리아 조 사회의 이중적인 잣대를 단적으로 드러내었다고 할 수 있는 전염병에 관한 법률의 폐지를 위해 싸웠다. 1866년에 제정되고 1869년에 개정된 이 법은 현장에서 체포된 "거리의 여성"을 포함하여 "거리의 여성"이라 의심되는 이들을 모두 강제 연행하여 질병 검사를 받게 하였으며, 병이 발견되면 구금시키는 것을 골자로 하였다. 남녀 모두가 책임이 있는 행위에 대해 여성만을 조사와 처벌의 대상으로 삼았다는 점에서 이 법안은 여성 운동가들의 거센 반발을 받았다. 이처럼 이 시대의 신여성이 추구한 성 평등은 사회의 근간인 전통적인 가족 제도에 심각한 도전을 제기하였다. 뿐만 아니라 남성에게 의존적인 상태를 벗어나서 남성의 잠재적 경쟁자로서 이들이 보여준 변모는 전통적인 행위 규범을 혼란스럽게 만들었다.

그러나 19세기 말엽 영국의 공적 영역을 시끄럽게 한 신여성들이나 이들이 제기하는 사회적 문제들은 콘래드의 소설에 아무런 흔적도 남기지 않는다. 콘래드가 그려내는 작중 여성들은 남성의 권위에 질문할 줄 모르고, 제국주의의 현실에 대하여 들은 바도 없으며, 당대 사회의 지배적 가치를 마음으로 섬기는 여인들이다. '문명화 사명'을 신실히 믿는 말로의 아주머니가 그러하며, 커츠가 죽은 후에도 그의 신념을 홀로 마음에 새기며 살아가는 약혼녀가 그러하다. 이러한 여성상의 실제

---

46   Martin Pugh, *Women's Suffrage in Britain : 1867~1928*, London : Historical Association, 1980, p.8.

모델을 찾으려면 콘래드 당대보다는 이전 시대의 여성들에게서 찾는 편이, 아니 역사가 아니라 이전의 담론 전통에서나 찾는 것이 빠를 것이다. 가부장적 영국 사회에는 "집안의 천사(The Angel in the House)"[47]를 기리는 담론 전통이 일찍부터 있었으니까 말이다. 콘래드가 그려내는 당대 여성의 초상과 실제 모델 간에 기괴할 정도로 큰 차이가 존재한다는 사실이나, 이러한 사실이 갖는 정치적인 함의를 사이드가 논의할 법도 하였으나 그의 대위법적 읽기는 이러한 해석적 가능성을 현안으로 삼지 못했다. 다르지 않은 맥락에서 『어둠의 심연』이 그려내는—혹은 그려내지 않는—콩고인 여성들에 관한 연구도 가능할 것이나, 이 역시 사이드의 연구에서는 주목받지 못한다.[48]

---

[47] 팻모어(Coventry Patmore)가 동명의 시를 처음 발표한 것은 콘래드의 중편소설이 발표되기 50여 년 전인 1854년이다.

[48] 대위법적 독법에 의해 식민지 여성과 영제국의 신여성과의 관계를 논한 글로는 졸고 「『암흑의 심장』에 나타난 인종 담론과 성담론」, 『조지프 콘래드』, 서울: 동인, 2012, 185~204쪽 참조.

12장

바바의 식민주체론

백인들에게 잘 대해 주십시오. 인간성의 회복을 위해 그들은 그대를 필요로 합니다.

－데스몬드 투투

나의 적을 진정으로 이해하게 되는 순간, 그를 패배시킬 만큼 잘 이해하게 되는 순간, 바로 그 순간 나는 그를 또 사랑하게 된다.

－올슨 스콧 카드, 『엔더스 게임』

정형 담론과 주체 구성[1]

호미 바바는 글을 쓰는 목적이 식민 담론에서 발견되는 특정 이미지들이 긍정적이냐 부정적이냐를 판단하는 것이 아니라 주체 구성(subjectification)의 과정을 이해하는 것이라고 주장함으로써, 자신의 기획을 고발적인 성격을 갖는 이전의 탈식민주의 비평과 변별시킨다. 바바에 관한 글들이 국내외에 수 편 나와 있으나,[2] 그의 식민주체론은 독자들이나 비평가들에게 여전히 녹록치 않은 글로 남아 있다. 바바는 식민주체를 이론화하는 작업에 있어 프로이트의 심리학, 라캉의 정신분석학, 그리고 푸코의 권력 / 지식 개념에 크게 빚지고 있다. 그의 글에는 이외에도 파농, 심지어는 그가 반박하는 사이드, 그리고 그가 가볍게 걸쳐 입는 듯 사용하는 바르트나 데리다 같은 이론가들이 등장한다. 식민 주체에 관한 바바의 이론은 이처럼 다양한 후기구조주의 이론을 차용한다는 점에서 혼종적이다. 흥미로운 사실은 바바가 이론의 혼종화를 통하여 예시하고 주장하고자 하는 바도 주체의 혼종성과 양가성(兩價性, ambivalence)의 개념이라는 사실이다.

『문화의 위치』의 3장 「다른 질문」[3]의 서두에서 바바는 논의의 초점

---

1   12장의 내용 중 정형 담론과 푸코, 라캉과의 관계에 대한 논의는 졸고 「전유의 틈새 - 호미 바바의 '식민주체'와 그 문제점」, 『안과밖』 8집, 2000, 222~246쪽의 내용을 수정한 것이다.

2   바바를 소개한 국내의 주요 논문과 저서는 다음과 같다. 민승기, 「바바의 모호성」, 『현대 시사상』 26권, 1996, 128~153쪽; 박상기, 「바바의 후기식민주의」, 『비평과 이론』 3호, 1998, 63~88쪽; 이경원, 「탈식민주의론의 탈역사성」, 『실천문학』 50호, 1998, 257~284쪽; 이경원 『검은 역사 하얀 이론』, 파주 : 한길사, 2011, 387~461쪽.

을 인종적 타자를 특정한 이미지에 고착화하는 정형 담론(定型談論, ste-reotype)에 맞춘다. '정형화'란 다양한 개체들이 복잡다단한 모습을 함에도 불구하고 이들을 하나의 틀이나 개념에 의해 단순화시켜 버리는 재현을 의미한다. 바바에 의하면 정형의 옳고 그름을 판단하는 것은 이 문제에 대해 올바르게 대처하는 방식이 아니다. 인종적 타자에 대한 재현이 실제의 모습을 얼마나 왜곡하였는가를 따지는 일은 기존의 탈식민주의 비평이 그간 수행해 온 작업일 게다. 반면 바바의 기획은 식민 담론의 허구성을 밝히는 것이 아니라 그것의 '존재론적 불안정성'을 폭로하는 것이다. 바바의 표현을 들어 보자.

식민 담론에 대한 나의 독법에 의하면, 이미지들이 긍정적인지, 부정적인지를 즉각적으로 파악하는 것에서, 정형 담론으로 인해 가능해질 뿐만 아니라 그럴싸하게 만들어지기도 하는 주체화의 과정을 이해하는 것으로 개입의 지점이 바뀌어야 한다. 기존의 정치적 기준에 의거하여 정형적 이미지를 판단하는 것은, 그것을 전치시키는 대신 제대로 알아보지도 않고 묵살해 버리는 것일 뿐이다. 그러한 이미지를 전치시키려면 그것의 **효율성**을 다루고, 동일시에 기반을 두는 식민 주체를 구성하는 일련의 위치들, 즉 권력과 저항, 지배와 의존 같은 위치들을 다루어야 한다.[4]

---

3   Homi Bhabha, *The Location of Culture*, New York : Routledge, 1994, p.67. 이 장의 원문은 1983년 11월에 『스크린』지에 「다른 질문(The Other Question ⋯⋯)」이라는 제목을 달고 출판되었다가 1994년에 다시 『문화의 위치』에서 몇 구절이 삭제된 채 3장으로 모습을 드러낸다.

4   Ibid., p.67. 강조는 원문.

앞에서 언급했다시피 탈식민 비평이 목표로 삼아야 하는 바는 정형적인 이미지를 전치(轉置, displace)시키는 것이지, 그것의 사실 부합 여부를 판정하는 것이 아니다. 하지만 정형적 이미지를 전치시킨다니? 여기서 "전치"는 프로이트적인 의미[5]라기 보다는 어떤 대상을 탈위치시킴으로써 자격을 해지하거나 기능을 중지시킨다는 뜻에 가깝다.

정형적 이미지에 대해 제대로 개입하기 위해서 바바가 주목하는 바는 이 이미지가 주체 구성과 관련하여 어떠한 효과를 만들어 내며, 또 그 효과가 얼마나 효율적인가 하는 문제이다. 인종적 이미지가 주체 구성을 얼마나 잘 수행하는지를 따져 보아야 한다는 주장에는, 두 가지 사유가 자리 잡고 있다. 그중 하나는 푸코의 권력 개념이며 또 다른 하나는 라캉의 주체 개념이다. 바바는 이 두 개념을 이용하여 자신만의 독특한 식민주체론을 만들어 낸다. 결론부터 미리 말하자면, 바바의 이론은 '모든 식민 주체는 상호주체적'이라는 내용으로 요약될 수 있다. 이에 관한 자세한 논의는 조금 있다가 하도록 한다.

바바가 주체를 구성하는 위치에 주목하는 이유는 이 지점에 개입함으로써 식민 지배자나 식민 정권의 존재론적인 불안정성을 드러낼 수 있다고 믿기 때문이다. 바바는 자신의 작업이 "정형의 이데올로기적인 오인이나 억압을 드러내거나, 그것의 자기반영성에 희열을 느끼거나 혹은 그것의 해방적인 의미의 과잉에 탐닉하기 위해서가 아님"을 천명한다. 여기에서 정형화가 수행하는 이데올로기적인 오인 / 억압이라는 개념은 전통적인 마르크스주의에서 주장하는 이데올로기 개념을 염두

---

5   프로이트적인 의미에서 '전치'는 현재 추구하는 대상을 좀 더 바람직하거나 안전한 대상으로 바꿈으로써 검열이나 위험을 피하려는 무의식적인 방어기제를 의미한다.

에 둔 것이다. 마르크스에 의하면 이데올로기는 "카메라 옵스큐라"의 기능, 즉 현실의 모습을 전도시키는 기능을 수행한다. 두 번째 문구인 "정형의 자기반영성"과 "해방적인 의미의 과잉"은 후기구조주의의 텍스트 개념을 염두에 둔 것이라 추측된다. 익히 알려진 대로 데리다는 기의도 기표로 작용하며, 어떤 기표도 끊임없이 다른 기표를 지시하는 "연쇄적 지시의 유희"를 벗어날 수 없다고 주장한 바 있다.[6] 이에 의하면 텍스트는 결국 언어의 속성, 즉 차이의 체계나 의미의 불확정성에 대한 우의(寓意)로, 일종의 메타언어적인 텍스트로 해석된다. 드 만이 릴케, 프루스트, 루소 등의 저작들을 분석하면서 "모든 텍스트는 자신의 존재의 불가능성을 진술하며, 이 불가능성에 대한 우의적 서사를 예시(豫示)한다"[7]고 주장한 것도 같은 맥락에서이다.

데리다나 드 만과는 조금 다른 맥락에서 후기의 바르트는 "읽는 텍스트(readerly text)"와 "쓰는 텍스트(writerly text)"를 구분한 바 있다. "읽는 텍스트"의 경우 의미가 작가에 의해 생산되고 그래서 고정된 형태로 존재한다면, "쓰는 텍스트"의 경우 의미 생산은 독자에 의해 비로소 완성된다. 그래서 독서 행위는 곧 창작 행위의 일부가 되며, 결과적으로 텍스트의 의미는 독자의 수만큼 다양하게 된다.[8] 바바는 『문화의 위치』에서 일관되게 후기구조주의적인 접근을 취하고 있기는 하나, 궁극적으로 정치적인 개입을 지향한다는 점에서 자신의 작업이 언어의 자기반영이나 무한한 유희 같이 순수하게 '텍스트적인' 관심과는 다름을 주장한다.

---

6 Jacques Derrida, op. cit., p.7.
7 Paul de Man, op. cit., p.270.
8 Roland Barthes, Richard Miller trans., *S/Z : An Essay*, New York : Noonday Press, 1974, pp.4~5.

푸코의 권력 개념과 식민관계

바바는 또한 저작의 목적이 구체적으로 "권력의 생산성"을 이해하고 "진실의 정권"의 윤곽을 그려내는 것이라고 주장한다. 이 진술에서 바바는 권력이 지배와 억압을 위한 단순한 통치 수단이 아니라 지식과 진실을 생산하는 적극적이며 구성적인 체제라는 푸코의 이론을 따르고 있다. '지식과 진실의 정치성'을 인식하고 있다는 점에서 바바는 자신이 비판하는 사이드와 다르지 않다.[9] 여기서 '진실'이라 함은 우리가 흔히 알고 있듯, 사심 없는 객관적인 연구의 결과물이 아니다.

전통적인 이데올로기론이 상정하는 '허위위식 대(對) 과학'의 구도에서 보았을 때, 진실은 수호해야 할 가치이며, 진실을 아는 것이 해방을 위한 가장 중요한 필수조건이었다. 진리가 너희를 자유롭게 할 것이라고 하지 않았던가. 그런 점에서 진실은 자유와 다르지 않았다. 그러나 푸코가 말하는 근대 세계에서 진실은 목숨을 걸고 지켜야 할 가치가 더 이상 아니다. 누가 진실을 생산하느냐, 그리고 이를 어떠한 용도로 사용하느냐가 관건이다. 이러한 상황에서 '진실을 위한 싸움'이란 무의미한 것이며 '진실을 소유하기 위한 싸움'만 있다. 정형을 이러한 생산적인 권력의 산물로 보았을 때, 정형에 담겨 있는 내용이 현실의 왜곡

---

[9] 사이드 역시 푸코의 이론을 빌어 지식과 권력의 공생관계에 대해서 언급한다. 그러나 적어도 『오리엔탈리즘』에 드러난 바만 보면, 담론에 대한 사이드의 안목은 어떤 점에서는 푸코가 가능성을 항상 열어 두고 있는 역담론의 존재에 대한 사유까지는 미치지 못하는 면이 있다. 푸코가 사이드에 미친 영향력에 관해서는 앞 장에서도 논의한 바 있다. Edward Said, *Orientalism*, p.10 · 36 참조.

이냐 아니냐는 큰 의미가 없다. 왜곡 여부를 따질 것이 아니라, 식민 담론이 어떻게 현실을 구성하며, 그러한 구성이 얼마나 '효과적인가'라는 질문에 관심을 가질 것을 바바가 주장하게 된 데에는 이처럼 권력, 담론, 그리고 현실의 관계에 대한 푸코적인 인식이 자리 잡고 있다.

식민 담론에 의해 '구성된' 현실 중에는 식민 주체도 포함이 된다. 이렇게 구축된 개인은 어떤 모습을 하고 있는가. 이에 대한 답변은 사이드에 대한 비판에서 발견된다. 흔히 지적되었던 바, 『오리엔탈리즘』에 대한 비판은 사이드가 문화적 결정론을 받아들인 결과 변화나 갈등의 가능성을 배제한 채, 내적인 균열이나 모순이 없는, 서구의 지배 의도로 일관된 실체로 오리엔탈리즘을 정의하고 말았다는 것이다.[10] 비록 "반성적인" 오리엔탈리스트[11]의 존재를 인정한다는 점에서 문화적 결정론을 어느 정도 탈피하고 있기는 하나, 그럼에도 불구하고 사이드는 『오리엔탈리즘』에서 지배 담론의 순기능에 논의를 주력한 결과 지배 문화 내에서의 저항이나 전복의 가능성을 봉쇄하고만 환원적인 구조주의자라는 평가를 받게 된다.[12]

사이드에 대한 바바의 비판도 유사한 논리를 따른다. 그에 의하면 사이드는 오리엔탈리즘을 외현적인 것과 잠재적인 것으로 구분함으로써 오리엔탈리즘 내부에 분열과 양가성을 위치시키는 듯하나 결국에는 두

---

10 Robert Young, *White Mythologies : Writing History and the West*, London : Routledge, 1990, pp.134~135. 사이드에게 제기된 "문화적 결정론"이라는 비판은, 작가는 그가 속한 문화적 환경의 영향권을 벗어나 사유하기가 어려우며, 따라서 동양을 다루는 서구인은 인종차별주의자일 수밖에 없다는 사이드의 논리에 연유한다. Edward Said, *Orientalism*, pp.10~12 · p.204 참조.

11 Ibid., pp.326~327.

12 Bart Moore-Gilbert, op. cit., p.57.

오리엔탈리즘을 동일한 체계의 양면 즉, 형식과 내용으로 간주함으로써 하나의 정치적 의도가 지배하는 재현 체계로 통합시키고 말았다.[13] 이렇게 보았을 때, 담론은 발화자 / 지배자의 확정적인 의도가 전적으로 장악하고 있는 것, 따라서 발화자에게 온전히 귀속될 수 있는 성질의 것으로 간주된다. 오리엔탈리즘에 관한 한 권력은 지배자의 '소유물'이고 피지배자는 그 바깥에서 권력 작용의 '대상'으로 존재하는 것이다.

권력의 안과 밖에 대한 사이드의 이항대립적 논리를 반박함에 있어, 바바는 푸코의 권력 개념을 차용해 온다.

『권력 / 지식』은, 자아 / 타자, 주인 / 노예 같이 자리를 바꿈으로써 전복될 수 있는 대칭적이거나 변증법적인 관계의 일부가 아니라, 권력과 인정(recognition)의 관계에 주체들을 위치시킨다. 적수나 표적의 역할뿐만 아니라 우군의 역할도 하는 다중적인 권력 관계의 **상징적 탈중심화**를 통하여, 주체들은 저항이나 지배의 위치에 항상 불균형적으로 세워진다. 그러니 잠재적 오리엔탈리즘의 무의식적인 장(場)에 의하여 기능적으로 중첩 결정되거나, 전략적으로 정교하게 되거나, 혹은 전치되는 일 없는 식민 담론의 역사적 발화를 생각하기란 어렵다. 마찬가지로 지배자도 전략적으로 그 속에 위치되는 일 없이 피지배자만 식민 담론 내에 위치되는 일은 없다.[14]

위 인용문 중 첫 두 문장은 표현만 달리 했을 뿐 권력과 개인의 관계에 대한 푸코의 주장을 반복하고 있다. 푸코의 주장은 "개인은 '이미' 권력

13   Homi Bhabha, *The Location of Culture*, p.72.
14   Ibid., p.72. 강조는 필자.

의 작용"이라는 말로 요약될 수 있다. 즉, 개인은 권력의 작용으로 비로소 존재하게 되기에, 그는 권력의 바깥에, 그리고 시간적으로 그것의 이전에 존재하지 않는다. 이때 개인은 지배자와 피지배자를 모두 포함한다.

권력과 개인의 관계에 대한 푸코의 주장을 직접 들어보면, 바바가 푸코의 사유를 어떻게 번역하는지가 좀 더 분명히 드러난다.

> 권력은 그것을 배타적으로 소유하고 유지하는 사람들과 그것을 갖지 못하였거나 복종하는 사람들을 구분하지 않는다. 권력은 순환하는 것, 혹은 사슬의 형식으로만 기능하는 것으로 진단되어야 한다. 그것은 결코 여기나 저기에, 혹은 그 어느 사람의 수중에 있다고 말할 수 있는 성질의 것이 아니며, 상품이나 재력처럼 전유될 수도 없다. **권력은 그물망 같은 조직을 통하여 사용되고 행사된다. 개인들은 그물망의 조직을 순환할 뿐만 아니라 권력의 지배를 받으며 또 그것을 행사하는 위치에 동시에 놓이게 된다.**[15]

푸코의 권력 개념은 개인이 권력의 지배를 받을 뿐만 아니라 권력을 행사하기도 하는 다중적인 위치로 구성된다는 것으로 요약될 수 있다. 바바의 글에 와서 이러한 사유는 "적수나 표적의 역할뿐만 아니라 우군의 역할"을 하는 것으로, 주인과 노예처럼 정대칭적인 구조가 아닌 것으로 옮겨진다. 또한 "그물망"에 비유되는 권력 개념은 바바에 와서는 "상징적 탈중심화"라는 라캉적인 정신분석학적 용어로 대체된다.

---

15 Michel Foucault, "Two Lectures", *Power / Knowledge*, p.98. 강조는 필자.

앞서 인용한 바바의 글로 다시 돌아가 보자. 바바는 인용문의 세 번째 문장에서 "잠재적 오리엔탈리즘의 무의식적인 장(場)"이 "식민 담론의 역사적 발화"에 항상 개입한다고 진술한다. 인용문의 첫 번째와 두 번째 문장에서 바바는 푸코의 권력 개념으로 논의를 전개해 나가다가, 아무런 부연설명 없이 외현적 오리엔탈리즘과 잠재적 오리엔탈리즘의 필연적 상호 관여로 논의의 초점을 옮겨 버린다. 푸코를 거칠게 번역하다가 이처럼 갑작스럽게 논의를 바꿈으로써 바바가 말하고자 하는 바가 무엇일까? 지배자와 피지배자가 동시에 참여하는 권력의 그물망적 속성과 잠재적 / 외현적 오리엔탈리즘의 상호관여 속성 사이에는 어떤 관계가 있는 것일까?

"잠재적 오리엔탈리즘의 무의식적인 장"이라는 표현에서 바바가 의미하는 바는, 사이드가 잠재적 오리엔탈리즘이라고 부른 무의식적인 실체로서의 인종 편견이 아니라, 프로이트의 정신분석학이 설파하는 공포와 쾌락, 불안과 방어의 역학 관계가 벌어지는 장으로서의 무의식이다. 다시 논의하겠지만, 바바의 이론에서 이 역학 관계는 '인종적 타자가 제기하는 위협에 대하여 백인이 갖게 되는 불안과 이의 해소'라는 구체적인 의제를 중심으로 전개된다. 이렇게 하여 바바는 위협적인 인종적 타자뿐만 아니라 이에 대하여 방어적 태도를 취하는 백인까지 식민 담론 내부로 불러들인다. 식민 담론에는 단순히 백인에 의해 재현되는 인종적 타자의 모습뿐만 아니라 발화자인 백인의 모습, 엄밀히 말하면 그의 심리 세계도 반영되어 있다는 것이다.

바바의 인용문으로 돌아가자. "마찬가지로"로 시작되는 마지막 인용 문장에서 "지배자도 전략적으로 그 속에 위치되는 일 없이 피지배자만

식민 담론 내에 위치되는 일은 없다"고 바바는 주장한다. 이 주장은 상이한 두 개념에 의하여 지탱되는데, 그중 하나는 이미 언급한 "자아 / 타자 간의 역학 관계가 전개되는 무의식"이라는 정신분석학적 개념이며, 또 다른 하나는 푸코의 권력 개념이다. 식민 담론과 무의식의 관계는 곧 다루도록 하고, 여기에서는 식민 담론과 푸코의 관계에 대하여 더 알아보자. 인용문의 마지막 문장에서 "식민 담론"이란 표현 대신에 "권력"을 대입해 보면, 푸코가 여기에서 어떻게 전유되고 있는지 드러난다. 그렇게 바꾸어 보면, "지배자도 전략적으로 그 속에 위치되는 일 없이 피지배자만 권력 내에 위치되는 일은 없다." 관계의 그물망으로서의 권력 개념이 식민 담론의 상호주체성으로, 또한 지배자와 피지배자의 언술적 중첩성으로 거칠게 번역된 것이다.

권력과 담론에 대한 바바의 이 거친 '동일시'에 대하여 문제 제기를 함에 있어 참고할 수 있는 푸코의 글은 『성의 역사』이다. 이 저서에서 푸코는 담론의 "전술적 다가성(tactical polyvalence, 戰術的 多價性)"이라는 개념을 논한다. 이에 의하면 담론은 권력의 수단이자 효과이기도 하지만 동시에 권력의 작용을 방해하는 장애물로도 작용한다. 즉, 저항의 지점 역할을 하기도 하는 것이다. 예컨대, 19세기의 정신분석학, 법학, 문학 등 각종 학문 분야에서 쏟아져 나온 "동성애 담론"에 주목하는 푸코는 이러한 담론의 만발 현상이 개인의 "변태적인" 사생활을 사회기 효과적으로 통제하는 것을 학문적으로 가능하게 하기도 하였지만, 동시에 "동성애의 자기변호"라는 저항 담론이 생성되는 것도 가능하게 하였다고 주장한다. 중요한 것은 이때 저항 담론이 지배 담론과 완전히 다른 형태를 띠는 것이 아니라, 동성애를 변태로 규정함에 있어 지배 담론이 사용한 어휘를 전유하고 있다는 점이다. 이러한 점을 들어 푸코는 지배 담론이 한 편에 있고 저항 담론이 반대편에 있는 것이 아니라, 담론은 어느 편에서든, 푸코 자신의 표현을 빌자면 어떠한 "전략"에 의해서든, 변형 없이 그대로 사용될 수 있는 "전술적 요소"라는 주장을 한다.[16]

담론이 독점될 수 있는 성질의 것이 아니라는 점을 역설한다는 점에서 바바는 푸코를 따른다. 그리고 이러한 점이 "지배자의 담론 독점권"에 주목한 초기의 사이드와 바바를 가로지르는 이론적 경계선이기도 하다. 그러나 푸코가 주장한 것은 어휘의 "전유" 가능성이지, 바바가 주장하듯 담론 내에서 발견되는 상호주체성이나 지배자와 피지배자의 중첩성은 아니다. 사실, 푸코의 권력 개념은, 관계망의 지점에 따라 주체가 취할 수 있는 위치가 다를 수 있다는 뜻으로 이해될 내용이지, 특정한 한 지점에 선 지배자가 피지배자와 동일시를 하기에 정체성의 혼동이 발생한다는 뜻은 아니라는 것이다.

정형화와 식민적 물신주의

앞서 지적한 '담론 내의 주 / 객체의 중첩적 존재'라는 개념을 완성시키기 위해 바바는 정신분석학을 들여온다. 그는 먼저 프로이트의 개

---

16   Michel Foucault, *The History of Sexuality, Volume I : An Introduction*, pp.100~102.

넘을 빌려와서 권력뿐만 아니라 지식도 "양가적"인 것으로 정의하고, 곧 이어 라캉의 "상상계(the Imaginary)" 개념을 빌려와서, 식민 담론 내에 발화 주체(지배자)와 객체(피지배자) 모두의 자리를 마련하는 시도를 한다. 「다른 질문」의 서두에서 바바는 "정형은 지식의 양가적 형태"라고 정의 내린 바 있다. 양가성의 구체적 의미에 대한 설명은 한동안 지연되다 "공포증(phobia)"과 "물신(物神, fetish)"으로, 다시 "물신주의 (fetishism)"로 정의된다. 정형과 양가성, 그리고 물신의 삼각관계에 대해서 논하기 전에 먼저 물신에 대한 프로이트의 정의를 살펴보자.

> 여성(이 남근을 결여하였음)을 관찰하게 된 후에도 남자아이가 여성에게 페니스가 있다는 믿음을 계속 유지한다는 것은 사실이 아니다. 그는 이 믿음을 계속 유지하기도 하지만 동시에 그것을 포기하기도 한다. 이 달갑지 않은 인식과 (이를 부정하고 싶은) 자신의 소망이 서로 타협하게 된다.[17]

물신주의의 핵심적인 내용은 성차(性差, sexual difference)를 인식함으로써 갖게 되는 공포로부터 스스로를 방어하고자 하는 심리적 방어 기제의 작동이다. 여성에게 남근이 없다는 인식을 한 후 남자아이는 자신도 여자처럼 될 가능성을, 즉 거세의 가능성을 직면하게 된다. 이때 그는 여성의 몸에서 결여된 남근을 대신할 대체물을 발견힘으로써, 여성에게 남근이 없다는 사실을 부정할 수 있게 되고, 이를 통해 자신도

---

17 Sigmund Freud, James Strachey trans. ed., *The Standard Edition of the Complete Psychological Works of Sigmund Freud* 24 vols., London : Hogarth, 1961, p.21 · pp.153~ 154. 여기서 프로이트는 페니스와 팰러스를 같은 의미로 사용하고 있다.

거세 공포에서 벗어날 수 있게 된다. 이때 결여한 남근을 대신하거나 혹은 그 결여를 위장하는 대체물이 바로 물신이다.

바바는 프로이트의 성적 물신주의 공식에서 '성차'의 자리에 '인종 적 차이'를, '거세에 대한 공포'의 자리에 '근원성에 대한 불안'을 대체 해 넣음으로써 식민적 물신주의의 개념을 완성한다. 프로이트의 물신 주의에 의하면 누구나 남근을 가지고 있다고 믿었다가 그렇지 못한 사 람들이 있음을 알게 되면서 위협을 느낀다면, 바바의 물신주의에서는 누구나 피부색과 문화가 같다고 믿었다가 그렇지 못한 인종을 발견하 는 데서 위기가 찾아온다. 타인종의 존재가 백인의 근원성이나 고유성 에 대한 믿음을 흔들어 놓는 것이다. 이 위협에 대처하기 위한 방어기 제로서 백인은 인종적 차이를 부정하거나 위장하려는 욕망을 갖게 되 고, 식민 정형이 바로 이 욕망의 결과물이다.

정형 담론이 차이 / 결여의 사실을 위장하거나 부정하는 물신의 형 태를 띠는 것이 바로 이러한 연유에서이다. 이러한 맥락에서 바바의 다 음 진술을 보자.

> 정형은 식민 담론을 통한 주체 구성의 일차적 지점으로 작용한다. 식민 지배 자나 피지배자 모두에게 있어 그것은 유사한 판타지와 방어의 장이며, 인종, 피부색, 그리고 문화적 차이에 의해 위협받는 근원성을 보존하려는 욕망의 장이다. 나의 이 주장은, [인종적] 차이를 부정하는 행위에 의해 식민 주체 가 기형적인 존재로, 자아의 단일하고도 온전한 피부를 분열시키려 하는 기 괴한 아류(亞流, mimicry)나 닮은꼴로 만들어짐을 보여주는 파농의 『검은 피부, 하얀 가면』에 훌륭하게 표현되어 있다.[18]

이 인용문에서 바바는 정형이 주체 구성이 이루어지는 장일뿐만 아니라, 정형이 인종적 타자의 타자성이 제기하는 위협에 대항하여 근원성과 고유함을 지키려는 지배자의 욕망의 산물임을 밝히고 있다. 구체적으로 그 방어 방식은 타자를 '자신의 아류'로 재현하는 것이다. 여기서 주목할 사실은, 식민 담론에 대한 일반적인 이해와 달리 정형화 작업이 인종적 차이를 강화하는 것이 아니라, 그 차이를 부정하거나 위장하는 기능을 한다는 것이다.[19]

독자 중에는 인종적 차이에 대한 인식이 어떻게 지배자에게 위협이 되는 것인지 궁금해 하는 이가 있을지도 모르겠다. 이를 예견한 듯 바바는 "낯설고 이질적인 것과의 조우가 기존의 사물 인식체계에 위협을 가한다"는 논리를 사이드로부터 빌려온다. 사이드에 의하면, 동양의 낯설음에서 느끼는 위협을 통제하기 위하여 서양은 "친숙하게 만들기 (familiarization)"의 전략을 사용한다. 그 결과 동양에 대한 서구의 반응은 (친숙함에 대한) 경멸과 (진기함에 대한) 매료 / 공포 사이에서 진자 운동을 한다.[20] 바바가 역설하는 양가성의 개념을 사이드가 이미 설파하고 있는 것이다. 바바의 정형 개념이 궁극적으로 인종적 차이의 인식과 이에 대한 부정을 그 내용으로 갖는다면, 그것은 사이드의 "친숙하게 만들기" 개념과 프로이트의 물신 개념에 의하여 중첩 결정된 것이라고

18   Homi Bhabha, *The Location of Culture*, p.75.
19   식민 담론이 궁극적으로 인종 간의 차이를 강조한다는 이항대립적인 주장을 하는 대표적인 이론가로는 사이드 외에도 바바를 비판하는 잔모하메드를 손꼽을 수 있다. Abdul JanMohamed, "The Economy of Manichean Allegory : The Function of Racial Difference in Colonialist Literature," *Critical Inquiry* 12, 1985, pp.59~87 참조.
20   Edward Said, *Orientalism*, pp.58~59.

하여도 과언이 아닐 것이다. 유사한 내용을 사이드는 인식론으로 풀어 내고 있고 바바는 무의식과 욕망의 이론으로 풀어쓰고 있다는 점이 차이라면 차이일까.

바바에 의하면, 물신에 대한 개인의 태도는 순수하게 쾌감이나 만족감으로 결론이 나지 않는데, 그 이유는 물신에 의해 결여를 대체하는 행위가 항상 완결되지 못하기 때문이다. 대체의 성공 여부에 따라 개인의 심리는 항상 불안과 지배(mastery), 공포와 쾌감의 양 축 사이를 운동하게 된다. 여기서 우리는 정형, 물신주의, 그리고 양가성 세 항목 간에 바바가 세운 등식을 발견하게 된다. 바바의 정형 개념은 결국 식민지 타자를 지배자의 아류로 만드는 것, 그리고 이 아류에 대한 양가적 태도로 요약될 수 있을 터이다. 그러나 바바의 기획이 여기서 끝나는 것은 아니다. 프로이트의 물신주의 개념에서 출발한 그는 라캉의 상상계 이론을 원용하여 정형을 한 번 더 정의함으로써 식민주체론을 최종적으로 완성한다.

주객의 중첩성과 라캉의 동일시

프로이트의 물신주의와 라캉의 동일시 이론이 개념적으로 얼마나 융합 가능한 것이며, 또한 이 두 이론이 식민주체론으로 얼마나 정교하게 수렴될 수 있는 것일까. 먼저 라캉의 동일시 개념을 살펴보자. 라캉은 『에크리』 2장 "공격성이 자기애적 동일시(自己愛的 同一視, narcissist identification)의 상보적 경향"이라는 문구로 시작하는 테제에 관한 글에서 다음과 같이 말한다.

> 내가 거울 단계라고 부른 것은 주체가 자기 신체의 통합적 이미지와 최초로 동일시하게 되는 정동적 역학을 드러낸다는 점에서 흥미롭다. 아직도 신체의 움직임이 마음먹은 대로 되지 않는 상황에서, 이 통합적인 신체 이미지는 이상적인 통일, 즉 이로운 이마고(Imago)를 나타낸다. 출생 후 6개월의 기간 즉, 생리학적인 미성숙을 드러내는 신경적 혹은 체액적인 표식을 지니고 있는 기간 동안에, 아이가 자신의 내면에서 유래하는 부조화, 내면과 관련하여 경험하는 부조화로부터 유래하는 원초적인 고통이 이 이미지에 투여되어 있다.[21]

인용문에서 "자기 신체의 통합적 이미지"란 아기가 거울에서 목격하는 자신의 모습, 혹은 그가 가장 빈번히 접촉하고, 자신의 거울상으로 여기게 되는 어머니나 그 외의 타자의 이미지를 의미한다. 라캉에 의하면 아기가 자신과 혼동하게 되는 이 거울상은 그에게 이상적인 이마고로 다가온다. 그도 그럴 것이 아기 자신은 생리학적인 미숙으로 인해 신체 기관을 마음먹은 대로 움직일 수 없지만, 거울상으로서의 이 대타자는 신체기관들 간에 이상적인 / 상상적인 협동 관계와 통일을 잘 보여주기 때문이다.

---

[21] Jacques Lacan, op. cit., pp.18~19.

라캉은 아이가 이처럼 타자와 하게 되는 동일시의 증거를 이행성 (transitivism)에서, 라캉 자신의 표현을 빌자면, "노예와 폭군이, 배우가 관객이, 유혹자와 희생물이 동일시되는 아이의 태도"[22]에서 찾는다. 실제로 이는 우리 주변에서도 종종 발견되는 것이다. 이를테면 한 아이가 실수로 물건을 심하게 걷어찼을 때 그 아이 본인뿐만 아니라 옆에 있는 아이마저도 자기 다리를 쓰다듬으며 울먹이는 것이 그 예이다. 이처럼 "타자와의 동일시"에 기인하는 "주객의 혼동"에서 바바는 식민 담론의 상호주체성의 이론적 근거를 발견한다.

영아가 동일시하는 대상인 "이상적인 이마고"는 당사자에게 소외의 결과를 낳기도 한다. 이상적인 이마고가 불완전한 현재의 시점에서 예견하는 미래의 모습이기에, 이 미래의 모습과 현재의 불완전한 모습 사이에 괴리가 발생하기 때문이다. 이 간극으로 인해 개인은 자기로부터 소외된다. 그로츠가 "나는 진정으로 타인"[23]이라고 한 것도 이러한 맥락에서 이해될 수 있을 것이다. 뿐만 아니라 거울상은 나에게 위협적이기도 하기에 나로부터 공격성을 유발한다. 나와 거울상 간에 발생하는 적대 관계는, 비록 내가 그것을 내면화하기는 하였지만 그럼에도 불구하고 거울상의 타자성으로 인하여 내가 분열될 가능성을 안게 되기 때문이다. 내가 동일시한 이 타자에 대하여 갖게 되는 적대적인 태도에서, 우리는 라캉의 애초의 테제 즉, 공격성은 자기애적 동일시의 상보적 경향이라는 말을 이해하게 된다.

---

22   Ibid., p.19.
23   Elizabeth Grosz, *Jacques Lacan : A Feminist Introduction*, New York : Routledge, 1990, p.47.

라캉의 거울상에 대한 설명을 이쯤하고 라캉의 동일시 개념을 원용하는 바바의 주장을 들어 보자.

> 상상계는 거울 단계의 형성기 동안 주체 내에서 일어나는 변화인데, 이 단계에서 주체는 **이질적인** 이미지를 자신의 모습이라 여기게 되고, 이로 인해 주변의 대상들을 등가성, 동일성, 일치의 관계로 이해하게 된다. 이러한 주체 위치의 확보는 문제적인 것인데, 그 이유는 소외적이면서도 동시에 잠재적으로 대립적인 이미지를 통하여 주체가 자신을 인식하기 때문이다. 이것이 상상계와 협력하는 두 가지 형태의 동일시, 즉 자기애와 공격성 사이의 밀접한 관계의 토대를 이룬다. 그리고 이 두 가지 "동일시"가 바로 ─ 차이를 인식하면서도 동시에 이를 부정하거나 위장하는, 다중적이면서도 모순적인 믿음의 형태로서의 ─ 정형을 통하여 행사되는 식민 권력의 주된 전략을 구성한다.[24]

자아의 구성이 타자와의 동일시를 통해서 이루어지며 이 상상적 동일시는 "자기애"와 "공격성"의 양면을 가진다는 라캉의 이론을 원용함으로써, 바바는 식민 담론이 궁극적으로 지배자와 피지배자 간의 동일시를, 즉 '주체와 객체의 중첩성'을 내포하고 있음을 주장한다.

바바가 차용하는 물신주의의 양가성 즉, 차이의 인식과 그것이 부정이라는 "'다중적이면서도 모순적인 믿음'"은 라캉의 동일시 개념에 내재한 자기애적 / 공격적 양가성과 유사하면서도 다르다. 프로이트의 물

---

24   Homi Bhabha, *The Location of Culture*, p.77. 강조는 원문.

신주의는 "성적인 차이"에 관한 것이며, 라캉에서는 거울 단계에 있는 "영아와 거울상(혹은 대타자) 간의 차이"라는 내용을 갖는다. 이것이 바바에 와서는 "인종적인 차이"로 대체된다. 또한, 프로이트의 물신주의는 거세 공포에 대한 방어 기제의 의미를 띠나, 라캉의 상상적 동일시는 자아 구성의 계기, 즉 오인(méconnaissance)에 기반을 둔 자아 구성의 계기가 된다.[25] 바바와 라캉 사이에 드러나는 이론적인 부정교합은 무엇보다도 이들에게 있어 동일시의 운동 방향이 상이하다는 점에서 드러난다. 라캉의 동일시 개념이 영아가 타자의 모습을 자신으로 "오인"하는 내사(內射, introjection)에 가까운 행위인 반면에, 바바의 경우는 인종적 차이의 발견이 주는 공포에 방어하기 위해 타자에게 자신의 이미지를 부과하는 투사(投射, projection) 행위이다.[26]

라캉의 양가적 동일시 개념을 빌려옴으로써 바바는 다양한 성격을 띤 식민 담론을 자신의 이론 체계 안에 아우를 수 있게 되었다고 주장한다. 양가적 동일시의 개념으로써 "충직한 하인"에서부터 "악마"에 이르는 다양한 내용을 갖는 식민 담론을 설명할 수 있는 것이다. 이러한 다양성은 지배자의 자기 투영의 정도, 즉 자기애적 동일시와 공격적 동일시 간의 역학 관계에 의해서 결정된다. 자기애적 동일시가 강할 경우 식민지의 타자는 지배자와 유사한 긍정적인 이미지로 구축되며, 반대로 공격적 동일시가 강할 경우 인종적 타자는 지배자와 상이한 부정적인 이미지로 구축되는 것이다. 식민지 지배자와 피지배자를 대척적인

---

25 Jacques Lacan, op. cit., p.6.
26 라캉은 "투사"와 "내사"가 정반대의 개념이 아니며 이 과정들은 전혀 다른 차원에서 존재하는 것이라는 주장을 하나, 본 논문에서는 바바와의 비교분석을 위하여 편의상 이 개념들을 사용하였다.

위치에 두는 사이드의 이론은 식민 담론의 부정적인 정형화를 설명할 수 있지만, 바바의 이론은 부정적인 정형화뿐만 아니라 긍정적인 정형화도 설명할 수 있는 장점이 있다.

반면 바바의 이론적 기획에는 문제점도 적지 않다. 바바의 문제점은, 거울 단계에 있는 영아가 경험하는 상상적 동일시가 식민지의 유일한 주 / 객 관계의 모델로 상정되어 있다는 점이다. 프로이트와 라캉의 이론이 모델로 삼고 있는 유아기의 정신세계와 식민지의 권력 관계 사이에는 유사성도 있겠지만 그에 못지않게 차이점도 크다. 바바의 식민주체론에서 발견되는 이론적 정교함에도 불구하고 그것이 제한된 용도를 가질 수밖에 없는 이유가 여기에 있다. 바바의 이론에서 발견되는 또 다른 사각지대는 식민지 지배자의 상상적 관계 '밖'에 서 있는 타자의 존재를 그가 고려하지 못하고 있다는 섬이다.[27] 알튀세르의 구조주의적 이론에 의하면 개인이 이데올로기의 "호명"을 거부할 수 없듯이, 바바의 정형 이론에 있어 식민지 피지배자는 지배자의 호명, 즉 상상적 관계로의 '부름'을 거부할 수 없다.

바바 이론의 또 다른 문제점은, 라캉으로부터 차용해 온 두 가지 동일시 중 공격적인 동일시가 극대화될 경우 '지배자와 피지배자의 중첩적 존재'라는 개념이 설 자리가 없어지게 된다는 점이다. 그 반대의 경우도 마찬가지이다. 이러한 문제는 공격적 동일시 개념이 애초부터 안고 있는 논리적 모순, 즉 '공격적인 태도'와 '동일시'의 개념이 식민지

---

27 박상기도 파농과 바바의 동일시 개념을 설명함에 있어 알튀세르의 호명 개념을 거론한다. 이에 의하면 파농과는 달리 바바의 개념은 불완전한 동일시이기에 완전한 동일시의 유사 개념인 알튀세르의 호명과는 다르다. 박상기, 앞의 글, 72쪽 참조.

의 상황에서는 양립하기 쉽지 않는다는 점에 연유한다. 바바도 이러한 문제점을 모르고 있지는 않다. "식민지의 피지배자는 대체로 [양가적 대상이 아니라] 증오의 대상이었지 않은가"라는 질문을 예견하면서 그는 프로이트의 입을 빌려 답한다. "물신에 대한 개인의 반응에서 증오와 애정이 각기 차지하는 비중이 불균형적이기에 대체로 하나의 감정이 다른 감정보다 더욱 두드러지게 나타나는 법이다."[28] 즉, 두 가지 동일시가 모두 이루어지나 이 중 공격적 동일시가 더 우세한 것일 뿐이라는 뜻으로 이해할 수 있다.

그러나 식민지의 첨예한 현실 상황은 바바의 이론과는 다른 이야기를 들려준다. 바바 자신이 『문화의 위치』의 5장, 6장인 「교활한 공손 (Sly Civility)」과 「경이롭게 여긴 기호(Signs Taken for Wonders)」 등에서 즐겨 인용하는 인도의 예만 보더라도 그렇다. 1857년에 있었던 세포이의 반란에서 영국인 아녀자들이 살해되었을 때 영국의 언론 매체가 보여준 히스테리컬한 반응이나, 영국군이 보복으로 인도인들을 학살하고 약탈하였을 때[29] 인도인들이 보여준 분노에서 자기애적 동일시의 요소를 찾기란 불가능에 가깝다. 이분법적 구도에 입각한 사이드의 이론이 지배자의 양가적 감정을 설명할 수 없다는 점에서 완전하지 못한 이론이라면, '자 / 타자의 중첩성'이라는 바바의 논지는 자기애적 동일시가 작용하는 특이한 유의 식민 담론에만 적용된다는 점에서 한계가 있다.

바바의 정형 이론과 관련하여 제기될 수 있는 또 다른 질문은, 지배

---

28   Homi Bhabha, *The Location of Culture*, pp.78~79.
29   "핏빛 보복"이라고 불리는 이 사건에서 영국군은 인도인 포로들을 대포 앞에 세워 놓고 포를 발사하여 처형하였다. Patrick Brantlinger, *Rule of Darkness : British Literature and Imperialism, 1830~1914*, pp.200~201 참조.

자와 피지배자가 중첩적으로 세워진다고 하는 이 식민 담론이 누구의 소유인가 하는 문제다. 식민지에서 피지배자가 언제 발화의 주인이었던 적이 있었던가. 달리 표현하면, 지배자와의 대화에 참여하고 있을 때조차도 피지배자는 동등한 자격이 아니었다. "설령 대화가 있었다고 하더라도 그것은 '우리'와 '그들' 사이에 주고받는 이야기가 아니라 '그들'의 부재나 침묵 하에 이루어진 '우리'끼리의 이야기였다"[30]는 점을 간과해서는 안 된다는 말이다. 피지배자를 재현하는 언술의 장에서 지배자도 부분적으로 재현의 대상이 되는 현상을 피할 수 없다고 해서, 사이드의 주장과 달리 식민 담론이 지배자의 전유물이 아니라는 바바의 논리는, 현실적 권력 관계는 도외시한 채 지배자와 피지배자를 하나의 주체 범주로 묶음으로 말미암아 지배자의 책임을 은폐할 가능성이 다분히 있다.

식민 모방과 차이의 재현[31]

사이드의 『오리엔탈리즘』에 대하여 제기된 비판에는 주체의 자율성이 부정되고 있다는 주장 외에도, 그의 기획이 식민 지배자의 담론 분

---

30 이경원, 「탈식민주의론의 탈역사성」, 277쪽.
31 식민 모방에 관한 논의는 졸고 「탈식민주의와 후기 / 탈구조주의」, 『비평과 이론』 5권 2호, 2000, 43~70쪽.

석에만 초점을 맞추다 보니 해방을 향한 피지배자의 노력에 주목하지 못하였다는 지적이 있다. 또한 오리엔탈리즘을 고대 그리스로부터 20세기에 이르는 초역사적인 비전으로 이해할 뿐만 아니라 서구와 비서구의 관계를 이분법적 대립관계로 파악하다 보니 지배 / 피지배집단을 각기 동질화하다 못해 본질화하고 말았다는 비판이 있다.[32] 이 중 "동질화"에 대한 비판은 사이드 자신이 수긍을 한 것이기도 하다.[33]

이분법에 대한 지양은 일찍이 바바의 초기 논문인 「차이, 차별 그리고 식민주의 담론」에서도 뚜렷이 드러나는데, 이 논문에서 바바는 푸코의 권력 개념과 라캉의 정신분석학을 적극 수용함으로써 사이드의 이항대립적 논리를 분명한 어조로 반박한다. 즉, 사이드가 오리엔탈리즘을 외현적인 것과 잠재적인 것으로 구분하기는 하였으되 결국에는 이 둘을 동일한 체계의 양면성, 즉 형식과 내용으로 간주함으로써 오리엔탈리즘을 "하나의 정치적 의도"에 의해 지배되는 재현체계로 통합시키고 말았다는 것이다.[34] 또한 사이드가 푸코의 이론을 잘못 받아들인 결과 식민 권력과 식민 담론이 온전히 식민 지배자에게 귀속됨을 암시하고 있다는 것이다.

사이드의 시각을 극복하기 위하여 바바가 제시하는 대안은 해체주

---

32 Robert Young, op. cit., p.135; Bart Moore-Gilbert, op. cit., p.50; Aijaz Ahmad, op. cit., pp.180~181; 설준규, 「담론의 감옥 또는 트로이의 목마-에드워드 사이드의 오리엔탈리즘」, 『안과밖』 13집, 2002, 185쪽.

33 Edward Said, "*Orientalism* and After", *Power, Politics and Culture : Interviews with Edward W. Said*, Gauri Viswanathan ed., New York : Vintage, 2001, p.222 · pp.208~232.

34 Homi Bhabha, "Difference, Discrimination and the Discourse of Colonialism", *The Politics of Theory*, Francis Barker etc. eds., Colchester : Univ. of Essex, 1983, p.200.

의이다. 「다른 질문」 이후 출간된 논문들에서 바바는 데리다의 "차연"이나 "흔적(trace)", "글쓰기(écriture)" 개념 등을 차용함으로써 이전의 논문에서 보여주었던 권력의 봉쇄적 성격에 천착하는 사유에서 벗어나 본격적인 해체주의자의 면모를 보여주게 된다. 물론 「다른 질문」과 같이 이 논문들에서도 바바는 "양가성"이나 "욕망" 개념을 도입하여 라캉과의 대화를 계속하기는 한다. 그러니 사실 그의 작업은 라캉뿐만 아니라 데리다도 참여하는 3자 간의 대화라고 보아야 할 것이다.

해체주의의 영향은 『문화의 위치』의 8장 「민족의 산종」에서도 잘 드러난다. 데리다의 저서 『산종(Dissemination)』에서 제목을 가져온 것에서 알 수 있듯, 바바는 민족국가의 구성 특징인 단일성과 동질성의 개념을 해체하고자 한다. 그러나 국가 간의 경계선을 지우는 작업이 「민족의 산종」에서 처음 시도되는 것은 아니며 「민족의 서사화(Narrating the Nation)」와 같은 초기 글뿐만 아니라 「모방과 인간에 관하여(Of Mimicry and Man)」, 「교활한 공손」 등과 같은 글에서도 발견된다. 이 글들과 관련하여 흥미로운 사실은 바바가 데리다의 이론을 차용하면서도, 동시에 '나름'대로 정치적 실효성을 확보하기 위하여 자신의 이론을 해체주의로부터 변별하려는 노력을 한다는 점이다.

「모방과 인간에 관하여」[35]에서 바바-라캉-데리다의 3자 대화는 핵심어인 "모방" 개념에서 잘 드러난다. 바바에 의하면 "식민 모방(colonial mimicry)"은, "유사하되 완전히 같지는 않은 주체"로서의 타자, 즉

---

[35] 이 글은 학술지에 먼저 실렸던 글을 훗날 『문화의 위치』에 묶어 출간한 것이다. Homi Bhabha, "Of Mimicry and Man : The Ambivalence of Colonial Desire", *October* 28, 1984, pp.125~133 참조.

개화되었기에 어느 정도 인정 가능한 타자에 대한 욕망으로 정의된다. 좀 더 간결하게 표현하자면 모방 개념을 식민지 피지배자를 지배자의 닮은꼴로 만드는 것 혹은 그러고자 하는 욕망으로 이해할 수 있을 것이다. 바바는 모방이 "효과적이기 위해서는 자신의 미끄러짐, 자신의 과잉과 차이를 계속적으로 생산해야 한다"고 주장한다.[36] 이 문장에서 바바는 비록 인용 출처를 밝히고 있지는 않지만 사실은 라캉과 데리다의 이론을 혼용하고 있다.

바바의 설명을 더 들어 보자. "내가 모방이라고 이름 붙인 이러한 형태의 식민 **담론**의 권위는 **불확정성**에 의해 타격을 받게 된다. 모방은 그 자체가 차이를 부정하는 과정인 차이의 재현"[37]이다. 모방을 한편으로는 차이의 재현이라고 정의하고 동시에 그 재현 행위가 차이를 부정하는 과정이라니? 여기에서 독자를 어리둥절하게 만드는 바바 특유의 개념적 불연속성이 잘 드러난다. 모방은 한편으로는 "욕망"이며, 또 다른 한편으로는 "(식민)담론"이기도 하며, 또 어떤 때는 지배자의 닮은꼴로 "개화된 피지배자"를 의미한다. 여기서 주목할 사실은 모방이라는 개념적 범주 아래에 식민주의자의 욕망, 그리고 이러한 욕망의 (불완전한) 결실인 식민지 피지배자를 모두 아우름으로써 바바는 「다른 질문」에 이어 이 논문에서도 식민지의 지배자와 피지배자 간의 구분을 삭제한다.

'지배자의 닮은꼴'의 생산이 어떻게 하여 차이의 재현이 되며, 동시에 차이의 재현이 차이를 부정하는 과정이 되는 것일까. 또 어떻게 하여 그것이 담론이라는 명칭을 갖게 되는 것일까. 첫 질문에 대한 대답은 바

---

36   Homi Bhabha, *The Location of Culture*, p.86.
37   Ibid. 강조는 필자.

바가 도입하는 두 가지 준거틀 중 첫 번째에서 발견된다. 첫째 준거틀은 '정치적 현실의 논리'라고 이름 붙일 수 있는데, 이는 바바가 인용하는 "부분적 개화"의 필요성을 역설하는 그랜트(Charles Grant)의 글에서 발견된다. 영국 동인도 회사의 책임자로 일했던 그랜트는 교육과 개종에 의해 인도인들을 교화시킬 것을 주장한 개혁적 식민주의자이다. 그에 의하면 식민지 경영은 애초부터 갈등을 안고 있다. 그 이유는 지배자가 한편으로는 기독교 정신에 따라 피지배자를 개종시키고 식민통치를 수월하게 할 목적으로 피지배자의 낯선 인종적 / 문화적 정체성을 자신에게 익숙한 형태로 변화시켜야 할 필요성을 느끼지만, 다른 한편으로는 개화된 피지배자들이 자유를 주장하며 소요를 일으킬 것에 대한 두려움을 갖고 있기 때문이다.[38] 즉, 유럽의 식민주의는 인종적 타자에게 문명을 전파할 것을 천명하나 정작 문명화가 이루어지면 식민통치가 설 자리가 없어지고 마는 태생적인 모순을 안고 있는 것이다.

이러한 모순을 해결하는 방법이 피지배자들을 개화시키기는 하되 '지배하기에 용이할 정도로만' 개화시키는 것이다. 이 어정쩡한 개화의 결과물이 바로 바바가 모방이라고 부르는 형태, 즉 지배자의 닮은꼴이다. 닮은꼴의 생산이라는 점에서 모방은 지배자와 피지배자 간에 발견되는 인종적·문화적 '차이의 부정'이며, 동시에 닮은꼴이 정확한 복제판을 의미하지는 않는다는 점에서 모방은 '(부분적인) 차이의 재현'이기도 하다. 그러한 점에서 "모방은 그 자체가 차이를 부정하는 과정인 차이의 재현"이라는 바바의 테제를 이해할 수 있다.

38　Ibid., p.87.

모방이 제 기능을 제대로 수행하기 위해서는 "차이의 부정"과 "차이의 재현" 중 어느 하나로도 종결되어서는 안 되는데, 그 이유는 앞서 설명한 바와 같이 모방이 차이의 재현으로 종결된다면 인종적 타자를 개화시킨다는 식민주의의 '존재 이유'와 정면으로 대치되는 형국이요, 차이의 완전한 부정으로 종결된다면 식민주의의 존립에 위협이 될 것이기 때문이다. 따라서 모방은 차이의 재현과 그것의 부정 사이를, 어느 한쪽에 수렴되는 일 없이 왕복 운동하는 운명을 갖게 된다. 모방의 한계, 즉 흉내가 '완전한 낯섦'과 '완전한 동화' 그 어느 쪽과도 접점을 맺는 것을 막는 이 금기(禁忌)는 식민 권력의 역학에 원천적으로 설정되어 있는 구조적인 한계이다.

아류(亞流), 현존의 환유

바바는 이 글에서 데리다를 제외한 거의 모든 이론가들을 명시적으로 인용하고 있다. 그럼에도 불구하고 바바의 모방 개념은 데리다의 글쓰기나 흔적의 개념적 틀 내에서 전개되고 있다는 사실은 지적할 만하다. 모방에 있어 인종적 차이는 스스로의 존재가 부정됨으로써 재현된다는 점에서 "은폐를 통하여 자신의 모습을 드러내는"[39] 데리다의 "흔

---

39   Jacques Derrida, op. cit., p.47.

적"과 유사하다. 또 인종적 차이가 확정되지 못하고 계속 지연되고 유보된다는 점에서 초월적 기의에 도달하지 못하고 끝없는 지시(reference)의 순환 관계에 놓이게 되는 "기표의 운동"에 비교될 수 있다. 차이의 재현이 보이는 이 궤적은 라캉의 욕망이 그리는 궤적, 즉 원천적으로 "결여"와 "상실"로부터 생성되었기에 충족에 도달하지 못하고 한 대체물에서 다른 대체물로, 한 대상 소타자(*objet petit a*)에서 다른 대상 소타자로 끊임없이 옮겨가는 여정에 놓인 욕망의 궤적에도 비견될 수 있다.

이러한 맥락에서 앞에서 제기한 두 번째 질문, 모방이 "담론"으로 불리는 이유에 대한 대답을 찾을 수 있다. "모방이 불확정성의 타격을 받게 되는 식민 담론"이라고 바바가 정의 내렸을 때, 이 "식민 담론"은 일차적으로는 백인의 문명화 담론을 지시하지만, 동시에 어정쩡한 개화의 결과물로서 식민 피지배자가 갖게 되는 양가적인 정체성을 후기구조주의적인 텍스트성, 즉 "언어의 불확정성"에 비유하고 있는 것이다.

바바가 예로 드는 식민주의자의 닮은꼴은 그랜트가 부분적인 개화를 통하여 만들어 내고자 하였던 순치(馴致)된 식민지인들, 혹은 식민지 인도에 영국 교육을 실시하고자 애쓴 매컬리가 육성해야 한다고 주장한 원주민 통역관, 나이폴이 『흉내 내는 사람들』에서 묘사하는 백인의 아류로서의 식민지인이다. 특기할 사실은 이들의 정체성에 내재한 불확정성에서 바바가 전복의 가능성을 발견한다는 점이다. 바바에 의하면 이들은 한편으로는 식민 정권에 의해 "승인된 타자의 모습"이며, 따라서 식민 정권의 지배 체계에 순조롭게 편입될 "적절한 객체"이다. 다른 한편으로는 인종적 "차이"가 이들에게 잔존한다는 점에서 이들은 식민 정권에 문제적인 존재들이다.

식민지 지배자의 모습이 부분적으로만 재생산되었다는 점에서 피지배자들을 "현존의 부분대상" 혹은 "현존의 환유"라고 부를 수 있을 것이다. 지배자와 완전히 같지는 않다는 점에서 이들은 지배자들이 믿는 정체성의 규범과 정상성을 벗어나는 "부적절한 식민 주체"[40]이다. 이때 "정체성의 규범"이나 "정상성"이라 함은 유럽 식민주의의 토대를 이루는 전통적 휴머니즘이 상정하는 "통합된 주체"나 백인이 타인종보다 우선하는 인류의 근원이라는 믿음에 근거한 규범적 지식을 가리킨다. 따라서 불확정의 상태를 떠도는 기표적인 운동을 한다는 점에서 모방을 일종의 '식민 기표'라고 부른다면, 정체성에 관한 유럽의 규범을 위반한다는 점에서 이는 '부적절한 식민 기표'이다. 식민 지배자의 권위가 정체성의 규범이나 정상성에서 유래한다고 본다면, 이를 위반하고 규범의 '규범성'에 질문을 던지는 기표는 식민 정권의 권위를 위협하는 존재이다.

여기서 문제가 되는 부분은 "차이가 갖는 부적절성"이라는 테제이다. 앞서 현실 정치의 논리에서 보았을 때 식민 지배자에게 위협이 되는 것은 동일성, 즉 피지배자가 지배자의 수준으로 문명화되는 것이라고 하였는데, 이제는 차이가 위협으로 해석되는 것이다. 이를 설명하기 위하여 바바가 들여오는 또 다른 준거틀은 "근원성에 대한 욕망" 그리고 "자기애적 동일시의 욕망"이라는 정신분석학적 모델이다. 이 정신분석학적 모델에 대해서는 앞서 「다른 질문」에 대한 장에서 설명한 바 있다. 「다른 질문」에서 바바는 사이드를 인용하면서 식민지 지배자를

---

40   Homi Bhabha, *The Location of Culture*, p.88.

위협하는 것은 피지배자와 지배자 간의 차이가 소멸되는 상황이 아니라, 두 인종 간에 차이가 남아 있는 현상, 즉 피지배자의 타자성이라고 주장한 바 있다. 그에 의하면 인종적 타자의 존재는 인류의 유일한 근원이 되고 싶은 백인 지배자의 욕망을 위협한다. 이러한 위협을 제거하기 위하여 백인 지배자는 피지배자에게 자신의 모습을 '부분적으로' 투사한다. 즉, 타자를 자신의 아류로 만듦으로써 자신의 근원적이며 고유한 위치를 지키는 것이다.

식민 모방에서 잔존하는 차이는 문화적인 특성, 인종적인 특징, 역사적인 차이 등 여러 가지일 수 있다. 무엇이 되었든지 간에, 완전히 순치되지 않은 이 낯설음은 식민 지배자의 "자기애적 동일시의 요구"를 거스른다. 닮은꼴에서 여전히 발견되는 위협적인 낯섦에 대한 바바의 주장을 보자.

식민 객체를 부분적으로 재현하거나 인식한 결과로 생기는 것이 복시(複視, double vision)이다. 그랜트가 말한 부분적인 모방자로서의 식민지인이나 매컬리가 언급한 통역자, 나이폴이 말한 배우로서의 식민지 정치인들, 신세계의 희가극(喜歌劇, opéra bouffe)의 이류 감독 같은 디쿠드(Decoud), 이들은 모두 식민주의 지배 체계로부터 승인받은 타자들이요, 적절한 대상들이다. 그러나 이들은 또한, 내가 보여주었듯 닮은꼴의 형태요, 환유적으로 움직이는 식민 욕망의 부분 대상이기도 해서, 지배 담론 속에서 "부적절한" 식민 주체로 등장하여 그 담론의 규정성과 정상성을 소외시킨다. 이 욕망은 모방의 토대가 되는 **부분적 현존**의 반복을 통해 문화적, 인종적, 역사적 차이를 표현하고, 이러한 차이는 식민 지배자의 자기애적 요구를 위협하게

된다. 이 욕망은 지배자의 모습을 부분적으로 생산함으로써 식민적 전유를 일부 역전시킨다.[41]

식민지에서 수행되는 문명화 사업에는 피지배자를 변형시키는 "정상적인" 전유도 발생하지만, 지배자도 변형되는 역방향의 전유도 발생한다. 이는 피지배자의 개화된 모습이 지배자의 모습을 일부 반영한다는 점에서 일종의 찌그러진 거울상에 비유할 수 있을 것이다.

이 거울상에 피지배자와 지배자의 모습 모두가 발견된다는 점에서 바바는 이를 이중적인 비전, 즉 복시라고 부른다. 지배자의 모습이 일부만 반영되어 있다는 점에서 이 복시는 "부분적 현존(partial presence)"이라 할 수 있으며, 따라서 "환유적 재현"의 범주에 속한다. 식민 모방 행위에 피지배자의 의지가 얼마나 개입하는가에 따라 달라지겠지만, 바바는 모방에서 역방향의 전유, 즉 피지배자가 지배자를 전유하는 부분이 "일부" 있다고 주장한다. 역방향의 식민 전유는 능동체와 피동체, 감시자와 감시 대상의 역할 전도를 가져오게 된다. 결국 바바는 "현존(지배자의 모습)의 환유"에 뿌리박은 불확정성을 지적함으로써 식민지 정권의 바탕이 되는 '정체성의 정치학'이 확실한 존립 기반을 갖고 있지 못함을 폭로해 보인다.

---

41   Ibid., p.88. 강조는 원문.

저항, 주체 없는 과정

라캉에 의하면 의미 작용에는 저항이 따른다. 이 저항으로 인해 기표가 기의에 도달하지 못하게 되고, 의미화의 지연으로 인하여 기표가 다른 기표들을 계속 지시할 뿐인 연쇄적인 움직임을 낳게 되는데, 이것을 라캉은 환유라고 부른다. 반면 한 기표가 다른 기표를 대체하고 이 대체에 의하여 의미 작용이 가능한 것이 은유이다.[42] 그러니 바바의 이론에서 은유적 구조는 그것의 대체적 속성 때문에 물신주의에 있어 '차이의 위장 / 부정'에 비견된다. 결여된 대상을 다른 대상이 '대체'한다는 점에서 물신주의도 결국 두 대상 간의 맞교환 관계이다. 반면 기표가 기의에 도달하지 못하고 다른 기표를 연속적으로 지시하는 환유적 구조는 물신주의적 맥락에서는 불완전한 대체로 인한 '차이의 인식이나 출현'에 비견된다. 이러한 환유 개념을 빌려온 바바는 식민 정형이 성공적이기 위해서는 다른 정형들을 계속 필요로 한다는 주장을 도출해 낸다.

바바의 식민 주체는 한편으로는 물신의 은유적 / 위장적 기능 및 이와 제휴한 자기애적 동일시, 또 다른 한편으로는 물신의 환유적 기능 및 이와 제휴한 공격적 동일시에 의하여 구성된다.[43] 크게 두 간래로 니뉘는 이 항목들이 맺는 관계는 상호 대항적이기에 이 관계들을 통해 구성된 주체는 자연히 갈등적이고 분열적일 수밖에 없다. 이는 앞서 개진

42　Jacques Lacan, op. cit., p.164.
43　Ibid., p.77.

한 논의, 즉 식민 담론에 구축된 주체는 지배자의 모습이 '불완전하게' 투영된 피지배자라는 주장을, 라캉의 동일시 이론을 빌려 표현한 것일 뿐이다. 식민 담론이라는 화폭에 지배자와 피지배자의 모습이 불완전하게 중첩되어 그려질 때 그 그림이 온전한 하나가 아니라 분열적이고 갈등적임은 당연하다. 바바는 바로 이러한 점에서 식민 담론에 구축된 주체는 전복적이라고 주장한다.

바바의 이러한 주장의 이면에는 안정된 형태의 '자기동일성'이 서구의 "보편적 휴머니즘"의 전통을 지지하는 토대일 뿐만 아니라 식민주의 이데올로기의 작용을 가능하게 하는 기반이라는 사유가 자리 잡고 있다. '너'에 대한 '나'의 착취와 억압이 가능하려면, 먼저 억압의 주체와 객체인 '나'와 '너'가 흔들림 없이 각각의 자리를 잡고 있어야 하기 때문이다. 홀의 표현을 빌자면, 내부와 외부, 자아와 타자, 주체와 객체 같은 이분법이 우리의 정체성을 확실하게 떠받들어 주고 우리의 세계를 확고하게 받쳐 주어, 마음이 든든해진 "우리가 밤에 숙면을 취할 수 있도록 도와주는 것이다."[44] 상상적 동일시가 전복적으로 해석될 수 있는 여지를 주는 이유는 그것이 주체와 객체 간의 경계선을 혼란스럽게 하고 그 둘 사이의 차이를 계속해서 지우기 때문이다.

바바는 애초에 정형적 이미지의 효율성에 관한 질문에 대하여 "정형은 사실 불가능한 대상"[45]이라는 말로 대답한 바 있다. 차이를 부정하는 작업이 완결될 수 없는 미완의 기획이기에 종결적인 정형화는 불가능하다는 것이다. 따라서 "순수한 근원"에 대한 백인의 욕망도 애초부

44　Stuart Hall, "Old and New Identities, Old and New Ethnicities", p.43.

45　Homi Bhabha, *The Location of Culture*, p.81.

터 실현이 불가능한 욕망이다. 정형화를 통하여 백인들이 기도하는 바가 결코 실현될 수도, 종결될 수도 없음을 밝혔다는 점에서 바바는 자신이 애초에 설정한 목적을 달성한 듯하다. 바바의 이러한 사유는 다양한 시기의 서구 문학을 탈식민주의 시각에서 분석하고 비판하는 연구가들에게 도움이 되는 바가 있다. 사이드에 대한 바바의 비판에서 드러나듯, 서구 담론에 내포되어 있는 양가성이나 모순을 폭로하는 데 바바의 이론이 기여하는 바가 있기 때문이다. 이러한 문제는 제국주의가 낭만적인 낙관주의와 유럽중심적인 확신을 잃어버리고 스스로가 설정한 목표에 회의(懷疑)를 보여주는 시기인 20세기 초의 식민주의 문학에서 어렵지 않게 발견된다.

이와 같은 장점에도 불구하고, 근원에 대한 백인 지배자의 욕망이 종결될 수 있는 성질이 아님을 밝히는 것이 식민지의 권력 관계에 어떤 영향을 미칠 수 있는가 라는 질문은 해 봄 직하다. 식민 담론이 불안정하다는 지론이 식민 지배자의 권위에 저항하거나 이를 전복하는 행위와 같을 수는 없기 때문이다. 무엇보다도 식민 담론의 불안정성은 식민 피지배자가 발견하고 인지하는 것이 아니라 식민 담론에 대한 바바의 정신분석학적 해석에 의하여 비로소 존재하게 된다. "식민주의 역사와 대면하였을 때 그러한 개입이 갖는 정치적 위상은 어떠한 것인가? 단순히 역사적 재해석의 문제가 아닌가?"[46]라는 로버트 영의 물음은 이러한 점에서 여전히 유효하다. 저항의 주체는 정형 담론을 해석하는 바바 자신이요, 잘해야 바바가 던져 주는 '계몽적인 해석'을 받아들이는 독

---

46   Robert Young, op. cit., p.155.

자라는 주장이 가능해지는 것이다. 이처럼 자율적인 주체이자 저항적 주체로서의 피지배자의 모습이 보이지 않는다는 점에서 바바의 식민주체론이 상정하는 저항은 "주체 없는 과정(a process sans subject)"[47]이라는 비판을 받게 된다.

또 다른 질문으로는, 식민 담론의 불안정성이 식민 지배자 측에서 이루어지는 양가적 동일시의 결과라고 바바는 주장하는데, 이것이 초래한다고 하는 분열증은 식민 담론에만 반영이 되고 동일시 행위를 하는 개인에게는 아무런 영향을 미치지 않는 것인가. 바바가 물신주의에 관한 논의에서 줄곧 주장하듯, 타자와의 만남이 백인이 믿었던 근원성과 고유함을 위협하고, 그래서 백인이 동일시를 통하여 타자성을 부인하게 되나 이러한 부정이 불완전한 것이라고 한다면, 이 인식과 부정의 드라마가 벌어지는 식민 담론도 불안정하겠지만, 이 증세가 애초에 유래하는 백인의 정신세계도 온전하다고 할 수는 없을 것이다.

파농이 자아가 이중, 삼중으로 분열됨을 고통스럽게 경험하였다고 주장한 바 있지만, 바바는 양가적 동일시가 가져다주는 자아 분열의 고통에서 식민 지배자를 제외한다. 바바가 공을 들여 불안정성을 증명하는 식민 담론보다, 오히려 식민 담론의 발화자인 지배자의 정신구조가 훨씬 더 불안정하다고 해야 하지 않을까 싶다. 정신분열증까지는 아니더라도, 라캉에 의하면 거울 단계의 주체 형성의 특징이 타성(inertia)이고 그러한 점에서 광의의 신경증이라고 말하지 않았던가.[48] 주체의 불

---

47   Pheng Cheah, "Given Culture : Rethinking Cosmopolitical Freedom in Trans-nationalism", *Cosmopolitics : Thinking and Feeling beyond the Nation*, Pheng Cheah · Bruce Robbins eds., Minneapolis : Univ. of Minnesota Press, 1998, p.299.

48   Jacques Lacan, op. cit., p.7.

안정성에서 전복이 유래한다고 주장한다면, 불안정한 정신구조를 가진 백인이 지배하는 식민지는 이미 상당한 위험을 내포하거나 심지어는 이미 전복되는 중이다. 피지배자가 손가락 하나 까딱하지 않아도 말이다. 바바의 식민주체론에 있어 문제점은 이처럼 주체로서의 피지배자가 보이지 않는다는 점이다.[49] 요지는 프로이트의 물신주의, 라캉의 거울 단계 이론과 파농의 정신분석학 등 상이한 이론을 식민지 상황에 대입해 넣어서 저항의 공간을 확보하고자 하였지만 실효성은 미지수로 남는다는 것이다.

앞서 「다른 질문」이 저서의 일부로 출판되기 전에 학술지에 실린 적이 있음을 밝힌 적이 있다. 이 두 판본을 비교해 보면 매우 흥미로운 사실이 발견된다. 저서에 실린 글이 학술지에 실린 논문과 '거의 동일하나 완전히 같지는 않기' 때문이다. 이 완전히 같지는 않은 글 중에 주목할 만한 부분이 있다. 식민 담론에 있어 지배자와 피지배자의 관계가 이항 대립적으로 구축된 인위적인 것이라는 사실을 식민 주체는 알 수 없는데, 그 이유는 식민 주체 자신이 권력 관계 내에서 구성된 존재이기 때문[50]이라는 바바의 주장이 있다. 이 주장은 피지배자의 '앎'의 가능성을 극히 제한하고 있다는 점에서 곱씹어 볼수록 문제적이다. 또한 왜 바바가 저서로 묶을 때 이 부분을 삭제하였는지도 이해가 된다. 바바가 빌려오는 푸코조차도 그가 반과학(反科學, anti-science)리고 부르

---

49   바바의 이론에서 발견되는 자충적인 성격에 대하여 로버트 영도 비슷한 견해를 개진한다. "저항에 대한 초점이 아니라 저항 대상이 갖는 주저와 우유부단함이 바바의 관심사이다. 그러나 문제는, 정치적인 관점에서 말한다면, 그러한 분석이 지배자뿐만 아니라 피지배자에게도 똑같이 적용된다는 것이다." Robert Young, op. cit., p.145.

50   Homi Bhabha, "The Other Question", *Screen* 24, 1983, p.30.

는, 권력의 작용에 저항하는 유의 지식(subjugated knowledge)을 상정하고 있지 않은가.[51] 권력과 주체의 관계에 대한 개념을 푸코로부터 빌려오면서 바바는 개인이 권력의 내부에서 저항적으로 사유할 수 있는 가능성은 제외하였던 것이다.

권력이 개인을 '전적으로' 구성하기에 개인은 그 권력에 대해서 사유할 수 없다고 본 점에서 바바의 권력 개념은 이데올로기적인 것이다. 푸코를 전유하는 바바의 이론은, 식민지 피지배자에게 지배 이데올로기의 실체를 '읽을' 수 있는 가능성을 박탈하고 만다는 점에서 식민 담론을 통한 전복이나 저항을 모색하려는 자신의 기획을 스스로 와해시키고 말뿐만 아니라 오히려 기존의 권력 관계를 공고히 하는 결과를 가져오는 모순을 낳는다. 자신이 공들여 제시하는 식민 담론의 전복적인 성격을 지배 체제의 제단 앞에 바치고 마는 이 자충수는 저서로 편집되기 전의 논문에서 발견되는 것이다. 이 문장을 인용함으로써 이 장의 결구를 삼을까 한다.

비록 상상계에 위치해 있다고 하더라도, 식민 담론의 가변적인 주체 위치들은 결코 지배적인 권력 관계를 심각하게 위협하지는 못할 것인데, 그 이유는 그것들이 권력 관계를 보다 쾌락적으로, 생산적으로 운용하기 위해 존재하기 때문이다.[52]

---

51   Michel Foucault, *Power / Knowledge*, pp.81~84.
52   Homi Bhabha, "The Other Question", p.30.

13장
민족(서사)의 해체

해체는 구조주의적인 몸짓이었으며, 또한 반(反)구조주의적이기도
하였다. 그리고 해체의 운명은 부분적으로 이러한 양가성에 달려 있
었다. 구조들은 와해되고, 분해되며, 탈침전되어야 했었던 것이다.
······ 그러나 이러한 구조의 와해와 분해, 탈침전은 그것이 질문을 제
기하였던 구조주의 운동보다 훨씬 더 역사적인 의미에서 부정적인 작
업은 아니었다. 파괴하는 것보다 한 총체물이 어떻게 구성되어 있는
가를 이해하는 것, 그리고 그러한 목적으로 그것을 재구성하는 것 또
한 필요한 것이었다.

—Derrida, "Letter to a Japanese Friend"

보충대리성과 식민적 의미화

「교활한 공손」에서 바바는 식민 담론과 식민주의자들의 정체성이 어떻게 글쓰기의 "차연성" 혹은 "보충대리성(supplément)"에 영향 받는지를 다룬다. 이를 위하여 바바는 영국 사회에서 발화된 시민 담론(civil discourse)이 식민지에 도착할 때 겪게 되는 변화, 즉 의미의 왜곡에 주목한다. 바바가 예로 드는 시민 담론은 자유주의적 가치와 원칙을 대변하는 존 스튜어트 밀의 발언이다. 이 자유주의 사상가에 의하면 이상적인 통치는 "대중의 목소리(vox populi)"가 존재함으로써 가능해진다. 대중의 목소리는 공적인 토론뿐만 아니라 토론에 참여한 개개인이 자발적인 의견 수정을 통하여 합의를 도출하는 것을 가능하게 한다.[1]

여기에서 밀이 대중의 "글"이 아니라 "목소리"를 강조한 것에 주목할 필요가 있다. 공적 토론에 참석한 청중의 마음에 직접 작용하여 그들에게서 동의를 이끌어 낸다는 점에서 음성 언어, 즉 스피치의 존재가 민주주의를 담보하는 필수 기제라는 전제가 있기 때문이다. 의미의 왜곡이 없다는 점에서 스피치가 의사 전달과 정책 결정에 있어 최선책이기는 하다. 이해관계에 있는 당사자가 모두 참가할 수 있는 공적 토론을 개최하는 것이 최상의 방책이기는 하나, 이것이 현실적으로 불가능할 때 토론을 대신할 수 있는 기록과 같은 대체물을 밀은 추천한다. 그의 표현을 빌리면 "대의제 정부가 제공하는, 정파(政派)나 이해관계가 있

---

1   Homi Bhabha, *The Location of Culture*, p.94.

는 당사자들 모두가 참여하는 토론이 불가능할 때, 이를 완벽하게 대체할 수 있는 장치는 없지만 그럼에도 [기록과 같은] 대체물이 아무 것도 없는 것보다는 낫다."[2]

바바가 정작 주목하는 부분은 이렇게 문자화된 시민 담론이 식민지에 도착할 때 오독(誤讀)의 피해를 입게 된다는 지적이다. 동인도 회사의 경영자들이 영국에서 15,000마일이나 떨어진 식민지에서 집행될 공문을 작성했을 때 이 공문은 완벽한 것이었다. 영국 정치인 매컬리의 지적을 직접 들어보면,

> 누가 읽어보더라도 당시 이들이 쓴 글에서 공정하고 인간적인 감정들, …… 경탄할 만한 정치 윤리의 약호를 많이 발견할 것이다. …… 이 지시들이 [식민지에서] 해석될 때는 다음과 같은 의미를 띠게 되었다. "민중의 아버지와 압제자가 되시오. 공정하고도 부당하게, 온건하고도 탐욕적으로 행동하시오."[3]

시민 담론이 "문서화" 과정이나 "전달의 지연"에 의해 오독된다는 매컬리의 진술에서 바바는 로고스중심주의(logocentrism)를 읽어 낸다. 뿐만 아니라 애초의 의미에 정반대의 의미가 보충되다 못해 이를 대체해 버리는 현상이 발생한다고 지적함으로써 "보충대리"가 시민 담론 내에서 작용한다고 주장한다.

---

2   John Stuart Mill, *Parliamentary Papers, 1852~1853*, XXX, testimony of John Stuart Mill to a select committee, June 21, 1852, p.310; Homi Bhabha, *The Location of Culture*, p.94.

3   T. B. Macaulay, "Warren Hastings", *Critical and Historical Essays* vol 3, London, 1903, pp.85~86; Homi Bhabha, *The Location of Culture*, p.95에서 재인용.

그리스어 '로고스'는 이성, 말, 현존, 진실 등 다양한 의미로 쓰인다. 서양의 형이상학적 전통에서 이 의미들은 각각의 대립항인 감성, 글, 부재, 기호 등에 비해 특권적인 지위를 부여받아 왔다. 로고스는 어원적으로 '말하다'에서 나온 것이다. 글보다 로고스, 즉 말이 우월한 언어 형태라는 서양의 믿음은 음성중심주의라고도 불리는데, 이는 고대 그리스나 고대 이집트의 시대로 거슬러 올라가는 것이다. 이에 의하면 음성 언어인 로고스는 기의(정신)에 가장 근접하여 그것과 직접적인 관계를 맺고 있으며, "자연적인 유사성에 의하여 사물을 반영하는 '정신적 경험'을 의미"하는 반면, 문자 언어는 음성 언어의 번역으로서 이차적이며 부가적이라는 것이다.[4] 로고스중심주의를 해체하기 위해 데리다가 주목하는 텍스트는 플라톤의 『파이드로스(*Phaedrus*)』이다. 스승 소크라테스와 친구 파이드로스 간의 대화를 플라톤이 받아 쓴 이 기록에 데리다가 주목하는 이유는, 이 대화록이 오늘날까지 면면히 내려오는 형이상학적 전통, 즉 음성 언어, 아버지, 현존, 근원 등에 특권적인 위치를 부여하는 전통의 원형이 되기 때문이다.

이 기록에서 소크라테스는 이집트의 신에 대한 일화를 파이드로스에게 들려준다. 이 일화에 의하면 이집트의 오랜 신들 중에는 숫자, 기하학, 천문학, 문자 등을 발명한 발명의 신 테우스(Theuth)가 있었는데, 하루는 그가 이집트의 왕 타무스(Thamus)를 찾아와 자신의 발명품들을 소개하였다. 이때 타무스는 발명품 하나하나의 용도에 대해 묻고 이에 대해서 좋고 나쁨을 평하였다. 이윽고 문자 발명품의 차례가 되자 테우

---

4   Jacques Derrida, op. cit., p.11.

스는 이것이 이집트인들의 기억과 지혜를 위한 보약(pharmakon)이라고 설명하였다. 이때 타무스는 매우 부정적인 반응을 보인다. 그 이유는 문자를 익히게 되면 사람들이 머리를 사용하지 않아도 되기에 기억력이 되레 나빠질 것이라는 것이었다.[5] 그래서 타무스는 문자 언어가 대중들에게 이득이 되기보다는 해를 끼친다는 판결을 내리게 된다.

플라톤의 이 저서에서 발명의 신, 글쓰기의 신 테우스는 이집트의 왕이자 신들의 왕이기도 한 타무스에 대해 종속적인 위치에 있다. 이집트 신화에서도 토스(Thoth)는 신-왕이며 태양-신이기도 한 아몬-라(Ammon-Ra)의 아들이라 스스로를 부른다. "나는 토스, 라의 장자다." "라"는 태양을 지칭하며, 고유명사 "아몬"은 숨겨져 있음을 함의한다. "라"는 자신이 하계로 내려가 있는 동안 비게 되는 하늘의 권좌에 토스를 불러 앉힌다. 데리다는 이 대목에서 최고 권력자의 행위가, 어떠한 현실이나 어떠한 초월적 기의도 제한하거나 통제할 수 없는 연쇄적인 대체 행위가 일어나는 '순수한 기표의 질서' 내에서 작동한다고 주장한다. 장자 토스가 아비 "라"를 대체하게 되었을 뿐만 아니라 왕좌에 앉은 후 아들들이 아버지를 없애고, 또한 왕이 된 형제를 다른 형제들이 없애는 등 온갖 종류의 전복 및 대체의 음모가 발생하기 때문이다.

왕 / 아버지 / 태양 / 말의 대리자인 토스는 오로지 '재현' 혹은 '반복'이라는 점에서 원본과 다를 뿐 원본과 구분되지 않는 닮은꼴이다. 데리다는 토스가 근원의 대체물이라는 주장에서 한 걸음 더 나아간다.

---

5   Jacques Derrida, *Dissemination*, Chicago : Univ. of Chicago Press, 1981, p.75 · 102에서 재인용.

토스는 자연스럽게 [그가 대리하는 모든 이들을] 완전히 대체할 수 있을 뿐만 아니라 이들의 특징들도 전유할 수 있다. 그는 자신이 보충해 주는 대상의 본질적인 특징이 되며, 대상과의 구분이 불가능하다. …… 그리하여 그는 아버지의 타자요, 아버지요, 대체의 전복적 순간이다. 글의 신은 그래서 아버지요, 아들이자, 자신이다. 그는 차이의 유희 속에 어느 한 역할에 고정되지 않는다. …… 왕도 객도 아닌 그는 일종의 조커패, 떠도는 기표, 연극에 유희를 더해 주는 만능패.[6]

데리다는 토스(테우스) 신의 일화를 통해 근원과 대리, 아버지와 아들, 글과 말 등이 실은 엄격히 구분될 수 없는 것임을 주장한다. 그의 보충 행위가 대체의 결과를 가져온다는 점에서 토스는 대리와 보충 간의 차이를 삭제해 버리는 존재이다. 또한 항상 타자의 자리를 차지한다는 점에서, 전유를 통해서 나타나고 자신의 존재는 보이지 않는다는 점에서, 토스는 기표, 유희, 불확정성을 나타낸다.[7]

이러한 데리다의 보충대리 개념을 바바는 시민 담론의 공간적인 이동에서 발견한다. 매컬리의 문서에서 바바가 주목하는 바는 자유주의적 가치를 토대로 하는 시민 담론이 식민지에서 '의미화'될 때 겪는 변

---

6   토스가 구현해 보이는 언어의 속성들은 그의 발명품인 글에서도 드러난다. 글이 기억력을 저하시킬 것이라는 타무스의 주장을 기억하리라. 타무스를 따라 플라톤이 글을 반대하는 이유는, 일종의 기억의 보조 장치(hypomnesis)가 머릿속의 (살아 있는) 기억(mneme)을 대체하기 때문이다. 즉, 글은 산 현존을 드러내거나 다시 살려내는 것이 아니라 죽은 형태의 것을 반복하거나 재생산한다. 데리다가 개입하는 지점이 바로 여기다. 데리다는 기억력도 과거의 대상을 불러내려면 기호에 의존해야 한다고 주장한다. 이미 발화된 말을 회상하기 위해서는 필연적으로 말을 구성하는 (음성)기호가 필요하다는 점에 기억은 처음부터 이미 기록에 의해 오염된 것이다. Ibid., pp.89~93.

7   Ibid., p.109.

화이다. 즉, 스피치로서의 시민 담론이 식민지로 전달될 때, 이는 문자 언어에 의한 "대체" 과정을 겪을 뿐만 아니라, 애초의 인도주의적 내용에 압제자가 되라는 정반대의 내용이 "보충"된다는 것이다. 중요한 사실은 이러한 의미의 변형이 원래 충만한 형태로 존재하는 의미를 잘못 판독하는 실수에 기인하지는 않는다는 것이다. 바바의 주장에 의하면 식민적 의미화 과정을 혼란스럽게 만드는 이 "보충대리성"은 애초 시민 담론 내에서 발견되는 것이다. 이 주장을 함에 있어 바바는, 글보다 말이 근원(발화자의 의식)에 더 가깝다고 믿는 플라톤과 타무스의 주장을 해체할 때 데리다가 사용한 논증 방식에 의존한다. 데리다는 글(기록)의 우월한 대립항인 기억이 실은 이미 타락하고 오염되었음을, 즉 '산' 기억이 죽은 언어인 기록에 의존할 수밖에 없음을 보여줌으로써, 대립항 간의 위계질서를 해제할 뿐만 아니라 대립항들이 실은 상호 교환 가능한 것임을 보여준다. 동일한 방식으로 바바는 식민지에 전달되기 전의 시민 담론, 즉 자유주의 정신으로 '충만한' 본토의 문명화 담론 내부에서 그것의 열등한 대립항이 발견된다고 주장한다.

바바는 이와 관련하여 밀이 칭송한 자유주의의 제도적 장치인 공적 토론의 이면을 볼 것을 요구한다. 밀에 의하면 민족 문화는 반대하는 목소리가 개인적인 의견으로 머무는 한 개인을 포용하는 열려 있는 성질의 것이다. 그러나 집단적 반대로 인해 위협받을 때 민족 문화는 개인을 배제하거나 억압하는 닫혀 있는 성격을 보인다. 이러한 배타성을 증거로 바바는 밀이 칭송하는 자유주의 이면에는 목소리의 통일성과 단일성을 추구하는 민족주의 이데올로기가 있다고 주장한다. 단결과 응집을 강요한다는 점에서 이 이데올로기는 식민지에 도착하기 이전에 이미 배타적일 뿐만 아니라 권위적이고도 전제적인 성향을 갖는다는 것이다.[8] 본토에서도 그런데 하물며 대의적인 토론의 기회를 원천적으로 박탈당하였기에 자기 이익과 의사를 주장할 수 없는 식민지와의 관계에서 '단결과 응집'을 강요하는 민족주의 이데올로기가 어떠한 태도를 보일지는 추측하기 어렵지 않다. 문서화의 과정을 거치기 이전부터, 즉 문자 언어에 의하여 대체되기 이전부터, 자유주의의 내면에는 이미 전제주의와 권위주의의 요소가 존재함을 바바는 지적하는 것이다.

자유주의의 원천적인 모순을 밝히는 바바의 작업은 초월적 기의나 음성 언어도 보충대리 운동에 영향을 받는 또 다른 기표에 지나지 않는다는 데리다의 논지를 반복하고 있다. 현존의 불가능성이나 의미의 불확정성이라는 관점에서 보았을 때, 식민 담론의 근원이 되는 시민 담론뿐만 아니라, 시민 담론의 모태가 되는 시민 사회의 정체성에서, 더 거슬러 올라가서 그러한 정체성을 낳은 에토스 등에서 바바는 일종의 오염을, 열등한 대립항이나 대리물을 발견한다. 데리다식으로 표현하자면, 기의는 이미 기표이며, 말도 이미 글이요, 기억도 기록의 일종인 것이다. 식민 담론에 대한 바바의 논지는 그것이 본국에서 발화되는 순간에도 자유주의적 가치를 온전히 담지해 내지 못한 불완전한 것이며, 식민지로 전달될 때에는 그것의 '저열한 대립항'인 전제주의에 의해 대체된다고 요약될 수 있다. 식민 담론 혹은 식민지 권위는 "불완전한 아류"[9]라는 바바의 수수께끼 같은 진술도 이러한 맥락에서 이해될 수 있다.

이처럼 바바는 식민 정권의 권위에서, 그 권위의 기원이 되는 (문자로

---

8   Homi Bhabha, *The Location of Culture*, p.94.
9   Ibid., p.97.

된) 식민 담론 내부에서, 또한 식민 담론의 근원이 되는 (음성 언어로서의) 시민 담론에서, 시민 담론의 기원이 되는 자유주의 내에서, 그리고 자유주의를 존립기반으로 삼는 시민 국가 내에서, 계속하여 "현존과 충만의 불가능성"을 발견해 낸다. 근원의 부재, 초월적 기의의 부재, 지시 대상의 부재를 끊임없이 지적함으로써 바바는 식민주의자들의 정체성과 식민 정권의 권위가 존재론적으로 불안정한 것임을 폭로한다. 유럽 시민 사회의 정체성은 식민지 타자와의 만남 이전에도 불안정한 상태에 있을 수밖에 없었다는 바바의 사유는 해체는 외부의 개입 없이 저절로 자체 내에서 발생한다는 데리다의 주장을 반영한다.[10]

혼종론과 역사성

바바는 시민 담론과 식민 담론 사이에 일어나는 의미의 보충대리 현상에서 식민 정권의 권위에 대한 위협을 읽어 낸 바 있다. 식민지 관리에게 "아버지와 압제자"가 동시에 될 것을 요구하고, 이 요구의 논리적인 결론으로서 원주민에게는 "피지배자이자 가증스러운 자"가 되기를 요구하는 식민 담론에는 화해할 수 없는 모순이 각인되어 있다. 더구나

---

10 해체의 자연발생설에 대해서는 데리다의 다음 글을 볼 것. Jacques Derrida, "Letter to a Japanese Friend", *Derrida and Différance*, David Wood · Robert Bernasconi eds., Evanston, IL : Northwestern University Press, 1988, pp.3~4.

식민 정권의 정체성이 본국에서 보내온 지시문에서 명백히 드러나지 않고 전문의 행간을 읽어야만 파악할 수 있는 것이라면, 지배자의 권위와 합법성은 문서에 의해 보장되지 못하고 해석의 공간, 추론의 공간에 의존하게 된다. 즉, 정권의 권위가 매우 불안정한 것이 된다는 말이다.

아버지의 역할이 압제자의 역할에 의해 보충되고 또 대체되는 이중성에 대해 바바는 다음과 같이 주장한다.

> 서구의 제국주의 담론은, 시민 사회에서 발화되는 진보의 서사에서 식민주의적 텍스트가 불안정하게 모습을 드러냄에 따라 그 사회를 끊임없는 삭제의 상태에 두게 된다. 시민 담론과 식민적 의미화 사이에서 — 각각의 축은 인식과 반복의 문제를 보여주는데 — 권위의 기표는 감시, 예속, 그리고 기입(記入, inscription)의 전략을 찾아 왕복운동하게 된다. 여기에는 노예와 주인의 변증법이 있을 수가 없는데 그도 그럴 것이 담론이 그토록 산종되어 있는 곳에서 트라우마로부터 초월로, 소외에서 권위로의 이행이 어떻게 있을 수 있을 것인가? 식민 지배자와 피지배자는 항상, 민주주의자이면서 전제 군주이고, 개인이면서 하인이고, 원주민이면서 어린이인 자아의 타자성을 부분적으로 반복하거나 그것의 분신을 반복하는 유의 동일시, 즉 오인의 과정에 같이 위치해 있다.[11]

유럽 제국이 바깥 세계에 대한 침략을 정당화할 때 사용한 명분이 자유주의와 전제주의의 이분법이었다. 자유주의적이고도 인도주의적인 유

---

11   Homi Bhabha, *The Location of Culture*, p.97.

럽이 전제적인 비유럽 사회를 문명화시킨다는 논법인 셈이다. 이러한 상황에서 보았을 때, 자유주의 시민 담론 내에서 출현하는 전제주의의 유령(원주민의 압제자가 되시오)은 제국의 윤리적·문화적인 우월성이 실은 실체가 없는 것에 지나지 않는다는 의구심을 불러일으킨다. 시민 국가의 정체성을 삭제의 위협 아래에 두는 것이다.

자유주의와 전제주의 중 어느 이데올로기와도 동일시할 수 없지만, 피지배자 앞에서 일관된 모습으로 권위를 세워야 하는 식민지 위정자들의 모순적인 상황을 바바는 불안정하게 떠도는 "권위의 기표"에 비유한다. 이 존재론적 불안정성을 바바는 "불완전한 아류(less than one and double)"로 요약한다. 즉, 식민 정권은 권위적인 성격으로 말미암아 본국의 자유주의 정신을 현지에서 온전히 구현할 수 없는 정권이기에, 시민 국가로서의 본국의 모습을 일부 밖에는 반영을 못하는 불완전한 것이며, 피지배자와의 관계에서는 아버지이자 전제군주라는 이중적인 모습을, 혹은 자유주의 국가의 '어두운 분신'이나 아류의 모습을 취한다. 이러한 위정자가 원주민들을 순종적인 백성의 위치로 호명하기란 불가능에 가깝다는 것이 바바의 지론이다.

유럽 식민주의는 자유주의와 전제주의 간의 차별, 제국과 식민지의 구분, 혹은 문명과 야만 간의 차이를 전제로 하는 것이었다. 그러나 식민지와의 만남은 제국 내에서 타자성을 발견하게 되는 계기가 된다. 식민 담론이 이러한 원치 않은 발견의 계기가 되지만, 동시에 이러한 발견이 낳는 트라우마에 대한 방책으로서도 기능한다. 바바에 의하면 동인도 회사에서 장교로 근무한 다우(Alexander Dow)의 『힌두스탄 역사(History of Hindustan)』가 그러하고, 그랜트 경의 『견문록(Observations)』이 그러하며, 밀(James Mill)의 『인도의 역사(Indian History)』가 그러하며, 몽테스키외(Montesquieu)의 저작이 그러하다. 이 저작들에서는 전제주의가 인도나 무굴제국 같은 동양의 군주제의 특징으로 정의됨으로써, 유럽의 계몽 군주제와의 차별화가 이루어진다. 이러한 차별화는 식민 담론이 발화될 때 발생하는 주체의 분열, 즉 유럽적 자아가 가증스러운 타자의 모습을 닮을 수밖에 없는 식민 모방의 문제를 해결하기 위한 것이다. 그러나 문제는 이러한 차별화의 시도에도 불구하고 유럽의 텍스트에서 구축되는 동양의 전제주의는 일시적으로 보충대리의 운동을 멈출 뿐 종국에는 유럽의 끔찍한 거울상으로 기능한다는 점이다.

원주민들 위에 군림하는 순간 자신의 유럽적 자아(아버지가 되시오)에서 어쩔 수 없이 "야만인들"을 닮은 타자성(압제자가 되시오)을 발견하게 된다는 점에서, 식민지의 유럽인들은 본인의 의사와 상관없이 혼종적인 식민 주체, 즉 '식민 모방'을 구현하게 된다. 앞서 12장에서 식민 모방은 어정쩡하게 개화되어 지배자의 닮은꼴을 한 식민지의 피지배자를 의미하였다. 반면 이번에는 모방이 역방향으로 움직이게 됨은 유의할 만하다. 이번에는 지배자가 피지배자의 아류가 되는 것이다. 자신의 내부에서 발견되는 타자성에 대한 불안을 해소하기 위해, 통합된 주체의 모습을 회복하기 위해 유럽인들은 피지배자를 찾는다. 그와의 관계 속에서 훼손되지 않은 자아, 유럽적 자아의 근원성과 우월함을 인정받고 싶은 것이다.

유럽인을 움직이는 이 욕망과 판타지의 장에서 바바가 출연시키는 타자가 "교활한 공손함"을 갖춘 원주민이다. 이 원주민은 유럽인 지배자가 하는 '인정의 요구'를 충족시켜 주지 않는다. 또한 그는 주인의 말을 정면으로 거부하여 분노를 사는 행위를 삼가는 영리한 자이다. 교활한 하인과의 관계에서 좌절을 지속적으로 경험하면서 주인은 변한다. 이전에는 분리된 자아를 통합시켜 줄 '인정에 대한 요구'를 하였다면 이제는 이 자기애적 요구가 편집증으로 변하게 된다. 나를 온전한 인간으로 인정해 줄 것을 요구하였으나 되돌아오는 반복되는 거절로 인해 상대를 증오하게 된 것이다. 그리고 이러한 증오를 다시 타자에게 투사시킨다. "나를 사랑해 다오"가 "그를 증오한다"로, 다시 "그가 나를 증오한다"는 확신으로 변하게 되는 것이다.[12]

동일한 논법이 「경이롭게 여긴 기호」에서도 발견된다. 혼종성이나 식민 모방 대신에 "영국책"이 소재로 등장할 뿐이다. 이때 영국책은 식민 지배자의 순수한 정체성에 대한 비유이다. 영국책이 식민지의 낯선 환경에서 왜곡되어 수용되는데, 이 왜곡은 식민 지배자들이 이전의 온전한 이미지나 정체성을 스스로에게 환기시킴으로써 해결될 수 있는 성질이 아니다. 자신의 정체성 내부에서 타자성이 발견되고, 이 타자성이 생성시키는 혼종성이나 양가성이 식민 지배자의 권위를 위협한다는 바바의 주장은 그의 거의 모든 글에서 반복되는 테제이다. 이러한 점에 있어 바바는 형이상학적 텍스트를 대상으로 삼아 동일한 테제의 알레고리로 읽는 해체주의자들을 닮았다. 해체주의적 탈식민주의에 대한 비판 중에는, 지배자뿐만 아니라 피지배자까지 끝없는 '불확정성의 미로'에 놓여 있다면 현실을 변화시키려는 주체의 노력은 어디에서 발원할 수 있을 것인가라는 질문이 있을 수 있다. 같은 맥락에서 민족의 구

---

12 Ibid., p.100.

성이 해체를 내포하고 있다면 '정체성의 정치학'에 기반을 둔 반식민 운동이 어떻게 성립될 수 있을 것인가 하는 지적이 있다.

바바의 혼종론에 있어 문제점은, 혼종성에 기인하는 혼란이 시공간을 초월한 비역사적인 개념이라는 데 있다. 사회적·역사적 맥락에서 분리된 혼종성에는—이에 대한 비판도 마찬가지인데—혼종의 이름으로 내부의 차이들을 질식시켜 버릴 가능성이 있다. 이를테면 혼종성이 다양한 것들이 혼합된 상태인지, 혼합의 결과 새로운 정체성이 생겨나게 되었는지에 대한 구분도 제대로 이루어지지 않을 뿐만 아니라, 혼종을 구성하는 성분들에는 어떠한 것이 있는지에 대한 논의 자체가 폐제(廢除, foreclose)되고 마는 것이다. 식민지의 혼종을 구성하는 요소의 범주에는 인종적 차이, 민족적 차이. 계급적 차이, 성적 차이 등 다양한 것들이 있을 수 있음에도 말이다. 바바의 혼종성 이론은 이러한 차이들에 주목하지 않는다. 이 문제점에 대해 딜릭은 혼종성 이론이 차이나 다양성에 주목하는 것이 아니라 실은 문화적인 본질주의를 뒷문으로 들여온다는 지적을 한 바 있다.[13]

바바가 역설하는 전복적인 혼종성은, 적어도 그가 드는 정신분석학적 사례에서는 설득력 있게 다가오지 않는다. 혼종성의 전복적 성격이 설득력을 가지려면 아무래도 정치적·경제적 맥락 내에서 분석이 이루어져야 하지 않나 싶다. 이를테면 영국 사회의 이민 역사를 뒤져보면 영국 사회 내부에서 고개를 쳐드는 타자성이 제국을 뒤흔들어 놓은 사례들이 발견된다. 제2차 세계대전이 끝난 후 식민지 출신의 유색인들

---

13   Arif Dirlik, *Postmodernity's Histories : The Past as Legacy and Project*, New York : Rowman & Littlefield, 2000, p.185.

이 보다 나은 삶을 찾아 영국으로 대거 유입되었던 적이 있다. 그러자 파웰(Enoch Powell) 같은 극우정치인은 '민족전선'을 이끌며 유색인 이민자들의 권익을 공공연히 위협하였다. 일례로 그는 노동당 정부가 인종 차별을 반대하는 주택 법안을 내놓자 이 정책이 결국 영국을 "피로 넘쳐 나는 테베르 강"[14]으로 만들 것이라고 위협적인 예언을 하였다. 영국 정치에서 인종주의적 극우주의자들의 등장은 영국 주류 집단이 유색 이민자들로 인해 느끼게 된 위기감을 반증하는 것이다. 기성의 "민족성"이 유색인들의 존재에 의해 도전받게 되자 이에 반동적으로 반응하였던 것이다. 그도 그럴 것이 이민자들의 유입이 있기 전 영국인들에게 있어 '민족성'은 오로지 백색이었다. 그러나 파키스탄인, 방글라데시인, 인도인뿐만 아니라 서인도제도 출신 등 각양각색의 이민자들로 구성된 소수민족 공동체들이 등장하여 '백색의 민족지도'를 얼룩덜룩하게 만들어 버렸고, 이 유색이 영국의 백색 정체성에 심각한 위협을 제기하였던 것이다.

다음은 비서구 사회로 눈을 돌려보자. 비서구 사회에서 현지 문화와 서구 문화가 혼합되면서 발생하는 혼종화 현상은 (신)식민주의의 진행에 제동을 걸 전복적 요소인가. 아니면 서구 문화로의 동화 과정에서 자연스럽게 나타나는 과도기적인 현상인가. 세계화가 피할 수 없는 운명이며 이는 곧 미국화라는 전망은 후자의 의견에 힘을 실어 준다. 반면 비서구권에서 발생하는 문화적 혼종에 다른 의미를 부여하는 시각도 있다. 물론 이러한 시각은 바바가 의존하는 정신분석학적 틀이 아니

---

14   Enoch Powell, "Like the Roman, I see the River Tiber foaming with much blood", Mar. 1. 2014. http://www.sterlingtimes.org/powell-speech.doc. par. 17.

라 정치적·경제적 맥락을 논의의 틀로 삼는다. 이 시각에 의하면 세계화가 제3세계를 미국의 문화적 속국으로 만드는 경향이 있는 것은 부정할 수 없는 사실이다. 그러나 주목할 사실은 문화 수입이 수입국을 수출국의 문화에 동화시키기도 하지만 그에 못지않게 둘 사이를 떼어 놓기도 한다는 점이다. 모든 외래문화의 수입이 항상 수입에 그치지는 않기에, 이를 현지의 언어로, 현지의 맥락에 맞게 바꾸어 놓는 '문화 번역'도 이루어지기 때문이다.

머독의 "뉴스 인터내셔널"이 인도와 중국의 방송 시장을 장악하려고 했던 적이 있다. 이 시도는 얼마 가지 않아 장애물을 맞닥뜨리게 되는데, 그 이유는 서구 방송의 진출이 수입국의 방송 산업을 통한 '현지화'를 통해서만 가능하였기 때문이다. 그도 그럴 것이 인도와 중국 현지의 방송 산업은 서구와는 상이한 문화 전통에 뿌리를 내리고 있었기 때문에 외래문화가 점령군처럼 쉽게 그 뿌리를 뽑고 스스로를 이식할 수는 없었던 것이다. 선진화된 기술 문명에 맞닥뜨렸을 때 자신에게 적절한 속도로, 자신이 원하는 조건으로 근대화를 추진하였다는 점에서 인도와 중국의 방송 산업은 세계화에 대한 하나의 대안, 즉 "토착적인 근대성(vernacular modernity)"의 모델을 보여준다.[15] 바바의 이론이 갖는 약점은 이처럼 역사적 맥락 내에서 전개되는 혼종화의 경우를 고려하지 못하고 추상적인 범주화에 머무르고 말았다는 데 있다.

---

15   Stuart Hall, "Conclusion : The Multi-cultural Question", p.215.

민족의 산종(散種)과 시간성[16]

　민족에 대한 해체론적인 사유를 진전시킴에 있어 바바는 "시간성"에 주목한다. 그는 정치적 이성이 최고도로 실현된 형태라고 여겨지는 민족에서 사실은 놀랍게도 근대와 전(前)근대가, 진보의 목적론과 비이성(非理性)이, 동질성과 잠재적 전제주의가 교차하고 있음에 주목한다. 이 진술을 이해하기 위해서는 바바의 글에서 이어 인용되는 채터지(Partha Chaterjee)와 겔너(Ernest Gellner)의 주장을 먼저 들여다 볼 필요가 있다. 바바는 비록 "민족주의가 계몽주의적 보편성에 근거해 있다고 하나, 계몽주의도 사실 타자를 필요로 하기에 정작 진정한 보편주의가 실현되면 [민족주의는] 와해되고 말 것"[17]이라는 채터지의 주장을 빌려 옴으로써 민족주의의 철학적 입지를 구축하는 근대성이나 보편적 이성, 정치적 합리성 등이 수사적인 허언(虛言)에 지나지 않음을 주장한다.

　민족이 표방하는 근대성과 보편주의가 민족국가의 실상, 즉 자국중심주의나 자문화우월주의와 모순관계에 있음을 고려할 때 채터지의 주장에는 수긍이 가는 부분이 있다. 또한 동질성의 이면에 도사리고 있는 전제주의나 전체주의의 모습은 나치 독일이나 명치유신 이후 근대화된 일본이 걸어갔던 군국주의의 길이 예시한다고 여겨진다. 이러한 아이러니를 바바는 다음과 같이 표현한다. "근대성의 동질성 혹은 인민(the

---

16　민족의 시간성, 교육성 vs. 수행성에 관한 논의는 졸고 「호미 바바의 탈민족주의와 이산적 상상력」, 『비평과 이론』 9권 1호, 2004, 157~180쪽을 수정 보완한 것이다.

17　Homi Bhabha, *The Location of Culture*, p.141.

people)이라는 것이, 도가 지나칠 경우 전제주의적 혹은 전체주의적 대중이라는 전근대적 무리를 닮은 형상을 취한다는 사실을 어떻게 이해할 것인가?"[18]

민족의 시간성에는 근대와 전(前)근대의 공존이 잘 드러난다. 많은 논자들이 이미 주장하였듯, 민족이 기반을 둔 시간성은 단일하지도 동질적이지도 않다. "민족들은 왜 그들의 놀라운 청춘이 아니라 노년을 경축하는가?"라는 앤더슨(Benedict Anderson)의 질문에서 드러나듯, 서구의 민족이란 극히 근대적인 출현물이면서도, 동시에 스스로의 존재를 합법화하기 위해서 빛바랜 설화나 고대의 신화에, 즉 과거의 시간에 의존하는 기이한 현상이다. 시간성과 관련하여 민족에 내재하는 모순을 지적함에 있어 바바는 겔너의 저작으로부터 다음과 같이 인용한다.

> 민족주의의 실체는 그것의 외관과는 다르며 **특히 자신의 눈에 비친 모습과도** 다른 것이다 ······ 민족주의가 사용하는 문화적 조각과 편린은 종종 임의적인 역사적 고안물에 지나지 않는다. 어떠한 낡은 조각이라도 그 역할을 해냈을 것이다. 그러나 그렇다고 해서 여기에서 민족주의의 원칙이 ······ 조금이라도 우연적이거나 우발적이라는 결론이 도출되는 것은 결코 아니다.[19]

원전의 문장 순서를 임의로 바꾸어 놓은 위 인용문에서 민족의 전일성이나 통합성은 "조각과 편린"이 함의하는 분열성과 대비되며, 민족의 확실성과 역사적 필연성은 "역사적 고안물"이 함의하는 임의성이나 우

---

18   Ibid., p.142.
19   Ibid. 강조는 원문.

연성과 대비된다. 바바의 표현을 빌리면, 겔너의 이론에서 민족이라는 개념의 필연성이 기호와 상징의 자의성과 충돌하는 것이다.

겔너는 『민족들과 민족주의』에서 "민족주의가 동질성을 강요하는 것이 아니라 동질성을 요구하게 된 사회적 여건의 변화가 민족주의의 형태로 표출된 것일 뿐"[20]이라고 주장한 바 있다. 즉, 민족주의와 민족의 출현을 산업 경제의 도래에 따르는 문화와 권력의 상호작용 혹은 상호필요성에 의하여 생겨난 필연적인 현상이라는 것이다. 겔너가 보여주는 경험주의적이며 역사적인 안목은 바바의 글로 옮겨지면서 소실된다. 바바는 자의적으로 재구성한 겔너의 인용문을 증거로 삼아 통합적 모델로서의 민족을 상정하는 "문화와 공동체에 관한 전일적(全一的, holistic) 유기체론들"[21]을 도매금으로 반박한다. 그는 이어 자신의 작업이 민족의 범주에 따르는 역사를 부정하는 것은 아니며 단지 "민족이라는 미명 아래 작동하는 문화적 동일시와 언술의 전략을 드러내는 것"이라고 밝힌다.

역사성이 논의의 영역 밖이라고 처음부터 선언함으로써 바바는 자신을 따라다니는 탈역사성의 논란으로부터 안전한 거리를 두는 듯하다. 곧 논하겠지만 이러한 거리두기의 선언에도 불구하고 민족에 대한 그의 논의에서 역사는 끊임없이 참조되고 있다. 그리고 역사와 맺는 바로 이 참조의 관계가 그의 이론적 작업의 유효성에 의문을 제기하는 계기를 제공해 준다는 점은 아이러니이다. 바바가 겔너의 글을 전유함으로써 주장하고자 하는 바는, 민족이라는 "경험적이고도 사회학적인 범주"가 존재하기 위해서는 지속적이고도 반복적인 "문화적 의미화"가

---

20   Ernest Gellner, *Nations and Nationalism*, Oxford : Basil Blackwell, 1983, p.39.
21   Homi Bhabha, *The Location of Culture*, p.142.

필요하다는 점이다. 이때 "문화적 의미화"라 함은 낡은 문화적 조각들을 한데 모으고 짜 맞추어 '단일한 사회'라는 거대한 모자이크 그림을 완성해 내며, 동시에 그것들을 존재하지 않는 민족의 역사적 기원에 대한 비유로 변모시키는 작업을 의미한다. 스튜어트 홀은 이 작업을 "민족을 실질적으로 가로지르는 계급, 성, 지역, 종교, 그리고 지역의 무수한 차이들에서 통일된 동일시의 형식을 벼려 내는 것"[22]이라고 표현한 바 있다. "문화적 의미화" 개념이 잘 와 닿지 않으면, 일연의 『삼국유사』에 실려 있던 단군 신화가 600여 년 동안이나 별 주목을 받지 못하다가, 일제 강점기에 민족의식을 고취하고 싶었던 육당 최남선에 의해 부활되었다는 사실을 고려해 봄 직하다.

바바는 겔너의 글에서 근대 민족의 이중적인 시간성을 발견한다. 민족은 스스로의 존재를 정당화하기 위하여 "이미 주어지고 구성된 역사적 기원"에 호소해야 한다는 점에서 지속적이며 축적적인 "역사적 시간성"을 갖는다. 다른 한편으로는 동시대의 일상으로 구성된 상이한 조각들과 편린들을 통합적이고도 동질적인 민족문화의 기호로 끊임없이 변화시키는 작업을 수행해야 한다는 점에서 "반복적이면서도 순환적인 현재성"을 갖는다.[23] 이러한 모순적인 시간성을 바바는 "근대성의 시간에 깃든 오랜 양가성"[24]이라고 명명한다.

사실 민족이나 민족주의의 양가성에 대하여 주목한 이로는 바바가 처음이 아니다. 민족의 양가적 시간성은 이미 네언(Tom Nairn) 이하 많

---

22 Stuart Hall, "Conclusion : The Multicultural Question", p.228.
23 Homi Bhabha, *The Location of Culture*, p.145.
24 Ibid., p.142.

은 민족주의 연구가들에 의하여 주목을 받았다. 예컨대, 「민족의 산종」에서 바바가 인용하는 네언은『영국의 와해』에서 민족을 현대의 "야누스"[25]라고 이름 붙인 바 있다. 바바가 직접 인용하는 학자인 겔너와 앤더슨 외에도 홉스봄(Eric Hobsbawm), 칸디요티(Deniz Kandiyoti)와 매클린톡 등 많은 이론가들이 민족의 양가적인 시간성에 대해서 논의하였다. 민족주의와 근대성의 관계에 주목하는 이들은 원초주의(primordialism)보다는 도구주의(instrumentalism)의 입장을 견지한다.[26]

네언의 이론을 바바의 이론에 견주어 읽어보면, 민족의 양가적 시간성이라는 주제가 후기구조주의와 만남으로써 무엇을 얻고 잃었는지가 드러난다. 네언은 민족주의의 출현을 자본주의의 "불균형적인 발전 (uneven development)"에 따르는 선·후진국 간의 지배와 예속의 관계에 위치시킨다. 그에 의하면, 상업 정신과 자본의 힘이 세계 평화를 가져올 것이라는 칸트의 예상과 달리 자본주의의 발달은 더 많은 전쟁을 가져왔으며, 중심으로부터 주변부로의 자본주의 확산도 주변 국가들의 선진화를 가져오기는커녕 주변부에 대한 중심부의 무자비한 침략을 가져왔다. 진보론적 사관과 역사적 현실 간의 차이에 대한 원인으로서 네언은, 근대화의 세력이 인류의 진보에 관심을 가진 자비롭고도 사심 없

---

25 Tom Nairn, *The Break-Up of Britain : Crisis and Neo-Nationalism*, London · New Left Books, 1977, p.348.
26 원초주의는 인종적 공동체의 영속성에 주목하면서 민족주의가 종족, 조상, 종교, 언어, 영토와 같은 원초적 유대관계에 기초해 있다고 보는 반면, 도구주의는 민족주의가 근대화와 도시화라는 특정한 역사적 조건 속에서 발생한 이데올로기라고 본다. 전자의 진영에는 마이네케(Friedrich Meinecke), 비트람(Reinhard Wittram), 노이만(Franz J. Neumann) 등 독일학파가 있고, 후자의 진영에는 한스 콘(Hans Kohn), 헤이즈(Carlton Hayes), 케두리(Elie Kedourie) 등의 영미학파가 있다. 임지현, 앞의 글, 66~67쪽 참조.

는 엘리트들의 수중에 있었던 것이 아니라 영국과 프랑스 부르주아지의 ― 마르크스와 엥겔스가 즐겨 사용하던 용어인 ― "추한 물질적 이해관계"에 의하여 좌우되었음을 지적한다.

민족주의의 발생은 이처럼 산업혁명에 뒤처진 "후진적인" 민족이 근대화의 힘과 이익을 전유하면서 동시에 선진국의 지배에 대항하여 공동체의 문화적 자율성과 정치적 독립성을 확보하기 위하여 취하는 자구적인 노력에 연유한다.[27] 이러한 맥락에서 보았을 때 주변부의 국가가 고색창연한 설화나 신화를 근대의 시간에서 불러내는 행위는, 융화가 불가능한 모순을 발생시키는 문제적 사건이 아니라 중심부에 대항하여 주변부가 스스로를 지키기 위하여 사용하는 전략적 무기로 평가된다.

바바가 이러한 문제를 고려하지 않는 이유 중의 하나는 그가 선택한 논의의 일차적인 대상이 중심부 민족이었기 때문이고, 또한 중심부 민족 내부에서 전복의 가능성을 발견하고 이를 이론화하는 것이 목표였기 때문이다. 양가적 시간성에서 바바가 대신 이끌어 내는 것은 불안정성과 불확실성이라는 해체주의적 테제이다. 그에 의하면 민족에 관한 어떠한 재현도 '충만한 시간성' 내에서 이루어지지 못한다. 달리 표현하면, 엘리트적 성격을 띠든 하층민의 입장을 대변하든, 민족에 대한 어떠한 입장도 양가적이며 분열된 시간 내에서 표현되는 한은 그 권위를 온전히 유지할 수 없다는 것이다.

민족의 양가적 시간성과 그것의 '범주적 불안정성'은 민족을 구성하는 '인민' 개념에서도 드러난다. "과거 속에 이미 존재하는 역사적 기

---

27   Tom Nairn, op. cit., pp.336~40; Tom Nairn, *Faces of Nationalism : Janus Revisited*, London : Verso, 1997, p.71.

원"으로서의 인민은 민족주의 담론이 스스로를 합법화하기 위해 권위의 원천으로 모시는 "역사적인 객체"이다. 반면 현재성의 관점에서 보았을 때, 인민은 생동하는 동시대의 민족적 삶을 강조하기 위해서 근원적·역사적 존재로서의 자신을 은폐하는 "문화적 의미화 과정의 주체"이다.[28] 주체와 객체 간의 이러한 왕복운동은 인민의 범주 내부에 양가성을 생성시킨다. 이것이 함의하는 바는, 권력이 자기 정당화를 위해 거론하는 인민이 사회적 권위의 생성을 가능하게 하면서 동시에 그 권위의 유지를 불가하게 만들고 만다는 것이다. 그러면 민족의 위치는 정확히 어디인가? 민족은 이미 존재하는 "역사적 근원"이나 문화적 의미화 작업을 수행하는 "현재의 주체" 어느 한 쪽과도 동일시될 수 없다. 모순적인 두 가지 시간성을 모두 내포함으로써, 언술의 주체이자 객체라는 이중적 위치를 동시에 점함으로써 생성되는 모순과 분열의 현장에 바바는 민족을 위치시킨다.

교육성 vs. 수행성, 불확정성

민족의 범주를 해체함에 있어 바바는 시간적인 이중성이나 모순의 개념에만 의존하지는 않는다. 그는 이중적 시간성 중 역사성을 "교육성

---

28 Homi Bhabha, *The Location of Culture*, p.145.

(the pedagogical)"과, 현재성을 "수행성(the performative)"과 연관시킨다. 교육적 기능은 '고안된' 전통 내에서 민족 서사의 권위를 찾음으로써 민족주의에 발을 맞춘다. 사실 민족이 스스로의 역사를 고안해 낸다는 사실을 고려한다면, 교육적 기능이 민족의 '자가생성(自家生成)'에 관여한다고 말하는 편이 더 정확하리라. 반면 수행적 기능은 인민 내부의 현재 모습, 갈등적이며 불균등한 이해관계가 드러나는 현재의 역학 관계에 관여한다. 앞서 바바가 민족의 현재성을 "생동성"으로 설명한 바 있는데, 이제는 현재성의 수행적 기능에서, 민족의 전일성과 동질성을 훼손하는 전복적인 의미를 읽으려 하는 것이다. 이때 수행성의 순기능적인 역할, 즉 수행성이 체제를 강화하는 역할을 할 가능성에 대해서 바바가 고려하고 있지 않음은 지적할 만하다. 교육적 기능과 수행적 기능이 필연적으로 상호 대립적이거나 갈등적인 관계에 있게 된다고 본 점에서 바바의 이론은 민족과 관련된 사회 현상을 자의적으로 읽는다.

수행성을 이질성과 갈등이 발생하는 장으로 정의함으로써 바바가 준비하는 테제는 민족은 애초부터 내부에 분열의 공간을 갖고 있다는 것이다. 바바의 표현을 빌리면, "영원한 자가생성의 과정으로부터 고립되고, 자신으로부터 분열된 민족은, 소수민 집단의 담론들, 갈등적인 민족들의 이질적인 역사들, 적대적인 권위체들, 그리고 심각한 문화적 차이가 내부를 구성하는 간극적인 의미화의 공간(a liminal signifying space)이 되고 만다."[29] 바바가 민족의 구성적 특징을 묘사함에 있어 "이질적인 시간성"에서 "내부의 분열"로, 이어서 "간극적인 의미화의

---

29 Ibid., p.148.

공간"으로 말 바꿈 하는 것에 주목할 필요가 있다. 다시 논하겠지만 여기에서 "의미화"란 언어적인 혹은 문화적인 의미도 갖기는 하나, 바바가 정작 염두에 두고 있는 것은 기표는 다른 기표를 지시하는 연쇄적인 운동에 연루될 수밖에 없다는 "글쓰기" 개념이나 보충의 의도로 부가(附加)된 것이 원래의 것을 대체하는 보충대리 개념이다.

바바에 의하면, 민족이란 자기동일적인 확실성을 결여한 불안정한 범주에 지나지 않는다. 이에 대한 증거가 자기동일성 내부의 '이질성', 즉 동화되기를 거부하는 내부의 타자이다. 이러한 범주적인 불안정성을 밝히는 것은 단순히 "근대 자유주의 국가의 내면적 모순"을 드러내는 것이 아니라 저항적 문화를 실천하는 것이다. 전일적이며 유기적인 민족의 개념을 반박함에 있어 양가성에서 분열로, 그리고 다시 기표의 운동으로 이어지는 바바의 난삽한 논지는 다음의 단락에서 잘 요약되어 있다.

하나의 공동체를 결속시키는 애증(愛憎)의 양가적인 동일시를 설명하기 위하여 프로이트는 인접한 공동체들, 예를 들면 스페인과 포르투갈 사이에서 흔히 나타나는 반목(反目)의 유비를 사용한다. "공격성을 폭발시킬 대상인 타자들이 있는 한, 상당한 수의 사람들을 사랑으로 결속시키는 것이 가능하다." 문제는 물론 사랑과 증오가 동일한 정신적 공간을 차지하고 있나는 점이다. 그리고 "외부를 향한" 피해망상적인 투사(projection)가 출발지로 되돌아와 그곳을 맴돌며 분열시킨다는 점이다. 영토들 간에 명확한 경계선이 유지되고 자기애적 손상이 잘 다스려지는 한, 공격성은 타자에게나 외부로 투사될 것이다. 그러나 내가 주장한 바 있듯, 만약 인민이 민족 담론의 이중성이 표현된 것이라면? 교육 담론과 수행 담론 간의 양가적 운동의 표현이라면? 만약 클로드 르포르(Claude Lefort)가 주장하듯, 현대 이데올로기의 주체가 권위의 상징적 이미지와 그 이미지를 생성시키는 기표의 운동 사이에 분열되어 있다면? 그래서 사회라는 "기호"가 하나의 위치에서 다른 위치로 끊임없이 미끄러지는 운명을 가진다면? 바로 이러한 간극성의 공간에서, "확실성이 와해되는 참을 수 없는 시련" 속에서, 우리는 애초에 내가 거론하였던 민족 담론의 자기애적 신경증을 접하게 된다. 민족은 더 이상 사회를 수평적인 관계로 보는 관점에 의하여 문화적 차이가 동질화되는 근대성의 기호가 아닌 것이다.[30]

민족에 관한 전일적인 입장은 "하나로서의 다수(many as one)"로 요약할 수 있다. 위의 인용문에서 드러나듯 바바가 이러한 입장을 반박하는 방식은 "하나"의 내부에 감추어진 반목하는 존재를, 자기애(自己愛)로 다스릴 수 없는 내면의 증오를, 자기동일성 내부에 존재하는 타자성을 지목하는 것이다. 이러한 시각에서 보았을 때 인민은 더 이상 '진보의 목적론'이나 '수평적 공동체론'에 의하여 호락호락하게 결속될 수 있는 존재가 아니다. 사실 진보의 목적론은 한국 사회를 설명하는 핵심어이다. 과거 노동자들과 농민들의 불만을 상당 부분 잠재웠던 것도 다름 아닌 당대의 정권이 내건 조국 근대화라는 "발전주의 담론"이었기 때문이다. 이 계층들은 현실의 착취 구조를 지탱하기 위해 희생을 강요당하는 하위계층이었음에도 불구하고 "우리도 한번 잘 살아보세"

---

30   Ibid., p.149.

라는 목적론적인 사회 구호에 의해 호명되었던 구국의 존재들이었던 것이다.

민족 공동체 내부의 분열을 설명하기 위해 바바는 프로이트가 『문명과 그의 불만』에서 설명한 바 있는 "공격성" 개념을 가져온다. 프로이트는 이 저작에서 문명사회가 탄생되기 위해서는 인간의 가장 강력한 본능인 리비도와 공격성이 억압되거나 적절히 통제되어야 했다고 주장한 바 있다. 그러나 본능의 충족이 주는 만족을 포기하도록 강요하는 것이 쉽지만은 않기에, 공격성이 외부인에 대한 증오의 형태로 표출되도록 하는 것이 국민을 관리하는 관점에서 필요하였다. 그래서 주류 집단이 이웃 민족이나 공동체 내부의 소수민을 대상으로 증오심을 터뜨리는 것이 정책적으로 종종 허용되었다고 한다. 이러한 증오의 투사는 포르투갈과 스페인, 영국인과 스코틀랜드인, 북독일인과 남독일인 사이에서도 발견되지만, 유럽 각국에 흩어져 있었던 유태인들과 주류 민족들 사이에서도 발견되는 것이다. 내부의 소수민을 향하든 인접 국가의 민족을 향하든, 이러한 공격성의 표출이 공동체를 결속시키는 순기능 역할을 하였다는 것이 프로이트의 요지이다.[31] 바바는 이러한 공격성의 개념을 빌려와서, 주류 집단의 공격성이 외부가 아닌 내부를 향할 경우에 주목한다. 내부로 향한 증오심(공격성)과 자기애가 복합적이고도 모순적으로 작용함으로써 공동체의 형성이나 통합을 저해한다는 것이다.

그러나 프로이트와 바바의 이론 간에는 차이점이 있다. 프로이트의

---

31 Sigmund Freud, James Strachey trans., *Civilization and Its Discontents*, New York : Norton, 1961, p.61.

경우 남독일인과 북독일인 간의 적대 관계에서 보듯 증오의 내부 투사는 하나의 민족 공동체를 갈등적인 두 집단으로 나누는 결과를 가져온다. 반면 바바는 양가적 감정이 공동체의 자기 동일시에 혼란과 장애를 발생시킨다고 주장한다. 마치 개인에게 있어 내부로 투사된 증오심과 자기애가 일종의 인격 장애를 야기하듯, 민족 공동체가 — 분열이 아니라 — 일종의 분열증을, "자기애적 신경증"을 겪게 되는 것이다. 공격성과 자기애 사이에서 어느 한쪽에도 완전히 수렴되지 않는 민족의 상태를 바바는 기의에 수렴되지 못하고 미끄러지기를 반복하는 '기표의 운동'에 비유한다. 이렇게 해서 양가성에서 분열로, 또한 분열에서 후기 구조주의적인 기표 개념으로 논지를 비약시켜 나가는 것이다.

이러한 논법의 문제점은 공동체에 대한 논의가 어느 사이에 인격체의 성 심리 같은 정신세계에 대한 논의로 바뀌어 있다는 점이다. 내부로 향한 공격욕의 표출이 있다고 해서 공동체의 감정 구조를 인격 장애나 분열증을 겪는 개인의 정신세계와 동일시 할 수 있는가 하는 의문이 생긴다. 왜냐하면 역사는 바바가 주장하는 바와는 다른 방향을 가리키고 있기 때문이다. 프로이트도 주장하듯 내부의 소수민에게 분노를 표출하는 것을 허용함으로써 민족 공동체는 분열증으로 고통 받았던 것이 아니라 실은 '우리만의' 내부 결속을 더욱 공고히 다질 수 있었다. 물론 이러한 반대 사례는 프로이트를 인용하는 바바의 글에서 배제된다.

"문화적 의미화"의 해체적인 의미는 파농과 크리스테바(Julia Kristeva)에 대한 바바의 인용에서 가시화된다.『대지의 저주받은 자들』에서 파농은 네그리튀드 운동에서 발견되는 "전통주의에 대한 맹목적인 숭배"를 비판한 바 있다. 그는 민족 문화의 주소를 박제화된 과거가 아니라 개인들이 민족의 독립을 위하여 노력을 경주하는 현재의 투쟁에서 찾아야 한다는 주장을 한다. 그에 의하면 "민족 문화란 민족의 생성과 유지에 관한 활동을 묘사하고 정당화하며 찬양하기 위하여 그 민족이 사고의 영역에서 행하는 모든 노력의 총체이다. …… 그러므로 저개발 국가들에서 민족 문화는 이 국가들이 수행하는 자유를 위한 투쟁의 중심부에서 생겨난다."[32] 파농의 글에서 강조되는 역동적 현재성은 바바의 현재성(수행성)과 유사하다.

문제는 파농이 역설하는 투쟁의 "역동성"이 바바의 글에서는 "문화적 의미화의 불안정성"으로, 이어서 "문화적 불확정성"으로 변하고 만다는 점이다. 문화적 불확정성에 대한 바바의 설명을 좀 더 들어 보자.

> 문화적 동일시는, 크리스테바가 "정체성의 상실이라고 부른 것", 혹은 파농이 심오한 문화적 "불확정성"이라고 묘사한 것의 가장자리에 위태롭게 서게 된다. 인민이 담론의 한 형태로서 언술의 심연으로부터 모습을 드러낸다. 그곳에서는 주체가 분열되며, 기표가 아스라이 사라지고, 교육성과 수행성이 갈등적으로 표출된다. 민족의 집단성이나 응집력을 표현하는 언어가 이제 위태롭게 된다. 친숙한 공적 영역에서 민족은 문화적 동질성이나 수평적 공간으로서 더 이상 권위 있게 재현되지 못한다.[33]

공동체 내부의 분열이나 갈등으로 인하여 개인이 집단과 하게 되는 동일시가 방해 받을 때, 하나가 되어야 함을 외치는 민족주의 담론은 민

---

32   Frantz Fanon, *Les damnés de la terre*, p.222(233).

33   Homi Bhabha, *The Location of Culture*, pp.153~154.

중으로부터 소외된다. 주류 집단이 민족 구성원들을 성공적으로 호명해 내지 못하는 이 때, 민족은 자기동일성이나 동질성에 토대를 둔 확고한 구축물이 아니라 탈중심이나 불확정성과 같은 속성을 가진 기호에 가깝다. 바바가 언술의 심연으로부터 인민이 출현한다고 했을 때, 이는 민족의 기저부에서 '사회학적 견고함'이 아니라 글쓰기의 진실이 작동하고 있음을 의미하는 것이다.

소수민 담론과 다문화주의 비판

민족을 현란한 해체주의적 언어로 다시 쓰는 바바의 작업은 데리다의 보충대리 개념을 빌려 옴으로써 완성이 되며, 이는 저항 담론의 예로서 소수민 담론을 자신의 이론 체계 내에 들여오는 계기가 된다.

민족의 총체성은 글쓰기의 보충대리적인 운동과 맞닥뜨리게 되며 또한 그것에 의해 관통된다. 민족의 서사에 관여하는 교육성과 수행성 간의 갈등적이며 양가적인 운동이 글쓰기에 있어 데리다적인 보충대리라는 이질적 구조를 동반하는 것이다.

보충대리의 운동에 놓인 음성 언어가 '순수함'과 '자연스러움'을 벌거벗기고 말듯이, 수행성과 교육성이 갈등하는 문화의 공간에 놓인 "인민"은 동질성이나 전일성의 외양을 상실한다. 소수민 담론이 전복적인 기능을 수행하는 것도 바로 이 순간이다.

소수민 담론은 주류 집단의 민족 담론과의 관계에서 단순히 보충적이거나 종속적인 위치를 차지하는 것이 아니라 민족 담론에 개입하여 그것이 재현하는 바가 결여나 분열로부터 자유롭지 못함을 드러낸다. 여기서 '결여'라 함은 물론 총체성이나 동질성의 결여를 일컫는다. 즉, 민족 담론을 가능하게 하였고 또한 그것이 재현해 보이고자 하는 동질성이 애초에 존재하지 않았음을 소수민 담론이 폭로한다는 것이다. 주목할 사실은 주류 담론이 수행하고자 하는 민족의 결속을 소수민 집단이 방해할 때 이것이 주류 담론에 정면으로 도전하거나 반박하는 형태를 취하는 것이 아니라는 점이다. 바바에 의하면 소수민은 주류 담론의 준거 조건이나 규칙 내에 자리 잡은 후 그것이 휘두르는 보편화의 권력에, 민족의 결속을 자연스러운 것으로 만드는 합법화의 실천에 반대한다. 제도권 밖이 아니라 내부에서 주류 담론의 실천을 방해한다는 생각은 바바가 인정하듯 크리스테바의 페미니스트 정치학에서 들여온 것이다. 크리스테바는 「여성의 시간(Women's Time)」에서 여성은 자신을 옥죄는 상징계 / 가부장적 질서를 피하거나 거부할 것이 아니라 그 안에 자신을 위치시켜 내부로부터 상징계를 혼란스럽게 만들 것을 촉구한 바 있다.

소수민 담론의 예로서 바바는 영화 〈핸즈워스의 노래들(*Handsworth Songs*)〉[34]을 거론한다. 1985년에 영국 버밍엄의 핸즈워스에서 카리브

---

[34] 가나 출신인 아콤프라(John Akomfrah) 감독의 1986년 데뷔작. 1985년 9월과 10월에 영국의 핸즈워스와 런던 시가지를 휩쓸었던 인종 폭동이 흑인에 대한 영국 주류 사회의 억압에 기인함을 보여준 다큐멘터리 영화이다.

해 출신의 흑인들이 경찰의 가혹 행위에 항의하게 되고 이것이 폭동으로 발전하게 된다. 이 폭동을 다루는 〈핸즈워스의 노래들〉에서 바바는 두 가지 이미지／순간을 지목한다. 그중 첫째는 1950년대 이후 두드러졌던 현상인, 구(舊)식민지 출신들이 영국으로 대량 이민한 것과 관련된 이미지이며, 또 다른 하나는 핸즈워스 폭동 당시 주위를 둘러싼 무장 경찰들 사이를 헤쳐 나가려 하는 한 자메이카 출신 흑인의 모습이다. 바바는 두 번째 이미지가 영국 내에서 정치세력으로 새롭게 부상하는 소수민의 힘과 이들이 적대적인 주류 문화권에서 느끼는 감정을 표출한다고 주장한다. 반복적으로 영화를 가로지르는 두 이미지들은 소수민이 주류 사회에서 경험하는 "삶의 당혹성(the perplexity of the living)"을 표출한다는 것이다.

바바는 벼랑 끝에 몰린 소수민의 삶을, "도덕적·문화적 상대주의의 사회적 근거를 자유주의 담론에 제공하는, 일상생활에서 경험되는 실존적이며 윤리적인 고뇌"로 이해하여서도, "민중의 분한(憤恨)을 표출하는 해방 담론에서 발견되는 근원적인 민중의 존재"와도 성급히 연관시켜서도 안 될 것을 경고한다. 일상사의 실존적이며 윤리적인 고뇌로 이해되었을 경우, 소수민의 고통은 메트로폴리스의 인종차별이라는 사회 구조적인 맥락을 상실하고 개인적인 문제로 접근될 것이 뻔하기 때문이다. 또한 민중의 분한을 표출하는 해방 담론은 해방되어야 할 대상의 존재를 분명히 드러낸다는 점에서는 긍정적이나, '주인 대(對) 노예'라는 상호배타적인 범주를 상정하고 있다는 점에서는 바바가 추구하는 후기구조주의적 테제와 맞지 않다. 바바로서는 자유주의의 특징인 마이크로정치학에 의해 인종적 갈등이 환원적으로 재단되어 집단적 행동

〈핸즈워스의 노래들〉

으로서 갖게 될 예각을 잃어버리는 것도 우려해야 할 시나리오지만, '지배 대 피지배'의 범주를 상정하는 것도 존재론적인 불안정을 민족의 내부에서 읽어 내고자 하는 기획과 상치되기 때문이다.

바바는 소수민 담론이 주류 집단의 "문화적 우월성과 역사적 선재성(先在性, priority)에 대한 주장으로 이어지는 '기원(origin)'의 계보학을 반박하는" 기능을 할 뿐만 아니라 "정치적 연대의 거점" 역할도 해낼 수 있으리라 전망한다. 소수민 담론을 통해 이루어지는 유색인종의 역사에 대한 증언이 백인에 의하여 백인의 시각으로 쓰인 역사와 맞닥뜨리게 될 때 생겨날 정치적·사회적 효과를 기대하고 있는 것이다. 실제로 탈식민 작가들의 서사에 의해 문명과 역사의 근원이자 계몽적 시혜자로서 행세하여 온 유럽은 위선적인 면을 고발당했다. 그러한 점에서 유럽이 신봉해 온 '기원의 계보학'을 소수민 담론이 반박하리라는 바바의 예상은 수긍할 수 있는 것이다.

반면 소수민 담론이 "정치적 연대의 거점 역할"을 할 것이라는 바바의 주장은 문제적이다. 그렇다고 해서 후기구조주의나 포스트모더니즘의 깃발을 내건 운동의 경우 정치적 연대가 불가능하다는 뜻은 아니다. 페미니스트 버틀러(Judith Butler)가 소개하는 "가변적 연대" 개념이나 일람(Dian Elam)이 들려주는 "기반 없는 결속" 개념에서 보듯 반본질론적인 입장을 견지하면서도 정치적 연대의 가능성을 모색하는 진지한 노력이 있어 왔기 때문이다.[35] 현실 변화를 목표로 삼는 페미니스트들이 왜 반본질론에 관심을 갖게 되었을까? 억압이 본질의 언어를 먹고 자라기 때문이다. 피억압자를 본질적인 용어로 규정함으로써 지배가 스스로를 합법화해 온 것이다.

본질과 억압의 상관성은 피지배자들이 저항의 캠프를 꾸릴 때도 생겨난다. 저항의 주체를 어떻게 규정하느냐에 따라 가장 민주적이어야 할 저항 집단 내부에서 또 다른 안과 밖이, 또 다른 권력의 단층선이 그려졌기 때문이다. 이러한 상황을 고려했을 때, 본질론적인 주체를 상정함으로써 생겨날 수 있는 억압의 문제를 피하면서도 연대의 가능성을 추구하려는 노력을 '할 일 없는 지성의 놀음'으로 치부할 수는 없는 노릇이다. 그러나 바바의 경우 문제는, 해체주의적 입장에서 본 소수민 담론이 구체적으로 어떠한 유의 정치적 연대를 가능하게 할지에 대해서 명쾌한 설명을 해주지 못한다는 데에 있다. 예컨대, 소수민 담론이 집결시킬 정치적 세력이 양가적 시간성이나 그것을 동반하는 문화적 불안정성과는 어떠한 관계에 서게 되는지에 대한 질문이 제기되지 못

---

35 정치적 결속이 반드시 본질론적 주체에 근거를 둘 필요는 없으며 "열려진 형태의 연합 (open assemblage)"이나 "지반 없는 결속(groundless solidarity)"도 가능하다는 주장은 다음을 볼 것. Judith Butler, *Gender Trouble : Feminism and the Subversion of Identity*, New York : Routledge, 1990, p.16; Dian Elam, *Feminism and Deconstruction : Ms. en Abyme*, New York : Routledge, 1994, pp.68~69.

하고 있는 것이다. 우리는 여기서 후기구조주의와 현실 정치 사이에서 어정쩡한 자세를 취하는 바바를 목격한다.

"보충대리적인 전복"의 또 다른 예로서 바바는 "문화적 차이"를 든다. 여기서 문화적 차이라 함은, 다문화주의가 함의하듯 민족 공동체의 동질적인 시간성 내에 존재하는 다수 문화들의 자유로운 유희가 아니며, 단순히 상이한 전통이나 관습들 간의 갈등도 아니다.[36] 다문화주의 사회에서 주류 집단이 이해심이나 관용으로 문화적 차이를 대하는 것은, 소수민의 문화가 이질성과 다양성으로 주류 문화를 양적으로나 질적으로 살찌우는데 봉사하는 한도 내에서이다. 그런 점에서 다문화주의는 종종 사회 내부의 불균형적인 권력관계를 합법화하는 알리바이로 작용할 뿐이다. 문화적 차이가 주류 문화에 이처럼 포섭당하지 않기 위해서 제도권 바깥에 서서 주류 문화를 공격하는 것도 하나의 방법이겠으나 이는 바바가 염두에 두고 있는 방식은 아니다. 그에 의하면 소수민족 문화는 제도권 내에서, 즉 주류 사회가 정해 놓은 규칙 내에서 활동하되 전복적인 공간을 주류 문화 내부에서 창출한다.

다문화주의 진영 내에서도 보수파와 진보파로 나뉘기도 한다는 점에서, 하나가 아니라 다수의 다문화주의들이 존재한다고 말해야 옳다. 다문화주의에 대한 비판은 보수와 진보 양쪽 진영에서 제기된 바 있지만, 이들이 동일한 다문화주의를 비판하였는지는 의문이나. 위에서 언급한 바 있듯 바바는 "다수 문화들의 유희"와 다를 바 없는 다문화주의를 비판의 도마 위에 올려놓았다. 비평가 로우가 다문화주의를 비판했

---

36 Homi Bhabha, *The Location of Culture*, p.162.

을 때도 평등을 표방하는 다문화 담론이 다양한 소수민족들의 차이나 모순을 동등하게 취급함으로써 오히려 현실에 존재하는 배제와 차별이 주목받지 못하게 됨을, 그리하여 결국은 기성의 헤게모니가, 주류 문화와 소수민 문화 간의 권력관계가 공고히 됨을 지적한 바 있다.[37]

그러나 다문화주의가 반드시 체제 순응적인 기능만 하는 것은 아니다. 홀은 다문화주의가 메트로폴리스의 백인 주류 문화를 탈중심화하는 데 기여함을 지적한 바 있다. 이에 의하면, 백인 주류 문화 내부에서 출현하는 소수민족의 문화들은 민족 정체성을 위협할 뿐만 아니라 서구 자유주의 국가의 근간에 대하여 도전을 제기한다. 민족적 / 국가적 정체성이 동질성을 바탕으로 한다는 점을 고려할 때, 소수민 문화의 이질성이 민족 정체성을 위협한다는 홀의 주장은 쉽게 이해될 수 있는 테제이다. 이는 또한 소수민 담론에 대한 바바의 견해와 다르지 않다. 그러나 소수민 문화가 자유주의 국가의 기반에 도전한다는 홀의 주장은 설명이 좀 필요하다. 홀에 의하면, 서구 자유주의를 지탱해 온 두 주춧돌이 "보편적 시민권"과 "국가의 문화적 중립성"인데, 메트로폴리스에서 차별받는 소수민들의 존재는 보편적 시민권의 개념뿐만 아니라 국가 기관의 문화적 중립성도 허구임을 폭로한다는 것이다. 홀의 표현을 빌리면, "국가의 중립성은 문화적 동질성이 상정될 때만 작용하는 것임"[38]을 드러내는 것이다.

---

37   Lisa Lowe, *Immigrant Acts*, Durham : Duke Univ. Press, 1996, p.86.

38   Stuart Hall, "Conclusion : The Multicultural Question", p.228.

혼종성과 보편화의 권력

「탈식민과 포스트모던(The Postcolonial and the Postmodern)」에서 바바는 자신의 탈식민주의 작업을 "문화적, 정치적 정체성이 타자화의 과정을 거쳐서 구축됨"을 폭로하고 "문화적 공동체에 대한 합의적이고도 공모적인 자유주의적 사고의 심오한 한계를 재(再)사유"하는 것이라고 정의한 바 있다. 그리고 이러한 작업을 통하여 근본적으로 "탈식민의 입장에서 포스트모던을 재(再)명명할 것"[39]을 기도하였다고 말한 바 있다. 「민족의 산종」에서 바바는 민족을 서사 전략으로 이해함으로써 민족의 총체성이나 전일성을 전복하는 작업을 어느 정도 완수한 듯이 보인다. 이와 같은 전복의 기획은 어떠한 실효성을 갖는가? 바바의 대답은 『민족과 서술』에서 다음과 같이 발견된다. "주변 집단이나 소수 집단은 경축적이거나 유토피아적인 공간, 혹은 자기 주변화의 공간이 아니다. 그것은 문화권 내에서 권위주의적이며 '규범적인' 경향들을 민족의 이익이라는 미명 아래 합리화하는 근대성이 부리는 정당화의 술책들, 즉 진보와 동일성, 문화적 유기체론, 심원한 민족, 장구한 역사에 대한 보다 실질적인 개입이다."[40]

겉으로는 '동일성의 수사학'을 표방하였음에도 불구하고, 즉 국가 경계선 내에 위치한 모든 개인과 집단들의 이익을 대표할 것을 표방하

---

39   Homi Bhabha, *The Location of Culture*, p.175.
40   Homi Bhabha, "Introduction : Narrating the Nation", *Nation and Narration*, London : Routledge, 1990, p.4.

였음에도 불구하고, 민족국가가 '배제의 정치학'에 의하여 움직여 왔다는 것은 사실이다. 홉스봄이 지적하듯, 아래로부터의 시각, 즉 대중적 시각에서 보았을 때 국민이나 민족을 가능하게 하는 것은 특수 이익에 반(反)하는 개념으로서의 공동의 이익, 그리고 특권에 반하는 개념으로서의 공동선(共同善)의 존재이다. 예컨대, 조지왕의 영국과 그에 대항하였던 북미 식민주의자들을 구분 짓는 것은 원초론자들이 민족의 기준으로 손꼽는 언어나 인종이 아니다.[41] 이러한 시각에서 보았을 때 특정 집단이나 개인들을 '공동의 이익'에서 배제하는 공동체는 민족국가의 요건을 원천적으로 충족시키지 못한다. 이러한 상황에서 민족주의는 특권층의 이익을 도모하기 위한 이데올로기적인 알리바이에 지나지 않는다.

민족국가의 내재적인 불안정성을 파헤치는 바바의 이론은 이처럼 민족국가가 실질적으로 민족을 대변하지 못할 때에 하나의 대안적 사유로서 매력을 갖는다. 동질성이나 단일성이라는 깃발 아래 민족주의가 행사하는 구심력이 개인의 창조적이며 비판적인 사고를 제한하는 경우가 있다. 이때 초민족적인 상상력은 구심력이 휘두르는 동질화의 힘을 적절히 분산시키는 건강한 원심력으로 작용할 수가 있다.[42] 또한 문화의 장을 국가나 특정 엘리트 집단이 지배하는 일방적인 발화의 공간이 아니라 상이한 세력들이 다양한 목소리를 내는 각축의 공간으로

---

41 Eric Hobsbawm, *Nations and Nationalism since 1780*, Cambridge : Cambridge Univ. Press, 1990, p.20.

42 탈식민주의와 포스트모더니즘 간의 전략적 제휴의 가능성과 유효성에 관해서는 국내·외 여러 필자들이 이미 의견을 개진한 바가 있다. 대표적인 논의를 보려면 김준환, 「탈식민주의와 포스트모더니즘」, 『탈식민주의 이론과 쟁점』, 서울 : 문학과지성사, 2003, 95~146쪽 참조.

보았다는 점에서, 그리고 민족도 같은 맥락에서 이해하였다는 점에서, 바바의 시각은 민족에 대한 기존의 이해에 역동적인 가능성을 부여하는 듯하다.

이러한 맥락에서 '이산'이나 '이주' 등 탈국가적, 탈민족적인 현상에 주목하는 바바의 탈식민 이론은 "전지구적 자본의 지배에 [대하여] 저항"을 확보하려는 시도로 해석될 수도 있다.[43] 이와 더불어 바바와 같은 이산적 지식인이나 혹은 코즈모폴리턴을 단순히 부표 같은 존재로만 격하할 것만은 아니라는 주장도 근자에 개진된 바 있다. 예컨대, 아피아는 코즈모폴리터니즘과 애국주의가 반드시 모순적인 관계에 있지는 않음을 항변한 바 있으며, 로빈스도 국지성(locality)과 국지성에 대한 충절만이 주체성(agency)을 보장한다는 법이 없음을 강조한 바 있다.[44]

그러나 바비가 공들여서 들려주는 전복의 기획은, 동질성을 고취하는 민족 담론이 애초에 의도된 의미를 온전히 지닐 수 없음을 보여주거나, 혹은 민족주의가 강조하는 자기 동일성이 '원래' 확정될 수 없는 성질의 것임을 보여주는 것이라는 점에서, 물질적인 실천과 동일시될 수 있는 것이 아니다. 문화를 분석하고 저항의 가능성을 탐색하면서 이를 정치 · 경제의 영역과 분리시키는 것은, 저항을 기호학적 수준으로 환원시킨 "언어적 문화론"[45]이란 비판을 받게 된다. "근대성이 부리는 정

---

43 박상기, 「바바의 양가성과 잡종성」, 『비평과 이론』 5권 1호, 2000, 104쪽.
44 브루스 로빈스와 아피아 같은 논자들은 코즈모폴리턴에 대하여 퍼부어진 "뿌리 없는 부표 같은 존재"라는 비판에 대하여 각각 이의를 제기한 바 있다. Bruce Robbins, "Comparative Cosmopolitans", *Cosmopolitics*, pp.246~264; Kwame Anthony Appiah, "Cosmopolitan Patriots", Ibid., pp.91~114.
45 Pheng Cheah, op. cit., p.299.

당화의 술책"에 개입한다는 바바의 주장은 마르크스주의자인 아마드로부터도 질타를 받게 된다. 그에 의하면 "근대성"이나 "진보"의 개념이나 "장구한 역사"의 개념이 실은 내부의 권위주의적 경향을 합리화하는 술책임을 폭로하는 것은 "아주 현대적이며, 아주 부유하고, 아주 뿌리가 뽑힌 지식인이기에 가능한 일"[46]이다. 근대성에 대한 이러한 유의 논의는 근대화의 혜택을 누리지 못하는 제3세계의 시민으로서는 엄두도 못 낼 사치라는 것이다.

민족 내부의 모순에 대한 후기구조주의적 접근이 현실 세계에서의 민족의 필요성을 후경화시키는 기능을 한다는 지적도 있다. 이미 지적된 바 있지만, 메트로폴리스의 자기동일성을 해체시키는 바바의 작업은 식민지를 경영하였던 메트로폴리스에만 배타적으로 적용되지는 않는다. 바바 자신 텍스트성이 지배하는 "민족-공간에서는 어떠한 정치적 이데올로기도 투명하거나 형이상학적인 권위를 내세울 수가 없다"[47]고 주장한 바 있다. 바바의 이 주장을 받아들인다면, 제3세계 민족들과 메트로폴리스 내에 자리 잡은 소수민 집단까지도 '재현의 불안정성'에서 자유롭지 못하다.

딜릭도 다르지 않은 맥락에서 바바의 해체론이 제3세계의 민족국가에도 적용될 수 있음에 주목한다. 그는 바바의 혼종성이나 "제3의 공간"이나 "중간지대(in-betweenness)" 같은 개념이 민족이나 인종의 경계선이 문화적 동질성을 기준으로 그려진다는 기성의 전제를 반박하는 의도를 가진 것임을 지적한다. 이어서 그는 이러한 해체 작업이 소수민

---

46   Aijaz Ahmad, op. cit., p.68.
47   Homi Bhabha, *The Location of Culture*, p.148.

들에게 문화적 동화의 압력을 가하는 도착국에도 적용될 수 있다면, 이민을 떠난 동포들이 문화적으로 본국과 멀어졌다는 이유로 정치적·문화적 시민권을 이들에게 불허하는, 문화적 순수주의를 고집하는 출신국에도 똑같이 적용될 수 있다고 지적한다.[48]

　　본 연구서에서 주목하고자 하는 바는 바바의 탈식민주의론에서 다양한 형태의 혼종과 이산이 구분되는 일이 없이 극히 탈역사적인 방식으로 분석되고 이론화된다는 점이다. 「민족의 산종」에서 바바는 극히 구체적이고도 역사적인 사건, 즉 1980년대 영국의 소수민 문제를 선택한다. 그러나 이처럼 구체적인 역사적 사건이 선택될 때조차도 그것이 바바의 논거에서는 보편적이거나 추상적인 주제를 강화하는 데 이용되며 그러한 전유의 과정 속에서 역사적 맥락을 잃고 만다. 예컨대, 1985년 핸즈워스 폭동과 그 전후의 시기에 영국에서 일어난 유색인종 폭동은 주류 집단이 휘두르는 보편화의 권력, 즉 동질성의 강요에 대한 소수민의 반발로 발생한 것이 아니었다. 브리스톨 폭동을 시작으로 일어난 80년대 소수민 폭동의 원인에는 영국 사회에 만연한 인종차별, 소수민의 높은 실업률, 무엇보다도 소수민의 권리를 침해하는 지나친 경찰 활동으로 인한 일촉즉발의 긴장관계가 원인이었다는 것이 정설이다.[49] 즉, 이 시기의 소수민 폭동은 영국 내의 아시아계나 흑인 이민자들을 대상으로 민족국가가 총체성이나 동질성을 강조하는 "교육적" 차원의 기능이 활발하였던 때가 아니라, 앵글로색슨 민족주의가 이민자

48　Arif Dirlik, op. cit., p.182.

49　Ceri Peach, "A Geographical Perspective on the 1981 Urban Riots in England", *Ethnic & Racial Studies* 3.9, July 1986, pp.408~409.

들을 이질적인 집단으로 구분하고 차별하였던 때에 일어났던 것이다.

이민자들을 바라보는 주류 집단의 시각은 극우 인종주의자 에녹 파웰이나 네오파시스트 집단인 '민족 전선'뿐만 아니라 양당의 보수적인 지도자들의 발언에서도 잘 드러나는 것이다. 일례로 대처의 악명 높은 1978년의 진술, "타(他)문화 민족이 영국을 수렁 속에 처박을지도 모른다"는 우려가 대처 개인의 생각에 국한되지 않음은 영국의 내무장관 블란켓(David Blunkett)이나 웨일즈의 보수계 지도자 본(Nick Bourne)의 발언이 뒷받침해 준다. 영국 내 정치적 망명자들이 수적으로 늘어나는 현상을 두고 이 두 지도자들은 망명자들의 자녀가 "영국 학교를 수렁에 처박을" 것이라고 우려한 바 있다.[50] 이들은 타 문화와의 접촉에서 문화적 생태계가 다양해지고 건강해질 가능성을 본 것이 아니라 순수한 영국성을 오염시키는 위협과 위기를 보았던 것이다. 즉, 1980년대와 그 이후의 영국을 불안하게 만든 빈번한 유색인종의 폭동은 바바의 주장과는 달리, 동일성과 총체성의 강요에 대한 불만이 아니라 배제와 차별에 대한 불만에서 시작되었던 것이다.

이산과 혼종이 이처럼 개별적인 역사의 맥락에서 분리되어 무차별적으로 사용될 때 이는 또 다른 보편화의 권력으로 군림하게 되는 문제가 생기게 된다.[51] 사실, 세계로부터 완전히 고립되거나 격리된 채 발전

---

50   Tania Branigan, "'We don't want to be swamped', says Tory leader in Wales", *The Guardian*, 23 Apr 2003 · 14 Nov. 2003. http://politics.guardian.co.uk.

51   보편적인 범주화를 경계하는 모습은 드물게 바바가 폴릭(Sheldon Pollock) 등과 공저한 「코즈모폴리터니즘들(Cosmopolitanisms)」에서 드러나기는 하나 4인이 공저한 이 짧은 글을 두고 바바를 평가하기란 사실 불가능하다. Carol A. Breckenridge etc., "Cosmopolitanisms", *Cosmopolitanism*, Carol A. Breckenridge etc. eds., London : Duke Univ. Press, 2002, pp.1~14.

하는 민족문화를 생각할 수 없다. 문화의 혼종화와 이산은 1960년 이후 들어 혁신적으로 발전한 대중 매체와 교통수단에 의하여 정보와 물류와 인구의 대량 이동이 자유로워짐에 따라 가속화되어 나타난다. 이러한 시각에서 보았을 때 혼종화는 이제 지구촌 어디에서나 어렵지 않게 목격되는 보편적인 현상이다. 이와는 대조적으로 식민주의에 따르는 혼종화는 물리적 강제를 통한 노골적인 침탈을 동반하는 것이다. 문제는 바바의 해체주의적 상상력에서 이처럼 보편적으로 이해되는 혼종화 현상과 식민주의의 결과로서 생겨나는 혼종화의 구분이 엄격히 이루어지지 않고 있다는 점이다.

만약 혼종화가 보편적인 현상이라면, 소수민 담론이나 문화적 차이, 번역 등을 "특별히 탈식민적이라고 이름 붙일 만한 문화적 개입이라고 간주할 수 있는가?"[52]라는 의문이 생겨난다. 이보다 더 근원적인 질문은 '혼종화의 과정을 거친다고 해서 모두 동일한 혹은 유사한 혼종이 되는 것인가?' 하는 것이다. '혼종화의 과정을 거치는 개인이나 집단은 항상 대립항 사이를 오가는 상태에 머물기에 단일하거나 고유한 정체성을 벼려 내는 것이 원천적으로 불가능한가?'라는 질문도 제기할 수 있을 것이다. 중국 유교문화의 영향을 받았다고 해서 한국과 일본을 동일한 문화적 혼종으로 취급할 수 없는 것이나, 혹은 같은 불교권이라고 해서 중국과 태국, 미얀마, 캄보디아, 한국의 불교문화를 동일한 것으로 취급할 수 없는 이유는, 각국의 경우 혼종화의 과정이 상이한 역사 속에서 진행되었고 그래서 서로 다른 길을 걸어갔기 때문이다. 바바의

---

52   Bart Moore-Gilbert, op. cit., p.130.

이산적 상상력이 결여한 것도 바로 이러한 역사의식이다.

앞서 언급한 바 있는 영국 내 소수민들에 대한 바바의 분석을 보더라도, 그의 글에서 다양한 이산자나 이민자 집단은 서로 구분되는 일 없이 "유색인종"으로 거명될 뿐이다. 그러나 영국 내 소수민 계층을 이루는 아시아 이민자들과 아프리카/카리브 연안 출신 흑인들이, 심지어는 아시아 이민자들 사이에서도 파키스탄 출신과 방글라데시 출신들이, 하나의 범주로 뭉뚱그려 분류되는 것에 동의할는지 의문이다. 소수민 집단들을 단일한 범주로 묶음으로써 생겨나는 오류는, 바바가 주목하는 1985년 핸즈워스에서 소수민의 폭동이 있은 다음날 버밍엄의 다른 지역에 거주하는 카슈미르인들이 더 많은 순찰 병력을 요구하면서 거리시위를 벌인 사건이 상징적으로 드러낸다.[53]

소위 "인종적 소수집단" 내부에서도 목격되는 다양성과 이질성에 대해서 파레크는 다음과 같이 말한 바 있다. "통속적인 인식과 달리, 인종적 집단에서 대단한 변화가 일어나고 있으며 모든 가정이 차분하거나 폭발적인 투쟁의 지대가 되었다. 모든 가정에서, 남편과 아내가, 부모들과 아이들이, 형제들과 자매들이 전통적인 가치와 입양된 국가의 가치 모두를 고려하는 방식으로, 관계의 유형을 재교섭하고 재규정하고 있다. 그들이 다다르는 본질적으로 잠정적인 결론은 가정마다 다르다."[54] 바바의 이론에서 발견되는 중대한 문제점은 보편적인 혼종의 개

---

53 Roy Hattersley, "Lumping all British Muslims together is inaccurate and inflammatory", *The Times*, May 31, 2001; *Academic Search Elite*, 22 Nov. 2013. http://www.com/ehost/indiana/ehost.html. par. 6.

54 Bhikhu Parekh, "British Citizenship and Cultural Difference", *Citizenship*, Geoff Andrews ed., London : Lawrence and Wishart, 1991, p.198.

넘이 다양한 집단들이 처한 상이한 역사적 조건들을 무시하고 이들을 동질적인 범주로 묶어 버리는 경향이다. 그러니 바바의 해체주의적 탈식민주의 이론에서 발견되는 아이러니는 보편화의 권력에 대항하기 위하여 그가 사용한 혼종이라는 전복적 무기가 또 다른 보편화의 권력을 갖게 되었다는 점이다.

14장
스피박의 하위주체론

인간이 역사를 만들기는 한다. 그러나 역사를 마음대로 만드는 것은
아니다. 자신이 선택한 환경이 아니라, 이미 존재하는 주어진 환경,
과거에서 물려받은 환경에서 역사를 만든다.

—마르크스, 『루이 보나파르트의 공화력 2월 18일』

하위주체도 말할 수는 있겠다. 그렇다고 해서 청자(聽者)가 보장되지
는 않는다. 하위주체도 투표는 할 수 있겠다. 그렇다고 해서 정치적
대표가 보장되는 것은 아니다.

—아마르팔 K. 달리왈

푸코와 들뢰즈의 마오주의 재현

스피박처럼 오랜 경력을 지닌 이론가에서 대해서는 단언적인 평가를 내리기가 쉽지 않다. 그가 박사 학위를 취득하기 직전 출간한 최초의 논문까지 셈한다면 1966년부터 현재까지 50여 년에 이르는 경력을 가지고 있는 셈이며 이 긴 기간 동안 글을 쓰다 보니 입장의 변화도 있지만 다양한 입장들을 궁극적으로 화해시키는 일 없이 수용하였기 때문이기도 하다. 상충되거나 비연속적인 일련의 입장들 가운데 스피박이 줄기차게 제기하는 것은 타자에 대한 재현의 "투명성(transparency)"에 대한 질문이며, 이를 달리 표현하면 유럽중심주의가 인종적 / 계급적 타자를 왜곡시킬 가능성을 '경계(警戒)'하라는 촉구이다. 스피박의 입장은 그가 데리다의 해체주의를 얼마나 혹은 어떻게 수용하느냐에 따라 조금씩 달리 변주되기는 하나 대체로 서구는, 비록 비서구를 위한 정치적 개입을 할 때조차도, 비서구를 자신의 주체 구축을 위한 타자로 전유하는 경향이 있다는 것, 그래서 서구의 담론이 비서구의 온전한 모습을 복구한다는 것은 불가능하다는 것으로 요약될 수 있다. 이러한 스피박의 논지는 1988년에 출판된 「하위계층은 말할 수 있는가」에서 복잡한 이론의 모습으로 나타난다.

스피박의 이러한 사유는 매우 정교한 형태까지는 아니더라도 일찍이는 1978년에 출간된 「페미니즘과 비평이론(Feminism and Critical Theory)」에서 원형적인 모습을 드러낸 바 있다. 『다른 세상에서(In Other Worlds)』에 묶인 글들 중 제일 먼저 출판된 이 논문에서 스피박은 서구의 거대 서사로 불리는 마르크스의 계급론과 프로이트의 성 담론에서 발견되는 남성적 보편주의의 문제점을 폭로한다. 뿐만 아니라 제1세계 페미니스트들도 제3세계 여성들과의 관계에서 자신의 특권적 입장을 성찰하지 않는다면 제1세계의 특권적 남성들처럼 보편주의의 덫에 빠지게 됨을 경고한다. 세상의 여성들이 '본질의 특권화'에 모두 같은 식으로 관여하지 않음을 제1세계 페미니스트들이 주의하지 않는다면, "연구 대상으로서의 제3세계는 제1세계의 지적 실천에 의하여 **구축된 채로 남을 것**"[1]이라는 것이다.

이처럼 재현의 장에서 벌어지는 제3세계에 대한 왜곡이 쉽게 근절될 수 없는 것이라는 스피박의 주장은 공교롭게도 같은 해에 출간된 『오리엔탈리즘』의 논지, 즉 동양에 대하여 이야기하는 한 서양인은 뿌리 깊은 편견으로부터 자유롭지 못하다는 사이드의 논지와 밀지 않다. 두 이론가 모두 재현의 순정성을 문제 삼았다는 점에서 공통분모를 가지고 있다. 주목할 사실은 재현에 따르는 왜곡에 대한 해결책이 두 이론가의 경우 각기 상이한 언어와 경로로 표현된다는 점이다. 제1세계 지식인이 스스로를 '비판적으로 성찰할 가능성'은 사이드의 경우 푸코의 반휴머니즘을 철회하는 『세계, 텍스트 그리고 비평가』에 가서야 모습을 드러내게 된다. 반면 스피박의 경우 그러한 사유는 반휴머니즘이라고 평가받는 해체주의의 도움을 통해서 이루어진다. 스피박의 표현을 빌리면, "내가 성, 인종 그리고 계급의 개념을 본질화하는 것을 막아주는 것 또한 해체주의적 견해이다. 그러한 개념들의 상황적 생산이라는 반복되는

---

1   Gayatri Spivak, *In Other Worlds : Essays in Cultural Politics*, New York : Routledge, 1988, p.89 · 82. 강조는 필자.

현안을, 우리가 그러한 생산에 연루되어 있음을 나는 주시하게 된다."[2]

「하위계층은 말할 수 있는가」에서 스피박은 재현의 문제를 본격적으로 점검한다. 이에 의하면 서구의 진보적 지식인들조차 비판적인 자의식의 결여로 말미암아 유럽중심주의에 빠지고 만다는 것이다.[3] 우선 스피박은 오늘날 서구의 급진적인 이론들이 "주권적 주체(sovereign subject)"를 비판하며 "복수의 주체효과들(pluralized subject-effects)"을 대안으로 내세우는 것에 주목한다. 여기서 "주권적 주체"라 함은 유럽의 부르주아 휴머니즘이 상정한 주체이자, 본질론적인 내용으로 채워진 주체를 의미한다. 이를테면 페미니스트들은 주권적 주체가 실은 남성을 보편자로 설정한 모델이라고 비판하였고, 제3세계의 반식민 운동가들은 주권적 주체가 유럽인을 보편자로 설정한 모델이라고 비판하였다. 본질론적인 범주화에 필연적으로 따르는 배제와 억압을 예방하거나 상쇄하기 위하여, 혹은 본질론적인 범주로는 권력과 개인의 관계, 언어와 개인의 관계, 이데올로기와 개인의 관계를 더 이상 설명할 수 없다는 인식으로부터 등장한 것이 사회적인 구축물로서의 주체 개념이다. 이에는 라캉의 분열된 주체나 푸코의 권력의 효과로서의 주체, 들뢰즈(Gilles Deleuze, 1925~95)와 가타리(Félix Guattari, 1930~92)의 스키조(schizo) 등이 포함된다. 스피박이 개입하는 지점이 바로 이곳이다.

2   Ibid., p.84.

3   스피박의 이 주장은 몇몇 국내 학자들에 의하여 이미 다루어진 바 있다. 대표적인 논문으로는 고부응, 「서구의 제3세계 담론―제이미슨, 아마드, 스피박」, 1773~1793쪽; 이경원, 「저항인가 유희인가?―탈식민주의의 반성과 전망」, 746~781쪽; 이승렬 「분신의 정치학―스피박의 탈식민주의 이론에 대한 비판적 읽기」, 『비평과 이론』 3호, 1998, 47~61쪽; 태혜숙의 「탈식민주의적 페미니스트 윤리를 위하여」, 『영어영문학』 43권 1호, 1997, 151~169쪽 등이 있다.

유럽의 전통적인 휴머니즘이 상정하는 독립적이고도 자율적인 주체를 비판하기 위해 등장한 서구의 급진적인 이론들이 겉으로 표방하는 바와 달리 실은 '서구인(西歐人)'이라는 주체를 옹립할 뿐만 아니라 '서구'를 주체로 옹립하고 있다고 주장하는 것이다.

「지식인들과 권력(Intellectuals and Power)」이라는 제목으로 출간된 대담에서 푸코와 들뢰즈는 권력에 대한 저항의 가능성을 논의한 바 있다. 이들의 논의에서 "마오주의자"와 "노동계급"이 언급되는데, 스피박은 이 언급에서 유럽중심주의를 읽어 낸다. 이 비판에 의하면, 이 대담에서 프로이트나 마르크스 같은 유럽의 지식인들은 이름이 구체적으로 언급되고 상호 구분되는 예우를 받는 반면, 중국의 마오주의는 어디에서도 구체적인 모습이 보이지 않는다. 스피박에 의하면 중국의 마오주의는 이 대담에서 "프랑스 마오주의라는 기이한 시석 현상"을 위해 이름을 빌려 주기 위해 언급될 뿐이다. 이름을 빌려주는 것 자체야 해가 되지는 않지만, 문제는 중국의 마오주의에 대한 전유가 "아시아를 투명하게 만든다"는 데 있다고 스피박은 주장한다. 스피박이 문제시 하는 대담의 초입부를 보자.

> 푸코: 한 마오주의자가 내게 말했습니다. "우리를 편드는 사르트르의 목적을 쉽게 이해할 수 있습니다. 정치에 관련된 그의 목표와 개입을 이해할 수 있습니다. 당신은 감금의 문제에 항상 관심이 있으므로 당신의 입장도 부분적으로 이해할 수 있습니다. 그러나 들뢰즈는 수수께끼입니다." 당신의 입장이 제게는 항상 특별히 명징했기 때문에 이 말에 저는 충격을 받았습니다.

들뢰즈 : 아마도 우리는 이론과 실천 간의 새로운 관계를 경험하는 과정에
　　　 있는 것 같습니다. 한때는 실천이 이론의 적용이라고, 그 결과라고
　　　 여겨졌습니다. 어떤 때는 정반대로 실천이 이론에 영감을 준다고,
　　　 미래의 이론적 형태가 출현하려면 반드시 필요한 것이라고 여겨졌
　　　 습니다. 어느 경우든지 둘의 관계는 총체적인 과정으로 여겨졌습니
　　　 다. 그러나 저희는 이 문제를 다른 각도에서 봅니다. 이론과 실천의
　　　 관계는 훨씬 지엽적이고 파편적인 것이지요. …… 실천은 한 이론
　　　 적 지점에서 다른 이론적 지점으로의 연결이며, 이론은 한 실천에
　　　 서 다른 실천으로의 연결입니다. …… 그 마오주의자의 발언이 함
　　　 의하듯 실천으로 이동함에 있어 당신이 이론을 적용하고 있었다고
　　　 말하는 것은 정말 잘못된 생각입니다.[4]

길지 않은 대담에서 마오주의에 대한 언급은 위 인용문에서 나타난 것
이 전부이다. 사르트르와 푸코는 이해하겠으나 들뢰즈는 도저히 이해
가 되지 않는다는 이 익명의 마오주의자의 짧은 발언은 이 대담에서 이
론과 실천의 관계에 대한 논의의 출발점을 제공한다.

　들뢰즈의 추론에 의하면, 이 익명의 마오주의자가 들뢰즈를 이해할
수 없었던 이유는 그가 이론과 실천의 관계에 대해 낡은 사고방식을 견
지하고 있었기 때문이다. 이때 낡은 사고방식이란 이론과 실천이 함께
총체적 과정을 구성한다고 믿는 사유이다. 문화의 영역에서 대변혁을

4　Michel Foucault, "Intellectuals and Power : A Conversation between Michel Fou-
　cault and Gilles Deleuze", *Language, Counter-Memory, Practice : Selected Essays and
　Interviews*, pp.205~206.

시도한 마오쩌둥의 혁명도 이 오래된 관점에 부합하는 것이다. 이 익명의 마오주의자가 계급 관계의 변혁에 관심을 둔 사르트르나 감금당하는 주변인 집단에 관심을 가진 푸코를 이해할 수 있었던 것은, 그가 보기에 이들이 그의 "오래된 관점"에 부합하였기 때문이다. 그러나 들뢰즈는 마오주의자의 이러한 생각이 오판에 근거한 것이라고 주장한다. 이 마오주의자는 자신이 푸코를 이해할 수 있다고 말하였지만, 이는 실은 그가 푸코를 제대로 이해하지 못하였기 때문에 하는 말이다. 들뢰즈에 의하면 푸코의 작업은, 마오주의자의 낡은 관점이 아닌 새로운 패러다임, 즉 실천을 이론의 결과가 아니라 이론이 난관에 부딪힐 때 이를 돌파하는 계기로 보는 패러다임에 속한다. 들뢰즈의 손에서 중국인 마오주의자는 이처럼 낡은 패러다임을 벗어나지 못한 인물로, 그래서 푸코의 새로운 사상을 멋대로 오독한 인물로 재현된다.

푸코와 들뢰즈가 애초에 중국의 마오주의자에 특별한 관심이 있었던 것은 아니라는 점에서, 중국의 문화혁명에 관심을 갖게 된 프랑스 지식인들의 논의에 "서사적 아우라"를 제공하기 위하여 중국의 마오주의가 전유되고 있다는 스피박의 지적은 수긍이 가는 것이다. 그러나 마오주의자를 익명으로 거론하고 그의 이해력에 대해 문제적인 추론을 했다고 해서 아시아를 "투명하게 만들었다"는 스피박의 주장은 분명 재고의 여지가 있다. 여기에서 보편화의 오류를 굳이 지적하지만, 푸코와 들뢰즈가 아니라 이들이 어떤 마오주의자를 잠깐 언급하였다고 해서 '아시아'를 투명하게 만들었다는 거창한 죄목을 들이대는 스피박 자신이 아닐까 싶다.

주권적 주체 vs. 욕망하는 주체

　유사한 문제를 스피박은 노동계급에 대한 들뢰즈의 언급에서도 발견한다. 들뢰즈가 권력에 대한 저항의 가능성을 모색하면서, 노동계급을 하나의 뭉뚱그려진 집단으로 묘사하는 오류를 범하였다는 것이다. 노동의 국제적 분업화를 고려하지 못하였다는 점에서, 즉 제1세계 노동계급과 제3세계 노동계급 간에 존재하는 상이한 이해관계를 고려하지 못했다는 점에서, 들뢰즈의 전일적인 노동계급 개념은 "순진한 것"이다. 이는 단순한 무지의 소치에 그치는 것이 아니다. 전지구적 자본주의의 문제들, 즉 중심부 이데올로기 내부에서 벌어지는 근로자와 실직자라는 차별적인 주체 생산의 문제 그리고 주변화와 중심부 노동계급 간 이해관계의 차이를 제대로 다루지 못하게 한다는 점에서 들뢰즈가 보여주는 전일적인 노동계급 개념은 제1세계의 자본주의에 봉사하게 된다.[5]

　스피박이 문제시하는 부분을 자세히 보자. 들뢰즈는 대담에서 권력의 전체주의화(totalizing) 현상을 지적하며 이에 대한 대응책을 내놓는다. 그에 의하면 프랑스에서 자본주의는 모든 사회 구성원들에게 일자리를 약속할 때 썼던 "자유주의적이고도 온정적인" 가면을 벗어던지고 노골적인 억압을 전 분야에 걸쳐 자행하게 되었다. 이와 더불어 푸코가 거론한 바 있는 일종의 감시와 감금의 구조가 프랑스 사회의 각 영역에서 작동하게 되었다. 들뢰즈에 의하면 이처럼 총체적으로 발생하는 억

5　Gayatri Spivak, "Can the Subaltern Speak?", pp.272~273.

압에 대하여 급진 세력은 정반대의 방식으로, 즉 지역화된 게릴라적인 저항을 실천해 왔다. 만약 지배계급과 같은 방식으로 대항을 한다면, 이는 저항의 "전체주의화" 현상, 즉 저항 진영 내부로 중앙집권적이며 위계적인 구조를 들여오는 것을 의미하게 될 것이기 때문이었다. 그래서 이에 대한 대안으로 그는 "수평적인 제휴, 그물망적 조직과 대중에 기반을 둔 체제"의 필요성을 역설한다.[6]

들뢰즈는 대담의 말미에서 푸코에게 묻는다. "국가 간이나 국가 내부에서 작동하는 불연속적인 [저항의] 지점들을 연결할 연결부를, 그물망적 조직을 어떤 식으로 정해야 하는지?"[7] 저항 지점의 "불연속성"을 문제시한다는 점에서 이 질문은 들뢰즈가 저항의 국가적 특수성, 즉 저항 방식이 국가나 지역마다 다르다는 사실을 인지하고 있음을 보여준다. 그런 점에서 들뢰즈가 노동계급을 하나의 뭉뚱그려진 집단으로밖에 인식하고 있지 못하다는 스피박의 지적에는 성급한 점이 있다.

푸코와 들뢰즈의 저항론이 장밋빛으로 채색되어 있음은 사실이다. 지역마다 상이하게 전개되는 저항을 어떻게 연결시킬 것인가라는 질문에 대해 푸코는 다음과 같이 대답한다.

당신이 제기하는 지리적 불연속성의 문제는 다음을 의미합니다. 우리가 착취에 대한 저항을 시작하자마자, 노동계급이 그 투쟁을 이끌 뿐만 아니라 투쟁의 목표와 방식을 정하고, 대결의 장소와 수단도 정하게 됩니다. 노동계급과 제휴한다는 것은 곧 그들의 위치, 이데올로기, 투쟁의 동기를 받아들이

---

6   Michel Foucault, "Intellectuals and Power", p.212.
7   Ibid., p.216.

는 것입니다. 완전히 동일시를 하는 셈이지요. 그러나 만약 투쟁의 대상이 권력이라면, 그때는 권력으로 인해 억울한 일을 당하는 모든 이들이, 권력의 지배를 못 견뎌 하는 모든 이들이 자신 나름의 영역에서, 자신이 정한 적극적인(혹은 소극적인) 방식으로 투쟁을 시작할 수 있습니다. …… 이들은 자연스럽게 노동계급과 한 편이 되는데 그 이유는 권력이 자본주의의 착취를 유지하는 방식으로 실천되기 때문입니다. 자신이 억압받는 바로 그 영역에서 싸움으로써 이들은 노동계급의 목표를 진심으로 돕게 되는 것입니다. 여성들, 죄수들, 징집병들, 입원 환자들, 그리고 동성애자들이 이제 그들을 강제하는 특정한 권력, 제재와 통제에 맞서 구체적인 투쟁을 시작했습니다. …… 이러한 운동들이 맞서 싸우는 권력의 통제와 제재가 노동계급이 맞서 싸우는 대상과 동일한 한, 이 운동들은 노동계급의 혁명 운동과 연결됩니다.[8]

위 글에서 착취에 대한 저항과 권력에 대한 저항이 구분된다. 착취에 대한 저항의 경우, 자본주의라는 공동의 적에 맞서 급진적 지식인 계층이나 여타 계급이 노동계급의 지도력을 수용하여 이들과 하나가 된다. 반면 권력에 대한 저항의 경우, 사회의 주변적 집단을 포함한 피지배계급들이 "타도의 대상이 같은 한" 노동계급과 제휴 관계를 맺게 된다. 위의 발언이 있은 후 들뢰즈는, 권력이 너무나 방대하게 펼쳐져 있는 체제여서 어느 지점에서 개입을 하게 되든 그것을 완전히 파괴시키고자 하는 욕망을 갖지 않을 수 없고, 따라서 모든 혁명적 운동은 노동자들의 투쟁과 연결될 수밖에 없다는 짧은 진술로써 대담을 끝낸다.

---

8   Ibid.

경직된 교육체계에 대한 학생들의 반발이 1968년 5월에 프랑스 낭테르 대학 및 칸 대학 등에서 시작되었고 이 운동이 혁명적인 성격을 띠면서 천만이 넘는 프랑스 노동자들의 호응을 받게 된다. 인간적인 삶과 가치를 회복하려는 시민 문화혁명으로 발전하게 된 68운동은 프랑스뿐만 아니라 영국, 미국, 독일, 스페인 등 서구를 넘어 우루과이, 아르헨티나, 멕시코, 일본 등 전 세계를 요동치게 만들었다. 사회 전반에 퍼져 있는 일체의 권위주의를 배격하고, 자본주의 소비체제의 물신주의와 인간 소외에 반대하는 운동이 국지적으로, 동시에 전 세계적으로 퍼져 나갔던 것이다. 푸코가 권력에 대한 저항 운동이 사회 내의 다양한 세력들을 규합시킬 것이라고 전망하게 된 데는 이러한 역사적인 사건이 있다.

물론 오늘날의 시각에서 보았을 때 이러한 전망에는 이상주의적인 면이 있다. 그러한 점에서 푸코의 낭만석인 주장과 그에 맞장구치는 들뢰즈를 함께 비판할 수는 있겠다. 전지구적 자본주의의 문제점이나, 중심부에서 벌어지는 이데올로기적인 주체(노동자) 생산과 주변부 노동계급의 경제적·문화적 박탈에 대한 스피박의 지적은 원칙적으로 경청할 만한 것이다. 그러나 스피박 자신이 인지하고 있는 이 문제의 심각성을 푸코와 들뢰즈가 인식하고 있지 못하고 있다고 주장하는 것은 별개의 문제이다. 왜냐하면 푸코와 들뢰즈는 스피박이 문제 삼는 바로 그 의제인 "주변부와 중심부 간의 상이한 이해관계"를 노동계급이 넘어설 수 있는 가능성을 68운동에서 보았고, 이러한 역사적 현상을 근거로 삼아 그것의 필요성을, 당위성을 역설하고 있기 때문이다.

푸코와 들뢰즈의 대담에 대해 스피박이 개입하는 또 다른 지점은 "이데올로기"이다. 이에 의하면 푸코와 들뢰즈는 각각 권력에 대한 사유와 욕망의 이론을 전개함에 있어 이데올로기의 작용을 고려하지 않는 실수를 범하였다. 마르크스를 포함하여 전통적인 사상가들은 이데올로기를 진실의 반대편에 있는 것으로 사유해 왔다. 반면, 푸코는 권력이 진실을 생산함으로써 주체를 구성한다고 보고 진실과 거짓 간의 이항대립을 거부했으며, 더불어 그 이항대립에서 유래하는 이데올로기 개념도 배척하였다.[9] 그러다 보니 생산관계를 재생산함에 있어 이데올로기가 수행하는 역할에 대해서도 생각이 미치지 못하였고 이러한 맥락에서 푸코는 피억압자들을 모두 일종의 '깨어 있는 주체'로 옹립하고 만다. 이에 대한 증거로 스피박이 지적하는 부분은 푸코의 다음의 진술이다. "대중들은 지식을 획득하기 위해 그[지식인]를 필요로 하지 않습니다. 그들은 환상도 가지고 있지 않으며 완벽하게 깨어 있습니다. 그들은 그보다 훨씬 잘 알고 있고, 스스로 표현할 수도 있습니다."[10]

정치를 욕망으로 풀어 나간 들뢰즈도 스피박의 비판을 피하지 못한다. 푸코와의 대담과 같은 해에 출간된 『앙티 오이디푸스』에서 들뢰즈는 '분열분석(schizoanalysis)'을 논하면서 욕망을 정치사회 영역으로부터 분리시키는 기존의 정신분석학을 비판한다. 이에 의하면 리비도 경제와 정치 경제는 하나이다. 이 두 경제를 합병함으로써 들뢰즈와 가타리가 보여주고자 하는 것이 유물론적 정신분석학이다. 이 문제를 처음 제기한 이가 라이히(Wilhelm Reich, 1897~1957)인데, 정신분석과 마르크스주의의 결합을 시도한 이 오스트리아의 사상가는 파시즘을 이데올로기나 기만 이론으로 이해하기를 거부했다. 그가 채택한 대안은 욕망

---

9   Gayatri Spivak, "Can the Subaltern Speak?", p.274.
10   Michel Foucault, "Intellectuals and Power", p.207.

이론이었다. 즉, "대중이 파시즘을 지지한 것은 기만당해서가 아니라 파시즘을 욕망하였기"[11] 때문이라는 것이다. 이 구절은 푸코와의 대담에서도 그대로 인용된다. 들뢰즈는 어떻게 현존하는 권력으로 인해 아무런 경제적 이득도 얻지 못하는 사람들이 그 권력을 지지하는가 라는 질문을 제기하며, 이를 설명하기 위해서는 이해관계가 아니라 욕망의 투여(investment) 개념이 필요함을 역설한다.[12]

스피박이 개입하는 지점이 바로 이 부분이다. 푸코와는 방식은 다르지만 들뢰즈도 욕망이라는 개념 틀 내에서 일종의 "깨어 있는 주체"를 상정하고 있다는 것이다. 들뢰즈가 사회적 관계를 "구분되지 않는 욕망"과 "편재하는 권력 개념"으로만 이해한 결과, 주권적 주체를 해체한 후 그 자리에 "욕망하는 주체', 더 나아가 유럽이라는 "거대 주체"를 대신 앉히고 말았다고 스피박은 비판한다. 주권적 주체 개념을 비판한다고 하였지만 실은 또 다른 주체를 들여오지 않았냐는 것이다. 스피박은 이 비판에서 『앙티 오이디푸스』의 욕망론을 일부 인용하고 있다. 라캉이 욕망은 결여에서 나온다고 주장하였다면, 『앙티 오이디푸스』의 공저자들은 욕망이 결여한 것은 아무 것도 없으며, 욕망은 생산한다는 주장을 편 바 있다.

욕망은 인격체의 일부가 아니라 기계이며, 욕망의 대상도 그 기계에 연결된 또 다른 기계라는 들뢰즈와 가타리의 주장은 정신분석학에 있어 새로운 패러다임을 여는 것이었다.

11   Gilles Deleuze · Felix Guattari, Richard Hurley etc. trans., *Anti-Oedipus : Capitalism and Schizophrenia*, Minneapolis : Univ. of Minnesota Press, 1983, p.257.
12   Michel Foucault, "Intellectuals and Power", p.215.

욕망과 그것의 대상은 하나이다. 기계, 기계의 기계이다. 욕망도 기계요, 욕망의 대상도 [욕망이라는] 기계에 연결된 기계이다. 그러므로 생산물은 생산 과정에서 제거되거나 감해져 나온 것이다. 생산 행위와 생산물 사이에서 무엇인가가 떨어져 나오게 되고 유목민적 방랑자 주체에게 잔여물을 준다.[13]

들뢰즈와 가타리의 욕망론에 대하여 스피박이 제기하는 비판은, 이들의 이론이 욕망의 특정한 심급이나 욕망하는 기계의 생산에 들러붙게 되는 욕망하는 특정한 주체를 폐기하지 못했다는 것이다.

『앙티 오이디푸스』에 대한 평가는, 들뢰즈와 가타리가 이전의 정신분석학에서 욕망이나 무의식이 지나치게 '인간 중심적으로' 이해된 것에 대해 반기를 들었다는 것이다. 무의식조차 표상이나 상징체계로 이해하려고 한 초기의 프로이트와 라캉의 이론에 반대한 것이다. 여기서 무의식이 언어처럼 구조화되어 있다는 라캉의 주장을 회상해 봄 직하다. 들뢰즈와 가타리에게 있어 욕망은 주체의 소유물이나 그의 일부가 아니라 전 사회적인 영역을 관통하는 흐름이며, 주체는 이 욕망이 만들어 낸 산물이다. 욕망이 생산해 내는 주체가 통합된 주체가 아닐뿐더러 기계들의 연속되는 결합이라고 보았다는 점에서, 들뢰즈와 가타리가 주권적 주체나 고정된 주체 개념을 상정하고 있다고 보기에는 무리가 있다. 한 평자의 표현을 빌리면, 이들은 근대적으로 형성된 주체 대신에 소수 주체를 내세우는데, 이 주체는 욕망의 탈주선을 따르면서 주어진 상태나 질서에 머무는 것이 아니라 끊임없이 분열 · 생성 · 접속하는

---

13   Gilles Deleuze · Felix Guattari, op. cit., p.26.

주체이다.[14] 인간중심적인 주체론을 거부함으로써 이 이론가들은 통합되고 단일한 주체 대신에 "분할되고 또 분할 가능한" 욕망의 주체를 제시한 것으로 평가받는다.[15] 그러한 점에서 이들이 "분열되지 않은 주체를 권력에 관한 담론 내로 욕망이라는 이름 아래 다시 들여온다"[16]는 스피박의 비판은 재고될 필요가 있다.

재현, 대표, 대체의 대체

푸코와의 대담에서 들뢰즈는 이제 더 이상 "representation"은 없고 행동만이 있을 뿐이라고 주장한 바 있다. 이론의 행동과 실천의 행동이 서로 연결되고 일종의 그물망을 형성하고 있다는 것이다. 스피박은 들뢰즈의 이 진술에서 "representation"의 두 가지 의미가 구분되지 않고 쓰임을 지적한다. 그중 하나는 대의제 같은 정치적 영역에서 사용되듯 다른 사람을 대리하거나 대체하는 과정을 수반하는 "대표(vertren)"의 의미이며, 다른 하나는 예술과 철학의 영역에서 사용되는 "서술(darstellen)"로서의 "재현"의 의미이다.

14   김겸섭, 「들뢰즈 / 가타리의 주체이론」, 『문예미학』 10집, 2002, 223쪽.
15   Andrew Robinson · Simon Tormey, "Living in Smooth Space : Deleuze, Post-colonialism and the Subaltern", *Deleuze and the Postcolonial*, Simone Bignall · Paul Patton eds., Edinburgh : Edinburgh Univ. Press, 2010, p.23.
16   Gayatri Spivak, "Can the Subaltern Speak?", p.274.

들뢰즈를 인용하면서 반박하는 스피박의 논지를 들어 보자.

"말하고 행동하는 사람이 …… 항상 다중적"이기에 어떤 "이론적인 지식인이나 …… 정당 [혹은] …… 조합"도 "행동하고 투쟁하는 사람"을 대표할 수 없다.(FD, p.206) 행동하고 **말하는** 사람과 달리, 행동하고 **투쟁**하는 사람에게는 입이 없단 말인가?(FD, p.206) 의식과 양심(둘 다 프랑스어로는 con-science이다), 대표(represent)와 재현(re-present)처럼 "동일한" 말들의 차이 속에 엄청난 문제가 묻혀 있다.[17]

이 반박은 절반은 옳고 절반은 틀렸다. 들뢰즈의 주장에서 재현과 대표가 엄격히 구분되어 사용되지 않음을 지적한 것은 옳다. 그러나 들뢰즈의 이론에 있어 "행동하고 말하는 사람"과 달리 "행동하고 투쟁하는 사람"은 목소리가 없다고 비판한다면 이는 사실을 왜곡한 것이다. 들뢰즈는 피지배 집단을 대표하는 이론가들의 언술 행위를 투쟁 행위와 구분 짓는 것이 더 이상 유효하지 않음을 주장하였을 뿐, 투쟁에 참여하는 피지배자에게 목소리가 없음을 주장한 적이 없다. 사실 들뢰즈가 하려는 주장의 요지는, 진보적인 이론가들이 피지배 집단의 양심으로 행동하는 것, 이를테면 노동자들의 대변인 역할을 하는 것이 불가함을 역설하는 것이다. 그의 표현을 직접 빌리면, "이론적인 지식인은 더 이상 [피지배자들을] 대표하는 의식이나 대표적인 의식이 아니다."[18] 대표자로서의 지식인의 역할을 용도 폐기하였다는 점에서 들뢰즈는 스피박이

---

17   Ibid., p.275.
18   Michel Foucault, "Intellectuals and Power", p.206.

비판하는 것과는 정반대의 내용을 말하고 있다.

이어지는 푸코의 진술도 이러한 사실을 확인해 준다. 그의 회고에 의하면, 68운동을 경험한 그에게 대중은 지식인의 지도나 계몽을 더 이상 필요로 하지 않는 존재였다. 전통적인 의미에서 지식인은 대중을 깨우치는 '진실의 전달자' 역할을 하였다. 진실을 말하는 것이 금지된 세상에서 지식인은 형벌을 대가로 치르고서라도 진실을 소리 높여 외치는 시대의 양심이었던 것이다. 그러나 68운동은 진실의 대변인으로서의 지식인과 계몽되어야 할 대상으로서의 대중의 구분을 무의미하게 만들었다는 것이 푸코가 얻게 된 깨달음이다. 푸코의 발언을 들어 보자.

가장 최근의 격동에서 지식인은 대중이 지식을 얻기 위해서 더 이상 그를 필요로 하지 않음을 깨달았습니다. 그들은 환상도 가지고 있지 않으며 완벽하게 **깨어 있습니다.** 그들은 지식인보다 더 잘 알며 또한 분명히 자신들의 의견을 표명할 수 있습니다. 그러나 이러한 담론과 지식을 막거나 금하고 무효화하려고 하는 권력 체계가 존재합니다. 이 권력은 단순히 검열 기관에서만 발견되는 것이 아니며 사회의 전체 관계망을 심오하고 미묘하게 침투하는 그런 것입니다. 지식인들 자신이 이 권력 체계의 요원들입니다. "의식"과 담론에 대하여 [지식인에게] 책임이 있다는 생각부터 그 [권력] 체계의 일부인 것입니다. 그러니 지식인의 역할은 집단의 억눌러진 진실을 표현하기 위해 [대중보다] "어느 정도 앞에 그리고 옆에" 자리를 잡는 데 있지 않습니다. 그의 역할은 "지식", "진리", "의식", "담론"과 같은 영역에서 자신을 권력의 작용 대상이자 수단으로 변모시키는 권력의 형태에 대해 투쟁하는 것입니다.[19]

위 인용문에서 "가장 최근의 격동"은 물론 68운동을 지칭한다. 푸코의 주장에 의하면, 68운동 이후의 세상에서 지식인은 특권적인 자리에서 내려왔다. 그는 더 이상 언술자만도 아니요, 대중을 몽매한 상태에 두려고 하는 권력의 체계 바깥에 서서 권력의 작용을 꿰뚫어 보는 선지자 같은 존재가 아니다. 또한 대중도 더 이상 계몽의 대상이 아니며 자신들을 대변할 목소리를 필요로 하지도 않는다.

이러한 사실을 고려한다면, 무엇보다 대중이 "분명히 자신들의 의견을 표명할 수 있다"는 푸코의 단언을 고려한다면, 들뢰즈와 푸코를 두고 "행동하고 투쟁하는 이들에게는 입이 없단 말인가"라고 되묻는 스피박의 비난은, 오독(誤讀)이나 의도적 왜곡 둘 중의 하나에 해당한다. 오독이라고 본다면 스피박의 지성을 모욕하는 것이요, 왜곡이라고 본다면 스피박의 양심을 모욕하는 것이 될 터이니, 필자로서는 할 말이 없다. 특정한 하위계층을 정치적인 지성을 갖춘 존재로 보았다고 해서 푸코와 들뢰즈에게 타자를 재현함에 있어 "스스로에게 재현의 투명성을 부여하였다는"는 스피박의 비판은 부메랑처럼 자신에게로 돌아올 수 있다. 푸코와 들뢰즈를 재현함에 있어 스피박도 재현의 투명성을 사칭하였다는 비판을 받을 수 있는 것이다.

스피박은 마르크스의 『루이 보나파르트의 공화력 2월 18일(*The Eighteenth Brumaire of Louis Bonaparte*)』[20]에 대한 분석을 통해서 "재현"의 두 가

---

19 Ibid., p.207. 강조는 원문.
20 "공화력 2월 18일"은 이집트 원정에서 몰래 돌아온 나폴레옹 보나파르트가 쿠데타를 일으켜 혁명 정부를 전복시킨 1799년 11월 9일을 지칭한다. 나폴레옹 1세의 실각 후 부르봉 왕조의 왕정복고가 이루어지나 이도 1830년 7월 혁명으로 끝이 난다. 혁명의 결과로 루이 필리프가 입헌군주로 취임하지만 노동자와 빈민을 자극하는 정책으로 인해 마침내 자유주의적 부르주아, 사회주의자, 학생, 노동자들이 힘을 합친 1848년 2월 혁명

지 의미, 즉 "대표"와 "서술"이 어떻게 사용되는지를 살펴 볼 것을 제안한다. 이 제안에는 "대표"가 왜곡의 가능성이나 사적인 이해관계로부터 자유롭지 못함을, 즉 그것이 종종 "재현의 투명성"을 사칭함을 폭로하고자 하는 의도가 있다.[21]

> **대표**한다는 의미에서의 (설득의 수사학 형태인) 재현 행위가 일종의 **서술** (혹은 비유로서의 수사학) 행세를 하는데 이는 (서술적) 계급 형성과 (변형적) 계급 형성의 실패의 틈새에서 일어난다. "수백만 [프랑스 소농] 가족들이 그들의 삶의 방식을 차별화시키는 경제적 존재조건 하에서 사는 한……그들은 하나의 계급을 형성한다. 그들이 처한 동일한 이해관계가 단일 공동체의 감정을 생성시키지 못하는 한…… 그들은 계급을 형성하지 못한다." 대표와 서술을 말장난으로 섞어 버리지 않을 때만, 『공화력 2월 18일』의 마르크스를 따라 마르크스주의자들이 폭로해야 할 공범 관계를, 대표와 서술 간의 공범 관계를, 실천의 장소로서의 이 둘의 차이 속의 동질성을 제대로 이해할 수 있다.[22]

국내의 몇몇 비평가들이 이미 설명을 시도한 이 내용을 간추리면 다음과 같다. 프랑스 소농들은 경제적인 측면에서 다른 계급들과 차별화

이 일어난다.

21 스피박의 이 글을 프랑스 소농의 역사적 조건과 관련하여 읽은 글로는 이승렬, 앞의 글, 47~61쪽을 참고할 것. 재현과 대표의 의미에 대하여 짧지만 명쾌한 설명은 고부응, 「비어 있는 기표로서의 한국계 미국인의 정체성」, 『탈식민주의 이론과 쟁점』, 서울 : 문학과 지성, 2003, 360~388쪽에서도 제시된 바 있다.

22 Gayatri Spivak, "Can the Subaltern Speak?", p.277. 강조는 필자.

된다는 점에서 하나의 계급을 형성하였다고 볼 수 있다. 그러나 단순히 경제적 이해관계가 같다고 해서 계급이 성립되는 것은 아니고 계급의 성립을 위해서는 계급의식이 필요로 된다. 프랑스 소농들의 경우는 그들을 하나의 집단으로 묶어 줄 계급의식을 결여하였기에 '대리자'를 통해서만 정치적으로 대표될 수 있었다. 이들과 대리자의 관계는 1848년 2월 혁명 이후 등장한 루이 보나파르트에 대한 이들의 지지에서 구체적으로 드러난다.[23] 그러나 나폴레옹 3세가 소농계층을 대표하는 행위는 사실 제스처에 지나지 않았다.

『루이 보나파르트의 공화력 2월 18일』은 마르크스의 저술 중에서도 고도의 수사적인 언어로 인해 이해가 쉽지 않은 텍스트로 꼽힌다. 「하위계층은 말할 수 있는가」에서 스피박은 프랑스 소농의 정치적 행보에 대한 마르크스의 저술을 해체주의적인 언어로 다시 풀이한다. 프랑스 소농의 계급적 (비)형성에 대한 스피박의 설명에 의하면, 프랑스 소농은 "다른 계급과의 차이에 의해 형성"[24]되었기에 "계급적 본능이 여기에서 작용하지 않는다." 이 명제에서 계급을 기표로, 계급적 본능을 근

---

23 마르크스의『루이 보나파르트의 공화력 2월 18일』은 1848년 입헌 군주 루이 필리프를 권좌에서 몰아낸 2월 혁명으로 시작된 제2공화정이 나폴레옹 1세의 조카인 루이-나폴레옹 보나파르트의 쿠데타로 인해 종식되는 과정을 다루었다. 2월 혁명 이후 프랑스의 소농 계층은 1848년 12월에 실시된 보통 선거에서 루이 보나파르트를 지지하여 그를 대통령으로 선출하였을 뿐만 아니라, 그가 1851년 12월 2일에 쿠데타를 일으켜 부르주아가 주도하는 의회 공화정을 종식시켰을 때도 그를 위해 투표한 계층이다. 이러한 대중적인 지지를 바탕으로 보나파르트는 1852년 11월 7일에 또다시 국민투표를 거쳐 나폴레옹 3세로 등극하여 제2제정의 시대를 연다. 마르크스를 포함한 훗날의 사가들이 보기에, 프랑스 소농 계층이 루이 보나파르트에게 보여준 열렬한 지지는 어렵게 성취한 2월 혁명의 정신을, 공화주의 정신을 저버린 자기 배반으로, 공화정에서 제정으로 역사의 수레바퀴를 되돌린 경우였다.

24 Gayatri Spivak, "Can the Subaltern Speak?", p.276.

원으로 치환시켜 보면, 이 주장이 기표는 다른 기표들과의 차이에 의해 형성되기에 근원과는 무관하다는 해체주의적 사유를 밑그림으로 사용하는 것이 드러난다.

스피박이 주목하는 마르크스의 또 다른 주장은 다음과 같다. 프랑스 소농들은 "스스로를 대표할 수 없기에 누군가에 의해 대표되어야만 한다. 그들의 대표는 동시에 그들의 주인으로, 그들에게 군림하는 권위로, 그들을 다른 계급들로부터 보호하고 위로부터 그들에게 비와 햇빛을 선사하는 무제한적인 행정 권력으로, 나타나야 한다."[25] 이 독법에 의하면, 보충대리 개념이 프랑스 소농들과 그들의 대표자의 관계에서 작동한다.

나폴레옹 3세는 소농들뿐만 아니라 부르주아지 등 모든 계급의 대표이자 가부장적 시혜자로서 스스로를 새현하였지만 실은 하나의 계급에게 무언가를 베풀기 위해서는 다른 계급에게서 그것을 빼앗을 수밖에 없는 모순에 처해 있었다. 마르크스의 표현을 직접 빌리면, 그의 정책이 "프랑스에게 프랑스를 선물하기 위하여 프랑스를 훔쳤던 것"[26]에 지나지 않았던 것도 이 모순에 기인하는 것으로 풀이된다. 그러나 부르주아 경제가 파탄하게 되는 혼란 속에서도 정말로 실속을 챙겼던 계급은 다름 아닌 나폴레옹 3세와 그의 수하들이 속한 룸펜프롤레타리아트였다는 것이 마르크스의 지적이다. 이러한 역사적 맥락을 염두에 두었을 때 나폴레옹 3세가 소농들의 대표자임을 자처하는 것은, 처음부터 이들의 계급의식이나 계급 이익을 대표하는 것과는 거리가 먼 것이었다.

25   Ibid., p.277.
26   Karl Marx, *The Eighteenth Brumaire of Louis Bonaparte*, Kessinger Publishing, n.d., p.88.

그러니 스피박이 『공화력 2월 18일』을 인용하는 주된 이유는, 재현(서술)과 대표가 혼동되어서는 안 될 것임을, 프랑스 소농들의 경우에 그들에 대한 재현과 대표가 공모의 관계에 있음을 드러내는 데 있다.

이렇게 요약하고 보면 스피박의 마르크스 읽기는 데리다의 차연 개념 위에 양피지처럼 쓰인 것이다. 그러나 차연 개념은 아직 완성되지 않았다. 여기에서 차연 개념은, 소농 계급이 그들을 대신할 대체물을 정치적 후견인에서 찾지만, 문제는 이 대체를 한 몸에 구현하는 루이 나폴레옹 보나파르트도 실은 삼촌 나폴레옹 1세의 또 다른 대체물에 지나지 않는다는 사실, 뿐만 아니라 나폴레옹 3세도 알고 보면 제대로 된 대체물이 아니라는 사실, 그래서 그 대체가 지속적으로 미완성인 과정이라는 사실을 지적함으로써 완성된다. 즉, 계급의식을 결여하였다는 점에서 진정한 계급이라고 할 수 없었던 프랑스 소농은 대표자에, 더 나아가 대표자에 의한 대리에 의존할 수밖에 없으며, 이러한 대체는 또 다른 대체물을 부르는 연쇄 현상을 불러온다. 달리 표현하면, 차이의 체계를 통한 계급 형성이 지속적으로 지연되는 차연의 구조가 작동하는 것이다. 이쯤에서 마르크스의 원전을 살펴보자.

역사적 전통은 나폴레옹이라 불리는 한 남자가 모든 유의 영광을 되돌려 줄 것이라는 미신을 프랑스 농민들 사이에서 낳았다. 그러자 자신이 바로 그 사람이라고 하는 개인이 나타났는데, 부계(父系) 조사를 금지하는 나폴레옹 법전에 맞추어 그는 나폴레옹이라는 이름을 가지고 있었다. 20년간의 방랑 생활과 일련의 기괴한 모험 끝에 미신이 현실로 된 것이다. 그 남자가 프랑스의 황제가 되었으니 말이다.[27]

여기서 스스로를 나폴레옹이라고 칭한 자는 다름 아닌 나폴레옹 1세의 조카이자 2월 혁명으로 탄생한 제2공화정을 무너뜨리고 황제로 등극하는 나폴레옹 3세를 일컫는다.

나폴레옹 3세의 정치적 등장은, 봉건 농노와 다를 바 없었던 처지의 농민들을 프랑스 대혁명 이후 토지 개혁을 통해 소작농으로 격상시켜 준 영웅 나폴레옹 1세에 대한 농민들의 향수가 있었기 때문에 가능했다. 그러나 실상 나폴레옹 3세는 이름만 나폴레옹 1세와 같을 뿐, 그와 아무런 혈연을 나누지 않았다는 소문이 있었다. 나폴레옹 1세의 동생인 루이 보나파르트와 나폴레옹 1세의 의붓딸 오르탕스(Hortense) 사이에서 태어났다는 점에서 나폴레옹 3세는 나폴레옹 1세의 조카였다. 동시에 그는 행실이 좋지 못하다는 소문이 있었던 오르탕스의 사생아로 추정되기도 하였다. 이 추정에 따르면 나폴레옹 3세는 나폴레옹 1세의 대체물이면서도, 적법한 대체의 자격을 상실한 '불법 대체물'에 불과하다.

위 인용문에서 나폴레옹 3세의 출생의 비밀을 두고 마르크스는 "부계 조사를 금지하는 나폴레옹 법전" 덕택에 나폴레옹으로 행세할 수 있었다고 조롱하고 있다. 아이러니컬한 것은 이 사생아를 나폴레옹의 적자로 만드는데 큰 기여를 한 나폴레옹 법전이 그의 삼촌 나폴레옹 1세 때 만들어진 것이라는 점이다. 부계 조사를 대혁명 이후 금지시킨 이유는, 좀 이상하게 들리겠지만, 미혼모와 사생아의 권리 주장에 대항하여 법적 제도 내에서 태어난 자식들의 권리를 보호하기 위해서였다. 이것

---

27 Ibid., p.82.

이 의미하는 바는, 명약관화한 이유가 있지 않은 한 부계 조사를 금지함으로써, 어떤 아이가 본인의 사생아인지 아닌지의 여부가 아버지라고 추정되는 남성의 진술에 의해 전적으로 결정되었다는 것이다.[28] 즉, 정부(情婦)가 자신이 낳은 아이의 아버지에게 양육비를 요구하는 소송을 벌일 때, 문제의 남성이 이를 부인하면 그것으로 그만인 것이다. "아버지의 법(나폴레옹 법전)이 친아버지를 찾는 것을 금한 것은 역설"[29]이라는 스피박의 논평은 이러한 맥락에서 이해될 수 있다.

마르크스의 프랑스 소농, 분열된 주체?

『공화력 2월 18일』에 대한 분석을 통해 스피박은 재현(서술)과 대표의 공모 관계를 폭로하는 것 외에도, 분열된 주체의 개념을 도출해 낸다. 이를 위해서 스피박은 마르크스의 서술적 계급 개념으로 되돌아간다. 스피박의 주장을 다시 인용하면,

생활양식, 이해관계, 집단의 형성에 있어 다른 계급들과 뚜렷이 경계를 지어주고, 이들을 [다른 계급들과] 적대적인 관계에 있게 하는 경제적 조건 아래

---

28 Rachel G. Fuchs, *Contested Paternity : Constructing Families in Modern France*, Baltimore, MD : Johns Hopkins Univ. Press, 2008, p.13 · pp.52~58.

29 Gayatri Spivak, "Can the Subaltern Speak?", p.278.

에 수백만의 가정이 사는 한, 이들은 계급을 형성한다. 여기에서 '계급 본능' 같은 것은 작용하지 않는다. 사실 '본능'의 영역이라고 간주될 법도 한, 집단을 이룬 이 가족적 존재는 계급들의 차별적 분리에 의해 작동함에도 불구하고 그 차별적 분리와 일치하지 않는다.[30]

마르크스의 좀 더 친절한 설명에 의하면, 프랑스 소농들은 이해관계나 문화, 생산양식 등의 측면에서는 다른 계급들과 분명히 구분된다. 동시에 이들은 여러 가지 사회적, 환경적 원인으로 인해 서로 의미 있는 관계를 맺지 않고 살아간다. 그 원인들 중에는 당대 프랑스의 열악한 교통수단과 농민들의 경제적 궁핍함이 있다. 사회와의 교류보다는 자연과의 관계에서 생활 수단을 얻는 자급 농가들이었기에 이들이 상호교류 없이, 전국적인 경합이나 정치적인 조직을 만들어 내는 일 없이, 거의 고립된 삶을 살았다는 것이 마르크스의 관찰이다. 이러한 관찰을 바탕으로 마르크스는 훗날 비평가들이 즐겨 인용하는 유명한 "감자 자루" 비유를 남긴 바 있다. "개개의 감자들이 모여 한 자루의 감자를 만들 듯 똑같은 양을 단순히 더함으로써 프랑스의 거대한 대중이 형성된다."[31] 프랑스 소농들이 유사한 조건 속에서 살아가면서도 계급의식을 발달시키지 못한 이유가 여기에 있다.

---

30 Ibid,, p 276.

31 Karl Marx, *The Eighteenth Brumaire of Louis Bonaparte*, p.81. 당대 프랑스 소농의 상황에 대하여 마르크스와 다른 의견을 개진하는 연구로는 Ted W. Margadant, *French Peasants in Revolt : The Insurrection of 1851*, Princeton, N.J. : Princeton Univ. Press, 1979, pp.56~57을 참고할 것. 이 연구에 의하면 마르크스가 말하는 자급적 농촌 경제는 중세 프랑스 시대에서나 볼 수 있는 것이다. 고지대를 제외하고는 19세기 프랑스의 농촌 대부분이 도시와의 교역이 팽창함에 따라 시장 경제의 영향을 이미 받고 있었다.

프랑스 소농의 경우 계급 형성이 계급의식의 발달에 연유하지 않고 단순히 경제적인 차별화에 연유한다는 점에서, 스피박은 이를 "인위적이고 경제적인" 유의 계급 형성이라고 부른다. 그리고 이 경우 계급 형성의 주체(agency)가 개인이나 인격적 집단이 아니라 경제적 조건의 차이, 즉 경제적 체제에서 나온 것이기에 "비인격적인 것"이라고 부른다. 덧붙여 그는 프랑스 소농의 계급 형성을 통해서 마르크스가 보여주고자 하는 바는, 역사와 정치경제를 "주체 없는 과정"으로 보는 — 역사 발전을 절대 정신의 자기 외현이라는 결정론적 시각에서 보았다는 점에서 — 반인본적인 헤겔주의와 궤를 같이하는 것이라고 주장한다. 이 주장에 바로 이어서 스피박은 그간 준비해 온 결론을 내놓는다. "욕망과 이해관계가 일치하는 분열되지 않은 주체를 마르크스가 제시하려고 한 것이 아니다."[32] 마르크스가 분석한 프랑스 소농이 "분열되고 탈구된 주체"라는 스피박의 이 주장은, 앞서 논의한 바 있는 대표와 묘사가 구분되어야 한다는 주장과 함께, 푸코와 들뢰즈의 인터뷰에서 발견되는 "계몽된 대중 주체론", "욕망과 이해관계가 일치하는 주체론"을 비판하기 위한 것이다. 스피박이 이 프랑스의 진보적 지식인들에게 던지는 마지막 펀치 라인은 다음과 같이 읽힌다. "[대표와 묘사]를 넘어서 억압받는 주체들이 스스로 말하고, 행동하고, 안다고 주장하기 위해 그 둘을 구분하지 않는 것은 본질론적이며 유토피아적인 정치학을 초래한다."

대표와 서술(묘사)을 엄격히 구분해야 한다는 스피박의 경고는 귀담아야 할 내용이다. 동시에 지적할 점은 바바가 파농을 후기구조주의자

32　Gayatri Spivak, "Can the Subaltern Speak?", p.276.

로 만듦으로써 그를 거세했듯, 스피박도 마르크스를 후기구조주의적 언어로 단장하느라 적지 않은 수고를 들이고 있다는 점이다. 이에 대해 제기되어야 할 질문은, 대표와 서술을 구분하지 못했을 때 생기는 위험을 지적하기 위해서 굳이 마르크스를 반본질론자로 만들었어야 했는가 이다. 마르크스의 주장은, 프랑스 소농들이 다른 기성 계급들과의 관계에서는 하나의 변별적인 계급을 이루기는 하였으나 정치세력화를 가능하게 하는 계급의식을 갖지는 못했다는 것으로 요약될 수 있을 것이다. 이 주장을 두고 소농이 욕망과 이해관계가 일치하지 않는 분열된 / 탈구된 주체였다고 해석해도 될는지는 의문이다.

비록 들뢰즈와 푸코가 1972년의 대화에서 서로 의견의 일치를 보이는 듯하나, 사실 이들이 상정하는 대중이 똑같지는 않다. 이들의 주장을 여기에서 상기해 보자.

들뢰즈 : 우리는 이익에 반(反)하는 욕망을 결코 하지 않습니다. 왜냐하면 이해관계는 항상 욕망이 지시한 곳에서 형성되기 때문입니다.

푸코 : [대중은] 환상을 가지고 있지 않으며 완벽하게 깨어 있습니다. 그들은 지식인보다 더 잘 알며 또한 분명히 자신들의 의견을 표명할 수 있습니다.[33]

스피박은 위의 두 진술을 한데 인용하고 있으나 사실 이 둘은 사용된

---

[33] Michel Foucault, "Intellectuals and Power", p.215 · 207.

맥락도 다르고 의미도 다르다. 욕망과 이해관계의 부합을 논하면서 정작 들뢰즈가 말하고 싶었던 바는, 마르크스의 주장과 달리 이해관계로만 정치적 행위를 설명할 수 없다는 사실이다. 이를테면, 나치주의가 자신의 이익에 도움이 되지 않을 것임을 알면서도 이를 지지한 독일 국민을 설명하기 위해서는 "이해관계보다 더 심원한 수준에서 작용하는 욕망"을 고려해야 한다는 것이다. "이익에 반하여 욕망하지 않는다"고 들뢰즈가 주장할 때 그가 의미한 바는, 내가 욕망하는 바가 곧 내가 추구해야 할 이익이 된다는 뜻이자, 이해관계의 전선이 욕망의 움직임을 따라 형성된다는 것이다. 그러니 들뢰즈에 의하면 나치를 지지한 독일 대중에게 욕망과 이해관계 간의 충돌이 없었던 것은 욕망이 이해관계마저 좌우하는 "최후의 심급"으로 작용했기 때문이다.

반면 푸코가 "깨어 있는 대중"을 논했을 때 그는 들뢰즈의 욕망론과는 다소 다른 맥락, 자신의 평소 지론인 권력론과도 다른 계몽주의적 전통에 서 있다. 68운동을 주도한 노동자들의 행위에서 그들이 나름대로, 지식인 엘리트의 조력 없이 도달한 '계몽'을, 정치적 통찰력의 작용을 읽어 내기 때문이다. 푸코의 권력 / 진실 개념이 개인의 각성이나 계몽을 허락하는지, 혹은 진실과 지식이 권력에 봉사하는 상황에서 대중이 어떻게 정신적인 자유를 성취하는지 등의 질문을 제기할 수는 있겠다. 그러나 68운동이라는 구체적인 역사적 사건과 관련하여 푸코가 내리는 특수한 평가를 근거로 삼아, 푸코의 대중은 "스스로 말할 수 있는 깨어난 주체"라고 단정 짓는 것은 68운동에 참여한 대중을 초역사적인 존재로 만들어 버리는 것이다. 스피박이 가장 매섭게 비판하는 "본질화"의 작업이 스피박 자신의 주장에서 발견되는 순간이다.

동시에 지적해야 할 사실은, 스피박의 이 논문을 읽는 독자들이 행여 프랑스 소농이 집단적인 행동력을 갖지 못한 채 착취당하기만 한 힘없는 하위계층이라고 생각한다면 이보다 더 큰 오해도 없다는 점이다. 사실 마르크스가 비판의 도마에 올린 프랑스 소농들은 기득권에 집착한 나머지 제정을 지지한 보수주의자들이었다. 마르크스는 이 보수적인 소농들을 계급의식이 결여된 "감자 자루"라고 폄하했는데, 물론 이는 이들이 시대의 흐름에 거슬러 루이 보나파르트를, 즉 나폴레옹 3세를 지지한 것을 비판하는 의미이다.

일반적으로 프랑스의 소농들은 보통 선거에 적극 참여함으로써 자신의 계급적 이익을 지키려 했고, 그들이 저주했던 부르주아 독재[34]의 판도를 바꾸어 놓기도 했다. 이들 중 일부는 루이 보나파르트의 제정 움직임에 찬성을 보였지만, 이는 어디까지나 일부의 소농들이었다. 이들과 정치적 성향이 다른 소농들도 있었으며, 마르크스도 이들의 존재를 인식하고 있었다. 스피박이 들려주지 '않는' 마르크스의 주장을 보자.

> 그러나 오해가 없도록 하자. 보나파르트 왕조가 대표하는 이들은 혁명적인 농민들이 아니라 보수적인 농민들이다. 그들은 분할받은 조그만 땅, 이 경제적 조건을 넘어서 진격하는 농민이 아니라 그 땅의 보유권에 집착하는 농민, 타고난 에너지로써 도시와 연대하여 구질서를 타도하려는 농민이 아니라

---

[34] 1848년 2월 혁명 이후 들어선 부르주아 공화정은 계급투쟁의 조짐이 보이자 바로 보통선거제를 폐지함으로써 계급 이익을 지키려는 완고한 모습을 보여주게 된다. 부르주아 내의 권력 싸움에서 왕당파인 질서당이 주도권을 쥐면서 보통선거제를 사실상 폐지함으로써 의회공화정은 의회독재로 변모하게 된다. 당시 농민들의 정치적 행동은 부르주아 독재에 저항하는 의미를 띠는 것이었다.

구질서 속에서 완고해져 제국의 유령이 자신과 자신의 보유지를 구해주고
또 부당한 혜택을 주기를 바라는 농촌 인구를 대표한다. 보나파르트 왕조는
농민의 지성이 아니라 그의 미신을, 농민의 판단력이 아니라 편견을, 그의
미래가 아니라 과거를, 현대의 세벤느가 아니라 현대의 방데를 대표한다.[35]

이 시대의 프랑스 소농들이 부르주아 공화정[36]에 의해 탄압되었던
여러 계층들 중의 하나임은 틀림없다. 그들은 자신이 탄압받고 있다는
사실을 잘 '알고' 있었고 이러한 자각을 바탕으로 '정치적인 행동'에 나
섰다. 이들이 취한 행동은 1948년의 보통 선거에 대거 참여하여 나폴
레옹의 조카를 지지한 것이었고, 그가 마침내 쿠데타를 일으켰을 때 일
부는 이를 지지했지만 또 일부는 이를 반대하는 봉기를 일으켰다.[37]

왜 일부 소농들은 1848년의 선거에서 시대를 거슬러 나폴레옹 1세
의 조카에게 전폭적인 지지를 보냈다가, 제2제정으로 이어지는 1851
년의 쿠데타 이후에는 이에 저항하였을까? 스피박의 논리인 "분열된
주체론"에 의하면, 1848년 12월의 대통령 선거에서 이들이 보여준 정

---

35 Karl Marx, *The Eighteenth Brumaire of Louis Bonaparte*, p.82. 세벤느는 농민들이 봉건
    질서에 맞서 일으킨 가장 혁명적인 무장봉기가 있었던 프랑스 남동부 지역이며, 방데는
    대혁명 기간 동안에 농민들이 일으킨 보수반동적인, 반혁명 봉기가 있었던 프랑스 남부
    의 한 현이다.

36 프롤레타리아와 손을 잡고 1848년 2월 혁명을 성공시킨 부르주아 계급이 성립시킨 프랑
    스 공화정을 일컫는다. 보통 선거를 통해 권력을 잡은 부르주아 계급은 프롤레타리아를
    권력 구도에서 배제하였고, 이에 프롤레타리아가 보통 선거제를 정치 투쟁 무기로 사용
    하자 보통 선거제를 폐지해 버린다. 의회 공화정의 이러한 행동은 일시적으로 부르주아
    계급의 권력을 공고히 한 듯 보이지만, 실은 보통 선거의 폐지가 나폴레옹 3세의 제정을
    가져왔다는 점에서 역사의 아이러니로 지적받는다.

37 마르크스가 제대로 다루지 않는 1851년의 농민 봉기의 규모와 원인에 대해서는 Ted
    W. Margadant의 연구를 참조할 것.

치적 선택은 욕망이 이익과는 반대 방향으로 움직인 경우로 해석될 수 있을 것이다. 그러나 이러한 해석은 당시의 상황을 지나치게 단선적으로 파악한 것이다. 소농들이 보나파르트를 대통령으로 선출한 것은 단순히 "보나파르트를 대리자로서 욕망해서"가 아니라 자신에게 혹독한 세금을 강요한 기성의 지배계급, 즉 부르주아 지배에 대한 대안을 찾으려고 했었기 때문이다. 그러니 루이 보나파르트가 이 농민들을 대표할 수 있었던 것은, 이들이 계급적 정체성의 위기나 욕망과 이해관계의 불일치를 겪어서가 아니라 이들이 한때, 즉 나폴레옹 1세의 치세 동안 누렸던 경제적인 지위에 대한 향수를 그의 조카를 통해 실현해 보고자 했기 때문이다. 이러한 기대를 가진 계층은 그들만은 아니었다. 자유주의적 공화파를 제외한 거의 모든 대중들, 이를테면 6월 봉기를 진압하였지만 아무런 대가를 받지 못했던 군부, 왕정복고를 원했던 자산가 계급, 6월 학살의 희생자였던 노동자들과 소부르주아지가 모두 보나파르트를 지지했다. 보나파르트를 통해 자유주의적 공화파를 제외한 모든 계급이 자신들의 이익을 위해 행동했던 것이다.

그러나 농민들은 부르주아 공화정 3년의 기간을 거치면서 깨어나게 된다. 이는 마르크스의 입을 통해서도 입증된다. 부르주아 공화정 3년 기간 동안 농민들은 "처음으로 정부의 행동에 맞서 독자적으로 행동하고자 하였다. …… 다양한 지역의 농민들이 자신의 자식인 프랑스 군대에 대항하여 봉기하였다. 부르주아지는 계엄령을 선포하고 군대를 출동하여 그들을 진압하였다."[38] 마르크스는 의회 공화정 3년의 기간 동

---

[38]   Karl Marx, *The Eighteenth Brumaire of Louis Bonaparte*, p.83.

안에 있었던 혹독한 박해와 이에 대한 농민들의 저항을 소개하는 데 긴한 단락을 할애할 뿐만 아니라 보나파르트의 쿠데타 이후 이에 대항하여 프랑스의 절반이나 되는 지역에서 일어난 농민 봉기들을 언급한다. 1851년 프랑스를 휩쓴 농민 봉기에 대하여 한 연구는 다음과 같이 증언한다. "프랑스 제2공화정은 파리에서 시작하여 지방에서 끝이 났다. 그것의 첫 영웅은 거리의 바리케이드로 1848년에 왕정을 무너뜨린 수도의 노동자들이었다. 그것의 마지막 옹호자는 1851년 12월 2일에 있었던 루이 보나파르트 나폴레옹의 쿠데타를 반대하는 전열(戰列)을 만들었던, 중부와 남부 24개도의 농민들과 장인들이었다."[39]

지식인으로서 스피박이 직시해야 할 문제는 『공화력 2월 18일』에서 "분열되고 탈구된 주체"를 읽어 내기 위해, 공화정의 마지막 보루 역할을 하였던 저항적인 소농의 존재를, 이들의 혁명적인 활동을 치하하는 마르크스의 언급을 논의에서 깡그리 제외하였다는 사실이다. 뿐만 아니다. 라슨이 지적하듯, 프랑스 부르주아와 프롤레타리아의 경우 각각 혁명을 통해 계급적 주체성(class agency)을 분명히 보여주었음을 마르크스가 『공화력 2월 18일』에서 주장하고 있다는 사실도, 소농들이 대자적(對自的) 계급이 되지 못한 데에는 충분히 사회화되지 못한 그들의 노동력이 결정적인 이유였다는 마르크스의 주장도 논의에서 제외해 버린다.[40] 상호 고립되어 정치적으로 각성되지 못한 대중의 사례를 근거로 삼아 들뢰즈의 "욕망하는 대중론"과 푸코의 "각성한 대중론"을 비판

---

39 Ted W. Margadant, op. cit., p.xvii.
40 Neil Larsen, *Determinations : Essays on Theory, Narrative, and Nation in the Americas*, New York : Verso, 2001, p.65 · 71.

하려는 의도였으나 스피박은 결론적으로 프랑스 소농을 자의적으로 재현하였다는 비판에서 자유롭지 못하게 되었다.

하위계층연구와 미망인 분신

좀 늦은 감은 있는 질문을 하자면, '하위계층은 정확하게 누구를 지칭하는가?', '스피박은 이 용어를 누구에게서 배웠는가?' 모튼의 연구에 의하면, 스피박은 "하위계층"의 개념을 그람시의 『옥중수고』나 남아시아의 민중 봉기에 대한 하위계층 역사연구에서 배웠을 것으로 주정된다. 그람시의 "하위계층" 개념이 실은 무솔리니 정권의 검열을 피하기 위해 "프롤레타리아" 대신 사용한 암호였다는 주장도 있다. 그람시가 파시즘에 대항하기 위한 방안으로서 광범위한 대중적 기반의 혁명적 조직체를 꿈꾸었다는 사실이나 그러한 계급 간의 동맹이 실패로 끝난 것에 대한 그의 주목을 고려한다면, "하위계층"은 사회적 · 정치적 의식이 제대로 발전하지 못하고 정치적인 세력화를 이루지 못한 이탈리아 남부의 농민계급을 지칭하는 것이다. 남아시아 민중에 대한 하위계층연구에서 이 용어는 "남아시아 사회의 계급, 신분, 연령, 성별, 직위 등에서 드러나는 종속의 일반적인 특징"으로 정의된다.[41] 스피박

---

41   Stephen Morton, *Gayatri Spivak : Ethics, Subalternity and the Critique of Postcolonial Reason*, Malden, MA : Polity, 2007, pp.96~97.

이 드는 하위계층의 예로는 "배우지 못한 농민들, 부족 사람들, 도시 최하층 노동계급에 속하는 남녀들"[42]이 있다. 이러한 예들을 고려할 때 "하위계층"은, 통일된 의식과 정치적 조직을 갖춘 도시 노동자 계급과 달리, 사회의 최하층에 속하면서도 집단으로서의 결속력이 약하거나 결여된 집단을 의미한다.

하위계층의 의식이 타자에 의해 복구가 불가능하다는 스피박의 테제는 인도의 미망인 분신(焚身, sati) 관습이나 부바네스와리(Bhuvaneswari Bhaduri)의 자살에 대한 논의에서 반복된다. 차이가 있다면 하위계층 중에서도 여성이 겪는 이중의 구속으로 논의의 초점을 좁혀 간 것뿐이다. 분신에 관한 논의에서 스피박은 영국의 지배 담론과 인도의 저항 담론이 인도의 미망인들에게 동시에 행사한 인식론적 폭력을 문제 삼는다. 익히 알려진 대로 미망인 분신의 전통을 두고 식민 지배자들과 인도의 민족주의자들 간에 있었던 이데올로기적인 교전에서 정작 이해의 당사자인 미망인들의 목소리는 들리지 않았다. 스피박에 의하면, "인도주의적인" 영국의 식민지 법령이 분신을 "범죄"로, 분신한 미망인을 "희생자"로 규정함으로써, 미망인의 자유 의지가 무엇이었는지에 대한 질문을 봉쇄하여 버렸다면, 힌두 경전에서는 예외적인 조항에 지나지 않았던 분신을 일반적인 조항으로 탈바꿈함으로써, 또한 분신의 결정을 미망인의 소망으로 해석함으로써, 인도 민족주의자들도 미망인의 자유 의지에 대한 질문을 애초에 봉쇄하고 말았다. 인도를 통치하였던 영제국의 법이나 이에 저항하였던 인도의 민족주의 담론 모두 기원

---

42   Gayatri Spivak, "Can the Subaltern Speak?", p.283.

(하위계층의 의식이나 욕망)을 회복하려는 시도를 하였으나 그러한 시도는 항상 재현에 따르는 이데올로기적인 왜곡 때문에, 대표와 묘사의 공범 관계로 인해 실패로 끝나고 말았다는 것이 스피박의 논지이다.

스피박은 고대 힌두 경전에 대한 해석도 문제를 삼는다. 이에 의하면 분신을 금하는 영제국의 법이 현지어에 대한 문법적 오판과 오독에 근거하여 있을 뿐만 아니라, 분신을 미망인이 맞이하여야 할 운명으로 규정하는 인도의 관습 또한 힌두 경전을 오독한 것이다. "착한 아내"를 뜻하는 "사티"라는 말이 미망인의 분신을 뜻하게 된 것도 그렇지만, 힌두의 최고(最高) 경전인 『리그-베다(Ṛg-Veda)』의 내용이 경전 연구가 및 법률가들에 의해 오독되었다는 것이다. 이를테면 망자(亡者)를 위한 의식(儀式)을 단계적으로 설명하는 경전의 부분에 "살아 있는 훌륭한 남편들을 둔 부인들로 하여 녹인 버터를 눈에 바르고 치소에 먼저 들게 하라"는 문구가 있다. 여기서 "부인들"은 물론 망자의 집안 여성들을 지칭한다. 그런데 누가 읽어도 명확하게 알 수 있는 이 구절에서 "먼저"를 의미하는 "아그레(agré)"가 "불(火)이시여"를 뜻하는 "아그네(agné)"로 오독된다. 그러더니 이 구절은 15세기~16세기의 한 저명한 힌두법 연구자의 손에 의해 "먼저 그들로 하여금 흐르는 처소로 오르게 하소서, 불이시여" 혹은 "먼저 그들로 하여금 불타오르는 처소로 오르게 하소서"가 되더니, 급기야 이 구절은 "불이 그들에게 물처럼 차갑기를"로 해석된다.[43]

뿐만 아니다. 『리그-베다』에 실린 이 시의 나머지 부분은 "브라마카리야(brahmacarya)"라는 "일반적인 법"과 "니요가(niyoga)"를 다루고 있

---

43 Ibid., pp.303~304.

다. 여기서 "브라마카리야"는 금욕 생활을 의미하고 "니요가"는 망자에게 후손이 없을 때 그의 가장 가까운 남자 친척이 미망인과 잠자리를 같이 함으로써 후손을 남기는 전통이다. 그러니 원전에 의하면 금욕 생활이 미망인에게 선순위로 추천되는 것이고, 또 후손이 없을 경우 "씨내리", 즉 일종의 대리부(代理父)를 구하여 후손을 확보하는 것도 가능한 것이었다. 이때 중요한 사실은 후손을 확보하는 주된 이유가 망자가 남겨 놓은 재산을 지키기 위한 것이다. 이러한 맥락을 고려한다면 힌두 경전에서 미망인의 분신 조항은, 설사 오독의 가능성을 완전히 무시하더라도, 극히 예외적인 것이었다는 결론이 나오게 된다. 또한 사티 관습이 강력하게 실천되었을 때는 망인이 남겨 놓은 재산의 소유권이 미망인에게 돌아갈 예정이었을 때라는 진술을 통해 스피박은 이 전통의 이면에 망자의 형제들이 벌이는 재산권 싸움이 있음을 드러낸다.

스피박은 인도 하위계층 여성의 사회적 위치를 "사티"의 신화적 어원에서 찾아내기도 한다. 힌두 신화에서는 브라흐마(Brahma), 시바(Siva), 그리고 비슈누(Vishnu)가 최고의 삼위일체 신을 이룬다. 권능의 여신 두르가(Durga)가 브라흐마의 명을 받고 인간의 모습으로 태어나게 되는데 그때 갖게 된 이름이 사티이다. 시바 신을 기쁘게 하라는 브라흐마의 명을 받아 시바의 '착한 아내'로 점지된 것이다. 성인이 된 사티는 아버지 다크샤(Daksha) 왕의 반대를 무릅쓰고 시바와 결혼하게 되나 이로 인해 아버지로부터 버림받는다. 어느 날 아버지가 신들을 위해 연연회에 찾아간 사티는 아버지와 논쟁을 벌이게 되고, 아버지가 남편을 모욕하자 이에 대한 분노와 남편에 대한 미안한 마음에 그만 죽고 만다. 이에 시바는 격분하여 복수극을 벌이며 아내의 시신을 메고 광란의

인도 힌두교의 여신 두르가 : 모든 신들의 권능을 한 몸에 지닌 최강의 여신
(출처 : Guler School, 작자 미상)

춤을 추며 전 우주를 돌아다닌다. 이때 비슈누가 이를 진정시키기 위해 사티의 몸을 조각내어 지상에 뿌리고, 그 자리들이 성지(聖地)가 되었다는 것이 힌두 신화의 내용이다.[44]

스피박에 의하면, 힌두 신화에서 권능한 여신이 등장하거나 여성이 신의 현신으로 묘사된다고 해서 힌두 문화가 여성을 존중한다고 생각한다면 이는 인도의 토착 이데올로기에 의해 기만당한 것이다. 이는 사람들이 전쟁의 여신 아테나를 칭송한다고 해서 그 사회에서 반드시 여성이 존중되시는 않는 것과 같다. 아테나가 여성의 자궁을 통하지 않고 아버지 제우스 신의 머리로부터 출생하였다는 사실을 고려할 때 이 "권능한 여신"의 몸을 통해서 궁극적으로 고취되는 것은 남성적인 가치이

---

44 Ibid., pp.306~307.

다. 다르지 않은 맥락에서 신화 속의 사티가 여신이 환생한 것이라고 한들, 그녀가 생전에는 남편을 위해 봉사하고, 그녀의 죽음마저 남편을 위한 것이라는 점에서, 그녀는 "착한 아내"의 모범을 벗어나지 못한다. 그녀의 죽음 이후 남성 신들끼리 사태의 원만한 해결을 짓는다는 사실도 힌두 신화에 있어 여성의 위치가 어떤 것인지를 짐작하게 해준다. 여성의 목소리가 들리지 않기로는, 식민 지배자들이 고유명사 "사티"에서 영웅적인 여전사 두르가의 모습을 보지 못하고 연약한 미망인의 강요된 죽음만을 읽어 내는 해석 행위도 마찬가지이다.[45]

제휴 정치론과 희생자 윤리주의

제1세계와 제3세계의 저항 세력 간의 제휴에 대한 스피박의 전망은 매우 비관적이다. 제1세계 지식인들과의 동맹에 대해 관심을 갖는 집단 중에는 제3세계 토착 지배계급의 일부 남성들, 그리고 이들과 같은 계급에 속하는 여성들이 있다. 스피박에 의하면, 이 중 토착 지배계급이 보여주는 관심은 구하(Ranajit Guha)가 비판한 엘리트주의와 다르지 않다. 구하에 의하면 이전의 인도 역사학은 민중의 역할을 배제한 채 민족사의 발전을 엘리트 집단의 업적으로 돌렸다.[46] 스피박은 또한 제3

---

45 Ibid., p.307.
46 구하에 의하면, 인도의 역사학을 움직였던 엘리트주의는 두 갈래로 나뉜다. 식민주의

세계의 토착 지배계급이 관심을 갖는 "저항"이라는 것도 선진 자본주의 국가에서나 통용될 법한 유라고 비판한다. 스피박이 구체적으로 언급하지 않지만 여기서 비판의 대상이 되는 제휴 정치는 푸코와 들뢰즈가 설파한 "권력에 대한 국지적 저항"과 "국제 페미니즘"을 지칭한다.

제1세계 여성과 제3세계 여성 간의 연대(連帶) 가능성에 대해 스피박이 부정적인 이유는 연대 투쟁에 관심을 보이는 제3세계 여성들이 토착 지배계급에 국한될 것이라고 판단하기 때문이다. 도시 노동계급 중에서도 최하위층 여성들에게 외국 페미니스트들과의 제휴 정치란 꿈도 꿀 수 없는 것이기 때문이다. 설사 자신의 상황에 대하여 주장을 펼 수 있는 사회적 공간이 마련된다고 하더라도 이들이 "여성 착취에 관한 언어"를 알지도 못 한다는 것이 스피박의 주장이다. 이들은 제대로 된 소비주의의 훈련도 못 받았던 존재들이다. 이들의 처지를 스피박은 다음과 같이 설명한다. "소비주의(consumerism)의 부정과 유보, 그리고 착취 구조가 가부장적 사회관계에 의해 복잡해진다."[47] 여기서 소비주의를 부정한다는 말은 노동의 국제 분업과 관련이 있다. 선진국에 저렴한 노동력을 지속적으로 공급하기 위해, 즉 개발도상국의 노동자들이 생존 임금을 받고 생산한 소비재가 다국적 기업에 의해 선진국에 역수출되기 위해서, 이 노동자들은 이른바 생활의 질적인 향상을 구호로 내세우는 소비주의도 알아서는 안 되는 것이다. 소비의 주체도 되지 못하는

역사학에서는 민족사의 발전을 영국 지배계층의 공으로, 부르주아 민족주의 역사학에서는 토착 지배 엘리트들의 공으로 돌렸다. 그러나 구하에 의하면, 인도의 민족정신은 불연속적이긴 했으나 끊이지 않았던 반식민 농민 봉기에 의해 발전되었다. Ibid., pp.283~284.

[47] Ibid., p.288.

이 여성들을, 한편으로는 국제적인 계급 착취 구조가 억압하고 있다면, 다른 한편으로는 토착 사회의 가부장제가 억압한다. 목소리를 빼앗긴 채 안팎으로 착취당하는 이 여성들에 대해 스피박은 주장한다. "여성은 이중으로 은폐된다."[48]

제1세계와 제3세계 간의 제휴 정치에 대해서 스피박이 경계하는 첫 번째 이유는, 이런 유의 시도가 종종 '투명성'을 내세우며 타자의 참여를 권고함에도 불구하고, 실제로는 제1세계의 관점에서 해결책이 강구되는 철저히 제1세계 중심의 기획으로, 즉 제1세계의 주체를 특권화하는 기획으로 끝날 가능성이 높기 때문이다. 이때 제3세계의 타자는 '우리'의 기획을 위한 들러리일 뿐이요, 이 들러리 역할을 충실히 하기 위해 우리의 기획에 부합되지 않는 타자의 이질성이나 다양성은 부정된다. 이러한 타자를 "특권적 자아나 특권적 동일성의 자리에 앉은 우리 자신을 지시할 뿐인 동질적인 타자"[49]라고 스피박은 부른다.

이러한 관점에서 보았을 때, 푸코와 들뢰즈가 내세우는 타자와의 동반자적 관계도 실은 제1세계 자아의 소아병(小兒病)적 기획에 불과하다. 이들이 국제적인 연대 투쟁을 논할 때조차 동반 투쟁의 "초대장"이 극히 제한된 일부 성원들에게만, 제1세계가 "직접적으로 접근할 수 있는 집단"에만 발부되기 때문이다. 이 특권적인 제3세계 집단은 들뢰즈의 다음 진술에서 드러난다. "프랑스 자본주의는 실업(失業)이라는 부유하는 기표를 매우 필요로 합니다. 이러한 관점에서 우리는 억압 체제가 일사불란하게 작동하는 것을 보게 됩니다. 가장 어렵고 보상이 적은 일

---

48   Ibid.
49   Ibid.

자리가 이민 노동자들에게 돌아간다는 것이 인정되자, 이민을 규제하게 되고, 점점 어려워지는 노동에 대한 '감각'을 프랑스인들이 회복할 수 있도록 공장에서 억압이 이루어지고, 젊은이들과 싸워야 하기에 교육제도를 탄압하는 것입니다." 들뢰즈는 이어서 권력이 전지구적 수준에서 작동할 때 푸코가 주장하는 국지적 투쟁이나 게릴라적인 저항이 적절할 것이라고 덧붙인다.[50] 스피박에 의하면, 권력과 자본의 전지구적 지배에 대한 대응방안을 논하는 들뢰즈가 프랑스 자본주의에 의해 착취당하는 집단 중에서 이민 노동자의 존재는 보지만, 노동의 국제적 분업을 위해 착취당하는 개발도상국의 노동자들을 보지 못하고 있다는 사실은 이 프랑스 지식인의 "글로벌한" 시각이 제1세계의 경계선을 넘어서지 못함을 입증한다.

통합적이고 동시 다발적인 전체론적인 권력의 작용에 맞서 다양한 지점의 세력들이 각기 국지적 저항을 전개할 것을 주장하는 푸코도 "소아병"이라는 비판에서 자유롭지 않다. 우선 스피박이 보기에 전체론적인 권력이나 다축적인 국지적 저항은 푸코가 알고 있는 세상, 즉 제1세계에 적용될 수 있는 특수한 개념이다. 국지적인 "미시적 저항(微示的 抵抗)"이 훌륭한 정치 프로그램이기는 하나 "거시적 저항을 보충할 수 있을 뿐 그에 대한 대안은 될 수 없다"는 것이 스피박이 푸코의 저항론에 내리는 판결이다. 제1세계에서 발견될 법한 상황을 제3세계에까지 획일하여 이해할 수 없으며, 따라서 그에 따르는 해결책도 제3세계의 상황에서는 제한적으로만 채택되어야 한다는 것이다.

50 　Michel Foucault, "Intellectuals and Power", p.211 · 212.

미시적 저항 모델에 대한 스피박의 경고를 다시 들어 보자. 미시적 저항이 상정하는 "상황을 보편적인 것으로 여길 때 은연중에 주체의 특권화를 수용하게 된다."[51] 여기서 "주체의 특권화"에는 두 가지 의미가 있을 수 있다. 첫째, 이는 제1세계적 관점의 특권화를 의미한다. 제3세계를 제1세계의 관점에서 봄으로써 제3세계 고유의 정치·경제적 특수성이 논의에서 배제되는 것이다. 두 번째, 이는 제1세계 개인의 특권화를 의미한다. 푸코의 제휴 정치론에 등장하는 저항 주체들은, "죄수에서 정신병자에 이르기까지" 모두 소위 "깨어 있는 주체들"이다. 자신들이 착취당하고 있음을 알 뿐만 아니라 이에 어떻게 대처해야 할지 알고 있는 주체들인 것이다. "소비주의"의 훈련조차 금지되어 있는 개발도상국의 하위계층을 이들과 같은 수준에 위치시키고 이들 간의 연대를 논하는 것은 현실적이지 못하다.

스피박이 들뢰즈와 푸코에서 발견하는 근본적인 문제는 이들이 자신이 어디에 서 있는지, 자신들의 정치적 입장이 어디에 기반을 두고 있는지 모른다는 점이다. 쉽게 말하면 반추의 능력이 떨어지니 "너 자신부터 알라"라는 것이다. 이 비판에 의하면 유럽 세계의 권력의 변천에 대한 그의 놀라운 안목에도 불구하고 푸코는 그러한 변화가 어디에서 유래하였는지를 거론하고 있지 못하다. 자신과 자신의 이론이 서 있는 지정학적 지점에 대한 인식이 결여되어 있다는 것이다. 감옥, 병원, 정신병자 수용소, 대학과 같은 국내 현장에 집중하는 푸코의 미시적 저항론은, 들뢰즈와 가타리의 구호인 "탈영토화"와 더불어, 유럽 밖에서

---

51 Gayatri Spivak, "Can the Subaltern Speak?", p.290.

벌어지는 제국주의와 노동의 국제적 분업 같은 거시적 현안들을 읽어 내지 못하게 하는 차단 효과를 발휘한다.[52]

스피박의 비판과 관련하여 경계해야 할 점은, 제휴 정치의 필요성을 강조하는 제1세계 지식인의 주장에 이러저러한 사각지대가 존재한다는 사실이 곧 제휴 정치의 용도폐기를 의미해서는 안 된다는 것이다. 또한 자신이 처한 상황에 대해서 발언권이 없을뿐더러, 발언할 줄도 모르는 사회 최하위층이 국제적인 연대 투쟁에 참여하는 것이 원천적으로 불가능하다고 해서, 이러한 사실이 곧 제휴 정치의 불가능성이나 유해함을 입증하는 증거가 되어서는 곤란하다. 최하위층 구성원들이 국제적인 혹은 국내의 저항의 조직에서 배제될 수 있을 가능성에 대해 스피박이 경종을 울리는 것은 충분히 이해가 가며 또한 필요한 일이다. 그러나 선한 의도에도 불구하고 스피박의 경고에는 현실정치에 관한 한 왜곡하는 부분이 있다.

설사 개발도상국의 최하위층이 배제된 제휴 정치라고 하더라도 그것이 현실에서 이룩할 수 있는 성취가 있을 터이다. 최하위층의 목소리가 배제된 제휴 정치가 아무런 제휴가 없는 것보다는 나은 경우가 분명 있을 터이다. 특정 집단의 의견이 청취되지 못한 채 출발한 연대 정치라고 하더라도 시간이 지나면서 보다 민주적인 형태로 진화하는 경우도 있을 터이다. 제휴 정치에 대한 논의에서 스피박은 이러한 가능성들을 모두 배제함으로써 "최하위계층의 배제"에 대한 고려에 정치적으로나 윤리적으로 최우선적인 지위를 부여할 수 있었다. 배제주의를 문제

---

[52]   Ibid., p.291.

삼는 글에서 이처럼 배제주의가 작동하는 것을 무엇이라고 불러야 하나.

이보다 더 문제적인 것은 기성의 제휴 정치에 대한 스피박의 시각이 윤리적인 이분법과 예단에 의해 추동된다는 인상을 준다는 점이다. 무엇보다 제휴 정치에 참여하고자 하는 제3세계의 국민은, 신분적으로 토착 지배계급에 속한다는 사실 때문에 엘리트주의에 편향된 것으로 예단된다. 뿐만 아니다. 인도의 토착 민족주의자들, 도시 부르주아, 독재 국가, 다국적기업, 나폴레옹 3세에는 "나쁜 억압자"라는 레이블이 붙게 된다. 스피박의 글에서 예단은 양방향으로 작용한다. 개발도상국의 하위계층은 착취를 당하기만 하는 선량한 집단으로 재현되기 때문이다. 이를테면 하위계층의 예로 제시되는 인도의 미망인들, 극빈 도시 노동자, 문맹 농민, 부족민들, 개발도상국의 도시 노동계급의 최하위층 여성 등은 모두 윤리적으로 흠결이 없는 존재들이다.

피억압자의 선량함을 전제로 하는 "희생자 윤리주의"가 가장 잘 드러나는 예가 프랑스 소농에 대한 스피박의 논의이다. 그의 글에서 프랑스 소농은 정치적 결집력을 갖추지 못하였기에 루이 보나파르트를 믿고 지지하였으나 결국에는 그와 소수의 룸펜프롤레타리아의 배만 불려 주고 배반당하는 존재들이다. 이들을 재현함에 있어 스피박은 이들이 실은 보수주의자였다는 사실이나, 이들이 보나파르트를 열렬하게 지원하게 된 이면에는 기득권에 대한 집착이 있었다는 사실을 은폐함으로써, 이 하위계층의 정치적 성향이나 도덕성에 대하여 제기될 법도 했던 비판을 폐제시켜 버린 바 있다. 「하위계층은 말할 수 있는가」의 구도가 노동의 국제 분업의 결과로 생겨난 제1세계와 제3세계 사이의 착취 관계를 중심으로 전개되고, 그중에서도 특히 개발도상국의 여성 노동자가 겪는 이중의 억압과 그것의 부당함에 주목하는 점을 고려할 때, 스피박의 하위계층론의 논지를 손상시킬 수 있는 문제들은 애초부터 논의의 테이블에서 제외되었다.

스피박에 대한 평가

하위주체는 말할 수 없다는 주장은 부바네스와리에 관한 스피박의 논의에서도 발견된다. 부바네스와리는 1926년에 16세나 17세의 나이로 북캘커타에 있는 아버지의 아파트에서 자살을 한다. 목숨을 끊을 당시 그녀는 생리 중이었다. 이러한 사실은 수수께끼로 여겨졌는데, 그 이유는 그런 죽음은 흔히 혼전 임신에 대한 두려움 때문이라고 여겨졌기 때문이다. 즉, 이 소녀가 생리 중이었다는 사실은, 흔히 생각하는 것과 달리 혼전 임신이 자살의 원인이 아님을 입증하였던 것이다. 이 죽음에 대해 스피박이 탐문 조사를 했을 때, 벵골 출신의 여성 철학자와 부바네스와리의 조카로부터 각각 들은 이야기는, 잘 살고 있는 부바네스와리의 자매들이 아니라 왜 하필이면 그 불행한 아이에게 관심을 보이는가 하는 반문이거나 그녀가 불륜을 저질렀기 때문인 것 같다는 답변이었다.

그러나 10년의 세월이 흐른 후에 이 여성이 실은 인도 해방을 위한 무장단체 소속이었고 요인 암살을 명받았으나 이를 감당할 수 없어 목숨을 끊었음이 밝혀진다. 스피박의 시각에서 보았을 때, 부바네스와리가 유언 없이 자살을 선택한 것이나 이에 대하여 주위 사람들이 보여준 반응은, 인도 하위계층의 사회적 지위를 상징적으로 보여준다. 자신의 의중을 표현할 수 없었던 부바네스와리의 처지에서, 그리고 처녀의 자살을 불륜과 관련된 것으로밖에 이해하지 못하는 주위의 예단적인 시각에서, 하위계층의 입에 채워진 '사회적인 재갈'을 발견하는 것이다.

스피박의 이러한 주장에 대해서 무어-길버트는 부바네스와리가 도시의 유산계급, 즉 부르주아지에 속하기에 그녀의 경험을 하위계층의 예로 든 것 자체가 문제적이라고 지적한 바 있다. 뿐만 아니라 하위계층 여성들이 입을 열 수 없는 처지임을 강조하다 못해 스피박이 이들을 자기재현의 능력을 영원히 결여한 무력한 희생자 집단으로 만들고 말았다고 무어-길버트는 비판한다.[53] 이러한 지적은 새로운 것이 아니고 스피박의 글에서 발견되는 하위계층에 대한 '일방적인 재현'에 대한 기성의 비평 경향을 반영하는 것이다. 스피박의 이론에서 발견되는 해체주의적 사유 또한 비판의 대상이 된다. 해체주의적 논거가 비관적 결정론을 함의한다는 것이다.

이와 관련하여 국내·외 학자들의 스피박 비평을 보자. 예컨대, 식민 피지배자의 주체 구성이 전적으로 유럽에 의해 중층 결정된다고 보는 것은 피지배자에게 가용한 주체 위치의 다중성을 무시한 것이라는 패리의 비판, 그리고 하위계층 연구가 또 다른 형태의 제국주의가 아닌가 하는 염려는 충분히 이해되는 것이기는 하나 스피박의 시각이 제3세계에서 출현한 저항운동과 담론, 페미니스트 운동과 같이 대안적인 정치

---

53   Bart Moore-Gilbert, op. cit., p.104 · pp.106~107.

운동의 존재를 제대로 평가하고 있지 못하다는 사이드의 지적이 있다.[54] 국내 학자의 글 중에서는, 닐 라즈러스(Neil Lazarus)의 의견을 좇아, 스피박의 식민 주체는 실종되었으며 실종된 것들이 남긴 자리에는 담론, 즉 해체론뿐임을 주장하는 이승렬의 비평[55]이 있다. 이러한 관점에 의하면 하위계층은 현실에서 뿐만 아니라 스피박의 이론에서도 또 다른 유의 감옥, 즉 '담론의 감옥'을 직면하게 되는 것이다.

「하위계층은 말할 수 있는가」의 논지는 『탈식민적 이성에 대한 비판』(1999)에서 수정되어 수록된다. 스피박은 이 저서에서 하위계층의 개념을 탄력적으로 다시 정의함으로써 그간 제기되었던 비판인 "하위계층의 대표로서 부바네스와리가 적절하였는가"의 질문에 답한다. 또한 하위계층의 일원이 헤게모니를 향하여 제도권으로 진입하는 가능성을 인정함과 동시에 이러한 진입이 바람직한 현상이라고 명시함으로써[56] 자신의 글이 하위계층을 결정론적으로 구축하고 말았다는 비판에 대하여 나름대로 답한다.

국내의 스피박 연구가들 중 스피박을 옹호하는 이들의 논지도 같은 맥락에서 이해될 수 있다. 하위주체는 말할 수 없다는 주장은 정말로 말할 수 없다는 논리를 부각시키기 위한 것이 아니라 인식론적 폭력과의 공모를 우회하여, "서구의 배움을 벗어나 그들[하위주체들]과의 관계

---

54 Benita Parry, "Overlapping Territories and Intertwined Histories : Edward Said's Postcolonial Cosmopolitanism", *Edward Said : A Critical Reader*, Michael Sprinker ed., Oxford : Blackwell Publishers, 1992, p.36; Jennifer Wicke · Michael Sprinker, "Interview with Edward Said", Ibid., p.234.

55 이승렬, 앞의 글, 52쪽.

56 Gayatri Spivak, *A Critique of Postcolonial Reason : Toward a History of the Vanishing Present*, Cambridge : Harvard Univ. Press, 1999, pp.308~310.

의 수립을 모색하기 위한 것"이라는 주장[57]이 일례이다. 또한 "식민 주체는 말할 수 없다"라는 말 속에 담긴 부정적 함의는 개인 주체를 구속하는 겹겹의 이데올로기적 담론이 갖는 위력을 뜻하는 것이지 "하위주체의 자기부정"이나 "하위주체를 채현해 내기 위한 글쓰기의 자기부정"을 뜻하는 것이 아니라는 주장[58]이 또 다른 예가 될 것이다.

첨언할 것은, 스피박의 이론이 하위계층을 무력한 주체로 중층 결정하였다는 비판을 부바네스와리에 대한 논의에 적용하기에는 문제가 있다는 점이다. 부바네스와리의 죽음에서 스피박이 희생자로서의 지위도 확인하지만 동시에 미약하나마 일종의 저항의 시도를 읽어 내기 때문이다. 스피박을 인용하면,

> 부바네스와리의 자살은, 맹렬하고 투쟁적이며 가족적인 두르가에 관한 전통적인 설명뿐만 아니라 사티-자살이라는 사회적 텍스트까지도 하위계층의 입장에서 — 눈에 띄지도 않고 사전에 계획한 것도 아니었지만 — 다시쓰기를 한 것이다. 독립 운동에 참가한 남성 지도자들과 운동가들의 증언을 통해 잘 기록되어 있고 또 대중적으로 잘 기억되고 있듯, 이 투쟁하는 어머니[두르가]에 대한 전통적인 설명이 이 다시쓰기를 반박한다. 그러니 여성 하위주체의 목소리는 들리지도 않고 기록되지도 않는 것이다.[59]

---

57 정혜욱, 「타자의 타자성에 대한 질문—가야트리 스피박」, 『새한영어영문학』 46권 1호, 2004, 122쪽.

58 태혜숙, 「탈식민주의 페미니즘—하위주체로서의 여성개념을 중심으로」, 『한국여성학』 13권 1호, 1997, 1~27쪽; 태혜숙, 「탈식민주의적 페미니스트 윤리를 위하여」, 151~169쪽.

59 Gayatri Spivak, "Can the Subaltern Speak?", p.308.

스피박의 "독법"에 의하면, 부바네스와리의 자살은 "불결한 미망인"의 자살을 금하는 힌두 전통을 거스르는 것이다. 힌두법에 의하면, 생리 중인 미망인이 분신하기 위해서는 생리가 끝나는 나흘째까지 기다렸다가 목욕을 하여 몸을 깨끗이 해야 한다. 부바네스와리가 생리할 때까지 기다렸다가 자살을 시도하는 것은 이러한 사티의 법령에 정면으로 도전한 것으로 볼 수 있는 것이다. 이 사건은 또한 사티를 미망인 분신의 관습과는 다른 의미로 읽는 전통적인 시각에도 개입한다. 이에 의하면, 두르가 / 사티는 전쟁의 신이나 여전사를 의미하는데, 이 여전사의 존재는 남성 민족주의자들의 입을 통해 증언된다. 반면 부바네스와리의 자살은 인도의 여성들을 민족국가의 여전사로 호명하는 민족주의자들의 역사적인 증언을 반박하는 효과를 갖는다.

데리다적인 현란한 수사에도 불구하고, 본질론에 대한 그토록 신랄한 비판에도 불구하고, 스피박이 강조하고자 하는 바는 '최종적으로' 반본질론이나 해체주의적 페미니즘으로 수렴될 수 있는 성질의 것이 아니라 현실정치와 재현의 장에서 본질주의적 담론이 작동해 온 방식에 대한 경고로 이해될 때 그녀의 글이 가장 생산적으로 논의되는 것이 아닌가 싶다. 스피박에게 있어 해체주의는 사실 '특수하고도 제한된 필요'에 의해서 맺은 "파트너"에 지나지 않으며, 이러한 점은 그의 후기 논문으로 갈수록 분명하게 드러나는 것이다. 하위계층의 목소리가 함몰되고 상실될 가능성에 대한 스피박의 경고는, 기성의 권위체가 선점한 담론의 장에서 하위계층이 처한 절망적인 상황을 환기시킨다는 점에서 값진 것이다. 이를 평가절하 할 의도가 없음을 밝힘과 동시에 지적할 사실은, 이러한 선의의 기획도 그 기획이 맹렬히 비판하는 문제로부터 자유롭지 못하다는 것이다. 좀 더 엄밀히 말하자면, 앞서 논의한 바 있듯, 스피박은 자신이 지속적으로 비판하는 대표와 재현의 혼란을, 타자의 진의를 전유하는 왜곡을 그 자신이 반복하고 있다. 스피박의 이론이 갖는 이러한 양면성과 모순을 인지할 때 그녀에 대한 공정하고도 균형 잡힌 평가가 가능할 것이다.

15장

해체주의와 전략적 연대

특정한 한계를 부수는 일보다는, 그 한계를 애초에 설정한 권리에 대하여 질문을 제기하는 데 관심이 있다.

—데리다, 『산종』

무관심하고, 조롱하며, 폭력적이기도 한 지혜가 우리를 원한다. 그것은 여성이고 항상 전사(戰士)만을 사랑한다.

—니체, 『자라투스트라는 이렇게 말했다』

라캉의 여성, 니체의 여성, 데리다의 여성

여성성과 관련하여 해체주의와 페미니즘, 그리고 해체주의와 정신분석학 간에 있었던 논쟁을 살펴봄으로써, 해체주의와 현실정치의 관계에 대해 그간 제기되었던 비판이 공정한 것이었는지, 또한 해체주의의 효용성이 어디까지 유효한 것인지에 대한 질문에 답할 수 있으리라 생각된다. 페미니즘과 해체주의의 관계에 대한 논의를 여기에서 제안하는 것은, 이 논의의 중심에 스피박이 서 있어서이기도 하지만, 이러한 논의가 탈식민 운동이 궁극적으로 지향하는 "저항을 위한 연대(連帶)"의 가능성에 안목을 제공할 수 있으리라는 희망에서이다.

『스퍼즈(*Spurs —Nietzsche's Styles*)』(1979)는 데리다와 페미니스트들 간의 논쟁을 촉발시킨 것으로 잘 알려진 텍스트이다. 이 길지 않은 저술에서 데리다는 『즐거운 지식(*The Gay Science*)』이나 『선과 악을 넘어』 등의 저작에서 니체가 여성을 "진실의 알레고리"로 사용하는 것에 주목하며, 상호 모순되는 세 가지 순간을 읽어 낸다. 이에 의하면 먼저 여성이 진실로서 나타나는 순간이 있으며, 다음에는 여성이 진실이 아닌 존재로서 나타나는 순간이 있으며, 마지막으로 기만하고 가장하는 디오니소스적인 인물로서 여성이 나타난다.

첫 번째 순간에 대한 데리다의 논의를 소개하면 대략 다음과 같다. 니체는 남성 철학자가 진실을 발견하게 되는 한 순간의 경험을 매혹적인 여성이 스쳐 지나가는 것에 비유한다. 마치 남성을 유혹하기 위해서는 여성이 남성의 손길이 닿지 않는 거리에 위치하여야 하듯, 혼란한 현실 세계에서 보았을 때 진실은 거리를 격하여 있는 존재이다. 여성이 자신의 수줍은 자태를 감추듯 진실은 속인은 물론 철학자 / 구도자로부터 숨겨져 있다. 니체의 진술에서 여성과 진실, 거리 등이 등치되는 것에 주목하는 데리다는 자신의 역설적인 논리를 동원하여 이 등식이 어떻게 해체되는지를 보여준다. 그에 의하면, 유혹으로부터 자신을 보호하면서도 유혹을 맛보기 위하여 남성은 여성으로부터 일정한 거리를 두어야 한다. 그런데 애초에 여성을 거리를 격해 있는 존재라고 정의하였기에, 남성 철학자는 이 거리로부터 거리를 두어야 하는 역설 같은 논리가 생겨난다. 그러면 왜 여성으로부터, 다시 말하여 거리로부터 굳이 거리를 두어야 하는 걸까? 니체에게서 데리다가 발견하는 대답은, 애초의 출발점이었던 등식과 달리, 여성은 어쩌면 한 지점으로부터 멀리 떨어져 있는 존재, 멀리서 자신을 알리는 존재, 하나의 모습을 가진 확(결)정이 가능한 존재가 애초에 아닐지 모른다는 것이다.

여성이 멀면서도 가까울 수 있다는 사실이나, 혹은 거리의 개념 속에서 발견되는 "미장아빔"과 불확실성에 비추어 볼 때, 여성은 쉽게 단정지을 수 없는 존재, 정의(定義)의 펜을 끝없이 비켜나는 존재다. 이러한 논리 전개는 다음의 주장으로 이어진다.

> 항상 비켜나기에, 자신으로부터 비켜나기에, 여성의 본질이란 없다. 여성은 끝없고 측정할 수 없는 심연 속에서 모든 본질과 정체성과 특징을 삼켜 버린다…… 여성의 진실 같은 것은 없는데 그렇게 말할 수 있는 이유는 깊이를 알 수 없는 진실의 비켜남 때문이며, 또한 바로 이 진실 아님이 곧 진실이기 때문이다. 여성은 진실이 진실 되지 못함을 칭하는 이름이다.[1]

해체는 "숙고나 의식 혹은 주체의 조작을 기다리지 않는 사건"[2]이라고 자신이 정의 내린 바 있듯, 데리다는 니체의 텍스트에서 "진실만큼 여성에게 이질적이고 혐오적이며 적대적인 것은 없다"는 분열적인 진술을 찾아냄으로써 자신의 주장을 뒷받침한다.

데리다가 『스퍼즈』에서 보여주는 진실의 '뿌리 흔들기'는 그의 글에서 흔히 발견되는 진실 / 본질 / 자연 / 존재 / 기원 등의 우위성을 해체하는 작업의 일환이다. 동시에 이는 라캉의 남근중심주의(phallocentrism)를 염두에 두고서 하는 작업, 즉 라캉이 정신분석학에서 여성에 관해 내린 정의를 염두에 둔 것이다. 「팰러스의 의미」에서 라캉은 "남근이 되기 위해서, 즉 타자의 욕망의 기표가 되기 위해서, 여성은 여성성의 본질적인 부분을 거부"한다고 주장한 바 있다. 이 관점에 의하면, 여성은 가장(假裝)하느라 여성성의 모든 특징들을 버리게 된다. 그녀는 자신의 본 모습이 아닌 모습으로 사랑받고 욕망되기를 기대하는 것이다.[3] 이 주장을 두고, 남성의 이기적인 요구로 인해 여성이라는 범주가 만들어진 것이라고 라캉이 폭로하는 것으로 해석할 수도 있다. 라캉의 정신분석학이 프로이트의 심리학이 보여준 노골적인 남성중심주의의 오류[4]는 피하고 있지만, 그럼에도 불구하고 남성중심주의의 잔재나 함

---

1   Jacques Derrida, Barbara Harlow trans., *Spurs : Nietzsche's Styles*, Chicago : Univ. of Chicago Press, 1979, pp.49~51.

2   Ibid., p.4.

3   Jacques Lacan, "The Meaning of the Phallus", *Feminine Sexuality : Jacques Lacan and the école freudienne*, Juliet Mitchell · Jacqueline Rose eds., London : Norton, 1982, p.84.

4   프로이트의 남성중심주의는 남근 선망 개념이나 사춘기 이전의 여아가 갖는 성이는 남성적인 것이라는 주장에서 노골적으로 드러난다. "남성에게서 생겨나든, 여성에서 생겨나든, 그리고 그것의 대상이 남성이든 여성이든, 리비도는 반드시 그리고 필연적으로 남성

의가 없다고 보기는 어렵다.

라캉에 대한 데리다의 반박은 여성을 진실이 아닌 존재로 보는 니체의 두 번째 순간과 결부된다. "바람을 잔뜩 실은 돛처럼 부풀어 오른 진실의 선언을, 거세와 남근중심주의를 심문할 때가 이제 되었다"는 말을 서두로 하여, 데리다는 "어떠한 교조적이거나 어리석은 철학과도 비교될 수 없는 훌륭한 지식에 의하여, 여성은 거세가 일어나지 않음을 알고 있다"고 주장한다. 즉, 결여와 남근에 기초한 라캉의 정신분석학을 반박하는 것이다. 데리다에 의하면, 여성은 "거세 자체도 믿지 않듯, 거세의 정반대도 믿지 않는다."[5] 여성은 거세를 부정함으로써 상황을 역전(逆轉)시켜 보았자, 가장하는 능력만 잃을 뿐 "결국에는 역전되기 전과 마찬가지로" 자신을 동일한 체계 속에 가두고 말 것임을 안다. 여기서 "역전되기 전과 마찬가지"라는 표현은 물론 문자 그대로 아무런 변화가 없음을 의미하는 것은 아니다. 초월적 기표인 남근을 두고 남녀의 위상 변화가 있기는 하겠지만 그러한 변화가 규정적이고 억압적인 울타리로부터 개인을 벗어나게 해 주지는 못할 것이라는 말이다. 이 인용문에서 두 번째로 지적할 만한 사실은 여성이 "가장하는 능력"과 결부된다는 점이다. 이리가라이가 『하나가 아닌 성』에서 "모방(mimesis)"[6]

적 성격을 갖는다"는 프로이트의 주장은 남성을 일종의 근원(origin)과 보편으로 내세우는 예이다. Sigmund Freud, *Three Essays on Sexuality*, New York : Basic Books, 1962, p.85.

5   Jacques Derrida, *Spurs*, p.61.

6   『하나가 아닌 성』이라는 자신의 저서 제목이 말해 주듯, 여성적 자아에 대한 이리가라이의 개념도 가변적이며 복수적인 내용을 갖는다. 근원과 확실성에 얽매이기를 거부한다는 점에서, 그리고 불확정성을 가능하게 하는 유희를 지향하고 있다는 점에서, 이 개념은 해체주의와 맥이 닿는 것이다. 유동성(flux)과 유체성(fluidity)은 사실 『하나가 아닌 성』보다 3년 전에 출판된 『스페큘럼(*Speculum of the Other Woman*)』에서부터 계속되어

이라고 부른 개념과도 통하는 이 "가장 능력"은 니체의 텍스트에서 발견되는 세 번째 순간과도 관련된다.

세 번째 순간의 여성은 "긍정적인 힘"으로 인정받는 존재로, 진실 대 거짓, 소유 대 결여의 어느 한 편에도 서기를 거부하는 존재이다. 진실이라고 믿든 혹은 진실이 아니라고 믿든, 어느 한 쪽을 택하게 될 때 이는 곧 이분법적 사고에 근거한 남성 담론인 — 데리다의 표현을 빌자면 — "남근-로고스중심적인" 공간에 갇히게 된다는 점을 고려할 때, 세 번째 순간의 여성은 남성적 언어체계가 자신에게 던지는 질문을 무시하는 존재, 남성적 언어가 규정할 수 없도록 수시로 가장하고 거짓말하는 디오니소스적인 존재이다.

그러면 니체의 텍스트가 여성에 대해 말하고자 하는 바는 무엇인가? 세 가지 순간 중의 어느 것인가? 데리다의 대답은 세 순간 모두이며 이는 곧 어느 순간도 아닐 뿐만 아니라 진리란 없다는 것이다. 즉, 니체가 말하고자 하는 바는 여성이란 없으며, 여성에 대한 진리도 없다는 것이다. 데리다는 한 걸음 더 나아가 니체에 관한 진리도 없다고 주장한다. 니체가 "여성에 대한 나의 진리들"이라고 말한 부분에 주목한다면, 그래서 니체가 진리의 복수성, 다면성과 모순성을 인식하고 있었다는 사실을 고려한다면, 그 말은 곧 그 진리들이 진리가 아니라는 말과 다름없다는 것이다.

니체의 진실론을 해체하면서, 라캉의 진실-담론도 동시에 해체하게 된 데리다는 성에 관한 자신의 의견을 『스퍼즈』의 끝 부분에 가서야 제

온 개념이다. Luce Irigaray, Catherine Porter trans., *This Sex Which Is Not One*, Ithaca : Cornell Univ. Press, 1985, p.28.

시한다. "본래적인 성차에 대한 본래의 진실이, 본래적인 남성 혹은 본래적인 여성에 대한 본래의 진실이 없음에도 불구하고, 존재론은 모두 …… 이 불확정성을 숨기는 결과를 가져왔다."[7] 데리다가 이 저서에서 여성과 더불어 남성의 진실도 부정하고 있다는 사실은 반본질론을 표방한 식수(Hélène Cixous, 1937~)와 이리가라이가 본의 아니게 휘말리게 된 본질론의 논쟁과 관련하여 주목할 만한 부분이다.

"보편적 성차"는 없다는 데리다의 논지는 『스퍼즈』보다 9년 후에 출판된 「코리오그라피즈」에서 다시 확인된다. "여성의 자리를 어떻게 묘사하겠느냐"는 질문에 대한 대답의 형식으로 전개되는 이 글에서 데리다는 "왜 여성을 위해 자리가, 그것도 단일하고도 본질적인 자리가 필요하느냐"[8]고 반문함으로써, 여성에 관련된 새로운 개념이나 자리를 제시하기를 거부한다. 비록 기존의 이분법에 대한 대안의 의미를 띠는 것이라고 할지라도, 새로운 개념의 제시가 또 다른 성의 고착화와 규정화를 가져 올 것을 경계한 것이다. 데리다에 의하면, 사실 개념이라는 "개념" 자체가 해체되어져야 할 규정적 질서에 속한다. "보편적 성차"에 대한 그의 부정도 결국 개념화에 필연적으로 동반하게 되는 고착과 규정에 대한 경계(警戒)라는 측면에서 이해될 수 있을 것이다. 한 가지 주의할 것은, 보편적 성차가 존재하지 않는다는 주장이 곧 성차가 존재하지 않음을 의미하는 것이 아니라, 편협한 이분법의 구도 내에서 규정되고 확성된 성차의 존재를 부정하는 것이라는 점이다. 데리다는 자신이 성차를 해체한다는 주장에 대하여, 자신은 성차를 해체한 것이 아니

---

[7]　Jacques Derrida, *Spurs*, p.103.
[8]　Jacques Derrida, "Choreographies", *Diacritics* 12, 1982, p.68.

라 성을 "이항대립적"으로 해석하는 행위를 성차의 이름으로 비판한 것이라고 밝힌 바 있다.

데리다가 반복하여 강조하듯, 성차를 이항대립적으로 규정하는 행위는 언뜻 보아서는 이항 간의 차이를 강조하는 듯하지만 사실은 그 차이를 중립화하여 지워 버리려는 의도, 그리하여 비워진 자리에 남성을 유일한 대표자로 세우려는 의도를 가진 것이다.[9] 이러한 맥락에서 데리다는 이분법적인 성차의 개념은 진실로 "진실"을 향하도록 운명 지워진 것이며 또한 "진실"을 위해 고안된 것이라고 말한다. 여기서 물론 "진실"이란 남근중심주의를 지칭한다. "차이의 구속에서 해방으로"라는 모토 아래 데리다는 그가 지향하는 바가, 성의 표식이 차별화를 가져오지 않는 상태, 즉, 남 / 여성의 대립이나 양성, 동성애, 이성애 등의 모든 약호화된 성을 넘어서는, 그렇다고 해서 탈(脫)성적이지는 않은, "다른 성적인(sexual otherwise)" 것이라고 주장한다.[10]

차이(들)의 해방이라는 결론만을 두고 보면, 데리다가 본질주의를 해체할 때 애용하는 "확정불가능성"이나 "끝없는 대체와 반전"의 논리를 포기한 듯 보인다. 해체주의는 끝없는 유희에 불과하다는 비판을 의식한 그가 입장을 바꾼 것인가? 아니면, 데리다가 여기서 제시하는 비전이 통상 해체주의와 동일시되는 "차연"이나 "불확정성"과는 다른 성격의 것인가? 「코리오그라피즈」를 읽는 독자가 떠올리게 될 지도 모를 이 질

---

9   Ibid., p.72. 보편화가 의도하는 중립화에 대한 지적은 다음의 글에서도 강조된다. Alice Jardin · Paul Smith, "Women in the Beehive : A Seminar with Jacques Derrida", *Men in Feminism*, Alice Jardin · Paul Smith eds., New York : Methuen, 1987, pp.189~203.

10   Jacques Derrida, "Choreographies", p.76.

문에 대한 대답은 2년 후에 질의와 응답의 형식으로 출판된 데리다의 글에서 보다 분명한 어조로 발견된다. 이에 의하면, 여성에게 불확정성이나 차연 같은 이름을 부여하는 행위는 남근-로고스중심주의를 해체하기 위한 전략적 이유에서 비롯된 것이다. 즉, 여성의 힘을 빌어 남 / 여성의 이분법적 대립을 해체하고자 한 것이며, 이는 해체주의의 첫 단계에 해당한다. 그러나 남 / 여성의 이분법이 사라지고 난 후인 해체주의의 두 번째 단계에 이르면, 불확정성은 무의미하게 되며 남 / 여성도 더 이상 대립항적 의미를 띠지 못하게 된다. 이 단계에서는 "여성"에 대하여 말을 할 수도, 혹은 "여성"이라고도 말할 수가 없다. 기존의 범주와는 완전히 다른 성, 무한히 다원적인 성이 존재한다. 따라서 불확정성은 흔히 생각하듯 해체주의가 도달해야 할 목적지가 아니라, 이분법적 대립이 존재하기 때문에 필요하며, 이분법과 동시에 사라져야 할 이름이다.[11] 이 포인트는 해체주의를 논할 때 반드시 기억할 만한 사실이다.

"여성의 이름"과 기생(寄生)의 기생

라캉의 남근중심주의에 대한 반박에서 출발하여 이항대립적인 구조로부터 성을 해방시키려는 데리다의 기획은 다양한 반응을 불러일으키

---

11   Alice Jardin · Paul Smith, op. cit., pp.194~199.

게 된다.[12] 여성주의적 관점에서 정신분석학을 연구하는 로즈는 라캉의 편에 서서 데리다를 반박한다. 스피박은「페미니즘과 해체주의의 재고」에서 이러한 로즈를 문제시하면서 데리다에 대한 종전의 비판적인 입장을 수정한다. 예컨대,「전치와 여성에 대한 담론」에서 스피박은 데리다가 "여성"을 "불확정성의 기호"로 전유하는 것을 문제 삼은 바 있다. 서구 형이상학의 거장들의 텍스트를 재해석하는 기획을 위하여 데리다가 여성을 도구로 사용하였고 이는 여성의 타자화와 다르지 않다는 것이다.

「페미니즘과 해체주의의 재고」에서도 스피박은 데리다의 해체론에 깃들어 있는 남성중심주의를 비판하기는 한다. 스피박은 데리다가 "아버지의 이름"과 "무명의 여성성"을 이분법적 시각에서 파악하여 후자를 생동성(living)의 기호로 보았으며, 또 여성적 생동성이 페미니즘에 의해 오염된다고 주장함으로써 반여성적 담론의 역사에 연루되었다고 주장한다. 스피박의 표현을 빌리면, "가부장제에 있어 아버지의 이름이라는 역사적·법적 전통에 의해 구성된 관점이 데리다의 텍스트에서 발견되는데, 이는 니체가 '여성'을 이름으로 오용할 때 그의 역사적 유산에 의해 구성되는 관점이 발견되는 것과 다르지 않다."[13] 이처럼 항상 여성을 따라다니는 역사적 결정론을 고려할 때, 여성이 항상 탈중심

---

12 데리다와 관련하여 페미니스트들이 벌이는 논쟁으로는 Ellen K. Feder etc. eds., *Derrida and Feminism : Recasting the Question of Woman*, London : Routledge, 1997을 참조할 것.

13 이 논문은 원래 1989년에 브레넌이 엮은 편저의 한 장으로 출판되었다가 훗날『교육제도의 바깥』이라는 저서로 묶인다. Gayatri Spivak, "Feminism and deconstruction, again : negotiating with unacknowledged masculinism", *Between Feminism and Psychoanalysis*, Teresa Brennan ed., London : Routledge, 1989, pp.206~223. Gayatri Spivak, *Outside in the Teaching Machine*, London : Routledge, 1993, p.134.

화되어 있는 존재인 양 데리다가 말하는 것은 말이 안 되는 소리[14]라는 것이 스피박의 지론이다.

데리다에 대한 이 비판에는 공정성의 관점에서 문제적인 부분이 있다. 니체의 저작에서 "진실"을 추구하는 페미니스트들이 "남성이 되기를 원하는 여성들"이라는 식으로 비판되고 있다고 데리다가 지적한 것은 사실이다. 또한 데리다가 니체를 좇아 여성을 "진실의 비진실성"의 이름으로 거명한 것도 사실이다.[15] 그러나 데리다가 니체 분석을 통해서 최종적으로 말하고자 하는 바는 반(反)여성적 전통이 주장하는 바와 달리 여성은 진실이 아닐 뿐만 아니라 여성에 대한 "진실"도, 여성에 대한 "본질"도 없다는 것이다. 즉 여성은 확정될 수 없으며, 여성뿐만 아니라 남성도, 아니 성차 자체가 확정될 수 없다는 것이 데리다의 최종적인 입장이다.[16]

다시 한 번 강조하자면, 대부분의 데리다 비평가들의 오독이 여기에서 비롯된다. 성차가 확정될 수 없다는 데리다의 진술은 모든 것이 불확정성으로 귀결된다는 뜻이 아니라 성차가 "이분법적으로" 확정될 수는 없다는 뜻으로 이해되어야 한다. 그러니 최종적인 결론을 반영하지 않은 채 여성은 "진실의 비진실성"의 기호라는 도중의 논거만을 들어 데리다를 비판한다면 이는 데리다를 제대로 읽지 않았음을 입증할 뿐이다. 러빈, 숄즈, 스피박을 포함하여 해체주의에 대한 그간의 평기가 대부분 해체주의가 지향하는 바를 불확정성이나 차연 등으로만 이해한

---

14 Ibid., pp.134~135.
15 Jacques Derrida, *Spurs*, p.65 · 51.
16 Ibid., p.103.

결과 동일한 실수를 저지르고 있음은 지적할 만한 사실이다.[17]

앞서 언급한 로즈에 대한 스피박의 반박으로 다시 돌아가자. 로즈는 성차별 문제가 주체의 구성 혹은 주체의 자기인식과 어떠한 관계에 있는지를 정신분석학이 밝혀 줄 수 있다는 점을 들어 정신분석학이 페미니즘에 필요하다고 역설하였다. 스피박은 로즈에게 있어 정신분석학이 존재론적인 문제를 인식론으로 설명하려는 기획이라고 요약하면서, 자신과 달리 로즈는 해체주의를 단지 "서사"로, "완전히 분산되고 탈중심화된 주체의 서사"로만 이해한다고 평가한다. 그리고 해체주의를 단순히 서사로만 간주할 경우 "어떠한 정치적 입장에도 도움이 안 되는 불가능성의 그림"에 지나지 않는다고 주장한다.[18] 이러한 지적은 인식론에의 함몰이나 이론의 오용이 페미니즘에 미치는 영향에 대하여 스피박이 평소 경계하는 것과 상통한다.

「페미니즘과 해체주의의 재고」에서 스피박이 보여주는 최종적인 입장은 해체주의를 그것에 깃든 남성주의 때문에 용도폐기하지는 말자로 요약될 수 있다. 이것은 그녀가 종전에 취하였던 입장, 예컨대 이 논문보다 2년 전에 출판된 「전치와 여성에 대한 담론」과 비교하여 볼 때 훨씬 유화적인 것이며, 유화적인 만큼 더욱 전략적이다. "데리다의 해체

---

17 숄즈의 비판은 "해체의 한 단계인 반전(reversal)이 사회적인 면에서 한 번이라도 어떠한 성취를 거둔 적이 있는지"라는 물음으로 요약된다. 라빈 또한 "끝없는 대체의 게임"으로서의 해체주의가 구체적 현안에 대하여 가부(可否)의 입장 중 하나를 취해야만 하는 페미니즘에 유용하지 못하다는 지적을 한 바 있다. Leslie Rabine, "A Feminist Politics of Non-Identity", *Feminist Studies* 14.1, Spring, 1988, p.26; Robert Scholes, "Reading Like a Man", *Men in Feminism*, Jardin · Smith eds., p.211.

18 Jacqueline Rose, *Sexuality in the Field of Vision*, London : Verso, 1986; Gayatri Spivak, *Outside in the Teaching Machine*, p.124.

주의로부터 배울 것이 있음"을 인정은 하지만 그것의 영원한 길동무가 될 수는 없다는 인식[19]에 있어 두 논문은 공유하는 바가 있으며, 이러한 점에서 다른 페미니스트들, 예컨대, 페미니즘의 목적을 달성하기 위한 수단으로서 해체주의를 지지하는 푸비나 스콧과 유사한 입장이다.[20]

스피박 이론의 묘미는 해체주의에 대한 전유적인 입장을 다름 아닌 데리다로부터 이끌어 낸다는 점에 있다. 스피박은 자신이 "협상(negotiation)"이라고 부르는 전유적 입장을 "문제적 텍스트를 내면으로부터 이해함으로써, 새로운 지평을 향하여 그 텍스트를 열어 보여 '이용'은 하되 이를 변호하지는 않는 것"으로 설명한다.[21] 즉, 특정한 이론이나 체계를 외부에서 파괴하기를 시도하기보다는 그 대상을 일단은 받아들임으로써 내부에서 이를 보다 효과적으로 와해시킨다는 데리다의 전략을 데리다의 이론에 적용시키겠다는 속셈인 것이다. 해체주의가 존속하기 위해서는 형이상학의 존재를 필요로 한다는 점에서 해체주의가 형이상학적 담론과 갖는 관계를 기생(寄生)적이라고 본다면, 스피박의 이론은 어떻게 보면 이 기생 담론에 기생하는 셈이다.

사실 "기생적"이라는 말은 논란의 여지가 있을 수 있는 표현이다. 부스(Wayne Booth)와 에이브람즈(M. H. Abrams)가 해체주의에 대한 평론

---

19 예컨대 「전치와 여성에 대한 담론」에서도 스피박은 데리다의 비판적 사고의 유용성을 다음과 같이 인정한다. "나는 남근주의에 대한 데리다의 비판에서 배우는 바가 있다. 그러나 나는 그 후에 그 지식을 가지고 다른 어딘가로 가야 한다." Gayatri Spivak, "Displacement and the Discourse of Woman", *Feminist Interpretations of Jacques Derrida*, Nancy J. Holland ed., University Park : Pennsylvania State Univ. Press, 1997, p.48.

20 Mary Poovey, "Feminism and Deconstruction", *Feminist Studies* 14.1, 1988, pp.51~65; Joan Scott, *Gender and the Politics of History*, New York : Columbia Univ. Press, 1988 참조.

21 Gayatri Spivak, "Feminism and deconstruction, again", p.212.

에서 이 용어를 사용한 이래로, 숙주와 기생물을 구분하는 이분법적 사고는 밀러(J. Hillis Miller)에 의하여 해체된 바 있다. 밀러는 존슨에 의해 다시 비판받는데, 존슨은 밀러의 글에서 기생물이 여성으로 그리고 숙주가 남성으로 비유되고 있음에 주목하여 기존의 해체주의 비평이 남성중심적이라고 비판한다.[22] 이처럼 "기생적"이라는 용어에 따라 붙는 이차적 / 의존적 / 부가적 등 부정적 함의에도 불구하고, 한 대상을 전략적으로 이용할 수 있는 데까지 이용함을 의미한다는 점에서 이 용어는 스피박 이론의 특징을 잘 나타내어 준다.

스피박은 이러한 전략적 이유에서 해체주의를 긍정하고, 여성에 관한 데리다의 주장에 동의한다. 그리고 유사한 남성주의를 보여주는 니체와 라캉도 긍정해야 한다고 주장한다.

> 니체 혹은 데리다, 혹은 [여성의 이름이라는] 문제에 관한 한, 라캉도 남성주의와 완전히 공모의 관계에 있다. (자신의 저작에 나치주의를 접목시킬 수 있는 가능성에 니체가 공모했듯이 말이다.) 그러나 동시에, 우리가 니체에게서 이러한 [공모] 사실을 알아채는 것이 가능하기도 하거니와, 데리다가 우리에게 그렇게 알아채기를 요구하고 있다. 왜냐하면 만약 우리가 그렇게 한다면, 그 저작을 유용하게 만들 수 있기 때문이다. 그리고 이러한 여정에는 독특한 긍정이 있다.[23]

---

22 Barbara Johnson, *A World of Difference*, Baltimore : Johns Hopkins Univ. Press, 1987, pp.32~41 참조.

23 Gayatri Spivak, *Outside in the Teaching Machine*, p.134.

이 "독특한 긍정"은 니체, 데리다 그리고 라캉에게서 발견되는 부권주의(父權主義)나 남성주의를 "책임 있게 비판한 후, 제재를 풀고 그 텍스트를 이용하는 것"이다.

전략적 본질주의

해체주의적 수법을 이용한다고 해서 스피박을 해체주의자로 간주할 수 있는가? 때로는 스스로를 해체주의자라고 부름에도 불구하고, 그녀의 작업은 기존의 해체주의와는 분명 다른 점이 있다. 징지적 운동으로서의 실용성에 대한 고려, 마르크스주의적인 신념과 탈식민 페미니즘 운동에 대한 정열을 모두 가지고 있다는 점에서 스피박은 해체주의자들과 구분된다. 그녀에 의하면 이러한 실천적 지향성으로 인해 자신은 어느 순간에 가서는 해체주의와는 다른 길을 걷게 된다. 그러면 도대체 스피박이 가고자 하는 "다른 어디"는 어디에 있는가? 계급과 성, 인종의 차별이 없는 곳이리라. 어느 하나이기를 거부함에도 불구하고, 스피박의 불연속적인 이론을 꿰어 주는 하나의 요소는 "주체의 필요성"에 대한 인식이다. 사실, 해제수의의 고객임을 공언할 때조차도 스피박은 해제주의의 유용성이 '중심화된' 주체의 존재를 상기시켜 주는 데에 있다고 거듭 주장하였다. 해제주의와 주체에 대한 그녀의 논거를 살펴보자.

해체주의의 문제로 다시 돌아가서, 해체주의가 나에게 애초에 가르쳐 주었던 것이 본질론의 필요성, 그리고 본질론을 사용함에 있어 조심하는 것임을 나는 주장하고 싶다. 내가 종종 말하였듯, 해체주의는 주체가 항상 중심화된 것이라고 여기며 이 중심화의 기제에 주목할 뿐, 탈중심화된 주체라고 불리는 것이 존재한다고는 말하지 않는다. …… [이것이] 해체주의가 내게 주는 교훈이다. 데리다가 반드시 정확하게 이런 내용을 주장한다는 의미는 아니다. 이것은 내가 [해체주의]로부터 배운 것이다. 모든 읽기는 거래이다. 가지고 있는 것을 이용하여 최선을 다하는 것이다. 그래서 네 자신 다른 무엇이 되는 것이다. 이런 점에서 보았을 때, 해체주의는 내게 반본질론의 불가능성을 가르쳐 주었다.[24]

해체주의의 입장을 받아들이면서도 이를 제한적으로 응용하여 쓸 것이라는 위의 글은 "협상"의 개념을 잘 예시하는 본보기다. 반본질론은 불가능하다는 인식, 즉 본질을 피할 수 없다는 인식뿐만 아니라 본질론의 사용에 동반되는 위험을 경계하는 인식이 동시에 드러난다.

주체의 필요성을 인정하면서도 본질주의와 보편주의에 따르기 쉬운 독단성을 경계하기 위해 스피박은 "전략"이라는 개념을 사용한다. 본질을 언급한다는 점에서는 위험한 작업이기는 하나, 그럼에도 불구하고 전략적인 이유로 본질주의를 사용할 필요가 있다는 것이다.[25] "본질

---

24 Gayatri Spivak with Ellen Rooney, "In a Word. *Interview*", *The Essential Difference*, Naomi Schor · Elizabeth Weed eds., Bloomington : Indiana Univ. Press, 1994, p.162.
25 Gayatri Spivak, "Criticism, Feminism, and The Institution", p.11. 본질이 필요하다는 주장은 스피박이 처음으로 한 것은 아니다. 그보다 앞서 히스(Stephen Heath)가 1978년에 *Screen*지에 실린 "Difference"라는 논문에서 "본질의 모험을 무릅써야 할지도 모른다"는 진술을 하였다.

의 전략적 사용"이라는 구호는 스피박이 「비평, 페미니즘 그리고 제도」
에서 사용한 후 페미니스트들로부터 많은 반향을 불러일으키게 된 용
어이다. 자신의 구호에서 "전략"이라는 말을 도외시한 채 본질론으로
만 받아들이는 경향을 스피박이 바로잡으려 한 적이 있다. 「한마디로.
인터뷰(In a Word. Interview)」에서 전략의 의미와 더불어 본질론에 대
한 경계의 필요성을 다시 역설한 것이다. 이 글에서 스피박은 자신의
전략은 "이론"이 아니고 상황에 따라 가변적인 것임을 주장하며, 전략
을 이론으로 받아들였을 때 따르는 위험을 주지시킨다.

해체주의에 깃들어 있는 남성중심주의와 관련하여 스피박이 제시하
는 전략은, 여성이 "진실의 비진실성"의 기호로 사용되어 왔다면, 이러
한 비유의 오용(catachresis)을 비판함과 더불어 이를 적절한 경우에 사
용하자는 것이다. 여러 학자들이 주목한 바 있는 그 주장을 보자.

> "진실"의 비진실성으로서 여성이라는 이름은 우리에게 의미 있는 메시지를
> 줄 수 있다. 우리가 역사 오랜 비유의 오용을 존중하지는 않되, 페미니스트
> 이론의 주체인 우리와는 **역사적으로** 다른, **권리를 박탈당한** 여성에게 그 이름
> 을 주며, 동시에 협의의 의미에서 주권적인 주체 효과를 구성할 이 여성의
> 권리를 인정한다면 말이다.[26]

위 인용문에서 스피박이 "우리와 다른 이"로 거명하는 집단은 제3세계
의 하위주체들이다. 이들에게 "비진실로서의 진실", "차연", "불확정성"

---

[26]   Gayatri Spivak, *Outside in the Teaching Machine*, p.135. 강조는 원문.

을 뜻하는 명칭인 "여성"을 주자는 것이다. 차연의 또 다른 이름이기도 한 이 이름은 본질을 거부할 뿐만 아니라 본질이기를 거부한다는 점에서 유명무실한 것, 즉 이름만 있으되 본질적인 내용을 담을 수 없다.

스피박의 이 주장은 전통적인 역사학에서는 존재가 지워지거나 가려져 보이지 않는 하위계층에게 잠정적으로 이름을 부여함으로써 그들의 목소리가 들리도록 하자는 의도로 이해된다. 여태껏 이름을 갖지 못했던 하위주체의 경험들, 인종적·성적 상징계에서 기표를 부여받지 못한 경험들이 이렇게 하여 담론의 장에 등장할 수 있는 것이다. 이 이름의 내용이 "진실의 비진실성"을 뜻하는 한, 이 이름을 받은 하위주체들이 특정한 방식으로 규정되거나 본질화되는 것이 쉽지 않을 것이라는 것이 스피박의 계산이다. 반면 해체주의에 반대하기 위하여 전통적인 노선을 취하는 페미니즘은 역사가 하나의 성적 물신이 되는 역사적 결정론에 빠져든다. 페미니즘이 처한 이러한 딜레마를 해결하는 방편으로서, 이름을 붙일 때 필연적으로 발생하는 왜곡에 대한 우려를 떨쳐버리는 방법으로서, 스피박은 해체주의의 도움을 받을 것을 권하는 것이다.

스피박이 데리다로부터, 니체에 대한 데리다의 독해로부터 배운 것은, 니체가 반(反)여성적인 당대 담론을 물려받기는 하였으나 동시에 여성의 이름을 자신의 철학적 실천을 위하여, 자신이 발견한 "진실," 즉 "진실의 비진실성"의 기표로 사용하였다는 것이다. 니체와 데리다를 좇아 스피박은 페미니스트들도 기성 담론과의 공모성을 인정하는 대가를 치루는 한이 있더라도 "적군의 적"을 자신의 목적을 위해 사용하는 전략을 배울 필요성이 있다고 믿는다. 즉, "후기구조주의적 명목주의

(nominalism)"[27]의 혜택을 즐길 줄 알아야 한다는 입장이다. 이는 정치적 실효성을 위해서는 본질론의 위험을 경계하는 한도 내에서 본질론의 채택도 불가피하다는 주장으로 이어진다. 또한 해체주의가 가져다 줄 봉쇄의 가능성에 대해서는 해체주의가 제공하는 것이 "정치이론"은 아니므로 본질론적 입장과 상충될 것이 없고 따라서 자신의 이론체계 내에서 해체주의와 본질론적 입장은 딜레마적 관계가 아니라고 말한다.[28]

가변성과 임시성의 이름으로

공동의 목표를 설정하는 것이 비록 민주적인 절차에 의해 이루어졌다고는 하나 시간이 지나면서 그 목표가 더 이상 공동의 것이 아니게 되는 상황이 발생할 수 있다. 혹은 애초의 민주적인 절차가 충분히 민주적이지 않았을 가능성도 있다. 모든 구성원에게 말할 수 있는 자격이 주어진 것은 맞으나 모두의 목소리가 똑같은 울림이나 무게를 갖지는 않는 것이 현실이기 때문이다. 여성이나 민족 등 특정한 집단의 정체성을 규정짓는 기존의 실천들이 종종 저항의 진영 내에서조차 특정한 소수자들을 배제하는 방식으로 작동하여 왔음은 주지의 사실이다. 그러

---

27 Ibid., p.136.
28 Gayatri Spivak, "Strategy, Identity, Writing", *The Postcolonial Critic : Interviews, Strategies, Dialogues*, Sarah Harasym ed., New York : Routledge, 1990, p.45.

니 자신이 속한 집단이 내세우는 공동의 목표나 정체성에 대하여 질문을 제기하는 행위가 저항 운동을 일시적으로 후퇴시키는 결과를 초래할 수 있을 것이나, 이는 저항 운동이 올바른 방향으로 향하고 또 성공하려면 필연적으로 거쳐야 할 과정이기도 하다.

그러나 특정한 범주화가 배제와 왜곡의 바탕 위에 서 있지는 않은지 끊임없이 심문하는 태도가 절실한 만큼, 개인들의 목소리를 하나로 수렴시켜야 할 필요성이 절실할 때가 있다. 이러한 맥락에서 스피박의 "전략적 본질주의" 개념을 이해할 수 있겠다. 보편주의나 본질론에 대한 비판도 필요하지만, 실천을 위하여, 집단행동을 위해서 보편성의 이름을 빌려야 할 필요가 있기 때문이다. 즉, 어느 순간 어느 선에서 실천과 행동을 위하여 본질론에 대한 비판을 멈추어야 한다는 인식이 있는 것이다. 그러나 여기서 생겨나는 문제는 "구체적으로 '어느 선'에서 멈추어야 하는가" 하는 것이다. 스피박은 "상황에 따라서"라고 답한다.[29] 그러나 누가 그 상황이 언제 도래하였는지 또한 그 상황이 정말 멈추어야 할 상황인지를 판단하는가 하는 것은 여전히 문제로 남는다. "전략"이라는 개념을 도입함으로써 본질론과 반본질론(해체주의) 간의 소모적 논쟁에서 벗어날 수 있는 해결책을 제시하였다는 점에서 스피박의 안목은 긍정적인 평가를 받아야 할 것이다. 그러나 상황에 대한 판단을 함에 있어 의견의 차이를 해결할 절차에 대해서는 적절한 방도를 제시하고 있지 못하다.

후기구조주의의 등장 이후 본격화된 본질론과 반본질론 간의 논쟁

---

29 "전략은 상황에 어울리는 것이며, 전략은 이론이 아니다"고 스피박은 전략의 사용법에 대하여 설명한다. Gayatri Spivak with Ellen Rooney, "In a Word. *Interview*", p.154.

을 논의함에 있어 짚고 넘어가야 할 부분은 환원주의적 보편화(본질화)의 문제이다. 이 논쟁에서 우리가 주목할 부분은 기존의 본질론에 대한 비판이 다양한 내용이나 형태를 가질 수 있는 본질주의를 하나의 본질론으로 "본질화"시켜 버리고 말았다는[30] 지적이다. 즉, 본질론이라는 보편적 범주를 설정함으로써, 다양한 본질'들'을 상정하는 유의 본질주의를 간과하고 만 것이다. 이와 동시에 해체주의가 지향하는 유토피아적 비전과 본질론 간에 있을 수도 있는 접점도 사라지고 말았다. 무슨 말이냐 하면 다양한 본질들이 존재한다는 관점에서 보았을 때 우리에게 다가오는 지평은 하나의 거대 본질을 대체하는 무수히 많은 차이들의 세상이다. 그리고 이러한 차이의 세상은 사실 해체주의가 이분법을 넘어 지향하는 유토피아적 공간과 상통하는 점이 있다.[31] 이처럼 개별자의 차이로 넘쳐 나는 공간이 유토피아라면 문제가 없겠지만, 현실이 그렇지 못할 때 개별자들의 자유와 자율을 보장하면서도 이들의 연대(連帶)가 어떻게 모색될 수 있을까.

개인들 간의 연대의 필요성, 이를 달리 표현하면, 집합적 주체의 필요성에 대하여 무프(Chantal Mouffe)는 다음과 같이 역설한다.

그러한 집합적 주체의 필요성을 부인하거나, 정치를 자신의 권익을 인정받고 보호받으려는 무수한 소수집단 간의 투쟁으로만 간주하는 것은, 권력권

---

30   Naomi Schor, "This Essentialism Which Is Not One", *The Essential Difference*, Schor ·
      Weed eds., p.43.
31   데리다는 존재하지도 않는 보편성, 혹은 보편으로 가장하는 특정한 개별성의 폭력에 의
      하여 자신의 개체성과 자율성을 침해당하지 않는 개별자들의 세상을 유토피아로 그려본
      적이 있다. Jacques Derrida, "Choreographies", pp.66~76.

계에 무지한 소치이며 기존의 권리가 타자의 권리를 배제하거나 종속시킴으로써 가능하였다는 사실, 그리고 이러한 사실이 권리의 영역에 이미 강요해 놓은 한계를 간과하는 것이다.[32]

이러한 상황에서 버틀러가 제안하는 "임시적인 정체성"이라는 개념을 상기하는 것이 도움이 될 수 있다. 버틀러는 보편주의가 행사하는 개별성과 다양성에 대한 억압을 지적하면서 임시적인 정체성, 따라서 변화를 포용할 수 있는 정체성에 기초한 "열려 있는 정치적 연합"의 필요성을 강조한 바 있다.

연합적 정치학에 대한 반근원주의적인 접근은 "정체성"이 전제가 아님을 상정하며 또, 연합적인 구성체가 갖는 의미나 형태가 그것이 이루게 될 업적 이전에 파악될 수 없음을 상정한다. 가용한 문화적 조건 내에서 정체성을 확립하는 것은 새로운 정체성의 개념이 출현할 가능성을 정치적 행동으로 사전에 봉쇄하는 결과를 낳기 때문에, 근원주의적 전술로는 규범적 목표로 존재하는 현재의 정체성의 개념을 변화시킬 수도 확장시킬 수도 없게 된다.[33]

앞서 스피박에 대한 논평에서 제기된 바 있듯, 차이의 존중에 기반을 둔 공동의 정체성은 어떤 절차를 통하여 구축될 수 있는 것일까. 공동의 정체성은 현실적으로 필요한 것이지만 그것에 내재한 범주화가 억압적으로 작용할 가능성에 대한 논의는 근자에 있었던 민족주의에 대

---

32   Chantal Mouffe, "Democratic Politics and the Question of Identity", *The Identity in Question*, John Rajchman ed., New York : Routledge, 1995, p.40.

33   Judith Butler, op. cit., p.15.

한 논란에서도 드러난 바 있다. 이 논의에서는 "민족주의는 반역"이라는 소리를 듣지 않기 위해서 민족주의의 "민주화"가 대안으로 등장한다.[34] 그런데 이때 민주화가 지향해야 할 목표로만 제시되었지 그 목표를 실현시킬 절차에 대해서는 언급이 없었다. 개별자의 차이를 존중하는 토론과 협의가 필요할 것인데, 이는 구체적으로 어떠한 형태를 띠어야 하는 것일까.

평등과 자유가 민주주의의 대원칙이라는 사실에 동의한다면 민족이나 여성이라는 집합적 주체를 정의하는 작업에 참여하는 개별자들은 이 두 가지 원칙에 먼저 동의하여야 할 것이다. 금방 개별자들은 평등과 자유라는 원칙에 동의해야 한다고 말하였는데 사실 이러한 진술 자체가 그 두 가지 대 원칙이 갖는 의미의 보편성을 전제로 하였다는 점에서 문제적일 수 있다. 무프가 지적하듯 평등과 자유라는 원칙도 보는이의 관점에 따라서는 상당히 다른 의미를 가질 수 있는데, 그럼에도불구하고 특정한 의미와 해석에 동의할 것을 요구하는 것 자체가 민주주의에 역행하는 것이다.[35] 그러니 집합적 주체의 범주를 '민주적인 원칙'에 의하여 정의하기 전에 먼저 해야 할 작업은 민주적인 원칙의 의미에 대한 '민주적인 논의'인 것이다. 그리고 이 민주적인 논의는 불변하는 단일한 결론을 내리기 위한 토론의 장이 아니라 다양한 해석들이서로 다투고 그 갈등 속에서 타협점을 이끌어 내는 역동적인 장이어야할 것이며 역사와 변화를 수용하는 열려 있는 장이어야 할 것이다. 이

---

34 윤지관, 「지구화에 대한 고찰」, 『안과밖』 8집, 2000, 8~30쪽; 임지현, 앞의 글, 65~87쪽 참조.

35 Chantal Mouffe, op. cit., pp.41~43.

러한 관점에서 보았을 때 민족이나 여성이라는 범주를 일종의 협상의 공간으로 생각하여도 좋을 것이다. 그리고 개별자들 간의 차이를 존중하는 토론과 협의에 의하여 공동의 정체성에 대하여 임시적이고도 가변적인 결론에 도달하는 것이 생산적일 수 있다.

우리 안의 인종주의

본 연구는 여태껏 서구의 (신)식민주의에 대항하는 운동과 이론들을 검토해 보았다. 이 긴 논의에서 시대와 장소가 아무리 바뀌어도 피해자는 항상 유색인이었다. 탈식민주의가 제공하는 비판적 안목으로 우리자신을 돌이켜 볼 때 우리 사회는 어떤 모습일까? 구체적으로, 우리에게 유색인들은 어떤 이미지로, 어떤 의미를 가지고 다가오는 것일까? 중화주의의 내면화에 따른 사대사상이나 인근의 이민족들을 오랑캐로 여기는 자민족중심주의는 한반도에서도 그 역사가 오랜 것이다. 그러나 유색인에 대한 한국인의 인식은 아무래도 조선이 근대적 세계체제와 폭력적으로 만나게 되는, 달리 표현하면 서구 열강이 아시아에 진출하게 되는 19세기 말부터 본격화되었다고 여겨진다.

1896년부터 1899년까지 간행되었던 『독립신문』을 보면, '인종'이란 표현이 '민족'과 호환적으로 사용되기도 하나, 대체로 오늘날의 인종과 유사한 의미로 쓰이는 것을 알 수 있다. 1899년 9월 11일자 『독립신문』의 논설 「인종과 나라의 분별」이 대표적인 예이다. 이 논설은 지구상의 인종을 황인종인 '몽고종', 백인종인 '고가싀종', 흑인종인 '아프리가종', 황적인종인 '말네이종', 홍인종인 '아미리가종' 등 다섯 종류로 구분하고 이 인종들의 특징과 분포지역을 기술하고 있다. 이 중 흑인종과 백인종에 대한 부분만을 보자.

> 흑인들은 가죽이 검으며 털이 양의 털 ㄱᄎ치 곱슬 곱슬ᄒᆞ야 턱이 내 밀며 코가 넙적 ᄒᆞᆫ 고로 동양 인종들 보다는 미련 ᄒᆞ고 흰 인종보다는 미우 턴 ᄒᆞᆫ지라……뵉인종은 오날ᄂᆞᆯ 세계 인종 중에 데일 영민 ᄒᆞ고 부지런 ᄒᆞ고 담대 ᄒᆞᆫ 고로 온 턴하 각국에 모도 펴져 ᄎᆞᄎᆞ 하등 인종들을 익이고 토지와 쵸목을 ᄎᆞ지 ᄒᆞᆫ고로 하등 인종중에 ᄇ인종과 셧겨 뵉인종의 학문과 풍속을 뵈화 ㄱ 사ᄅᆞᆷ들과 ㄱᄎ치 문명 진보 못 ᄒᆞᄂᆞᆫ 나라에는 토종이 뵉인종의 학문과 기화를 뵈호지 안ᄂᆞᆫ 고로 몃 쳔 만명 잇던 인종이 이뵉년 이릭로 다 죽어 업셧지고.[36]

이 논설은 오늘날 백색 신화라고 불리는 백인 우월주의 사상을 그대로 답습하고 있다. 이 기준에 의하면 백인은 가장 영민하고 부지런하며 담대하여 세계 각지에서 패권을 잡은 인종으로 묘사된다. 반면 흑인은 동양인보다 미련하고 백인보다 매우 천한 인종으로 정의된다. 신대륙에서 원주민들이 질병과 노역, 종교재판 등으로 겪게 된 인종청소에 대하여 "백인종의 학문과 개화"에 동화되지 못한 원주민들의 잘못으로

---

36 『독립신문』, 1897년 6월 24일자 논설, CORPUS Of KOREAN Newspaper—The In-dependent, *Google*, http://independence-corpus.com/search.html.

돌리고 있다는 점만 보더라도 이 논설이 '백인의 시각'으로 세상을 조망하고 있음이 분명히 드러난다.

백인종에 속하는 민족 중에서도 미국에 대하여 이 신문이 바치는 경의는 최고 수준의 것이다. 미국이 영토적 야욕이 없을 뿐만 아니라 자국의 인적·물적 자원을 들여 약소국을 도와주는 의로운 나라라는 이 논설의 주장은 오늘날 세계의 경찰로 자부하는 미국의 자기 이미지와 정확하게 일치한다.

> 미국이 강토를 널릴 싱각이 업슬뿐 아니라 …… 가위 극락셰계가 되엿눈지라 이럼으로 ─년에 구라파 사롬들이 즈원 ㅎ야 미국 속국 되기를 원 ㅎ되 미국 졍부에서 허락지 안코 도로혀 즈쥬 ㅎ라고 권 ㅎ며 혹 약흔 나라이 강흔 나라의게 무례히 압졔를 밧든지 즈유 권을 쎗는 나라가 잇스면 즈긔 나라 군스르르 죽이며 진물을 허비을 허비 ㅎ랴고 그 약흔 나라를 긔어히 도와주니 이는 미국 사롬의 큰 도략이요.[37]

당대 조선의 지식인들이 판단하기로는, 근대 체제의 바깥에 있었던 조선으로서는 백인의 문명을 빨리 배우는 것이 자주와 부강이라는 두 가지 목표를 달성하는 지름길이었을 것이다. 이러한 역사적 상황에서 근대성의 신화이자 백색의 신화를 내면화한 것은 어떤 점에서는 자연스러운 것이었다.[38] 물론 1899년 3월 이후에 간행된 신문의 논설은 기조

---

37 『독립신문』, 1899년 2월 27일자 논설, CORPUS Of KOREAN Newspaper─The Independent, *Google*, http://independence-corpus.com/search.html.

38 이와 관련된 자세한 논의는 하상복, 「황색 피부, 백색 가면─한국의 내면화된 인종주의의 역사적 고찰과 다문화주의」, 『인문과학연구』 33집, 2012, 525~556쪽 참조.

가 많이 달라진다. 노골적인 친일론과 함께, 황인종이 함께 힘을 합쳐 서양의 노예가 되는 것에 저항해야 한다는 논조가 등장하는 것이다.

유길준이나 윤치호 같은 당대 지식인들의 저술도 식민 지배를 정당화하는 백인들의 인종주의적 사유를 비판 없이 재생산하는 경우에 해당한다. 이를테면 윤치호는 적자생존의 논리는 동일한 인종이나 민족에는 유효하지 않으나, 타인종과 민족 사이에는 확실한 진리라고 주장하였다. 또한 윤치호는 식민주의는 피지배 민족들에게 있어 "학교장"의 역할을 한다고 믿었다. 식민주의는 "강한 인종이 약한 인종을 자치하도록 교육"하는 것인데 이때 생겨난 "어리석은 행위와 범죄"는 큰일을 하는데 피할 수 없는 "필요악"이라는 것이 그의 논리였다. 이러한 맥락에서 조선에 대한 외세의 지배도 어쩔 수 없는 것으로 옹호되었다.

> 한 민족이 스스로 통치할 능력이 없을 때, 독립할 수 있을 때까지 더 개화되고 더 강한 인민에게 통치받고, 보호받으며 가르침을 받는 것이 좋다. ……
> 조선이 자치할 수 없다면 중국 아래 있는 것보다는 영국 아래 있는 것이 분명히 더 좋을 것이다.[39]

해방 직후 흑인에 대한 우리의 인식은 용산과 동두천, 오산 등지에 주둔한 미군과의 면대면 만남을 통해서 이루어졌다. 미군 내에서 존재했던 인종차별은, 그렇지 않아도 백색 신화를 물려받았던 우리 사회 내부에서 자연스럽게 수용되었다고 여겨진다. 심지어는 미군들을 상대해

---

39 윤치호, 박정신 역, 『국역 윤치호 일기』 2, 서울 : 연세대 출판부, 2003, 73쪽.

야 했던 "양공주들"도 생계를 위해서는 흑백 간의 구분을 지켜야 했다. 백인 미군을 상대하는 한국 여성들은 "백인 창녀"라 불렸고 흑인 미군을 상대하는 여성들은 "흑인 창녀"라고 불렸다. "백인 창녀"가 흑인을 상대하다가 발각되면 백인 군인들로부터 보이콧을 당해야 했다. 그 반대도 마찬가지였다. 이처럼 한국 주둔 백인 군인들로부터 학습된 인종차별에 대해서는 미군 측에서도 다음과 같은 증언이 나온 바 있다. "한국 주민들이 다수 백인의 태도에 너무나 오랫동안 노출되어 그들은 자신들이 무엇을 하는지도 인식을 하지 못한 채 차별을 실천하였다."[40]

60년대 이후 미디어를 통해서 우리가 알게 된 흑인들도 주로 미국의 대중문화에서 만들어 내고 유통시킨 흑인들의 모습이었다. 백인의 주류문화가 "상상한 흑인들"의 모습은 섹스, 마약, 폭력, 비이성 등의 키워드로 요약될 수 있는 종류였다. 오늘날 한국의 젊은이들 사이에서 유행하고 있는 "흑형", "흑누나" 코미디 시리즈는 흑인에 대한 편견이 우리 사회에서 진화하고 있음을 보여준다. 그러나 이러한 진화에도 불구하고 이 일화들 중 많은 수가 음식이나 몸과 같은 신체의 기능과 관련되어 있다는 사실은, 흑인들에 대한 우리의 인식이 근본적으로 서구사회의 그것과 다르지 않다는 점을 시사한다.

오늘날 한국에서 장기 거주하는 외국인들 중에는, 다른 어느 집단보다 역사가 오랜 화교들, 그리고 한중 외교 수립 이후 본격적으로 중국에서 유입되기 시작한 조선족이 있다. 중국에서 자치를 허락받아 문화

---

40   Katharine M. S. Moon, "Prostitute Bodies and Gendered States in U.S.-Korea Relations", *Dangerous Women : Gender & Korean Nationalism*, Elaine H. Kim · Chung-moo Choi eds., New York : Routledge, 1998, p.145.

적·정치적 자율성을 어느 정도 보장받기는 하였으되, 한족이 주류를 이루는 중국 사회에서 여전히 차별 대상이라는 점에서 조선족들은 내부의 이방인이다. 경제적 기회를 찾아 한국을 방문한 조선족 거주자들은 어떤 점에서는 중국에서 받은 냉대보다 더 심한 배제와 차별을 같은 핏줄을 이어받은 동포로부터 받게 된다. 이러한 이유로 해서 조선족들은 한국 사회에 포함되면서도 동시에 배제되는 일종의 간극적인 존재들이 된다.

한국 대중 매체에서 발견되는 조선족 담론은 우리 내부의 차별을 여실히 보여준다. 조선족들이 거주하는 공간에 대한 한국 대중 매체의 묘사는 마치 이 공간들이 비위생적일 뿐만 아니라 불법행위들이 자행되는 범죄와 타락의 장소로 각인한다. 한국에 체류 중인 조선족에 대하여 극히 부정적인 정형화를 함으로써 한국의 대중 매체는 이 "문제적인" 집단을 한국의 영토 밖으로 전치시키고자 하는 욕망을 무의식중에 표출한다고 여겨진다. 또한 조선족 담론에서 이들의 고향인 연변은 한민족의 역사적 시간 속에서 파악되기도 한다. 무슨 말인가 하면, 연변이 60년대~70년대의 한국 사회의 이미지로 인식되고 재현된다는 것이다.

연변은 조선족 담론에서 가장 자주 등장하는 배경이다. 이 공간은 중국에서 조선족들이 가장 많이 살고 있는 거주지의 대표성을 갖는 동시에, 이제 "막 자본주의의 초입에 들어선 전 근대 농촌 공동체 사회"로 규정된다. 후자로서 연변이 말해질 때는 지난 수십 년간 사회주의 중국의 한 지역으로서의 역사성은 언급되지 않고, 60년대~70년대의 한국이라는 특정한 역사의 시공간 속에 배치되어 당시의 전형적인 시골로 재현된다.[41]

연변의 재현에 깃든 이러한 시간성은, 단순히 연변에서 한국의 과거의 모습을 목격하는 것에 끝나지 않고, 한국을 연변이 추구해야 할 근대화의 종착지에 세우고 있음을 함의한다. 이러한 발전론적 시각의 문제점은 연변과 한국을 주변과 중심의 위계적인 이분법에 위치시킴으로써, 문명적·문화적 우월성을 한국에 부여한다는 점이다. 아프리카라는 거대한 대륙을 유럽의 아득한 과거에 위치시키는 유럽 담론의 관행을 한국의 조선족 담론에서 연상해 낸다면 이는 지나친 상상력의 비약일까.

우리 사회에 만연하는 차별화가 조선족에 국한되지 않음은 두말할 필요가 없는 사실이다. 앞서 언급한 흑인과 중국인 외에도 여타 아시아 지역에서 온 노동자들에 대한 우리의 시각에서도 유사한 유의 차별화가 작용한다. 타민족이나 타인종으로부터 하게 되는 이러한 거리두기의 이면에는 한민족 우월주의가 있고, 같은 민족이라도 38선 이남의 한반도에서 해방 이후에 발달한 특정한 지정학적 문화를 민족적 모델이나 기준으로 삼는 배타적인 문화 순수주의가 있다. 우리는 한편으로는 서구와의 관계에서는 피지배 민족의 입장에서 곧잘 그들의 헤게모니에 대해 비판하였지만, 우리보다 약한 아시아의 다른 민족들에게는 변방의 제국처럼 구는 이중적인 얼굴을 하고 있었던 것이다.

제2차 세계대전 이후의 영국 사회를 논하면서 홀은 "단일하고 통합된 영국성"이라는 개념이 실은 일종의 비현실적인 신화에 지나지 않음을 주장한 바 있다. 그는 이민자 출신인 자신의 예를 들면서 단일한 주체라는 담론은 이미 더 이상 유효하지 않다고 주장한다. 다르지 않은 맥

---

41 양은경, 「민족의 역이주와 위계적 민족성의 담론 구성 – 『조선일보』의 조선족 담론 분석」, 『한국방송학보』 24-25호, 2010, 214쪽.

락에서 홀은 인종이 과학적 범주가 아니라 "정치적, 사회적 구성물"[42]이라고 주장한 바 있다. 자메이카에서 태어나서 자란 홀은 자신이 영국에 오기 전까지는 "흑인"이라는 말을 들어본 적이 없었음을 회상하며 다음과 같이 주장한다.

> 자메이카 인구의 98퍼센트가 흑인이거나 유색인임에도 불구하고, 나는 그곳을 떠나기 전까지 어느 누구도 자신을 가리키면서 혹은 다른 사람을 가리키면서 "흑인"이라고 부르는 것을 듣지 못했다. 단 한번도. 대신 나는 천여 가지의 다른 표현을 들었다. 나의 할머니께서는 연갈색과 진갈색 사이에서 열다섯 가지의 다른 색깔들을 구분해 내실 수 있었다. 내가 자메이카를 떠날 무렵에 미인대회가 열렸었는데, 그때 여성들의 다양한 피부색은 다양한 나무들에 비교되어 등급이 매겨졌다. 그래서 미스 마호가니가 있었고 미스 호두나무 등이 있었다.[43]

홀의 안목에 의하면, 흑인들이 스스로를 지칭할 수 있는 '공통된 기표'로서의 피부색이 현실에는 존재하지 않는다. 즉, "흑인"은 애초부터 피부색의 문제가 아니라 백인들이 비서구인들을 억압하기 위해 만들어 낸 "역사적 범주이자, 정치적 범주, 문화적 범주"였다. 이러한 안목은 오늘날의 우리 사회에도 시사하는 바가 있다. 이 안목은 인종과 민족 범주의 순수성이나 동질성에 대하여 우리에게 새롭게 질문하고 사유할 것을 요구한다.

---

42   Stuart Hall, "Conclusion : The Multi-cultural Question", p.222.
43   Stuart Hall, "Old and New Identities, Old and New Ethnicities", p.53.

소수민 논의, 다시 역사 속으로[44]

앞서 논의한 다양한 거대 담론들에 공통점이 있다면, 부권주의이든, 식민주의이든, 계몽주의이든, 심지어는 페미니즘조차도, 각기 소수자 집단에 대해 일종의 전일성이나 동질성을 상정하는 것이다. 이러한 상정이 문제가 되는 것은 한 집단을 정형화된 개념이나 본질에 가두기 때문이다. 특히 민족국가 내에 자리 잡은 소수민 집단이 이러한 본질화의 희생이 된다. 소수민에 대한 재현에서 작동하는 환원주의의 문제점은 크게 두 가지로 나뉜다. 첫째, 모든 소수민은 예외 없이 이런 저런 디아스포라의 유형에 속한다고 상정하는 것이다. 이러한 사유는 이민자들이 도착국에서 겪게 되는 현지화의 정도, 즉 그들이 새 정착지에서 겪게 되는 문화적 동화의 가능성을 배제한다. 이민의 역사가 2~3대째 정도로 내려가면, 후손들이 대개 더 이상 이민자라는 의식을 갖지 않는다는 사실을 고려한다면, 이들을 이민자로 분류하는 것은 착오를 넘어 개인의 문화적 정체성을 독단적으로 규정하는 억압의 행위이다. 이를테면, 미국이 911 사태를 겪은 후 아랍계 미국인들이 주위의 동료 미국인들로부터 받았던 의혹의 시각이나 이들로부터의 보복 테러의 가능성에 느꼈던 공포심의 이면에는, 이 미국인들을 '보편적 아랍인'으로, 혹은 '보편적 무슬림'으로 통합해 버리는 동질화의 시각이 있었다.

소수민에 대한 두 번째 오류는, 지역에 따라 다른 정착 양상을 보이

---

44 이하의 글은 졸고, 「초민족 시대의 디아스포라 모델과 정치학」, 최문규 외 편, 『문화, 정체성, 차이』, 서울 : 연세대 출판부, 2013, 181~199쪽의 일부를 수정한 것임.

는 이들을 출신국에 따라 하나의 이민자 집단으로 묶어 버린다는 데 있다. 가령, 중국인 디아스포라 담론에서 중국인 해외 거주자들은 개체성이나 특수성을 상실하고 '보편적인 중국인 이주자'로, 혹은 더 나아가 '중국인'으로 통합되고 마는 경향이 있다. 정착 장소나 정착 시기에 따라 어떤 소수민은 출발국이나 본토인과 더 이상 어떤 연관도, 정서적 유대 관계도 갖지 못하는 경우가 있을 터이나, 민족국가의 환원주의적 관점에서는 이러한 경우를 무시한다. 한국 사회에 자리 잡은 화교들에 대한 우리의 시각이 대표적인 예이다. 화교의 한국 정착은 6세대까지 거슬러 올라가는 것이지만, 대부분의 화교들은 한국 국적을 선택하지 않고 있다. 국내에 거주하면서도, 국적이 다르고, 또 한국의 주류 사회로부터 차별을 받아온 이들은, 우리 사회의 경계인(境界人)들이다. 이들은 또한 한중 외교관계 복원 이후에 한국 사회로 온 소위 신(新)화교들과는 매우 다른 정착 역사와 이데올로기적인 지향점을 가지나 이러한 내부의 차이는 우리 사회에서 주목받지 못한다.

심지어는 같은 시기에, 같은 지역에 정착한 이주민 집단에서도 상이한 이해관계가 내부에 존재할 수 있다. 성별이나 성적 취향의 차이는 물론이려니와 계급적 차이, 출신국 내에서의 지역적 차이, 세대 차이 등 다양한 변수에 따라 소수민들은 본인이 속한 집단과는 다른 정치적 선택을 할 수도 있고, 경제적 이해관계를 달리 할 수도 있으며, 또한 다른 하위문화를 향유할 수도 있다. 아시아계 미국인의 정체성에 관련된 논쟁을 소개하는 다음의 글은 소수민 내부를 가로지르는 '차이들'에 관하여 시사하는 바가 크다.

아시아계 미국인 담론에서 인종화된 집단 정체성과 문화에 대한 논의의 스펙트럼은 다양하다. 한쪽 편 끝에 문화적 정체성을 문화 민족주의 정치학의 초석으로 본질화하는 논의가 있다. 이 논의에서 "문화 민족주의"와 동화주의는 정반대의 입장으로 드러난다. 문화 민족주의는 각 문화의 고유한 순수성을 긍정하는데, 이러한 입장에서 보면 [현지의] 지배 사회의 기준에 동화되는 것에 저항해야 한다. "본토" 아시아 문화의 상실을 그려내는 서사들이 이러한 저항의 예이다. 동시에 이러한 문화 민족주의적 저항에 대한 비판도 개진되는데, 이는 대개 페미니스트들의 입에서 들려온다. 이들은 아시아계 미국인들의 민족주의가 남성성만을 최우선으로 삼고 여성들을 고려하지 않는다고 비판한다.[45]

위 인용문에서 로우는 출발국의 문화와 동일시하고 이러한 동일시를 통해 자기 정체성을 형성하는 아시아계 미국인들의 태도를 문화 민족주의라고 부른다. 이는 새프란의 고전적인 정의[46]에 부합하는 아시아인 디아스포라 유형이다. 그러나 로우에 의하면, 이러한 고전적인 디아스포라는 내부로부터 생겨나는 균열을 안고 있는데, 그 균열은 디아스포라를 추동하는 민족주의의 부권적 성격을 비판하는 페미니스트들의 목소리에서 발견된다는 것이다.

메트로폴리스나 민족국가의 관계에서 보았을 때, 탈식민주의 연구자에게 소수민은 매력적인 개념이다. 도착국 주류 사회와는 다른 인종적 혹은 민족적 혈통을 유지하며, 출발국에서 연원하는 문화적인 정체

---

45 Lisa Lowe, op. cit., p.75.
46 William Safran, op. cit., pp.83~84.

성을 유지한다는 점에서 소수민족은 적지 않은 연구자들에게 전복적이거나 해방적인 의미로 다가왔던 것이다. 메트로폴리스가 소수민족들을 동화주의 정책으로 대할 때, 이들이 담지하는 문화적 이질성이 일종의 저항의 지점의 역할을 할 것으로 기대되기 때문이다. 소수민족의 문화적 정체성이 전체주의적 동질성 내부에서 일종의 간극성을 만들어 낸다는 바바의 지론이 대표적인 예이다. 동시에 염두에 두어야 할 점은 소수민족 개념이 또 다른 '보편적 권력'으로 작용할 가능성이다. 특히, 이 개념이 추상적인 범주로 사용될 때, 특정한 하나의 디아스포라가 다양한 정착 역사들을 대신하게 될 위험성이 다분히 있다. 정착 역사의 지역적 특수성들이 소위 '보편적' 디아스포라에 함몰되어 시야에서 사라지게 되는 것이다.

재현의 영역에서 발생할 수 있는 이러한 억압은 소수민족들 사이에서만 발견되는 것은 아니고 하나의 지역에 정착한 특정 소수민족 내부에서도 발생할 수 있다. 즉, 동일한 지역에 정착한 이주자들 중에서도 특정 집단의 경험이 내부의 다양한 목소리를 질식시킬 위험이 다분히 있는 것이다. 여기서 특정 집단이라 함은 경제력이나 권력 혹은 학력에 있어 우월한 지위를 차지하는 이주자들일 수도 있고, 성별이나 성적 취향에 있어 다수를 형성하는 이주자들일 수도 있다. 그러한 점에서 소수민족에 대한 연구는 그 범주에 담겨 있는 다양한 역사적 궤적의 차이들과 동시에 내부의 차이에도 유의해야 한다. 이러한 차이로부터 눈을 떼게 될 때, 개인은 특수성을 상실하고 연구자 개인의 의제에 따라 예비해 놓은 "보편적 이주자"나 "보편적 소수민족"의 범주에 통합되기 마련이다. 그 결과 소수자 개인은 자신의 정치적 혹은 문화적 성향과는 상관없이, 혹은 그에 반하여 "장거리 민족주의자"나 주류 사회에 맞서는 "저항적 소수민족"으로 호명 당하게 된다. 소수민족에 관한 연구가 주류 사회와의 관계에서 주변적인 위치를 차지하는 집단에 관한 연구일진대, 이러한 연구에서조차 보편성이 또 다른 권력으로 작용한다면 이보다 더한 아이러니도 없을 것이다.

2000년 12월 4일에 국제연합은 12월 18일을 '세계 이주민의 날'로 정하였다. 세계 이주민의 날이 지정되었다는 사실은 한편으로는 국제적인 이주민의 수가 무시할 수 없는 규모에 이르렀음을 의미하기도 하지만, 다른 한편으로는 그간 이주민의 권리가 도착국에서 제대로 인정받지 못하였음을 뜻하기도 한다. 이보다 10년 전에 국제연합 총회에서 채택되었으나 성과가 미미했던 '이주 노동자 권리협약'을 강화하려는 취지에서 이 날의 지정이 비롯하였다는 점에서 그러하다. 한국도 아시아의 여타 지역에서 노동자들을 받아들이기는 하되, 이주 노동자 권리협약에는 가입할 것을 고려하지 않은 국가들 중의 하나이다. 국내 노동시장에서 구할 수 없는 인력을 해외에서 받아들이지만, 이들의 권리를 제한함으로써 내국인 노동자와 차별대우를 하는 것이다. 이러한 맥락에서 우리 사회에서 이주민은 한편으로는, 한국인 노동자들이 꺼려하는 산업 현장의 요구를 채워 줄 '대체 노동력'이면서도, 다른 한편으로는 문화적인 이질성으로 인해 경계심이나 혐오감을 불러일으키는 낯선 '타자성'의 기호이다. 이주민에 대한 민족국가의 시각은 이처럼 이중적이다.

인용문헌

고부응, 「맑스의 식민역사관과 싸이드의 '동양론' 비판」, 『역사비평』 30호, 1995.

_____, 「문화, 제국, 민족―비판적 전유를 위한 에드워드 사이드의 『문화와 제국주의』 읽기」, 『영어영문학』 58권 5호, 2012.

_____, 「비어 있는 기표로서의 한국계 미국인의 정체성」, 『탈식민주의 이론과 쟁점』, 서울 : 문학과지성사, 2003.

_____, 「서구의 제3세계 담론―제이미슨, 아마드, 스피박」, 『문학과 사회』 36권, 1996.

_____, 『초민족 시대의 민족정체성』, 서울 : 문학과지성사, 2002.

김겸섭, 「들뢰즈 / 가타리의 주체이론」, 『문예미학』 10권, 2002.

김성곤, 「에드워드 사이드의 『始作』과 『오리엔탈리즘』」, 『외국문학』 3호, 1984.

김욱동, 「포스트식민주의의 범주와 성격」, 『비평과 이론』 3호, 1998.

김준환, 「네그리뛰드와 민족주의―셍고르와 쎄제르」, 『비평과 이론』 9권 2호, 2004.

_____, 「탈식민주의와 포스트모더니즘」, 『탈식민주의 이론과 쟁점』, 서울 : 문학과지성사, 2003.

『독립신문』, 1897년 6월 24일자 논설, CORPUS Of KOREAN Newspaper―The Independent, Google, http://independence-corpus.com.

_____, 1899년 2월 27일자 논설, CORPUS Of KOREAN Newspaper―The Independent, Google, http://independence-corpus.com.

민승기, 「바바의 모호성」, 『현대시사상』 26권, 1996년 봄.

박상기, 「바바의 양가성과 잡종성」, 『비평과 이론』 5권 1호, 2000.

_____, 「바바의 후기식민주의」, 『비평과 이론』 3권, 1998.

설준규, 「담론의 감옥 또는 트로이의 목마―에드워드 사이드의 오리엔탈리즘」, 『안과밖』 13집, 2002.

양석원, 「두보이스의 범아프리카주의와 아프리카 민족해방운동」, 『비평과 이론』 9권 1호, 2004.

_____, 「탈식민주의와 정신분석학―마노니와 파농을 중심으로」, 『비평과 이론』 5권 2호, 2000.

양은경, 「민족의 역이주와 위계적 민족성의 담론 구성―『조선일보』의 조선족 담론 분서」, 『한국방송학보』 24-25호, 2010.

오생근, 『초현실주의 시와 문학의 혁명』, 서울 : 문학과지성사, 2010.

원종익, 「공존에서 저항으로―프랑스어 흑인 시문학의 여정(1930~1960)」, 『한국아프리카학회지』 24집, 2006.

_____, 「네그리뛰드의 태동―할렘 르네상스로부터 네그리뛰드까지」, 『한국아프리카학회지』 28집, 2008.

윤지관, 「지구화에 대한 고찰」, 『안과밖』 8집, 2000.

윤치호, 박정신 역, 『국역 윤치호 일기』 2, 서울 : 연세대 출판부, 2003.

이경원, 『검은 역사 하얀 이론』, 파주 : 한길사, 2011.

_____, 「저항인가 유희인가?—탈식민주의의 반성과 전망」, 『문학과 사회』 42권, 1998.

_____, 「탈식민주의론의 탈역사성」, 『실천문학』 50집, 1998.

_____, 「프란츠 파농과 정신의 탈식민화」, 『실천문학』 58집, 2000.

이석구, 「네그리튀드 이전의 흑인 여성 문인들」, 『한국아프리카학회집』 41집, 2014.

_____, 「네그리튀드와 『정당방어』」, 『비교문학』 64집, 2014.

_____, 「사이드 이후의 탈식민주의 동향—전유의 부메랑」, 『비평과 이론』 10권 2호, 2005.

_____, 「에드워드 사이드 문화론의 계보와 문제점」, 『영어영문학』 60권 4호, 2014.

_____, 「전유의 틈새 : 호미 바바의 '식민주체'와 그 문제점」, 『안과밖』 8집, 2000.

_____, 『제국과 민족국가 사이에서』, 파주 : 한길사, 2011.

_____, 「탈식민주의와 후기 / 탈구조주의」, 『비평과 이론』 5권 2호, 2000.

_____, 「파농과 보편성 논쟁—네그리튀드, 사르트르, 헤겔」, 『영어영문학』 62권 2호, 2015.

_____, 「호미 바바의 탈민족주의와 이산적 상상력」, 『비평과 이론』 9권 1호, 2004.

이승렬, 「분신의 정치학—스피박의 탈식민주의 이론에 대한 비판적 읽기」, 『비평과 이론』 3권, 1998.

임지현, 「민족담론의 스펙트럼—원초성, 근대성, 탈근대성」, 『안과밖』 8집, 2000.

정혜욱, 「타자의 타자성에 대한 질문—가야트리 스피박」, 『새한영어영문학』 46권 1호, 2004.

콘래드, 조지프, 이석구 역, 『어둠의 심연』, 서울 : 을유문화사, 2008.

태혜숙, 「사이드와 페미니즘의 정치」, 김상률·오길영 편, 『에드워드 사이드 다시 읽기』, 서울 : 책세상, 2006.

_____, 「탈식민주의 페미니즘—하위주체로서의 여성개념을 중심으로」, 『한국여성학』 13권 1호, 1997.

_____, 『탈식민주의 페미니즘』, 서울 : 여이연, 2001.

_____, 「탈식민주의적 페미니스트 윤리를 위하여」, 『영어영문학』 43권 1호, 1997.

하상복, 「황색 피부, 백색 가면—한국의 내면화된 인종주의의 역사적 고찰과 다문화주의」, 『인문과학연구』 33집, 2012.

Adeleke, Tunde, *Without Regard to Race : The Other Martin Robison Delany*, Jackson, MS : Mississippi : Univ. Press of Mississippi, 2003.

Adi, Hakim · Marika Sherwood, *Pan-African History : Political Figures from Africa and the Diaspora since 1787*, London : Routledge, 2003.

Ahmad, Aijaz, *In Theory : Classes, Nations, Literatures*, London : Verso, 1992.

Ako, Edward, "'L'Etudiant Noir' and the Myth of the Genesis of the Negritude Movement", *Research in African Literatures* 15.3, 1984.

Althusser, Louis, Ben Brewster trans., *Lenin and Philosophy and Other Essays*, London : Monthly Review Press, 1971.

Andrade, Susan, "The Nigger of the Narcissist : History, Sexuality, and Intertextuality in Maryse Condé's Hérémakhonon", *Callaloo* 1.61, 1993.

Appiah, Kwame Anthony, "Cosmopolitan Patriots", *Cosmopolitics : Thinking and Feeling beyond the Nation*, Cheah · Robbins eds..

Arnold, Matthew, *Culture and Anarchy*, J. Dover Wilson ed., Cambridge : Cambridge Univ. Press, 1990.

Ashcroft, Bill etc., *Post-Colonial Studies : The Key Concepts*, New York : Routledge, 2000.

Bakhtin, M. M., Michael Holquist ed., Caryl Emerson · Michael Holquist trans., *The Dialogic Imagination : Four Essays*, Austin : Univ. of Texas Press, 1981.

Barthes, Roland, *Mythologies*, New York : Noonday Press, 1972.

_____, Richard Miller trans., *S / Z : An Essay*, New York : Noonday Press, 1974.

Bates, Thomas R., "Gramsci and the Theory of Hegemony", *Journal of the History of Ideas* 36.2, 1975.

Bauerlein, Mark, "Booker T. Washington and W. E. B. Du Bois : The Origins of a Bitter Intellectual Battle", *The Journal of Blacks in Higher Education* 46, 2004~2005.

Bell, Howard Holman, *A Survey of the Negro Convention Movement 1830~1861*, New York : Arno Press, 1969.

Bergner, Gwen, "Who Is That Masked Woman? or, The Role of Gender in Fanon's Black Skin, White Masks", *PMLA* 110.1, 1995.

Bhabha, Homi, "Difference, Discrimination and the Discourse of Colonialism", *The Politics of Theory*, Francis Barker etc. eds., Colchester : Univ. of Essex, 1983.

_____, Introduction : Narrating the Nation, *Nation and Narration*, Homi Bhabha ed., London : Routledge, 1990.

_____, *The Location of Culture*, New York : Routledge, 1994.

_____, "Of Mimicry and Man : The Ambivalence of Colonial Desire", *October* 28, 1984.

_____, "The Other Question", *Screen* 24, 1983.

_____, "Remembering Fanon : Self, Psyche, and the Colonial Condition", *Rethinking Fanon : The Continuing Dialogue*, Nigel C. Gibson ed., New York : Humanity Books, 1999.

Blackburn, Helen, *Women's Suffrage : A Record of Women's Suffrage Movement in the British Isles with Biographical Sketches of Miss Baker*, London : Source Book, 1902.

Blight, David W., *Frederick Douglass' Civil War : Keeping Faith in Jubilee*, Baton Rouge : Louisiana State Univ. Press, 1989.

Bloch, Maurice, New Forward, *Prospero and Caliban : The Psychology of Colonization*, by O. Mannoni, Ann Arbor : Univ. of Michigan Press, 2008.

Blyden, Edward Wilmot, "Africa and the Africans", *Christianity, Islam and the Negro Race*, Baltimore : Black Classic Press, 1994.

_____, "The Call of Providence to the Descendants of Africa in America", *African-American Social and Political Thought 1850~1920*, Brotz ed..

_____, *The Origin and Purpose of African Colonization*, Washington City, P.A., n.p., 1883.

_____, *The Significance of Liberia*, 2nd ed., Liverpool : John Richardson & Sons, 1907.

_____, *West Africa before Europe and Other Addresses, Delivered in England in 1901 and 1903*, London : C. M. Philips, 1905.

Bonaparte, Marie, "Passivity, Masochism and Femininity", *Psychoanalysis and Female Sexuality*, Hendrik M. Ruitenbeek ed., New Haven : Yale Univ. Press, 1966.

Branigan, Tania, "'We don't want to be swamped,' says Tory leader in Wales", *The Guardian*, 23 Apr 2003. 14 Nov. 2003, http://politics.guardian.co.uk.

Brantlinger, Patrick, *Crusoe's Footprints : Cultural Studies in Britain and America*, New York : Routledge, 1990.

_____, *Rule of Darkness : British Literature and Imperialism, 1830~1914*, London : Cornell Univ. Press, 1988.

Breckenridge, Carol A. etc., "Cosmopolitanisms", *Cosmopolitanism*, Carol A. Breckenridge etc. eds., London : Duke Univ. Press, 2002.

Breton, André, Mark Polizzotti trans., *The Lost Steps / Les Pas Perdus*, Lincoln : Univ. of Nebraska Press, 1996.

Broderick, Francis L., *W. E. B. Du Bois : Negro Leader in a Time of Crisis*, Stanford : Stanford Univ. Press, 1959.

Brotz, Howard ed., *African-American Social and Political Thought 1850~1920*, London : Transaction Publishers, 1991.

Brownmiller, Susan, *Against Our Will : Men, Women and Rape*, New York : Simon & Schuster, 1975.

Burin, Eric, *Slavery and the Peculiar Solution : A History of American Colonization Society*, Gainesville : Univ. of Florida Press, 2011.

Butler, Judith, *Gender Trouble : Feminism and the Subversion of Identity*, New York : Routledge, 1990.

Cain, P. J. · A. Hopkins, *British Imperialism 1688~2000*, London : Longman, 2002.

Capécia, Mayotte(Lucette Ceranus), Beatrice Stith Clark trans., *I am a Martinican Woman & The White Negress*, Pueblo Colorado : Passeggiata Press, 1997.

Césaire, Aimé, *Cahier d'un retour au pays natal*, Paris : Présence Africaine, 1983.

_____, "Conscience Raciale et Révolution Sociale", *L'Étudiant noir* 1.3, mai–juin, 1935.

_____, "Entretien avec Aimé Césaire par Jacqueline Leiner", *Tropiques 1941~1945 : Collection*

Complète, Paris : Jean-Michel Place, 1978.

_____, Joan Pinkham trans., "Interview", *Discourse on Colonialism*, New York : Monthly Review Press, 1972.

_____, "Lettre à Maurice Thorez", 24 Octobre 1956, http://lmsi.net/Lettre-a-Maurice-Thorez.

_____, "Négreries : Jeunesse noire et assimilation", *L'Étudiant noir* 1, mars 1935, p.3.

_____, Présentation, *Tropiques* 1, avr. 1941.

Césaire, Aimé etc., "Réponse de Tropiques", *Tropiques 1941 ~1945 : Collection Complète*, Paris : Jean-Michel Place, 1978, p.xxxix.

Césaire, Suzanne, "Léo Frobénius et le problème de civilisations", *Tropiques* 1, avril 1941.

_____, "Malaise d'une civilisation", *Tropiques* 5, avril 1942.

_____, "Misère d'une poésie : John Antoine-Nau", *Tropiques* 4, Janvier 1942.

_____, "1943 : le surréalisme et nous", *Tropiques* 8-9, Oct. 1943.

Cheah, Pheng, "Given Culture : Rethinking Cosmopolitical Freedom in Transnationalism", *Cosmopolitics : Thinking and Feeling beyond the Nation*, Cheah · Robbins eds..

Cheah, Pheng · Bruce Robbins eds., *Cosmopolitics : Thinking and Feeling beyond the Nation*, Minneapolis : Univ. of Minnesota Press, 1998.

Clark, Beatrice Stith, Forward : An Update on the Author, *I am a Martinican Woman & The White Negress*, Pueblo Colorado : Passeggiata Press, 1997.

Climent, James, *Another America : The Story of Liberia and the Former Slaves Who Ruled It*, New York : Hill and Wang, 2014.

Contee, Clarence G., "Du Bois, the NAACP, and the Pan-African Congress of 1919", *The Journal of Negro History* 57.1, 1972.

Cromwell, John W., *The Early Negro Convention Movement, The American Negro Academy Occasional Paper No. 9*, Washington D.C. : American Negro Academy, 1904.

Cronon, E. David, *Black Moses : The Story of Marcus Garvey and the Universal Negro Improvement Association*, Madison : Univ. of Wisconsin Press, 1969.

Crummell, Alexander, *Africa and America : Addresses and Discourses*, Springfield : Willey & Co., 1891.

_____, *The Aims and Methods of a Liberal Education for Africans*, Cambridge : John Wilson and Son, 1882.

_____, *The Future of Africa : Being Addresses, Sermons, Etc., Etc., Delivered in the Republic of Liberia*, New York, 1862.

Curtis, Jerry, "The Disagreement between Web Du Bois and Marcus Garvey", *Humanities 360*, Google, Jan. 31, 2011, http://www.humanities360.com.

Damas, L. G., *Pigments · Névralgies*, Paris : Présence Africaine, 1972.

_____, _Poetes d'Expression Française_, Paris : Seuil, 1947.

Davidson, Basil, _The African Slave Trade_, Oxford : James Currey, 1961.

Davis, David Brion, _Inhuman Bondage : The Rise and Fall of Slavery in the New World_, New York : Oxford Univ. Press, 2008.

De Man, Paul, _Allegories of Reading : Figural Language in Rousseau, Nietzche, Rilke, and Proust_, New Haven : Yale Univ. Press, 1979.

Delafosse, Maurice, _Les noirs de l'Afrique_, Paris : Payot & Cie, 1922.

Delany, Martin Robinson, _The Condition, Elevation, Emigration, and Destiny of the Colored People of the United States_, n.p. : n.p., 1851, n. pag., Gutenberg.

Deleuze, Gilles · Felix Guattari, Richard Hurley etc. trans., _Anti-Oedipus : Capitalism and Schizophrenia_, Minneapolis : Univ. of Minnesota Press, 1983.

Derrida, Jacques, "Choreographies", _Diacritics_ 12, 1982.

_____, _Dissemination_, Chicago : Univ. of Chicago Press, 1981.

_____, "Letter to a Japanese Friend," _Derrida and Différance_, David Wood · Robert Bernasconi eds., Evanston : Northwestern Univ. Press, 1988.

_____, Gayatri Spivak trans., _Of Grammatology_, Baltimore : Johns Hopkins Univ. Press, 1976.

_____, Barbara Harlow trans., _Spurs : Nietzsche's Styles_, Chicago : Univ. of Chicago Press, 1979.

De Saussure, Ferdinand, Charles Bally · Albert Sechehaye eds., Wade Baskin trans., _Course in General Linguistics_, New York : McGraw-Hill, 1959.

Dirlik, Arif, _Postmodernity's Histories : The Past as Legacy and Project_, New York : Rowman & Littlefield, 2000.

Doane, Mary Anne, "Dark Continents : Epistemologies of Racial and Sexual Difference in Psychoanalysis and the Cinema", _Femme Fatales_, Mary Anne Doane ed., New York : Routledge, 1991.

Douglass, Frederick, "Address before the Tennessee Colored Agricultural and Mechanical Association", _African-American Social and Political Thought 1850~1920_, Brotz ed..

_____, "African Civilization Society", _African-American Social and Political Thought 1850~1920_, Brotz ed..

_____, "The Claims of the Negro Ethnologically Considered", _African-American Social and Political Thought 1850~1920_, Brotz ed..

_____, "The Folly of Colonization", _African-American Social and Political Thought 1850~1920_, Brotz ed..

_____, _Life and Times of Frederick Douglass, Written by Himself_, Hartford, CN : Park Publishing, 1881.

_____, *Narrative of the Life of Frederick Douglass, an American Slave, Written by Himself*, Boston : Anti-Slave Office, 1945.

_____, "Self-Made Men", *Great Speeches by Frederick Douglass*, James Daley ed., New York : Dover Publications, 2013.

Du Bois, W. E. B., *Dusk of Dawn*, New York : Schocken Books, 1968.

_____, Eric J. Sundquist ed., *The Oxford W. E. B. Du Bois Reader*, Oxford : Oxford Univ. Press, 1996.

_____, *The Souls of Black Folk*, New York : Oxford Univ. Press, 2007.

_____, *The World and Africa*, New York : International Publishers, 1965.

Eagleton, Terry, "Marxism and Deconstruction", *Contemporary Literature* 22.4, 1981.

Edwards, Brent Hayes, *The Practice of Diaspora : Literature, Translation, and the Rise of Black Internationalism*, Cambridge : Harvard Univ. Press, 2003.

Elam, Dian, *Feminism and Deconstruction : Ms. en Abyme*, New York : Routledge, 1994.

"Engels : Four Letters on Historical Materialism", *New International* 1.3, 1934. Aug. 25 2013, http://www.marxists.org/history.

Esedebe, P. Olisanwuche, *Pan-Africanism : The Idea and Movement, 1776~1991*, 2nd ed., Washington D.C. : Howard Univ. Press, 1994.

Eshleman, Clayton · Annette Smith, Introduction to *Aimé Césaire : The Collected Poetry*, LA : Univ. of California Press, 1983.

Fabre, Michel etc., "Rene, Louis, and Leopold : Senghorian Negritude as a Black Humanism", *Modern Fiction Studies* 51.4, 2005.

Fanon, Frantz, Richard Philcox trans., *Black Skin, White Masks*, New York : Grove, 2008.

_____, *Les damnés de la terre*, Paris : La Découverte, 2002.

_____, Haakon Chevalier trans., *A Dying Colonialism*, New York : Grove, 1965.

_____, *Peau noire, masques blancs*, Éditions du Seuil, 1952.

_____, *Sociologie d'une révolution*, Paris : François Maspero, 1972.

_____, Constance Farrington trans., *The Wretched of the Earth*, New York : Grove Weidenfeld, 1963.

Feder, Ellen K., etc., *Derrida and Feminism : Recasting the Question of Woman*, London : Routledge, 1997.

Filostrat, Christian, *Negritude Agonistes, Assimilation against Nationalism in the French-Speaking Caribbean and Guyane*, Cherry Hill : Africana Homestead Legacy Publishers, 2008.

Finn, Julio, *Voices of Negritude*, London : Quartet Books, 1988.

Foucault, Michel, Alan Sheridan trans., *Discipline and Punish*, New York : Random House, 1979.

_____, Robert Hurley trans., *The History of Sexuality Vol 1 : An Introduction*, New York : Random

House, 1980.

_____, Donald Bouchard ed., Donald Bouchard·Sherry Simon trans., *Language, Counter-Memory, Practice : Selected Essays and Interviews*, Ithaca : Cornell Univ. Press, 1977.

_____, *Power / Knowledge*, New York : Pantheon, 1980.

_____, James Harkness ed. & trans., *This Is Not a Pipe*, LA : Univ. of California Press, 1983.

Fraser, Robert, *West African Poetry : A Critical History*, Cambridge : Cambridge Univ. Press, 1986.

Freud, Sigmund, James Strachey trans., *Civilization and Its Discontents*, New York : Norton, 1961.

_____, James Strachey trans., "The Dissolution of Oedipus Complex," *On Sexuality* Vol. 7 of *Penguin Freud Library*, Angela Richards ed., Harmondsworth : Penguin, 1976.

_____, *The Interpretation of Dreams : First Part*, vol. 4 of *The Standard Edition of The Complete Psychological Works of Sigmund Freud*, James Strachey trans. & ed., London : The Hogarth Press, 1958.

_____, *Three Essays on Sexuality*, New York : Basic Books, 1962.

Frobenius Leo, *Histoire de la civilisation africaine*, 3rd ed., Paris : Gallimard, 1936.

Fryer, Peter, *Staying Power : The History of Black People in Britain*, London : Pluto, 1984.

Fuchs, Rachel G., *Contested Paternity : Constructing Families in Modern France*, Baltimore : Johns Hopkins Univ. Press, 2008.

Gallagher, Mary, "Aimé Césaire and Francophone Postcolonal Thought", *Postcolonial Thought in the French-speaking World*, Charles Forsdick·David Murphy eds., Liverpool : Liverpool Univ. Press, 2009.

Garnet, Henry Highland, "An Address to the Slaves of the United States of America, Buffalo, NY, 1843", Electronic Texts in American Studies Paper 8, DigitalCommons, Ebook.

_____, *The past and the Present Condition and the Destiny, of the Colored Race*, Troy : Steam Press of J. C. Kneeland and Co., 1848.

Garvey, Marcus, Amy Jacques-Garvey ed., *Philosophy and Opinions of Marcus Garvey*, vol. 1, New York : Atheneum, 1982.

Geertz, Clifford·David E. Apter ed., "Ideology as Cultural System", *Ideology and Discontent*, New York : Free Press of Glencoe, 1964.

Gellner, Ernest, *Nations and Nationalism*, Oxford : Basil Blackwell, 1983.

Glissant, Éduard, J. Michael Dash trans., *Caribbean Discourse : Selected Essays*, Charlottesville : Univ. Press of Virginia, 1989.

_____, *Le discours antillais*, Paris : Gallimard, 1997.

Green, Ousmane Kirumù, *Against Wind and Tide : African Americans' Response to the Colonization Movement and Emigration, 1770~1865*, Dissertation, Univ. of Massachusetts, Google Books, Jan. 1, 2007.

Grosz, Elizabeth, *Jacques Lacan : A Feminist Introduction*, New York : Routledge, 1990.

Hall, E., *Inventing the Barbarian : Greek Self-Definition through Tragedy*, Oxford : Clarendon Press, 1989.

Hall, Stuart, "The After-life of Frantz Fanon : Why Fanon? Why Now? Why Black Skin, White Masks?", *The Fact of Blackness*, Alan Read ed., London : ICA, 1996.

_____, "Conclusion : The Multi-cultural Question", *Un / Settled Multiculturalisms : Diasporas, Entanglements, 'Transruptions'*, Barnor Hesse ed., London : Zed Books, 2000.

_____, "Old and New Identities, Old and New Ethnicities", *Culture, Globalization, and the World-System*, Anthony D. King ed., Minneapolis : Univ. of Minnesota Press, 1996.

Hamilton, Cynthia S., "Models of Agency : Frederick Douglass and 'The Heroic Slave'", *Proceedings of the American Antiquarian Society* 114.2, 2005.

Hammon, Dorothy · Alta Jablow, *The Africa That Never Was : Four Centuries of British Writing about Africa*, New York : Twayne Publishers, 1970.

Harlan, Louis R., "A Black Leader in the Age of Jim Crow", *The Racial Politics of Booker T. Washington*, Donald Cunnigen etc. eds., Oxford : JAI Press, 2006.

Hattersley, Roy, "Lumping all British Muslims together is inaccurate and inflammatory", *The Times* May 31, 2001, *Academic Search Elite*. 22 Nov. 2013, http://www.com/ehost/indiana/ehost.html, par. 6.

Hegel, George Wilhelm, J. Sibree trans., *Lectures on the Philosophy of History*, London : Henry G. Born, 1861.

_____, *Phänomenologie des Geistes*, Leipzig : Dürr'schen Buchhandlung, 1907.

_____, J. B. Baillie trans., *The Phenomenology of Mind*, New York : Harper & Row, 1967.

Helie-Lucas, Marie-Aimée, "Women, Nationalism, and Religion in the Algerian Liberation Struggle", *Fanon : A Critical Reader*, Lewis R. Gordon etc. eds., Oxford : Blackwell, 1996.

Hine, Darlene Clark · William C. Hine, Stanley Harrold, *The Afro-American Odyssey : To 1877*, New York : Prentice Hall, 2004.

Hobsbawm, Eric, Introduction : Inventing Traditions, *The Invention of Tradition*, Eric Hobsbawm · Terence Ranger eds., Cambridge : Cambridge Univ. Press, 1983.

_____, *Nations and Nationalism since 1780*, Cambridge : Cambridge Univ. Press, 1990.

Homer, A. T. Murray trans., *The Iliad* vol. 1, Cambridge : Harvard Univ. Press, 1924.

Horkheimer, Max · Theodor W. Adorno, *Dialectic of Enlightenment*, New York : Continuum, 1993.

Hume, David, Knud Haakonssen ed., *Hume : Political Essays*, Cambridge : Cambridge Univ. Press, 1994.

Hymans, Jacques Louis, *Léopole Sédar Senghor : An Intellectual Bibliography*, Edinburgh : Edinburgh Univ. Press, 1971.

Irele, Abiola, Introduction, *Selected Poems of Léopold Sédar Senghor*, Abiola Irele ed., New York : Cambridge Univ. Press, 1977.

Irele, Abiola · Biodun Jeyifo, *The Oxford Encyclopedia of African Thought* vol. 2, New York : Oxford Univ. Press, 2010.

Irigaray, Luce, Catherine Porter trans., *This Sex Which Is Not One*, Ithaca : Cornell Univ. Press, 1985.

Jameson, Fredric, *The Political Unconscious : Narrative as a Socially Symbolic Act*, Methuen : Cornell Univ. Press, 1981.

JanMohamed, Abdul, "The Economy of Manichean Allegory : The Function of Racial Difference in Colonialist Literature", *Critical Inquiry* 12, 1985.

Jean-Marie, Vivaldi, *Fanon : Collective Ethics and Humanism*, New York : Peter Lang, 2007.

Jefferson, Thomas, *Notes on the State of Virginia*, Raleigh : Alex Catalogue, n.d..

"John Brown's Provisional Constitution", *Famous Trials : The Trial of John Brown 1859*, Google, 17 Aug. 2014, http://law2.umkc.edu.

Johnson, Barbara, *A World of Difference*, Baltimore : Johns Hopkins UP, 1987.

Kant, Immanuel, W. Hastie trans., *Kant's Principle of Politics, including his essay on Perpetual Peace*, Edinburgh : Clark, 1891.

_____, Patrick Frierson · Paul Guyer eds., *Observations on the Feeling of the Beautiful and Sublime and Other Writings*, Cambridge : Cambridge Univ. Press, 2011.

Kaye, Mike. "Over 200 Years of Campaigning against Slavery", *Anti-Slavery Internatinal 2005*, 31 Aug. 2015, www.antislavery.org.

Kesteloot, Lilyan, Ellen Conroy Kennedy trans., *Black Writers in French : A Literary History of Negritude*, Philadelphia : Temple Univ. Press, 1974.

_____, *Les Ecrivains noirs de langue française : naissance d'une littérature*, Bruxelles : Institut de Sociologie de Université Libre de Bruxelles, 1963.

_____, *Histoire de la littérature négro-africaine*, Paris : Editions Karthala, 2001.

Klein, Herbert S., *The Atlantic Slave Trade*, Cambridge : Cambridge Univ. Press, 2010.

Kruks, Sonia, "Fanon, Sartre, Identity Politics", *Fanon : A Critical Reader*, Lewis R. Gordon etc. eds., Oxford : Blackwell, 1996.

Lacan, Jacques, Alan Sheridan trans., *Écrits : A Selection*, New York : Norton, 1977.

_____, "The Meaning of the Phallus", *Feminine Sexuality : Jacques Lacan and the école freudienne*, Juliet Mitchell · Jacqueline Rose eds., London : Norton, 1982.

Laleau, L>on, "Cannibale", *Anthologie de la nouvelle poésie nègre et malgache de langue française*, Senghor ed..

Larrier, Renée, "Reconstructing Motherhood", *The Politics of (M)Othering*, Obioma Nnaemeka ed., London : Routledge, 1997.

Larsen, Neil, *Determinations : Essays on Theory, Narrative, and Nation in the Americas*, New York : Verso, 2001.

Lenin, V. I., *Imperialism, the Highest Stage of Capitalism : A Popular Outline*, New York : International Publishers, 1990.

Leró, Étienne, "Misère d'une Poésie", *Légitime défense*, Paris : Editions Jean-Michel Place, 1979.

_____, "Sur la prairie trois arbres prennent le thé", *Légitime défense*, Paris : Editions Jean-Michel Place, 1979.

Léro, Étienne etc., "Avertissement", *Légitime défense*, Paris : Editions Jean-Michel Place, 1979.

Léry, Jean de, Janet Whatley ed. & trans., *History of a Voyage to the Land of Brazil*, Berkeley : Univ. of California Press, 1990.

Lewis, David Levering, *W. E. B. Du Bois, 1919～1963 : The Fight for Equality and the American Century*, New York : Henry Holt and Co., 2000.

Lewis, Shireen K., *Race, Culture, and Identity*, New York : Rowman & Littlefield, 2006.

Lowe, Lisa, *Immigrant Acts*, Durham : Duke Univ. Press, 1996.

Lynch, Hollis R., *Edward Wilmot Blyden : Pan-Negro Patriot 1832～1912*, London : Oxford Univ. Press, 1970.

Macherey, Pierre, Geoffrey Wall trans., *A Theory of Literary Production*, London : Routledge, 1980.

Makward, Christiane P., *Mayotte Capécia, ou l'aliénation selon Fanon*, Paris : Karthala, 1999.

Mannoni, O., Pamela Powesland trans., *Prospero and Caliban : The Psychology of Colonization*, Ann Arbor : Univ. of Michigan Press, 2008.

Maran, René, *Batouala-véritable roman négre*, Paris : Albin Michel, 1921.

Margadant, Ted W., *French Peasants in Revolt : The Insurrection of 1851*, Princeton : Princeton Univ. Press, 1979.

Markovitz, Irving Leonard, *Léopold Sédar Senghor and the Politics of Negritude*, New York : Atheneum, 1969.

Martin, Jr., Waldo E., *The Mind of Frederick Douglass*, Chapel Hill : Univ. of North Carolina Press, 1984.

Marx, Karl, *The Eighteenth Brumaire of Louis Bonaparte*, n.p. : Kessinger Publishing, n.d..

_____, "The German Ideology : Part 1", *The Marx-Engels Reader*, 2nd ed., Robert Tucker ed.,

New York : Norton, 1978.

Matlack, James, "The Autobiographies of Frederick Douglass", *Phylon* 40.1, 1979.

Mazrui, Ali A. ed., *Africa since 1935*, Berkeley : Univ. of California Press, 1993.

McClintock, Anne, "Fanon and Gender Agency", *Rethinking Fanon*, Nigel C. Gibson ed., New York : Humanity Books, 1999.

McCulloch, Jock, *Black Soul, White Artifact : Fanon's Clinical Psychology and Social Theory*, Cambridge : Cambridge Univ. Press, 2002.

Memmi, Albert, Howard Greenfeld trans., *The Colonizer and the Colonized*, Boston : Beacon Press, 1967.

Memmi, Albert etc., "The Impossible Life of Frantz Fanon", *The Massachusetts Review* 14.1, 1973.

Ménil, René, 1978 Introduction, *Légitime défense, Refusal of the Shadow*, Michael Richardson ed., London : Verso, 1996.

_____, "Concerning Colonial Exoticism", *Légitime défense, Refusal of the Shadow*, Michael Richardson ed., London : Verso, 1996.

_____, "Généralités sur l'écrivain de couleur antillais", *Légitime défense*, Paris : Editions Jean-Michel Place, 1979.

Mill, John Stuart, *Parliamentary Papers, 1852~1853*, XXX, testimony of John Stuart Mill to a select committee, June 21, 1852.

_____, J. M. Robson ed., *Principles of Political Economy* Vol. 3, Toronto : Univ. of Toronto Press, 1965.

Miller, Christopher, *Theories of Africans : Francophone Literature and Anthropology in Africa*, Chicago : Univ. of Chicago Press, 1993.

Monnerot, Jules, "Note touchant la bourgeoisie de couleur française", *Légitime défense*, Paris : Editions Jean-Michel Place, 1979.

Montaigne, Michel de, Charles Cotton trans., "Of Cannibals", *Essays of Michel de Montaigne*, William Carew Hazlitt ed., n.p. : n.p. : n.d., n.pag., Gutenberg Ebook.

Moore, Jacqueline M., *Booker T. Washington, W. E. B. Du Bois, and the Struggle for Racial Uplift*, Wilmington, DE : Scholarly Resources, 2003.

Moore-Gilbert, Bart, *Postcolonial Theory : Contexts, Practices, Politics*, New York : Verso, 1997.

Morton, Stephen, *Gayatri Spivak : Ethics, Subalternity and the Critique of Postcolonial Reason*, Malden : Polity, 2007.

Moses, Wilson Jeremiah, *Alexander Crummell : A Study of Civilization and Discontent*, Cary : Oxford Univ. Press, 1989.

_____, *Creative Conflict in African American Thought*, Cambridge : Cambridge Univ. Press, 2004.

_____, *The Golden Age of Black Nationalism 1850~1925*, New York : Oxford Univ. Press, 1978.

Mouffe, Chantal, "Democratic Politics and the Question of Identity", *The Identity in Question*, John Rajchman ed., New York : Routledge, 1995.

Mphahlele, Ezekiel, "Negritude—A Reply", *Critical Perspectives on Léopold Sédar Senghor*, Janice Spleth ed., Colorado Springs : Three Continents Press, 1993.

Naipaul, V. S., *A Way in the World*, New York : Vintage Book, 1995.

Nairn, Tom, *The Break-Up of Britain : Crisis and Neo-Nationalism*, London : New Left Books, 1977.

_____, *Faces of Nationalism : Janus Revisited*, London : Verso, 1997.

Nardal, Jane, "L'Internationalisme noir", *La Dépêche africaine*, fév. 15 1928.

Nardal, Paulette, "En exile", *La Dépêche africaine*, déc. 15 1929.

Nash, Gary B., *Forging Freedom : The Formation of Philadelphia's Black Community, 1720~1840*, Cambridge : Harvard Univ. Press, 1998.

Ndlovu-Gatsheni, Sabelo J., *Coloniality of Power in Postcolonial Africa : Myth of Decolonization*, Dakar : Codesria, 2013.

Nielsen, Cynthia R., *Foucault, Douglass, Fanon, and Scotus in Dialogue*, London : Palgrave Macmillan, 2013.

Nietzsche, Friedrich, Walter Kauffmann trans. & ed., *The Genealogy of Morals*, New York : Vintage, 1989.

_____, R. J. Hollingdale trans., *Human, All Too Human*, Cambridge : Cambridge Univ. Press, 1986.

_____, Duncan Large trans., *Twilight of the Idols*, Oxford : Oxford Univ. Press, 1998.

_____, Walter Kaufmann · R. J. Hollingdale trans., *The Will to Power*, New York : Vintage Books, 1968.

Parekh, Bhikhu, "British Citizenship and Cultural Difference", *Citizenship*, Geoff Andrews ed., London : Lawrence and Wishart, 1991.

Parry, Benita, "Overlapping Territories and Intertwined Histories : Edward Said's Postcolonial Cosmopolitanism", *Edward Said : A Critical Reader*, Michael Sprinker ed., Oxford : Blackwell Publishers, 1992.

_____, *Postcolonial Studies : A Materialist Critique*, London : Routledge, 2004.

_____, "Signs of the Times", *Third Text* 28-29, 1994.

Peach, Ceri, "A Geographical Perspective on the 1981 Urban Riots in England", *Ethnic & Racial Studies* 3.9, 1986.

Poovey, Mary, "Feminism and Deconstruction", *Feminist Studies* 14.1, 1988.

Porter, Dennis, "Orientalism and Its Problems", *Colonial Discourse and Post-colonial Theory*, Patrick Williams · Laura Chrisman eds., Hemel Hempstead : Harvester Wheatsheaf, 1993.

Powell, Enoch, "Like the Roman, I see the River Tiber foaming with much blood", Mar. 1 2014. http://www.sterlingtimes.org. par. 17.

Quitman, Maurice-Sabat, "Paradis sur terre", *Légitime défense*, Paris : Editions Jean-Michel Place, 1979.

Rabine, Leslie, "A Feminist Politics of Non-Identity", *Feminist Studies* 14.1, 1988.

Rampersad, Arnold, "V. S. Naipaul in the South", *Raritan* 10, 1990.

Richardson, Michael ed., Michael Richardson · Krzysztof Fijatkowski trans., *Refusal of the Shadow*, London : Verso, 1996.

Robbins, Bruce, "Comparative Cosmopolitans", *Cosmopolitics : Thinking and Feeling beyond the Nation*, Cheah · Robbins eds..

Robinson, Andrew · Simon Tormey, "Living in Smooth Space : Deleuze, Postcolonialism and the Subaltern", *Deleuze and the Postcolonial*, Simone Bignall · Paul Patton eds., Edinburgh : Edinburgh Univ. Press, 2010.

Robinson, Dean E., *Black Nationalism in American Politics and Thought*, Cambridge : Cambridge Univ. Press, 2001.

Rommel-Ruiz, W. Bryan, "Colonizing the Black Atlantic : The African Colonization Movements in Postwar Rhode Island and Nova Scotia", *Slavery and Abolition* 27.3, 2006.

Rushdie, Salman, *Imaginary Homelands : Essays and Criticism 1981~1991*, New York : Penguin Books, 1981.

Safran, William, "Diasporas in Modern Societies : Myths of Homeland and Return", *Diaspora* 1.1, 1991.

Said, Edward, *Culture and Imperialism*, New York : Vintage Books, 1993.

_____, *Orientalism*, New York : Vintage Books, 1979.

_____, "Orientalism and After", *Power, Politics and Culture : Interviews with Edward W. Said*, Gauri Viswanathan ed., New York : Vintage, 2001.

Sartre, Jean-Paul, Jeorge J. Becker trans., *Anti-Semitism and Jew : An Exploration of the Etiology of Hate*, New York : Schocken Books, 1948.

_____, *L'être et le néant : Essai d'ontologies phénoménologique*, Paris : Gallimard, 1976.

_____, "Orphée noir", *Anthologie de la nouvelle poésie nègre et malgache de langue française*, Senghor ed..

_____, Constance Farrington trans., Preface, *The Wretched of the Earth* by Frantz Fanon, New York : Grove Weidenfeld, 1963.

_____, *Qu'est-ce que la littérature?*, Paris : Gallimard, 1948.

Scott, Joan, *Gender and the Politics of History*, New York : Columbia Univ. Press, 1988.

Senghor, Léopold Sédar, "African-Style Socialism", *African Socialism*, William H. Friedland ·

Carl G. Rosberg, Jr. eds., Stanford : Stanford Univ. Press, 1964.

_____ ed., *Anthologie de la nouvelle poésie nègre et malgache de la langue française*, Paris : Presses Universitaires de France, 1948.

_____, *Chants d'ombre suivi de Hosties noires*, Paris : Seuil, 1945.

_____, *Conférence donnée par S. E. Président de la Répulique du Sénègal à l'Université d'Oxford*, St. Anthony's College, 26 Octobre, 1961.

_____, "Eléments constructifs d'une civilisation d'inspiration négro-africaine", *Présence africaine* 24-25, 1959.

_____, "L'Esprit de la civilisation ou les lois de la culture négro-africaine", *Présence africaine* 8-10, juin-novembre 1956.

_____, "Femme noire", *Anthologie de la nouvelle poésie nègre et malgache de langue française*, Senghor ed..

_____, "L'Humanisme et nous : René Maran", *L'Étudiant noir* 1, mars 1935.

_____, "Langage et poésie négro-africaine", *Deuxième Biennale Internationale de Poésie*, Knokke, Belgium, 1954.

_____, "Les Leçons de Leo Frobenius", *Leo Frobenius 1873~1973 : Une Anthologie*, Eike Haberland ed., Wiesbaden : Frantz Steiner Verlag, 1973.

_____, *Liberté 1 : Négritude et Humanisme*, Paris : Seuil, 1964.

_____, Postface, *Ethiopiques*, Paris : Seuil, 1956.

_____, "Problématique de la négritude", *Présence africaine* 78, 1971.

_____, "René Maran, précurseur de la négritude", *Homage à Maran*, Paris : Présence Africaine, 1965.

Sharpley-Whiting, T. Denean, *Frantz Fanon : Conflicts and Feminisms*, Oxford : Rowman & Littlefield, 1998.

_____, *Negritude Women*, Minneapolis : Univ. of Minnesota Press, 2002.

Sherry, Norman, *Conrad's Western World*, Cambridge : Cambridge Univ., Press, 1971.

Shipley, Jesse Weaver · Jemima Pierre, "The Intellectual and Pragmatic Legacy of Du Bois's Pan-Africanism in Contemporary Ghana", *Re-cognizing W. E. B. Du Bois in the Twenty-first Century : Essays on W. E. B. Du Bois*, Mary Keller · Chester J. Fontenot eds., Macon, GA : Mercer Univ. Press, 2007.

Schoenmakers, Hans, "Old Men and New State Structures in Guinea-Bissau", *Journal of Legal Pluralism and Unofficial Law* 25-26, 1987.

Scholes, Robert, "Reading Like a Man", *Men in Feminism*, Alice Jardin · Paul Smith eds., New York : Methuen, 1987.

Schor, Naomi, "This Essentialism Which Is Not One", *The Essential Difference*, Naomi Schor · Elizabeth Weed eds., Bloomington : Indiana Univ. Press, 1994.

"Sexist stereotypes cause 'rural exodus' in Algeria", *African Online News*, Jan. 11, 2013, http://www.afrol.com.

Smith, Anthony D., *Nationalism*, Cambridge : Polity, 2010.

Smock, Raymond, *Booker T. Washington : Black Leadership in the Age of Jim Crow*, Chicago : Ivan R. Dee, 2009.

Soyinka, Wole, *Myth, Literature and the African World*, Cambridge : Cambridge Univ. Press, 1976.

Spivak, Gayatri, "Can the Subaltern Speak?", *Marxism and the Interpretation of Culture*, Cary Nelson · Lawrence Grossberg eds., Urbana : Univ. of Illinois Press, 1988.

_____, *A Critique of Postcolonial Reason : Toward a History of the Vanishing Present*, Cambridge : Harvard Univ. Press, 1999.

_____, "Displacement and the Discourse of Woman", *Feminist Interpretations of Jacques Derrida*, Nancy J. Holland ed., University Park : Pennsylvania State Univ. Press, 1997.

_____, "Feminism and deconstruction, again : negotiating with unacknowledged masculinism", *Between Feminism and Psychoanalysis*, Teresa Brennan ed., London : Routledge, 1989.

_____, *In Other Worlds : Essays in Cultural Politics*, New York : Routledge, 1988.

_____, *Outside in the Teaching Machine*, London : Routledge, 1993.

_____, "Strategy, Identity, Writing", *The Postcolonial Critic : Interviews, Strategies, Dialogues*, Sarah Harasym ed., New York : Routledge, 1990.

Spivak, Gayatri with Ellen Rooney, "In a Word. Interview", *The Essential Difference*, Naomi Schor · Elizabeth Weed eds., Bloomington : Indiana Univ. Press, 1994.

Thompson, Nellie L., "Marie Bonaparte's Theory of Female Sexuality : Fantasy and Biology", *American Imago* 60.3, 2003.

Towa, Marcien, *Léopold Sédar Senghor : Négritude ou servitude?*, Yaoundé, Cameroon : Éditions Clé, 1971.

Wake, Clive, "L. S. Senghor and Lyrical Poetry", *European-Language Writing in Sub-Saharan Africa*, Albert S. Gérard ed., Philadelphia : John Benjamins Publishing, 1986.

Walker, David, *Appeal, in Four Articles; together with a Preamble, to the Coloured Citizens of the World, but in particular, and very expressly, to Those of the United States of America*, Boston : n.p., 1929, Ebook, DocSouth.

Washington, Booker T., "Atlanta Exposition Address", *African-American Social and Political Thought 1850 ~ 1920*, Brotz ed..

Watt, Ian, *Conrad in the Nineteenth Century*, Berkeley : Univ. of California Press, 1979.

Wicke, Jennifer · Michael Sprinker, "Interview with Edward Said," *Edward Said : A Critical Reader*, Michael Sprinker ed., Oxford : Blackwell Publishers, 1992.

Wilks, Jennifer M., *Race, Gender, and Comparative Modernism*, Baton Rouge : Louisiana State Univ. Press, 2008.

Williams, Raymond, *The Country and the City*, New York : Oxford Univ. Press, 1973.

_____, "Introduction in Charles Dickens", *Dombey and Son*, Harmondsworth : Penguin, 1970.

_____, *The Long Revolution*, Orchard Park : Broadview, 2001.

_____, *Marxism and Literature*, Oxford : Oxford Univ. Press, 1977.

_____, "The Welsh Industrial Novel", *Problems in Materialism and Culture*, London : Verso, 1980.

Winbush, Raymond A., *Belinda's Petition : A Concise History of Reparations for the Trans Atlantic Slave Trade*, Bloomington : Xlibris Corp., 2009.

Woodson, C. G., "Anthony Benezet", *The Journal of Negro History* 2.1, 1917.

Yarema, Allan E., *American Colonization Society : An Avenue to Freedom?*, Lanham : Univ. Press of America, 2006.

Young, Lola, "Missing Persons : Fantasising Black Women in Black Skin, White Masks", *The Fact of Blackness : Frantz Fanon and Visual Representation*, Alan Read ed., Seattle : Bay Press, 1996.

Young, Robert, *White Mythologies : Writing History and the West*, London : Routledge, 1990.

찾아보기